L'ÉTUDE BIBLIQUE INDUCTIVE

L'ÉTUDE BIBLIQUE INDUCTIVE

Guide exhaustif pour la pratique de l'herméneutique

David R. Bauer
Robert A. Traina

Préface de Eugene H. Peterson

f&s

Éditions Foi et Sainteté

978–1-56344–976-5 (livre)
978-1-56344-977-2 (eBook)

Avant-propos

Il y a 46 ans, je me suis rendu à New York à bord de ma voiture et frayé un chemin dans la circulation du centre de Manhattan, en vue de m'inscrire à un séminaire situé sur la section est de la 49ème rue. Plus tard dans la semaine, j'étais assis dans une salle de classe, à écouter un professeur qui, au cours des trois années suivantes, allait bouleverser ma perception de la Bible, ainsi que de moi-même, d'une manière qui, je le dis sans rien exagérer, façonnerait tout ce que j'ai fait de ma vie depuis.

Quelques années auparavant, le Professeur Traina avait écrit le livre *Methodical Bible Study* (L'étude biblique méthodique), que nous avons étudié tout au long de ce séminaire. Le livre que vous avez en main, *Étude biblique inductive*, est une expansion de ce premier texte du Professeur Traina et de son collègue, le Professeur Bauer. Tandis que je parcours la présente suite à l'ouvrage mentionné ci-dessus, des souvenirs de ma première lecture me reviennent en mémoire. J'évoque ici plaisir que j'ai ressenti il y a déjà fort longtemps, mais qui jamais ne s'est estompé depuis.

J'avais grandi dans une famille chrétienne et connu la Bible dès mon plus jeune âge. Je la lisais quotidiennement, la mémorisais, puis, au début de l'adolescence, je me disputais avec mes amis à son sujet, mais pour être honnête, je ne l'aimais pas énormément. Je savais qu'elle était importante, que c'était la « Parole de Dieu », mais en fait, elle m'ennuyait. Le plus souvent, elle servait surtout de « champ de bataille », fournissant à des factions opposées les éléments pour établir des « vérités » contestées par les autres. Dans d'autres cas, elle était réduite à une liste de règles et de principes utiles pour ne point s'embourber sur le plan moral. Dans d'autres cas encore, de très loin les pires, elle était réduite à des clichés, slogans et belles paroles sentimentales, destinés à inspirer et à motiver.

Il m'a fallu seulement trois ou quatre semaines de cours avec le Professeur Traina pour prendre conscience du bouleversement d'ordre cataclysmique qui s'était déclenché au plus profond de moi, dans mon rapport à la Bible : jusque-là tout mon entourage ainsi que moi-même la considérions comme un livre à utiliser, à la manière d'un manuel d'informations sur Dieu, d'un mode d'emploi pour être sauvé, d'une arme pour vaincre le diable et tous ses anges déchus, ou encore à la manière d'un antidépresseur. Maintenant, semaine après semaine, semestre après semestre, ma lecture de la Bible ressemblait de plus en plus à une conversation. Ce n'étaient plus de simples mots que je lisais, mais des voix que j'écoutais ; j'observais tous ces mots entrer en interaction avec tous les autres mots de la page. J'apprenais aussi à écouter attentivement ces voix, ces écrivains — car c'est ce qu'ils étaient : des écrivains, poètes et conteurs talentueux, des artistes du verbe. Ésaïe et David étaient des poètes, Matthieu et Luc des maîtres-narrateurs. Les mots n'étaient pas que des mots : c'étaient des paroles sacrées.

J'emploie l'adjectif « cataclysmique » pour décrire la transformation qui s'était alors opérée en moi. Voici une autre expression qui décrit bien ce qui s'était déroulé : changement de paradigme, une manière tout à fait différente de voir et d'interpréter ce que j'avais observé toute ma vie durant, ainsi que d'y réagir. C'était comme le passage de la cosmologie de Ptolémée à celle de Copernic, qui a totalement bouleversé notre manière de comprendre le monde. Si Ptolémée nous avait appris que le soleil tournait autour de la Terre et que nous avions perçu cela comme parfaitement logique pendant longtemps, Copernic a démontré que c'était la Terre qui tournait autour du soleil et nous avons soudain commencé à avoir une « vision » de l'univers qui nous était familière, mais bien plus précise et complète.

Quand j'ai commencé à suivre le cours du Professeur Traina, j'avais une compréhension ptolémaïque de la Bible, avec moi-même (ma volonté, mes questions, mes besoins) au centre et la Bible qui gravitait autour. Après ces trois années de cours, j'étais copernicien de fond en comble : c'était à présent la Bible (la volonté de Dieu, les questions de Christ et les dons de l'Esprit) qui était le centre autour duquel moi je gravitais.

Cette expérience n'était pas uniquement d'ordre académique. La passion et la patience qui imprégnaient la salle de classe ont fait naître en moi une imagination inductive, qui scrute avec une minutie implacable chaque chose qui se présente et rien que ce qui se présente, s'attache aux rapprochements à la fois littéraires et personnels, sans jamais omettre le contexte : le monde entier, la création et le salut, tels qu'ils sont révélés dans la Bible. J'insiste toujours aussi pour vérifier les choses par moi-même, en évitant le prisme des opinions des autres ou des découvertes des experts. Même si ses collègues participaient à son travail, c'est l'intensité et le caractère exhaustif des travaux du Professeur Traina qui ont imprégné ma pensée et mon esprit, de manière à façonner tout ce que je faisais et continue de faire en tant que pasteur, professeur et auteur, non seulement dans ma vie professionnelle, mais aussi dans ma vie personnelle, mon mariage, ma famille, les rapports que j'entretiens avec mes amis, la communauté et l'Église. Cette imagination inductive a continué à se développer pour prendre la forme d'une imagination biblique.

Je ne suis pas le seul à être dans ce cas : j'ai le sentiment que cette manière de lire et de vivre la Bible a transformé des milliers de vies, probablement même des millions à l'heure qu'il est.

Eugene H. Peterson

Préface

Notre intention est de présenter, d'une manière assez complète, notre compréhension de l'approche de l'étude de la Bible appelée *étude biblique inductive*, en dirigeant d'abord cette présentation vers les étudiants en séminaire et les chrétiens engagés dans un ministère. Nous pensons cependant que ce livre sera utile aussi aux spécialistes qui étudient la Bible à un niveau avancé et sont au fait des discussions herméneutiques contemporaines. Nous espérons aussi qu'il sera utile comme manuel scolaire pour certains cours de faculté et d'Université. Ce livre est fondé sur une réflexion herméneutique sérieuse et abordera certaines questions herméneutiques actuelles, mais son objectif principal est d'offrir des conseils pratiques pour étudier la Bible d'une manière originale, fiable, précise et pénétrante.

Ce livre est la suite de *Methodical Bible Study* (L'étude biblique méthodique), de Robert A. Traina, abondamment utilisé en tant qu'introduction fiable à l'étude biblique inductive. Nous sommes ravis de constater l'influence et la popularité de ce livre et encouragés de voir qu'il est toujours employé dans de nombreux séminaires et facultés à travers le monde, mais il est quelque peu suranné, n'ayant pas été révisé depuis sa publication en 1952. De plus, alors que ce livre était conçu comme une description générale de l'étude biblique inductive, dont les principaux éléments sont classés par thèmes, celui que vous tenez entre vos mains propose une procédure spécifique et ordonnée, que les lecteurs peuvent appliquer directement en étudiant des textes bibliques spécifiques. Il reflète aussi des développements significatifs au niveau de la présentation de méthodes développées à travers des années d'emploi du premier livre dans un cadre académique, une réflexion plus approfondie et de nouveaux aperçus herméneutiques qui ont fait leur apparition depuis 1952. Au total, nous disposons du fruit de soixante années d'enseignement en séminaire sur l'étude biblique inductive, depuis la première parution de *Methodical Bible Study* (L'étude biblique méthodique).

Un certain nombre de clarifications dans le domaine de l'étude biblique inductive sont apparues au fil des années. Elles sont souvent liées aux développements de la réflexion herméneutique chez les spécialistes de la Bible en général. Ce volume cite les ouvrages contemporains. Pour donner un avenir à l'étude inductive des Écritures, il faut qu'elle aborde les principales questions et considérations qui font surface dans une discipline herméneutique en plein essor.

Par ailleurs, nous sommes convaincus de la nécessité d'approfondir davantage le principe d'induction et l'importance d'une attitude d'induction. Même si une étude biblique inductive nécessite de suivre un certain nombre d'étapes, ce n'est pas qu'une question de technique, mais surtout d'engagement à maintenir une attitude inductive, c'est-à-dire d'ouverture radicale au sens du texte, où que cette attitude d'ouverture radicale puisse nous mener dans notre étude.

Ce livre est le fruit d'une collaboration entre Robert A. Traina, diplômé du séminaire biblique de New York (aujourd'hui Séminaire théologique de New York), membre de longue date de l'équipe pédagogique de cette institution, devenu ensuite doyen et directeur pédagogique du Séminaire théologique d'Asbury, Ada Thompson, professeur de Bible en anglais au séminaire théologique d'Asbury, David R. Bauer, un étudiant du Dr Traina à Asbury, actuellement doyen de la School of Biblical Interpretation and Proclamation (École d'Interprétation biblique et de Proclamation) et enfin, Ralph Waldo Beeson, professeur d'études bibliques inductives au séminaire théologique d'Asbury. Notre étude personnelle et communautaire nous a permis de découvrir que l'approche inductive décrite dans ce livre a donné vie à la Bible d'une manière qui dépasse largement nos attentes les plus optimistes. Tout au long de ce processus, nous avons constamment découvert le Dieu auquel le texte biblique rend témoignage. Nous espérons que tous ceux qui liront ce livre et s'en serviront, y trouveront une aide qui leur permettra d'éprouver le même enthousiasme et de faire la même rencontre.

Nous remercions tous ceux qui ont joué un rôle dans la production de ce livre. Nous sommes reconnaissants à Judy Traina Seitz, qui nous a beaucoup aidés dans sa révision et son organisation. Nous avons bénéficié des contributions de nombreux étudiants et collègues, qui ont lu les premiers brouillons du manuscrit et fait des suggestions utiles. Nous sommes reconnaissants aussi à James Kinney, directeur de Baker Academic au sein du Baker Publishing Group, pour ses encouragements et le soin méticuleux avec lequel il a mené à bien la publication de ce livre.

David R. Bauer

Robert A. Traina

Introduction

Définition d'une étude biblique inductive

Il faut commencer par préciser ce que nous entendons par *induction* dans ce livre. Le terme *inductif* est employé à la fois dans un sens large et un autre, plus strict. Au sens large, il implique un engagement à passer des preuves tirées du texte et des réalités qui l'entourent aux conclusions (ou inférences) possibles concernant le sens du texte. Dans ce sens, *inductif* est quasi-synonyme de *fondé sur des preuves*, par opposition à *déductif*, c'est-à-dire qui se fonde sur des présupposés, c'est-à-dire qui nous fait passer des présuppositions avec lesquelles on aborde le texte à une lecture censée les appuyer.

Au sens large, *inductif*, en mettant l'accent sur le passage du domaine des preuves aux inférences, implique un accent mis sur l'induction et le raisonnement inférentiel : on examine les preuves afin de déterminer les inférences possibles pour le sens du passage. Ce sens plus vaste implique aussi de s'efforcer d'aider les étudiants à comprendre et à assimiler les interactions critiques entre leurs présupposés, notamment leurs convictions théologiques et doctrinales, et le témoignage du texte biblique.

Au sens strict, l'*étude biblique inductive* s'inscrit dans un mouvement de l'histoire de l'herméneutique, dont les origines remontent à l'œuvre de William Rainey Harper, des Universités de Yale et de Chicago, ainsi que de son associé Wilbert Webster White, hébraïste formé à Yale et fondateur du Séminaire biblique de New York[1]. Ces spécialistes s'inquiétaient de l'attention presque exclusive portée aux questions liées à la haute critique, notamment à la reconstruction des sources censées se tenir en amont de la forme finale du texte, qui se concentrait sur des éléments plus ou moins spéculatifs se tenant derrière le texte biblique plutôt que sur le texte lui-même, ce qui résultait en une étude de la Bible sans vie, privée d'un sens clair pour la foi et le ministère chrétiens. Par conséquent, ils insistaient sur le fait que les étudiants devaient se concentrer en priorité sur l'examen du texte biblique sous sa forme finale, même s'ils devaient pour finir prendre en compte les éléments

---

1 La source qui fait autorité pour la vie et l'oeuvre de Wilbert Webster White est toujours Charles R. Eberhardt, *The Bible in the Making of Ministers* [La Bible façonne des ministères) (New York : Association Press, 1949).

tirés de l'examen historique, et même historico-critique, du texte. Cette procédure consistait en : 1) l'étude directe du texte biblique dans la langue maternelle de l'étudiant[2], en espérant que les étudiants qui en auraient l'occasion et la capacité la compléteraient par l'étude de la Bible en langue vernaculaire avec une analyse en langue originale, 2) une attention particulière portée aux manières dont le contexte immédiat du passage, ainsi que celui de l'ensemble du livre, éclaire la compréhension du sens du texte.

Si les origines de l'étude biblique inductive, au sens strict, sont surtout associées à la fondation du Séminaire biblique de New York, en 1900, cette approche avait des précurseurs dans l'histoire de l'exégèse et s'est très largement propagée depuis le début du 20° Siècle. Au fil des années, elle a fait partie du programme d'institutions comme le séminaire théologique de Princeton, le séminaire théologique de l'Union (en Virginie), le séminaire théologique Fuller, les séminaires bibliques mennonites associés, le Séminaire de Théologie de Columbia, le séminaire théologique de Dallas et l'Azusa Pacific University, sans compter les centaines d'écoles en dehors de l'Amérique du Nord qui l'ont adoptée. L'étude biblique inductive a aussi exercé une influence significative sur l'œuvre de plusieurs spécialistes de renommée mondiale.

L'étude biblique inductive est cependant probablement la mieux connue sous ses formes orientées vers les laïcs. Elle est, par exemple, devenue un élément central du programme de développement de disciples d'InterVarsity Christian Fellowship et elle a été présentée à des millions de lecteurs par le biais des ouvrages d'auteurs populaires. Un de ses avantages est qu'elle peut contribuer à l'étude la plus approfondie de la Bible, tout en permettant aussi aux laïcs d'étudier son texte pour eux-mêmes.

Points focaux de l'étude biblique inductive

Ce sens plus étroit de l'*induction* implique un certain nombre de points focaux, qui reflètent à la fois les convictions de Harper et White et les manières dont l'étude biblique inductive s'est développée au fil des années. D'abord, il met l'accent sur le sens de la forme finale du texte, pour deux raisons. La première est que la forme finale est le seul texte disponible aujourd'hui, tandis que l'existence et la forme spécifique de toutes les autres sources et processus de rédaction (ou d'édition) ayant pu contribuer au développement du texte est toujours plus ou moins spéculative. Dans tous les cas, ces phases précoces de la tradition n'ont plus d'existence matérielle, mais ne sont que des constructions savantes. Comme nous le verrons, l'approche inductive reconnaît l'utilité et l'opportunité, à certains moments,

---

2 Ainsi, l'étude biblique inductive était souvent appelée « Bible en anglais », comme on le voit, par exemple, dans le programme du Séminaire biblique de New York. Cette appellation exprimait bien l'accent mis sur l'étude de la Bible en langue vernaculaire, mais elle posait problème pour plusieurs raisons : 1) elle présupposait un environnement anglophone et ses références n'étaient donc pas assez internationales, 2) elle donnait l'impression que l'étude biblique inductive se limitait aux traductions vernaculaires, alors qu'il était admis dès le commencement qu'elle s'appliquait idéalement aux textes en langues originales, 3) elle semblait suggérer que l'emploi de la langue vernaculaire était au cœur des préoccupations, alors qu'en fait, le plus important était le principe d'induction, tandis que la langue vernaculaire n'était qu'une concession tactique aux limites de l'équipement linguistique de la plupart des étudiants qui étudiaient la Bible d'une manière inductive.

de recourir à des sources théoriques et à des reconstructions rédactionnelles pour l'interprétation du texte final, à condition de tenir compte de leur caractère hypothétique et de leurs limites. Il est cependant peu sage et irréaliste de se concentrer sur des entités qui n'ont pas — à l'heure actuelle — d'existence indépendante de la pensée et du jugement des spécialistes, voire même dont l'existence — dans le passé — fait elle-même l'objet de contestations par certains spécialistes. La deuxième raison est que l'Église a accepté cette forme finale du texte comme Écriture canonique[3]. En parlant de la Bible, on pense à un ensemble canonique avec une forme canonique. Ainsi, l'étude biblique inductive accorde la priorité, à la fois dans son emphase et dans sa séquence, au texte sous sa forme finale. Par la suite, le recours à des connaissances de base sur l'arrière-plan du texte final, à des considérations sur le développement des traditions en amont de sa forme finale, à l'histoire de son interprétation, etc., s'incorporent dans un processus d'ensemble qui a pour point de départ l'examen du texte lui-même et pour objectif la connaissance du texte sous sa forme finale, canonique.

L'étude biblique inductive met également l'accent sur la forme du texte et examine sérieusement la manière dont les étudiants peuvent identifier eux-mêmes sa structure littéraire et montrer en quoi elle informe le sens du texte. Elle étudie aussi l'influence du genre littéraire sur la construction du sens. Cet accent mis sur la structure et le genre est fondé sur le fait que ce n'est jamais uniquement du pur contenu que l'on communique, mais que la forme et le fond sont toujours inextricablement liés dans le processus de communication.

Le souci de la forme finale du texte nous amène à mettre l'accent sur l'étude du livre biblique dont le texte est tiré, qui constitue, dans la plupart des cas, l'unité littéraire de base de la forme finale de la Bible. Comme le suggère G. Campbell Morgan, la Bible est davantage une bibliothèque qu'un livre[4]. Par conséquent, l'approche inductive insiste sur le besoin, pour les étudiants, de reconnaître à la fois

---

3 Les implications du canon des Écritures pour la centralité de l'étude du texte sous sa forme finale sont établies le plus fermement et vigoureusement par Francis Watson. Voir notamment *Text, Church, and World: Biblical Interpretation in Theological Perspective* (Texte, Église et monde : interprétation biblique dans une perspective théologique) (Grand Rapids : Eerdmans, 1994), 15-17, 60-63, 70-77, 221-40. Voir aussi Robert W. Wall, « Canonical Context and Canonical Conversations » (Contexte canonique et conversations canoniques), dans *Between Two Horizons: Spanning New Testament Studies and Systematic Theology* (Entre deux horizons : relier l'étude du Nouveau Testament et la théologie systématique), éd. Joel B. Green et Max Turner (Grand Rapids : Eerdmans, 2000), 165-82. L'idée que l'étude de la Bible doive se concentrer sur la forme finale de cette dernière est cependant universellement identifiée à l' « approche canonique » de Brevard S. Childs. Voir notamment *Introduction to the Old Testament as Scripture* (Introduction à l'Ancien Testament en tant qu'Écritures) (Philadelphie : Fortress, 1979). À cet égard, l'approche de Childs se distingue de la « critique canonique » de James Sanders, qui insiste sur le fait que la notion de Canon ne décrit pas la centralité de la forme finale, ou canonique, du texte, mais le processus dynamique de réadaptation des traditions au sein de la communauté chrétienne, qui se reflète dans la Bible elle-même tout en se poursuivant par la pratique interprétative de l'Église à travers l'Histoire. Voir James Sanders, *Torah and Canon* (Torah et Canon) (Philadelphie : Fortress, 1972); idem, *Canon and Community: A Guide to Canonical Criticism* (Canon et communauté : guide de la critique canonique), GBS (Philadelphie : Fortress, 1984); idem, *From Sacred Story to Sacred Text: Canon as Paradigm* (Du récit sacré au texte sacré : le Canon en tant que paradigme) (Philadelphie : Fortress, 1987). Pour une comparaison utile entre les approches canoniques de Childs et Sanders, voir Frank Spina, « Canonical Criticism: Childs versus Sanders » (La critique canonique : Childs versus Sanders), dans *Interpreting God's Word for Today: An Inquiry into Hermeneutics from a Biblical Theological Perspective* (Interpréter la Parole de Dieu pour aujourd'hui : étude l'herméneutique d'un point de vue de théologie biblique), éd. Wayne McCown et James Massey, Wesleyan Theological Perspectives 2 (Anderson, Indiana : Warner, 1982), 165-94.

4 G. Campbell Morgan, *The Study and Teaching of the English Bible* (L'étude et l'enseignement de la Bible en anglais), rév. E. D. De Rusett (Londres : Hodder & Stoughton ; New York : Fleming H. Revell, 1910), 30-31. Disponible aussi en ligne à l'adresse suivante : http://www.gcampbellmorgan.com/studyteach.html.

l'importance de l'interprétation des passages individuels, à la lumière de leur fonction dans l'ensemble du livre dont ils sont tirés, et du message d'ensemble du livre.

L'étude biblique inductive met également l'accent aussi sur l'importance, pour les étudiants, de développer leurs propres compétences d'étude de la Bible, en commençant toujours par examiner le texte eux-mêmes et en ne se servant des informations sur son arrière-plan, des approches critiques, des commentaires et d'autres sources secondaires que dans le cadre d'un programme d'ensemble qui se concentre, du début à la fin, sur l'aptitude des étudiants à déterminer le sens du texte sous sa forme finale. C'est par l'expérience, en observant, interprétant et s'appropriant le texte que les étudiants sont le mieux à même de comprendre les principes herméneutiques et apprennent le plus efficacement à étudier la Bible.

L'étude biblique inductive met aussi l'accent sur la faisabilité, en prenant garde à adapter le programme méthodologique en fonction de ce qu'il est raisonnable d'attendre des lecteurs de la Bible, y compris ceux qui se préparent à un ministère ou y prennent déjà part, en termes d'incorporation du principe d'induction dans leur propre processus. Ce principe découle de la conviction que l'étude biblique inductive cherche à modeler une approche méthodique qui corresponde à tous les aspects du texte biblique, notamment le rapport du lecteur/exégète au texte et à son étude dynamique. Ainsi, l'approche inductive prend en compte non seulement la nature du texte biblique, mais aussi l'identité des étudiants et les réalités auxquelles la plupart d'entre eux font face.

L'étude biblique inductive met l'accent aussi sur un processus méthodique large, auquel participent un certain nombre d'étapes ou de phases, dans un ordre précis. Elle ne saurait être perçue comme une approche exégétique spécifique qui puisse être mise en pratique en parallèle d'autres approches telles que la critique des formes, rédactionnelle ou narrative[5], mais plutôt comme un programme holistique, qui cherche à intégrer les valeurs des diverses approches ou procédures exégétiques, tout en reconnaissant la réalité pratique de l'exigence, pour l'étude biblique, de suivre scrupuleusement certaines étapes dans un ordre donné.

Un autre point sur lequel l'étude biblique inductive met l'accent est l'interrelation dynamique entre les diverses étapes ou phases spécifiques de l'étude de la Bible, par opposition à un modèle linéaire rigide, qui comprend ces phases comme étant isolées les unes des autres ou qui estime qu'il est possible d'en mener une à bien pour ne plus jamais y revenir. L'approche inductive, au contraire, fonctionne en spirale : une fois que les étudiants sont passés de l'observation à l'interprétation, ils perçoivent le besoin de corriger certaines observations qu'ils ont faites et font des observations supplémentaires. En passant de l'interprétation à l'appropriation pour aujourd'hui, les étudiants reconnaîtront des aspects interprétatifs

---

5 Pour des discussions utiles sur ces approches exégétiques spécifiques (notamment critiques), voir John Barton, *Reading the Old Testament: Method in Biblical Study* (Lire l'Ancien Testament : méthode d'étude biblique), éd. rév. (Louisville : Westminster John Knox, 1996) ; I. Howard Marshall, éd., *New Testament Interpretation: Essays on Principles and Methods* (Interprétation du Nouveau Testament : essais sur les principes et méthodes) (Grand Rapids : Eerdmans, 1977) ; David Alan Black et David S. Dockery, éd., *Interpreting the New Testament: Essays on Methods and Issues* (Interprétation du Nouveau Testament : essais sur les principes et méthodes) (Nashville : Broadman & Holman, 2001) ; Joel B. Green, éd., *Hearing the New Testament: Strategies for Interpretation* (À l'écoute du Nouveau Testament : stratégies d'interprétation) (Grand Rapids : Eerdmans, 1995).

supplémentaires et corrigeront peut-être certaines dimensions de leur propre interprétation. Autrement dit, même s'il est possible et nécessaire de distinguer ces diverses étapes spécifiques, elles se chevauchent constamment dans la pratique réelle de l'étude biblique inductive. Ainsi, il s'agit davantage d'emphase plutôt que d'exclusion mutuelle.

Enfin, l'étude biblique inductive met l'accent sur le développement d'un processus holistique et intégratif, qui se veut exhaustif pour les raisons suivantes :

1. Elle cherche à incorporer dans son modèle toutes les preuves légitimes, où qu'elles se trouvent, y compris celles tirées des approches critiques et de toutes les approches exégétiques légitimes de l'étude du texte, mais uniquement au stade du processus le plus adéquat et de la manière la plus efficace possible.

2. Elle cherche à aborder le texte à divers niveaux : livre, division, section, segment, paragraphe et phrase. L'étude biblique inductive permet aussi d'étudier le canon dans son ensemble, afin de faciliter le suivi des thèmes à travers la Bible et des relations entre les deux Testaments.

3. Elle cherche à répondre à l'ensemble des préoccupations herméneutiques, notamment l'observation initiale du texte[6], son interprétation, les considérations liées à l'appropriation et à la proclamation contemporaine, ainsi que la corrélation entre les enseignements des passages individuels et des livres, afin de former une théologie biblique et bibliquement fondée. Cette approche rejette l'atomisme textuel, ou disjonction, qui ne prend pas au sérieux les connexions internes au texte, ainsi que l'atomisme méthodologique, qui présente diverses approches ou mesures exégétiques comme autonomes et isolées les unes des autres.

Quoique nous venions juste de décrire les caractéristiques principales de l'étude biblique inductive, nous reconnaissons que ceux qui la pratiquent, même dans son sens strict, selon la tradition de Harper et White, n'adoptent pas un modèle absolument monolithique, mais que, de diverses manières, ils ont développé l'étude biblique inductive dans le cadre de certains paramètres larges.

Notre travail se concentre à présent sur la dimension exhaustive et synthétique de l'étude biblique inductive, afin qu'elle puisse être méthodique, en spirale, holistique et intégrée. Comme nous l'avons expliqué, les adjectifs *holistique* et *intégré* décrivent une approche exhaustive, qui inclut toutes les méthodes exégétiques légitimes pour l'étude du texte, notamment les méthodes critiques, à l'endroit le plus opportun et de la manière la plus efficace. Un des objectifs de *Methodical Bible Study* (L'étude biblique méthodique) (1952) était de mettre en lien l'étude biblique inductive, telle qu'elle était pratiquée, et l'exégèse traditionnelle, avec ses techniques exégétiques établies, employées par les spécialistes répartis sur la surface du globe. Cet accent mis sur l'exhaustivité et l'intégration, loin de s'éloigner de la vision de Harper et White, constitue un développement de leur vision et une

---

6 Notamment l'interrogation, c'est-à-dire le fait de poser les questions soulevées par ces observations afin de chercher à évaluer leur importance exégétique.

articulation de certaines de leurs préoccupations fondamentales. Nous défendons l'idée que l'étude biblique inductive est

> *une étude exhaustive et holistique de la Bible, qui prend en compte tous les aspects du texte, sous sa forme canonique finale, et lui permet de nous parler de lui-même, afin d'ouvrir la voie à une interprétation fiable, originale, convaincante et profonde, ainsi qu'à une appropriation pour aujourd'hui.*

Deux clarifications importantes

Ici, nous nous devons d'aborder deux points importants afin de clarifier la présentation qui suit dans le reste du livre. D'abord, nous reconnaissons qu'une des caractéristiques principales de l'approche inductive est sa dimension provisoire et ouverte ; par conséquent, nous présentons la thèse de ce livre comme une hypothèse de travail, que nous invitons les lecteurs à prendre en compte, afin de juger de sa légitimité, pertinence, praticité et utilité. La méthode elle-même doit se soumettre à la nature hypothétique de l'induction. Nous ne prétendons pas avoir écrit ici le dernier mot à ce sujet : le principe d'induction nous demande de soumettre notre compréhension de l'induction ou du processus inductif à des corrections et à des développements. De fait, nous sommes ouverts à des suggestions d'amélioration et de correction : si de nouvelles preuves nous convainquent que l'ensemble du processus ou un élément spécifique pose problème et doit être changé ou altéré, nous sommes disposés à apporter les ajustements requis.

Ensuite, le processus décrit ici est présenté sous sa forme idéale. Nous reconnaissons que les lecteurs devront adapter ces principes et procédures à leurs propres capacités, intérêts et contraintes en matière de temps. Les lecteurs devront se demander quels raccourcis appliquer et quelles modifications apporter, afin que leur application du processus se révèle efficace. Nous présentons le processus dans son ensemble, avec force détails, afin de permettre aux lecteurs de décider comment l'adapter et l'abréger, uniquement après avoir compris l'ensemble de la procédure. Le processus intégral que nous décrivons s'applique particulièrement bien aux passages bibliques cruciaux et difficiles, tandis que beaucoup d'autres passages n'exigeront pas de mettre en œuvre l'ensemble de cette méthode.

Aperçu de la présentation

La partie 1, « Fondements théoriques », est la première des cinq parties du livre et présente les fondements herméneutiques de l'approche inductive développée dans le reste du livre. Elle aborde des questions comme le sens de l'induction par opposition à la déduction, le rapport entre induction et présupposition et les caractéristiques principales d'une approche inductive.

La partie 2 : « Observation et questions » introduit la présentation de la mise en œuvre d'une approche inductive du texte biblique. Cette partie, avec le reste du livre, se sert de 2 Timothée 3.16–17 comme d'exemple pour chacune des étapes du parcours. Nous inclurons aussi beaucoup d'autres exemples spécifiques tirés de la

Bible. L'observation implique la discipline d'un examen attentif de l'ensemble des éléments du texte et sert de fondement pour poser des questions dont les réponses constituent l'interprétation.

La partie 3 : « Réponses ou interprétation » aborde plus en profondeur les divers types de preuves employées dans le cadre du processus d'interprétation. Cette partie est également très attentive au processus de raisonnement inférentiel, allant des preuves aux inférences.

La partie 4 : « Évaluation et appropriation » explore le processus d'examen des enseignements des passages, tels que dérivés de l'interprétation, afin de déterminer lesquels de ces enseignements peuvent légitimement s'appliquer directement en d'autres endroits et à d'autres époques (notamment les nôtres), par opposition à ceux qui sont si intimement liés à leur contexte original qu'aucune application directe n'est possible. Cette partie est également attentive au processus d'examen de situations actuelles, afin de les comprendre en profondeur et de déterminer si, et dans quelle mesure, le passage peut s'appliquer à une situation actuelle donnée. Enfin, elle explore le processus créatif et constructif spécifique de mise en lien des enseignements d'un passage biblique avec des situations actuelles.

Enfin, la partie 5 : « Corrélation » aborde le cheminement de l'enseignement de passages individuels et de livres entiers, à la construction d'une théologie de l'Ancien ou du Nouveau Testament, puis d'une théologie biblique. Cette partie aborde aussi les manières dont tous ces éléments sont en lien avec, et peuvent contribuer à, une théologie systématique fondée sur la Bible.

Suggestions de lecture

En anticipation de certains problèmes courants dans ce processus (car, comme dit le proverbe, il vaut mieux prévenir que guérir), voici quelques suggestions dont nous espérons qu'elles prépareront les lecteurs à mieux comprendre et utiliser le matériel décrit.

D'abord, les lecteurs doivent s'efforcer de voir le processus d'étude méthodique comme un tout, avant de chercher à appliquer l'une ou l'autre de ses parties. Cette perspective est nécessaire à cause des liens étroits entre les différentes étapes, qui sont si interdépendantes qu'il est impossible de comprendre leur dessein et leur fonction, sans connaître leur rapport avec l'étape précédente et suivante. Par conséquent, nous encourageons les lecteurs à parcourir l'ensemble du livre avant de chercher à appliquer ses suggestions, ou même de s'appliquer plus sérieusement à mieux comprendre ses parties. Les lecteurs devront aussi profiter des introductions et résumés qui précèdent les différentes sections, afin de noter attentivement leur contenu et leur organisation, ce qui leur permettra de voir les liens entre les étapes, afin de mieux appliquer chacune d'entre elles.

Nous suggérons aussi qu'une fois que les lecteurs seront prêts à appliquer ce contenu, ils s'en servent soit pour faire les exercices contenus dans le livre, soit pour faire d'autres exercices comparables. L'inclusion de ces exercices suggère un certain nombre de similitudes entre le développement d'une approche méthodique des passages bibliques et d'une meilleure forme physique : les deux passent surtout par la pratique, progressivement, et exigent donc patience et persévérance. De même qu'on ne peut muscler son corps rien qu'en se documentant sur le sujet ou en prenant quelques leçons faciles, une simple lecture de ce livre ne permettra pas d'étudier la Bible d'une manière inductive. Cette discussion s'avérera vraiment utile en ce qu'elle indique certaines lignes de conduite à suivre, qui permettront aux lecteurs d'apprendre l'étude biblique inductive par la pratique. Ce processus prendra des années, peut-être même toute une vie. Les exercices tirés des livres de Jonas et de Marc fourniront aux étudiants l'occasion d'appliquer ces principes tant aux textes de l'Ancien que du Nouveau Testament. Les lecteurs pourront aussi trouver notre propre œuvre, ainsi que celle d'autres auteurs, sur le site *www.inductivebiblicalstudy.com* (en anglais).

Nous encourageons ceux qui se servent de ce livre à chercher les passages cités dans leur Bible et à s'efforcer sérieusement de découvrir comment ces exemples illuminent les idées auxquelles ils correspondent. Trouver nos propres illustrations pour les divers points est également utile.

Les lecteurs doivent se servir au moins de certaines suggestions bibliographiques, car les présentations suivantes ne sont en aucun cas exhaustives pour le vaste domaine de l'étude de la Bible.[7] La discussion doit forcément prendre la forme d'un guide à employer en collaboration avec d'autres livres portant sur le même sujet. Certains titres seront indiqués au cours de la discussion, d'autres dans les notes de bas de page.

Les lecteurs doivent aussi tester eux-mêmes les affirmations de ce livre. Nous ne leur demandons pas de les accepter sans discernement, mais, au contraire, nous les encourageons à faire leur propre étude inductive. Ce faisant, si leurs conclusions contredisent celles de ce livre, ils auront non seulement le privilège, mais aussi l'obligation, d'adhérer à leurs propres découvertes.

De même, nous encourageons les lecteurs à suspendre leur jugement, sans accepter ni rejeter les affirmations immédiatement après les avoir lues, mais en laissant aux idées le temps de prendre effet. Si, par exemple, certains lecteurs sont incapables de comprendre le sens de certaines suggestions et qu'elles leur apparaissent superflues, ou même ridicules, ils devront rester ouverts à la possibilité qu'elles aient leur utilité, qui se révélera à eux avec le temps. Ils devront aussi avoir des raisons spécifiques et valables d'accepter et de rejeter certaines idées. Même après avoir tiré leurs propres conclusions, ils devront être prêts à les réviser à la lumière de nouvelles données qui l'exigent. Ces suggestions s'appliquent à l'approche inductive.

Les lecteurs doivent également garder à l'esprit que ce livre est conçu comme un aperçu exhaustif de l'herméneutique, s'adressant au premier chef à ceux qui se préparent à une vocation chrétienne professionnelle. Nous ne disons cependant pas que les lecteurs ne peuvent effectuer aucune adaptation ni simplification. Les

---

7 Pour un guide relativement exhaustif des ressources d'études bibliques, voir David R. Bauer, *An Annotated Guide to Biblical Resources for Ministry* (Guide annoté des ressources bibliques pour le ministère) (Peabody, Massachusetts : Hendrickson, 2003 ; repr., Eugene, Oregon : Wipf & Stock, 2011).

laïcs ordinaires, par exemple, devront en employer une version simplifiée afin d'étudier la Bible pour eux-mêmes.[8] Le plus important est de comprendre qu'on ne peut commencer par des études abrégées, car il est impossible d'abréger ce dont on n'a pas d'abord acquis une compréhension plus complète. Autrement dit, une conceptualisation plus un moins idéale est requise pour faire un résumé valide.

Les lecteurs doivent être conscients que ce livre emploie la répétition à dessein, en tant qu'outil pédagogique nécessaire et afin de garantir une présentation approfondie. Nous nous sommes efforcés de nous concevoir nous-mêmes comme les tuteurs personnels de tous les lecteurs de cet ouvrage. Notre préoccupation première n'a donc pas été de décrire l'étude biblique inductive de la manière la plus succincte possible, mais de réfléchir à une communication efficace. La répétition est un des moyens les plus efficaces de transmettre des idées.

Les lecteurs doivent aussi garder à l'esprit que la mécanique est un élément nécessaire à toute activité digne de ce nom. Einstein est devenu un grand physicien en apprenant d'abord les lois de la physique. Paderewski a fait des exercices pendant des heures avant de développer la capacité d'interpréter l'esprit des grands compositeurs. Aucun d'entre eux ne serait parvenu à un tel niveau sans d'abord maîtriser la mécanique de son domaine, au point où elle est devenue comme une deuxième nature pour lui, qui lui a permis de s'immerger dans les mystères de l'univers ou de saisir la qualité émotionnelle de la grande musique. Éliminez la mécanique de la physique et du piano, et vous éliminerez Einstein et Paderewski. Tous les enfants qui ont jamais appris à jouer du piano savent que l'apprentissage fastidieux des gammes est un prérequis pour devenir virtuose.

Le même principe doit s'appliquer à l'étude biblique. Autant on peut vouloir éviter la dimension mécanique de l'étude biblique, autant il faut comprendre qu'elle ne peut être éliminée, car il n'y a pas de manière mystique ou purement intuitive de comprendre les vérités bibliques. On ne peut se passer de techniques d'exégèse, puis s'attendre à devenir un exégète biblique accompli, pas plus qu'on ne peut s'attendre à devenir un grand pianiste sans maîtriser la technique du doigté.[9] Certains étudiants pensent que la mécanique et l'Esprit sont irréconciliables, car la mécanique requiert de la discipline et peut être fastidieuse. Il faut néanmoins se garder d'ignorer l'importance de cette dimension pénible de l'étude biblique, car cette erreur serait aussi fatale pour un étudiant de la Bible que le fait d'ignorer le doigté pour un pianiste. Sur une note plus positive, cela doit être une joie de se discipliner pour apprendre à maîtriser la mécanique, sachant que, même si le chemin à parcourir peut être sinueux, la joie qui nous attend en arrivant à bon port vaut largement tous ces efforts.

Par ailleurs, le processus méthodique ne doit pas devenir une fin en soi. Cela représente un danger réel : celui de voir la mécanique occulter sa raison d'être.

---

8 Un certain nombre de bons livres et manuels sont conçus pour présenter l'étude biblique inductive aux laïcs, notamment David L. Thompson, *Bible Study That Works* (Une étude biblique qui marche), éd. rév. (Nappanee, Indiana : Evangel Publishing House, 1994) ; Oletta Wald, *The Joy of Discovery in Bible Study* (La joie de la découverte dans l'étude biblique), éd. rév. (Minneapolis : Augsburg, 1975).

9 Nous reconnaissons qu'une étude biblique efficace ne peut se réduire à la technique, mais aussi que celle-ci est la concrétisation nécessaire de l'attitude, de la perspective et de la théorie.

En tant que chrétiens, nous sommes convaincus que le développement d'une approche méthodique et inductive est un moyen de former la pensée, afin d'en faire un meilleur instrument pour laisser le Saint-Esprit agir. Parce que l'interprétation de la Bible implique un processus rationnel, la pensée doit être juste pour qu'une interprétation soit valide. Le bon fonctionnement de la pensée n'est cependant pas automatique, c'est pourquoi la pensée doit être formée, pour éviter qu'elle n'en vienne à nier l'Esprit de Dieu. Une approche méthodique implique une description de l'œuvre de l'Esprit à travers la pensée et de la manière dont nous pouvons coopérer avec lui afin qu'il puisse opérer librement[10].

L'objectif ultime de la mécanique, ainsi que, certainement, de ce manuel, est donc d'aider les lecteurs à étudier les Écritures afin de mieux connaître leur véritable auteur, le seul vrai Dieu, et Jésus-Christ qu'il a envoyé. Nous n'avons mis par écrit ces suggestions que parce que notre expérience nous a montré que l'application de ce processus permet de parvenir à une meilleure relation d'intimité avec Dieu, à travers Jésus-Christ. Par ailleurs, un processus inductif méthodique peut être utile aussi pour les incroyants. Il peut donc être utilisé afin de leur permettre de mieux comprendre le texte biblique, même sans engagement de foi préalable.

Enfin, les lecteurs doivent éviter de concevoir ce livre comme un effort visant à dicter une formule d'étude biblique précise et rigide. Nous faisons cette suggestion pour les raisons suivantes :

- La nature même des processus de pensée fait qu'il est impossible de faire entrer la pensée dans un modèle inflexible ou un prêt-à-porter intellectuel. On peut, par exemple, indiquer que certaines mesures doivent être prises avant le début de la phase interprétative, mais parfois, nos pensées iront naturellement dans le sens de l'interprétation, surtout si le sens du texte est évident. Une telle élasticité est intrinsèque à la pensée et doit être respectée.

- Les différences individuelles aussi font qu'il n'est pas opportun pour une personne d'imposer à d'autres une formule d'étude biblique stricte. Certains principes fondamentaux peuvent être définis comme essentiels, ne devant pas être transgressés pour garder une approche inductive ; mais pour ce qui est de l'application précise de ces principes, chaque personne doit déterminer elle-même ce qui lui convient le mieux.

- Même par rapport au modèle général et aux étapes concrètes qui sont proposées, il faut garder un espace de liberté. Les différentes phases de l'étude sont interdépendantes : la première contribue à la deuxième, qui contribue elle-même à la première. Nous aurons souvent l'occasion de revenir sur ce principe au cours de cette discussion. Par ailleurs, aucun des aspects individuels du processus d'étude n'est jamais définitivement achevé. Par conséquent, si le fait de mener la première phase à son terme était nécessaire avant d'en venir à la seconde, celle-ci ne serait jamais atteinte.

---

10 Cette pensée introduit la question dérangeante du rôle de la foi dans l'interprétation de la Bible, sur laquelle nous reviendrons dans la partie 1.

Pour ces raisons notamment, le contenu de cet ouvrage ne doit pas être considéré comme une formule précise à suivre page par page chaque fois qu'on étudie un passage donné, mais plutôt comme une analyse de l'étude biblique pouvant servir de base pour formuler une approche méthodique et inductive des passages bibliques. Les lecteurs doivent comprendre cela s'ils veulent se servir du présent document. Ce manuel s'efforce de disséquer le processus d'étude, afin d'en révéler les composantes. Il peut donc être comparé aux exercices de dactylographie, qui représentent une analyse du processus dactylographique. Personne ne fait ces exercices chaque fois qu'il écrit un e-mail ; on ne s'attend donc pas non plus à ce que chaque étude biblique soit une réplique exacte du modèle décrit dans ce livre. Nous encourageons plutôt les lecteurs à assimiler les concepts fondamentaux de cette analyse, afin de s'en servir comme fondement pour développer une approche méthodique et inductive, qui correspondra à leurs talents et besoins individuels.

Partie 1

Fondements théoriques

Dès le départ, toute discussion herméneutique biblique doit aborder la question de la méthode. L'herméneutique aborde la manière dont on réfléchit et met en œuvre sa pratique de l'étude biblique. Ainsi, le souci de la pratique ou de la performance pose la question fondamentale de la juste manière de s'y prendre, qui est essentiellement une question de méthode. La présente étude herméneutique commence donc par explorer le sens de la méthode et les manières dont elle éclaire la pratique de l'étude biblique.

Le terme français *méthode* est une translittération du grec *methodos*, qui signifie littéralement « voie de transit », un passage d'un point à un autre ou de notre point de départ à notre destination. Les brèves définitions suivantes saisissent l'essence de la *méthode* :

- Le *Webster's II New College Dictionary*, publié aux États-Unis définit la *méthode* comme « une manière ou un moyen de *procédure*, notamment une manière *systématique* et régulière d'accomplir une tâche donnée, [...] *un arrangement ordonné et planifié.* »[1]

- John Dewey, qui est peut-être le théoricien de l'éducation le plus influent du 20° Siècle, a dit : « Au fond, la méthode n'est que la *manière de faire les choses*, à suivre quel que soit le cas, [...] les étapes principales à suivre [...] et les points cruciaux où les conditions de croissance doivent être maintenus et entretenus avec soin. »[2]

- Dans sa réflexion attentive sur les manières dont la *méthode* a été définie et employée, Howard Tillman Kuist conclut : « La méthode, conçue dans le sens le plus vaste possible, c'est la procédure. La première considération,

---

1 Webster's II New College Dictionary, s.v. « Méthode ». Les italiques ont été ajoutées pour metrre l'accent sur ces mots dans cette définition, ainsi que dans les deux définitions qui suivent.

2 John Dewey, « Méthode », dans Cyclopedia of Education, éd. Paul Monroe (New York : Macmillan, 1913), 4.204–5.

quel que soit le type de procédure, est de l'adapter à la fin qu'on a en vue. L'expérience nous apprend que lorsque nous avons quelque chose à faire, certaines manières de procéder sont meilleures que d'autres, certaines actions sont plus efficaces que d'autres. [...] La méthode est l'accommodation consciente des pouvoirs dont on dispose aux *exigences de la situation.* »[3]

Pour résumer ces définitions, la méthode possède à la fois :

- un caractère : elle est ordonnée, méthodique (Webster),

- un contenu : elle présente des étapes spécifiques à suivre (Dewey),

- des critères : Il s'agit de savoir quelle est la meilleure façon de faire ou la mieux adaptée à la tâche. (Kuist).

Le sens de base de la méthode est donc « la meilleure procédure spécifique pour faire quelque chose », « l'adjectif meilleur » étant déterminé par ce qui correspond à la tâche. Par conséquent, au cœur de la notion de méthode, il y a le principe d'adaptabilité. La nature de la méthode doit nécessairement correspondre à son objectif, car elle constitue le moyen de l'atteindre. Par exemple, une méthode qui s'applique au lancement d'une balle de baseball implique notamment une prise ferme de la balle, le repli en arrière du bras et la propulsion de la balle en projetant le bras en avant. Ces étapes sont vraies à cause de la nature même du geste. Pour toute activité significative, il faut toujours se demander quelle est la nature de la tâche, puis, étant donné cette nature, quelle est la meilleure manière de procéder, la mieux adaptée et la plus efficace.

L'application du principe d'adaptabilité à l'étude de la Bible implique une réflexion sur ses trois facteurs principaux :

1. La Bible

2. L'étudiant / lecteur / exégète

3. Le rapport entre la Bible et l'étudiant / lecteur / exégète

La question opératoire qui se pose est : étant donné la nature de la Bible dans tous ses aspects, celle de l'étudiant et le rapport entre eux, quelle est la meilleure manière de procéder ?

La suite de cette partie sera consacrée à la présentation des caractéristiques principales d'une bonne étude biblique. Ces caractéristiques émanent de nos convictions concernant la nature de la Bible, de l'étudiant et du rapport entre eux. Nous exprimerons parfois explicitement ces convictions, tandis que d'autres fois, elles demeureront implicites. Elles seront cependant toujours derrière tout ce qui sera contenu dans cette énumération des caractéristiques principales, ainsi que dans la présentation de l'étude biblique dans toute la suite de ce livre. Nous insistons cependant sur le fait que ces caractéristiques, avec les convictions sous-jacentes dont elles émanent, sont présentées comme une hypothèse de travail. Nous reconnaissons qu'elles ne sont en aucun cas scellées d'un imprimatur divin, mais qu'elles ne sont proposées que pour nourrir la réflexion du lecteur, que nous invitons à les accepter ou à les rejeter, tout en espérant qu'il fondera toujours son choix sur des considérations évidentielles raisonnables.

---

3 Howard Tillman Kuist, *These Words upon Thy Heart* (Ces paroles dans ton cœur) (Richmond : John Knox, 1947), 47–48.

1

L'étude inductive

Définition de l'induction et de la déduction

Dans la présente discussion, le terme *inductif* est employé comme synonyme d'*évidentiel* : un engagement à examiner les preuves dans et autour du texte, afin de leur permettre, où qu'elles nous mènent, de déterminer notre compréhension de son sens. *Déductif* est employé comme synonyme de *présuppositionnel* : un engagement à accepter certaines assertions (affichées ou implicites) que nous laissons déterminer notre compréhension du texte.

L'importance d'adopter une approche inductive de l'étude de la Bible est fondée sur le principe d'adaptabilité, qui est au centre de la notion-même de méthode. L'induction correspond le mieux à la nature de la Bible, qui est extérieure à nous et a son propre message à nous communiquer, un message fondé sur et émergeant de son propre contexte social, linguistique et historique. La Bible, telle que nous la personnifions, nous appelle à écouter son message selon ses propres termes ; elle souhaite nous adresser de nouvelles paroles, qui remettent en question nos présuppositions plutôt que de s'y conformer. L'induction est la méthode historique et celle des sciences humaines, notamment de la littérature, tandis que la déduction est celle des mathématiques, qui présuppose un système clos auto-établi. L'approche inductive est appropriée pour explorer les réalités qui n'ont pas d'existence propre et ne peuvent être contenues dans un système.

Aspects essentiels de l'induction et de la déduction

L'approche inductive de l'étude biblique revêt deux aspects essentiels : un esprit d'induction, ou une attitude inductive, et un processus inductif qui met en œuvre cet esprit ou attitude. Idéalement, l'attitude doit précéder le processus, mais dans tous les cas, les deux doivent être présents et sont indispensables pour une étude biblique vraiment inductive.

Un esprit est inductif s'il part d'une approche caractérisée par une ouverture radicale à toute conclusion qu'imposeraient les preuves bibliques. Cette attitude est la dimension interne de l'approche inductive, tandis que les processus spécifiques qui peuvent être considérés comme inductifs sont l'expression et la mise en œuvre extérieures.

Les esprits déductif et inductif s'excluent mutuellement. L'esprit déductif est dogmatique et autoritaire, absolu et catégorique, il se caractérise par une fermeture d'esprit. Il équivaut à l'absolutisme herméneutique. Il n'admet pas la possibilité d'être dans l'erreur et n'est donc pas prêt à changer. Il n'est pas ouvert à la contestation ou à la dissension. Il résiste à la discussion avec les points de vue divergents. Il se soucie souvent de trouver des textes qui appuient ses positions préétablies. Une telle mentalité dogmatique s'exprime ainsi : « J'ai déjà tranché, ne m'embrouillez pas avec les faits. »

Une attitude déductive peut être motivée par la crainte de la contestation de traditions auxquelles on est attaché. Ces traditions, souvent fondées sur l'acceptation d'un enseignement reçu, n'ont peut-être jamais été soumises à un examen critique à la lumière du texte biblique. Elles sont parfois considérées comme fondamentales à notre système de croyances, si bien qu'on peut craindre qu'un examen ouvert le fasse s'effondrer.

Les personnes qui ont une telle mentalité cherchent à influencer le résultat de l'étude biblique en précisant à l'avance à quelles interprétations elle doit mener. Par conséquent, certaines présuppositions confessionnelles, notamment divers systèmes théologiques ou doctrines spécifiques, sont appliqués aux Écritures et déterminent inévitablement le résultat du processus d'interprétation des textes[1]. Ce processus est circulaire et se confirme lui-même. Dans de tels cas, au lieu d'être à l'écoute du texte lui-même, l'exégète impose son sens au texte.

D'autres encore, qui ont du mal à s'accorder avec la vision biblique du monde, cherchent, par conséquent, à interpréter le texte d'une manière conforme à leur propre vision du monde. À la phase d'interprétation, au lieu de se concentrer sur le message communiqué par le texte et de garder les jugements de valeur pour plus tard, ils commencent par imposer leurs propres idées au texte, afin de le lire selon ce filtre. Par exemple, certaines personnes, qui partent de l'assertion a priori que l'univers est figé et que les miracles ne sont pas possibles, interprètent les récits miraculeux comme des « mythes ». D'autres partent de l'assertion qu'une révélation divine transcendante est impossible, si bien qu'ils ne comprennent le texte qu'en termes d'histoire des religions, comme un recueil de pensée exclusivement humaine et de quête du divin. Même des programmes socio-politiques, comme le féminisme, la théologie de la libération, le capitalisme ou le socialisme, ont été importés dans le processus herméneutique afin de prédéterminer ses résultats. Une des préoccupations les plus courantes chez les principaux initiateurs du mouvement d'étude biblique inductive était la prétendue certitude des résultats de la critique biblique, dont les partisans de l'étude biblique inductive ont justement

---

1 Voir James Barr, *Fundamentalism* (Le fondamentalisme) (Philadelphie : Westminster, 1978). Voir aussi la discussion à l'annexe B ci-dessous.

fait remarquer qu'ils n'étaient qu'un ensemble d'assertions (certaines mieux fondées que d'autres, mais toutes spéculatives) qui servaient souvent de prisme à travers lequel on percevait le texte biblique. On pourrait citer bien d'autres exemples d'idées n'ayant jamais fait l'objet d'un examen critique, ce qui n'a pas empêché leur exploitation par des esprits dogmatiques et déductifs.

L'esprit inductif, avec son processus de mise en œuvre, s'efforce, pour sa part, de ne pas être dogmatique. Une personne à l'esprit inductif est ouverte à la discussion, et même à la remise en question ; son avidité est fondée sur son désir d'apprendre ce que le texte a à dire, qu'elle soit d'accord ou non. Une telle personne reconnaît qu'elle aura l'occasion par la suite de formuler des jugements de valeur concernant le message communiqué par le texte. Elle est disposée aussi à reconnaître ses propres limites et à commencer toute exégèse par cette affirmation : « Je peux me tromper, mais voici ce que je retire du texte et les preuves sur lesquelles je fonde ma compréhension. » Elle est ouverte à changer d'avis face à de nouvelles preuves. En fait, elle cherchera même activement les interprétations divergentes et les raisons qui les fondent. Même si elle ne trouve pas de raison valable pour changer sa propre compréhension du texte, au moins elle comprendra mieux les points de vue divergents et en retirera peut-être aussi une meilleure appréciation.

Si ce qui a été dit concernant le caractère de l'induction est valide, une partie de ce qui passe pour une étude biblique inductive n'est pas vraiment inductif, du fait de l'absence de cet esprit. On peut imiter des techniques spécifiques du processus inductif tout en gardant un esprit déductif, afin de donner l'apparence de l'induction sans sa réalité. Dans de tels cas, la mentalité déductive prend le dessus et devient dominante à un certain point du processus.

Heureusement, on peut commencer par un esprit déductif, puis adopter un esprit inductif à travers l'étude directe du texte. Cette transformation survient souvent lorsque le processus inférentiel, souvent inconscient, de raisonnement à partir de prémisses évidentielles, afin d'en tirer des conclusions possibles, devient conscient et qu'on lui applique des tests de validité.

On peut commencer, au contraire, avec un esprit non dogmatique, avant de s'égarer à cause de l'absence d'un bon processus de mise en œuvre ; une ouverture radicale au texte n'est pas suffisante. Elle est fondamentale pour identifier un processus qui permet vraiment au texte de parler de lui-même, ce qui est l'objectif d'une personne avec un esprit inductif. Il faut éviter de séparer l'esprit inductif du processus inductif si on espère s'engager dans une étude biblique réellement inductive.

La discussion se concentre à présent sur la deuxième composante de l'étude biblique inductive : le processus inductif. Ce processus s'efforce de mettre en œuvre un esprit inductif. Le lecteur ne doit pas perdre de vue le caractère indispensable de l'esprit inductif, qui donne vie au processus, lequel ne serait autrement que pure forme, sans l'esprit qui lui donne du sens et un dessein.

Le processus inductif est le test et l'expression de l'esprit inductif ou de l'attitude d'induction. En général, le processus inductif est tout ce qu'il y a de plus efficace afin de déterminer le sens du texte et ainsi de mettre en œuvre une attitude inductive. Aux pages suivantes, nous proposons un processus inductif spécifique, à travers lequel nous souhaitons atteindre cet objectif. Nous développons ce processus avec un esprit inductif, non dogmatique, car le processus lui-même doit être ouvert à la discussion et à la remise en question. Les lecteurs doivent mettre en œuvre ce processus afin de le comprendre, mais une fois qu'ils l'ont compris, nous les encourageons à déterminer pour eux-mêmes le processus inductif qui correspond le mieux, selon eux, à un esprit inductif.

L'esprit déductif et inductif s'expriment tous les deux à travers un processus de raisonnement inférentiel qui en découle. Le raisonnement inférentiel, qui consiste à tirer des conclusions sur le sens d'un passage à partir des prémisses, est inévitable pour comprendre le texte biblique. Il peut être conscient ou non, présuppositionnel ou évidentiel, dogmatique ou hypothétique, illogique ou logique, invalide ou valide. Une chose est certaine : le raisonnement inférentiel est toujours présent dans l'interprétation.

Il n'est pas nécessaire de devenir expert en raisonnement inférentiel pour acquérir ce que la communauté de foi considère comme une connaissance salvifique des Écritures, mais ceux qui aspirent à exercer des responsabilités au sein de la communauté de foi doivent cependant développer ces compétences, afin de saisir plus précisément et plus profondément le message des Écritures.

Dans le cadre du processus de raisonnement inférentiel, certaines constantes ou données fondamentales découlent à la fois de l'induction et de la déduction. Les deux éléments contiennent deux composantes principales : une ou plusieurs prémisses, suivies d'une inférence, appelée parfois conclusion. Une prémisse est une affirmation ou assertion à partir de laquelle on peut dériver de manière causale une inférence, ou conclusion. Ainsi, on emploie l'expression « Il s'ensuit que », ou d'autres expressions équivalentes, entre les diverses prémisses et l'inférence.

Dans le cadre du raisonnement inférentiel déductif, on emploie une ou plusieurs prémisses déductives (lesquelles sont présuppositionnelles et absolues). Dans le cadre du raisonnement inférentiel déductif, au contraire, on emploie des prémisses inductives, qui sont évidentielles et conditionnelles. Les inférences déductives, comme les prémisses déductives, sont absolues et inchangeables, tandis que les inférences inductives sont hypothétiques et probables, c'est-à-dire qu'elles peuvent changer.

Nous avons décrit les constantes ou fondements du raisonnement inférentiel, à la fois inductif et déductif. Le processus de raisonnement inférentiel comporte cependant aussi des variables, qu'il s'agisse de raisonnement inductif ou déductif. Ce qui varie à la fois dans la déduction et dans l'induction est que dans les deux cas, les prémisses, ainsi que les inférences, peuvent être à la fois générales ou spécifiques[2]. Les définitions de l'induction décrivent souvent le raisonnement inductif comme un mouvement allant de données spécifiques vers une inférence générale, tandis que certaines définitions de la déduction décrivent le raisonnement déductif comme un mouvement allant de prémisses générales vers des conclusions spé-

---

2 Ce point est bien développé par Joel Rudinow et Vincent E. Barry, dans *Invitation to Critical Thinking* (Invitation à la pensée critique), 5ᵉ éd. (Belmont, Californie : Wadsworth/Thomson, 2004), 147–48.

cifiques ; de telles définitions ont cependant souvent une perspective limitée, qui ignore les différentes manières dont on peut se servir de la déduction et de l'induction, comme expliqué dans l'annexe A. Même si, dans certains cas, le raisonnement inductif implique de passer de prémisses spécifiques à des inférences générales, de même que, dans certains cas, le raisonnement déductif implique de passer des prémisses générales à des conclusions spécifiques, toutes ces considérations sur le général et le spécifique ne sont pas essentielles à l'induction et à la déduction elles-mêmes. Des prémisses et inférences déductives et inductives peuvent toutes deux être à la fois générales et spécifiques, en fonction de ce qui correspond le mieux aux cas particuliers[3].

En résumé, ce qui est toujours constant est que les prémisses du raisonnement déductif sont présuppositionnelles et absolues, tandis que celles du raisonnement inductif sont évidentielles et conditionnelles. Par conséquent, les inférences déductives, de même que leurs prémisses, sont toujours certaines et absolues, tandis que les inférences du raisonnement inductif sont probables ou hypothétiques et ouvertes à la correction, si nécessaire. L'induction et la déduction sont diamétralement opposées en relation à ces constantes.

---

3 Il y a deux facteurs qui déterminent si les prémisses et inférences de déduction et d'induction sont générales ou spécifiques. Le premier est la nature de la tâche, ainsi que l'objectif pour lequel on emploie les prémisses et inférences en vue de cette tâche. Il y a des domaines où on a besoin de prémisses déductives qui soient générales en même temps que présuppositionnelles et absolues ; c'est le cas notamment de la logique mathématique, qui commence souvent par des axiomes généraux comme celui d'Euclide : toutes choses égales à une même chose sont aussi égales entre elles. Au contraire, l'emploi déductif de prémisses générales pour l'étude de textes littéraires comme la Bible est inapproprié et inadapté, du fait des différences entre les mathématiques et la littérature. La littérature est constituée de textes spécifiques, pour lesquels tout raisonnement doit commencer par des prémisses spécifiques fondées sur ces textes, non par des affirmations générales à leur sujet.

En même temps, le raisonnement déductif peut partir de prémisses spécifiques, fondées sur des textes spécifiques, et leur supposer un sens incorrect menant à des inférences fallacieuses. Dans ce cas, la question n'est pas de savoir s'il s'agit de prémisses générales ou spécifiques, mais si elles sont présuppositionnelles et absolues ou évidentielles et conditionnelles. Ainsi, des prémisses déductives peuvent être à la fois générales ou spécifiques ; de plus, ainsi que nous le verrons, des inférences déductives et inductives aussi peuvent être à la fois générales ou spécifiques.

Le deuxième facteur qui explique ces variations est le stade du processus de raisonnement. Le raisonnement inférentiel est cumulatif, avec des stades initiaux, qui constituent la matière première pour les stades suivants. Même si, dans l'examen de textes littéraires comme dans la recherche scientifique, les prémisses sont forcément d'abord spécifiques, aux stades suivants, lorsque les inférences servent à leur tour de prémisses pour poursuivre le raisonnement inférentiel, les prémisses inductives peuvent être plus générales, tout en demeurant évidentielles et provisoires. En science, par exemple, l'observation des divers épisodes de la poussée gravitationnelle terrestre peut mener à une inférence générale concernant le modèle gravitationnel, qui peut ensuite servir de prémisse pour un raisonnement inférentiel inductif plus poussé sur les phénomènes observés précédemment. D'une manière similaire, dans les Évangiles synoptiques, Jésus se décrit lui-même à plusieurs reprises comme le « Fils de l'Homme ». En partant de prémisses spécifiques fondées sur cet élément, on peut inférer que cette identification est généralement la manière préférée employée par Jésus pour se décrire lui-même ainsi que son rôle. Cette inférence générale peut ensuite servir de prémisse générale à un stade ultérieur de raisonnement inférentiel, de laquelle on pourra tirer de nouvelles inférences par rapport à ce que dit le NT de la manière dont Jésus se voit et se comprend lui-même, en fonction notamment du sens de l'expression « Fils de l'Homme ». (Vous trouverez les premiers exemples de ces stades tardifs de raisonnement inférentiel dans le chapitre intitulé « Corrélation » ; voir partie 5.) Les prémisses déductives et inductives peuvent donc être à la fois générales ou spécifiques, sans que cela ne détermine si elles sont l'une ou l'autre.

Ce qui est vrai des prémisses déductives et inductives peut s'appliquer aussi aux inférences déductives et inductives : elles peuvent être à la fois générales ou spécifiques, selon ce qui convient à la tâche et à l'objectif, ainsi qu'au stade du processus de raisonnement inférentiel. Affirmer sans équivoque que les inférences déductives sont toujours spécifiques et que les inférences inductives sont toujours générales nous fait passer à côté de ces lignes de raisonnement distinctives. Là encore, la question de savoir si le mouvement va du général vers le spécifique ou du spécifique vers le général n'est pas essentielle ni à l'induction, ni à la déduction, mais contingente à la nature de la tâche et à l'objectif, ainsi qu'au stade du processus de raisonnement inférentiel.

Le plus grand danger, dans le cadre du processus de raisonnement inférentiel, est qu'il commence souvent inconsciemment par adopter de manière déductive une ou plusieurs prémisses comme assertions axiomatiques, pour lesquelles il n'y a pas, ou ne peut peut-être même pas y avoir, de preuves adéquates. De telles prémisses sont souvent fondées sur des preuves incomplètes ou partielles, ou encore sur des traditions réputées valides. L'antidote est de prendre conscience du processus de raisonnement.

La voie de la sagesse, surtout par rapport aux passages les plus importants, ainsi que, du moins, à certains passages problématiques, est de mettre par écrit le processus de raisonnement inférentiel. Une telle objectivation du processus permet non seulement d'en prendre conscience, mais aussi de découvrir plus efficacement les éventuelles assertions inconscientes qu'on ajoute au processus d'étude, afin d'ensuite les tester.

Le raisonnement inductif cherche consciemment à éviter (ou, du moins, à tester) les présupposés, cachés ou non, dans l'intention de développer des prémisses sur un fondement purement évidentiel. De telles prémisses sont toujours ouvertes au changement et à la correction, en cas de nouvelles preuves non observées ou employées précédemment. Une personne inductive ne cherche pas que des preuves qui appuient son point de vue, mais elle s'efforce plutôt d'examiner toutes les preuves, qu'elles aillent dans son sens ou non. Une prémisse n'est sérieusement mise en avant qu'après avoir été ainsi étayée, même si diverses prémisses possibles peuvent être testées au cours du processus. La question fondamentale est toujours : quelles sont les preuves ?

Quant aux inférences, le raisonnement déductif vise à une certitude totale. Ainsi, ses inférences, comme ses prémisses, sont dogmatiques. La certitude mène à la certitude. Parfois, on suit un processus logique valide, même si certaines inférences peuvent être tirées d'un raisonnement fallacieux. Cependant, même dans le cas d'un processus logique valide, on ne peut présumer que toutes les preuves pertinentes ont été trouvées ou sont employées correctement ; ainsi, les inférences absolues ont tendance à poser problème. Un interprète déductif refusera de reconnaître que certaines inférences ne sont pas fiables et ne peuvent donc être tenues pour certaines.

Les inférences inductives ne sont cependant pas seulement soumises au test de la logique valide, mais elles sont aussi considérées comme hypothétiques, et donc toujours ouvertes au changement. De telles inférences peuvent être acceptées comme des affirmations de « croyances », mais ne sont pas forcément des « vérités ». Cette distinction est cruciale, du fait de notre caractère faillible en tant qu'exégètes humains, laquelle se manifeste aussi bien par le manque de conscience que nous sommes faillibles. Par ailleurs, tandis que le raisonnement déductif mène à la stagnation et empêche de croître dans la compréhension du texte biblique, le raisonnement inductif laisse un espace de croissance, en ce qu'il rend possible un changement de compréhension du sens du texte, lorsque cela s'avère opportun.

Ces changements ne concernent pas nécessairement des articles de foi fondamentaux, comme la croyance que Dieu a créé les hommes à son image et selon sa ressemblance ou que Jésus est le Fils de Dieu. Une personne peut plutôt avoir besoin de changer sa compréhension des affirmations bibliques et des articles de foi qui se fondent sur celles-ci. Une compréhension profonde et fiable du sens et de l'importance de ces réalités doit être l'objectif de l'étudiant de la Bible.

Exemples de raisonnements inférentiels inductifs et déductifs

Le test ultime de la présence et de la pratique de l'esprit inductif est la volonté de recueillir des preuves qui vont pleinement et ouvertement dans le sens ou à contresens des prémisses, ainsi que d'accepter celles-ci comme conditionnelles (si nécessaire), tout en reconnaissant que les inférences sont hypothétiques et susceptibles de changer[4]. La résistance à l'application d'un tel test peut indiquer l'absence de l'esprit requis pour une étude biblique authentiquement inductive. Tant que cette étroitesse d'esprit n'a pas cédé la place à une attitude d'ouverture radicale, i ne sera d'aucune utilité de se livrer à des procédures censément inductives, quelle qu'en soit la quantité. L'emploi de ces procédures soi-disant inductives peut néanmoins s'avérer utile pour la personne déductive, mais sous de telles conditions, les procédures inductives n'auront pas la même valeur qu'une approche réellement inductive du texte.

Voici plusieurs exemples de raisonnements inférentiels, pouvant être employés, correctement ou non, afin d'interpréter les textes mentionnés dans les prémisses de chaque exemple. Nous encourageons les lecteurs à chercher à identifier lesquels de ces arguments sont inductifs ou déductifs.

Exemple 1

Prémisse 1	Si Dieu a promis de donner toute la terre physique de Canaan à la descendance ethnique d'Abraham (Genèse 17.8),
Prémisse 2	et que le peuple juif constitue la descendance ethnique d'Abraham,
Inférence	alors il s'ensuit que selon ce texte, en définitive et pour toute l'éternité, le peuple juif possédera toute la terre physique de Canaan.

Exemple 2

Prémisse 1	Si Genèse 1.3 — 2.1 dit que Dieu a créé toutes choses en six « jours »,
Prémisse 2	et si le terme de « jour » n'est pas employé ici pour une période de 24 heures,

---

4 Il peut certes arriver que les prémisses inductives soient à la fois évidentielles et absolues, notamment lorsqu'elles sont formulées d'une manière qui contient des éléments de données brutes dont la présence est évidente (par ex. des citations directes ou virtuelles du texte biblique). Même là, cependant, il sera toujours possible de découvrir des éléments de critique textuelle ou d'autres données historiques, si bien qu'on ne pourra pas se prononcer dans l'absolu.

Inférence   il s'ensuit que ce texte ne veut pas dire que Dieu a créé toutes choses en six périodes consécutives de 24 heures.

Exemple 3

Prémisse 1   Il est tout à fait certain que Dieu, par sa nature même, est immuablement juste et fidèle.

Prémisse 2   Donc, si Dieu a fait une alliance avec Abraham (Genèse 15),

Inférence   il s'ensuit soit qu'il est impossible que Dieu commette un acte d'injustice et d'infidélité en violant son alliance, soit que, s'il l'a fait, cette violation ne saurait être injuste et infidèle[5].

Exemple 4

Prémisse 1   Il était nécessaire que le Fils de Dieu meure afin de satisfaire la colère de Dieu,

Prémisse 2   Or, Jésus était le Fils de Dieu.

Inférence   Il s'ensuit que la mort de Jésus a satisfait la colère de Dieu.

Exemple 5

Prémisse 1   Si la mission de Jésus était d'accomplir la loi et les prophètes et non de les abolir (Matt. 5.17–18),

Prémisse 2   et si accomplir veut dire autre chose que d'obéir à tous les commandements qu'on trouve dans la Loi et les Prophètes,

Inférence   il s'ensuit que la mission de Jésus, selon ce passage, n'était pas forcément d'obéir à tous les commandements de la Loi et des Prophètes.

Les prémisses inductives contenues dans les exemples précédents sont établies conditionnellement, même si certains lecteurs peuvent avoir tendance à considérer au moins certaines d'entre elles comme absolues. Dans l'analyse finale, le problème n'est cependant pas de savoir si elles sont présentées sous une forme conditionnelle (« si »), mais si elles sont établies dans une attitude d'ouverture concernant leur validité. Ainsi, une prémisse inductive peut être affirmée inconditionnellement, mais en reconnaissant qu'elle peut être fausse. La question de l'induction est de savoir s'il y a suffisamment de preuves pour appuyer une prémisse, ou si elle a besoin de plus de preuves, ainsi que si elle est présentée d'une manière qui reconnaît qu'elle peut être fausse. Parce que les prémisses inductives exprimées sont conditionnelles, les inférences doivent être également considérées

---

5 Nous considérons cet argument comme déductif, puisque la première prémisse est présentée comme absolue, même si la deuxième est présentée comme conditionnelle et clairement évidentielle. Même si une seule prémisse d'un argument est déductive, tout l'argument devient déductif.

comme telles, même si, là encore, certains peuvent avoir tendance à les considérer comme dogmatiques. Par ailleurs, le test logique doit s'appliquer aux inférences : si on accepte les prémisses et si les inférences en sont tirées d'une manière valide, elles sont inévitables.

Rôle de la communauté de foi dans l'induction et la déduction

La discussion ci-dessus se concentrait sur le recours individuel à l'induction, mais celle-ci a cependant aussi des implications communautaires. L'Église doit être une communauté de discours biblique, théologique et moral. Un tel discours est souvent découragé, car les esprits déductifs et dogmatiques ne le permettent pas. Dans de telles communautés, tous ceux qui remettent en question les idées défendues par certains, ou peut-être par la plupart des membres, ne sont pas les bienvenus et sont peut-être même considérés comme hérétiques, si bien que ces églises n'ont pas l'ouverture qui devrait caractériser un véritable esprit communautaire.

La clé pour une véritable unité et communauté n'est pas d'éviter les questions sur lesquelles nos opinions peuvent diverger, mais plutôt d'avoir des discussions ouvertes, en laissant à chacun la liberté de remettre en question toutes les prémisses et inférences qui fondent une approche évidentielle du texte biblique. Cette pratique s'applique spécialement à ceux qui prétendent souscrire à l'autorité suprême des Écritures en matière de foi et de vie.

Les communautés autoritaires sont souvent contrôlées par une personne ou un groupe de personnes faillibles. Ces responsables affirment une liste toujours croissante de doctrines auxquelles tous doivent adhérer sans les remettre en question pour être considérés comme orthodoxes. Les prétendues autorités se tiennent entre le lecteur et le texte biblique, en grande partie comme la hiérarchie de l'Église catholique romaine dans la période qui précédait immédiatement la Réforme.

Le processus inférentiel derrière ces prises de position dogmatiques n'est que rarement exposé aux tests inductifs de preuve et de logique. Une telle posture contredit pratiquement la confession par ces personnes de l'autorité ultime des Écritures. Les prétendues autorités qui se tiennent entre l'individu et le texte biblique, quelles que soient leurs traditions, sont elles-mêmes devenues l'autorité ultime. L'appel à un esprit inductif constitue un défi à cette approche déductive, dogmatique et autoritaire.

Les communautés de foi ne doivent cependant pas non plus être complètement latitudinaires. Les chrétiens peuvent s'accorder sur un certain nombre de principes bibliques fondamentaux et vitaux, en partant d'un esprit et d'un processus inductif, tout en laissant un espace permettant aux différentes communautés de se distinguer. En même temps, un esprit inductif constitue un appel à manifester de l'amour et du respect, tout en étant à l'écoute de l'opinion des autres, notamment de ceux qui sont membres de la communauté de foi. Il s'agit d'une reconnaissance du fait que nous avons tous des angles morts, pour lesquels nous avons besoin de l'aide des autres. Les personnes membres de communautés spécifiques doivent écouter les autres, au sein et à l'extérieur de leur communauté, et les communautés (traditions et dénominations) elles-mêmes doivent échanger avec d'autres communautés autour du texte biblique.

Principes liés à l'induction

Deux principes fondamentaux de l'étude inductive appliquée à la Bible revêtent une importance particulière pour ceux qui souhaitent mieux la comprendre et la mettre en pratique. D'abord, au cœur de l'induction, réside le principe de probabilité, par opposition à la certitude absolue ; dans le cadre d'une approche inductive, il faut toujours s'exprimer en termes de degrés de probabilité[6]. Cette considération est due à la nature évidentielle et inférentielle de l'induction. D'une part, les preuves sont parfois ambiguës et ne mènent pas toujours clairement à une conclusion spécifique. Par ailleurs, les preuves sont parfois contradictoires, un élément menant dans un sens et un autre dans un sens différent. De plus, les preuves sont souvent limitées et il peut arriver que de nouvelles preuves soient découvertes (on peut penser ici à la quantité phénoménale de nouvelles preuves pour l'exégèse biblique, apparues lors de la découverte des rouleaux de la Mer morte ou de la bibliothèque de Nag Hammadi). Enfin, notre compréhension des preuves peut être limitée, si bien que nous devons comprendre que le sens que nous leur accordons doit être ouvert à de nouvelles données.

L'idée qu'une approche inductive de l'étude de la Bible fait intervenir la probabilité, ne doit pas conduire les étudiants à l'agnosticisme exégétique, c'est-à-dire à l'idée qu'il est impossible de s'exprimer avec certitude sur le sens d'un passage biblique. On peut parvenir au moins à une interprétation du sens de base de presque tous les passages, avec un degré de probabilité si élevé qu'on peut parler de quasi-certitude. Pour certains passages, le degré de probabilité d'une interprétation est cependant plus faible, si bien que l'étudiant devra reconnaître que son interprétation est plus relative. Il y a même des passages pour lesquels les preuves ne sont pas concluantes, si bien que les étudiants seront contraints de suspendre leur jugement quant à savoir quel sens leur donner.

Ensuite, les étudiants qui adoptent une approche inductive doivent adhérer au principe de réalité, qui reconnaît que l'induction pure, ou absolue, n'existe pas. Nous avons tous des présuppositions, mais nous devons faire tout ce que nous pouvons pour en prendre conscience, puis les exposer volontairement aux preuves bibliques, en étant disposé à changer d'avis si cela s'avère nécessaire. Comme l'a dit Adolf Schlatter : « Nous ne sommes libérés de nos présuppositions et ne nous élevons au-dessus d'elles que lorsque nous en prenons clairement conscience. »[7] Cette attitude d'ouverture radicale aux preuves, où qu'elles nous mènent, est fondamentale à l'induction, au point où on peut la qualifier d'esprit inductif, comme

---

6 Rudinow et Barry, *Invitation to Critical Thinking* (Invitation à la pensée critique), 212 : « Une force inductive est relative, c'est-à-dire qu'elle *admet des degrés.* » (italiques contenus dans l'original)

7 Adolf Schlatter, « Atheistische Methoden in der Theologie » (Méthodes athées en théologie », dans *Zur Theologie des Neuen Testaments und zur Dogmatik, Kleine Schriften* (De la théologie du Nouveau Testament et de la dogmatique, petits textes), éd. Ulrich Luck, Theologische Bücherei 41 (Munich : Kaiser, 1969), 142, cité dans Peter Stuhlmacher, *Historical Criticism and Theological Interpretation of Scripture* (Critique historique et interprétation théologique des Écritures) (Philadelphie : Fortress, 1977), 47.

l'a si bien dit Clark Pinnock : « La leçon à apprendre ici est qu'il faut laisser la Bible dire ce qu'elle a à dire, sans lui imposer notre propre programme impérialiste ; notre exégèse doit laisser parler le texte, peu importe où cela nous mène. »[8]

Dans la pratique, bien sûr, l'identification de toutes les présuppositions qui s'imposent à notre interprétation d'un passage peut s'avérer difficile, mais deux processus peuvent «nous y aider. Le premier consiste à mettre par écrit les grandes lignes de notre raisonnement inférentiel. En établissant nos prémisses évidentielles afin d'en tirer des conclusions possibles, nous devrions pouvoir identifier les présuppositions invérifiées et précédemment inconscientes qui ont pénétré notre articulation des preuves ou notre raisonnement inférentiel, jusqu'à influencer nos conclusions. Le deuxième processus utile, au moment opportun, est d'entrer en dialogue avec d'autres, notamment à travers l'emploi de commentaires. L'exégèse des autres nous présentera souvent d'autres possibilités, ainsi que les preuves qui vont dans le sens de ces alternatives, afin de nous contraindre à faire face à la manière dont nos propres présuppositions ont peut-être entravé notre compréhension des preuves ou notre raisonnement inférentiel, jusqu'à influencer nos conclusions.

---

8 Clark Pinnock, « Climbing out of the Swamp: The Evangelical Struggle to Understand the Creation Texts » (Sortir du marais : la lutte évangélique pour comprendre les textes de la création), *Int* 43 (avril 1989): 155.

2

L'étude transjective

La description de l'induction, en mettant l'accent sur une juste appréciation des preuves tirées du texte, sans intrusion déterminante de nos propres présuppositions, peut mener à la conclusion que l'étude biblique inductive ne s'intéresse qu'à l'objet étudié (le texte biblique), sans porter sérieusement son attention sur le rôle du sujet, le lecteur, qui s'engage dans le processus d'étude. Cette conclusion serait erronée : l'étude biblique inductive se soucie clairement de tous les aspects du processus d'étude, notamment du rôle vital joué par les lecteurs en tant que sujet actif, qui observe et fait des inférences. Le principe d'adaptabilité, qui est au cœur de toute la notion de méthode, requiert de prendre en considération non seulement la nature du texte biblique, mais aussi la nature et le fonctionnement de l'étudiant/lecteur, ainsi que le rapport entre celui-ci et le texte. L'examen des réalités de l'étude des textes, notamment du texte biblique, révèle que ce rapport n'est ni entièrement objectif, ni exclusivement subjectif, mais transjectif.

Caractère dialectique de l'étude biblique

Le terme *transjectif* reflète le fait que le rapport entre la Bible et l'étudiant implique un ensemble dynamique de dimensions objectives et subjectives. D'une part, la Bible est un objet de témoignage, surgi de l'extérieur de nous, qui rend témoignage à des réalités extérieures à nous et existe extérieurement à nous. Nous devons donc intégrer son altérité, en maintenant une distance saine entre le texte biblique et nous, ses lecteurs, afin de garder la bonne perspective.

Le danger de l'examen ou de l'étude d'une réalité qui a sa propre existence indépendante, est de lui imposer nos propres idées, préjugés et préconceptions.

D'autre part, on rencontre la Bible aussi comme un sujet appelant, qui s'adresse aux dimensions les plus profondes de l'esprit humain et fait donc appel à une réponse subjective, d'empathie et d'implication personnelle. La distance appropriée pour notre relation avec la Bible en tant qu'objet de témoignage n'implique pas un

37

détachement, car il faut également garder à l'esprit la nécessité d'une implication subjective, fondée sur trois considérations.

D'abord, le caractère littéraire de la Bible exige cette implication subjective ou personnelle afin de comprendre son message. L'étude de toute forme de littérature exige une forme de suspension consentie de l'incrédulité, comme le dit Samuel Taylor Coleridge[1].

Ainsi, Mark Allan Powell a écrit :

> En tant que lecteurs, nous devons accepter le point de vue évaluatif de l'auteur implicite, même si cela implique de suspendre notre propre jugement pendant que nous lisons le texte. Nous devrons peut-être accepter l'idée que les cow-boys sont les gentils, tandis que les Indiens sont les méchants. Nous devrons peut-être croire en des animaux qui parlent ou en des vaisseaux spatiaux volant dans l'espace. Même si nous sommes athées, nous devrons devenir chrétiens pour un temps afin de lire Bunyan ou Dante. Bien sûr, les lecteurs sont libres de critiquer le point de vue défendu par un récit. L'acceptation initiale de ce point de vue, préalablement à une telle critique, est cependant fondamentale, car sans cela, on ne pourra pas d'abord comprendre le récit.[2]

Ainsi, afin de comprendre pleinement n'importe quelle œuvre littéraire, nous devons, au moins pendant le processus de lecture, nous mettre au diapason de la pensée du texte, au point de laisser notre imagination et notre subjectivité habiter le monde du texte.

Toute littérature n'existe que dans le dessein d'impacter le lecteur, souvent au-delà du niveau intellectuel ou cognitif, par un appel aux émotions et, à travers elles, à la volonté. Ce dessein transcognitif est particulièrement omniprésent dans la Bible, où l'on trouve constamment un langage qui fait référence à l'affectif, une rhétorique poignante et émouvante, dans l'intention d'obtenir l'assentiment et l'engagement personnel de la personne à laquelle le texte s'adresse. Ainsi, le caractère même du texte exige une implication personnelle, engagée et subjective, dans le processus de lecture.

---

1 Rudinow et Barry, *Invitation to Critical Thinking* (Invitation à la pensée critique), 212 : « Une force inductive est relative, c'est-à-dire qu'elle *admet des degrés.* » (italiques contenus dans l'original)

2 Mark Allan Powell, *What Is Narrative Criticism?* (Qu'est-ce que la critique narrative ?) GBS (Minneapolis : Fortress, 1990), 24. Même si Powell parle ici spécifiquement de la narration, ses remarques s'appliquent à l'étude de toutes les formes de littérature. Francis Watson, dans *Text, Church, and World* (Texte, Église et monde), 60–61, vise les critiques injustes de la thèse de Powell en affirmant que la position de celui-ci implique « une mauvaise phénoménologie de lecture », en ce qu'il est impossible pour quiconque de suspendre son jugement de façon entière, et un « refus d'engager une analyse critique sérieuse de la rhétorique de l'oppression ». Powell ne prétend pas qu'une telle suspension de jugement soit parfaitement possible ou que les lecteurs doivent refuser de continuer à poursuivre un jugement critique, mais seulement qu'une attitude de suspension de jugement doit être la position fondamentale à adopter lors du processus de lecture initiale. De même aussi, Kuist, dans *These Words upon Thy Heart* (Ces paroles sur ton cœur), 58–59, 96, 107, distingue la « critique re-créative », qui est le processus permettant de comprendre un texte de l'intérieur, à travers l'engagement personnel, de la « critique judiciaire », qui est le processus d'évaluation de la valeur d'un texte ou de ce qu'il présente. Engager une évaluation critique avant d'atteindre un degré élevé de compréhension du texte lui-même, moyennant une lecture attentive, revient à violer les droits d'un autre (en l'occurrence de l'auteur que nous rencontrons à travers le texte) en communication sociale, notamment son droit d'être écouté sans interruption, ainsi que son droit à une ouverture initiale de la part de ceux à qui il s'adresse. Voir aussi Kevin J. Vanhoozer, *Is There a Meaning in this Text?* (Y a-t-il un sens à ce texte ?) (Grand Rapids : Zondervan, 1998), 374–75, 392–401.

Ensuite, non seulement le caractère littéraire de la Bible exige une participation subjective au processus de lecture, mais son contenu également. En effet, la Bible elle-même présente son contenu comme un témoignage[3] rendu à la révélation du Dieu unique à son peuple, puis, ultimement, à l'ensemble de l'humanité qu'il a créée. Ainsi, le contenu même de la Bible entre en confrontation avec les hommes, dans la profondeur de leur existence, en tant que créatures auxquelles leur Créateur s'adresse et/ou en tant que communauté appelée par son Seigneur. Une décision personnelle d'accepter les prétentions de révélation du texte, ou un engagement de foi subjectif, ne sont pas nécessaires à une compréhension élémentaire du sens des textes bibliques, mais une compréhension pleine et profonde du texte implique d'adopter le plus possible, au moins pendant le processus de lecture, une attitude d'ouverture ouverte aux dimensions personnelle, subjective et expérimentale que le lecteur trouve dans le texte.

Enfin, ainsi que l'ont montré les discussions herméneutiques récentes qui ont cherché à clarifier la dialectique objective/subjective de l'exégèse biblique, une implication subjective est requise pour au moins se rapprocher d'une compréhension objective du texte. Les spécialistes ont souvent observé qu'une préoccupation herméneutique centrale, au cours des deux cents dernières années, a été cette question du rapport de la subjectivité à la l'objectivité[4]. Au cours de cette période, la tendance a clairement été à opter pour l'une ou l'autre : soit notre interprétation des textes (notamment du texte biblique) doit être totalement ou essentiellement objective, détachée et désintéressée, afin de saisir leur sens pur et objectif, sans se laisser influencer par notre propre perspective, soit elle est — ou, du moins, doit être — entièrement ou essentiellement subjective. Beaucoup sont même allés récemment jusqu'à rejeter la notion d'un sens stable des textes, insistant sur le fait que les textes eux-mêmes ne peuvent être proprement considérés comme ayant du sens, car, pour eux, le sens est inhérent au lecteur et tout sens que les lecteurs pensent tirer des textes constitue en fait leur propre apport à ceux-ci[5]. En définitive, ce sont les préconceptions du lecteur, qu'elles dérivent de sa propre expérience psychologique ou spirituelle, ou encore de sa communauté (avec la philosophie, les attentes et les stratégies de lecture qui leur sont propres), qui déterminent le sens.

Il s'agit cependant là d'une fausse dichotomie, car une herméneutique qui fonctionne en se fondant sur le principe d'adaptabilité, tel que décrit précédemment, cherchera à prendre en compte toutes les dynamiques, à la fois objectives et sub-

---

3 Le témoignage de la Bible elle-même a souvent été mis en avant, peut-être surtout par Brevard S. Childs. Voir notamment son ouvrage *Biblical Theology of the Old and New Testaments: Theological Reflection on the Christian Bible* (Théologie biblique de l'Ancien et du Nouveau Testaments : réflexions théologiques sur la Bible chrétienne) (Minneapolis : Fortress, 1992).

4 E.g., N. T. Wright, *The New Testament and the People of God* (Le Nouveau Testament et le peuple de Dieu) (Minneapolis : Fortress, 1992), 3–46.

5 Ben F. Meyer décrit cette vision en citant Northrop Frye : « Au début de sa carrière, le regretté Northrop Frye rapporte une remarque sur Jacob Boehme : « Ses livres sont comme un pique-nique auquel l'auteur apporte les paroles et le lecteur le sens. » Frye précise que cette remarque, bien qu'elle ait peut-être été faite pour railler Boehme, « constitue néanmoins une description exacte de toute œuvre littéraire, sans exception ». Frye a été témoin d'une adoption quasi-universelle de cette conception de la lecture par les théoriciens nord-américains. » (*Reality and Illusion in New Testament Scholarship* (Réalité et illusion dans l'étude du Nouveau Testament) [Collegeville, Minnesota : Michael Glazier, 1994], 2).

jectives, de la Bible et de son étude. Avant tout, il est erroné de parler du texte comme d'une réalité isolée, dont on peut légitimement présumer de la présence ou de l'absence de sens. Il est évident que des taches d'encre sur une page n'ont pas la capacité ontologique ou fonctionnelle d'avoir du sens. Les textes sont cependant plus que des signes sur une page : ils font partie d'un acte plus vaste de communication interpersonnelle, qui s'étend de l'auteur (ou des auteurs) en chair et en os, au public en chair et en os, à travers le texte comme médiateur[6]. Autrement dit, notre rencontre avec les textes dépend de notre participation à une matrice socio-littéraire plus vaste, dans laquelle le texte joue un rôle central. Ainsi, la formulation la mieux adaptée et la plus précise de la question n'est pas : ce texte a-t-il un sens ? » mais plutôt : « comment dériver du sens de cette communication interpersonnelle dans laquelle le texte joue un rôle central ? »

La théorie littéraire la plus récente dépend du modèle de communication simple, mais convaincant, de Roman Jakobson[7]. Dans ce modèle, qui fait intervenir une théorie fondamentale des paroles et des actes[8], toute forme de communication fait intervenir trois éléments : un émetteur (auteur), un message (texte) et un récepteur (lecteur) :

Auteur ⟶ Message ⟶ Lecteur

Dans leur rapport les unes avec les autres, ces trois réalités jouent un rôle dans la communication du sens. L'intention joue forcément un rôle aussi : celle de l'auteur de communiquer du sens, celle du lecteur de le comprendre et le rôle du texte en tant que médiateur de communication intentionnelle[9]. Le rôle de l'auteur comme celui du texte, qui revêtent une dimension objective en ce qu'ils existent indépendamment du lecteur, ainsi que le rôle du lecteur, qui revêt une dimension subjective, doivent être pris en compte d'une manière appropriée dans le processus d'interprétation.

Herméneutique réaliste critique

Les dynamiques du processus de communication ont conduit plusieurs spécialistes, comme Ben F. Meyer et N. T. Wright, à appliquer ce qu'on appelle, dans les

---

6 Vanhoozer, *Is There a Meaning in This Text ?* (Y a-t-il un sens à ce texte ?) 201–80.

7 Voir Roman Jakobson, « Linguistics and Poetics » (Linguistique et poétique), dans *Style in Language* (Le style dans le langage), éd. T. A. Sebeok (Cambridge, Massachusetts : MIT Press, 1960), 350–77. Même si certains spécialistes (par ex. Powell, *What Is Narrative Criticism ?* (Qu'est-ce que la critique narrative ?) considèrent le modèle de Jakobson comme une alternative exclusive à l'approche historico-critique, nous ne la concevons pas ainsi, mais nous sommes plutôt convaincus que le développement de traditions comme celles qu'explore généralement la critique historique peut, en gardant certaines limites, servir à éclairer certains aspects de l'auteur, du texte et du lecteur, au service du sens du texte sous sa forme finale.

8 Pour une critique de la théorie des paroles et des actes, notamment sous sa forme proposée par John Searle, Anthony Thiselton et Kevin J. Vanhoozer, voir Stephen E. Fowl, « The Role of Authorial Intention and the Theological Interpretation of Scripture » (Le rôle de l'intention de l'auteur et de l'interprétation théologique des Écritures), dans Green et Turner, *Between Two Horizons* (Entre deux horizons), 71–87 ; voir aussi *Engaging Scripture: A Model for Theological Interpretation* (Engager les Écritures : un modèle d'interprétation théologique) (Malden, Massachusetts : Blackwell, 1998).

9 Vanhoozer met particulièrement l'accent sur le rôle de l'intentionnalité dans le modèle de communication, tout en soulignant l'intention de l'auteur, presque à l'exclusion de celle du lecteur. Voir Vanhoozer, *Is There a Meaning in This Text ?* (Y a-t-il un sens à ce texte ?) 201–80. Cf. Meyer, Reality and Illusion (Réalité et illusion), 49, 53 ; notez surtout la notion de Meyer, de la « quête de sens » ou « quête de vérité » du lecteur, qui émane d'un sens d'émerveillement, ou d'une « quête de réalité », qui s'oppose à la « volonté de puissance » de Nietzsche ; voir viii, 5, 7–8, 22–23, 51, 116.

milieux philosophiques, l'« herméneutique réaliste critique » à l'interprétation de la Bible[10]. Ces spécialistes insistent sur l'idée qu'on ne peut rejeter la réalité et l'importance de la connaissance objective ou de la communication textuelle objective (d'une réalité ou d'un sens extérieur à et indépendant de nous-mêmes) qu'en niant l'évidence, mais ils défendent néanmoins qu'on ne peut s'approcher d'une construction objective du sens du texte biblique que par l'engagement subjectif. Ainsi, Meyer a écrit :

> Au cœur du réalisme critique, il y a le théorème qui affirme que la voie de l'objectivité passe par *le sujet, qui fonctionne bien*. Quel est donc l'élément objectif d'une lecture réussie ? Ce n'est pas le sens de l'auteur (qui peut être inadapté, mensonger ou entièrement faux), mais la *récupération précise* du sens que l'auteur est parvenu à objectiver par ses mots. Ce sens n'est transmis, communiqué et récupéré que si le lecteur lit *correctement*, s'il décode les signes avec précision, en tenant compte des spécificités de la séquence de mots qui émerge, ainsi qu'au rapport entre chacun de ses éléments. [...] *On ne parvient pas à l'objectivité ni par la fuite de la subjectivité ni en cultivant n'importe quelle subjectivité, mais par un effort intense et persévérant visant à exercer sa subjectivité d'une manière attentive, intelligente, raisonnable et responsable.*[11]

Les partisans du réalisme critique insistent sur l'idée que les discussions philosophiques et littéraires concernant l'objectivité et la subjectivité, à travers l'ère moderne et maintenant dans l'ère post-moderne, nous ont appris à rejeter la revendication objectiviste (« réalisme naïf ») selon laquelle il est possible de connaître certaines choses avec précision, telles qu'elles sont exactement. Toutes les données que nous trouvons doivent être traitées par notre conscience subjective et portent donc forcément l'empreinte de nos préconceptions. Ces mêmes partisans affirment cependant aussi que les mêmes discussions philosophiques et littéraires nous ont appris à rejeter pareillement la revendication subjectiviste selon laquelle il n'existe aucune réalité ni sens objectif, ou bien, s'ils existent, ils sont inconnaissables, et donc sans importance pour nous[12].

---

10 Voir Ian Barbour, *Issues in Science and Religion* (Questions de science et de religion) (Londres : SCM, 1966) ; Andrew Louth, *Discerning the Mystery: An Essay on the Nature of Theology* (Discerner le mystère : essai sur la nature de la théologie) (Oxford : Clarendon, 1983) ; Colin E. Gunton, *Enlightenment and Alienation: An Essay towards a Trinitarian Theology* (Lumières et aliénation : essai pour une théologie trinitaire), *Contemporary Christian Studies* (Études chrétiennes contemporaines) (Basingstoke, Royaume-Uni : Marshall, Morgan & Scott, 1985) ; Bernard Lonergan, *Method in Theology* (La méthode en théologie) (New York : Herder & Herder, 1972).

11 Meyer, *Reality and Illusion* (Réalité et illusion), 3–4, italiques contenus dans le texte original.

12 Cette idée « subjectiviste » correspond en fait à la position existentialiste, à laquelle N. T. Wright donne le nom de « phénoménalisme », une réaction, pendant la période moderne, contre l'objectivisme radical du positivisme. D'après Wright (et bien d'autres), le positivisme et le phénoménalisme faisaient tous deux partie du projet épistémologique des Lumières, visant à parvenir à une connaissance certaine (*New Testament and the People of God* (Le Nouveau Testament et le peuple de Dieu), 32–33). Les positivistes croyaient qu'il y avait certaines choses que nous pouvions connaître dans l'immédiat, avec une objectivité absolue, notamment les observations empiriques du monde naturel, par la perception de nos sens, tandis qu'ils considéraient tout le reste, non comme une connaissance, mais comme une opinion ou un sentiment. En réaction, l'existentialisme insistait sur l'idée que la seule chose qu'on peut connaître avec certitude est notre propre expérience, c'est-à-dire notre conscience subjective. Ainsi, tout le projet épistémologique moderne, sous sa forme à la fois positiviste et phénoménaliste, constitue un effort visant à découvrir les fondements ou la sphère de *certitude absolue*. Sur certains aspects, la *déconstruction* est une réponse à cette quête d'un fondement de certitude absolue, en ce qu'elle insiste sur le fait qu'un tel fondement n'existe pas et que nous autres, *post-modernes*, devons donc renoncer à toute quête de transcendance pour accepter un monde contradictoire et incohérent. Les déconstructionnistes comme Jacques Derrida, Roland

Par opposition à ces deux positions, il y a le réalisme critique, que Wright décrit comme

> une manière de décrire le processus de « connaissance », qui reconnaît la *réalité des choses connues, comme différente du sujet qui les connaît* (d'où le terme « réalisme »), tout en reconnaissant pleinement aussi que le seul accès que nous avons à cette réalité passe par la spirale du *dialogue ou des échanges appropriés entre le sujet qui connaît et la chose connue* (d'où le terme de « critique »). Cette voie mène à la réflexion critique sur les produits de notre enquête concernant la « réalité », de manière à ce que nos assertions de la « réalité » reconnaissent leur propre caractère provisoire. Autrement dit, la connaissance, même si, en principe, elle concerne des réalités indépendantes du sujet qui connaît, n'est jamais elle-même indépendante de celui-ci.[13]

En appliquant ces apports à l'étude de la Bible, on comprend qu'il convient de rechercher une connaissance des dimensions objectives de l'acte de communication, comme l'intention de l'auteur, qui a été encodée dans le texte et peut donc être inférée à partir de celui-ci[14]. Cela implique aussi qu'une telle connaissance soit toujours incomplète et provisoire : on ne pourra jamais être totalement certain d'avoir saisi le sens de ces réalités objectives, une telle connaissance passant toujours par le filtre de notre propre conscience subjective, qui influence notre compréhension de ces réalités objectives et y ajoute des éléments de notre propre subjectivité[15].

Barthes et Michel Foucault insistent même sur le fait que la bonne lecture des textes doit nous mener à cette conviction déconstructionniste, car les textes ne *construisent* pas de sens, mais le *déconstruisent* par leurs propres incohérences et dissonances. Pour eux, tout sens que les lecteurs pensent trouver dans les textes n'est en fait qu'une construction qu'ils leur imposent inconsciemment eux-mêmes. Puisque la déconstruction est moins une herméneutique qu'une antiherméneutique, elle n'est pas abordée explicitement dans le présent volume, même si elle peut contribuer indirectement à une herméneutique constructive. Vanhoozer, *Is There a Meaning in This Text ?* (Y a-t-il un sens à ce texte ?) 52, suggère que la déconstruction est « une technique positive pour créer des problèmes ». Voir la remarque tranchante de Mark Allan Powell : « Qu'y a-t-il de littéraire aux aspects littéraires ? », dans *Society of Biblical Literature 1992 Seminar Papers* (Papiers du séminaire de 1992 de la Société de littérature biblique), éd. Eugene H. Lovering Jr. (Atlanta : Scholars Press, 1992), 48 : « Ma suggestion est que les préoccupations de la déconstruction ne concernent en fait pas du tout les aspects *littéraires*. [...] En réalité, la déconstruction (sous les formes sous lesquelles je l'ai rencontrée) questionne le potentiel présenté par des textes comme les Évangiles et les Actes de communiquer ou de transmettre du sens, quel qu'il soit. Dans ce cas, quel rôle les déconstructeurs peuvent-ils jouer dans une communauté interprétative engagée à expliquer les fonctions communicatives ? Sont-ils destinés à jouer le rôle de l'agnostique à la réunion de prière, qui remet en question et agace les croyants par sa perspective irrévérencieuse ? On peut trouver leur présence utile. Il peuvent nous maintenir dans l'honnêteté, en exposant toujours les assertions sous-jacentes à nos recherches et les inadéquations de nos conclusions. » Pour l'application de la déconstruction aux textes bibliques, voir Stephen D. Moore, *Literary Criticism and the Gospels: The Theoretical Challenge* (Critique littéraire et Évangiles : le défi théorique) (New Haven : Yale University Press, 1989).

13 Wright, *New Testament and the People of God* (Le Nouveau Testament et le peuple de Dieu), 35.

14 Cette affirmation introduit la notion d'*auteur implicite* : l'auteur en tant que construction du texte, à inférer à partir de celui-ci. Nous reviendrons sur cette notion au chap. 4.

15 Nous avons eu recours ici aux apports du réalisme critique, car ceux-ci s'accordent avec les convictions herméneutiques auxquelles nous adhérions déjà avant de découvrir cette école de pensée. Ainsi, pendant de nombreuses années, ces perspectives réalistes critiques faisaient partie, au moins implicitement, de l'enseignement de l'étude biblique inductive dans certains cercles. Il n'y a donc peut-être pas que quoi être surpris de découvrir une certaine coalescence entre les apports herméneutiques de l'étude biblique inductive et du réalisme critique : en effet, tous deux cherchent à décrire et à analyser les processus de communication réels, plutôt que d'en venir à la question du sens à partir d'engagements idéologiques préalables. Évidemment, personne ne peut se libérer totalement de ses propres préconceptions idéologiques pour sa réflexion herméneutiques et sa méthode exégétique ; voir Edgar V. McKnight, « Presuppositions in New Testament Study » (Les présuppositions dans l'étude du Nouveau Testament), dans Green, *Hearing the New Testament* (À l'écoute du Nouveau Testament), 278–300. L'étude biblique inductive et le réalisme critique dérivent cependant tous deux, d'une manière intentionnelle, une compréhension du sens de la communication, à partir d'une analyse de l'expérience de

Rôle des présuppositions

Ainsi, nos présuppositions et présupposés subjectifs (que Thiselton, en suivant Gadamer, appelle l'« horizon du lecteur »[16]), sont inévitables et nécessaires pour saisir les réalités et le sens objectif, à partir du processus de communication[17]. Ils sont nécessaires, parce que certains points communs entre les perspectives du texte et du lecteur doivent être présents pour rendre possible la communication et que les présuppositions constituent les concrétisations provisoires de l'impulsion nécessaire et naturelle des lecteurs pour saisir le sens du texte, sur le fondement de leur propre expérience et de leur compréhension préalable. Les présuppositions représentent le premier effort du lecteur visant à comprendre un texte, qui impose des demandes ou des attentes au lecteur, à partir des seules ressources à sa disposition : ses propres présupposés[18].

Ainsi, ces présuppositions sont forcément présentes, mais pas forcément justes ; elles ne coïncident pas forcément avec la perspective du texte (ce que Thiselton appelle l'« *horizon du texte* ») et peuvent donc, au final, ne pas s'avérer utiles, voire même s'avérer anti-productives pour comprendre le sens du texte. C'est précisément parce que leurs présuppositions ne sont pas forcément justes ou utiles, que les lecteurs doivent s'engager dans une interaction critique constante entre leurs présuppositions et les données du texte.

Plus précisément, ces interactions critiques englobent les efforts visant à s'identifier à ces présuppositions et à les suspendre temporairement, afin de les empêcher de déterminer efficacement la construction du texte. L'objectif de cette suspension est de reconnaître en quoi la perspective ou le message du passage peut être différent, voire remettre en question, les présuppositions avec lesquelles on

la communication elle-même, en vue d'arriver à une herméneutique non idéologique. Le réalisme critique, notamment tel qu'exprimé par Meyer, *Reality and Illusion* (Réalité et illusion), 142, saisit également les composantes générales du processus herméneutique, tel que nous l'avons poursuivi dans notre propre œuvre d'étude biblique inductive au fil des années : « La marque de fabrique du réalisme critique est son insistance sur les (données) empiriques, le (questionnement, suivi de réponses) intelligent, le rationnel (les preuves comprises comme suffisantes ou insuffisantes, l'acte d'engagement personnel), qui constituent tous ensemble un véritable jugement. » Notre accord avec certains apports du réalisme critique n'implique cependant pas que nous adhérions forcément à tous les éléments spécifiques de l'herméneutique réaliste critique, développés notamment par Meyer ou par N. T. Wright.

16 Anthony C. Thiselton, *The Two Horizons: New Testament Hermeneutics and Philosophical Description* (Les deux horizons : herméneutique du Nouveau Testament et description philosophique) (Grand Rapids : Eerdmans, 1980) ; Hans-Georg Gadamer, *Truth and Method* (Vérité et méthode) (New York : Crossroad, 1988). Ces ouvrages traitent de l'horizon du lecteur, de l'horizon du texte et de l'importance de « fusionner les horizons » pour l'interprétation. Voir Vanhoozer, *Is There a Meaning in This Text?* (Y a-t-il un sens à ce texte ?) 389–90.

17 On peut distinguer ainsi les précompréhensions et les présuppositions : les précompréhensions sont nos impressions quant au sens des réalités universelles, fondées sur notre humanité et sur notre expérience humaine, tandis que les présuppositions sont des idées spécifiques concernant certains aspects spécifiques de ces réalités universelles. Par exemple, notre expérience de la mort d'une autre personne peut nous fournir une précompréhension de la référence à la « mort » en 1 Cor. 15, tandis que la conviction que la mort est une fin et qu'aucune personne raisonnable ne peut croire qu'elle sera suivie de la résurrection, est une présupposition éventuellement tirée de la lecture de 1 Cor. 15. En réalité, la distinction entre présupposé et précompréhension est souvent floue, si bien que les deux notions fonctionnent de manières similaires dans le cadre du processus interprétatif. C'est pourquoi, nous les emploierons ensemble aux fins de la présente discussion.

18 Meyer, *Reality and Illusion* (Réalité et illusion, 69) cite Lonergan pour parler de l'« idée fallacieuse de la tête vide » : l'idée qu'on peut et doit aborder n'importe quel texte avec une neutralité absolue, en faisant table rase de toute idée préconçue. Cette idée est parfois appelée « erreur de Bacon ». Voir David Hackett Fischer, *Historians' Fallacies: Toward a Logic of Historical Thought* (Erreurs d'historiens : vers une logique de la pensée historique (New York : Harper & Row, 1970), 4. Francis Bacon lui-même parle cependant de l'« idole de la caverne », qui reconnaît que nous interprétons tous la réalité de notre propre point de vue ; cf. *Novum Organum*, « Aphorismes » (1620 ; repr., Oxford : Clarendon, 1888), liv. 1, n° 38–44.

aborde le passage[19], ainsi que le dit Thiselton : « Pour entendre la Bible parler pour elle-même et de sa propre autorité, l'horizon distinctif du texte doit d'abord être respecté et différencié de l'horizon de l'exégète. Cette remarque ne se limite pas à un contexte purement théologique : [...] il émane aussi de la théorie herméneutique générale. »[20] Le plus important est donc de voir comment le lecteur fait interagir ces présuppositions avec le processus interprétatif. Comme nous l'avons vu au chapitre 1, dans la discussion à propos de l'induction, les lecteurs doivent tout faire afin d'éviter d'intégrer ces présuppositions au processus inférentiel qu'ils emploient dans leur interprétation du texte. Les lecteurs intéressés par une plus ample discussion du rôle des présuppositions dans les discussions herméneutiques récentes sont invités à consulter l'annexe B.

Expérience spirituelle

Là où nous en sommes, nous reconnaissons qu'il y a un facteur moral et spirituel intrinsèque à l'individu et à la communauté, qui influence inévitablement le processus d'interprétation. Ce facteur, bien qu'il soit intangible, est tout aussi vrai, et probablement tout aussi important, que d'autres éléments techniques plus « objectifs » et tangibles. C'est à ce principe que Paul pensait en écrivant : « Mais l'homme sans Dieu ne reçoit pas ce qui vient de l'Esprit de Dieu ; à ses yeux, c'est pure folie et il est incapable de le comprendre, car seul l'Esprit de Dieu permet d'en juger. » (1 Corinthiens 2.14) Jésus a appliqué le même principe en disant aux Juifs émerveillés par son enseignement, qui se demandaient quelle était sa source : « Rien de ce que j'enseigne ne vient de moi. J'ai tout reçu de celui qui m'a envoyé. Si quelqu'un est décidé à faire la volonté de Dieu, il reconnaîtra bien si mon enseignement vient de Dieu ou si je parle de ma propre initiative. » (Jean 7.16–17)

Au vu de ces considérations, la prédication biblique ne doit jamais être conçue comme un processus purement mécanique ou intellectuel, car elle engage aussi l'esprit de la personne. Ainsi, même avec les mêmes aptitudes par rapport aux techniques d'exégèse, deux personnes n'ont pas forcément la même capacité à comprendre les vérités bibliques, proportionnellement à leur assimilation du sens spirituel. Le facteur spirituel est si important qu'il peut y avoir des personnes qui, bien que n'ayant pas de compétences exégétiques, ont une bien meilleure compréhension du texte que ceux qui ont été formés à l'exercice des meilleures procédures exégétiques. Malgré cela, de même que l'expertise technique ne se substitue pas à l'expérience spirituelle dans la poursuite de l'interprétation la plus pleine et

---

19 Joel B. Green, « The Practice of Reading the New Testament » (La pratique de la lecture du Nouveau Testament), dans Green, *Hearing the New Testament* (À l'écoute du Nouveau Testament), 416, mentionne opportunément trois avantages de la lecture du NT tout en reconnaissant nos présuppositions dans nos propres « mots de la vie » : « D'abord, commencer par là nous permet de prendre conscience des intérêts et engagements qui contribuent à façonner notre lecture de la Bible, lesquels fonctionnent même lorsqu'ils sont inconscients. Ensuite, une appréciation aussi pleine que possible des identités et expériences sur lesquelles nous fondons notre interprétation, nous permet de mieux examiner notre propre expérience et nos propres engagements d'une manière critique. Nous abordons les textes avec des préconceptions qui doivent éventuellement être amendées, qui peuvent être considérées comme paroissiales, égocentriques, etc. Enfin, cette approche nous permet d'engager consciemment une réflexion critique sur notre vie dans le monde. »

20 Thiselton, *Two Horizons* (Deux horizons), xx.

la plus pénétrante, de même aussi l'expérience spirituelle ne peut se substituer à l'expertise technique et méthodologique.

Le sens spirituel est rendu possible par la présence d'un certain nombre de caractéristiques, notamment la capacité à se laisser enseigner, la sincérité et une connaissance intime de Dieu[21]. Plus on possédera ces qualités, plus profondément on pourra comprendre les vérités bibliques, ce qui nous permettra d'être réceptif à l'Esprit de Dieu, lequel motive et guide l'expérience des auteurs bibliques et constitue leur meilleur exégète (selon les Écritures).

Par ailleurs, les membres de la communauté de foi ont un avantage clair et indiscutable en termes d'application contemporaine du sens du texte, par rapport à ceux qui abordent la Bible sans engagement à agir conformément à la foi[22]. La Bible revêt la pertinence la plus directe pour la communauté de foi, ainsi que pour ses membres ; elle s'adresse, en tout cas le plus souvent, aux croyants qui ont pour vision de construire leur vie au sein de cette communauté et en tant que ses membres[23]. Il incombe aux membres de l'Église de toujours maintenir le lien entre leur interprétation de la Bible et leurs propres foi et vie au sein de la communauté chrétienne, afin de laisser la Bible façonner, corriger et confirmer leur théologie et leur expérience spirituelle au sens vaste.

---

21 Vanhoozer, *Is There a Meaning in This Text ?* (Y a-t-il un sens à ce texte ?) 367–452.

22 Bruce C. Birch and Larry L. Rasmussen, *Bible and Ethics in the Christian Life* (Bible et éthique de vie chrétienne), éd. Rév. (Minneapolis: Augsburg, 1989), 179.

23 Green, « Practice of Reading the New Testament » (Pratique de lecture du Nouveau Testament), 413.

3

L'étude intentionnelle et rationnelle

Intentionnalité de l'étude biblique

Le processus implique forcément une méthode, qui inclut, par définition, des mesures spécifiques choisies intentionnellement, en fonction de leur utilité à atteindre certains objectifs. Clairement, l'étude de la Bible fait intervenir une décision consciente quant à ce qu'il convient de faire exactement, ainsi qu'une délibération consciente sur le sens de chaque étape et la manière dont on la suit, dans le cadre de l'effort d'ensemble visant à parvenir à étudier la Bible le plus efficacement possible.

Nous avons observé que beaucoup d'études bibliques, à la fois par des laïcs et par des personnes professionnellement engagées dans un ministère chrétien, sont aléatoires, au point où ceux qui étudient la Bible ne savent pas exactement ce qu'ils font et pourquoi. Une anecdote parlante concerne un ancien étudiant, qui a poursuivi ses études à un des principaux séminaires de théologie des États-Unis. Il a rapporté que lorsqu'il a demandé aux étudiants en maîtrise en théologie qui étaient sur le point de valider leur diplôme, de citer une chose qu'ils estimaient que leur expérience au séminaire avait échoué à leur apprendre, leurs réponses s'alignaient en grande partie sur « une méthode claire pour étudier la Bible par nous-mêmes ».

Bien sûr, une étude efficace de la Bible ne peut se réduire à une méthode ou à un processus. Affirmer cela reviendrait à commettre ce qu'on pourrait appeler l' « erreur mécanique », qui consiste à penser qu'une exégèse efficace peut se réduire à une technique. Pour étudier la Bible efficacement, le plus important est de garder une certaine attitude ou perspective par rapport à elle. Nous sommes conscients de cette réalité et c'est pourquoi nous avons commencé la partie 1 par les caractéristiques qui impliquent la perspective et l'attitude d'ensemble (inductive et transjective). Cette attitude, à elle seule, n'aboutit cependant à rien : une bonne attitude ou perspective doit se concrétiser par le processus à mettre en œuvre afin d'étudier la Bible. Tous les étudiants de la Bible s'engagent dans un processus et ont donc une méthode (au sens vaste). La question est donc de savoir si ce processus, tel qu'il est mis en œuvre dans la pratique, est le moyen le plus efficace d'atteindre les objectifs légitimes de l'étude biblique. Nous sommes convaincus qu'il y a une corrélation entre la qualité du processus et celle des résultats.

La nature et la fonction de la Bible exigent une étude méthodologiquement réfléchie. D'une part, l'importance de la Bible requiert une réflexion méthodologique attentive pour l'étudier. Son rôle dominant, dans la Bible, la société occidentale, et même dans le monde, suggère que si on est négligent dans notre réflexion ou notre étude du texte biblique, on adoptera implicitement une attitude manquant d'égard quant à son importance, voire de manque de respect envers sa grandeur.

D'autre part, la difficulté pour étudier ces textes exige une réflexion méthodologique attentive concernant la meilleure manière de s'acquitter de cette tâche ardue. Ces textes sont difficiles, car il s'agit de documents anciens. Par conséquent, leur contexte culturel est assez différent de la culture occidentale moderne, ainsi que des autres cultures représentées dans le monde aujourd'hui, et leur perspective a été en grande partie contre-culturelle dès le commencement. Ils sont difficiles aussi en ce qu'il s'agit de textes théologiques, qui traitent de réalités divines et non de réalités purement humaines. En effet, la Bible présente un Dieu qui se révèle comme le Transcendant, Celui qui est bien au-delà de toute compréhension humaine et qui contraste avec les pensées et valeurs typiques des hommes (voir par ex. Ésaïe 55.6–11). Enfin, ils sont difficiles du fait de leur forme littéraire subtile et sophistiquée, qui se caractérise par une profondeur et une richesse d'expression littéraire. Après vingt siècles au cours desquels le monde occidental a consacré quelques-uns de ses plus grands esprits à l'étude de ces documents, on continue de découvrir en eux de nouveaux sens plus profonds, à travers de nouveaux apports littéraires. L'idée que ces écrits sont l'œuvre d'esprits primitifs, simples et incultes, si bien que n'importe qui peut comprendre tout ce qu'ils communiquent par une simple lecture aléatoire, est un mythe romantique totalement contredit par les faits.[1]

Rationalité de l'étude biblique

En plus d'être intentionnelle, l'étude de la Bible doit être rationnelle.

Elle engage forcément la pensée humaine. D'après la perspective de la Bible elle-même, aucune dichotomie n'est nécessaire entre notre esprit et l'Esprit de

---

1 Meir Sternberg, *The Poetics of Biblical Narrative: Ideological Literature and the Drama of Reading* (La poétique du récit biblique : littérature idéologique et drame de la lecture) (Bloomington : Indiana University Press, 1987), 53, parle de la qualité littéraire trompeuse de la Bible, une construction brillante qui refuse de mettre en avant sa sophistication : « La qualité verbale de la Bible, sans précédent dans l'histoire de la littérature et sans rival depuis, agit en faisant passer son art pour une absence d'art, ses liens séquentiels et échos supra-séquentiels pour des parataxes sans ornement, sa densité d'évocation pour une étroitesse et vacuité semblable à celle des chroniques. »

Dieu. Celui-ci agit souvent à travers la pensée humaine et cherche certainement à agir à travers elle, encore plus une fois que nos capacités rationnelles, limitées par le fait que nous sommes des créatures et entravées par notre nature pécheresse, ont été guéries ou rendues capables, par l'Esprit de Dieu, de fonctionner d'une manière réellement efficace[2]. En fait, même la phénoménologie de la lecture montre clairement que celle-ci est elle-même un processus rationnel. Évidemment, nous devons distinguer entre *rationalité* et *rationalisme*. Le rationalisme est une école de pensée philosophique qui affirme que la raison est la réalité suprême et finale, ultimement suffisante pour tout ce qui est humain ; ainsi, on peut tout à fait rejeter le rationalisme en usant de fondements bibliques, théologiques ou philosophiques. Le fait que la raison n'est pas suffisante ne veut cependant pas dire qu'elle n'est pas nécessaire.

Beaucoup de lecteurs chrétiens de la Bible se méfient cependant profondément du recours rigoureux à la raison dans son étude, en raison d'une suspicion souvent inexprimée que tout recours sérieux à l'intelligence constitue un affront envers Dieu et nous empêche d'entendre sa voix à travers les Écritures. Historiquement, cette suspicion est fondée sur deux raisons principales.

La première est liée à la Réforme protestante et à la doctrine, définie par les Réformateurs, de la clarté (Luther, *claritas scripturae*) ou de la perspicacité (Calvin, *perspicuitas*) des Écritures. Beaucoup de protestants ultérieurs ont compris à tort cette doctrine comme voulant dire que le message que Dieu souhaite exprimer à travers les Écritures est parfaitement clair en surface, si bien qu'aucune étude rigoureuse et intellectuellement engagée des n'est requise afin de les comprendre. En fait, Luther a employé la notion de *claritas* dans sa polémique contre Érasme et son idée selon laquelle le sens des Écritures est trop incohérent et insuffisamment clair pour offrir une base à nos actions qui soit satisfaisante. Luther réplique en défendant que, même si certains passages peuvent être difficiles à comprendre, les Écritures, dans leur ensemble, sont assez claires pour permettre à toute personne de parvenir, par leur lecture, au salut en Christ et à une connaissance de base de la volonté de Dieu, afin d'acquérir des fondements solides pour vivre une vie de disciple. La doctrine luthérienne de la clarté des Écritures implique une clarté qui peut mener au *seuil* de la compréhension de la révélation de Dieu dans la Bible, suffisante pour le salut et pour s'engager dans une vie de disciple, mais pas forcément adaptée aux demandes intenses de la poursuite de cette vie. Pour cela, on a besoin des apports exégétiques intenses reflétés dans les commentaires et sermons de Luther.

Luther emploie aussi la notion de *claritas* dans sa polémique contre beaucoup d'auteurs médiévaux et scolastiques, qui insistent sur l'idée qu'eux seuls, ou le magistère de l'Église catholique romaine, à travers une révélation spéciale et mystérieuse de l'Esprit de Dieu, détiennent les « clés ésotériques secrètes » qui seules peuvent ouvrir l'accès aux mystères les plus élevés et au sens le plus profond de la

---

2 Markus Bockmuehl, *Seeing the Word: Refocusing New Testament Studies* (Voir la Parole : recentrage dans l'étude du Nouveau Testament) (Grand Rapids : Baker Academic, 2006), 78-79 ; Wolfhart Pannenberg, *Basic Questions in Theology* (Questions théologiques fondamentales) (Philadelphie : Fortress, 1970-71), 2.1-64.

Parole de Dieu. Luther répond en affirmant que Dieu offre une profonde compréhension spirituelle à ceux qui s'attachent à une exégèse rigoureuse du « sens littéral » des Écritures. Ainsi, loin de sanctionner une suspicion à l'égard d'une étude exégétique sérieuse et intellectuellement stimulante, la doctrine luthérienne de la clarté des Écritures pousse à un recours rigoureux à nos meilleures capacités rationnelles[3].

Le second fondement de la suspicion qu'éprouvent beaucoup de chrétiens à l'égard d'une étude de la Bible rationnellement engagée est liée à la réaction qu'on trouve dans certaines formes de piétisme, de revivalisme, de pentecôtisme et du mouvement charismatique, à l'encontre de ce qu'ils considèrent comme la stérilité sans vie d'un christianisme purement cérébral. Leur profonde insatisfaction vis-à-vis d'une foi purement intellectuelle a mené certains chrétiens à associer pensée rigoureuse et dépendance vis-à-vis des aptitudes rationnelles humaines, ce qui mène à un assèchement de la vie spirituelle. On comprend facilement cette réaction de la part de ces groupes, qui mettent l'accent sur l'expérience immédiate de l'Esprit de Dieu dans la vie chrétienne, mais elle ne doit pas conduire à l'excès, au point d'ignorer ce qu'est la révélation de Dieu dans les Écritures. D'après la Bible et les doctrines chrétiennes fondamentales à travers les siècles, Dieu a choisi de se révéler lui-même à travers le discours rationnel des Écritures, qui font elles-mêmes régulièrement et explicitement appel à la raison. Le témoignage des Écritures, qui nous est transmis sous la forme d'arguments rationnels et parfois complexes, accompagnés d'un appel à l'intelligence, décrit et garantit la présence immanente de l'Esprit qui donne la vie, à l'intérieur du chrétien et au sein de la communauté chrétienne.

L'anti-intellectualisme que nous venons de décrire n'est pas forcément inhérent au piétisme, au revivalisme, au pentecôtisme ou au mouvement charismatique. Certains piétistes les plus engagés et influents étaient pleinement convaincus de l'importance d'efforts intellectuels rigoureux, notamment d'une étude raisonnable et informée de la Bible. À cet égard, on peut citer le très influent commentateur et critique textuel Johannes Bengel, John Wesley, le fondateur du méthodisme, ou suppress encore Adolf Schlatter, le grand théologien systématique et spécialiste piétiste du Nouveau Testament, qui a été une figure extrêmement influente du christianisme

---

3 Voir l'excellente présentation de la doctrine de la Réforme sur la clarté des Écritures dans Anthony C. Thiselton, *New Horizons in Hermeneutics: The Theory and Practice of Transforming Biblical Reading* (Nouveaux horizons herméneutiques : théorie et pratique de la transformation de la lecture de la Bible) (Grand Rapids : Zondervan, 1992), 179-85. Thiselton poursuit en montrant que la doctrine de Calvin sur la perspicacité des Écritures est très semblable, dans ses fondements, à la notion luthérienne de clarté des Écritures.

européen au début du 20° Siècle. Par ailleurs, beaucoup d'études sérieuses de la Bible sont actuellement produites par les milieux pentecôtistes et charismatiques[4].

---

4   Voir notamment l'œuvre de John Christopher Thomas, Footwashing in John 13 and the Johannine Community (Le lavement des pieds en Jean 13 et dans la communauté johannique) (Sheffield : JSOT Press, 1991) ; idem, The Spirit of the New Testament (L'esprit du Nouveau Testament) (Leiden : Deo, 2005); Roger Rstronstad, The Charismatic Theology of St. Luke (La théologie charismatique de St-Luc) (Peabody, Massachusetts : Hendrickson, 1984); idem, The Prophethood of All Believers: A Study of Luke's Charismatic Theology (La prophétie universelle : étude de la théologie charismatique de Luc) (Grand Rapids : Zondervan, 1993). idem, The Aims of Interpretation (Les fins de l'interprétation) (Chicago : University of Chicago Press, 1976) ; cf. Elliott E. Johnson, qui, dans Expository Hermeneutics: An Introduction (Herméneutique expositoire : introduction) (Grand Rapids : Academie Books, 1990), applique la position de Hirsch spécifiquement aux textes bibliques. Nous engager pleinement dans ce débat nous ferait sortir du cadre de cette étude. Nous avons choisi d'adopter un modèle interprétatif qui cherche à passer empiriquement de l'examen de la manière dont la communication s'effectue en général — c'est-à-dire du rapport au texte des auteurs et des lecteurs, en pratique, dans le cadre de leur fonction au sein du processus de communication plus vaste — à l'examen des conclusions herméneutiques. Cette approche est inductive en ce qu'elle cherche à passer des données empiriques aux conclusions, une approche que Thiselton qualifie de « métacritique ». Voir Thiselton, New Horizons in Hermeneutics (Nouveaux horizons herméneutiques), 11, 15.

4

L'étude re-créative

Après avoir cherché à examiner toutes les dynamiques qui s'attachent à la fonction communicative des textes, nous défendons que le fondement pour déterminer leur interprétation est un appel à l'intention de l'auteur, qui peut être inféré à partir du texte lui-même. Cette conviction émane de la nature des textes eux-mêmes et de la phénoménologie de lecture des textes, notamment bibliques.[1]

La réalité la plus fondamentale du processus de lecture est le sentiment qu'on s'adresse à nous, le sentiment de la présence de l'auteur. Ce n'est pas qu'une question d'entendre sa voix, ses paroles adressées au public ; en effet, la présence de l'auteur inclut sa voix[2]. Il s'agit plutôt d'un sens beaucoup plus vaste et profond de la présence de l'auteur, qui non seulement nous parle, mais est également responsable d'ordonner le matériel de telle sorte que le texte, dans son expression, suscite certaines constructions de sens dans l'esprit du public.

L'auteur, dans la mesure où il[3] est inféré à partir du texte, est implicite et constitue en fait une construction à partir de la lecture du texte lui-même. Les spécialistes appellent cet auteur inféré à partir du texte l' « auteur implicite ».

---

1 Nous sommes conscients des discussions vigoureuses et complexes, dans les milieux herméneutiques, autour de l'intention de l'auteur, avec, à un extrême, des spécialistes qui souhaitent bannir entièrement la notion d'auteur de l'interprétation du texte (cf. Roland Barthes, qui parle de « la mort de l'auteur »), et à l'autre extrême, E. D. Hirsch Jr., qui défend que, pour être valide, une interprétation doit faire appel à l'intention des auteurs historiques, en termes de conscience. Voir E. D. Hirsch Jr., *Validity in Interpretation* (La validité dans l'interprétation) (New Haven : Yale University Press, 1967) ; idem, *The Aims of Interpretation* (Les fins de l'interprétation) (Chicago : University of Chicago Press, 1976) ; cf. Elliott E. Johnson, qui, dans *Expository Hermeneutics: An Introduction* (Herméneutique expositoire : introduction) (Grand Rapids : Academie Books, 1990), applique la position de Hirsch spécifiquement aux textes bibliques. Nous engager pleinement dans ce débat nous ferait sortir du cadre de cette étude. Nous avons choisi d'adopter un modèle interprétatif qui cherche à passer empiriquement de l'examen de la manière dont la communication s'effectue en général — c'est-à-dire du rapport au texte des auteurs et des lecteurs, en pratique, dans le cadre de leur fonction au sein du processus de communication plus vaste — à l'examen des conclusions herméneutiques. Cette approche est inductive en ce qu'elle cherche à passer des données empiriques aux conclusions, ce que Thiselton appelle une approche «métacritique». Voir Thiselton, *New Horizons in Hermeneutics*, 11, 15.

2 L'expression technique de la voix de l'auteur, au moins dans le matériel narratif, est le narrateur.

3 La plupart des spécialistes considèrent comme incontestable le fait que tous les auteurs des livres de la Bible, ou presque, étaient des hommes et se présentent comme tels, pour autant qu'on puisse le déterminer. Par conséquent, étant

Cette idée générale d'auteur implicite existe dans l'analyse littéraire depuis des années, mais Wayne Booth, dans son livre *The Rhetoric of Fiction* (La rhétorique de la fiction), est le premier à l'avoir développée et à avoir étudié son importance littéraire[4]. Il met en avant le fait que l'image de l'auteur tirée de la lecture d'un texte (l'auteur implicite) n'est pas synonyme de l'auteur en chair et en os, responsable de la rédaction du livre :

> Notre problème à présent est la relation intrinsèque de l'auteur dit réel avec ses diverses versions officielles de lui-même. Diverses versions, car, aussi sincère qu'un auteur s'efforce d'être, ses différents ouvrages feront intervenir différentes versions, différentes associations idéales de normes. De même que nos lettres personnelles font entrer en jeu différentes versions de nous-mêmes, en fonction de nos différentes relations avec nos correspondants et de l'objectif visé, de même l'auteur se présente lui-même sous un aspect différent, en fonction des besoins d'une œuvre spécifique.[5]

En fait, l'auteur implicite d'une œuvre n'est jamais tout à fait identique à son auteur en chair et en os. D'abord, l'auteur implicite est toujours inférieur à l'auteur de chair et d'os. Prenons l'exemple de l'Évangile selon Mathieu : on a toutes les raisons de penser que son auteur historique en savait beaucoup plus sur les actes et les enseignements de Jésus que ce qu'il a pu, ou choisi, d'inclure à son récit. Sa compréhension personnelle de Jésus en tant que Christ (sa christologie) dépassait certainement ce qu'il a pu communiquer à travers son Évangile. En un sens, la christologie de l'auteur historique de l'Évangile de Matthieu est donc plus vaste que celle de l'Évangile lui-même. L'auteur du quatrième Évangile le concède clairement lui-même : « Jésus a accompli, sous les yeux de ses disciples, encore beaucoup d'autres signes miraculeux qui n'ont pas été rapportés dans ce livre. Mais ce qui s'y trouve a été écrit pour que vous croyiez que Jésus est le Messie, le Fils de Dieu, et qu'en croyant, vous possédiez la vie en son nom. » (Jean 20.30–31) Plus loin, il ajoute : « Jésus a accompli encore bien d'autres choses. Si on voulait les raconter une à une, je pense que le monde entier ne suffirait pas pour contenir tous les livres qu'il faudrait écrire. » (Jean 21.25)

L'auteur implicite est également toujours plus vaste que l'auteur historique. Toute œuvre littéraire, surtout les plus étendues et complexes, communique davantage aux lecteurs que ce que l'auteur historique a choisi consciemment de communiquer. L'auteur inféré à partir du texte communique implicitement des idées que l'auteur historique n'a pas voulu transmettre consciemment. Même E. D. Hirsch, qui est peut-être le principal partisan de l'idée selon laquelle l'interprétation implique la reconstitution de la conscience de l'auteur historique, reconnaît que les auteurs peuvent, en lisant ultérieurement leur propre œuvre, reconnaître la

---

donné que non seulement leurs auteurs réels, mais aussi leurs auteurs implicites, semblent être des hommes, nous employons ici un pronom masculin.

4 Wayne Booth, *The Rhetoric of Fiction* (La rhétorique de la fiction) (Chicago : University of Chicago Press, 1961), 71–76, 151–52, 157, 200, 211–21, 395–96. Ici, les lecteurs ne doivent pas être rebutés par l'emploi du terme de *fiction* : le souci premier de Booth est l'analyse de la fiction, mais ce qu'il dit par rapport à l'auteur implicite s'applique aussi bien à des textes non fictifs.

5 Ibid., 71.

présence dans leurs textes de sens dont ils n'étaient pas conscients[6]. Lorsqu'un auteur est mis face à face avec ses lecteurs, qui proposent une interprétation dérivée d'un de ses passages, il peut répondre ainsi : « Je ne voulais pas consciemment communiquer cette idée, mais maintenant que vous la mentionnez, c'est effectivement le sens de mon texte, ou, en tout cas, c'est en harmonie avec ce que j'ai écrit. Cette interprétation ne contredit pas ce que j'ai voulu dire et je suis d'accord avec elle. »[7] Ainsi, l' « intention de l'auteur (implicite) » équivaut à la construction du sens du texte inféré par le lecteur, qui évalue correctement les dynamiques littéraires du texte lui-même.[8]

Importance de l'appel à l'auteur implicite

L'accent mis sur l'auteur implicite, dans le processus de lecture, aux dépens de l'auteur en chair et en os, entraîne une triple conséquence pour l'interprétation, notamment le fait que de parler de l'auteur implicite des divers livres de la Bible est plus réaliste, tout simplement parce que les lecteurs de la Bible n'ont pas d'accès direct aux auteurs en chair et en os. Autrement dit, le seul auteur auquel les auteurs de la Bible aujourd'hui ont accès est celui qu'ils rencontrent et peuvent inférer à partir des textes eux-mêmes.

De plus, puisque les auteurs bibliques ne nous sont pas directement accessibles, l'idée que le lecteur se fait des auteurs implicites est donc plus fiable que la reconstruction des auteurs historiques par le lecteur. En fait, nous ne savons que peu de choses sur la plupart des auteurs du matériel biblique ; la plupart d'entre eux sont même anonymes. Ainsi, tout effort visant à reconstruire les auteurs historiques aura tendance à être hautement spéculatif. On ne pourra souvent pas être certain qu'un seul auteur historique est responsable de la production d'un livre biblique donné. Un certain nombre d'indications montrent que beaucoup de livres de la Bible sont le fruit d'un processus de développement plus ou moins long, si bien qu'il est difficile de déterminer un seul auteur historique[9].

6 Hirsch, *Validity in Interpretation* (La validité dans l'interprétation), 6-9. Hirsch ne décrit pas ces sens imprévus comme du « sens », mais comme des « significations ».

7 Cet exemple reflète notre conviction que le sens imprévu s'accorde généralement avec le sens prévu par l'auteur historique et qu'il est même souvent une extension de celui-ci. En principe, cependant, le sens du texte peut être en contradiction avec celui que l'auteur historique a voulu communiquer. Dans ce cas, l'auteur historique serait incompétent. Même si une approche inductive est ouverte à toutes les possibilités, y compris celle de l'auteur biblique incompétent, il y a des preuves solides qui s'opposent à la conclusion de l'incompétence d'un de nos auteurs bibliques. Dans tous les cas, les côtés pratiques du processus exégétique obligent le lecteur à assumer que l'auteur est compétent, sauf en cas de preuves indéniables de son incompétence.

8 Sternberg, dans *Poetics of Biblical Narrative* (Poétiques du récit biblique), 9, affirme qu'« en tant qu'exégètes de la Bible, notre seule préoccupation est l'intention « incarnée », ou « objectivée » et cela constitue une toute autre affaire, à propos de laquelle a toujours existé un sage consensus. À mon avis, cette intention joue un rôle crucial, car la communication suppose un locuteur qui recourt à certains outils linguistiques et structurels pour produire certains effets sur le destinataire. La communication présuppose un locuteur qui recourt à certains outils linguistiques et structurels afin de produire certains effets sur le destinataire ; le discours fournit donc un réseau d'indices sur l'intention du locuteur. [L'intention] est un raccourci pour la structure de sens et d'effet soutenue par les conventions auxquelles le texte fait appel ou qu'il conçoit ; pour le sens que le langage prend en termes de contexte communicatif dans son ensemble.

9 Voir les principales introductions à l'AT et au NT, notamment Childs, *Introduction to the Old Testament as Scripture* (Introduction à l'Ancien Testament en tant qu'Écritures) ; Werner H. Schmidt, *Old Testament Introduction* (Introduction à l'Ancien Testament), 2e éd. (Louisville : Westminster John Knox, 1995) ; John Drane, *Introducing the Old Testament* (Introduire l'Ancien Testament), éd. rév. (Oxford : Lion, 2000) ; Werner Georg Kümmel, *Introduction to the New Testament* (Introduction au Nouveau Testament), éd. rév. (Nashville : Abingdon, 1975) ; Brevard S. Childs, *The New Testament as Canon: An Introduction*

De même, se concentrer sur l'auteur implicite s'avérera plus constructif que de se concentrer sur un auteur en chair et en os, car l'objectif de l'interprétation est de s'approprier le sens du texte. L'accent mis sur l'auteur implicite émane de et mène à une approche centrée sur le texte, contribuant ainsi directement à l'accomplissement des objectifs d'interprétation. Cela permet aussi d'éviter ce que C. S. Lewis appelle « l'hérésie personnelle », l'idée erronée que l'interprétation doit être centrée sur la reconstruction de la vie ou de la conscience de l'auteur historique, plutôt que sur le sens du texte qu'il a écrit[10]. Ainsi, l'intention de l'auteur implicite correspond à l' « intention du texte », ou « intention opérationnelle » (*intentio operis*), d'Eco, laquelle doit idéalement orienter la construction du texte par le lecteur (*intentio lectoris*)[11].

La notion d'auteur implicite mène à une interprétation plus robuste du texte, car elle ouvre un champ de possibilités plus vaste que l'effort visant à vérifier toutes les observations et interprétations, sur le fondement de l'intention consciente de l'auteur historique. En se concentrant sur cette intention, un étudiant qui identifie un contraste clair et manifestement présent dans un passage, pourra, par exemple, se demander si ce contraste émane de l'intention consciente de l'auteur historique, afin de ne le considérer comme important sur le plan de l'exégèse que s'il peut démontrer que l'auteur l'a voulu ainsi. Il est souvent impossible d'émettre un jugement sur l'intention consciente de l'auteur ; c'est pourquoi, cette approche mène à une certaine sur-précaution ou timidité exégétique. Paul Ricœur décrit le désengagement de l'observation, ou le processus exégétique à partir de l'appel à la conscience de l'auteur historique, comme offrant un éventuel « surplus de sens » au texte[12]. De plus, une interprétation centrée sur le texte trouve son sens dans celui-ci, la question opérative étant de savoir si les dynamiques du texte, c'est-à-dire l'auteur implicite, mènent à une observation ou interprétation donnée.

Un autre point qui montre qu'il est préférable de se concentrer sur la notion d'auteur implicite est que cela mène au concept corollaire de lecteur implicite, le lecteur envisagé et projeté par le texte, le sentiment du lecteur inféré à partir du texte lui-même. Le lecteur implicite est la création de l'auteur implicite. L'auteur, tel qu'inféré à partir du texte, a façonné celui-ci si profondément qu'il nous offre une compréhension donnée, ou sentiment, du lecteur auquel il est censé s'adresser. La notion de lecteur implicite est extrêmement importante pour l'interprétation, car elle sert à situer les attentes du texte vis-à-vis des lecteurs pour comprendre le texte, avec les informations sur son arrière-plan, la compréhension linguistique,

---

(Le Nouveau Testament en tant que Canon : introduction) (Philadelphie : Fortress, 1985) ; Ralph P. Martin, *New Testament Foundations* (Fondements du Nouveau Testament), éd. Rév., 2 vol. (Grand Rapids : Eerdmans, 1986).

10 C. S. Lewis et E. M. W. Tillyard, *The Personal Heresy: A Controversy* (L'hérésie personnelle : controverse) (Oxford : Oxford University Press, 1939).

11 Umberto Eco, *Interpretation and Overinterpretation* (Interprétation et surinterprétation), éd. S. Collini (Cambridge : Cambridge University Press, 1992), 25.

12 Paul Ricœur, *Interpretation Theory: Discourse and the Surplus of Meaning* (Théorie de l'interprétation : discours et surplus de sens) (Fort Worth : Texas Christian University Press, 1976), 30.

etc., dont le texte présuppose que le lecteur dispose et qu'il prendra en compte dans la construction du sens du texte[13].

La raison herméneutique pour laquelle la plupart des théoriciens littéraires acceptent avec enthousiasme cette distinction entre l'auteur historique et implicite, est la considération que les textes, une fois écrits, ont d'une certaine manière une existence propre. Cet argument est défendu par William K. Wimsatt et Monroe Beardsley, dans leur célèbre essai « The Intentional Fallacy » (L'erreur intentionelle)[14], et il correspond à l'affirmation préalable, selon laquelle l'auteur implicite est toujours à la fois plus petit et plus vaste que l'auteur historique d'une œuvre.

Il faut cependant faire attention ici, car, même si la distinction entre auteur historique et implicite est possible et nécessaire, les deux sont aussi liés[15]. On découvre ce principe de connectivité entre l'auteur implicite et historique à partir de l'expérience de lecture. Lorsque le lecteur a le sentiment qu'un texte ne lui parle pas, il ne pense pas à la présence de l'auteur (implicite) qu'il rencontre comme une abstraction textuelle, mais s'imagine un auteur en chair et en os[16]. Le texte invite à la projection de l'auteur en chair et en os, mais cet auteur en chair et en os ne se présente cependant pas lui-même directement au lecteur, mais uniquement à travers la médiation du texte qu'il a produit. L'auteur implicite est l'image construite par le lecteur de l'auteur historique, par la médiation du texte[17].

Questions pratiques soulevées par l'appel à l'auteur implicite

Concluons ce chapitre en notant que ces considérations sur le lien entre l'auteur implicite et l'auteur historique, soulèvent deux questions pratiques liées à l'interprétation de tout texte, notamment des textes bibliques. D'abord, la notion

---

13 Pour la notion de lecteur implicite, voir Wolfgang Iser, *The Implied Reader: Patterns of Communication in Prose Fiction from Bunyan to Beckett* (Le lecteur implicite : modèles de communication dans la fiction en prose, de Bunyan à Beckett) (Baltimore : Johns Hopkins University Press, 1975) ; idem, *The Act of Reading: A Theory of Aesthetic Response* (L'acte de lire: une théorie de la réaction authentique). (Baltimore : Johns Hopkins University Press, 1978) ; Umberto Eco, *The Role of the Reader: Explorations in the Semiotics of Texts* (Le rôle du lecteur : explorations des textes sémiotiques (Londres : Hutchinson, 1981) ; cf. Kevin J. Vanhoozer, « The Reader in New Testament Interpretation » (Le lecteur dans l'interprétation du Nouveau Testament), dans Green, *Hearing the New Testament* (À l'écoute du Nouveau Testament), 301–28 (Grand Rapids : Eerdmans, 1995); Thiselton, *New Horizons in Hermeneutics* (Nouveaux horizons herméneutiques), 515–55.

14 W. K. Wimsatt et Monroe Beardsley, « L'erreur intentionnelle », dans *The Verbal Icon: Studies in the Meaning of Poetry* (L'icône verbale : études du sens de la poésie), éd. W. K. Wimsatt (Lexington : University of Kentucky Press, 1954), 3–18 ; cf. certaines critiques récentes de l'erreur intentionnelle, proposées par Wimsatt et Beardsley, comment celle d'Anthony C. Thiselton, « 'Derrière' et 'devant' le texte : langage, référence et indétermination », dans *After Pentecost: Language and Biblical Interpretation* (Après la Pentecôte : langage et interprétation biblique), éd. Craig Bartholomew, Colin Greene et Karl Möller, Écritures et herméneutique, série 2 (Grand Rapids : Zondervan, 2001), 107–8.

15 Voir Sternberg, *Poetics of Biblical Narrative* (Poétique du récit biblique), 69, qui fait référence à l'auteur historique et à l'auteur implicite comme « la personne et le personnage » et comme les « deux revers de la même entité ».

16 Ce sentiment d'un auteur en chair et en os est toujours présent, dans une certaine mesure, mais il est plus prééminent et plus important pour le processus de lecture dans certaines œuvres que dans d'autres. Il suffit de comparer le livre de Jonas à 1 Thessaloniciens.

17 Ricœur, dans *Interpretation Theory* (Théorie de l'interprétation), 30, parle de l'« erreur du texte absolu », c'est-à-dire du sens qu'on trouve derrière les textes, sans prendre en compte l'intention humaine qui les accompagne. Voir aussi Nicholas Wolterstorff, *Divine Discourse: Philosophical Reflections on the Claim That God Speaks* (Discours divin : réflexions théologiques sur l'affirmation que Dieu parle) (Cambridge : Cambridge University Press, 1995), 172 ; idem, « The Promise of SpeechAct Theory for Biblical Interpretation » (La promesse de la théorie des paroles et des actes pour l'exégèse biblique), dans Bartholomew, Greene et Möller, After Pentecost (Après la Pentecôte), 71–90, où Wolterstorff établit un lien étroit entre l'auteur qu'on rencontre dans le texte et l'auteur en chair et en os, sans les réduire à une seule réalité herméneutique. Ricœur et Wolterstorff réagissent tous deux à la thèse des « Nouveaux critiques », selon laquelle les textes existent en autonomie absolue par rapport à leurs auteurs historiques.

d'auteur implicite pose la question du rapport entre l'étude littéraire et historique. En lisant un texte, on ne peut construire l'auteur implicite comme une abstraction intemporelle, hors de tout contexte historique, mais on doit le construire comme un personnage historique, qui a eu sa place dans le temps et s'adresse aux autres à travers son texte à partir de ce contexte historique.

À un moment donné, certains spécialistes ont pensé l'auteur implicite et ses intentions comme le pur produit de l'examen des caractéristiques littéraires du document lui-même, sans préoccupation aucune pour le contexte historique associé à la rédaction originale du document. Cette compréhension littérale étroite de l'auteur implicite et de ses intentions, c'est-à-dire de l'interprétation textuelle, n'était cependant pas tenable longtemps. Tous les textes assument forcément un contexte historique ; ainsi, le concept d'auteur implicite, tel qu'établi ici, constitue une garantie pour l'étude historique et établit une restriction (et une concentration) pour l'étude historique. Cet accent mis sur l'auteur implicite implique d'examiner l'arrière-plan historique en se basant sur celui-ci, avec trois composantes : 1) le rejet de la pratique consistant à se contenter d'amasser toutes les informations disponibles sur l'arrière-plan historique, puis à les déverser sommairement dans l'interprétation du texte ; et l'adoption d'une procédure qui commence par un portrait de l'auteur et de ses intentions, telles qu'établies dans le texte lui-même (l'auteur implicite), 2) l'identification des formes d'informations sur l'arrière-plan historique de l'auteur, suggérées, ou même imposées, par ce portrait de celui-ci et de ses intentions, afin de développer une construction pleinement élaborée du texte, fondée sur ses propres termes[18], et 3) l'emploi de cet arrière-plan historique pertinent, en vue de parvenir à une compréhension pleine et entière du texte, selon son propre programme[19].

Au-delà de la question du rapport entre l'étude littéraire et historique, il y a cependant aussi une deuxième question pratique : celle du rapport entre l'intention de l'auteur implicite et la vision de l'auteur historique, tel qu'il est connu par ses autres écrits. Cette question est fondamentale pour l'exégèse biblique, car la Bible contient plusieurs ensembles de textes, des recueils de deux livres ou plus, dus à la plume du même auteur, un exemple qui saute aux yeux étant le corpus paulinien. En interprétant un passage tiré, par ex., de l'Épître aux Romains, on peut se

---

18 Max Turner, « Historical Criticism and Theological Hermeneutics of the New Testament » (Critique historique et herméneutique théologique du Nouveau Testament), dans Green et Turner, *Between Two Horizons* (Entre deux horizons), 48–50, développe utilement le concept de Ricœur, des « pôles présuppositionnels » (par ex. les connaissances sur l'arrière-plan historique du texte que l'auteur implicite partage avec le lecteur envisagé par le texte, c. à d. le lecteur implicite). Le texte présume que le lecteur dispose de ces connaissances et les apportera avec lui dans sa construction. Cf. Peter Cotterell et Max Turner, *Linguistics and Biblical Interpretation* (Linguistique et exégèse biblique) (Downers Grove, Illinois : InterVarsity, 1989), 90–97. Voir aussi Sternberg, *Poetics of Biblical Narrative* (Poétique du récit biblique), 13–16.

19 Ces questions liées à l'arrière-plan historique peuvent être d'ordre général ou spécifique. Pour interpréter l'Épître aux Galates, par exemple, le lecteur devra prendre en compte des éléments généraux, comme le grec koinè, tel qu'il était employé dans le monde gréco-romain au 1ᵉʳ Siècle et les attentes sociales et littéraires associées à la rédaction de lettres dans cette culture (épistographie). Dans la même lettre, cependant, l'interprétation de la référence de Paul à la circoncision exige un examen plus spécifiquement historique de la manière dont celle-ci était comprise et pratiquée dans le judaïsme et le christianisme du 1ᵉʳ Siècle. Qu'il s'agisse d'arrière-plan général ou spécifique, les lecteurs doivent engager des conversations critiques entre les informations tirées de l'arrière-plan historique et les manières dont l'auteur implicite suggère que ces informations doivent s'appliquer à la construction du texte. Voir chap. 16 sur le danger de la surinterprétation, par absence de recul dans le recours à l'arrière-plan historique.

demander si on peut légitimement prendre en compte ce que Paul dit dans Galates ou Philippiens. La réponse à cette question est qu'il y a deux réalités à prendre en compte. Il faut d'abord reconnaître l'importance de dériver notre compréhension de l'intention de l'auteur implicite du livre lui-même, en mettant l'accent sur l'unité et la distinction de ce que Paul dit dans Romains, afin d'accorder la priorité à l'interprétation des preuves à partir du contexte du livre. Il faut cependant prendre en compte aussi le fait que l'auteur implicite de Romains s'identifie ouvertement comme le personnage historique de Paul, si bien que le livre lui-même présente son auteur implicite comme un personnage historique avec une fonction dans l'Église et dans le monde en général. Le livre invite le lecteur à examiner ce que Paul dit dans Romains, à la lumière de ce qu'il pensait et disait en tant que personnage historique. Nous avons accès à ces informations essentiellement à partir des autres Épîtres de Paul[20].

---

20 On peut ajouter aussi à partir du livre des Actes, même si, en employant le portrait que Luc fait de Paul à des fins de reconstruction historique, il faut être conscient des considérations historico-critiques liées au rapport entre cette présentation et le personnage historique de Paul lui-même, afin de les prendre en compte lorsqu'on se sert des Actes pour comprendre la personne de Paul, telle que presentée dans ses lettres.

5

L'étude directe

Parce qu'une approche inductive est évidentielle et se soucie surtout du passage des preuves tirées du texte lui-même aux conclusions exégétiques, l'étude biblique inductive met l'accent sur l'étude du texte par soi-même, plutôt que sur l'étude de livres écrits à propos du texte. Nous insistons sur le fait qu'avec l'approche inductive, les sources secondaires, comme les commentaires, sont employées et constituent une partie essentielle du processus, mais qu'il faut donner la priorité au texte biblique, en termes de séquence et d'emphase.

Importance de l'étude par soi-même

La priorité accordée à l'étude de première main des sources primaires correspond à la manière dont la littérature est étudiée en général. Un cours sur Shakespeare ou Goethe, par exemple, implique généralement un engagement sérieux à connaître les textes de ces auteurs. Pourtant, les cours d'université ou de séminaire sur les livres de la Bible accordent souvent la priorité aux sources secondaires. Un des auteurs de ce livre a même suivi un cours sur le livre des Actes, dans un important séminaire évangélique américain, à l'issue duquel les étudiants pouvaient avoir la note maximale sans même devoir lire un seul mot du livre des Actes. L'intitulé de ce cours était erroné : il aurait dû s'appeler cours sur les livres portant sur Actes, plutôt que sur le livre des Actes.

Cette expérience n'est pas rare. Howard Tillman Kuist, qui a enseigné l'étude biblique inductive au séminaire théologique de Princeton avant Vatican II et les changements importants que ce grand concile a précipités dans l'Église catholique romaine, au niveau de l'étude de la Bible pour le clergé comme pour les laïcs, identifie l'existence d'une forme de « recatholicisation » de la Bible au sein du protestantisme. Kuist décrit la tendance des chrétiens en général, notamment protestants, à agir comme si on ne pouvait faire confiance aux individus (clergé et laïcs) pour lire et interpréter la Bible eux-mêmes, mais qu'elle ne pouvait être lue que selon une interprétation autorisée, qui, dans le protestantisme, n'émane pas du pape ou du magistère, mais du professeur ou de l'auteur du commentaire[1]. Que la description de Kuist reflète correctement la lecture de la Bible par les laïcs catholiques avant Vatican II, son idée que les individus en général ont tendance à se soumettre à une interprétation professionnelle est valide.

Bien sûr, les commentaires jouent un rôle important, et même indispensable, mais en définitive, l'interprétation de la Bible relève de l'heureuse responsabilité du lecteur. Les spécialistes, notamment les enseignants des églises, ont pour rôle d'aider les lecteurs à parvenir à leur propre compréhension du texte, pas de servir d'intermédiaires pour leur engagement indirect avec la Bible. Leur autorité exégétique est fonctionnelle et non dogmatique. L'autorité qu'ils détiennent n'émane pas de leurs diplômes ou de leur capacité à convaincre un éditeur de publier leurs commentaires, qui leur permettraient de se prononcer sur le sens des textes bibliques d'une manière qui fasse autorité. Elle est fondée plutôt sur leur capacité à assister les lecteurs alors qu'ils cherchent à déterminer par eux-mêmes le sens du texte.

Pourquoi mettre l'accent sur l'étude directe de première main

D'une manière générale, il vaut normalement mieux consulter des commentaires après la phase initiale de la première étude. Il y a plusieurs raisons à cela. D'abord, si on va immédiatement « chercher la réponse » dans un commentaire, on constatera que notre pensée est affectée par l'interprétation proposée par le commentateur. Autrement dit, consulter les commentaires dès le commencement nous aveugle ou créé des paramètres qui s'avéreront difficiles à transcender, réduisant ainsi la possibilité pour le lecteur de découvrir des apports originaux.

Ensuite, commencer par consulter les commentaires pour trouver la réponse constitue un usage abusif des commentaires, qui ne constituent pas une alternative à l'étude du texte par soi-même, mais ont pour rôle d'aider les lecteurs dans leur effort visant à saisir eux-mêmes le sens du texte.

De plus, en passant immédiatement aux commentaires pour obtenir l'interprétation d'un passage, le lecteur perd le tressaillement et le sentiment de possession qui émanent de la découverte personnelle. Lorsqu'on saisit soi-même des vérités bibliques, cela mène à une compréhension plus profonde, plus personnelle et riche de sens qu'en découvrant le sens indirectement. Une telle compréhension plus pleine, profonde et personnelle permet de réagir plus pleinement, profondément et personnellement aux vérités ainsi découvertes[2].

Enfin, les lecteurs devront souvent juger entre différentes interprétations proposées dans les commentaires. Les commentateurs ne sont pas toujours d'accord entre eux sur l'interprétation des passages, surtout pour les sections difficiles. Les

---

1 Kuist, *These Words upon Thy Heart* (Ces paroles sur ton cœur), 32-36, prend cette impulsion pour repousser la responsabilité sur l'« expert », en tant que réflexion de la quête pécheresse de sécurité et de son corollaire, la fuite de responsabilité individuelle.

2 Ibid., 35-36.

lecteurs de la Bible doivent donc décider pour eux-mêmes ; pour faire ce choix avec intégrité, ils devront le fonder sur leur propre examen du texte.

Donc, pour résumer, les étudiants de la Bible doivent prioriser l'étude directe du texte, qui leur offrira un élan et une perspective pour l'emploi de sources secondaires, comme les commentaires.

6

L'étude exhaustive et intégrée

L'étude de la Bible exige un modèle intégré, qui incorpore toutes les approches légitimes et toutes les composantes exégétiques spécifiques dans un processus holistique. Les termes *intégré* et *holistique* suggèrent un dessein ou objectif commun, vers lequel tous les aspects de l'étude doivent se diriger, ce qui pose un problème. La Bible peut être (et a été) étudiée de diverses manières, avec divers objectifs spécifiques. Certains l'étudient afin de reconstituer la vie de Jésus, d'autres afin de suivre le développement historique de l'Église primitive et d'autres encore, afin d'explorer le rapport entre la religion d'Israël et la culture du Proche-Orient ancien. La liste est sans fin.

Fondements d'une approche intégrée : centrage sur la forme finale du texte

Si tous ces sujets d'étude peuvent être explorés, étant tous plus ou moins directement liés à la Bible, on peut cependant légitimement se demander si de telles études peuvent être considérées comme des « études bibliques » au sens strict. La réponse à cette question est d'abord sémantique, mais en approfondissant davantage, elle est importante et même cruciale. Une distinction utile est celle entre les études ayant pour préoccupation interprétative *ultime* des réalités sous-jacentes au texte et celles qui s'intéressent d'abord au sens du texte lui-même, en tant qu'entité littéraire à découvrir sous la forme actuelle, avec évidemment des références attestant des réalités extérieures au texte. Le terme *ultime* est en italiques, car toutes ces quêtes peuvent contribuer à l'interprétation du texte lui-même, sous sa forme finale, s'inscrivant ainsi dans le cadre d'une « étude biblique » au sens strict ; mais tant que l'étude de ce qui est derrière le texte constitue une fin en soi, l'expression

« études autour de la Bible » pourrait être plus appropriée qu'« étude de la Bible » ou « étude biblique ». À cet égard, Ben F. Meyer fait la distinction utile entre *interprétation* et *analyse*, l'interprétation revenant pour lui à discerner le sens du texte final, tandis que l'analyse implique l'exploration des questions techniques sous-jacentes au texte, comme la critique textuelle, l'arrière-plan historique, l'étude sociologique et l'histoire de la tradition (par ex. la critique rédactionnelle). Il insiste sur le fait que si, au final, l'analyse peut être utile à l'interprétation, elle ne peut s'y substituer[1].

Dans tous les cas, par approche intégrée et holistique, on entend une approche dans laquelle les divers aspects de l'étude sont tous dirigés vers le sens du texte biblique sous sa forme finale et contribuent ensemble à celui-ci. La forme finale est cruciale pour l'herméneutique, en ce qu'elle constitue le fondement pour l'unité et la cohérence méthodologique, car toutes les réalités liées à la Bible sont s'entrecroisent avec la forme finale du texte. Tout ce qui est derrière le texte va vers sa forme finale et tout ce qui est « devant le texte » (la réaction des lecteurs et l'effet du texte sur eux) émerge de la rencontre avec le texte. La centralité de la forme finale implique que l'étude biblique commence par le texte et que toutes ces autres réalités sont poursuivies en lien avec celui-ci. Notre position est que la nature des livres et passages bibliques, caractérisés à la fois par leur complexité et par leur unité, requiert une approche à la fois multiple et intégrée, autour d'un centre cohésif[2].

Importance d'une approche intégrée

Au cours du siècle dernier, les spécialistes ont abordé un certain nombre d'approches critiques spécifiques de l'étude de la Bible. Par exemple, John Barton offre des chapitres spécifiques sur la reconnaissance du genre, la critique littéraire, la critique de la forme, la critique rédactionnelle, l'approche canonique, la critique structuraliste et la nouvelle critique[3]. Dans *Interpreting the New Testament* (Interpréter le Nouveau Testament), édité par David Alan Black et David S. Dockery, on trouve des chapitres sur la critique textuelle, la critique des sources, la critique des formes, la critique rédactionnelle, la critique littéraire et la critique sociologique[4]. Ces approches critiques abordent, chacune à leur manière, des aspects-clés du sens des textes bibliques. Cependant, traitées isolément, sans égard pour leur rapport les unes avec les autres dans le cadre d'une construction intégrée du sens des passages bibliques, les étudiants se retrouvent cependant avec une large gamme d'approches[5] et avec l'idée que, s'ils choisissent d'étudier un passage en partant,

---

1 Meyer, *Reality and Illusion* (Réalité et illusion), 99–100 ; Vanhoozer, *Is There a Meaning in This Text ?* (Y a-t-il un sens à ce texte ?) 328. Voir Green, « Practice of Reading the New Testament » (La pratique de la lecture du Nouveau Testament), 411–12, pour le rôle des « objectifs normatifs » dans *Interprétation*.

2 Voir aussi, avec qlueuqe différences, W. Randolph Tate, *Biblical Interpretation: An Integrated Approach* (Interprétation biblique : une aproche intégrée), éd. rév. (Peabody, MA: Hendrickson, 1996).

3 Burton, *Reading the New Testament* (lire le Nouveau Testament).

4 Black et Dockery *Interpreting the New Testament* (Interpréter le Nouveau Testament).

5 Voir Steven L. McKenzie et Stephen R. Haynes, *To Each Its Own Meaning: An Introduction to Biblical Criticisms and Their Application* (À chacun son sens : introduction à la critique biblique et à son application) (Louisville : Westminster John Knox, 1993); cf. Sternberg, *Poetics of Biblical Narrative* (Poétique du récit biblique), 17. Bockmuehl, *Seeing the Word* (Voir le monde),

par ex., de l'approche de la critique rédactionnelle, ils aboutiront à une compréhension de ce passage spécifique à cette approche. De même, leur choix d'un examen de critique des formes aboutira forcément à un autre ensemble de conclusions exégétiques.

Certains diront qu'une telle multiplicité de conclusions exégétiques, qui reflètent la pluralité des options méthodologiques, ajoute de la richesse et de la profondeur au sens des passages[6], mais que cette situation peut aussi semer la confusion et mener à un certain sentiment d'arbitraire[7]. Nous pensons que les dynamiques des passages eux-mêmes, dans leur contexte littéraire, doivent déterminer lesquelles de ces approches doivent être considérées comme les plus pertinentes et les plus utiles pour l'interprétation du passage en question et comment elles peuvent être liées les unes aux autres le plus efficacement possible, dans le cadre du processus d'étude. L'objectif est de s'efforcer de parvenir à une interprétation riche et profonde, qui reflète d'une manière robuste la cohérence des diverses facettes d'un passage, autour du thème central communiqué. Par « thème central communiqué », nous n'entendons pas que le sens même d'un passage individuel peut être réduit à une simple proposition exégétique. Au contraire, l'approche intégrée à laquelle nous appelons ici est cohérente, en ce qu'elle a un centre, tout en étant riche, en ce que le thème central d'un passage est développé à travers ses multiples dimensions ou aspects, révélés à travers l'emploi (ensemble et en dialogue) de plusieurs approches pertinentes. Une des caractéristiques essentielles de l'étude biblique inductive est donc l'engagement à réaliser une profonde intégration des diverses composantes de l'étude biblique autour d'un centre cohésif.

61–63, décrit cette diversité d'approches comme révélatrice du manque de concentration ou de vision claire de l'exégèse biblique et la voit comme une crise qui menace cette discipline elle-même.

6 Thiselton, *New Horizons in Interpretation* (Nouveaux horizons exégétiques), 549.

7 En fait, l'emploi de diverses méthodes critiques pour le même passage, isolément les unes des autres, peut mener à deux interprétations contradictoires et mutuellement exclusives ou plus. Les approches diachroniques, qui retracent le développement chronologique des traditions à travers leurs différentes étapes, mettent souvent l'accent sur les manières dont ces stades tardifs du processus de transmission altèrent ou corrigent les précédents. Ainsi, Thomas Weeden insiste sur l'idée que Marc est parti de traditions pré-marciennes qui, à l'origine, présentaient la filiation divine de Jésus en termes d'« homme-Dieu » triomphant, qui accomplit des miracles, puis qu'il a « corrigé » le sens précédent de ces passages par son activité de rédaction, afin de présenter Jésus comme le Fils de l'homme humble et souffrant. Les mêmes passages ont donc un sens différent, et même contradictoire, dans leur contexte original, tel que reconstruit par la critique des sources, et dans leurs manifestations plus tardives, produites par l'activité de rédaction de Marc. Voir Thomas J. Weeden Sr., *Mark: Traditions in Conflict* (Marc : traditions en conflit) (Philadelphie : Fortress, 1971) ; cf. Jack Dean Kingsbury, *The Christology of Mark's Gospel* (La christologie de l'Évangile de Marc) (Philadelphie : Fortress, 1983). On trouve un grand nombre d'exemples de ce même phénomène, tirés de l'AT, dans les discussions de Brevard S. Childs sur le développement des traditions derrière la « forme canonique » les livres et passages de l'AT. Voir Childs, *Introduction to the Old Testament as Scripture* (Introduction à l'Ancien Testament en tant qu'Écriture).

7

L'étude individuelle et communautaire

Définition et importance de l'étude individuelle

L'étude de la Bible doit être individuelle, de deux manières spécifiques. D'abord, pour ce qui est du processus d'étude, il est capital de conserver un espace pour notre propre rencontre individuelle avec le texte[1]. La rencontre individuelle avec le texte doit être poursuivie, afin de maintenir la possibilité de l'originalité. En commençant toujours par consulter les autres sur le sens des passages (soit directement, par des conversations, soit indirectement, par l'emploi de commentaires), notre pensée sera forcément influencée par celle de nos interlocuteurs. Sur le plan de la psychologie pratique, il nous sera difficile de nous défaire des modèles de pensée auxquels on était d'abord confronté.

Par conséquent, le développement de nouveaux apports sera beaucoup plus difficile et improbable. Par ailleurs, parce que les étudiants n'auront pas toujours un groupe de collègues avec qui travailler et discuter des questions relatives au texte, ils feront bien de porter leur attention sur le développement de leurs propres compétences herméneutiques, en travaillant indépendamment des passages bibliques.

L'étude doit être individuelle aussi en termes des conclusions qui en sont tirées. Il est très important, tout en gardant des limites, de laisser une marge de tolérance pour les différences individuelles au niveau des conclusions exégétiques. Au vu du sens riche, et souvent profondément texturé, des passages, les exégètes individuels arriveront peut-être à des interprétations différentes (mais pas mutuel-

---

1 Il est également vital de trouver un équilibre entre notre propre rencontre et l'emphase communautaire. Les étudiants doivent étudier le texte individuellement, mais en reconnaissant pleinement que la Bible, dans son ensemble, s'adresse à des communautés et qu'ils doivent toujours, dans leur lecture, garder à l'esprit cette dimension chrétienne communautaire. Voir Green, « La pratique de la lecture du Nouveau Testament », 417–418.

lement exclusives), qui sont toutes justes et correctes. Il faut penser aux passages comme ayant une panoplie de sens possibles, en fonction des paramètres, avec les différences au niveau de l'arrière-plan des exégètes individuels qui déterminent où aboutiront leurs conclusions exégétiques dans la vaste gamme des constructions possibles.

Une anecdote qu'on raconte au séminaire théologique de l'Union, en Virginie, illustre ce principe de tolérance pour les divergences individuelles au niveau des conclusions exégétiques. Pendant la Deuxième Guerre Mondiale, deux collègues de ce séminaire, John Bright, professeur d'Ancien Testament, et Howard Tillman Kuist, qui était alors professeur d'études bibliques, ont eu un désaccord amiable. Bright pensait que s'il prenait deux étudiants aux aptitudes à peu près équivalentes, leur donnait le même passage à interpréter, leur fournissait les mêmes outils et leur laissait le même délai, s'ils y consacraient aussi les mêmes efforts, ils aboutiraient exactement à la même interprétation de ce passage. Kuist n'était pas d'accord : il affirmait que ces deux étudiants, en travaillant dans les mêmes conditions et en faisant un travail de qualité égale, pourraient arriver à des conclusions exégétiques différentes, mais pas forcément mutuellement exclusives ou contradictoires[2].

Nous croyons que c'est Kuist qui a raison. Après tout, certains passages sont multivalents : les preuves font état de deux interprétations également valables ou plus. Prenons, par exemple, 1 Samuel 17, l'histoire de David et de Goliath. Le verset 40 dit que David « choisit, dans le torrent, cinq cailloux bien lisses qu'il mit dans le sac de berger qui lui servait de besace ». Pourtant, le verset 49 nous apprend que David a tué Goliath avec une seule pierre. Dans ce récit très serré, où aucun détail n'est superflu, mais où chaque mot semble compter, on a ce que nous décrirons dans la suite de ce volume comme une relation structurelle de contraste : l'accent est mis sur la différence entre le fait que David a ramassé cinq pierres et qu'il n'en a utilisé qu'une.

Quel est le sens de ce contraste ? Les preuves semblent susciter deux réponses assez distinctes. D'abord, les preuves contextuelles indiquent que la foi de David se caractérisait par un élément de faiblesse, en ce qu'il semblait vulnérable à la suggestion que, même si Dieu lui donnerait la victoire sur Goliath (v. 37), il aurait besoin de se procurer des ressources supplémentaires afin de mieux s'assurer de sa propre sécurité et de sa victoire[3]. C'est pourquoi, il a ramassé quatre pierres supplémentaires, au cas où. D'autres preuves contextuelles indiquent, au contraire, que le choix de David de ramasser cinq pierres reflète sa ferme assurance que non seulement Dieu lui livrerait Goliath, mais qu'il lui accorderait aussi la victoire finale sur toute la nation des Philistins, qui sont désignés ailleurs en 1 Samuel

---

2 Cet épisode a été raconté à David R. Bauer, par Dr. Donald G. Miller, lui-même professeur au séminaire théologique de l'Union et ami personnel proche du Dr. Bright et du Dr. Kuist, au cours d'une conversation privée. Il n'a pas été l'objet d'une vérification indépendante et ne peut probablement plus l'être après toutes ces années.

3 Entre autres choses, on note qu'en 1 Sam. 17.38-39, David accepte l'armure, et même l'épée du roi Saül (qui est dépeint tout au long de 1 Sam. 13-31 comme un homme qui dépend de ses propres armes plutôt que de mettre sa confiance en la puissance de Dieu seul pour le délivrer), de la main de celui-ci. Il n'a retiré ces armes que parce qu'elles l'empêchaient de marcher, car, selon ses mots, il n'y était « pas habitué ». L'assertion par David de ces atouts militaires s'oppose à son discours à Goliath en 1 Samuel 17.45-47.

comme « les cinq cités » (ou « seigneurs ») (voir 1 Samuel 6.4–5, 16–18). Ainsi, les cinq pierres de David attestent de sa confiance en la puissance de Dieu, pour lui accorder une victoire totale et la délivrance complète du peuple d'Israël, à travers David, son serviteur.

Que cette lecture spécifique de 1 Samuel 17 soit convaincante ou non, elle sert à illustrer comment deux interprétations également plausibles, bien que quelque peu différentes, peuvent s'imposer. Les deux peuvent être vraies, chacune à leur manière. Il est possible aussi que l'auteur implicite présente ces deux possibilités à l'esprit de ses lecteurs. Une personne pourra conclure de ce passage que même la foi si remarquable et, en définitive efficace, de David, peut comporter des éléments de faiblesse, tandis qu'une autre en conclura que même un jeune homme comme David peut avoir la forme de foi qui génère de glorieux rêves de ce que Dieu peut faire, au-delà des défis du présent. Les deux interprétations seraient correctes. En fait, il est même possible que les deux constructions se complètent : la foi de David comporte des éléments de force et de faiblesse.

Comme le principe de multivalence, manifesté dans le passage de 1 Samuel 17 ci-dessus, le principe d'indétermination appuie aussi l'idée que les passages peuvent comporter plusieurs interprétations plausibles. Les termes *déterminé/détermination* et *indéterminé/indétermination* montrent que tous les passages comportent à la fois une diversité de sens plausibles et des limites à leur sens plausible. Aucun passage, compris dans son contexte, ne peut vouloir dire tout et n'importe quoi ; un passage qui veut dire tout et n'importe quoi ne veut rien dire. La reconnaissance des limites aux interprétations plausibles montre que tous les passages sont déterminés, présentent une détermination. Ces limites laissent cependant de l'espace pour des constructions plausibles plus spécifiques[4]. La reconnaissance d'une gamme d'interprétations plausibles montre que tous les passages sont, dans une certaine mesure, indéterminés ou présentent une certaine dose d'indétermination.

Tous ces passages se situent quelque part sur ce qu'on appelle le continuum de la détermination :

Déterminé   Indéterminé

Les passages déterminés sont ceux pour lesquels la gamme d'interprétations plausibles est étroite :

[——————]

Les passages indéterminés sont ceux pour lesquels la gamme d'interprétations plausibles est vaste :

[——————————————————————]

---

4 Voir Ricœur, *Interpretation Theory* (Théorie de l'interprétation), qui aborde le « potentiel de sens » des textes, avec certaines limites, établies par la « structure » du texte, ainsi que par son style et sa syntaxe.

Même les passages les plus déterminés ont une certaine marge d'interprétations plausibles et correctes, bien qu'elle soit plus étroite, et même les passages les plus indéterminés ont des limites claires et des interprétations qui ne sont pas correctes, même si ces limites sont plus larges. Il y a des passages situés à l'un ou à l'autre extrême, mais la plupart des passages s'inscrivent quelque part entre les deux, comme le dit Ricœur : « Peut-être peut-on décrire un texte comme un espace étroit d'interprétations : il n'y en a pas qu'une, mais il n'y en a pas non plus une infinité. Un texte est un espace de variations, avec ses propres contraintes ; pour choisir une autre interprétation, il faut toujours avoir de meilleures raisons. »[5]

Un certain nombre de facteurs permettent de déterminer le degré de détermination/indétermination d'un passage[6]. Le genre, par exemple, joue un rôle : certains genres (poésie, paraboles) sont plus indéterminés, tandis que d'autres contiennent davantage de discours déterminé (logique). Offrir une taxonomie exhaustive de la détermination/indétermination dépasserait le cadre du présent ouvrage. Notre objectif est de sensibiliser le lecteur à la fois aux limites et à la diversité des interprétations d'un passage donné, tout en suggérant que, dans la gamme des constructions possibles, les éléments subjectifs que le lecteur apporte à l'interprétation s'expriment aussi. L'expérience personnelle d'un lecteur, ou encore de la communauté dont il est issu, peut nous amener à adhérer à une interprétation spécifique, tandis que l'expérience personnelle assez différente d'un autre lecteur ou d'une autre communauté dont il fait partie, pourra le pousser à en accepter une autre. Idéalement, ces diverses lectures avec leurs différentes prédilections exégétiques doivent être en dialogue entre elles, afin de permettre à chacune de prendre conscience des autres possibilités dans la gamme des interprétations correctes et plausibles, afin de parvenir à une meilleure compréhension du sens de ce passage, dans toute son étendue. Nous passons à la description d'un tel dialogue.

Nature et importance de l'étude communautaire

Même si l'étude de la Bible est censée être individuelle, elle est aussi censée être communautaire et prendre en compte le rôle de la communauté dans l'interprétation des deux mêmes sphères abordées précédemment dans la partie sur l'étude individuelle : le processus et les conclusions.

D'abord, l'étude de la Bible doit être communautaire en termes de son processus. Le dialogue avec les autres sur le message des textes bibliques, qui inclut leur message ainsi que leur appropriation contemporaine, intervient au bon moment. Un tel dialogue doit être à la fois direct, par des échanges continuels avec d'autres

---

5 Paul Ricœur, *A Ricœur Reader: Reflection and Imagination* (Un lecteur de Ricœur : réflexion et imagination), éd. Mario J. Valdés (New York et Londres : Harvester Wheatsheaf, 1991), 496, cité dans Vanhoozer, *Is There a Meaning in This Text?* (Y a-t-il un sens à ce texte ?) 436.

6 Eco (*Role of the Reader* (Le rôle du lecteur)) distingue les passages « fermés », dont le sens est prescrit d'une manière plus étroite, des passages « ouverts », qui permettent au lecteur de jouer un rôle plus participatif dans la « création » d'un sens, avec des limites. Cf. Vanhoozer, *Is There a Meaning in This Text?* (Y a-t-il un sens à ce texte ?) 139–40 ; Michael Fox, « The Uses of Indeterminacy » (L'emploi de l'indétermination », *Semeia* 71 (1995) : 173–92 ; Charles H. Cosgrove, éd., *The Meanings We Choose: Hermeneutical Ethics, Indeterminacy, and the Conflict of Interpretations* (Les sens que nous choisissons : éthique herméneutique, indétermination et conflit d'interprétations), JSOT 411 ; La Bible au 21e Siècle, série 5 (Londres : T&T Clark, 2004).

personnes, et indirect, par la consultation de ce que d'autres, dans le passé ou à présent, ont dit ou écrit sur le sens de ces passages. Comme mentionné précédemment, le sens des passages bibliques est plus vaste que la perspective forcément limitée des exégètes individuels[7]. Nos propres interprétations peuvent être élargies, voire même corrigées, par les apports de ceux dont l'arrière-plan et l'expérience sont différents des nôtres. Par ailleurs, les échanges dynamiques des interactions sociales mènent souvent les lecteurs à développer des apports qui n'ont été mentionnés explicitement par personne d'autre dans la conversation, mais qui s'imposent à eux fortuitement alors que le cours du dialogue les pousse à évaluer leur perspective par rapport à celle des autres.

Ensuite, l'étude de la Bible doit être communautaire en termes de ses conclusions. En examinant l' « épaisseur » du message et du sens du texte biblique, la difficulté d'interprétation de textes issus d'une culture si différente de la nôtre et qui parlent de réalités théologiques réellement divines et transcendantes, ainsi que l'expression littéraire attentive et complexe employée par les auteurs bibliques, on reconnaît l'importance de s'inspirer des apports de ceux qui, à travers l'histoire, ont consacré leur intelligence phénoménale et énormément d'énergie à l'explication de la Bible. La consultation de l'interprétation des autres, essentiellement mais non exclusivement à travers les commentaires, est donc essentielle pour une approche inductive.

Cela ne revient pas à dire que nous devons tout simplement accepter ce que ces personnes ont dit ou écrit, sur le seul fondement de leur autorité d'experts. Nous devons plutôt prendre en compte l'histoire de l'interprétation, dans le sens d'une évaluation critique de nos propres conclusions, à la lumière de celles de prédécesseurs qui ont étudié la Bible à travers les siècles, afin de jauger toutes les constructions potentielles en examinant les preuves tirées du texte.

Ici, il ne faut pas conclure qu'une telle consultation doit se limiter à l'étude formelle du sens des textes bibliques, tels que présentés par les spécialistes. Au cours des derniers années, une idée a gagné en influence selon laquelle on peut apprendre beaucoup de choses sur le sens de passages bibliques en examinant comment ils ont été employés sous une grande diversité de formes, comme par exemple la poésie, les hymnes, la liturgie, la peinture ou la fiction. Le terme technique pour un tel examen, *Wirkungsgeschichte*, est souvent traduit par « histoire de l'emploi », « histoire des effets » ou « histoire de la réponse ». Il s'agit en fait d'un processus heuristique (de découverte). Le processus d'analyse critique des diverses manières dont un passage biblique a été employé, peut nous aider à découvrir des aspects du sens du texte qui nous auraient échappé autrement[8].

---

7 Voir Vanhoozer, *Is There a Meaning in This Text ?* (Y a-t-il un sens à ce texte ?) 39, qui commente l' « idole de la cave » (les préjugés individuels) et l' « idole du théâtre » (préjugés communautaires ou traditionnels) de Francis Bacon.

8 Un certain nombre de commentaires plus récents relatent ces apports de la Wirkungsgeschichte ; la série de commentaires allemands Evangelisch-katholischer Kommentar zum Neuen Testament met consciemment l'accent sur cette approche. Pour un exemple de traduction de cette série, voir Ulrich Luz, *Matthew: A Commentary* (Matthieu : commentaire), vol. 1, Matthew 1-7 (Matthieu 1-7), Hermeneia (Philadelphia : Fortress, 1989) ; idem, *Matthew: A Commentary* (Matthieu : commentaire), vol. 2, *Matthew 8-20* (Matthieu 8-20), Hermeneia (Minneapolis : Fortress, 2005) ; idem, *Matthew: A Commentary* (Matthieu : commentaire), vol. 3, Matthew 21-28 (Matthieu 21-28), Hermeneia (Minneapolis : Fortress, 2005).

Comme nous l'avons vu, l'étude biblique inductive cherche à garder un équilibre entre étude individuelle et communautaire. Au moins depuis l'époque des Lumières, le monde occidental met l'accent sur la dimension individuelle, mais au cours des trente dernières années, une réaction à cette tendance a mené à un retour à la prise en compte de la dimension communautaire. La Bible intègre les deux dimensions et l'étude biblique cherche à donner à chacune d'elles la place qui lui est due, tout en examinant le rapport profond entre elles.

8

L'étude composée d'un livre

L'unité littéraire de base de la Bible est le livre biblique. Il y a des exceptions littéraires, sous la forme de « livres non unifiés », comme peut-être le livre des Psaumes[1] et celui de Zacharie[2], ou encore de collections plus vastes, comme le Pentateuque ou l'« histoire deutéronomique »[3], mais dans la grande majorité des cas, le livre biblique représente l'entité littéraire unifiée qui constitue le fondement de la Bible.

---

1 Plus récemment, cependant, un mouvement d'ampleur prend au sérieux l'arrangement des psaumes au sein du livre des Psaumes et les étudie comme un tout (canonique). Voir Childs, *Introduction to the Old Testament as Scripture* (Introduction à l'Ancien Testament en tant qu'Écritures), 504–25 ; J. Clinton McCann Jr., *The Shape and Shaping of the Psalter* (Forme et mise en forme du Psautier), JSOT Sup 159 (Sheffield : JSOT Press, 1993); idem, *A Theological Introduction to the Book of Psalms* (Introduction théologique au livre des Psaumes) (Nashville : Abingdon, 1993), 25–50 ; James Luther Mays, *The Lord Reigns: A Theological Handbook to the Psalms* (Le Seigneur règne : manuel théologique pour l'étude des Psaumes) (Louisville : Westminster John Knox, 1994) ; idem, *Psalms* (Psaumes), IBC (Louisville : John Knox, 1994) ; idem, « The Place of the Torah Psalms in the Psalter (La place des Psaumes de la Torah dans le Psautier), *JBL* 106 (1987) : 3–12.

2 Voir par ex. Carol L. Meyers et Eric M. Meyers, *Haggai, Zechariah 1-8* (Aggée, Zacharie 1-8), AB (New York : Doubleday, 1987) ; idem, *Zechariah 9-14* (Zacharie 9-14), AB (New York : Doubleday, 1993) ; David L. Petersen, *Haggai and Zechariah 1-8* (Aggée et Zacharie 1-8), OTL (Philadelphia : Westminster, 1984); idem, *Zechariah 9-14 and Malachi* (Zacharie 9-14 et Malachie), OTL (Louisville : Westminster John Knox, 1995).

3 Même si, pris individuellement, les livres du Pentateuque et de l'histoire deutéronomique sont quelque peu distincts et qu'ils peuvent être et sont souvent étudiés comme des entités distinctes, ils s'inscrivent dans un récit d'ensemble plus ou moins continu. Voir Joseph Blenkinsopp, *The Pentateuch: An Introduction to the First Five Books of the Bible* (Le Pentateuque : introduction aux cinq premiers livres de la Bible), ABRL (New York : Doubleday, 1992) ; David J. A. Clines, *The Theme of the Pentateuch* (Le thème du Pentateuque), 2ᵉ éd., JSOT 10 (Sheffield : JSOT Press, 1997) ; John H. Sailhamer, *The Pentateuch as Narrative: A Biblical-Theological Commentary* (Le Pentateuque comme un récit : commentaire biblico-théologique) (Grand Rapids : Zondervan, 1992) ; Martin Noth, *The Deuteronomistic History* (L'histoire deutéronomique), JSOT 15 (Sheffield : JSOT Press, 1981) ; J. Gordon McConville, *Grace in the End: A Study in Deuteronomic Theology* (La grâce en définitive : étude de la théologie deutéronomique), *Studies in Old Testament Biblical Theology* (Grand Rapids : Zondervan, 1993); Terence E. Fretheim, Lloyd R. Bailey Sr. et Victor P. Furnish, éd., *Deuteronomic History* (L'histoire deutéronomique), IBT (Nashville : Abingdon, 1983).

Importance de l'étude biblique

L'idée que la Bible est une collection de livres distincts, qui manifestent chacun sa propre perspective et son propre dessein, est suggérée même par l'étymologie du terme français *Bible*, qui dérive, non pas du grec *ton biblion*, qui signifie « le livre », mais de *ta biblia*, « les livres ». Par ailleurs, l'Église a reconnu ce caractère pluriel de la Bible dans son processus de canonisation : alors qu'elle se débattait avec la difficulté de savoir quels ouvrages inclure dans le Canon des Écritures, elle a pris cette décision sur le fondement des livres. Elle n'a pas délibéré, par exemple, pour savoir si ce qui est à présent Jean 14 devait être considéré comme canonique, à l'exclusion du reste de l'Évangile de Jean, mais elle a décidé d'inclure ou d'exclure des livres dans leur intégralité[4].

Ainsi, la Bible elle-même atteste du fait que les auteurs bibliques ont produit et planifié des livres. En définitive, le contexte littéraire de n'importe quel passage est le livre biblique dont il fait partie ; ainsi, dans le cadre du processus d'étude biblique, il est important d'examiner sérieusement le sens des passages dans le contexte de leurs livres. Par ailleurs, les étudiants doivent étudier le sens et le message des livres, dans leur ensemble. Ainsi que nous le verrons par la suite, dans la partie consacrée à la lecture canonique de la Bible, cette idée que la Bible est une collection de livres a des implications significatives aussi pour sa lecture ou son interprétation canonique.

Importance de l'étude composée

L'étude de la Bible doit aussi être une étude de composition. Ce principe dérive du précédent, selon lequel la Bible est un recueil de livres et que par conséquent, les passages individuels doivent être interprétés à la lumière de leur contexte littéraire, qui doit être ultimement compris comme celui de l'ensemble du livre. Lorsqu'un auteur produit un livre, il crée un univers textuel. Tout ce qui est contenu dans son livre est directement ou indirectement lié à tout le reste du livre. Les passages individuels ont leur place là où ils sont situés dans le programme d'ensemble du livre. Les livres contiennent cependant aussi des sous-unités cohérentes de diverses tailles. Ainsi, les passages individuels doivent aussi être interprétés à la lumière de leur fonction au sein de la division, de la section et du segment dans lesquels ils se trouvent.

Le terme de *composition* dérive du latin *com*, qui signifie « avec, ensemble » et *pono*, « mettre, placer ». Ainsi, *composition* signifie mettre ou placer ensemble et suggère la notion de connectivité ou de relation. Les mots sont mis en relation avec d'autres mots pour former des phrases ; puis ces phrases sont mises en relation entre elles pour former des paragraphes ; les paragraphes, pour former des seg-

---

4 Voir, par ex., John Barton, *Holy Writings, Sacred Text: The Canon in Early Christianity* (Écritures saintes, textes sacrés : le Canon dans le christianisme primitif) (Louisville : Westminster John Knox, 1997) ; F. F. Bruce, *The Canon of Scripture* (Le Canon des Écritures) (Downers Grove, Illinois : InterVarsity, 1988) ; Bruce M. Metzger, *The Canon of the New Testament: Its Origin, Development, and Significance* (Le Canon du Nouveau Testament : origines, développement et importance) (Oxford : Clarendon, 1987).

ments ; les segments, des sections ; les sections, des divisions ; et les divisions, des livres entiers. Comme le dit W. W. White : « Tout va et marche ensemble. »[5]

Le terme *composé*[6] fait référence au fait ou à la réalité de la relation, tandis que le terme de *structure* fait référence aux rapports spécifiques entre les éléments d'un passage ou d'un livre donné. Le problème de la structure est donc lié à la question des rapports entre éléments d'une unité littéraire et de leur arrangement.

Dans ce chapitre, nous avons cherché à remettre en question deux tendances courantes chez les étudiants de la Bible. Face à la tendance à limiter la notion de contexte aux versets qui précèdent et suivent directement un passage, nous avons insisté sur le fait que l'ensemble du livre constitue le contexte. Contre la tendance à la lecture sélective, qui étudie les passages isolément, nous avons insisté sur le fait que le sens d'un passage est fondamentalement lié à sa relation à d'autres passages à travers le livre.

---

5 W. W. White, papiers non publiés, cités dans Eberhardt, *Bible in the Making of Ministers* (La Bible dans la construction de ministères), 145.

6 La notion de *compositionnel* selon W. W. White était double. Il adhérait à une théorie compositionnelle générale, qui affirmait que toutes choses dans ce monde forment un tout cohérent, si bien que leur étude est reliée dans le grand réseau de la vérité, dans lequel on peut entrer à n'importe quel point, pour finalement, dans des circonstances idéales, découvrir toute la vérité dans le monde. Ainsi, l'étude de la Bible mène à la vérité dans tous les domaines ; et, réciproquement, la vérité dans tous les domaines compte, directement ou indirectement, pour l'étude de la Bible. White a cependant adopté aussi une théorie compositionnelle plus spécifique, selon laquelle les livres de la Bible, pris individuellement, forment un tout cohérent, si bien que tout le contenu d'un livre biblique est directement ou indirectement lié à l'ensemble de ce livre (ibid.).

9

L'étude canonique

Fondements de l'étude canonique

Le terme de Bible lui-même désigne un recueil de plusieurs livres individuels rassemblés au sein d'un ensemble canonique : le canon juif ou chrétien. L'étude de la Bible doit donc prendre en compte le fait qu'il ne s'agit pas d'un assortiment de livres distincts, qui existent isolément les uns des autres, mais d'un ensemble de livres qui nous ont été transmis sous la forme d'un corpus littéraire. À un certain niveau et dans un certain sens, cela exige de lire et de comprendre ces livres à la lumière les uns des autres, ainsi que par rapport à leur position et à leur fonctionnement dans l'ensemble du canon.

Par ailleurs, la notion de *canon* implique une règle ou norme. Le canon des Écritures indique donc la réalité selon laquelle la communauté ecclésiale chrétienne a reconnu ces livres, en tant qu'ensemble canonique, comme faisant autorité au sein de la communauté chrétienne. Plus spécifiquement, le processus de canonisation a engagé le jugement de l'Église, qui a estimé que Dieu se révèle lui-même, ainsi que sa volonté, à travers ces écrits, d'une manière unique, et que par conséquent, ils forment ensemble un tout canonique, qui fonctionne comme norme théologique et comme moyen de formation chrétienne[1]. En parallèle à la notion de canon, il y a donc la question de l'inspiration divine de ces écrits. Pour être conscients du rôle de la Bible en tant que canon, les lecteurs doivent prendre en compte les implications de ces partis-pris ecclésiastiques sur l'autorité de la Bible, implicitement contenus dans l'ensemble canonique, pour le processus qui les mène à comprendre la Bible, ainsi que la meilleure manière de les évaluer.

---

1 Wall, « Canonical Context and Canonical Conversations » (Contexte et conversations canoniques), 165, fait référence à leur double fonction de « règle » et de « sacrement ». Voir notamment Barton, *Holy Writings, Sacred Text* (Écritures saintes, textes sacrés) ; et Metzger, *Canon of the New Testament* (Le canon du Nouveau Testament), 251–93.

Importance de l'étude canonique

Les questions portant sur le canon, de l'autorité et de l'inspiration des Écritures sont extrêmement complexes et elles ont été et sont toujours l'objet de débats virulents. Il n'est pas possible de les examiner pleinement à ce stade de la présente discussion. Il faut cependant préciser deux points fondamentaux concernant l'importance du canon pour l'étude de la Bible.

D'abord, la notion de canon pose la question du rapport entre les différents livres bibliques et le canon dans son ensemble. Ainsi que nous l'avons mentionné précédemment, l'unité littéraire de base de la Bible est le livre biblique et le processus de canonisation était centré sur les livres : les décisions étaient prises concernant l'inclusion ou l'exclusion de livres. Le fait que le canon implique l'assemblage de livres indépendants à l'origine, avec chacun sa perspective, son dessein et son message propres, suggère l'existence d'un rapport dialectique entre ces éléments et l'ensemble, entre le message des livres considérés un à un et le témoignage du canon dans son ensemble[2].

D'un certain point de vue, le fait que le canon soit composé de différents livres implique, en tout cas jusqu'à un certain point, la possibilité d'une réelle diversité entre les différents livres qui le composent. La perspective d'un de ces livres n'est pas forcément celle d'un autre ; une lecture qui se contente d'appliquer, sans esprit critique, le sens ou le message d'un livre à un autre, est donc illégitime. La voix distincte de chaque livre doit être entendue pour elle-même[3].

D'un autre point de vue, le fait que l'Église a assemblé ces livres avec la conviction qu'ils rendent ensemble témoignage à la révélation du seul vrai Dieu, suggère, en tout cas selon le jugement de la communauté de foi, une unité de pensée et de perspective sous-jacente à ces livres. Toute personne engagée dans l'étude de la Bible doit non seulement les examiner comme des documents individuels, puis en rester là, mais elle doit aussi explorer en quoi le message d'un livre est lié et peut contribuer au message du canon biblique dans son ensemble.

La Bible, en tant que canon, appuie donc la réalité de l'unité et de la diversité de ces livres. Pour employer une analogie musicale : le canon biblique n'est pas qu'une simple mélodie, mais une harmonie. L'unité est rendue possible par la diversité[4]. En fin de compte ce sera aux lecteurs de décider s'ils peuvent accepter cette compréhension canonique de la Bible, notamment dans son rapport entre les différents livres bibliques. Cette unité dans la diversité constitue cependant la revendication implicitement mise en avant par l'ensemble canonique, que chaque

---

2 Trevor Hart, « Tradition, Authority, and a Christian Approach to the Bible as Scripture » (Tradition, autorité et une approche chrétienne de la Bible en tant qu'Écriture), dans Green et Turner, *Between Two Horizons* (Entre deux horizons), 201–2.

3 Wall, « Canonical Context and Canonical Conversations » (Contexte et conversations canoniques), 171, met l'accent à juste titre sur le fait qu'une lecture canonique commence par une « exégèse centrée sur le texte », qui se soucie de son « sens original ».

4 Wall, ibid., 179–80, parle aussi de la « conversation » entre les divers livres de la Bible. Cette conversation implique la « critique mutuelle », qui ne nous détourne pas du sens et du témoignage d'un livre biblique donné, mais sert à « épaissir » le message de chacun d'eux. La notion de conversation canonique amène à l'esprit l'étude de la théologie du NT, publiée à titre posthume par George B. Caird, *New Testament Theology* (La théologie du Nouveau Testament), éd. L. D. Hurst (Oxford : Clarendon, 1994), dans laquelle les divers auteurs du NT engagent une table ronde de conversation.

lecteur, qu'il soit membre ou non de la communauté de foi, a la responsabilité d'examiner, afin d'évaluer sa viabilité et sa légitimité.

Ensuite, la notion de canon pose la question du rapport entre l'auteur humain, dont la voix se fait entendre immédiatement en lisant les livres de la Bible, et l'auteur divin, la voix de Dieu, qui, selon la revendication canonique de l'Église, parle au lecteur à travers le texte biblique. Là encore, on constate apparemment un rapport dialectique.

D'une part, aucun livre de la Bible ne prétend avoir été écrit directement par Dieu. L'auteur implicite, l'image de l'auteur que le texte pousse le lecteur à inférer, est toujours humain. L'auteur implicite, surtout dans les récits bibliques, peut avoir une « omniscience divine » qui lui permet de présenter des informations que seul Dieu peut connaître[5], mais même de tels auteurs parlent toujours de Dieu à la troisième personne et le présentent comme un personnage de leur récit, pas comme l'auteur. Ces indicateurs offrent une résistance implicite à la substitution de la voix de Dieu à la voix de l'homme ou au basculement de l'humain dans le divin.

D'un autre côté, comme nous l'avons vu précédemment, il est entendu, au moins pour l'Église, que sa décision canonique reflète l'idée que, dans un certain sens, Dieu lui-même parle à travers ces textes. Dans la mesure où on accepte cette perspective canonique, on devra admettre que la Bible nous met à la fois face à son auteur humain et à la voix de Dieu. Cette dialectique s'articule en fait dans le Nouveau Testament lui-même. 2 Pierre 1.21, par exemple, en parlant de l'inspiration des Écritures de l'Ancien Testament[6], déclare que « c'est portés par le Saint-Esprit que des hommes ont parlé de la part de Dieu ». On note que la structure grammaticale de cette affirmation implique à la fois un auteur humain et la participation divine. L'assertion fondamentale se trouve dans le sujet et son prédicat : « des hommes ont parlé », qui implique un auteur humain, mais l'implication divine est affirmée aussi dans la clause subordonnée : « c'est portés par le Saint-Esprit ».

La question du fonctionnement porte sur la manière dont nous devons comprendre ce rapport entre l'auteur humain et la voix divine. Il s'agit d'une question complexe, que nous ne pouvons développer ici. Nous croyons que l'explication la plus satisfaisante de ce rapport, qui correspond le mieux aux preuves dont nous disposons, est que Dieu parle à travers les Écritures, dans le sens où, ayant agi mystérieusement dans et à travers les êtres humains, il se sert de leurs mots humains, tels qu'on peut les trouver à travers tout le canon des Écritures, afin de se révéler lui-même, ainsi que sa volonté, d'une manière unique et efficace. Autrement dit, Dieu est passé par des voies mystérieuses, diverses et souvent cachées, pour inspirer les paroles humaines qu'on trouve dans la Bible, et il s'en sert, dans leur rapport dynamique à travers tout le canon des Écritures, afin de les faire fonctionner de manière à révéler la vérité concernant sa personne, ses desseins et le monde qu'il a créé, d'une manière unique, fiable et puissante.

---

5 Sternberg, *Poetics of Biblical Narrative* (Poétiques du récit biblique), 46–48, 89–99.

6 Les mots de 2 Pierre 1.19–21 indiquent qu'il s'agit d'abord des Écritures de l'AT ; voir notamment les références au « message prophétique » et à la « prophétie des. Écritures ». La suggestion, de 2 Pierre 3.15–16, selon laquelle les épîtres de Paul font partie des Écrituress ouvre cependant la possibilité que l'auteur de 2 Pierre pensait au moins à une partie des documents qui feraient ensuite officiellement et formellement partie du canon du NT.

D'après cette vision, le rapport entre mots humains et voix divine est instrumental : il s'agit de Dieu qui se sert des mots humains pour accomplir ses desseins[7]. Il est aussi holistique : en fin de compte, la voix de Dieu n'est pas identifiée aux passages et aux livres distincts, en faisant abstraction du reste de la Bible afin de les lire isolément de l'ensemble du canon ; Dieu parle plutôt à travers les passages, tels qu'ils sont établis dans leur contexte canonique et compris dans le cadre de l'ensemble de la révélation biblique[8]. Enfin, il est paradoxal : on ne peut les accepter à juste titre comme parole divine qu'en prenant au sérieux les mots de la Bible comme mots et communications humains, conditionnés par les limites de l'existence humaine, notamment celles de leur cadre historique.

Cette vision implique évidemment une compréhension dynamiquement fonctionnelle de ce que nous considérons comme faisant au moins partie de la conception de l'inspiration divine promue par la Bible elle-même. Nous ne proposons pas cette formule comme si elle contenait tout ce qu'il y a à dire sur l'inspiration et l'autorité divine de la Bible. Elle n'aborde pas, par exemple, les réalités théologiques, métaphysiques, existentielles ou psychologiques liées à la manière dont Dieu inspire les hommes eux-mêmes alors qu'ils ont écrit ou prononcé les communications qui formeraient le contenu de la Bible, pas plus qu'elle n'a le dernier mot sur la question[9].

En fin de compte, une approche inductive nous pousse à examiner les preuves, surtout celles tirées du texte biblique lui-même, comme le fondement de notre compréhension de l'autorité et de l'inspiration divine de la Bible. La Bible elle-même, au travers à la fois de sa nature et de ses revendications, ainsi que du phénomène du texte, et peut-être aussi de ses effets dans l'histoire des individus et des communautés, doit déterminer notre décision concernant le sens de son autorité et de son inspiration[10].

Pour résumer : la reconnaissance du caractère canonique de la Bible nous oblige à examiner le rapport entre les différents livres bibliques et à évaluer l'importance de la revendication théologique canonique selon laquelle ces livres font autorité et sont inspirés.

---

7 Wolterstorff, *Divine Discourse* (Le discours divin), met l'accent (peut-être trop exclusivement) sur cette compréhension instrumentale de l'inspiration.

8 Vanhoozer, *Is There a Meaning in This Text ?* (Y a-t-il un sens à ce texte ?) 264–65, 349.

9 Nous abordons plus spécifiquement certains aspects de l'inspiration divine dans notre étude de 2 Timothée 3.16–17 comme un premier exemple d'étude inductive d'un passage individuel ; voir parties 2–5 ci-dessous.

10 G. C. Berkouwer, *Holy Scripture* (Les Écritures saintes), *Études dogmatiques* (Grand Rapids : Eerdmans, 1975).

10

L'étude de procédure flexible

Principe de flexibilité

Bien qu'il y ait beaucoup de constantes au niveau des lecteurs et du processus de lecture, il n'y a pas deux lecteurs identiques dans leur manière de penser et d'étudier. Les lecteurs varient aussi sur d'autres points, notamment leur situation, leur dessein et leur jugement. Toutes ces considérations mènent à la conclusion que la méthode d'étude de la Bible doit être flexible, dans le sens où les différences individuelles doivent être tolérées. Il faut faire attention à ne pas rigidifier le processus ni donner l'impression qu'il n'y a qu'une seule manière d'étudier la Bible.

Nous insistons sur ce principe de flexibilité, car nous sommes conscients que la discussion sur les étapes spécifiques d'une approche inductive de l'étude biblique, telles que proposées dans la suite de ce livre, peuvent donner l'impression qu'un seul processus correspond à la définition d'une étude biblique inductive, avec pour corollaire l'idée que les étudiants qui n'adoptent pas chacune des tâches qui leur sont présentées, pâtiront une herméneutique déficiente.

Nous proposons une procédure explicite et spécifique, non parce que nous soyons convaincus que c'est la seule possible, ou même qu'elle est forcément la meilleure pour tous les étudiants, mais parce qu'elle s'est avérée utile pour nous et que la plupart de nos étudiants, au fil des années, ont attesté de son efficacité dans leur propre étude de la Bible.

Nous présentons cette procédure sous une forme très structurée et spécifique, car nous avons découvert que les étudiants débutants comprennent mieux les principes de l'étude biblique inductive et les mettent en pratique plus facilement, s'ils disposent d'un modèle clair sur lequel se fonder. Avec le temps, cependant, les étudiants partent du processus qu'ils ont d'abord appris en détail, pour l'adapter à leurs propres processus mentaux, contraintes de temps, besoins et jugements. Les étudiants doivent se demander si ce processus, ou telle phase spécifique, est légitime et utile, ainsi que s'ils peuvent le raccourcir afin de le rendre plus pratique et plus réaliste pour eux, sans pour autant compromettre l'intégrité de l'approche inductive de l'étude de la Bible ?

Fondements, caractéristiques et processus

Dans notre discussion sur les fondements théoriques, nous avons défini ce que nous tenons pour essentiel : l'étude de la Bible doit être méthodique, fondée sur le principe de pertinence, ainsi qu'inductive, partant des preuves pour aller jusqu'aux inférences. Nous avons présenté aussi un certain nombre de caractéristiques de l'étude biblique, à la fois transjectives et flexibles, qui représentent un effort visant à appliquer les principes de pertinence et d'induction, afin de développer une liste de caractéristiques d'une étude biblique juste et efficace. Ces caractéristiques sont présentées comme reflétant la nature de la Bible et de l'étudiant, ainsi que le rapport entre eux, tels que nous les comprenons. Dans le texte qui suit, nous proposons un processus spécifique, fondé sur les caractéristiques que nous venons de décrire. Le tableau 1 illustre comment nous comprenons le rapport entre les fondements (méthodique/inductif), les caractéristiques (de la transjectivité à la flexibilité) et les processus spécifiques présentés dans les parties 2 à 5. Tout le contenu de ce livre est prévisionnel et provisoire, mais avec une « *échelle de certitude* » décroissante : les fondements sont plus certains que les caractéristiques, le processus spécifique étant le plus prévisionnel.

La conclusion de cette discussion sur les fondements théoriques est que l'étude de la Bible exige une approche inductive, selon la description de l'induction donnée ici. Nous maintenons que l'étude biblique inductive est une étude exhaustive et holistique de la Bible, qui cherche à prendre en compte chaque aspect du texte biblique, afin de laisser la Bible, sous sa forme canonique finale, nous parler en ses propres mots. Ce processus doit donc mener à une interprétation fiable, originale, convaincante et profonde, ainsi qu'à une appropriation contemporaine. Ainsi, l'étude biblique inductive revêt les caractéristiques exprimées dans le processus d'étude.

Ici, nous mettons en avant le fait que, même si le processus inductif comporte certaines constantes, les différences individuelles se reflètent dans la méthode précise choisie pour l'étude biblique inductive. À travers les chapitres suivants, nous dirons souvent que « l'étudiant devrait » ou « doit ». Nous employons ces expressions par souci de simplicité et de langage direct. En fait, nous voulons dire à chaque fois que « l'étudiant devrait, selon nous ». Nous souhaitons maintenir le caractère provisoire et hypothétique de l'ensemble du processus.

Avant de poursuivre en examinant une manière supplémentaire dont cette compréhension de l'étude inductive pourrait être concrétisée par la pratique, nous présentons ces grandes lignes générales en tant que survol et que résumé du

Tableau 1

Rapport des fondements méthodologiques aux processus spécifiques

Plus provisoire

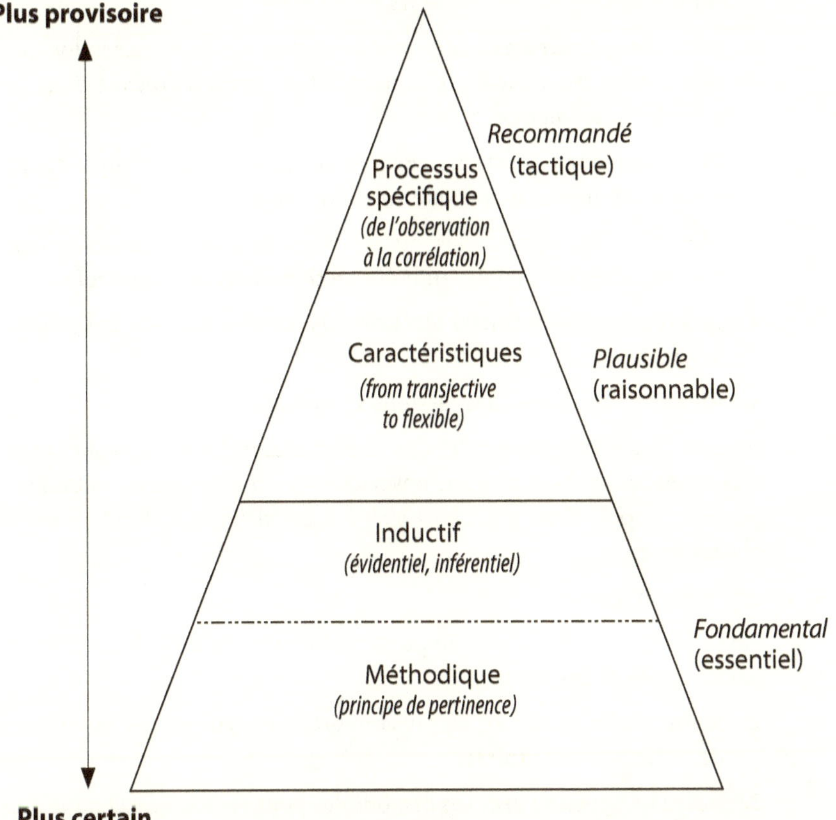

Plus certain

processus empirique spécifique tel qu'il est exposé dans le reste du livre (avec les nombres de parties correspondantes donnés entre parenthèses).

I. Observation (partie 2)

    A. Parcourez le livre, dans son ensemble

        1. Identifiez le matériel général du livre (biographique, idéologique, historique, etc.).

        2. Situez les principales unités et sous-unités du livre et les principaux rapports structurels à l'œuvre dans l'ensemble du livre.

        3. Posez quelques questions exégétiques fondées sur chaque rapport structurel majeur que vous aurez observé.

        4. Identifiez les versets-clés et les domaines stratégiques qui permettent de mieux comprendre le livre, dans son ensemble.

        5. Identifiez les données de haute critique.

6. Notez les autres impressions significatives qui ressortent du livre, dans son ensemble.

B. Examinez les sections et segments individuels

   1. Situez les principales unités et sous-unités au sein de la section ou du segment et les principaux rapports structurels à l'œuvre dans l'ensemble du segment.

   2. Posez quelques questions exégétiques fondées sur chaque rapport structurel majeur que vous aurez observé.

   3. Identifiez les versets-clés ou les domaines stratégiques qui permettent de mieux comprendre la section, dans son ensemble.

   4. Identifiez la/les forme(s) littéraire(s) employée(s) dans la section ou segment.

   5. Identifiez les autres impressions significatives.

C. Observez les éléments significatifs contenus dans les paragraphes et versets isolés, qui offrent soit une observation, soit une analyse détaillée du passage, et posez des questions exégétiques détaillées, fondées sur ces observations.

II. Interprétation (partie 3)

A. Posez les questions les plus importantes ressorties de l'observation des paragraphes et des versets

   1. Identifiez les questions les plus importantes, par ordre d'importance, de difficulté et d'intérêt.

   2. Notez les types de preuves disponibles pour répondre à chaque question exégétique et employez ces preuves pour répondre à chaque question sélectionnée.

B. Intégrez les réponses aux questions d'une manière progressive, afin d'interpréter d'abord le paragraphe, puis le segment, puis la section, et enfin l'ensemble du livre. Ce processus peut vous obliger à répondre aux questions posées pendant l'examen des sections, des segments et des livres.

III. Évaluation et appropriation (partie 4)

A. Trouvez des vérités ou des principes qui peuvent légitimement s'appliquer à notre époque et à d'autres endroits que ceux qui constituent le cadre original du texte.

B. Mettez ces vérités et principes en lien avec des situations contemporaines appropriées, afin d'informer votre réponse au problème contemporain.

IV. Corrélation (partie 5)

A. Mettez en lien la théologie du livre et l'enseignement d'autres contenus bibliques par le même auteur.

B. Mettez en lien la théologie du livre avec celle de l'ensemble du Nouveau Testament (ou de l'Ancien Testament).

C. Mettez en lien la théologie du livre avec celle de l'ensemble de la Bible, afin de développer une théologie biblique.

Partie 2

Observation et questions

Du fait qu'une approche inductive implique fondamentalement le passage des preuves aux inférences, les étudiants doivent être familiarisés avec les preuves, ce qui passe par l'observation. L'observation consiste à examiner attentivement (c. à d. noter, percevoir), à être alerte. Au-delà de la vue physique, cela implique une attention mentale. Par l'observation, l'esprit découvre les données primaires à partir desquelles il tire ses conclusions.

Caractéristiques d'une observation efficace

Une observation efficace implique un certain nombre de caractéristiques essentielles, que nous allons énumérer et commenter.

Perceptivité : être conscient de ce qu'on a

Le meilleur observateur de l'histoire de la littérature est certainement le détective de fiction Sherlock Holmes. Dans le roman *Le chien des Baskerville*, Sir Arthur Conan Doyle lui fait dire la phrase suivante : « *Le monde est rempli de choses claires que personne ne remarque jamais.* »[1] La puissance d'aveuglement des attentes pose problème surtout lorsqu'on cherche à observer ce qui nous est familier. On note souvent que les enfants sont généralement les meilleurs observateurs, car ils ne savent pas encore à quoi s'attendre.

Cette expérience de l'effet de routine dû à l'attente de ce qui nous est familier, a mené le grand théologien écossais du début du 20ᵉ Siècle James Denney aux sobres réflexions suivantes :

Avez-vous jamais pensé […] que nous lisons trop nos Bibles et que cela pour-

---

1 Arthur Conan Doyle, *The Complete Sherlock Holmes* (Sherlock Holmes : collection intégrale) (Garden City, New York : Doubleday, [1930 ?]), 683.

89

rait nous faire du bien de ne plus les lire pendant une année, tout comme il serait bon pour certaines personnes de ne plus lire rien d'autre sur la même durée ? J'ai parfois ressenti un sentiment de lassitude, rien qu'en apercevant et entendant le Nouveau Testament ; ses paroles me sont si familières que je peux les lire sans en saisir le sens et que je dois les relire beaucoup plus souvent que n'importe quel autre livre, car j'ai largement *glissé* dans l'inconscience.[2]

La description que Denney fait du problème est juste, mais la solution qu'il propose est difficilement applicable. La bonne réaction est de lire le texte comme si on le lisait pour la première fois. Cet exercice implique un acte d'imagination, qu'on ne pourra jamais accomplir parfaitement, mais qui est utile dans la mesure où on peut le maîtriser. Nous pouvons au moins développer la discipline de prendre conscience de nos glissements dans la routine de l'attente et les contrôler en nous interrompant volontairement, afin de réfléchir aux mots du texte en vue de trouver de nouvelles choses dans des mots et passages familiers.

Exactitude : chercher précisément ce qu'on a

La précision est la clé de la fiabilité, de la pénétration et de la profondeur. Les observations générales ou superficielles mèneront toujours à des interprétations superficielles, voire erronées. Une des meilleures manières de favoriser l'exactitude et la précision dans l'observation, consiste à attribuer des étiquettes spécifiques à ce qu'on observe. En effet, on observera plus facilement les divers éléments présents dans le texte si on a des étiquettes ou des catégories à portée de main. Un principe psychologique affirme qu'on a tendance à ne pas voir les réalités pour lesquelles on ne dispose pas de catégories ou d'éléments, ainsi que le dit George B. Caird :

Même notre capacité d'observation est étroitement liée à la disponibilité des noms pour ce qu'on perçoit. Il n'y a rien qu'on observe avec assez de précision pour le distinguer de tous les objets semblables, avant de lui avoir d'abord donné un nom. On a remarqué que l'hébreu classique manque de mots pour les couleurs et il y a peu de doute que cela atteste d'une déficience de jugement, en tout cas de la part de ceux qui ont écrit les livres de l'Ancien Testament, mais probablement aussi de la population d'ensemble.[3]

Autrement dit, parce que la langue hébraïque n'a que peu de mots pour les couleurs spécifiques, les hébreux de l'Antiquité étaient largement aveugles aux couleurs, incapables de les distinguer clairement. Qu'on accepte ou non l'analyse de Caird sur la conscience que les hébreux de l'Antiquité avaient des couleurs, ce point illustre bien le principe d'importance des catégories pour une observation exacte.

L'importance des catégories pour une observation exacte nous a menés à donner des noms aux choses pour plus de précision. Ainsi, nous portons une atten-

---

2 James Moffatt, éd., *Letters of Principal James Denney to His Family and Friends* (Lettres du principal James Denney à sa famille et à ses enfants) (Londres : Hodder & Stoughton, [1922 ?]), 81, italiques dans l'original.

3 G. B. Caird, *The Language and Imagery of the Bible* (Le langage et les images de la Bible) (Philadelphie : Westminster, 1980), 12–13.

tion particulière aux diverses catégories et mettons l'accent sur l'étiquetage de ces catégories en phase d'observation. Bien sûr, on fait toujours face au danger de forcer les données dans un lit de Procuste composé de catégories prédéterminées. Autrement dit, les lecteurs pourront être tentés de se servir de ces catégories tout simplement parce qu'ils les ont déjà à portée de main. C'est pourquoi, ils doivent faire attention à laisser le texte s'exprimer de lui-même et à ne se servir de ces catégories que lorsque les données tirées du texte le justifient. Il vaut mieux garder le silence que d'attribuer des catégories incorrectes ou discutables aux données observées.

Persévérance : continuer à chercher plus que ce qu'on a

Le texte biblique a tendance à être « touffu » : il contient un sens communicatif profond, même en plusieurs couches. C'est pourquoi, il ne faut jamais penser qu'une fois qu'on aura observé un passage, même avec grand soin, ce passage n'aura plus rien à nous apprendre.

Ceux qui enseignaient l'étude biblique inductive dans les années passées orientaient généralement leurs étudiants vers l'histoire intitulée « L'étudiant, le poisson et Agassiz », de l'Étudiant. Ce récit rapporte l'expérience de Samuel H. Scudder, au début de ses études à Harvard, lors de sa première rencontre avec le grand naturaliste Louis Agassiz[4].

Voici un résumé de ce récit : lorsque le jeune homme a rencontré le grand botaniste pour la première fois, Agassiz a tout simplement tendu un poisson à son nouvel étudiant et lui a demandé de prendre un stylo et d'écrire ses observations, puis il est parti brusquement. Au cours des trois prochains jours, Agassiz n'est revenu que trois ou quatre fois, toujours brièvement, pour demander à Scudder ce qu'il avait observé à partir du poisson lui-même. Même si Scudder a rapidement estimé avoir fait le tour de tout ce qu'il pouvait voir, son isolement et la consigne donnée par Agassiz l'ont contraint de continuer à se livrer à des observations. Il était surpris de voir qu'il en faisait de nouvelles, toutes pertinentes, jour après jour. En fait, il n'a remarqué certaines des caractéristiques principales de l'animal qu'à partir du troisième jour. Scudder rapporte : « Ainsi, pendant trois longues journées, il me mit ce poisson devant les yeux et m'interdisait de regarder quoi que soit d'autre ou de recourir à une aide artificielle. « Regardez, regardez, regardez », telle était son injonction répétée. »

Impartialité : voir ce qu'on a vraiment

Il n'est pas possible de s'affranchir entièrement des présuppositions, ni de se montrer parfaitement impartial ; c'est pourquoi, les étudiants doivent faire tout leur possible pour prendre conscience de leurs préjugés dans leur lecture du texte, afin de les exposer ensuite aux preuves tirées du texte. La partialité peut pousser inconsciemment les lecteurs à lire des éléments « dans le texte », pour ensuite y

---

4 Ce récit est si important pour l'enseignement de l'étude biblique inductive au fil des années et illustre tellement bien l'importance de l'observation de première main, que nous l'avons entièrement inclus sur notre site Internet (*www.inductivebiblicalstudy.com*).

observer des choses qui n'y sont pas vraiment. Elle peut aussi les aveugler aux éléments présents dans le texte. Un processus utile consiste à identifier explicitement ses propres préjugés, à nommer ce à quoi l'on s'attend, ce que l'on espère ou craint de rencontrer, dans le texte. Après avoir identifié ces préjugés, on peut les compenser en en étant conscient, et peut-être même en cherchant consciemment les éléments qu'on espère ne pas trouver. Il faut toujours demeurer critique vis-à-vis de soi-même, en évaluant la viabilité des observations qui reflètent ce qu'on espère trouver dans les livres ou passages.

Niveaux d'observation

Nous avons cherché à mettre l'accent sur le fait que l'approche inductive exige un processus d'étude qui reflète la nature de l'objet étudié. Nous avons vu que l'unité littéraire de base de la Bible est le livre biblique et que les livres distincts s'inscrivent eux-mêmes dans un certain nombre d'unités cohérentes de différentes tailles. Par conséquent, l'observation doit concerner à la fois le livre, dans son ensemble, et les unités de différentes tailles qui le composent. Le tableau 2 illustre les trois niveaux d'observation inclus dans l'approche inductive.

Tableau 2

Trois niveaux d'observation

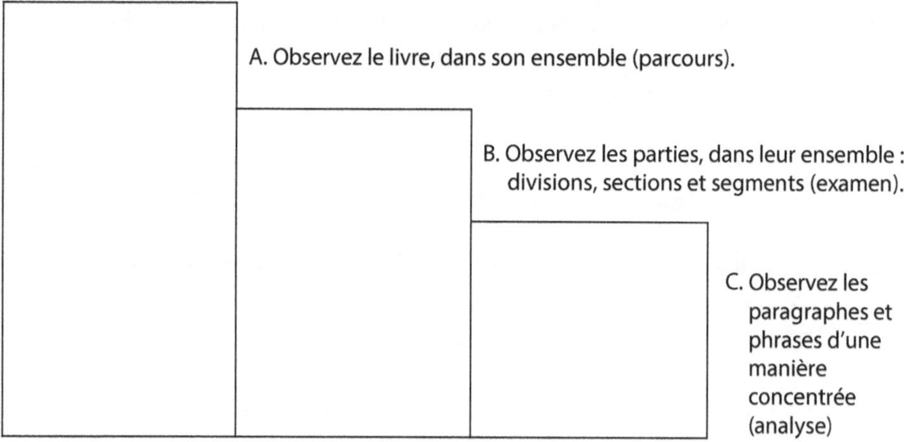

Chacun de ces niveaux d'observation sera abordé aux chapitres suivants. Le chapitre 11 traitera du parcours d'un livre, le chapitre 12, de l'examen de parties prolongées de ce livre et le chapitre 13, de l'observation concentrée des détails individuels.

11

Aperçus de l'ensemble d'un livre

Fondements des aperçus de livres

L'étude des livres, dans leur ensemble, se fonde d'abord sur le principe littéraire selon lequel le livre constitue l'unité littéraire de base de la Bible. Ainsi que nous l'avons mentionné précédemment, il y a des exceptions, avec des livres non unifiés (par ex. les Psaumes et Zacharie). Il n'en demeure pas moins que les auteurs bibliques écrivent généralement des livres, pas des parties (des phrases et paragraphes épars) qu'ils assembleraient aléatoirement. Tous les indices tendent à prouver que les auteurs bibliques avaient pour but d'écrire des livres ordonnés. Ils déterminaient avec soin quels éléments y inclure et comment les organiser. Ainsi, en parcourant l'ensemble du livre, on commence par le produit littéraire, tel que l'auteur qu'on rencontre dans le texte, l'auteur implicite, l'a conçu. On commence avec l'auteur et cela nous donne une idée de ce qu'il a voulu faire.

La deuxième raison de commencer par l'aperçu d'ensemble d'un livre est liée au principe contextuel. Ainsi que nous le verrons à la partie 3, le facteur le plus important pour l'interprétation est le contexte, notamment littéraire : le cadre des passages individuels au sein du livre dont ils font partie. En cherchant à interpréter un passage, on aura besoin d'une certaine idée de l'« entourage » littéraire de ce passage, qui est important afin d'en déterminer le sens. Autrement dit, l'interprétation des passages assume une certaine familiarité avec leur contexte littéraire, qui inclut non seulement les versets qui le précèdent ou le suivent directement, mais l'ensemble du livre. L'aperçu du livre nous permet de parvenir à cette familiarité et nous équipe ainsi pour notre tâche exégétique.

La troisième raison de commencer par l'aperçu du livre est le principe procédural selon lequel il est avantageux pour la plupart des étudiants de se faire une idée de l'ensemble du livre avant de passer à l'examen des détails. En fait, deux procédures vastes sont possibles pour l'aperçu. La première consiste à commencer par les détails, puis à en passer à la construction du sens de la structure des plus grandes unités, moyennant un processus de synthèse et d'intégration. Cette procédure s'avère efficace pour beaucoup d'étudiants, dès lors qu'il s'agit d'observer de petits passages (par ex. des segments, ou peut-être même des paragraphes). Certains étudiants trouveront même qu'il s'agit de la procédure la plus efficace pour les aperçus de livres. Ils commencent par s'immerger dans les détails du livre, puis développent un sens de sa structure plus vaste et de sa nature générale, dans son ensemble.

D'après notre expérience, cependant, la vaste majorité des étudiants préfèrent la deuxième procédure : commencer par découvrir le mouvement général du livre, avant de se concentrer sur les détails du texte. Autrement dit, la plupart des étudiants s'en sortent mieux en acquérant une vue d'ensemble avant d'entrer dans les détails. La plupart des lecteurs sont attirés par les détails et les observent beaucoup plus facilement qu'ils ne voient les dynamiques principales des unités plus larges, comme les livres bibliques. Ceux qui commencent par se concentrer sur les détails ont souvent beaucoup de difficultés à les transcender de manière à obtenir une vue d'ensemble. Ainsi, la plupart des étudiants constateront que, pour saisir le sens d'ensemble, ils doivent commencer par se concentrer sur le mouvement d'ensemble du livre et ses caractéristiques principales. La plupart des étudiants passent plus facilement et efficacement de l'observation du tout à celle des parties que l'inverse. Ceux qui s'efforcent de procéder en sens inverse se perdent souvent dans les détails, au point où (pour utiliser une expression populaire) l'arbre en vient à cacher la forêt.

Voir le tout est un exercice mental difficile. Il faut faire attention surtout à ne pas se laisser prendre par les détails dès l'étape de l'aperçu du livre : ce serait suicidaire. On ne peut se concentrer sur deux choses en même temps : soit notre attention se portera sur les détails, ce qui nous empêchera de voir le mouvement d'ensemble dans le livre, soit elle se concentrera sur ce mouvement d'ensemble, auquel cas nous serons moins conscients des détails. Ceux qui ont de l'expérience en photographie comprendront ce phénomène. Par exemple, en prenant une photo d'un arbre, on a le choix de concentrer les lentilles sur l'arbre dans son ensemble ou sur une feuille spécifique. Dans le premier cas, la photo de l'arbre sera claire et précise tandis que les feuilles seront floues et granuleuses. Dans le deuxième cas, les feuilles se verront clairement et distinctement, mais l'arbre, dans son ensemble, sera flou et granuleux.

Voir le tout est difficile non seulement pour les personnes en général, mais particulièrement pour ceux d'entre nous qui sont les produits du système éducatif occidental contemporain. La plus grande partie de notre éducation est orientée vers l'examen des parties, plutôt que du tout. On met l'accent sur l'analyse, aux dépens de la synthèse. Ceux qui sont dans le système éducatif actuel sont particulièrement enclins à penser que pour comprendre, à quelque niveau que ce soit, il faut connaître tous les détails. Nous avons tendance à nous concentrer sur les détails, aux dépens de la vue d'ensemble.

La conclusion ici est que nous devons nous appliquer au mieux à la poursuite de notre objectif, d'examiner le livre dans son ensemble, et que la plupart des étudiants y arriveront le mieux en commençant par l'aperçu. L'importance d'avoir un aperçu du tout avant d'analyser les parties est illustrée par l'expérience de Robert Traina lors de son arrivée à New York en tant qu'étudiant au séminaire biblique. Il a été accueilli à la Grande Gare centrale par un autre étudiant, qui l'a amené au séminaire. Cet étudiant, afin de l'aider à s'orienter dans la ville, lui a montré des points de repère individuels et d'autres points pertinents sur la route, mais ce n'est qu'en accédant à la plateforme d'observation de l'Empire State Building qu'il a compris pleinement où ces divers endroits étaient situés, ainsi que leur rapport entre eux.

Caractéristiques des aperçus de livres

Les aperçus de livres ont une concentration large et une autre plus étroite. Étant donné le fait que l'aperçu de livre implique une vue d'ensemble qui prend note des caractéristiques générales, ou larges, du livre, les étudiants qui y travaillent doivent faire attention à lire le livre d'une manière qui évite une obsession contre-productive pour les détails. La plupart d'entre eux trouvent utile de le lire en plusieurs fois, le plus vite possible, en s'efforçant de poursuivre le processus de lecture. Il y a deux possibilités ici : 1) une lecture rapide, mot pour mot, 2) un survol. La dernière méthode semble fonctionner le mieux pour des livres plus longs ou si le lecteur juge difficile de ne pas se laisser prendre par les détails.

Idéalement, pour les aperçus de livres, les étudiants voient les caractéristiques générales du livre et prennent note du mouvement d'ensemble, tout en demeurant conscients des détails importants. Cet idéal peut être atteint, en tout cas approximativement, par une simple lecture rapide du livre, à plusieurs reprises. L'influent prédicateur G. Campbell Morgan, dont le ministère s'étend sur la première moitié du 20ᵉ Siècle, a dit qu'il lisait généralement un livre au moins quarante ou cinquante fois[1]. La plupart des étudiants n'auront pas la possibilité de le lire autant de fois et devront donc se contenter du nombre de lectures possibles pour eux.

Même s'il est important de lire le livre le plus grand nombre de fois possible et de prendre tout le temps nécessaire pour avoir un bon aperçu, il faut reconnaître que les aperçus de livres ne sont pas une fin en soi, mais qu'ils sont conçus pour servir de fondement pour les prochaines étapes de l'étude, notamment l'interprétation. Par conséquent, il est utile de limiter le temps consacré à l'aperçu de livre, afin de porter une attention adéquate aux prochaines étapes. Autrement dit, il ne faut pas passer tout son temps sur les premières étapes de l'étude, comme l'aperçu de livre, au point de négliger les étapes suivantes. Si on a l'occasion de lire entièrement un livre cinquante fois, il faut absolument en profiter. Certains étudiants

---

1 Morgan, *Study and Teaching of the English Bible* (Étude et enseignement de la Bible anglaise), 37.

ont cependant tendance à croire qu'ils doivent tout faire à perfection, peu importe le temps que cela leur prend et s'ils disposent du nombre d'heures requises. Cette attitude est irréaliste et peut même devenir paralysante. En limitant son temps, on réduit le risque de se laisser prendre par les détails, tout en augmentant la tendance à gérer plus efficacement le temps dont on dispose.

Les aperçus de livres sont fondés sur l'observation plutôt que sur l'exégèse. L'objectif n'est pas de tirer des conclusions sur le sens des passages qui composent le livre, ou même du livre dans son ensemble, mais d'avoir une idée de la manière dont les choses se présentent et sont arrangées dans ce livre. Évidemment, l'observation pure n'existe pas, car toute forme d'observation, notamment spécifique et descriptive, implique la construction d'un sens de base, qui passe par une interprétation a minima. La lecture elle-même est un processus exégétique, qui donne du sens au texte. L'objectif de chercher une vue d'ensemble du livre est cependant d'obtenir une idée de base des données et de la manière dont elles sont arrangées, plutôt que d'identifier leur sens spécifique dès cette étape. Il fait donc faire attention, à ce stade, à éviter toute interprétation inutile, qui aurait pour conséquence d'adopter des présupposés sans fondement.

Cependant, parce que l'observation implique toujours un élément d'interprétation, même avant que l'on engage spécifiquement et consciemment le processus exégétique, le projet d'observation est provisoire et non final. Les observations qu'on trouve dans cet aperçu dépendent souvent implicitement de notre construction du sens des diverses caractéristiques qu'on trouve à travers le livre, lesquelles peuvent se révéler fausses. Le caractère provisoire de l'aperçu de livre fait tout simplement partie de la nature forcément provisoire de l'observation et ne peut être évité. Les lecteurs doivent donc reconnaître la nature provisoire de leurs observations et prendre conscience (pour citer un de nos anciens étudiants) qu'on a « le droit de se tromper » dans une étude de livre, en faisant des observations justifiées à tel ou tel stade, mais qui devront être corrigées dans la suite de l'étude. En fait, tout le processus d'étude biblique inductive est autocorrectif. Les étapes ultérieures de l'étude confirmeront ou corrigeront les premières.

Même si, dans l'absolu, il n'y a pas de bonne ou de mauvaise procédure pour un aperçu de livre, nous avons constaté l'efficacité des phases suivantes pour résoudre les principaux problèmes liés aux aperçus d'ensemble de livres.

1. Identifier les données générales du livre

2. Décrire la structure du livre

3. Poser des questions exégétiques sur les fonctions structurelles du livre

4. Situer les passages-clés et les domaines stratégiques du livre

5. Identifier les données de haute critique contenues dans le livre

6. Noter les autres impressions importantes liées au livre. Nous allons à présent examiner chacune de ces phases.

Identifier les données générales

On trouve deux éléments principaux dans n'importe quelle entité unifiée : la substance et son arrangement, ou, pour le formuler, un peu différemment, les données et la structure (la manière dont les données sont assemblées). Nous reviendrons par la suite sur la structure, ou l'arrangement des données. Ici, nous décrivons comment les étudiants peuvent gérer les données contenues dans le livre, en posant et en répondant (ou en essayant de répondre) à la question suivante : sur quoi le contenu de ce livre met-il particulièrement l'accent. Nous avons trouvé cinq réponses principales susceptibles de répondre à cette question.

D'abord, certains livres s'intéressent d'abord aux personnes, auquel cas on peut qualifier leurs données générales de biographiques. L'emploi de ce terme n'implique rien d'autre concernant le genre du livre (s'il s'agit d'un livre biographique), mais indique seulement quelle est sa préoccupation principale.

Le livre de la Genèse est un exemple de données générales biographiques, en ce qu'il présente une série de protagonistes, lesquels ont tous un double mimétique, qui sert à mettre en avant leurs caractéristiques par voie de contraste. Ainsi, le chapitre 4 présente Abel avec sa réplique Caïn. Les chapitres 6 à 10 présentent Noé, avec son pendant qui est« sa génération » (6.9). Les chapitres 11 à 26 présentent Abraham, qui a lui pour contrepartie Lot, puis Isaac dont le double est son demi-frère Ismaël. Les chapitres 27 à 36 présentent Jacob avec pour double Ésaü. Enfin, les chapitres 37 à 50 présentent Joseph avec pour doubles ses frères.

Le livre de 1 Samuel est un autre exemple de document biographique général. Ce livre s'intéresse aux revers de fortune de deux paires de personnages, ainsi que le montre le tableau 3.

TABLEAU 3

Données biographiques générales en 1 Samuel

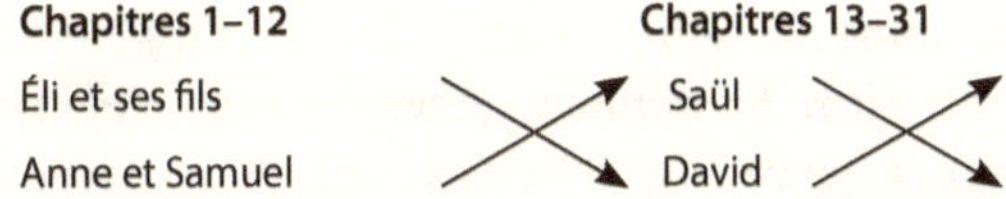

Ensuite, certains livres s'intéressent d'abord à la présentation des événements, auquel cas on peut qualifier leurs données générales d'historiques. Là encore, ce qualificatif ne dit rien sur le genre du livre. Nous ne voulons pas forcément dire que ce livre raconte une histoire et ne nous prononçons pas sur sa fiabilité historique. Nous suggérons seulement qu'il s'intéresse d'abord aux événements. Le livre de Joël constitue un exemple de données générales historiques, étant donné qu'il s'intéresse d'abord aux événements qui entourent le jour du Seigneur (voir, par ex., 1.15 ; 2.1, 11, 31 ; 3.14 ; cf. 2.2 ; 3.1). Évidemment, le livre de Joël contient aussi d'autres éléments en plus de ces préoccupations historiques, de même que la Genèse et 1 Samuel s'intéressent aussi à d'autres choses qu'aux personnes. Ainsi que nous le verrons, l'identification des données générales faisant état d'une préoccupation principale ne signifie pas qu'il s'agisse du seul élément important du livre.

En fait, beaucoup de livres renferment plusieurs de ces éléments. L'objectif de cette identification des données générales consiste cependant à chercher à identifier la préoccupation principale du livre, dans son ensemble.

Par ailleurs, le contenu des autres livres est centré sur la chronologie, auquel cas on peut qualifier leurs données générales de chronologiques. L'Évangile de Jean est un exemple de données générales chronologiques, car, du début à la fin, il est centré sur l'« heure » de la mort de Jésus[2]. Cette « heure » englobe tous les chapitres 13 à 21, tandis que les chapitres 2 à 12 présentent une chronologie cohérente, qui va d'une fête juive à la suivante, jusqu'à l'heure de la mort de Jésus. Même la présentation de Jésus dépend en grande partie de cette chronologie. Ainsi, par exemple, il déclare qu'il est la « lumière du monde » (8.12) précisément au moment de la Fête des Tentes (7.2), appelée aussi Fête des Lumières, à cause de la multitude de bougies et de torches employées pour commémorer[3] la période d'errance du peuple d'Israël dans le désert, lorsque Dieu les guidait par une colonne de feu (Exode 13-21). Au moment de la Pâque, Jésus dit qu'il est le « pain de vie » (Jean 6.35). Autrement dit, la présentation même de Jésus dans l'Évangile de Jean semble subordonnée à la chronologie. Ainsi, même si les données générales de l'Évangile de Jean semblent à première vue biographiques, elles peuvent en fait être chronologiques.

Enfin, il y a d'autres livres dont le contenu met l'accent sur les *lieux ou la progression géographique*. Les données générales de ces livres sont géographiques. Le livre de Josué constitue un excellent exemple, car son contenu est centré sur le mouvement du peuple d'Israël, de la Transjordanie (à l'Est du Jourdain) au pays de Canaan, et raconte la conquête et le partage progressifs de la terre promise. Le livre de Josué contient un certain nombre d'éléments importants, notamment la personne de Josué lui-même ; mais en se demandant si la terre est importante à cause de Josué ou si c'est Josué qui est important à cause de son rôle par rapport à la terre, on est obligé de conclure que la terre passe en premier. L'importance de Josué dans le programme de ce livre vient du rôle qu'il joue dans la conquête et le partage de la terre. Ainsi, les données générales sont géographiques plutôt que biographiques. Poser ce genre de question est utile pour déterminer quelle est (ou n'est pas) la préoccupation principale du contenu d'un livre.

Le livre des Actes est un autre exemple de données générales géographiques. Les spécialistes ont souvent noté qu'Actes 1.8 constitue peut-être une table des matières du livre : « Mais le Saint-Esprit descendra sur vous : vous recevrez sa puissance et vous serez mes témoins à Jérusalem [chap. 2-7], dans toute la Judée et la Samarie [chap. 8-12], et jusqu'au bout du monde [chap. 13-28]. » Ainsi, Luc oriente son livre, dès le départ, selon l'expansion géographique de l'Évangile, et conserve cette orientation géographique dans toute la suite du livre. D'ailleurs, la préoc-

---

2 Jean 2.4 ; 7.30, 8.20 ; 12.23, 27 ; 13.1 ; 16.21, 32 ; 17.1 ; cf. 4.21, 23 ; 16.25 ; 19.27.

3 Voir, par ex., C. K. Barrett, *The Gospel according to St. John* (L'Évangile selon St-Jean), 2ᵉ éd. (Philadelphie : Westminster, 1978), 335. Au moment de la Fête des Tentes, une procession avait lieu jusqu'à la source de Siloë, afin de puiser de l'eau qui était ensuite répandue en libation d'action de grâces à Dieu. Cela explique peut-être les paroles de Jésus en Jean 7.37b-38 : « Si quelqu'un a soif, qu'il vienne à moi, et que celui qui croit en moi boive. Car, comme le dit l'Écriture, des fleuves d'eau vive jailliront de lui. »

cupation principale pour le contenu géographique (« données générales géographiques ») explique pourquoi le livre s'arrête à l'endroit où il s'arrête.

Au fil des années, beaucoup de lecteurs du livre des Actes ont trouvé sa conclusion quelque peu étrange : Luc conclut sur Paul en résidence surveillée à Rome, attendant son procès en appel devant César. Certains spécialistes affirment que Luc ne voulait certainement pas que son livre se termine ainsi, laissant le lecteur dans l'incertitude quant à ce qui arriverait à Paul. C'est pourquoi, certains suggèrent que Luc est peut-être décédé avant d'avoir eu la possibilité de terminer son projet ; d'autres que le livre a peut-être été tronqué de manière à ce que la fin soit manquante ; d'autres encore ont spéculé que Luc souhaitait écrire un troisième volume (en plus de son Évangile et du livre des Actes) pour conclure son récit[4].

Toutes ces suggestions présupposent que Luc s'intéressait d'abord au portrait de Paul, ce qui serait vrai si les données générales de son livre étaient biographiques. Cependant, étant donné qu'elles sont avant tout géographiques, cela a du sens que Luc souhaite conclure son livre comme il le fait, avec Paul à Rome, qui a l'occasion de témoigner de l'Évangile dans cet endroit si important, sans trop d'obstacles, en attendant de présenter sa défense devant César lui-même. Il s'agit donc d'un point culminant sur le plan géographique, non sur le plan biographique. Là encore, lorsqu'on se demande si, dans le programme des Actes, la diffusion géographique de l'Évangile est importante à cause de Paul ou si c'est Paul qui est important à cause de son rôle dans la diffusion géographique de l'Évangile, la réponse est évidente : Paul est tributaire de la préoccupation principale du livre des Actes, qui est la propagation géographique de l'Évangile[5].

Enfin, certains livres se caractérisent par un souci marqué pour les idées, auquel cas leurs données générales sont qualifiées d'idéologiques. C'est clairement le cas de toutes les Épîtres du Nouveau Testament, comme celle aux Romains. C'est peut-être aussi le cas du livre de Job, qui ne se soucie pas d'abord de la personne de Job, mais de la question idéologique de la souffrance des justes (en apparence).

L'identification des données générales accomplit un certain nombre de desseins liés à l'interprétation. D'abord, elle nous permet de reconnaître les éléments du livre qui ont tendance à être les plus importants pour l'interprétation. Les données idéologiques, par exemple, orientent notre regard vers les connecteurs logiques (par ex. « c'est pourquoi », « car », « parce que ») et vers le développement de l'argument, tandis que les données biographiques poussent les lecteurs, une fois parvenus au stade de l'interprétation, à se concentrer sur les questions de caractérisation (par ex. du développement des personnages principaux et de leurs rapports entre eux).

---

4 Voir Mark Allan Powell, *What Are They Saying about Acts?* (Que disent-ils à propos des Actes ?) (New York : Paulist Press, 1991) ; W. Ward Gasque, *A History of the Interpretation of the Acts of the Apostles* (Histoire de l'interprétation des Actes des Apôtres) (Peabody, Massachusetts : Hendrickson, 1975); Bruce W. Winter et Andrew D. Clarke, éd., *The Book of Acts in Its First Century Setting* (Le livre des Actes dans son contexte du 1er Siècle), vol. 2, *The Book of Acts in Its Ancient Literary Setting* (Le livre des Actes dans son contexte littéraire antique) (Grand Rapids : Eerdmans, 1993).

5 Luc s'intéresse effectivement beaucoup à Paul, qu'il voit comme ayant un rôle spécial à jouer dans l'histoire du salut, mais il présente ce rôle d'abord en soulignant son importance dans la diffusion de l'Évangile, sur le plan à la fois géographique et ethnique (cette dernière dimension étant liée à la première).

Par ailleurs, les données générales peuvent constituer un cadre de référence pour une étude ultérieure. Si un livre est essentiellement biographique, on peut choisir de fonder son étude sur sa présentation des personnages principaux, tandis que s'il est géographique, son interprétation peut s'appuyer sur la portée des lieux géographiques rencontrés au fil des pages du livre, et sur l'itinéraire menant de l'un à l'autre. Le livre de l'Exode, par exemple, peut être considéré comme centré sur des données géographiques d'ordre général. En interprétant ce livre en profondeur, on découvrira que le pays d'Égypte, selon la structure de pensée du livre de l'Exode, n'est pas qu'un endroit, mais représente aussi un type d'existence, de même que le Mont Sinaï.

Enfin, à la prochaine section (« Décrire la structure »), nous verrons que l'identification des données générales peut avoir une incidence directe sur la compréhension de la structure littéraire du livre par le lecteur. Ces données générales identifiées peuvent ensuite affecter son interprétation finale des passages individuels du livre, et même sa construction du message du livre, dans son ensemble.

Un dernier mot sur les données générales. Certains objecteront peut-être que l'insistance sur l'identification d'un seul type de données générales pour chaque livre est arbitraire et inutile, et défendront plutôt l'idée qu'il y a toujours plus d'un seul élément présent dans un livre et qu'il faut donc identifier tous les éléments principaux du livre pour plus de précision (par ex. biographique / géographique). En identifiant deux ou trois éléments comme constituant ensemble les données générales, on créerait cependant l'impression que ce qui est central au contenu du livre est l'interaction entre ces deux types de données. On trouve parfois un tel échange créatif et dynamique entre éléments d'un livre dans la littérature moderne, mais il semble absent de la littérature antique. En tout cas, nous n'en avons trouvé aucun exemple biblique. Ainsi, les étudiants peuvent identifier deux ou trois types de données générales dans un livre donné, mais ils doivent être conscients que cela n'implique pas seulement que ces éléments sont présents, mais que le livre est centré sur leur interaction.

L'importance de ne noter qu'une seule préoccupation principale pour chaque livre biblique est liée au fait que l'identification des données générales implique de situer le centre des préoccupations du livre, qui lui donne son unité et sa cohérence. Pour être unifié, un livre doit être centré sur un élément principal. L'identification des données générales constitue un premier effort visant à situer le centre du livre[6].

---

6 Certains ont trouvé utile d'identifier aussi, en plus des données générales, les données spécifiques du livre. Ce processus implique de donner un titre à chaque chapitre, qui permet d'évoquer le contenu du chapitre par association. Ces titres doivent être : 1) *observationnels* plutôt qu'exégétiques, reflétant le contenu du chapitre plutôt qu'une interprétation de ce contenu (par ex. Ézéchiel 38, le chapitre qui parle de l'invasion de Gog, ne doit pas être intitulé « Invasion russe par le Nord ») ; 2) *distinctifs*, relativement uniques, de manière à ce que le titre donné à un chapitre ne puisse s'appliquer à aucun autre du même livre ; 3) *brefs*, généralement pas plus d'un ou deux mots ; 4) *simples* plutôt que complexes : les chapitres qui semblent traiter d'éléments apparemment disparates ne doivent pas recevoir de titre qui reflète l'effort laborieux de tout résumer dans le titre lui-même, mais plutôt qui mentionne un élément important du chapitre, qui attirera l'attention du lecteur sur les divers points mentionnés dans le chapitre ; 5) *associatifs*, de manière à ce que le titre fasse penser au contenu du chapitre ; 6) *mémorables*, faciles à garder en mémoire ; et enfin 7) *personnels ou propres* au lecteur, c'est-à-dire adaptés à celui-ci. Tout ce qui évoque efficacement le contenu du chapitre fait un bon titre. L'identification de ces titres attire l'attention sur le chapitre et tout ce qui saisit l'attention contribue à l'observation. Par ailleurs, les titres permettent

Décrire la structure

Ainsi que nous l'avons mentionné précédemment, chaque entité holistique est composée de ses données et de sa structure, du contenu et de son arrangement. Cette relation de symbiose entre données et structure se retrouve aussi, par exemple, dans les maisons : elles sont composées de bois de charpente, de pierres, de briques et de clous, qui ne forment une maison qu'en étant arrangés d'une certaine manière, et c'est leur arrangement qui détermine la nature de la maison, qu'elle soit, par exemple, Tudor ou moderne. Une maison ne se limite toutefois pas à sa forme ou à sa structure ; une ébauche n'est pas une maison. Pour qu'une maison puisse exister, il faut un rapport dynamique entre la forme, ou la structure, et les éléments matériels. Il en est de même des livres.

Jusqu'ici, nous avons vu ce qu'implique l'identification des données. Nous passons à présent à leur arrangement. Cet examen passe par la description d'une structure. L'analyse structurelle de livres bibliques contient deux composantes principales : 1) la division du livre, selon son développement linéaire, 2) l'identification des rapports structurels principaux à l'œuvre dans l'ensemble du livre. Nous allons à présent aborder la division linéaire du livre, avant de passer à la description de ses rapports structurels.

Déterminer des unités au sein du livre

La division d'un livre passe par l'identification de ses unités principales et sous-unités, qui doivent être les plus vastes possibles. Nous avons déjà évoqué le danger, réel, au moment de de réaliser un survol du livre, de trop se concentrer sur les détails, au point de ne plus voir le mouvement d'ensemble du livre. Cette tendance se manifeste notamment par la division précipitée du livre en petites unités. Ce sont plutôt les thèmes d'ensemble, couvrant généralement une grande quantité de données, qui doivent déterminer les unités principales. L'identification des grandes unités d'un livre se fera très probablement à ce stade de l'aperçu.

Quoique le fait de prévenir les étudiants de ce à quoi ils doivent s'attendre puisse poser problème, ils constateront que la plupart des livres sont composés d'environ trois unités principales. Évidemment, il faudra éviter d'imposer une fausse unité aux livres et laisser chacun d'entre eux avoir autant d'unités que l'exigent les données. Cependant, si on trouve, par exemple, dix unités principales dans un aperçu de livre, il faudra s'interrompre et se demander s'il est possible de combiner deux ou trois de ces unités pour en former une plus grande. Le principe est que les unités et sous-unités doivent être aussi vastes que les données le permettent.

---

au lecteur de réfléchir au contenu du livre, sans recourir au texte, afin de permettre au lecteur de tisser des liens entre éléments du livre, même sans avoir le texte biblique devant les yeux. Les apports concernant les liens s'imposent souvent à nous d'une manière fortuite, pas en étudiant les pages, mais au cours d'autres activités ou lorsque nous réfléchissons tout simplement au livre biblique ou le méditons. Enfin, ils nous permettent de gérer le contenu par voie d'association, afin de pouvoir identifier au moins dans quel chapitre se trouvent les divers éléments d'un livre. Ils peuvent par exemple, nous aider à nous souvenir que la conversion de Corneille est racontée en Actes 10, tandis que le discours de Paul devant la synagogue d'Antioche de Pisidie se trouve en Actes 13. Ces titres parlent des divisions de chapitres qu'on trouve dans nos Bibles, qui ne font évidemment pas partie du texte original, mais qui se sont à présent imposés comme des « évidences » pour les références bibliques.

Il y a deux manières de déterminer les unités au sein d'un livre. La première consiste à chercher les principaux changements d'emphase dans le livre. En parcourant (rapidement) le livre, on rencontre des endroits où l'auteur cesse de se concentrer sur un thème ou un problème donné et se met à en aborder un autre.

À ce stade, il faut garder deux choses à l'esprit. 1) Ainsi que nous l'avons déjà mentionné, les unités (et sous-unités) doivent être aussi vastes que les données le permettent. Il faut chercher là où l'accent se déplace, afin d'identifier les unités principales[7]. 2) Il est important de se souvenir que la substance, ou des données, du livre, ainsi que sa structure linéaire (l'arrangement des données), sont intimement liées. En définitive, on ne peut séparer la forme et la substance. C'est pourquoi, les principaux changements d'emphase doivent correspondre au type de données générales identifiées. Ainsi, par exemple, en identifiant les données générales comme biographiques, on cherchera les principaux changements d'emphase dans la présentation des personnes. D'autre part, en identifiant les données générales comme géographiques, on s'attendra à ce que les unités générales reflètent les principaux changements survenant dans la présentation de la géographie ou de la progression géographique. Dans un premier temps, le lecteur pourra identifier les données générales comme, par exemple, biographiques, uniquement pour découvrir que le livre ne semble pas contenir de divisions naturelles en termes de présentations de personnes. Dans ce cas, le lecteur devra réexaminer son choix des données générales, pour éventuellement, en fin de compte, déterminer les données générales du livre en fonction de ce qui semble le plus naturel en termes de changements d'emphase[8].

Ces évaluations divergentes de la structure linéaire du livre sont souvent le résultat manifeste des différences de jugement implicites concernant les données générales. Autrement dit, les différences de compréhension des divisions d'un livre émanent souvent de diverses décisions prises implicitement par rapport au matériel général. Étant donné que notre compréhension de la structure linéaire du livre affecte souvent notre compréhension de son message, on peut clairement tracer une ligne allant de l'identification des données générales à la construction du message ou de la théologie du livre, en passant par la décision de la structure linéaire ou des divisions du livre[9].

---

7 Ces changements indiquent souvent qu'un élément d'une unité a cessé d'exister, tandis qu'un autre reviendra désormais d'une manière récurrente. Ainsi, l'emploi du rapport structurel de récurrence constitue un indice spécifique permettant d'identifier les unités principales. Les autres rapports sont parfois employés pour indiquer la cohérence des unités principales au sein d'un livre, comme l'apogée. Notez, par exemple, comment la confession de Pierre, en Marc 8.27-30, conclut peut-être l'unité de 1.16–8.30. Évidemment, nous ne devons identifier comme importants que les rapports de l'aperçu de livre qui contrôlent plus que la moitié de l'ensemble du livre.

8 Ce scénario est un bel exemple de la nature auto-correctrice du processus.

9 On voit clairement ce phénomène, par exemple, dans l'histoire de l'examen de la structure de l'Évangile de Matthieu. Benjamin Wisner Bacon, dans « The 'Five Books' of Matthew against the Jews » (Les « cinq livres » de Matthieu contre les Juifs), *Expositor* (Prédicateur) 15 (1918) : 56–66 ; et *Studies in Matthew* (Études de Matthieu) (New York : Henry Holt, 1930), 80–90, part de l'affirmation implicite que le contenu de l'Évangile de Matthieu vise d'abord à présenter les idées, ou enseignements, apportés par Matthieu à son public à travers la bouche de Jésus ; par conséquent, il s'agit de données générales idéologiques. Par conséquent, le schéma de Bacon se concentre sur les changements opérés dans la présentation d'idées, tout en se fondant sur les enseignements de Jésus à travers le livre. Le résultat est une compréhension de la structure matthéenne qui ne met pas l'accent sur l'histoire de Jésus, mais insiste plutôt sur les blocs d'enseignements qu'on trouve dans cet Évangile. Ainsi, Bacon relègue les récits de la naissance et de l'enfance de Jésus (chap. 1-2), ainsi que ceux de sa passion et de sa résurrection (chap. 26-28), au rang subordonné de « prologue » et d'« épilogue », et divise le corps

TABLEAU 4

Principales unités identifiées par les principaux changements d'emphase

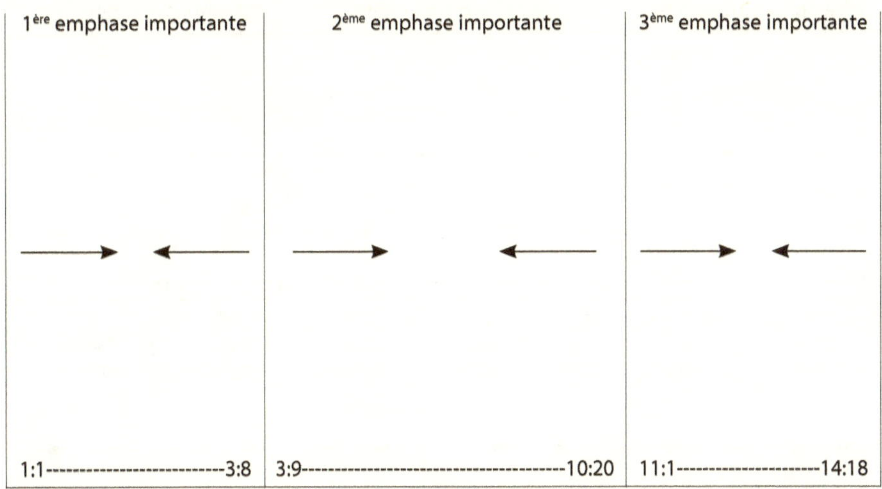

Après avoir identifié les unités principales, sur la base des principaux changements d'emphase (voir exemple hypothétique au tableau 4), il faut examiner immédiatement chacune de ces unités principales, afin d'identifier les principaux changements d'emphase au sein de chaque unité. Les divisions des unités principales qui en résultent constituent les sous-unités du livre[10]. Le tableau 5 illustre (là encore par un exemple hypothétique) le processus d'identification des sous-unités, sur la base des principaux changements d'emphase au sein de chaque unité.

Nous avons vu jusqu'ici qu'une manière de déterminer les unités principales et sous-unités du livre est de s'assurer où surviennent les principaux changements d'emphase. La deuxième manière de les déterminer est de noter les implications

de l'Évangile (chap. 3–25) en « cinq livres », qui s'ouvrent tous sur un récit et culminent dans l'enseignement (l'élément réellement important). Bacon voit un parallèle entre ces « cinq livres de Jésus » et les « cinq livres de Moïse », dans le Pentateuque, et conclut, en se fondant au moins en partie sur son analyse structurelle, que Matthieu présente Jésus comme un enseignant, et surtout comme un nouveau Moïse, qui apporte une nouvelle loi à son Église.

Par voie de contraste, certains spécialistes tiennent implicitement pour acquis que les données générales de Matthieu sont géographiques ; ils estiment que les ruptures principales surviennent en 4.12, lorsque Jésus se trouve en Galilée ; en 15.21, lorsqu'il quitte la Galilée ; en 19.1, au début de son voyage à Jérusalem ; et en 21.1, lorsqu'il arrive à Jérusalem. Pour eux, Matthieu présente d'abord Jésus comme le Christ, qui accomplit sa destinée messianique en allant à Jérusalem, le cœur du judaïsme, où il souffrira aux mains des Juifs ; ils comprennent le premier Évangile comme une apologie chrétienne contre le judaïsme. Voir Willoughby C. Allen et L. W. Grensted, *Introduction to the Books of the New Testament* (Introduction aux livres du Nouveau Testament), 3e éd. (Édimbourg : T&T Clark, 1929), 23 ; cf. H. Conzelmann et A. Lindemann, *Arbeitsbuch zum Neuen Testament* (Livret de travail sur le Nouveau Testament) (Tübingen : Mohr, 1975), 251. Jack Dean Kingsbury, *Matthew: Structure, Christology, Kingdom* (Matthieu : structure, christologie, Royaume) (Philadelphia: Fortress, 1975), 1–39, juge, pour sa part, que le contenu général de cet Évangile se concentre sur la personne de Jésus, identifiant ainsi les données générales comme biographiques, ce qui le mène à diviser le livre en fonction des changements au niveau de la présentation de Jésus en 4.17 et en 16.21 ; pour lui, les trois unités principales culminent toutes dans l'affirmation que Jésus est le Fils de Dieu. Ainsi, Kingsbury comprend l'Évangile de Matthieu comme présentant une christologie du Fils de Dieu, qui met l'accent sur la présence de Dieu au milieu de son peuple, à travers la personne de son Fils, qui, par sa vie, son ministère, sa passion et sa résurrection, est l'agent du salut de Dieu pour son peuple. Voir David R. Bauer, *The Structure of Matthew's Gospel: A Study in Literary Design* (La structure de l'Évangile de Matthieu : étude de conception littéraire), JSOT 31, BLS 15 (Sheffield : Almond, 1988), 21–55.

10 Les sous-unités sont les divisions de parties d'un livre, pas du livre dans son ensemble ; c'est pourquoi, elles ne correspondent pas forcément aux données générales du livre, comme pour l'identification des unités principales.

TABLEAU 5

Sous-unités identifiées par d'importants changements d'emphase

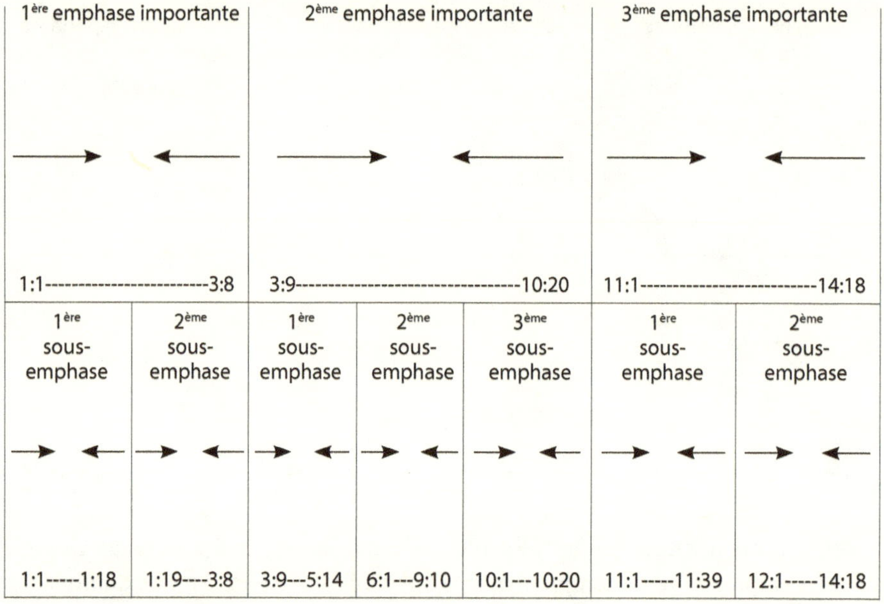

des principaux rapports structurels. Ces rapports sont décrits ci-dessus, mais pour l'instant, il faut noter que certains rapports principaux identifiés dans le livre ont des implications directes sur ses divisions. Si, par exemple, un livre est structuré autour de la causalité (c. à d. par le mouvement de cause à effet), on notera une rupture principale entre la présentation de la cause et celle de l'effet. S'il est structuré par particularisation (c. à d. par le mouvement du général au spécifique), il faudra s'attendre à trouver une rupture principale entre la présentation du général et celle du spécifique (voir tableau 6).

Les deux moyens d'identifier les unités principales fonctionnent ensemble en tandem pour se renforcer mutuellement. La prise en compte des principaux changements d'emphase n'aboutira jamais à une compréhension des unités principales, tandis que celle des principaux rapports structurels mène à une compréhension différente. Ces deux considérations se renforcent plutôt mutuellement et mènent à une conclusion commune concernant la répartition du livre en sous-parties. En fait, parfois, on identifiera les unités principales sur le fondement des principaux changements d'emphase, avant de poursuivre en vérifiant quels sont les rapports structurels possibles entre les unités principales. D'autres fois, on identifiera d'abord les principaux rapports structurels, avant de poursuivre en situant les unités principales sur le fondement des principaux rapport(s) identifiés. L'ordre de priorité entre l'identification des rapports principaux et des unités principales dépend de l'étudiant, et peut-être même du jour.

Tout, dans l'observation, y compris les tâches effectuées dans l'aperçu de livre, a pour fin de contribuer à l'interprétation et sera donc employé consciemment en

Tableau 6

Principales unités identifiées par les relations structurelles

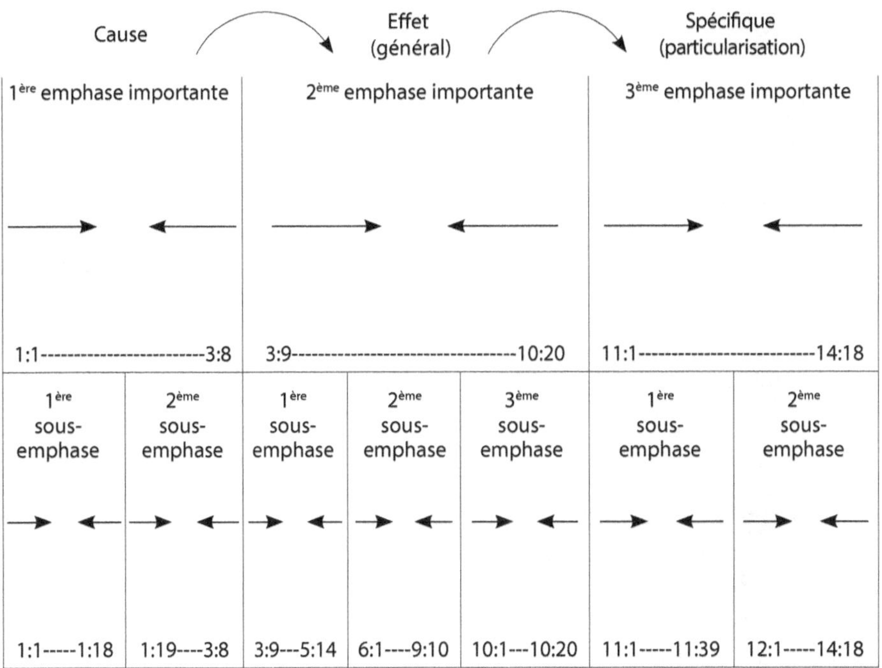

arrivant à la phase d'interprétation. L'identification des unités principales et des sous-unités du livre peut contribuer à l'interprétation, de plusieurs manières.

D'abord, l'identification des unités et sous-unités est utile afin de développer un sentiment de flux, ou de mouvement, dans le livre. Les auteurs planifient souvent l'emplacement des éléments de leur livre, afin de communiquer du sens aux lecteurs. C'est pourquoi, ce qui est mentionné en premier est souvent important à noter, en plus de ce qui suit et de ce que l'auteur ajoute en dernier. Ainsi, un certain nombre de théoriciens littéraires récents décrivent le sens du « primaire » et du « récent » dans le processus de lecture, pour la construction du sens du texte[11].

D'ailleurs, cet objectif d'obtenir un sentiment de flux ou de mouvement dans le livre suggère qu'il peut être utile de présenter la répartition du livre en unités principales et en sous-unités, sous la forme d'un tableau donnant des titres descriptifs à chaque unité. Le tableau 7 est un exemple tiré du livre de Joël.

L'identification des unités principales et des sous-unités nous aidera aussi à situer les thèmes et questions dominants qui contrôlent d'importants blocs de données. Dans l'exemple du livre de Joël, on constate que l'ensemble du livre traite du jour du Seigneur, mais selon deux aspects principaux : le jour du Seigneur tel que reflété dans les événements historiques présents en Juda et à Jérusalem, puis le

---

11   Meir Sternberg, *Expositional Modes and Temporal Ordering in Fiction* (Modes d'exposition et ordre temporel en fiction) (Baltimore : Johns Hopkins University Press, 1978), 102–4. Voir aussi Iser, *Implied Reader* (Le lecteur implicite) ; idem, *Act of Reading* (L'acte de lecture).

TABLEAU 7

Unités principales et sous-unités du livre de Joël

<table>
<tr><td rowspan="4">Titre général</td><td colspan="4">I. Le jour du Seigneur reflété dans les événements historiques présents, en Juda et à Jérusalem
1:2--2:27</td><td colspan="2">II. Le jour du Seigneur en tant que jugement et salut cosmique futur
2:28---------------------3:21</td></tr>
<tr><td colspan="3">A. Dévastation de Juda et de Jérusalem (qui annonce le jour du Seigneur), suivie d'un appel à la repentance
1:2-------------------------------------2:17</td><td rowspan="3">B. Délivrance de Juda et de Jérusalem de la dévastation des sauterelles et de la sécheresse</td><td rowspan="3">A. Délivrance et bénédiction du reliquat juste (repentant) de Juda</td><td rowspan="3">B. Vengeance des justes de Juda et de Jérusalem, au milieu du jugement des nations méchantes qui les exploitent</td></tr>
<tr><td colspan="2">1. Ruine de Juda et de
1:2-------------------2:11</td><td rowspan="2">2. Appel à revenir à l'Éternel</td></tr>
<tr><td>a. Appel à se lamenter</td><td>b. Appel à sonner l'alarme</td></tr>
<tr><td>1:1</td><td>1:2----1:20</td><td>2:1----2:11</td><td>2:12---2:17</td><td>2:18--------2:27</td><td>2:28--------2:32</td><td>3:1--------3:21</td></tr>
</table>

jour du Seigneur en tant que futur jugement et salut cosmique. Cette considération de ce que l'auteur a choisi d'inclure s'appelle la *sélectivité qualitative* ; elle pousse le lecteur à se demander pourquoi l'auteur a choisi d'aborder et de développer ces questions et pourquoi il l'a fait précisément de cette manière. Pour une discussion plus approfondie de la sélectivité, voir annexe C.

Par ailleurs, l'identification des divisions principales nous aidera à nous assurer de l'espace accordé à chaque thème ou question. Dans le cas de Joël, on note que le livre consacre beaucoup plus de place (ou bien on peut dire aussi qu'il accorde une plus grande attention)[12] au jour du Seigneur reflété dans les événements historiques présents en Juda et à Jérusalem, qu'au jour du Seigneur en tant qu'événement cosmique futur. Cette considération de l'espace ou de l'attention portée sur un élément, de préférence aux autres, fait intervenir la *sélectivité quantitative* et peut pousser les lecteurs à se demander pourquoi un auteur laisse davantage d'espace ou accorde plus d'attention à un élément qu'à un autre.

De même, l'identification des divisions d'un livre nous permet de commencer à discerner la place d'un passage donné dans le schéma d'ensemble du livre. L'emplacement d'un passage dans le mouvement du livre est souvent important pour son interprétation. Dans le livre de Joël, par exemple, on note que la délivrance de Juda et de Jérusalem de la dévastation des sauterelles et de la sécheresse (2.18–27) vient immédiatement après l'appel à revenir au Seigneur (2.12–17) et immédiatement avant la description du jour du Seigneur comme futur jugement et salut cosmique (2.28 — 3.21). Le sens même de ce passage reçoit un éclairage significatif de ce positionnement.

---

12 Nous sommes conscients que l'on met depuis peu l'accent sur l'oralité de la littérature antique : les textes antiques étaient généralement lus à voix haute, en groupe, et même la lecture individuelle se faisait généralement à voix haute (voir, par ex., Actes 8.30). On peut donc remplacer l'« espace » par le « temps ». L'importance de la sélectivité demeure, qu'on souhaite la décrire en termes spatiaux ou temporels.

Enfin, l'identification des unités et des sous-unités nous permet de noter les pivots du livre : les passages qui sont souvent importants pour discerner le message du livre. Ces passages les plus significatifs sont souvent situés à des moments de transition, à la fin d'une unité principale, ou même d'une sous-unité importante, et au début d'une autre. Là encore, dans l'exemple de Joël, le chapitre 2.12-17 (l'appel à revenir au Seigneur) peut jouer un rôle important de pivot important, car il marque la transition entre la dévastation de Juda et de Jérusalem (1.2 — 2.17) et la délivrance de Juda et de Jérusalem de la dévastation des sauterelles et de la sécheresse (2.18-27). Ensuite, 2.28-32 constitue peut-être un autre pivot- important, qui marque la transition entre la première (1.2 — 2.27) et la deuxième unités principales (1.28 — 3.21).

Identifier les principaux rapports structurels

La deuxième composante de la structure du livre, en plus des unités principales et des sous-unités, fait intervenir les rapports structurels principaux à l'œuvre dans l'ensemble du livre. Les unités principales et sous-unités sont liées à l'arrangement linéaire des données, au mouvement du livre selon les principaux changements d'emphase. Ces rapports structurels sont des systèmes organisationnels, qui dépendent de l'arrangement dynamique des divers thèmes et pensées à travers le livre. Ainsi que nous le verrons, les rapports sur le point d'être décrits se trouvent dans toutes les cultures, tous les genres, toutes les périodes et toutes les formes d'art, pas uniquement dans la littérature. Ils sont omniprésents et fondamentaux à la communication. La communication semble impossible sans ces éléments structurels ; c'est pourquoi, la reconnaissance de leur présence et l'analyse de leur emploi sont extrêmement utiles pour une interprétation rigoureuse, spécifique et profonde. Là encore, les lecteurs doivent se souvenir que dans la pratique, il est impossible de séparer la forme du fond ; la seule manière de comprendre pleinement les données présentées consiste à examiner sérieusement la forme (c. à d. la structure) sous laquelle elles nous sont présentées.

Dans l'aperçu de livre, les étudiants ne doivent identifier que les rapports principaux. Les rapports principaux sont exhaustifs. Ils contrôlent tout, ou du moins l'essentiel (plus de la moitié) du livre. La fâcheuse tendance à se laisser submerger par les détails pendant les aperçus de livres s'exprime non seulement en identifiant des unités étroites faute d'un examen du livre assez poussé, mais aussi en notant des rapports structurels qui ne contrôlent qu'une petite partie du livre et n'appartiennent pas à sa macrostructure d'ensemble. Par exemple, on trouve un exemple d'un des rapports structurels que nous décrirons, le contraste, en Actes 4.32 — 5.11, où Luc met l'accent sur la différence entre, d'une part, Barnabas, et d'autre part, Ananias et Saphira. Ce contraste est réel, mais il ne s'agit pas d'un rapport principal, mais seulement d'un rapport mineur, puisqu'il ne contrôle qu'environ 18 versets d'un livre de 28 chapitres.

Les rapports structurels peuvent être regroupés selon trois catégories : les structures de récurrence, les structures sémantiques et les structures rhétoriques[13].

RÉCURRENCE

La récurrence est la répétition de termes, d'expressions ou d'autres éléments identiques ou similaires[14], notamment des motifs, concepts, personnes, formes littéraires et autres rapports structurels (voir tableau 8 pour une représentation graphique). William Freedman insiste sur le fait qu'une des principales emphases des recherches littéraires récentes est un effort visant à « discerner les modèles ou familles de mots ou d'expressions liées, qui, en vertu de la fréquence et de la spécificité de leur emploi, ont quelque chose à nous apprendre sur les intentions, conscientes ou non, de l'auteur »[15].

TABLEAU 8

Récurrence

Éléments de récurrence

La récurrence, en tant que rapport structurel principal, implique trois éléments nécessaires. Le premier est la fréquence. Le terme de récurrence signifie « réoccurrence » et la fréquence de l'occurrence est au cœur de cet élément structurel. Même si ce rapport structurel implique généralement une forte fréquence, un terme ou un autre élément ne doit pas forcément survenir plusieurs fois pour que la récurrence soit présente. La récurrence peut survenir en tant qu'élément structurel principal, lorsqu'on ne trouve un terme ou expression que deux ou trois fois, si les deuxième et troisième éléments nécessaires (voir ci-dessous) sont présents.

---

13 La différence de fonction entre ces trois types de relations sera expliquée dans le cadre de cette discussion. En un sens, les désignations spécifiques comme « récurrence », « sémantique » et « rhétorique » sont quelque peu arbitraires ; d'autres termes peuvent être employés pour distinguer ces types de structures. Cette terminologie ne reflète pas le langage employé par certains praticiens de l'analyse de discours, lorsqu'ils décrivent ces types de rapports structurels. Voir notamment Joseph E. Grimes, *The Thread of Discourse* (Le fil du discours), Janua linguarum, série mineure 207 (Berlin : Mouton, 1975), 207-10; Eugene A. Nida, *Exploring Semantic Structures* (Explorer les structures sémantiques), International Library of General Linguistics 11 (Munich : Wilhelm Fink, 1975), 50-65 ; John Beekman, John Callow et Michael Kopesec, *The Semantic Structure of Written Communication* (La structure sémantique de la communication écrite), 5e éd. (Dallas : Summer Institute of Linguistics, 1981), 112-13.

14 William Freedman, « The Literary Motif: A Definition and Evaluation » (Le motif littéraire : définition et évaluation), *Novel* 4, n°2 (1970-71) : 123 ; James Muilenburg, « Form Criticism and Beyond » (De la critique et au-delà), *JBL* 88 (1969) : 16; Meyer Howard Abrams, *A Glossary of Literary Terms* (Glossaire de termes littéraires), 4e éd. (New York : Holt, Rinehart & Winston, 1981), 111 ; R. Alan Culpepper, *Anatomy of the Fourth Gospel: A Study in Literary Design* (Anatomie du quatrième Évangile : étude de conception littéraire), Foundations and Facets (Philadelphie : Fortress, 1983), 73, 87, 97, 128 ; Joanna Dewey, *Markan Public Debate: Literary Technique, Concentric Structure, and Theology in Mark 2.1-3.6* (Le débat public sur Marc : technique littéraire, structure concentrique et théologie en Marc 2.1 — 3.6), SBLDS 48 (Chico, Californie : Scholars Press, 1980), 32 ; Northrop Frye, *Anatomy of Criticism: Four Essays* (Anatomie de la critique : quatre essais) (Princeton, New Jersey : Princeton University Press, 1957), 77 ; Sternberg, *Poetics of Biblical Narrative* (Poétique du récit biblique), 92, 365-440.

15 Freedman, « Literary Motif » (Le motif littéraire), 123.

Le deuxième élément de la récurrence en tant que rapport principal est la répartition. Par exemple, un terme peut être employé plusieurs fois dans un passage limité d'un livre, tout en étant absent du reste de ce passage. Dans ce cas, la récurrence n'est pas suffisante pour être considérée telle un rapport principal au niveau de la structure du livre. L'expression « par la foi » est employée 19 fois en Hébreux 11, mais n'apparaît nulle part dans l'épître, en-dehors de ce chapitre. Parce qu'elle n'est pas répartie à travers l'ensemble (plus de la moitié) du livre, elle ne constitue pas un élément structurel important du livre, pris dans son ensemble.

Le troisième élément nécessaire pour faire de la récurrence un rapport structurel principal est la portée. Pour prendre un exemple extrême, on trouve une récurrence de la conjonction et dans le livre de Josué, mais il s'agit d'une conjonction de base, faible, employée pour relier les phrases et expressions et qui n'a pas d'importance en termes de sens. Elle n'a pas suffisamment de portée en termes de communication de sens pour être considérée comme un élément structurel principal[16].

FONCTIONS PRINCIPALES DE LA RÉCURRENCE

La récurrence a trois fonctions principales. D'abord, elle est généralement employée comme indicateur d'emphase. Lorsqu'un auteur implicite emploie la récurrence, il souligne généralement l'importance d'un terme ou concept et communique au lecteur de s'assurer de son sens. Ensuite, la récurrence permet à un auteur de développer un thème ou concept à travers l'ensemble du livre. Les lecteurs trouvent une récurrence de la personne de Nicodème dans l'Évangile de Jean. L'évangéliste emploie cette récurrence pour suivre le développement du personnage de Nicodème, du visiteur nocturne timide et inquiet (3.1–15) au défenseur hésitant de Jésus dans le conseil des responsables religieux 7.50–52), puis, enfin, au disciple courageux qui ose enterrer le corps de Jésus (19.38–42). Enfin, la récurrence permet à l'auteur de développer la richesse et la profondeur de sa présentation, car elle invite les lecteurs à interpréter les occurrences individuelles à la lumière des autres occurrences, ainsi que du modèle récurrent, dans son ensemble.

Le livre de Josué est structuré selon la récurrence du *epos*[17], tandis que 1 Jean se caractérise par la récurrence du vocabulaire de *demeurer* ou *habiter*[18]. (Tous les exemples dans cette discussion des rapports structurels sont des cas plausibles ; nous ne les présentons pas comme absolument finaux, mais seulement comme des possibilités, utiles à titre d'illustration.)

STRUCTURES SÉMANTIQUES

Les structures sémantiques se caractérisent par la progression binaire, ou double, employée pour indiquer une connexion de sens : le mouvement de quelque chose vers autre chose.

---

16 Freedman (ibid., 126–27) mentionne quatre critères d'une récurrence structurellement importante : l'évitabilité ou l'incertitude du contenu communiqué (qui ne doit pas tout simplement faire partie de la « couleur »), l'importance du contexte ainsi que la cohérence entre les diverses références au motif, et enfin (dans les motifs symboliques) une représentation appropriée de l'objet symbolisé.

17 Voir Josué 1.13, 15 ; 11.23 ; 14.15 ; 21.44 ; 22.4 ; 23.1.

18 Voir 1 Jean 2.6, 10, 14, 17, 19, 24, 27 ; 3.6, 9, 14, 15, 17, 24 ; 4.12, 13, 15, 16.

CONTRASTE

Le contraste est l'association d'opposés ou d'éléments dont l'auteur veut mettre en avant les différences. Les termes-clés du sont, entre autres, *mais* ou *cependant*, même si le contraste est souvent présent aussi sans de telles connexions explicites. L'idée de *mais* ou *cependant* est néanmoins cruciale pour la notion de contraste, qui met en avant la différence[19]. Un exemple de contraste est la description des deux voies au Psaume 1, où les versets 1–3 décrivent la voie des justes, tandis que les versets 4–6 décrivent la voie des méchants (voir tableau 9)[20].

TABLEAU 9

Contraste avec le Psaume 1

Contraste

La voie des justes (3-1:1) ⟷ La voie des méchants (6-1:4)

Le Psalmiste a structuré ce passage de manière à inviter les lecteurs à méditer la différence entre la voie des justes et celle des méchants. Ce Psaume offre un aperçu plus complet du sens de chacune de ces voies et nous invite à nous engager sur la voie de la justice en rejetant celle des méchants.

Par ailleurs, l'Évangile de Jean contient un contraste répété ou récurrent entre la foi/confiance et le doute[21] ; ainsi, il est structuré selon la récurrence de ce contraste. On reconnaît la richesse et la profondeur potentielles qu'une analyse de cette description répétée des différences entre la foi et le doute offre aux étudiants de l'Évangile. Cet exemple illustre le fait que les rapports peuvent être entrecroisés : parfois, deux rapports sont si étroitement liés en termes de leur emploi dans un livre biblique donné, que les lecteurs ne peuvent décrire le fonctionnement d'un de ces rapports dans le livre sans décrire aussi l'autre rapport. Dans de telles circonstances, on peut combiner les deux rapports dans un rapport complexe[22].

---

19 Dans ces livres et passages, on peut se servir du contraste, de trois manières. La première est la *contradiction*, par laquelle les éléments contrastés sont présentés comme mutuellement exclusifs, comme dans l'exemple du Psaume 1. La deuxième est la *complémentarité*, dans laquelle les éléments contrastés disent en fait la même chose, mais de manières différentes, comme en Jean 20.27 : « Ne sois donc pas incrédule, mais crois » et en Jacques 1.5-6 : « Il faut cependant qu'il la demande avec foi, sans douter ». La troisième est la *concession*, qui reconnaît la validité d'une affirmation, mais ajoute une assertion qui semble contredire la première à un certain niveau (par la notion de « même si »), ainsi que le fait Hébreux 5.8 : « Bien qu'étant Fils de Dieu, il a appris l'obéissance par tout ce qu'il a souffert » ou le Psaume 23.4, « Si je devais traverser la vallée où règnent d'épaisses ténèbres, je ne craindrais aucun mal ». Le type de contraste qu'on rencontre au niveau du livre, dans son ensemble, est généralement la contradiction. Les formes complémentaires et concessives peuvent être trouvées au niveau des livres, mais on les trouve le plus souvent dans les plus petites unités.

20 Cet exemple illustre le principe mentionné précédemment dans la discussion sur les unités et sous-unités principales, selon lequel les principaux rapports structurels ont souvent des implications pour la division du texte. Ici, le contraste entre les versets 1-3 et 4-6 indique que la rupture principale du Ps. 1 survient au verset 4.

21 Jean 1.11, 12, 46, 50 ; 2.23 ; 3.12, 15, 16, 18, 36 ; 4.21, 41–42, 48, 50, 53 ; 5.10–47 ; 6.29–30, 35–36, 40, 47, 60–67 ; 7.5, 31, 39, 48 ; 8.13–59 ; 9.13–10.6 ; 10.18–21, 24–39, 42 ; 11.26–27, 40, 42, 45–57 ; 12.4, 9–19, 37, 42, 44, 46 ; 13.1–38 ; 14.1–12, 29 ; 16.9, 13 ; 17.8, 20–21 ; 18.1–30 ; 18.33–19.16 ; 19.22, 35 ; 20.8, 25, 27, 29, 31.

22 Cet exemple illustre aussi la considération mentionnée précédemment dans la partie « Récurrence » : la récurrence peut impliquer la répétition d'un autre rapport structurel.

Comparaison

La comparaison est l'association de choses semblables ou dont l'auteur met en avant les similitudes. Les termes ou idées-clés d'une comparaison sont *comme*, *ainsi* ou *donc*. Là encore, il y a beaucoup de comparaisons implicites où ces termes n'apparaissent pas explicitement.

Le Psaume 1 constitue un exemple, non seulement de contraste, mais aussi de comparaison. Le psalmiste a recours à une comparaison pour décrire les justes : « Il prospère comme un arbre implanté près d'un cours d'eau » (v. 3), puis les méchants : « ils sont pareils à la paille éparpillée par le vent » (v. 4). Ici, le psalmiste invite clairement le lecteur à se demander quelles sont, du point de vue du Psaume lui-même, les similitudes principales entre, d'une part, les justes et les arbres, d'autre part, les méchants et la paille, pour réfléchir ensuite à la manière dont ces similitudes montrent ce que signifie une vie de justice et une vie de méchanceté.

Puisqu'il s'agit ici d'un exemple d'emploi coordonné et répété d'une comparaison, on peut dire que le Psaume 1 est structuré selon la récurrence de cette figure de style. Nous avons vu que le Psaume 1 contient à la fois un contraste et une récurrence de comparaison ; on remarque donc qu'un livre ou un psaume peut être structuré selon plus d'un seul rapport. En fait, les livres et autres unités de tailles diverses contiennent généralement plus d'un seul rapport structurel principal, car les livres bibliques ont tendance à être touffus et assez complexes, présentant plus d'un seul schéma d'organisation structurelle.

1 Thessaloniciens est un livre qui présente un exemple de comparaison récurrente entre Paul (avec Sylvain et Timothée) et les Thessaloniciens. Paul les félicite plusieurs fois pour leurs efforts visant à l'imiter et les exhorte à s'y efforcer encore plus[23]. Les lecteurs peuvent analyser attentivement les implications de ces déclarations de similitude répétées entre ceux qui annoncent l'Évangile et les destinataires de sa proclamation, afin de comprendre pleinement et profondément le message et l'impact formateur de cette lettre.

Le rapport structurel comparatif au niveau du paragraphe se retrouve typiquement dans les paraboles : « Le Royaume des cieux ressemble à » ou « Le Royaume des cieux peut être comparé à ». Même si la composition de ces paraboles n'implique pas habituellement de structure au niveau du livre, elle illustre bien les implications du rapport structurel de comparaison.

Apogée

L'apogée est le mouvement du moindre au plus grand, jusqu'à un point culminant. En anglais, le terme *climax* vient du terme grec désignant *échelle* ou *escaliers* et a une connotation de montée. Même si on a souvent un sentiment de développement graduel, allant par étapes du moins grand au plus grand, ce sentiment n'est pas nécessaire à l'apogée : il y a seulement besoin de mouvement ascendant vers un point culminant. L'apogée survient généralement à ou tout près de la fin du livre

---

23   Voir 1 Thess. 1.6 ; 3.6, 12 ; 4.1 ; cf. 2.1–12 avec 1.2–10 ; 2.13–16 ; cf. 3.1–5 avec 2.1–8 ; 5.4–10.

(ou de l'unité) examiné. Le placer au début ou au milieu d'un texte provoquerait une longue redescente, ce que les auteurs efficaces cherchent à éviter.

Tableau 10

Apogée du livre des Actes

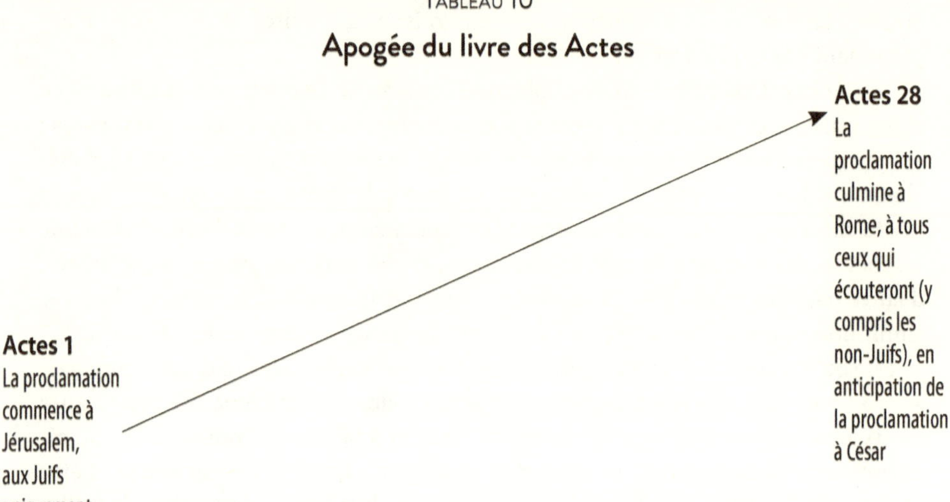

Le livre des Actes contient un exemple d'apogée (voir tableau 10). Il est centré sur le mouvement géographique de l'Évangile, de Jérusalem vers l'Ouest. Le livre atteint son apogée lorsque Paul parvient à la plus longue distance de Jérusalem dans le *monde narratif* des Actes, à Rome, la ville principale du monde civilisé et la capitale de l'Empire romain. Dans cette ville, Paul annonce l'Évangile sans trop d'entraves et prépare sa défense devant César, à l'occasion de laquelle on peut conclure (sur la base de ses défenses aux chapitres 22 à 26) qu'il annoncera l'Évangile à César lui-même. Ce mouvement d'apogée est clairement central à la communication du message de Luc à travers le livre des Actes. Les lecteurs sont encouragés à se demander comment les données menant à l'apogée du chapitre 28 illuminent le passage culminant. À l'inverse, ils doivent examiner aussi comment le développement, ainsi que l'apogée elle-même, éclaire le récit qui précède, et même le sens de certains passages et occurrences individuels aux chapitres précédents.

Le livre de l'Exode contient aussi une apogée. Déjà en Exode 3.12, lorsque Dieu s'adresse à Moïse au Mont Sinaï, à travers le buisson ardent, il lui dit : « Sache que je serai avec toi. Et voici le signe auquel on reconnaîtra que c'est moi qui t'ai envoyé : quand tu auras fait sortir le peuple hors d'Égypte, vous m'adorerez sur cette montagne-ci. » L'ensemble du livre est centré sur le mouvement vers le point culminant du plein accomplissement de cette promesse de Dieu, qu'Israël l'adorerait au Mont Sinaï. Ce sommet du récit est représenté à la fin du livre : « La nuée enveloppa la tente de la Rencontre et la gloire de l'Éternel remplit le tabernacle. » (40.34)

PARTICULARISATION

La particularisation est le mouvement du général au spécifique, qui peut prendre plusieurs formes. La particularisation identificationnelle implique un titre général qui présente le caractère essentiel du contenu qui va suivre. À partir de ce titre général, le lecteur doit comprendre comment interpréter le contenu spécifique qui suit. Joël 1.1 est un titre général du contenu spécifique qui suit à travers le reste du livre : « Parole que l'Éternel a adressée à Joël, fils de Petouël. » Ici, l'auteur indique que la nature essentielle de ce livre est qu'il s'agit de la « Parole que l'Éternel a adressée ». Le reste du livre, ainsi que chaque passage qu'il contient, doit être compris à la lumière de cette information. Cette observation peut revêtir divers degrés d'importance en arrivant à la phase d'interprétation. Il peut, par exemple, nous avertir du fait que Joël a pu faire le lien entre les catastrophes des sauterelles et du feu, et le jugement de Dieu à cause du péché de Juda, par son expérience unique d'inspiration prophétique (« Parole que l'Éternel a adressée à Joël »). Cette considération peut servir d'avertissement à ceux d'entre nous qui ne partagent pas cette expérience de l'inspiration prophétique : ce livre ne nous donne pas le droit d'établir un lien clair et direct entre des catastrophes qui frappent notre nation et le jugement de Dieu pour le péché de cette nation.

On trouve un autre exemple de particularisation identificationnelle dans le Cantique des Cantiques, qui s'ouvre sur un titre général : « Le plus beau des chants ». Il s'agit de la nature de ce livre, dont la compréhension et l'appréciation nous permettent de comprendre plus en profondeur le message du livre, dans son ensemble, ainsi que le sens des passages qu'il contient.

La particularisation idéologique implique une affirmation générale énoncée ou développée par l'auteur dans le contenu qui suit. Proverbes 1.7 constitue une sorte d'énoncé de thèse, développée spécifiquement à travers le reste du livre des Proverbes : « C'est par la crainte de l'Éternel que commence la connaissance, mépriser la sagesse et l'éducation, c'est être un insensé. » Le livre des Proverbes peut être lu afin de comprendre de quelles manières diverses et variées les proverbes individuels qu'il contient développent divers aspects de cette thèse.

Le livre des Hébreux commence par ce que la plupart des spécialistes voient comme une affirmation générale concernant Christ (1.1–4), qui semble contenir plusieurs éléments sur le Fils de Dieu :

1. Il a été choisi par Dieu comme héritier de toutes choses.
2. Il a été l'agent de la création du monde (ou des âges).
3. Il reflète la gloire de Dieu et il est l'empreinte même de son être.
4. Il soutient toutes choses par sa Parole puissante.
5. Il nous a purifiés de nos péchés.
6. Il s'est assis dans les hauteurs, à la droite de la majesté divine.
7. Il est devenu supérieur aux anges.

Dans le reste du livre des Hébreux, l'auteur exprime ou développe ces affirmations, notamment la première, la cinquième, la sixième et la septième. Ensuite, son exposition christologique donne un contenu spécifique à ces affirmations générales, tandis que l'exposition spécifique qui suit est informée par elles. Par exemple, en passant à la phase d'interprétation, on note que dans le texte original grec, il n'y a qu'un seul verbe principal aux versets 2b-4 : « il s'est assis ». Ce verbe principal, entouré de participes et de clauses relatives, suggère que l'exaltation de Christ peut être centrale aux revendications christologiques, non seulement de 1b-4, mais de l'ensemble du livre, et qu'elles peuvent dériver de l'affirmation centrale de l'exaltation de Christ. À l'inverse, la manière dont l'auteur d'Hébreux met en lien la supériorité de Christ aux anges, son exaltation et son œuvre sacerdotale de purification des péchés, en 1.5 — 2.18, offre une compréhension spécifique du rapport entre les affirmations générales de 1.2b-4.

La particularisation historique implique le mouvement de la description générale d'un événement ou d'une période historique, à la description spécifique des détails de cet événement ou période. Ainsi, Jean 1.14 déclare : « Celui qui est la Parole est devenu homme et il a vécu parmi nous. Nous avons contemplé sa gloire, la gloire du Fils unique envoyé par son Père : plénitude de grâce et de vérité ! » Jean poursuit en présentant les détails de cet événement dans le récit qui commence en 1.19 et se poursuit à travers le reste de l'Évangile. Le texte invite le lecteur à comprendre le récit de Jésus dans l'Évangile de Jean, à la lumière de la description générale de l'avènement de Christ en 1.14. À l'inverse, il laisse aussi l'histoire spécifique et étendue de Jésus donner du contenu spécifique à l'affirmation de 1.14.

Le Psaume 78 offre aussi un excellent exemple de particularisation historique, en tant que psaume historique, qui raconte l'histoire d'Israël ou une partie de celle-ci. Aux versets 2-4, le Psaume s'ouvre sur une description générale de l'ensemble de l'histoire d'Israël, probablement jusqu'au moment où le psaume a été écrit :

> J'énoncerai des propos instructifs,
>
> j'évoquerai des secrets du passé.
>
> Nous avons entendu et nous savons
>
> ce que nos pères nous ont raconté.
>
> Nous n'allons pas le cacher à leurs descendants.
>
> Nous redirons à la génération suivante,
>
> les œuvres glorieuses de l'Éternel,
>
> les puissants actes et les prodiges qu'il a accomplis.

Ensuite, le psalmiste poursuit en décrivant les événements à travers l'histoire d'Israël en séquence chronologique, définissant la séquence comme un tout et décrivant les événements spécifiques de l'aperçu d'ensemble de l'histoire d'Israël établi aux versets 2-4.

La particularisation géographique implique le mouvement de la présentation d'un ensemble géographique plus vaste à la description d'un emplacement spé-

TABLEAU 11

Particularisation géographique et biographique dans le livre de la Genèse

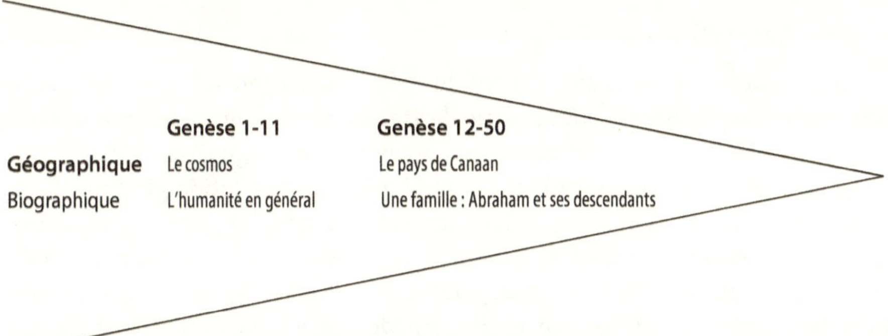

cifique situé dans cette zone. Par exemple, le livre de la Genèse contient une particularisation géographique : les chapitres 1 à 11 décrivent le monde (et même le cosmos) en général, puis les chapitres 12 à 50 se concentrent sur un point de ce cosmos : le pays de Canaan. Cette observation peut s'avérer fondamentale par la suite, pour l'interprétation, car la structure invite le lecteur à réfléchir au rôle du pays de Canaan (une notion théologique importante dans la Genèse et dans le reste de l'Ancien Testament), en rapport avec le plan et les desseins de Dieu pour le cosmos qu'il a créé.

La particularisation biographique implique le mouvement de la présentation d'un groupe de personnes à la description spécifique d'un sous-groupe, ou même d'un seul individu, au sein du groupe plus vaste présenté à l'origine. Le livre de la Genèse contient un exemple de particularisation biographique, car il inclut une correspondance entre la particularisation géographique et biographique. Aux chapitres 1 à 11, ce livre commence en parlant de l'humanité en général, puis poursuit en se concentrant sur une famille : Abraham et sa descendance (voir tableau 11).

Ainsi, le livre de la Genèse situe Abraham et ses descendants dans le contexte de l'humanité en général. Pour comprendre le message de la Genèse, il est important de prendre en compte sérieusement ce mouvement de l'humanité en général à une famille spécifique, afin d'interpréter correctement la perspective de ce livre sur le rapport d'Israël aux nations, c'est-à-dire à l'humanité entière[24].

On trouve un autre exemple de particularisation biographique dans l'Évangile de Jean, où 1.19 — 12.50 décrit la manifestation publique de Jésus à tout le peuple d'Israël, puis, en 13.1 — 20.31, le texte se concentre sur ses manifestations privées à ses seuls douze disciples, un sous-groupe au sein du groupe plus grand d'Israël.

---

24 Évidemment, certains passages de Genèse 12-50 se déroulent en dehors de Canaan, notamment en Égypte, mais il s'agit d'exceptions à la règle et dans chacun de ces cas, ce qui se passe en Égypte semble important à cause du plan de Dieu pour son peuple dans le pays de Canaan. De même, en Genèse 1-11, l'accent mis sur la description de certains individus ne change rien au fait que la préoccupation principale de ces chapitres porte sur la présentation de l'humanité, dans son ensemble, car ces individus sont toujours présentés en termes de leur représentation ou de leur rapport à l'ensemble de l'humanité.

Ce zoom biographique peut jouer un rôle important dans le message communiqué par Jean.

GÉNÉRALISATION

La généralisation est le mouvement du spécifique au général. Elle implique les deux mêmes composantes que la particularisation, mais en ordre inverse. Les cinq sous-catégories de particularisation s'appliquent aussi à la généralisation.

La généralisation identificationnelle implique une description générale du caractère essentiel des données qui précèdent cette description générale. Par conséquent, la généralisation identificationnelle au niveau du livre implique généralement l'inclusion de cette description générale, à ou vers la fin du livre. Le livre des Hébreux conclut sur une telle généralisation identificationnelle. En 13.22, l'auteur nous exhorte : « accueillez avec patience la parole d'encouragement que je vous adresse. » En ces termes, l'auteur identifie le caractère essentiel du livre comme une « parole d'encouragement ». Les spécialistes ont longtemps cherché à comprendre quelle était la nature d'Hébreux et son importance pour l'interprétation du livre. Ils ont reconnu qu'il était important de s'assurer du sens précis de cette désignation générale pour la construction du message, de la fonction et du dessein du livre des Hébreux, à la fois en général et dans les passages spécifiques du livre.

La généralisation idéologique implique d'établir quelque chose de semblable à un énoncé de thèse, à ou vers la fin du livre, qui offre un résumé général du message du livre ou présente un aspect significatif de ce message. Le livre d'Osée conclut sur la généralisation idéologique de 14.10 : « Qui donc est assez sage pour comprendre ces choses, assez intelligent pour les connaître ? Les voies que l'Éternel prescrit sont droites, les justes les suivront, tandis que les rebelles trébucheront sur elles. » Le livre d'Osée met l'accent sur les thèmes de la sagesse et de la connaissance, qu'il développe selon le contraste entre la droiture et la transgression. En l'espace d'un seul verset, cette affirmation à la fin du livre énonce au moins certaines préoccupations principales du livre et invite le lecteur à comprendre l'argument développé, à la lumière de cette conclusion générale, afin d'interpréter cette déclaration générale à la lumière de son développement plus ou moins complet à travers le livre.

La généralisation historique implique le mouvement d'une description relativement détaillée d'un événement ou d'une période historique, à une description générale de cet événement ou période historique. Juges 21.25 est un exemple de généralisation historique : « En ces temps-là, il n'y avait pas de roi en Israël. Chacun faisait ce qu'il jugeait bon. » L'auteur a consacré 21 chapitres à une description détaillée d'une société sans autorité royale ordonnée par Dieu, dans laquelle les individus déterminaient ce qui était bon ou mauvais selon leur jugement personnel. Le dernier verset du livre des Juges contient donc une rubrique générale, à la lumière de laquelle les récits individuels du livre doivent être lus, qui reçoit à son tour du contenu spécifique de ces récits individuels précédents.

La généralisation géographique implique le mouvement de la présentation d'une zone géographique restreinte à celle d'une zone plus large, de laquelle cette première zone fait partie. Le livre des Actes est un exemple de généralisation géographique. Ainsi que nous l'avons vu ci-dessus, beaucoup de lecteurs voient Actes 1.8 comme une table des matières virtuelle du livre des Actes : « Mais le Saint-Esprit descendra sur vous : vous recevrez sa puissance et vous serez mes témoins à Jérusalem, dans toute la Judée et la Samarie, et jusqu'au bout du monde. » Luc présente le témoignage à Jérusalem essentiellement aux chapitres 2 à 7, le témoignage en Judée en en Samarie aux chapitres 8 à 12 et le témoignage « jusqu'au bout du monde » aux chapitres 13 à 28. Il décrit cependant aussi la suite du témoignage à Jérusalem aux chapitres 8 à 12, qui mettent l'accent sur la Judée et la Samarie. Il indique aussi que le témoignage à Jérusalem, en Judée et en Samarie continue même aux chapitres 13 à 28, qui mettent l'accent sur le témoignage qui se répand dans le bassin méditerranéen et jusqu'à Rome. Ainsi, Luc ne fait pas que passer d'une zone spécifique à l'autre, mais il présente l'expansion géographique toujours croissante de l'Évangile. Clairement, Luc se sert du récit de cette expansion géographique afin de communiquer ce qu'il considère comme important, par rapport à la nature, au sens et à l'importance de la mission chrétienne.

La généralisation biographique implique le mouvement d'une personne ou d'un sous-groupe à la présentation d'un plus grand groupe dont cette personne ou ce sous-groupe fait partie. Le livre des Actes en contient un exemple (voir tableau 12), car, dans Actes, cette généralisation biographique correspond à la généralisation géographique que nous venons de décrire. Le témoignage à Jérusalem, aux chapitres 2 à 7, ne s'adresse qu'aux Juifs, tandis que le témoignage dans toute la Judée et la Samarie, aux chapitres 8 à 12, fait intervenir aussi bien la poursuite du témoignage auprès des Juifs que celui auprès des Samaritains et des non-Juifs craignant Dieu. Les Samaritains étaient en quelque sorte considérés comme des demi-Juifs, en ce qu'ils représentaient un mélange de sang hébreu et non-juif et avaient développé leur propre culte, considéré comme un mélange entre le culte hébraïque et les religions païennes. Les Craignant-Dieu, comme Corneille (chap. 10), étaient des non-Juifs qui participaient au culte à la synagogue et s'identifiaient à la foi juive, sans toutefois s'être pleinement convertis au judaïsme en se faisant circoncire et en se soumettant aux autres rites requis pour être pleinement admis en tant que membres du peuple d'Israël. Ainsi, le témoignage en Actes 8–12 faisait intervenir l'évangélisation de ceux qui avaient des liens avec les Juifs et le judaïsme. Le témoignage « jusqu'au bout du monde », aux chapitres 13 à 28, s'adresse toujours aux Juifs et aux Craignant-Dieu, mais inclut aussi les non-Juifs qui n'avaient aucun lien avec le judaïsme. Là encore, cette expansion biographique de l'Évangile (avec des considérations à la fois ethniques et religieuses) semble importante dans le cadre de l'effort de Luc visant à communiquer son message dans le livre des Actes. Il est aussi très clair que Luc souhaite voir les lecteurs interpréter les passages spécifiques du livre des Actes à la lumière de ce programme plus vaste d'expansion biographique.

TABLEAU 12

Généralisation géographique et biographique dans le livre des Actes

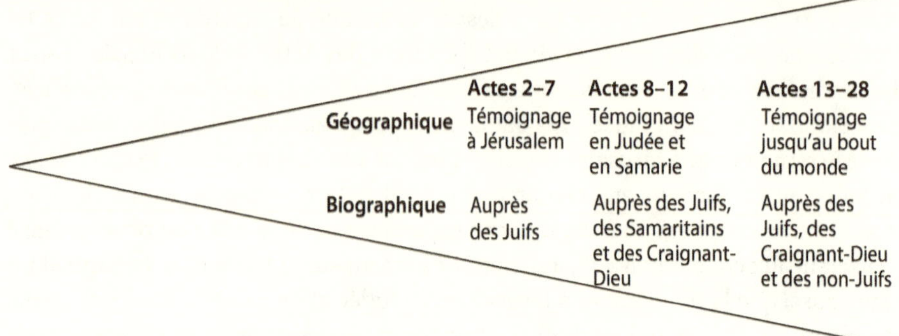

On trouve un autre exemple de généralisation biographique dans le livre de Ruth. Le récit de ce livre (1.1 — 4.17) décrit une génération, dont Ruth et Boaz font partie. À la fin du livre, cependant, son étendue s'élargit, avec l'inclusion d'une généalogie qui couvre dix générations, de Pérets (un fils de Juda) à David, avec Boaz approximativement au centre de cette généalogie. Ainsi, l'histoire de Ruth et de Boaz s'inscrit dans une histoire familiale plus vaste et peut-être dans une perspective de l'histoire du salut.

CAUSALITÉ

La causalité est le mouvement de cause à effet. Le terme-clé ici est *ainsi*, même si certains emplois de *donc* ou *alors* sont également indicateurs de causalité. Là encore, la causalité implicite peut être présente aussi, auquel cas le lien causal doit être inféré à partir du contenu, en l'absence de connecteur explicite comme *ainsi*. Il y a trois formes principales de causalité.

La causalité historique survient lorsqu'un événement historique engendre ou produit un autre événement. On peut le paraphraser ainsi : « Parce que *A* s'est produit, *B* s'est produit. » Le livre d'Amos est structuré selon une causalité répétée, et donc récurrente, entre le péché et le jugement : « Parce qu'Israël a péché, Dieu jugera Israël. »[25]

La causalité logique survient lorsqu'une affirmation engendre une autre affirmation ou y conduit de manière logique, lorsqu'un auteur tire une inférence de ce qu'il vient de dire : parce que *A*, donc *B*. En Hébreux 8.1, l'auteur tire une conclusion logique de ce qu'il a écrit aux chapitres 5 à 7. Tout au long de ces chapitres, il avait défendu le sacerdoce de Jésus. En 8.1, il conclut : « Or, voici le point capital de ce que nous sommes en train de dire : nous avons bien un grand-prêtre comme celui-ci, qui s'est assis dans le ciel à la droite du trône du Dieu majestueux. »[26] On trouve un exemple de causalité logique en Matthieu 1.1–17, où le verset 17 est fon-

---

25 Cette connexion causale, parfois appelée « modèle de jugement », se trouve dans l'ensemble du livre d'Amos. Voir notamment 1.2–2.16 ; 3.2, 9–12 ; 4.1–3 ; 5.25–27 ; 8.4–10.

26 L'auteur de l'Épître aux Hébreux développe cette conclusion au moins jusqu'en 10.18.

dé sur les inférences de l'évangéliste à partir de la liste généalogique des versets 2–16 (notez le « donc », ou *oun*).

La causalité exhortative survient lorsqu'un auteur passe d'une phrase à l'indicatif (par ex. une revendication ou l'affirmation d'un fait) à un commandement ou à une exhortation à l'impératif : parce que *A*, vous devez faire *B*. Le livre des Éphésiens est structuré selon la causalité exhortative. Paul établit les arguments doctrinaux aux chapitres 1 à 3, sans inclure aucune exhortation ; mais ensuite, il enchaîne les commandements et exhortations à travers les chapitres 4 à 6. Par ailleurs, Paul met en lien l'argument doctrinal des chapitres 1 à 3 et les exhortations des chapitres 4 à 6, à travers le terme *donc* (*oun*) en 4.1 : « Moi qui suis prisonnier à cause du Seigneur, je vous demande donc instamment de vous conduire d'une manière digne de l'appel qui vous a été adressé. »[27] Cette observation peut être importante pour interpréter le livre des Éphésiens, car elle suggère que la doctrine établie dans les trois premiers chapitres doit s'incarner dans notre vie et dans notre comportement, selon les directives des trois derniers chapitres ; elle implique aussi que la vie chrétienne, telle que décrite aux chapitres 4 à 6, a pour fondement nécessaire les considérations doctrinales des chapitres 1 à 3. Elle suggère aussi que même les passages individuels de la section doctrinale peuvent recevoir un éclairage significatif du mode de vie qui est censé exprimer la doctrine, en même temps que les exhortations spécifiques des chapitres 4 à 6 doivent être interprétées à la lumière de certaines affirmations doctrinales des chapitres 1 à 3.

SUBSTANTIATION

La substantiation implique les deux mêmes composantes que la causalité, mais en ordre inversé : il s'agit du mouvement de l'effet vers la cause. Ainsi, les termes-clés de la substantiation sont *parce que*, ou *car*, et ces connecteurs seront expressément présents dans une substantiation explicite. Les trois types de substantiation interviennent en parallèle des trois types de causalité décrits précédemment.

La substantiation historique survient lorsque la raison pour laquelle un événement a eu lieu, sa cause, est donnée dans la suite du livre : la raison pour laquelle *A* est survenu est *B*. Le livre de Jonas est un exemple de substantiation historique. Vers la fin du livre, en 4.1–2, Jonas, en colère, conteste la décision de Dieu d'épargner Ninive par suite de la repentance de cette ville (chap. 3). Il dit à Dieu : « Ah Éternel ! Je l'avais bien dit quand j'étais encore dans mon pays. Et c'est pour prévenir cela que je me suis enfui à Tarsis. Car je savais que tu es un Dieu plein de grâce et de compassion, lent à te mettre en colère et riche en amour, et que tu renonces volontiers à faire venir le malheur que tu as annoncé. » Ici, Jonas explique pourquoi il a fui la présence du Seigneur, lorsque celui-ci l'avait appelé à proclamer un message contre Ninive au début du livre (1.1–2). Sans le chapitre 4, on pourrait penser que la raison pour laquelle Jonas a désobéi à l'appel de Dieu au chapitre 1

---

27 La référence à une vie « digne de l'appel qui vous a été adressé » (cet appel étant probablement décrit en Éphésiens 1-3) suggère que les chapitres 1 à 3 sont liés aux chapitres 4 à 6, non seulement en termes de cause, mais aussi de comparaison : Paul semble mettre l'accent sur la ressemblance, ou la commensurabilité, de l'appel décrit aux trois premiers chapitres de cette épître, à mener la vie à laquelle il nous exhorte tout au long des trois derniers chapitres.

TABLEAU 13

Substantiation exhortative dans le livre de l'Apocalypse

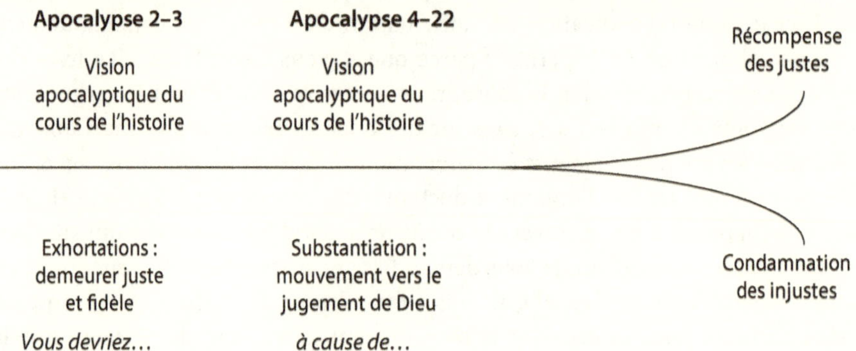

était qu'il craignait que le Ninivites ne rejettent son message et ne le détruisent, mais 4.1-2 nous donne la véritable raison de ses actions au début du livre : il craignait que les Ninivites n'acceptent son message (ce qui fut bien le cas) et que Dieu ne renonce à les détruire.

La substantiation exhortative survient lorsque l'auteur passe d'une exhortation, ou d'un passage caractérisé par l'exhortation, à la raison (c. à d. la cause) pour laquelle il faut y obéir : vous devez obéir à *A* à cause de *B*. Le livre de l'Apocalypse peut être structuré comme une substantiation exhortative (voir tableau 13). Les lettres aux sept églises, aux chapitres 2 à 3, sont des exhortations à être ou à demeurer juste et fidèle dans les circonstances difficiles. La grande vision apocalyptique des chapitres 4 à 22 appuie ou donne de la substance à ces exhortations, en décrivant le cours de l'histoire, qui va vers le jugement de Dieu, lorsqu'il récompensera les justes et les fidèles, mais condamnera les injustes et les infidèles (surtout aux chapitres 21 à 22).

La substantiation logique survient lorsqu'un auteur passe d'une ou plusieurs déclaration(s) ou affirmation(s) sur les raisons (c. à d. la cause) pour lesquelles sa déclaration est vraie et doit être acceptée : la raison pour laquelle je dis (et vous devez croire) *A* est *B*. Paul semble structurer son grand argument théologique en Romains 1.16 — 11.36 comme une substantiation logique. Il présente sa thèse fondamentale en 1.16-17 : « Car je n'ai pas honte de l'Évangile : c'est la puissance de Dieu par laquelle il sauve tous ceux qui croient, les Juifs en premier lieu et aussi les non-Juifs. En effet, cet Évangile nous révèle en quoi consiste la justice que Dieu accorde : elle est reçue par la foi et rien que par la foi, comme il est dit dans l'Écriture : Le juste vivra grâce à la foi. » On comprend que l'ensemble de l'argument de 1.18 — 11.36 énonce la cause, la raison, ou encore appuie la thèse fondamentale de 1.16-17.

CRUCIALITÉ

La crucialité implique un dispositif de pivot : les éléments de chaque côté du pivot sont différents de ceux de l'autre côté, la cause en étant le pivot. Cela implique

TABLEAU 14

Crucialité négative en 2 Samuel

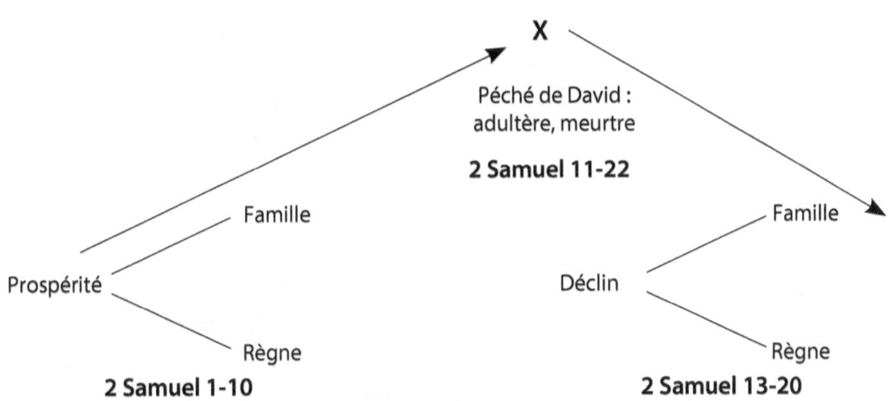

un changement de direction, une inversion radicale, un tour complet des données, à cause du passage-pivot. Dans la crucialité, le mouvement qui suit le pivot annule pratiquement ce qui le précédait. Il ne s'agit donc pas d'un simple changement d'emphase, mais de défaire ce qui précédait le pivot, à cause du passage-pivot.

On trouve ce rapport en 2 Samuel (voir tableau 14). La présentation de David aux chapitres 1 à 10 est faite de bénédiction et de prospérité illimitées, à la fois pour sa famille et pour son règne. Pourtant, aux chapitres 13 à 20, David va d'une catastrophe à l'autre et subit le déclin de sa famille et de son règne. La raison de ce changement radical, d'une prospérité croissante au déclin, est apparemment son péché d'adultère avec Bath-Shéba, suivi du meurtre d'Urie, racontés en 2 Samuel 11–12, le passage-pivot.

Il est important de reconnaître cet élément structurel, pour bien comprendre le message du livre, dans son ensemble, ainsi que pour l'interprétation de ses passages pris un par un, qui doivent être interprétés à la lumière de leur rôle dans le programme d'ensemble du livre. Par exemple, un sermon assez connu en 2 Samuel 13-20 défend l'idée que les problèmes de David sont dus à ses défaillances en tant que père, parce qu'il ne maîtrisait pas des compétences parentales essentielles. L'observation de cette crucialité au niveau de la structure du livre suggère cependant plutôt que les problèmes de David aux chapitres 13 à 20 ne découlent pas, en définitive, de sa mauvaise relation avec ses enfants, mais de sa relation avec Dieu, ou, plus précisément, du jugement que Dieu a continué à prononcer contre lui pour ses péchés passés, même après qu'il les a confessés (12.1–15)[28].

---

28 Il est possible que l'auteur implicite de 2 Samuel se soucie aussi de la question de la parentalité. Si on prend au sérieux l'« épaisseur », ou la « densité », des données bibliques, on demeurera ouvert à la possibilité qu'un texte ait plus d'un seul dessein. Le rapport de crucialité clairement dominant dans ce livre suggère néanmoins que sa préoccupation première et ultime est la relation de David avec Dieu. Il faut observer aussi que, même si ses expériences déclinent en 2 Samuel 13-20, ce déclin n'est pas total : David conserve son trône et n'est pas entièrement privé de sa famille, ce qui peut être lié à l'œuvre de grâce qui l'a mené à confesser ses péchés, puis à être pardonné (12.13). Dans ce cas, cela montre que David et les autres continuent à souffrir beaucoup, même pour leurs péchés confessés et pardonnés.

TABLEAU 15

Crucialité positive dans le livre des Actes

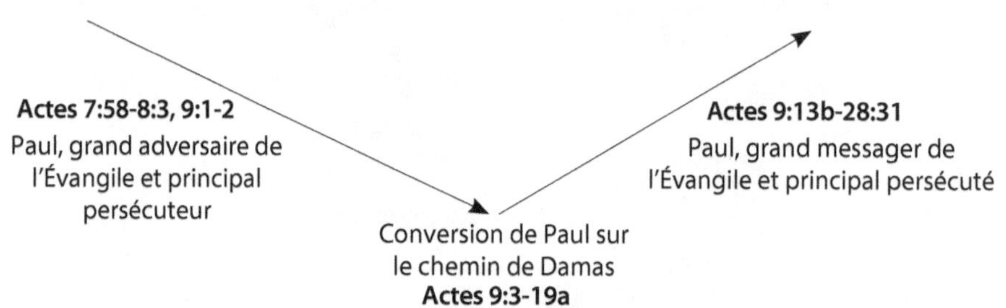

On peut décrire cette forme de crucialité comme négative parce qu'elle commence bien, mais que le pivot lui donne une tournure défavorable. La Bible emploie cependant souvent une crucialité positive, lorsque le début négatif est radicalement inversé vers le positif par le passage-pivot. Dans le livre des Actes, la présentation de Saül de Tarse (qui deviendra Paul) commence négativement : il est le grand adversaire de l'Évangile et le principal persécuteur de l'Église (7.58 — 8.3, 9.1–2), mais, à cause du pivot de sa conversion sur le chemin de Damas en 9.3–19a, il deviendra un grand messager de l'Évangile et le persécuté par excellence (voir tableau 15).

On note que ce rapport (lien avant et après) contient implicitement deux autres rapports : un contraste (entre ce qui précède et ce qui suit le pivot) et une récurrence de causalité. Un mouvement causal va souvent des données qui précèdent le pivot vers le pivot lui-même et on trouvera toujours un mouvement causal du pivot vers ce qui suit.

Ainsi, dans le cas de 2 Samuel, l'expérience de bénédiction de David a peut-être elle-même contribué à le pousser à pécher aux chapitres 11 à 12 (sans qu'il s'agisse d'une cause unique et suffisante). Autrement dit, les bénédictions illimitées que David avait reçues de la main de Dieu l'ont peut-être poussé à penser qu'il n'avait pas de comptes à rendre et que Dieu continuerait de le bénir, peu importe ce qu'il ferait ou non (ce que Walter Brueggemann appelle l' « autonomie morale »)[29]. Cette gracieuse bénédiction l'a peut-être aussi conduit à l'indolence, qui a éventuellement suscité sa convoitise envers Bath-Shéba (voir 11.1–2). Le mouvement de causalité, du pivot du péché de David aux chapitres 11 à 12 au jugement du déclin aux chapitres 13 à 20, est assez évident. Dans le livre des Actes, les actes dangereux et menaçants de Saül envers l'Église peuvent être compris comme la cause de sa rencontre avec le Christ exalté sur la route de Damas, qui a conduit à sa conversion. Il est évident que la conversion de Saül a directement mené à la vie et à la vocation de Paul, décrite dans le reste du livre des Actes.

RÉCAPITULATIF

Le récapitulatif est un résumé ou un abrégé qui précède ou suit une unité. Il ressemble donc à la composante générale de la généralisation ou de la particula-

---

29 Walter Brueggemann, *First and Second Samuel* (1 et 2 Samuel), IBC (Louisville : John Knox, 1990), 285.

risation, notamment idéologique. Une déclaration générale est cependant géné-ralement moins précise, plus vague et moins détaillée qu'un récapitulatif, qui vise plus délibérément à résumer en une phrase les diverses composantes du contenu. Le récapitulatif est un résumé point par point (qui peut aussi précéder le contenu résumé)[30].

L'importance exégétique du récapitulatif est triple. D'abord, sa sélectivité indique au lecteur ce qu'il y a de plus important dans les données résumées. Dans un énoncé récapitulatif, l'auteur implicite doit choisir quoi inclure, à partir d'un corps de données plus ou moins vaste, afin d'indiquer les thèmes qu'il veut mettre en avant. Ensuite, le mode descriptif d'un énoncé récapitulatif montre comment le lecteur doit interpréter les éléments principaux à partir des données résumées. L'auteur d'un énoncé récapitulatif doit choisir une diversité de thèmes à employer dans son résumé, qu'il peut structurer de diverses manières. Le lecteur doit noter attentivement le mode descriptif, par rapport à la fois à ses termes et à sa structure, afin d'être absolument certain de savoir de quelle manière l'auteur veut que le lecteur interprète la présentation la plus vaste. Enfin, le contexte immédiat d'un énoncé récapitulatif peut être important pour remplir pleinement sa fonction interprétative. Les lecteurs doivent noter les emphases au niveau du cadre immédiat de l'énoncé récapitulatif, dans le cadre de leurs efforts visant à parvenir à une connaissance profonde et pénétrante du sens des données contenues dans l'énoncé.

On trouve un exemple de récapitulatif à la fin d'un livre en Esther 9.24–28, où l'auteur résume le récit d'Esther, qu'il vient de raconter en détail sur huit chapitres et demie :

> Car Haman, fils de Hammedata l'Agaguite, le persécuteur de tous les Juifs, avait résolu de les exterminer. Il avait jeté le Pour — ce qui veut dire « sort » en perse – en vue de leur ruine et de leur extermination. Mais Esther était allée trouver l'empereur qui avait ordonné par écrit de faire retomber sur lui les méchants plans qu'il avait formés contre les Juifs et de le pendre, lui et ses fils, à la potence. C'est pourquoi on a appelé ces jours-là Pourim d'après le mot perse qui signifie « sort ». Selon les instructions de la lettre de Mardochée et à cause des événements dont ils avaient eux-mêmes été les témoins et qu'ils avaient subis, les Juifs instituèrent la tradition pour eux, pour leurs descendants et pour ceux qui se joindraient à eux, selon laquelle on ne devait pas omettre de célébrer chaque année ces deux jours à la date fixée et de la manière prescrite par Mardochée. Ainsi le souvenir de ces jours est perpétué de génération en génération dans chaque famille, dans chaque province et dans chaque ville, par cette célébration. Les Juifs ne doivent pas

---

30 La différence entre une affirmation générale et un résumé est illustrée par la distinction entre l'énoncé de la thèse d'un sermon (une seule phrase qui cherche à exprimer le message essentiel du sermon) et un résumé des points principaux de ce sermon (par ex. on peut conclure un sermon en récapitulant les points principaux : « Nous avons vu d'abord que …, puis que […], et enfin que … ») Évidemment, dans certains passages de la Bible, on peut avoir du mal à déterminer si le passage en question est un résumé ou une affirmation générale. Certaines phrases vont dans les deux sens. Dans ces cas, il n'est pas nécessaire de les distinguer, mais les passages qui sont clairement des résumés ont tendance à fonctionner quelque peu différemment de ceux qui sont clairement des affirmations générales. La distinction est donc souvent utile.

cesser de célébrer ces jours des Pourim et leur souvenir ne doit pas se perdre chez leurs descendants.

On note ici la sélectivité employée dans ce résumé, notamment l'insistance sur le sort (Pour). Sans ce récapitulatif, on pourrait facilement passer à côté de la référence au tirage au sort dans le récit d'ensemble ; mais ce récapitulatif montre au lecteur l'importance capitale de ce détail du récit d'Esther (3.7).

Ici, on note aussi l'emphase, dans l'énoncé récapitulatif lui-même et dans son contexte immédiat, sur le thème de l'écriture, auquel il est fait référence en 9.20, 23, 25, 26, 27, 29 et 32. De plus, le contexte immédiat indique une forte préoccupation pour la pérennité de l'importance de l'histoire d'Esther, une importance perpétuelle, manifestée par la fête de Pourim, qui se caractérise par une commémoration joyeuse et généreuse. Le contexte immédiat de cet énoncé récapitulatif indique donc que l'histoire racontée dans ce livre n'est pas qu'un conte plaisant et gratifiant du passé, mais aussi un événement formateur pour l'histoire du peuple d'Israël qui se poursuit.

Alors que le livre d'Esther présente un énoncé récapitulatif qui figure à la fin des données résumées, le livre des Actes contient un énoncé récapitulatif qui précède le contenu résumé. Ainsi que nous l'avons mentionné précédemment, beaucoup ont affirmé qu'Actes 1.8 constitue un énoncé du sujet du livre des Actes : « Mais le Saint-Esprit descendra sur vous : vous recevrez sa puissance et vous serez mes témoins à Jérusalem, dans toute la Judée et la Samarie, et jusqu'au bout du monde. » Comme nous l'avons vu, le témoignage à Jérusalem est présenté surtout aux chapitres 2 à 7, le témoignage en Judée en en Samarie aux chapitres 8 à 12 et le témoignage « jusqu'au bout du monde » aux chapitres 13 à 28.

Pour ce qui est de l'interprétation, on peut noter comment la structure de cet énoncé récapitulatif éclaire le récit du reste du livre des Actes. Le mouvement de causalité en 1.8, entre la venue de l'Esprit (cf. Actes 2) et le témoignage qui s'étend progressivement (cf. chap. 3–28), avertit le lecteur que le témoignage puissant et remarquable de l'Église, décrit en Actes 3.28, est le résultat de la réception de l'Esprit, notamment de sa venue à la Pentecôte, en Actes 2. Par ailleurs, au stade de l'interprétation, on reconnaîtra qu'étant donné que l'énoncé récapitulatif de 1.8 prend la forme d'un commandement de Christ, les efforts de l'Église visant à accomplir l'expansion géographique de l'Évangile racontée dans les Actes est comprise comme un acte prolongé et complexe d'obéissance à la parole de Christ lui-même. Étant donné que cet énoncé récapitulatif est une promesse de Christ au moment de son exaltation, le lecteur comprendra que l'expansion géographique de l'Évangile n'est pas le fruit des efforts de l'Église, du courage de ceux qui l'annoncent ou du génie de ses responsables, mais qu'elle dépend en définitive de la puissance de Christ exalté.

Au stade de l'interprétation, on découvrira que la formulation de cet énoncé récapitulatif reflète clairement Ésaïe 43.10, où Yahweh déclare, concernant la reconstitution eschatologique (c. à d. à la fin des temps) de la nation d'Israël, lorsque le peuple reviendra finalement d'exil : « Mais mes témoins, c'est vous, déclare

TABLEAU 16

Interrogation dans le livre de la Genèse

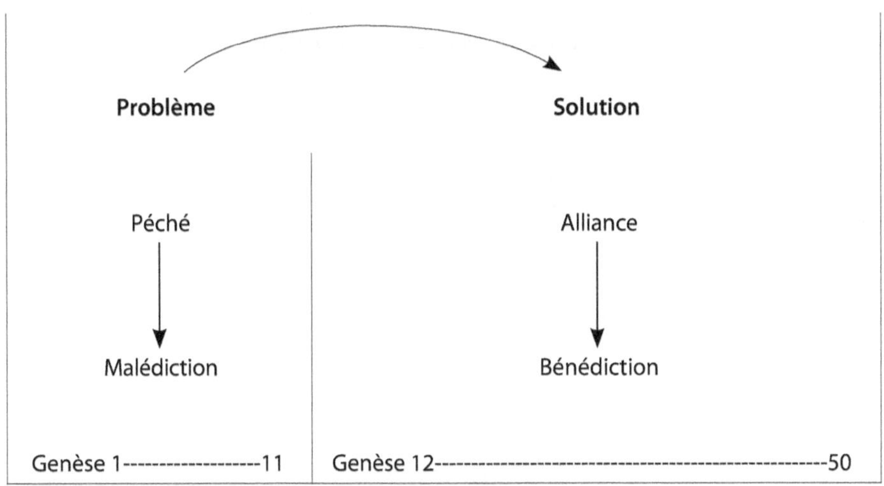

l'Éternel, votre peuple est le serviteur, que je me suis choisi, pour que vous le sachiez, que vous croyiez en moi et que vous compreniez que moi seul, je suis Dieu. » Ainsi, l'exégèse reconnaîtra que le rôle que Dieu a confié à Israël, de faire connaître aux nations du monde la grâce souveraine et salvatrice de Yahweh, est le même que celui que Dieu et le Christ exalté ont confié à l'Église, laquelle accomplira efficacement Ésaïe 43.10 et révélera Dieu aux peuples de la terre précisément en rendant témoignage à la puissance qui sauve de Christ exalté. Là encore, au point de l'interprétation, le lecteur tiendra compte du fait que le contexte immédiat de cet énoncé récapitulatif met l'accent sur la résurrection et la parousie (le retour) de Christ, menant ainsi à la conclusion possible que le contenu primaire du « témoignage » rendu à Christ est qu'il est le Seigneur ressuscité et qui reviendra.

INTERROGATION

L'interrogation est l'emploi d'une question ou la mention d'un problème, suivi de la réponse ou de la solution. Ainsi, on trouve deux formes d'interrogation :

1. La *question* (à la forme interrogative), suivie de la réponse. Cette forme est la plus simple et la plus évidente. Le Psaume 15 est structuré autour de schémas interrogatifs de type question-réponse. Il s'ouvre sur des questions : « Éternel, qui pourra séjourner dans ton sanctuaire ? Et qui donc peut demeurer sur ta montagne sacrée ? » (v. 1) La réponse suit aux versets 2 à 5 : « L'homme à la conduite intègre : il pratique la justice, et il dit la vérité qu'il pense au fond de son cœur. [...] Qui se conduit de la sorte rien ne pourra l'ébranler. » Une interprétation pénétrante de ce psaume, dans son ensemble, requiert clairement une analyse attentive de la question au début du psaume, ainsi que de la manière dont la suite y répond, de même que, pour comprendre pleinement les affirmations individuelles, le lecteur devra

prendre en compte les manières dont elles contribuent à l'ensemble du cadre de questions-réponses.

2. L'énoncé d'un problème, suivi de la solution. Cette forme n'a pas de marqueurs grammaticaux explicites, comme des points d'interrogation ; le mouvement est subtil et implicite. Le livre de la Genèse semble structuré autour d'interrogations de type problème-solution (voir tableau 16). Le double problème du péché qui mène à la malédiction (chap. 1–11) est résolu par une alliance qui mène à la bénédiction (chap. 12–50). L'auteur implicite de la Genèse a employé cette structure problème-solution afin d'orienter les lecteurs dans leur compréhension du mouvement du livre, de leur indiquer ce sur quoi il était principalement mis l'accent principale du livre et de les encourager à comprendre les passages individuels à la lumière de leur rôle dans ce cadre problème-solution.

Préparation/Réalisation

La préparation/réalisation, ou l'introduction, est l'inclusion de l'arrière-plan ou du cadre des événements ou des idées. La préparation est liée à l'arrière-plan ou aux données introductives elles-mêmes, tandis que la réalisation est ce pourquoi on fait la préparation.

Le livre de Job contient un exemple de préparation/réalisation. La préoccupation principale de ce livre est peut-être la question de la souffrance des justes, qui est développée dans les dialogues entre Job et ses « consolateurs », puis enfin dans sa rencontre avec Dieu, aux chapitres 3 à 42. Le livre commence cependant aux chapitres 1 à 2, en indiquant l'arrière-plan, ou le cadre, à partir duquel le lecteur doit comprendre les dialogues qui suivent ; ainsi, la fonction essentielle de Job 1–2 est de fournir une introduction au reste du livre. Dans ces deux premiers chapitres, on apprend que Job a été béni par Dieu sur les plans familial, matériel et corporel. On apprend aussi que Satan, en sa capacité de membre du conseil de Dieu et, plus spécifiquement, en tant qu'accusateur des hommes devant Dieu, affirme que Job sert Dieu par intérêt, afin d'avoir une bonne vie, mais que s'il était éprouvé, il se tournerait contre Dieu. À deux reprises, Satan a convaincu Dieu de mettre la justice de Job à l'épreuve par le malheur, mais même après avoir perdu ses biens, sa famille et sa santé, Job demeure fidèle à Dieu. Même les personnages du livre de Job ne connaissent pas tous ces détails, mais le lecteur le sait et il est encouragé à interpréter les dialogues qui suivent en prenant en compte cet arrière-plan.

L'Évangile de Marc constitue un autre exemple de préparation/réalisation. Marc commence son Évangile par le récit du ministère de Jean-Baptiste (1.2–11), même si, en définitive, le ministère de Jean en tant que tel ne l'intéresse pas, mais qu'il ne l'inclut que dans la mesure où il constitue l'arrière-plan de son véritable centre d'intérêt : le ministère de Jésus. Le lecteur de cet Évangile doit donc interpréter le récit que Marc fait du ministère de Jésus, à la lumière du cadre ou de l'arrière-plan de son récit du ministère de Jean.

Le modèle de *prédiction-accomplissement* constitue une forme spécifique de préparation/réalisation, par laquelle une prédiction effectuée dans un livre s'accomplit dans la suite du même livre. Les deux livres des Rois sont structurés selon une récurrence de préparation/réalisation : on trouve dans ces livres vingt-cinq prédictions qui s'accomplissent dans la suite du récit[31]. En passant à l'interprétation, on reconnaît l'importance de ce modèle de prédiction (« la parole du Seigneur ») et d'accomplissement (« selon la parole du Seigneur ») pour comprendre la théologie de l'histoire et de la parole divine présentée dans les livres des Rois.

INSTRUMENTALISATION

L'instrumentalisation implique le mouvement des moyens vers la fin :

Moyens (par, à travers) ⟶ Fin (pour, afin que)

L'instrumentalisation peut prendre deux formes : la déclaration de dessein et la description des moyens.

La première de ces deux formes, la déclaration de desseins, est une déclaration explicite du dessein ou de la fin, qui inclut l'expression *afin que* ou un équivalent[32]. L'Évangile de Jean est peut-être un exemple d'instrumentalisation. En 20.31, Jean inclut une déclaration de dessein qui concerne peut-être l'ensemble de son Évangile : « Mais ce qui s'y trouve a été écrit pour que vous croyiez que Jésus est le Messie, le Fils de Dieu, et qu'en croyant, vous possédiez la vie en son nom. » « Ce qui s'y trouve » constitue les moyens ; il s'agit probablement de l'ensemble de l'Évangile de Jean. La fin de l'Évangile est double : une fin immédiate : « pour que vous croyiez que Jésus est le Messie, le Fils de Dieu » et une fin ultime : « et qu'en croyant, vous possédiez la vie en son nom ». L'importance de cette déclaration de dessein pour l'interprétation de l'Évangile de Jean est évidente. Jean lui-même avertit le lecteur que le message de l'ensemble du livre doit être compris à la lumière de ce double dessein et il invite les lecteurs à construire les passages individuels à travers le livre à la lumière de leur rôle pour l'accomplissement de ce dessein établi en 20.31. Dans son interprétation de chaque passage, le lecteur doit se demander comment le dessein d'ensemble de l'Évangile de Jean, tel que présenté en 20.31, éclaire le sens et la fonction de ce passage et comment ce passage sert à accomplir, à sa manière, le double objectif expressément établi par Jean ?

La deuxième forme d'instrumentalisation, la description des moyens, est la présentation des moyens par lesquels on parvient à une fin. Ici, les idées-clés sont *au moyen de* ou par, mais, contrairement au type déclaration de dessein, ces termes n'apparaissent pas toujours expressément. Même lorsqu'ils sont absents du texte, la notion de moyens peut être clairement présente.

---

31 Notez le modèle suivant : 1 Rois 11.11, 26-37 → (mentionné comme accompli en) 12.16-24. 1 Rois 13.2 → 2 Rois 23.15-20. 1 Rois 13.3 → 5. 1 Rois 13.22 → 26-32. 1 Rois 14.14 → 15.29. 1 Rois 16.7 → 12. 1 Rois 17.1 → 7. 1 Rois 17.14 → 16. 1 Rois 18.1 → 41-46. 1 Rois 20.13 → 19-21. 1 Rois 20.28 → 29-30. 1 Rois 20.42, 21.17-19 et 22.17 → 22.34-40. 1 Rois 21.23, 27-29 → 2 Rois 9-10. 2 Rois 3.16-19 → 20-27. 2 Rois 4.16 → 17. 2 Rois 4.43 → 44. 2 Rois 6.9 → 10. 2 Rois 7.1 → 16-20. 2 Rois 8.10 → 15. 2 Rois 13.16-20 → 24-25. 2 Rois 19.32-34 → 35-37. 2 Rois 21.10-15 → 2 Rois 24-25. 2 Rois 22.18-20 → 23.28-30. 2 Rois 23.27 → 2 Rois 24-25.

32 Le grec et l'hébreu emploient diverses manières d'exprimer le sens. Pour plus de détails, consultez les dictionnaires en langue originale. Pour une évaluation de ces dictionnaires, voir Bauer, *Annotated Guide to Biblical Resources* (Guide annoté des ressources bibliques), 54-56, 191-95.

TABLEAU 17

Échange dans le livre de Michée

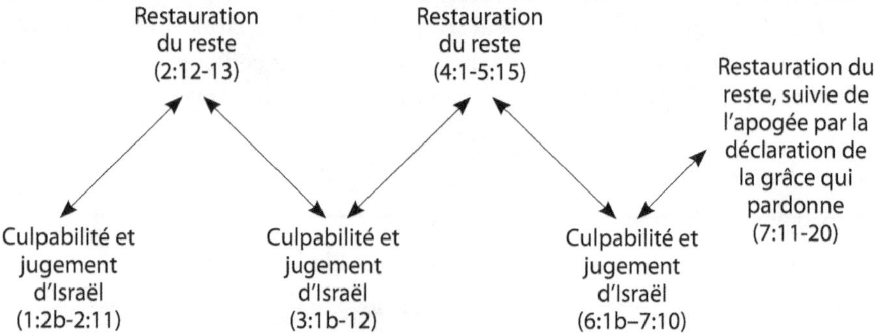

Le livre des Hébreux est structuré autour de la récurrence de l'instrumentalisation : ce livre met l'accent à plusieurs reprises sur l'expiation au moyen du sacrifice de Christ. En fait, Hébreux oppose plusieurs fois le sacrifice de Christ, le seul moyen d'expiation efficace, au système sacrificiel des prêtres lévitiques, qui est un moyen d'expiation inefficace. Ainsi, le livre des Hébreux est structuré selon la récurrence de l'instrumentalisation contrastée. Un autre exemple est le livre de Josué : la personne de celui-ci est le moyen employé par Dieu pour faire entrer son peuple d'Israël dans le pays de Canaan et lui donner ce pays en possession.

STRUCTURES RHÉTORIQUES

Cette catégorie fait référence aux rapports structurels qui impliquent l'arrangement des données dans le texte. On se souvient que les rapports sémantiques impliquent un lien au niveau du sens: ils communiquent du sens de manière inhérente. Par exemple, le contraste implique un lien de sens au moyen de la différence, tandis que l'instrumentalisation implique la connexion de sens du dessein. Les rapports rhétoriques n'impliquent cependant pas en eux-mêmes un certain sens, mais ils sont liés uniquement à l'ordre ou à la place des éléments dans le texte. Parce que les auteurs emploient généralement des fonctions structurelles pour communiquer du sens, ils n'ont normalement pas recours aux rapports rhétoriques pour eux-mêmes, mais les associent avec un rapport sémantique afin de les renforcer (et peut-être de les développer)[33].

ÉCHANGE

L'échange implique d'échanger ou alterner certains éléments, dans un arrangement a-b-a-b. Le livre de Michée est structuré selon l'échange employé pour renforcer le contraste (voir tableau 17). Ce livre alterne entre des déclarations de

---

33 L'objectif de cette affirmation n'est pas de suggérer que les rapports rhétoriques ne peuvent être pris isolément ou ne s'emploient jamais pour eux-mêmes. Ils sont cependant généralement liés aux rapports sémantiques. Ainsi, lorsque les lecteurs rencontrent un rapport rhétorique, ils doivent se demander s'il est associé à un rapport sémantique, de manière à renforcer ou à développer celui-ci.

TABLEAU 18

Échange dans Hébreux

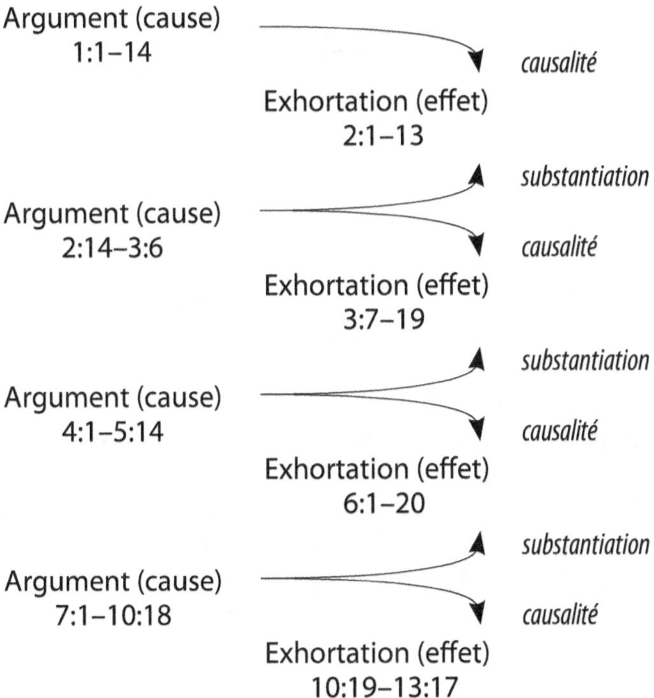

culpabilité et de jugement sur Israël, avant de promettre la restauration du reliquat juste de la nation.

Hébreux semble structuré selon un échange entre blocs d'arguments théologiques et d'exhortations (ou de commandements ; voir tableau 18). Pour autant que l'argument théologique soit la cause, ou le fondement, de ces exhortations, lesquelles sont l'effet ou le résultat de l'argument théologique, cet échange dans Hébreux renforce le rapport de causalité et de substantiation. Autrement dit, chaque bloc d'exhortations est l'effet des arguments théologiques qui le précèdent et qui le suivent.

INCLUSIO

L'inclusio est la répétition de termes ou d'expressions au début et à la fin d'une unité, afin de créer un effet de crochets (voir tableau 19)[34]. Les limites de l'inclusio établissent la pensée principale du livre (ou du passage), afin de montrer sa préoccupation essentielle. Il faut noter le rapport entre ces déclarations-crochets et les données dans l'intervalle, afin d'identifier le rapport sémantique avec lequel l'inclusio est employée. On trouve un exemple d'inclusio au Psaume 150 (voir ta-

---

34 Voir aussi David E. Aune, « Inclusio », dans *The Westminster Dictionary of New Testament and Early Christian Literature and Rhetoric* (Dictionnaire de Westminster du Nouveau Testament, de la littérature et de la rhétorique chrétienne primitive) (Louisville : Westminster John Knox, 2003), 229.

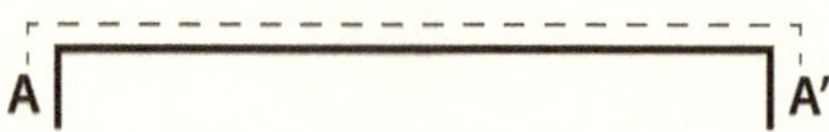

Tableau 19

Inclusio A A′

Tableau 20

Inclusio dans le Psaume 150

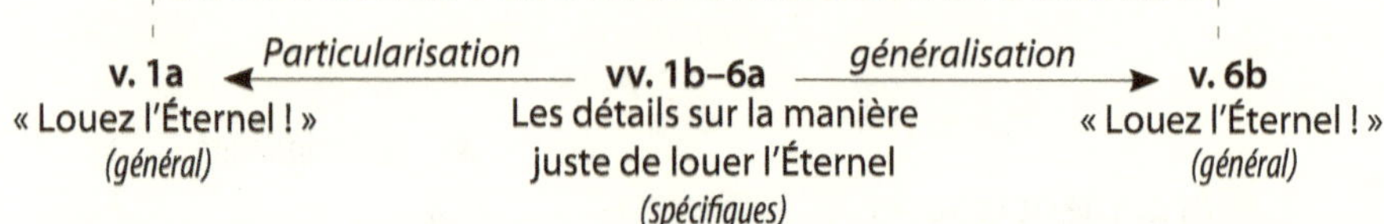

bleau 20), qui commence et se termine par la même exclamation : « Louez l'Éternel. » Les versets dans l'intervalle (1b-6a), qui décrivent les manières spécifiques dont il faut louer l'Éternel, sont liées au verset 1a en termes de particularisation et au verset 6b en termes de généralisation. Ainsi, la déclaration-crochets est une affirmation générale, énoncée ou spécifiée par les données dans l'intervalle. C'est pourquoi, le Psaume 150 est structuré selon la particularisation et la généralisation par inclusio[35].

L'Évangile de Matthieu est peut-être également structuré selon l'inclusio. Presque au début du livre, 1.23 déclare : « On [l']appellera Emmanuel, ce qui veut dire : Dieu *avec nous* » (italiques ajoutés). Tout à la fin de l'Évangile, on a cette affirmation d'une similitude frappante : « Et voici : je suis moi-même *avec vous* tous les jours, jusqu'à la fin du monde » (28.20, italiques ajoutés). Ainsi, le début comme la fin du livre font référence à *avec nous/avec vous* ; en fait, la différence entre 1.23 et 28.20 dans l'original grec n'est que d'une seule lettre. L'inclusio semble employée en association avec le rapport structurel de l'apogée, car le livre atteint son apogée ultime dans l'appel missionnaire de 28.18–20 et, surtout, dans la promesse de la présence continuelle en 28.20. Toute la période à laquelle s'adresse l'Évangile de Matthieu, celle de l'Église post-pascale, de la résurrection elle-même au retour de Christ, se caractérise par la présence de Jésus-Christ, le Fils de Dieu, au milieu de son Église. L'inclusio en 1.23 indique cependant aussi que Dieu lui-même est présent au milieu de son Église, en la personne de son Fils, qui est « Emmanuel, Dieu avec nous ». Cette inclusio révèle aussi l'importance de cette notion de présence pour le message de l'Évangile de Matthieu.

---

35 On peut noter que le Psaume 150.2 donne la raison, ou la cause, pour laquelle il faut louer l'Éternel ; ainsi, le verset 2 donne de la substance au verset 1 et indique la cause du verset 6b. On peut donc dire que ce psaume a une structure de particularisation et de substantiation, avec généralisation et causalité par inclusion. On observe aussi que le passage 1b-6a est en apogée, avec pour point culminant l'appel à toute créature, au verset 6.

TABLEAU 21

Chiasme

CHIASME

Le chiasme est la répétition d'éléments en ordre inversé : a-b-b´-a´. Parfois, un chiasme a un élément central, auquel cas l'ordre devient a-b-c-b´-a´. Le terme de *chiasme* vient de la lettre grecque X (*chi*), parce que cette lettre fournit la représentation graphique d'un ordonnancement chiasmatique (voir tableau 21).

On trouve un exemple de chiasme dans un livre, ou une unité littéraire complète, au Psaume 67 (italiques ajoutés) :[36]

A	Que *Dieu* nous fasse grâce ! Qu'il nous bénisse ! Qu'il nous regarde avec bonté,	v. 1
	afin que sur la *terre* on reconnaisse comment tu interviens, et que chez *tous* les peuples on voie comment tu sauves !	v. 2
B	Que les *peuples* te louent, ô Dieu, que *tous* les *peuples* t'adressent leurs louanges !	v. 3
C	Que les *nations* jubilent et qu'elles crient de joie, car tu gouvernes les *peuples* selon la droiture et tu conduis les *nations* de la *terre*.	v. 4
B´	Que les *peuples* te louent, ô Dieu, que *tous* les *peuples* t'adressent leurs louanges !	v. 5
A´	La *terre* a produit ses récoltes, *Dieu*, notre *Dieu*, nous a bénis.	v. 6
	Oui, que *Dieu* nous bénisse et qu'*on* le craigne jusqu'aux confins du *monde* !	v. 7

---

36 Voir Nils W. Lund, *Chiasmus in the New Testament: A Study in the Form and Function of Chiastic Structures* (Chiasmes dans le Nouveau Testament : étude de la forme et de la fonction des structures chiasmatiques) (1942; réimpr., Peabody, Massachusetts : Hendrickson, 1992), 97–99, pour une analyse détaillée de l'arrangement chiasmatique de ce psaume. Le livre de Lund constitue une excellente étude des chiasmes dans la Bible en général, même si, comme beaucoup d'autres spécialistes, il a tendance à voir des chiasmes dans des livres et passages où leur présence est quelque peu discutable. Voir aussi Ian H. Thomson, *Chiasmus in the Pauline Letters* (Chiasmes dans les lettres pauliniennes) (Sheffield : Sheffield Academic Press, 1995) ; « Chiasmes », dans Aune, *Westminster Dictionary*, 93–96.

Le chiasme s'associe au rapport de causalité et de substantiation (et le renforce). La bénédiction de Dieu sur son peuple (A, A´, v. 1–2, 6–7) est la raison pour laquelle les nations connaissent sa puissance salvatrice et le louent (B, B´, v. 3, 5). La section centrale, C (v. 4), est au cœur du chiasme et suggère donc peut-être que la préoccupation principale du psaume est l'adoration joyeuse des nations.

Même si les chiasmes étaient fréquemment employés dans la Bible, ils ne sont de loin pas aussi répandus que la plupart des spécialistes l'ont affirmé ; beaucoup d'entre eux voient des chiasmes presque partout et en identifient même lorsque les soi-disant éléments coordonnés (par ex. A et A´) ne sont clairement pas parallèles. Même si on trouve parfois des chiasmes plausibles dans des livres entiers, ils sont plus courants dans les plus petites unités. Voici un exemple de chiasme dans une petite unité, en Ésaïe 6.10 :

> A. Rends [le *cœur* de] ce peuple insensible,
>
> > B ferme-lui les *oreilles*
> >
> > > C et bouche-lui les *yeux*
> > >
> > > C´ pour qu'il ne voie pas de ses *yeux*,
> >
> > B´ pour qu'il n'entende pas de ses *oreilles*
>
> A´ et pour qu'il ne comprenne pas [de son *cœur*]. [...] (italiques ajoutées)

Notez le mouvement du cœur aux yeux, puis des yeux au cœur. Ici, ce chiasme renforce le rapport d'instrumentalisation ; « pour » indique l'énoncé du dessein.

Un dernier exemple de chiasme, cette fois dans une très petite unité, en Matthieu 5.45b :

> A il fait luire son soleil sur les *méchants*
>
> > B aussi bien que sur les *bons*,
> >
> > B´ et il accorde sa pluie aux *justes*
>
> A´ comme aux *injustes*. (italiques ajoutées)

Le mouvement va des mauvais aux bons et des justes aux injustes. Ce chiasme renforce le rapport de comparaison (et de contraste) : Dieu accorde ses bénédictions de la même manière aux bons et aux mauvais, et ce malgré, c'est-à-dire en contraste avec leurs différences morales.

Les chiasmes contiennent un certain nombre de points potentiellement importants pour l'interprétation. Par cette structure, l'auteur nous invite à interpréter les éléments correspondants à la lumière les uns des autres. En Matthieu 5.45, par exemple, nous sommes encouragés à comprendre le « bien » en termes de « justice » et la « méchanceté » en termes d'« injustice ». Par ailleurs, les chiasmes nous invitent à réfléchir sérieusement au rapport entre les éléments coordonnés (A/A´ et B/B´). À ce stade du rapport entre ces éléments, on trouve le rapport sémantique associé au chiasme, comme dans nos exemples tirés du Psaume 67 et de Matthieu 4.45. Par ailleurs, les chiasmes impliquent généralement un accent mis sur le premier et le dernier des éléments mentionnés (A et A'). Ainsi, en Matthieu 5.45, ce n'est peut-être pas surprenant que Dieu envoie la bénédiction du soleil et de la plus aux bons comme aux méchants (B et B'), mais le fait qu'il bénisse même les méchants et les injustes (A et A') est remarquable. Le chiasme en Ésaïe 6.10 semble mettre l'accent sur le cœur, avec les « yeux » et les « oreilles » subordonnés à cet élément central de la personnalité (les yeux fermés et les oreilles bouchées sont peut-être même les moyens par lesquels le cœur s'endurcit et devient incapable de comprendre). Enfin, parfois, lorsqu'un passage comporte un élément central (par ex. C), le chiasme suggère que cet élément central est au cœur des préoccupations et que les autres éléments du chiasme (A et B) tournent autour de lui. Ce phénomène est parfois appelé « anneau » ou « structure concentrique ». Ainsi que nous l'avons vu, le Psaume 67 semble avoir ce type de chiasme, avec l'élément C qui désigne l'endroit le plus important de l'ensemble du passage.

INTERCALATION

L'intercalation est l'insertion d'une unité littéraire au milieu d'une autre unité littéraire. Elle implique généralement de diviser un récit en en interposant un autre, afin de pousser le lecteur à s'interrompre et à réfléchir au rapport entre le contenu intercalé et ce qui l'entoure. Même si, ainsi que le suggère cette description, les intercalations se trouvent le plus souvent dans des textes narratifs, on en trouve aussi dans d'autres textes ; certaines digressions de Paul peuvent, par exemple, être considérées comme une forme d'intercalation (par ex. 2 Corinthiens 6.14 — 7.1).

TABLEAU 22

Intercalation dans l'Évangile de Marc

A	B	A
11:12–14	11:15–19	11:20–24

Marc emploie des intercalations tout au long de son Évangile (voir tableau 22). Par exemple, il intercale l'histoire de la guérison de la femme qui souffrait d'hémorragies (5 .25–34) dans celle de la résurrection de la fille de Jaïrus (5.21–24, 35–43), celle de la décapitation de Jean-Baptiste (6.14–29) dans celle de l'envoi en mission des Douze, puis de leur retour auprès de Jésus (6.7–13, 30–31), et celle de la purification du temple (11.15–19) dans celle de la malédiction et du dessèchement du figuier (11.12–14, 20–24). Dans chacun de ces cas, Marc a recours à l'interpolation pour renforcer le rapport de comparaison. Par exemple, en intercalant le récit de la décapitation de Jean-Baptiste par Hérode dans celui de l'envoi en mission des Douze, il veut peut-être montrer que, de même que le ministère de Jean-Baptiste a mené à son rejet et à sa mort, les disciples de Christ peuvent s'attendre à la même réaction négative dangereuse à leur ministère. L'insertion de la purification du temple dans le récit de la malédiction et du dessèchement du figuier suggère peut-être que, de même que le figuier stérile n'était bon à rien d'autre qu'à être maudit et à mourir, le temple aussi avait cessé de fonctionner comme Dieu l'avait prévu et devait donc être détruit. L'Évangile de Marc se caractérise par une récurrence des comparaisons par intercalation. On trouve aussi une intercalation dans l'histoire de Joseph, dans la Genèse. Joseph est présenté avec ses frères au chapitre 37 et son histoire se poursuit aux chapitres 39 — 50, mais le chapitre 38 semble être une interruption. Ce chapitre raconte l'histoire de Tamar et de Juda. Plus spécifiquement, il raconte comment Onan, le fils de Juda, puis Juda lui-même, ont refusé de susciter une descendance à Er, le défunt frère d'Onan, en « allant vers » la veuve d'Er, Tamar. Finalement, Tamar a eu recours à la ruse pour obtenir cette descendance de Juda, en se faisant passer pour une prostituée, aux services de qui Juda a recouru. Ce récit présente un contraste avec la présentation de Joseph, qui demeure sexuellement pur malgré la tentative de séduction de la femme de Potiphar (chap. 39) et agit afin de préserver la famille de Jacob, le peuple de l'alliance d'Israël, pour l'avenir. Ainsi, le chapitre 38 implique une intercalation qui renforce le contraste entre Joseph et ses frères[37].

Caractéristiques importantes des rapports structurelles

Un certain nombre d'éléments importants relatifs aux rapports structurels valent la peine d'être notés. D'abord, même si cette liste de rapports structurels a été incluse à la discussion des aperçus de livres, ces rapports sont présents à tous les niveaux des textes. On les trouve non seulement au niveau des livres, mais aussi des sous-parties, des sections, des segments, des paragraphes et même des phrases. Nous examinerons l'importance de l'analyse structurelle en passant à l'observation de ces plus petites unités.

Ensuite, on peut distinguer les rapports généraux et spécifiques. Certains rapports, de par leur nature, sont plus généraux, moins précis ou moins spécifiques que d'autres, c'est-à-dire qu'on les trouve implicitement dans d'autres rapports plus spécifiques. La préparation/réalisation, par exemple, est un rapport assez général, qui couvre souvent d'autres rapports plus spécifiques dans lesquels il est implicite. Ainsi, la causalité (le mouvement de cause à effet) inclut une préparation/réalisation implicite : la cause prépare toujours l'effet qui suit. La particularisation (mouvement du général au spécifique), pour sa part, implique toujours une préparation/réalisation implicite, l'affirmation générale ouvrant la voie aux détails qui suivent. Nous avons vu précédemment aussi que la crucialité contient une récurrence implicite de causalité et de contraste. Cependant, en cas d'inversion radicale causée par un passage-pivot, l'identification la plus spécifique et la plus précise est la crucialité, tandis qu'en observant le mouvement du général au spécifique, l'étiquette la plus précise est la particularisation. Le principe est de chercher à identifier; de la manière la plus précise possible, le rapport structurel employé car

---

37 Pour un examen détaillé de cette intercalation en Gen. 38, voir Robert Alter, *The Art of Biblical Narrative* (L'art du récit biblique) (New York : Basic Books, 1981), 3-10.

la précision dans l'observation permet d'affiner de l'interprétation tout en accroissant sa profondeur et sa fiabilité.

Un troisième point qui vaut la peine d'être noté est qu'un rapport structurel peut être à la fois explicite ou implicite. Un rapport explicite se caractérise par une connexion expressément mentionnée. Le terme *mais*, par exemple, indique un contraste, tandis que le terme *donc* indique une causalité. Le contraste peut cependant être présent sans *mais* explicite et on trouve souvent une causalité en l'absence de *donc*. Dans ces cas, on dit que le rapport est implicite et doit être inféré à partir du sens du texte. Un rapport explicite n'est pas forcément plus important ou plus mis en avant qu'un rapport implicite. Un auteur implicite peut recourir à un marqueur explicite pour un certain nombre de raisons, ou choisir de l'omettre. Le lecteur doit être conscient qu'un rapport peut être à la fois implicite ou explicite.

Les étudiants doivent noter aussi que les rapports peuvent être simples ou complexes. Un rapport simple est un seul rapport, par exemple une causalité, tandis qu'un rapport complexe est composé de plusieurs rapports combinés, par exemple la récurrence de causalité comparative, qui implique trois rapports si étroitement liés dans leur mode de fonctionnement à l'intérieur du livre (ou du passage observé) que le lecteur ne peut décrire l'emploi de l'un d'entre eux sans parler aussi des autre(s). Dans ce cas, le lecteur doit associer ces rapports pour en former un complexe. Cette affirmation décrit en fait le critère pour associer les rapports : *si on ne peut décrire la fonction d'un rapport dans un livre ou un passage sans en même temps parler d'un ou de plusieurs autre(s) rapport(s), ces rapports devront être combinés. Si, cependant, il est possible de décrire le fonctionnement d'un rapport sans impliquer d'autres rapports structurels, il faut les garder séparés.* Au vu de la complexité et de la profondeur des dynamiques de communication littéraire dans les livres et les passages, il y aura presque toujours plus d'un seul rapport structurel principal identifié dans un aperçu. Parfois, ces rapports fonctionneront essentiellement d'une manière indépendante l'une de l'autre, auquel cas les étudiants devront les décrire séparément comme des rapports simples, mais d'autres fois, deux de ces rapports ou plus seront liés entre eux dans leur fonctionnement dans un livre ou un passage, auquel cas les étudiants devront les combiner en rapports complexes.

Les exemples donnés dans la discussion sur les rapports structurels contiennent des cas de rapports complexes. Nous avons vu que le livre des Proverbes est structuré selon une récurrence de contraste entre la sagesse et la folie. On ne peut clairement pas décrire cette récurrence sans mentionner en même temps le contraste, et inversement. Nous avons mentionné aussi le fait que Hébreux est structuré selon une récurrence d'instrumentalisation contrastée, en ce que l'auteur multiplie (récurrence) les contrastes entre Christ en tant que moyen d'expiation efficace (instrumentalisation), par opposition au sacerdoce lévitique, qui n'était pas un moyen d'expiation efficace. Par ailleurs, nous avons mentionné le fait que les rapports rhétoriques ne sont généralement pas employés pour eux-mêmes, mais en combinaison avec des rapports sémantiques, afin de renforcer ceux-ci.

Un autre point important qu'il vaut la peine de noter, concernant le rapport structurel, est que les lecteurs font souvent la distinction entre rapports conscients et inconscients. Concernant l'auteur, le rapport est parfois employé consciemment, d'autres fois inconsciemment. Certains étudiants ont exprimé leur crainte d'imposer ces rapports structurels au texte, car on ne peut être certain que l'auteur voulait vraiment, par exemple, employer la récurrence de contraste dans un livre ou passage donné. Cette distinction entre l'emploi conscient ou non des rapports de la part d'un auteur ne change cependant rien sur bien des points. D'abord, toute communication intentionnelle sérieuse implique de faire attention à la forme du message communiqué. Par exemple, l'auteur de 1 Samuel ne s'est probablement pas dit : « Je crois que je vais employer la récurrence de contraste ici dans mon livre », mais nous avons néanmoins toutes les raisons de penser qu'il a réfléchi à la manière optimale de communiquer son message et que, dans ce processus, il a choisi de le faire en développant d'une manière répétée les différences entre David et Saül.

Par ailleurs, les rapports structurels décrits ici jouent forcément un rôle dans le processus de pensée lui-même et sont même généralement présents dans toutes les formes d'art, pas seulement dans la littérature. Ils sont représentés dans tous les groupes linguistiques, toutes les cultures, toutes les époques et tous les genres littéraires. John Ruskin, qui a organisé une liste de certains de ces rapports structurels dans un essai qui a eu un rôle influent dans le mouvement d'étude biblique inductive, disait qu'ils représentent les structures qu'on trouve dans la nature elle-même[38]. Cependant, en se souvenant de l'importance de faire passer nos perceptions sensorielles par la grille de notre esprit, il vaut peut-être mieux comprendre ces rapports structurels comme faisant partie des processus cognitifs et de communication humain. Quoi qu'il en soit, les spécialistes en linguistique et en analyse de discours ont observé que les hommes semblent penser et communiquer en n'employant qu'un nombre limité de rapports (notamment sémantiques), entre dix et vingt (en fonction de leurs liens et subdivisions)[39].

Le fait est qu'on ne peut communiquer sans recourir à ces rapports. Nous les employons généralement en parlant (ou en écrivant), ou encore en lisant, sans être conscients de leur présence, de même que nous employons les formes grammaticales et la syntaxe sans y faire attention. Une compréhension précise, spécifique et pénétrante de textes littéraires sérieux, comme la Bible, tire cependant un grand profit d'une prise en compte attentive et d'une analyse consciente des rapports structurels qui constituent les blocs de communication. Le lecteur doit garder à l'esprit le principe en vertu duquel il n'y a pas de contenu purement matériel, mais que tout contenu matériel nous est transmis sous une forme donnée, notamment la dimension de forme que nous avons décrite comme structure littéraire. Par

---

38 L'essai classique de Ruskin sur les lois des rapports apparaît dans Kuist, *These Words upon Thy Heart* (Ces paroles sur ton cœur, 161-81. Il est disponible aussi sur www.inductivebiblicalstudy.com.)

39 Nous sommes reconnaissants à notre collègue Dr. Joseph Dongell pour sa revue de la recherche linguistique et d'analyse de discours. Voir notamment Grimes, *Thread of Discourse* (Le fil du discours), 207-10 ; Nida, *Exploring Semantic Structures* (Explorer les structures sémantiques), 50-65 ; Beekman, Callow et Kopesec, *Semantic Structure of Written Communication* (La structure sémantique de la communication écrite), 112-13 ; Robert E. Longacre, *The Grammar of Discourse* (La grammaire du discours) (New York : Plenum, 1983), 77-149 ; Mildred L. Larson, *Meaning-Based Translation* (La traduction fondée sur le sens), 2ᵉ éd. (Lanham, Maryland : University Press of America, 1998), 205-351 ; Cotterell et Turner, *Linguistics and Biblical Interpretation* (Linguistique et interprétation biblique), 188-229.

conséquent, toutes choses égales par ailleurs, mieux nous comprenons la forme, ou la structure, sous laquelle un livre ou un passage nous a été transmis, mieux nous comprendrons son contenu matériel. Autrement dit, *nous comprenons mieux ce qui est dit en analysant attentivement la manière dont c'est dit.*

Par ailleurs, nous devons nous souvenir que l'objectif de l'interprétation est de comprendre ce que l'auteur implicite communique à travers le texte, car il s'agit du seul auteur dont nous disposons. Il est souvent impossible de déterminer ce qu'était la conscience de l'auteur historique et dans tous les cas, notre objectif n'est pas à proprement parler de reconstruire la conscience de l'auteur en chair et en os, mais plutôt de saisir le sens du texte (qui coïncide pour ainsi dire avec l'intention de l'auteur implicite). Par conséquent, nous devons seulement justifier la plausibilité qu'un rapport structurel soit présent dans le texte. Si un tel rapport structurel est présent, cela fait partie de la communication du texte lui-même, que cela ait été ou non (ou dans quelle mesure ou dans quel sens) l'intention consciente de l'auteur en chair et en os.

L'objectif de l'identification de ces rapports structurels principaux est de commencer à identifier les thèmes et sujets principaux du livre, ainsi que les manières dont l'auteur (implicite) les développe et les relie entre eux à travers le livre. Autrement dit, nous identifions les rapports structurels principaux afin de commencer à explorer les dynamiques du mouvement, de l'arrangement et de la pensée du livre[40].

Poser des questions exégétiques

Après avoir identifié un rapport structurel majeur, les lecteurs pourront poser des questions orientées vers ce rapport. Ces questions serviront de pont entre l'observation et l'interprétation. Elles dérivent des observations effectuées (dans le cas présent, des observations structurelles relatives au livre, dans son ensemble) et forment la base de l'interprétation. En fait, ainsi que nous le verrons, l'interprétation consiste à répondre aux questions posées en phase d'observation. Ce principe de recours aux questions posées en phase d'observation comme servant de fondement de l'interprétation est d'une importance capitale. On tombe souvent dans l'eiségèse (l'imposition de nos propres idées aux passages) en posant (au moins implicitement) de mauvaises questions, que le texte n'invite pas le lecteur à poser et auxquelles il n'est pas prêt à répondre. Autrement dit, une interprétation qui implique de répondre à des questions étrangères au texte et qui ne correspondent pas à son programme sera probablement biaisée.

Si le temps le permet, il peut être utile de poser toutes les questions d'observation de l'aperçu de livre, mais, étant données les contraintes de temps et l'objectif de gérer le temps le plus efficacement possible, il est préférable de restreindre les questions aux observations concernant les principaux rapports structurels. Les questions concernant les rapports structurels portent habituellement plus

---

40 Pour une présentation détaillée des unités principales et des sous-unités, ainsi que des rapports structurels principaux appliqués aux livres bibliques, voir Bauer, *Structure of Matthew's Gospel* (La structure de l'Évangile de Matthieu).

de fruits pour l'interprétation que celles concernant les autres observations de l'aperçu[41].

Les trois types de questions principales correspondent (ainsi que nous le verrons) aux trois phases principales de l'exégèse :

- La question définie, ou explicative : qu'est-ce que cela veut dire ?
- La question rationnelle : pourquoi est-ce inclus et pourquoi ici ?
- La question de l'implication : qu'est-ce que cela implique ?

Il y a aussi quatre questions accessoires :

- La question de l'identification : qui et qu'est-ce qui est impliqué ?
- La question modale : comment cela s'accomplit-il ?
- La question temporelle : quand cela s'accomplit-il ?
- La question spatiale : où cela s'accomplit-il ?

Les questions accessoires sont en fait des formes spécifiques de la question définie, ou explicative. Vous trouverez ci-dessous une liste des rapports structurels décrits précédemment dans ce chapitre, avec des termes-clés pour certains d'entre eux et un échantillon de questions exégétiques pour chacun d'eux. Dans certains cas, les rapports plus généraux, qui sont implicites dans les rapports structurels plus spécifiques, sont également notés (par ex. la particularisation fait intervenir implicitement la préparation/réalisation).

Récurrence

Récurrence : répétition des mêmes termes, phrases ou autres éléments, ou de termes, phrases ou éléments similaires

Question : quel est le sens premier de cet élément récurrent (précisez de quel élément il s'agit) ? En quoi les occurrences individuelles sont-elles liées entre elles et s'éclairent-elles mutuellement ? Pourquoi cette récurrence ? Quelles en sont les implications ?

Structures sémantiques

Contraste : association d'éléments dont les différences sont mises en avant par l'auteur

Termes-clés : *mais, cependant*

Questions : Quelles sont les différences principales mises en avant par l'auteur ? Quel est le sens précis et spécifique de chacune de ces différences et pourquoi les a-t-il abordées ainsi ? Quelles en sont les implications ?

•

---

41 Dans le processus d'emploi de diverses formes d'observation à partir de l'aperçu (par ex. les unités principales et sous-unités) dans l'interprétation, on adresse, au moins implicitement, les questions à ces observations, afin d'en tirer leur importance exégétique.

Comparaison : association d'éléments dont les similitudes (ressemblances) sont mises en avant par l'auteur

Termes-clés : comme, ainsi que

Questions : Quelles sont les similitudes principales ici ? Quel est le sens précis et spécifique de chacune d'entre elles ? Pourquoi l'auteur a-t-il mis en avant ces similitudes et les a-t-il traitées ainsi ? Quelles en sont les implications ?

•

Apogée : mouvement de l'inférieur vers le supérieur, jusqu'à un point culminant d'intensité (fait intervenir implicitement un élément de contraste et généralement de causalité)

Questions : comment cette unité parvient-elle à son apogée dans (précisez le passage) ? Comment ce développement éclaire-t-il ce passage, ainsi que les données qui y mènent ? Pourquoi l'auteur a-t-il inclus cette apogée ? Quelles en sont les implications ?

•

Particularisation : mouvement du général au spécifique (fait intervenir implicitement la préparation/réalisation)

Questions : Quel est le sens de cette affirmation générale ? Comment est-elle détaillée dans ce qui suit ? Comment ces détails éclairent-ils l'affirmation générale ? Pourquoi l'auteur a-t-il inclus ce mouvement du général au spécifique ? Quelles en sont les implications ?

•

Généralisation : mouvement du spécifique au général (fait intervenir implicitement la préparation/généralisation)

Questions : Quel est le sens de cette affirmation générale ? Comment est-elle détaillée dans ce qui suit ? Comment ces détails éclairent-ils l'affirmation générale ? Pourquoi l'auteur a-t-il inclus ce mouvement du spécifique au général ? Quelles en sont les implications ?

•

Causalité : mouvement de cause à effet (implique implicitement la préparation/généralisation)

Termes-clés : *ainsi, par conséquent*

Questions : Pourquoi cette cause produit-elle cet effet ? Quels sont les éléments principaux impliqués dans ce mouvement de cause à effet et quel est le sens de chacun d'eux ? Pourquoi l'auteur a-t-il inclus cette causalité ? Quelles en sont les implications ?

•

Substantiation : mouvement de l'effet à la cause (fait intervenir implicitement la préparation/généralisation)

Termes-clés : *car, parce que, puisque*

Questions : En quoi le passage substantiatif est-il la cause (appuie-t-il ou donne-t-il la raison) du passage précédent ? Quels sont les éléments principaux impliqués dans ce mouvement de l'effet à la cause et quel est le sens de chacun d'eux ? Pourquoi l'auteur a-t-il inclus cette substantiation ? Quelles en sont les implications ?

•

Crucialité : dispositif pivot visant à produire une inversion radicale ou un changement complet de direction (fait intervenir implicitement la préparation/généralisation)

Questions : En quoi cette crucialité éclaire-t-elle les données des deux côtés du pivot ? Pourquoi l'auteur a-t-il inclus cette crucialité ? Quelles en sont les implications ?

•

Récapitulatif : un abrégé (résumé) qui précède ou suit une unité (il ressemble parfois à une affirmation générale, mais il contient davantage de détails)

Questions : En quoi ce passage résume-t-il le contenu qui le précède (ou qui le suit) ? En quoi ce contenu éclaire-t-il ce récapitulatif ? Pourquoi l'auteur a-t-il inclus ce récapitulatif ? Quelles en sont les implications ?

•

Interrogation : un problème ou une question, suivi de sa solution ou de sa réponse (fait intervenir implicitement la préparation/généralisation, ainsi que souvent une causalité ; le type problème/solution implique un contraste)

Questions relatives au type problème/solution : Quel est le sens du problème présenté ici ? Comment est-il résolu ? Quels sont les éléments principaux impliqués dans le mouvement du problème à la solution et quel est le sens de chacun d'eux ? Pourquoi l'auteur a-t-il inclus cette interrogation ? Quelles en sont les implications ?

Questions relatives au type question/réponse : Quel est le sens de cette
question ? Comment la réponse y répond-elle et quel est son
sens plein et précis ? Pourquoi l'auteur a-t-il inclus cette
interrogation ? Quelles en sont les implications ?

•

Préparation/réalisation : arrière-plan ou cadre des événements ou des idées

Questions : Quel est le sens de cet arrière-plan ? En quoi prépare-t-il ce qui
suit ? Pourquoi l'auteur a-t-il préparé ce qui suit ? Pourquoi l'a-t-
il fait ainsi ? Quelles en sont les implications ?

•

Instrumentalisation : mouvement des moyens à la fin (fait intervenir
implicitement la causalité), qui prend la forme d'un énoncé de
dessein ou d'une description des moyens

Termes-clés : *afin que, pour que* (énoncé de dessein) ; *par, à travers* (description
de moyens)

Questions relatives à l'énoncé de dessein : Quel est le sens de l'énoncé
de dessein lui-même ? En quoi éclaire-t-il les moyens ? En
quoi éclaire-t-il la fin ? Comment les moyens causent-ils ou
produisent-ils la fin ? Pourquoi l'auteur a-t-il inclus cet énoncé
de dessein ? Quelles en sont les implications ?

Questions relatives à la description de moyens : Comment l'auteur décrit-il
les moyens ou recours et quel est le sens de cette description ?
Quel est le sens de la manière dont les moyens produisent la fin ?
Pourquoi l'auteur a-t-il ainsi présenté ces moyens, de manière à
produire cette fin ? Quelles en sont les implications ?

Structures rhétoriques

Échange : échange ou alternance de blocs de données (a-b-a'-b')

Questions relatives au contraste par échange : Quelles sont les différences
principales présentées ici et quel est le sens de chacune d'elles ?
En quoi cet échange renforce-t-il le contraste et éclaire-t-il les
différences principales ? Pourquoi l'auteur a-t-il mis en avant
ces différences ? Pourquoi a-t-il

ainsi soutenu ou renforcé ce contraste en recourant à cet échange ? Quelles en
sont les implications ?

•

Inclusio : répétition de(s) même(s) terme(s) ou expression(s) au début et à la fin d'une unité, afin d'obtenir un effet de crochets

Questions relatives à la comparaison par inclusio : Quelles sont les similitudes principales présentées ici et quel est le sens de chacune d'elles ? En quoi cette inclusio renforce-t-elle la comparaison et éclaire-t-elle les principaux points de similitude ? Pourquoi l'auteur a-t-il mis en avant ces similitudes ? Pourquoi a-t-il ainsi soutenu ou renforcé la comparaison par l'emploi de l'inclusio ? Quelles en sont les implications ?

.

Chiasme : répétition d'éléments en ordre inversé (a-b-{c}-b'-a')

Questions relatives au contraste par chiasme : Quelles sont les différences principales présentées ici et quel est le sens de chacune d'elles ? En quoi ce chiasme renforce-t-il ce contraste et éclaire-t-il les différences principales ? Pourquoi l'auteur a-t-il mis en avant ces différences ? Pourquoi a-t-il ainsi soutenu ou renforcé la comparaison par l'emploi du chiasme ? Quelles en sont les implications ?

.

Intercalation : insertion d'une unité littéraire au milieu d'une autre

Questions relatives à la comparaison par intercalation : Quelles sont les similitudes présentées ici et quel est le sens de chacune d'elles ? En quoi cette intercalation renforce-t-elle cette comparaison et éclaire-t-elle les principaux points de similitude ? Pourquoi l'auteur a-t-il mis en avant ces similitudes ? Pourquoi a-t-il ainsi soutenu ou renforcé la comparaison en employant cette intercalation ? Quelles en sont les implications ?

.

Le lecteur notera que les exemples de questions ci-dessus sont posées dans l'ordre suivant : définies/explicatives, rationnelles et d'implication. Cet ordre est important, car la/les question(s) rationnelle(s) se fondent sur la/les question(s) définie(s)/explicative(s), tandis que la question d'implication cherche les implications des réponses à/aux question(s) définie(s)/explicative(s) et rationnelle(s). Dans le cadre de notre examen de la phase d'interprétation, nous verrons qu'il faut généralement traiter la/les question(s) définie(s)/explicative(s) avant de pouvoir répondre d'une manière adéquate à la/aux question(s) rationnelle(s), de même qu'il faut toujours répondre aux questions définies/explicatives et rationnelles avant d'aborder les implications des réponses à ces questions.

Le lecteur notera aussi que ces questions sont générales, et même génériques. Il faut cependant toujours les adapter à la manière dont le rapport est employé dans un livre donné, au lieu de poser des questions générales ou machinales. Autrement dit, il faut s'efforcer de poser des questions spécifiques, pénétrantes et profondes, car ce genre de questions s'avéreront les plus utiles en phase d'interprétation.

En formulant les questions, décrivez spécifiquement le fonctionnement du rapport structurel dans le livre (plutôt que de simplement identifier un rapport présent), puis abordez immédiatement les questions exégétiques concernant cette description.

En notant les questions, préférez les termes qui soulignent l'importance du rapport, plutôt que de tout simplement le mentionner. Par exemple, pour les questions sur un contraste, interrogez-vous à propos des différences plutôt que du contraste lui-même. Ainsi, pour plus de précision que dans les exemples ci-dessus, on peut se demander quelles sont exactement les différences principales et quel est le sens spécifique et précis de chacune d'elles, plutôt que de se demander quel est le sens du contraste. Pour ce qui est des questions relatives à la particularisation, on peut se demander comment l'affirmation en 1.1 est énoncée ou développée à travers 1.2 — 3.21, plutôt que de savoir quel est le sens de cette particularisation.

Souvenez-vous aussi que la valeur des questions d'interprétation dépend de la manière dont elles accomplissent leur fonction de diriger le processus exégétique. Par conséquent, servez-vous de votre imagination afin de discerner quelles sortes de questions seront les plus utiles afin de saisir l'importance exégétique du rapport structurel. Autrement dit, il faut s'imaginer en phase d'interprétation et se demander quelles questions on peut poser concernant le rapport structurel, afin d'aplanir ce rapport pour toute sa valeur exégétique.

Il faut mentionner cependant que, si l'étudiant doit adapter spécifiquement les questions définies/explicatives et les questions rationnelles au fonctionnement du rapport dans un livre donné, il n'en est pas de même pour les questions d'implication, qui doivent rester générales et toujours être posées de la même manière : quelles sont les implications ? Si on posait la question d'implication d'une manière plus spécifique, il faudrait commencer à répondre à la question déjà en la posant, car on présumerait que les réponses aux questions définies/explicatives et rationnelles ont des implications sur un domaine ou sujet spécifique. Il ne faut cependant pas présumer du genre d'implications susceptibles d'émerger des réponses aux questions définies/explicatives et rationnelles[42].

Au stade d'observation, qui inclut l'aperçu de livre, nous ne faisons que poser les questions, sans encore chercher à y répondre. Ainsi que nous l'avons mentionné précédemment, les réponses aux questions appartiennent à la phase d'interprétation de l'étude et servent de fondement à l'interprétation. La partie 3 (sur l'interprétation) inclura une discussion sur le processus de réponse à ces divers types de questions.

Ces trois types de questions (définies/explicatives, rationnelles et d'implication), du fait qu'elles abordent l'interprétation du livre ou du passage, sont étroi-

---

42 Le fait que l'articulation avec la question d'implication est toujours la même pose la question de l'utilité du fait de la poser régulièrement. Il faut cependant toujours la poser, car elle rappellera à l'exégète que le sens des passages implique ce qui est implicite aussi bien que ce qui est explicite et que la clé de l'interprétation se trouve parfois dans la recherche intentionnelle d'une réponse à la question d'implication.

tement liées, avec parfois des chevauchements. Par exemple, en répondant à une question définie/explicative, on constate souvent qu'on passe à la réponse à la question rationnelle. Ces distinctions sont cependant utiles afin d'identifier les cibles principales de l'interprétation[43]. À cette jointure, nous ferions bien de développer brièvement le caractère et la fonction de chacun de ces types de questions.

La question *définie/explicative* est la plus basique. Elle s'intéresse au sens ou à la signification du passage. Autrement dit, elle cherche à déterminer le contenu communicatif de base transmis par l'auteur implicite au lecteur implicite. La réponse à une question définie/explicative concernant le rapport structurel de contraste dans un passage donné impliquerait d'identifier les dimensions ou aspects spécifiques des différences établies dans le passage, en analysant la manière dont ces différences sont développées et en s'assurant quel est le message essentiel ainsi transmis par l'auteur implicite au lecteur implicite.

La *question rationnelle* peut prendre deux formes. La première concerne la logique du texte. Cette forme demande pourquoi, selon la logique du texte, certains éléments rapportés dans le texte ont eu lieu ou été mentionnés, ou encore pourquoi ils sont vrais. Par exemple, en observant le contraste entre Jésus et les autorités religieuses dans l'Évangile de Marc, on peut se demander pourquoi, selon la logique du récit de l'Évangile de Marc, ces différences entre Jésus et les responsables religieux existaient et pourquoi elles se sont développées et manifestées ainsi[44]. Ou encore, en notant dans le livre d'Amos la causalité répétée entre le péché d'Israël (cause) et le jugement de Dieu (effet), on peut se demander pourquoi, d'après la logique du livre, Dieu a réagi au péché d'Israël par un tel jugement.

L'autre forme de question rationnelle peut concerner le dessein de l'auteur. Autrement dit, on peut se demander pourquoi l'auteur a voulu inclure cette fonction ou pourquoi il a choisi d'employer un certain dispositif structurel (par ex. le contraste) afin de communiquer son message. À travers ces questions, nous ne cherchons pas à reconstruire, d'une manière caractéristique de l'interprétation pendant la période romantique (comme dans Schleiermacher), la psychologie de l'auteur en chair et en os, ni à imiter des efforts plus récents visant à identifier les motivations profondes et largement cachées de l'auteur en chair et en os[45], mais

---

43 On peut ajouter à ces trois catégories de questions la question d'observation. Une question d'observation est une question qui se pose concernant la légitimité d'une observation. Par exemple, après avoir observé la présence possible (mais discutable) de la particularisation dans un livre, on peut se demander s'il y a vraiment particularisation. Une telle question est toujours implicite, car les étapes d'étude ultérieures (notamment l'interprétation) viendront confirmer ou corriger les observations effectuées.

44 Puisque l'interprétation se concentre toujours sur le texte, la question ne doit pas être orientée vers le conflit entre le Jésus historique et les autorités religieuses historiques réelles à l'époque de son ministère terrestre, mais plutôt vers les raisons de ces différences (conflits) établies dans l'Évangile de Marc. Ainsi que nous le voyons ci-dessous, examiner les questions liées à la vie du Jésus historique est une quête légitime, bien que quelque peu spéculative. Il ne faut cependant pas confondre l'interprétation du texte et celle des événements historiques ; en effet, le texte implique la création de son propre monde, nécessairement distinct du monde « réel » des événements historiques, quelle que soit la fiabilité et l'historicité d'un récit biblique. D'un autre côté, toute reconstruction historique des événements racontés doit commencer par l'interprétation du texte.

45 Pour un avertissement utile par rapport à la problématique de la reconstruction psychologique des motivations de l'auteur, voir Fowl, « Role of Authorial Intention » (Le rôle de l'intention de l'auteur », 74. Dans certains cas, cependant, il n'y a presque pas de distinction entre les motivations/intentions/desseins de l'auteur implicite et de l'auteur en chair et en os. C'est le cas notamment des épîtres pauliniennes, dont le texte connecte explicitement l'auteur implicite au Paul historique (voir, par ex., Rom. 1).

nous adressons plutôt ces questions à l'auteur implicite, c'est-à-dire à l'auteur tel qu'il se présente lui-même et peut être inféré à partir du texte, en nous demandant quels effets de communication l'auteur implicite a voulu (ou eu l'intention de) produire et pourquoi c'était important pour lui d'accomplir ces effets et de les accomplir ainsi[46].

La question rationnelle se caractérise par le terme interrogatif *pourquoi*. Elle peut s'exprimer aussi autrement, mais *pourquoi* est le terme qui communique le mieux son sens intrinsèque. La question du *pourquoi* doit être posée, même si les raisons et motivations des affirmations bibliques ne sont pas explicites, car elles sont toujours présentes en cas de communication efficace. Si elles ne sont pas exprimées, elles sont peut-être implicites et on doit les chercher, car leur importance pour la compréhension du texte est capitale.

La *question de l'implication* est en fait une extension de la question rationnelle, dont la réponse commence à faire le pont entre l'interprétation et l'application. Il y a d'abord l'observation, qui répond à la question : « Qu'y a-t-il ici ? », puis la question définie/explicative : « Qu'est-ce que cela veut dire ? », suivie de celle du motif : « Pourquoi y a-t-il spécifiquement cela ici ? », et enfin, de celle de l'implication : « Quelles sont toutes les implications de cet élément spécifique, avec son sens spécifique, placé ici pour ces raisons spécifiques ? »

L'importance de la question de l'implication émane de la reconnaissance du fait que le sens des livres ou des passages transcende souvent ce qui est dit ouvertement ou expressément dans le livre ou passage. Autrement dit, l'auteur que nous rencontrons dans les textes fait souvent passer des messages d'une manière implicite. Ainsi, la nature de la communication requiert de se poser la question des implications.

Il y a deux types d'implications. Le premier type concerne les présuppositions : ce qu'il y a derrière ou en-dessous d'une affirmation. Ce processus de découverte implique d'explorer les croyances auxquelles un auteur devait adhérer préalablement afin de communiquer ainsi dans un livre ou passage. On peut illustrer ces présuppositions en notant ces implications de Genèse 1.1 : « Au commencement, Dieu créa le ciel et la terre. »[47]

- Dieu existe (notez qu'aucun argument en faveur de son existence n'est donnée : elle est seulement présumée).
- Dieu est distinct de la création.
- Dieu est libre.
- Dieu est préexistant à la création.
- Dieu est puissant.
- Dieu est intelligent.
- Dieu a un dessein.
- Dieu agit.

---

46 Voici un exemple particulièrement clair du rapport fermé entre questions définies/explicatives et rationnelles.

47 Même si Gen. 1.1 est manifestement une affirmation plutôt qu'un rapport structurel, ce passage peut illustrer efficacement ce qu'on entend par de telles implications.

Le deuxième type d'implication concerne les émanations naturelles : pour que l'auteur puisse communiquer ces vérités ou enseignements, il doit aussi croire dans les notions qui en découlent naturellement et logiquement. Ces implications sont des notions qui constituent les conclusions logiques nécessaires de l'enseignement ou de la vérité. Là encore, en prenant l'exemple de Genèse 1.1, cela inclut les éléments suivants :

- Il faut s'attendre à ce que Dieu se soucie du bien-être de sa création.

- Dieu a le pouvoir absolu sur sa création, y compris le droit de la juger ou de la détruire.

- Dieu a l'autorité d'imposer des exigences à sa création.

- Dieu a le pouvoir de soutenir sa création.

- Dieu a le pouvoir de contrôler la destinée de la création ou de l'univers qu'il a créé.

- Dieu a le pouvoir de réparer ou de racheter la création, si cela s'avère nécessaire.

Les étudiants doivent poser des questions exégétiques à propos de chaque rapport structurel principal de l'aperçu de livre, car ces questions contribuent de trois manières à la phase d'interprétation : d'abord, à la conclusion de l'interprétation de l'ensemble des passages du livre (ou, du moins, d'un nombre significatif de passages), les réponses à ces questions servent à synthétiser le message du livre ; ensuite, dans les livres plus courts, le lecteur peut passer immédiatement de l'aperçu à l'interprétation de l'ensemble du livre, en répondant aux questions de l'aperçu, auquel cas ces questions serviront de moyen d'interpréter le livre[48]. Par ailleurs, le simple fait de poser des questions spécifiques et pénétrantes suffit souvent à clarifier le rapport structurel et à mettre en lumière des dimensions importantes du rapport, qui passeraient inaperçues autrement, un principe que les théoriciens de l'éducation appellent la « méta-connaissance ».

Situer les passages-clés

Après avoir identifié les rapports structurels principaux d'un livre, il faut examiner chacun d'eux et chercher un ou deux courts passages qui les représentent le mieux. La réponse implique de choisir des versets-clés ou des domaines stratégiques qui représentent ces rapports structurels principaux, afin d'offrir un aperçu du livre, dans son ensemble. Chaque lecteur identifie, au moins implicitement, certains passages comme jouant un rôle-clé ou stratégique. Dans le cadre d'une approche inductive, les lecteurs doivent laisser la dynamique du texte elle-même déterminer, au moins en première instance, quels sont les passages particulièrement prééminents dans le livre.

Certains rapports structurels montrent directement vers des domaines stratégiques. Pour le récapitulatif, par exemple, le passage-résumé lui-même sera généralement le domaine stratégique qui représentera le mieux ce rapport ; pour

---

48 Il est tout à fait possible de poser ainsi les questions pour des livres assez courts (généralement moins de cinq chapitres), mais c'est plus difficile avec des livres plus longs.

l'apogée, il s'agira du passage culminant ; pour la crucialité, du passage-pivot ; et pour l'instrumentalisation en forme d'énoncé de dessein, il s'agira de l'énoncé de dessein. D'autres rapports structurels ne désignent cependant pas aussi clairement et directement un passage spécifique qui les représente le mieux. En pareil cas, le lecteur devra examiner plus attentivement quel passage représente le mieux le rapport. Par exemple, pour ce qui concerne la récurrence, le passage-clé doit être le seul qui la représente le mieux.

L'identification des domaines stratégiques sert à plusieurs choses. D'abord, cela permet de mieux comprendre le livre dans son ensemble, en repérant des éléments qui passeraient inaperçus autrement. Autrement dit, l'interprétation des passages-clés est particulièrement importante pour comprendre le message de l'ensemble du livre. Les lecteurs comprendront mieux le message du livre dans son ensemble à partir du sens des passages-clés et du rôle spécifique joué par ces passages dans le programme du livre.

Par ailleurs, les domaines stratégiques sont utiles pour le ministère en nous aidant à identifier les sections les plus importantes du livre. Il faudra au moins être conscient des passages les plus importants du livre, en vue éventuellement de leur accorder la priorité dans l'enseignement et la prédication. Une personne a d'ailleurs décrit son expérience de l'enseignement d'une série d'études bibliques dans une église locale, lorsqu'on lui a demandé de prendre la parole pendant une heure, plusieurs jeudis soirs d'affilée, sur chaque livre de la Bible. Dès la première semaine, il s'est retrouvé confronté au livre de la Genèse, avec ses cinquante chapitres. Il a choisi de développer le message de la Genèse en se concentrant sur un ou deux passages-clés, qui lui ont en quelque sorte servi de point d'entrée dans le message du livre dans son ensemble. Il a ensuite conservé cette pratique de se concentrer sur des versets-clés de chaque livre dans l'ensemble de sa série.

Enfin, l'identification des domaines stratégiques nous montre les éléments à mettre en avant dans notre étude, surtout si notre temps est limité. En se concentrant sur les passages-clés, on met l'accent sur les parties les plus importantes du livre, d'après sa structure elle-même.

Identifier les données de haute critique

En plus d'identifier les données générales et la structure, les étudiants voudront peut-être situer aussi les données de haute critique. Il s'agit de données contenues dans le livre lui-même, qui s'appuient sur des éléments de haute critique comme l'auteur, les destinataires, la date et le lieu de rédaction et l'occasion à laquelle le livre a été écrit, qui devront être identifiés. En lisant le livre, il faut garder à l'esprit des questions comme ce que le texte suggère concernant la personne de l'auteur ou quels indices le livre lui-même donne quant aux destinataires. Certains livres contiennent davantage de telles données que d'autres, mais ces questions doivent toujours être posées. L'identification de ces données se limite au livre lui-même. Au stade de l'aperçu de livre, le lecteur ne devra naturellement tirer que des conclusions provisoires concernant l'auteur, le public ou l'occasion.

À ce stade, il ne faudra généralement pas consulter d'autres livres bibliques ni de sources secondaires. En commençant si tôt à examiner d'autres livres bibliques, on risque d'accepter naïvement un certain nombre d'affirmations historiques et littéraires (dont certaines pourront s'avérer invalides). La consultation précoce de sources secondaires pourra influencer le lecteur, l'empêchant ainsi de voir des possibilités concernant les questions de haute critique qui se posent déjà ou, au contraire, le menant à accepter des conclusions qui posent problème par rapport aux données du texte lui-même.

En cherchant ces données dans le livre lui-même, les lecteurs seront préparés à lire des discussions savantes concernant ces questions historiques d'une manière informée et avec discernement, de manière à en tirer profit. Ils apprendront aussi beaucoup de choses sur l'arrière-plan historique, dont certaines ne sont pas forcément couvertes même dans les discussions savantes les plus importantes.

Noter les autres impressions principales

Les autres impressions principales sont une catégorie fourre-tout, qui implique toutes les observations importantes relatives au livre, dans son ensemble, qui n'entrent dans aucune des phases précédemment mentionnées. Il s'agit donc d'une catégorie très diverse. On peut, par exemple, vouloir identifier des éléments subtils d'un livre, comme le ton ou l'atmosphère. Chaque livre ou passage dégage un certain ton ou *ressenti*, le sentiment affectif ou émotionnel qu'on tire de sa lecture. On peut identifier le ton de Galates comme étant celui de la frustration, reconnaître la colère éprouvée par l'auteur par suite de blessures personnelles de l'auteur en 2 Corinthiens, saisir l'atmosphère de calme et de contentement en Philippiens, d'affirmation en 1 Timothée ou de résignation en 2 Timothée. Nous reviendrons sur le rôle du ton ou de l'atmosphère dans l'interprétation à la partie 3 (ci-dessous). Par ailleurs, on peut se servir de la catégorie autres impressions principales afin d'identifier les spécificités littéraires ou théologiques du livre, en vue (à terme) d'en comprendre la nature et le sens. Ainsi, on peut observer que, dans l'Évangile de Marc, Jésus se décrit lui-même à plusieurs reprises comme le « Fils de l'Homme », alors que personne d'autre ne l'appelle ainsi. On peut aussi se servir de cette catégorie afin d'identifier la nature et la qualité du texte littéraire, par exemple le rythme accéléré de l'Évangile de Marc ou le style artistique et le vocabulaire expressif propre à celui de Luc.

Mise en œuvre de l'aperçu de livre (2 Timothée)

Ainsi que nous l'avons mentionné précédemment, 2 Timothée 3.16–17 nous servira continuellement d'exemple du processus méthodologique. Voici un exemple d'aperçu de livre pour 2 Timothée.

Données générales : idéologiques

Unités principales et sous-unités

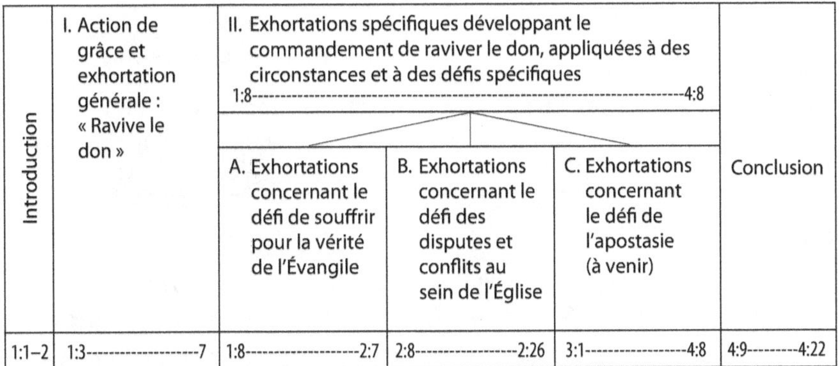

Introduction	I. Action de grâce et exhortation générale : « Ravive le don »	II. Exhortations spécifiques développant le commandement de raviver le don, appliquées à des circonstances et à des défis spécifiques 1:8--4:8			Conclusion
		A. Exhortations concernant le défi de souffrir pour la vérité de l'Évangile	B. Exhortations concernant le défi des disputes et conflits au sein de l'Église	C. Exhortations concernant le défi de l'apostasie (à venir)	
1:1–2	1:3-------------------7	1:8-----------------2:7	2:8----------------2:26	3:1------------------4:8	4:9--------4:22

Principaux rapports structurels et questions exégétiques

A. Préparation et accomplissement

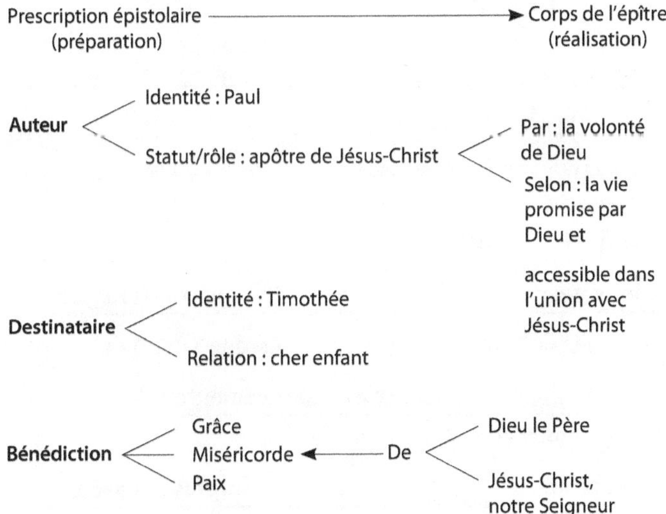

Questions

1. Quels sont les éléments principaux de cette description de Paul et de Timothée, ainsi que de la bénédiction, et quel est le sens de chacun d'eux ? Chacun d'eux éclaire-t-il le corps de l'épître qui suit, à la fois dans son ensemble et les passages individuels ? Comment le corps de l'épître éclaire-t-il les éléments principaux de 1.1–2 ?

2. Pourquoi Paul, l'auteur implicite, a-t-il introduit le livre précisément de cette manière ?

3. Quelles en sont les implications ?

B. PARTICULARISATION

Exhortation générale	Exhortations spécifiques
« ravive le don que Dieu t'a fait dans sa grâce lorsque je t'ai imposé les mains. » (1.6)	Paul développe le commandement de raviver le don, qui s'applique aux circonstances spécifiques (1.8 — 4.8)

Questions

1. Quel est le sens de l'exhortation générale en 1.6 et comment est-elle précisément développée en 1.8–4 :8, à travers les diverses exhortations dans le reste du livre ? Comment ces exhortations spécifiques qui répondent à des circonstances et à des défis spécifiques éclairent-elles 1.6 et comment 1.6 éclaire-t-il les exhortations spécifiques qu'on trouve dans tout le reste du livre ?

2. Pourquoi Paul a-t-il cadré ainsi la préoccupation exhortative générale du livre en 1.6 et pourquoi a-t-il développé ainsi cette préoccupation générale dans tout le reste du livre ?

3. Quelles en sont les implications ?

C. RÉCURRENCE DE LA CAUSALITÉ ET DE LA SUBSTANTIATION (MODÈLE EXHORTATIF) PAR CONTRASTE

Les exhortations répétées sont précédées et suivies par les raisons (causes) pour lesquelles il faut y obéir. Il y a un double contraste.

1. En termes d'*exhortations* :

Exhortations positives	vs	Exhortations négatives
Ce que Timothée doit faire		Ce que Timothée ne doit pas faire
	(contraste complémentaire)	

2. En termes de *raisons/causes* :

Exemples positifs	vs	Exemples négatifs

Paul (1.3, 8, 11–14 ; 2.1, 8–10, 11–13 ; 3.10–13 ; 4.6–8, 16–18)	Phygèle et Hermogène (1.15)
Onésiphore (1.16–18)	Hyménée et Philète (2.17)
Loïs et Eunice (1.5)	Jannès et Jambrès (3.8)
Luc (4.11)	Démas (4.10)
	Crescens et Tite (4.10)
	Alexandre (4.14–15)

(contraste complémentaire)

Questions

3. Quel est le sens de chacune des exhortations de ce livre et comment sont-elles liées et s'éclairent-elles les unes les autres ? Y a-t-il un développement au niveau des exhortations, tout au long du livre ? Si oui, quel est le sens de ce développement et comment éclaire-t-il la vision de la vie et du ministère chrétiens établis ici ? En quoi la complémentarité entre les exhortations positives et négatives éclaire-t-elle les instructions de Paul dans ce livre ? Quels sont les éléments principaux de l'appui de Paul à l'exhortation, tout au long du livre, et en quoi l'analyse de ces éléments éclaire-t-elle la vision de la vie et du ministère chrétiens ? Comment l'emploi, par Paul, de modèles positifs et négatifs éclaire-t-il et contribue-t-il aux fondements de vie et de ministère chrétiens présentés ici ?

4. Pourquoi Paul a-t-il inclus chacune de ces exhortations et pourquoi les a-t-il ainsi mises en lien entre elles ? Pourquoi alterne-t-il ainsi entre exhortations positives et négatives, en mode complémentaire ? Pourquoi appuie-t-il ainsi ces exhortations, notamment en employant des modèles personnels à la fois positifs et négatifs ?

5. Quelles en sont les implications ?

D. APOGÉE

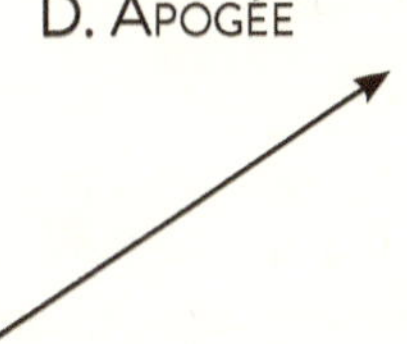

Témoignage final rendu à la fidélité de Paul tout au long de sa vie chrétienne ; confession de sa confiance en sa récompense face à sa mort imminente et jugement eschatologique (4.6–8)

Références autobiographiques répétées à la patience persévérante de Paul face à la souffrance pour la vérité de l'Évangile (1.3–7 ; notamment 1.8–2.13 ; 3.1–14)

Questions

1. Comment, spécifiquement et précisément, le témoignage final de Paul en 4.6–8 constitue-t-il l'apogée de ses références autobiographiques répétées

à travers le livre ? En quoi cette progression culminante vers le témoignage final de Paul en 1.4–6 éclaire-t-il ces références précédentes et montre-t-il le sens du message du livre, dans son ensemble ? En quoi ce mouvement vers le point culminant éclaire-t-il 4.6–8 ?

2. Pourquoi l'auteur a-t-il ainsi développé ces références autobiographiques jusqu'à ce point culminant ? Pourquoi a-t-il ainsi conclu le corps du livre sur ce témoignage final culminant ?

3. Quelles en sont les implications ?

Versets-clés/domaines stratégiques

1.1–2 — Représente la préparation et la réalisation

1.3–7 — Représente la particularisation

1.8–18 ; 4.6–8 — Représente la récurrence de causalité et de substantiation (modèle exhortatif), avec contraste, ainsi que l'apogée

Données de haute critique

A. L'auteur

1. S'identifie lui-même comme Paul, un apôtre (1.1), prédicateur et enseignant (1.11)

2. Souffre en prison à Rome pour la cause de Christ, notamment à cause de sa prédication de l'Évangile (1.8, 12, 16, 17 ; 2.3, 9) ; il est apparemment arrivé à Rome en passant par Corinthe et Milet (4.20), et peut-être aussi par Éphèse (1.18)

3. S'est retrouvé privé de beaucoup d'amis et d'anciens partisans, notamment Phygèle et Hermogène (1.15), Démas, Crescens, Tite (4.10), Alexandre le forgeron (4.14–15), ainsi qu'Éraste et Trophime 4.20), mais il est soutenu Onésiphore (1 :16) et Luc (4.11)

4. Croit qu'il est sur le point d'être exécuté (4.6)

5. Parle de sa « première défense » devant les non-Juifs à un moment donné dans le passé, à l'occasion de laquelle il a été « délivré de la gueule du lion », ce qui suggère qu'il est à présent engagé dans sa deuxième défense ou l'a déjà présentée (4.16–17)

B. Le destinataire

1. Identifié à Timothée, le « cher enfant » de Paul (1.2)

2. Une connaissance intime de longue date de Paul (1.3, 15, 18) ; a reçu un don divin (peut-être en vue du ministère) lorsque Paul lui a imposé les mains (1.6) et a été instruit par celui-ci avec soin (1.13 ; 2.1) ; était avec Paul à Antioche, Iconium et Lystres (3.11), et peut-être aussi à Éphèse (1.18)

3. A connu le deuil dans le passé ou est en deuil actuellement (1.4) ; est appelé à supporter la honte et la souffrance pour la cause de l'Évangile (1.8 ; 2.3)

4. A reçu un héritage de piété et d'instruction dans « les Saintes Écritures » dès son enfance (3.15), de sa grand-mère Loïs et de sa mère Eunice (1.5)

5. Est jeune (2.22)

6. Est engagé dans un ministère pastoral, qui se caractérise par le rappel (2.8, 14), l'instruction (2.1-2, 4.2) et l'évangélisation (4.5)

7. Se trouve à proximité de Marc (4.11), de Prisca et Aquilas et de la famille d'Onésiphore (4.19) ; Paul assume qu'il viendra le voir en passant par Troas (4.13)

8. Est connu de beaucoup de personnes à Rome, notamment Eubulus, Pudens, Linus et Claudia (4.21)

C. L'occasion (et le dessein)

1. Paul, qui était incapable de rendre visite à Timothée, lui écrit pour l'exhorter à venir lui rendre visite bientôt, avant l'hiver (4.21 ; cf. 1.3-7).

2. Timothée est éprouvé (1.8 ; 2.1-7) et Paul lui écrit donc afin de l'encourager. Il est possible aussi que Timothée soit confronté à des problèmes dans son/ses assemblée(s), notamment de vaines disputes (2.16, 23) et de faux enseignements en lien avec un comportement immoral (3.1-9, 4.3-4), notamment l'enseignement promu par Hyménée et Philète, selon lequel la résurrection a déjà eu lieu (2.18).

Autres impressions principales

Le ton du livre se caractérise surtout par la résignation : Paul sait qu'il est sur le point d'être exécuté, mais pourtant, tout au long du livre, il garde une attitude de résignation paisible, qui émane de sa confiance dans le Seigneur, qui le jugera selon sa fidélité (4.6-8, 18).

Exercice : aperçu de livre

1. Lisez le livre de Jonas autant de fois que possible en une seule fois, puis préparez un aperçu de ce livre en suivant les suggestions présentées aux chapitres 1 à 7 ci-dessus.

   a. Identifiez les données générales du livre.

   b. Situez les unités principales et sous-unités du livre, puis identifiez les rapports structurels principaux à l'œuvre dans la majorité du livre.

c. Posez quelques questions exégétiques fondées sur chaque rapport structurel principal que vous aurez observé.

d. Identifiez les versets-clés ou domaines stratégiques qui offrent un aperçu du livre dans son ensemble.

e. Notez les autres impressions principales relatives au livre dans son ensemble.

2. Suivez le même processus que pour l'Évangile de Marc.

12

Aperçus de parties d'un livre (divisions, sections, segments)

Nous avons mentionné à la fin du chapitre 10 qu'il existait trois niveaux d'observation : le livre dans son ensemble, les parties des livres et l'observation concentrée. Nous allons à présent parler du deuxième niveau, les aperçus de parties d'un livre. Ce processus implique l'aperçu d'unités plus ou moins larges d'un livre : les divisions, sections et segments. D'une manière générale, on peut dire que les unités principales du livre sont les divisions, que les unités principales au sein des divisions sont les sections et que les sections sont elles-mêmes divisées en segments. Ainsi, du plus vaste au plus détaillé, on passe du livre à la division, puis à la section, puis au segment[1].

Il faut cependant ajouter un mot de clarification concernant les segments. Dans cet ouvrage, le segment se définit par sa longueur. Il s'agit d'une unité ayant environ la longueur moyenne d'un chapitre (bien qu'elle ne coïncide pas forcément avec un chapitre), ayant un thème commun ou une structure commune. En gardant à l'esprit cette définition d'un segment selon la longueur du passage, une division principale d'un livre peut être également un segment. Ainsi, dans l'Évangile de Jean, la première division principale du livre est peut-être le prologue (1.1–18), mais, étant donné qu'il correspond à la définition d'« une unité ayant environ la longueur moyenne d'un chapitre, avec un thème commun ou une structure commune », il s'agit aussi d'un segment.

---

1 Si les sections sont assez longues, on peut ajouter la catégorie supplémentaire des sous-sections entre les sections et les segments.

Par souci de simplicité pour la présente discussion, il sera question ici de l'aperçu de segments, même si l'essentiel de ce qui est dit concernant l'aperçu de segments s'applique aussi aux aperçus de divisions ou de sections.

Phases de l'aperçu de parties, dans leur ensemble

L'aperçu de segments comporte quatre phases, qui correspondent généralement à celles de l'aperçu de livre.

Décrire la structure du segment

Comme pour l'aperçu de livre, ce processus fait intervenir deux composantes : l'identification des unités principales et des sous-unités, ainsi que des rapports structurels principaux à l'œuvre à travers le segment. Les unités principales et sous-unités doivent être aussi vastes que les données le permettent et fondées sur 1) les changements d'emphase à l'intérieur du segment et 2) les implications des rapports structurels principaux identifiés. Il ne faut identifier que les rapports structurels principaux, qui contrôlent l'essentiel (plus de la moitié) du segment. Le fait que les parties (par ex. les segments) sont généralement plus courtes que les livres entiers n'implique pas forcément qu'ils contiendront moins de rapports structurels principaux. Parfois, des segments relativement courts contiennent plus de rapports structurels principaux que même les longs livres.

Poser des questions exégétiques

Immédiatement après avoir identifié et décrit un rapport structurel principal, il faut passer aux questions, dans l'ordre suivant : d'abord celles visant à définir et à expliquer, ensuite celles visant à fournir une vision rationnelle du passage, et enfin celles visant à retirer de l'étude ce qu'implique le passage ; ces questions, à l'exception des questions relatives à ce que le passage implique d'implication, doivent être adaptées à la manière dont le rapport structurel fonctionne à l'intérieur du segment. Les questions posées dans l'aperçu de segment ont les mêmes caractéristiques que celles décrites dans l'aperçu de livre (voir chap. 11).

Situer des passages-clés/domaines stratégiques dans le segment

Comme pour l'aperçu de livre, il faut examiner chaque rapport structurel principal identifié, afin de déterminer le ou les deux brefs passages qui représentent le mieux ce rapport. Ces passages doivent être les plus brefs possibles, afin de vraiment fonctionner comme des passages stratégiques. L'objectif de l'identification des passages-clés ou des domaines stratégiques dans l'aperçu de segment est parallèle à ceux des aperçus de livre.

Identifier la/les forme(s) littéraire(s) employée(s)

À ce stade, il y a une différence entre l'aperçu de livre et l'aperçu de segment. Ainsi que nous l'avons vu, pour l'aperçu de livre, nous identifions les données de haute critique du livre, dans son ensemble. Parce que ce processus a déjà été réalisé dans l'aperçu de livre, il est inutile de le répéter pour l'aperçu des unités individuelles contenues dans le livre. L'identification des formes ou des genres littéraires employés dans le segment est cependant utile. Une discussion plus complète du rôle des formes littéraires suivra dans la présentation de l'interprétation. À ce stade, on note l'existence d'un certain nombre de niveaux de formes littéraires, des catégories générales les plus vastes aux catégories spécifiques les plus étroites, car chacune des formes littéraires les plus courantes peut être subdivisée en formes plus spécifiques, qui peuvent être à leur tour divisées en formes encore plus spécifiques[2].

À ce stade, les lecteurs ne doivent identifier que les formes littéraires les plus générales, car passer aux plus spécifiques implique souvent un jugement exégétique, avec un certain travail d'interprétation du passage lui-même[3]. Le processus d'identification de formes plus spécifiques aurait aussi tendance à être quelque peu spéculatif, car il n'y a pas accord entre les spécialistes sur l'existence de certaines de ces formes ni sur leur reconnaissance ou leur emploi dans les cultures et les sous-cultures représentées par les auteurs bibliques.

Les formes littéraires abordées ci-dessous sont quelques-uns des genres les plus courants et les plus faciles à identifier dans la littérature biblique[4].

PROSE NARRATIVE

La prose narrative est la forme littéraire du récit ou du reportage historique. On peut citer, par exemple, Matthieu 3.1–17 et Genèse 31.1–55. Avec la prose narrative, l'affirmation de base est que le langage est littéral plutôt que figuré. Il y a parfois des cas de langage figuré dans la prose narrative, mais dans ces cas, soit le caractère figuré du langage sera manifesté d'une manière évidente par le sens du texte, soit des indices littéraires montreront que, dans ce cas précis, il s'agit de langage figuré. En l'absence de telles indications, le lecteur pourra généralement postuler qu'il s'agit de langage littéral sans trop risquer de se tromper.

Les lecteurs de prose narrative peuvent aussi présumer d'une séquence chronologique des événements, par exemple que ce qui est décrit au verset 13 a lieu après ce qui a été décrit au verset 12. Il y a deux exceptions à ce principe. La première est celle des *flashbacks* (*analepsis*), qui implique une interruption de la séquence

---

2 Ce phénomène se manifeste même dans la courte liste de formes littéraires « générales » qui vient immédiatement après, car les paraboles et les textes apocalyptiques peuvent être considérés comme des formes plus spécifiques de prose narrative.

3 Cela se résume en grande partie par la critique des formes, une approche critique abordée dans « Histoire de la tradition », au chap. 14.

4 Les formes littéraires décrites ici sont également moyennes : elles appartiennent surtout à des unités de la longueur d'un segment ou d'une section. Certaines formes littéraires plus spécifiques concernent le niveau du genre du livre (par ex. biographie antique) ou du paragraphe (par ex. *chreia*, ou « récit de prononcement »).

chronologique, afin de décrire un événement survenu avant le moment où il figure dans le récit. On trouve un exemple de flashback en 1 Samuel 9.14–18 :

> Ils [Samuel et son serviteur] montèrent donc à la ville. Au moment où ils y pénétrèrent par la porte, Samuel sortait dans leur direction pour monter au haut lieu.
>
> Or, la veille, l'Éternel avait fait cette révélation à Samuel : « Demain, à cette même heure, lui avait-il dit, je t'enverrai un homme du territoire de Benjamin, tu lui conféreras l'onction pour l'établir chef de mon peuple Israël, et il le délivrera des Philistins, car j'ai vu la misère de mon peuple, et j'ai entendu sa plainte. »
>
> Dès que Samuel aperçut Saül, l'Éternel l'avertit : Voici l'homme dont je t'ai dit qu'il gouvernerait mon peuple. Saül aborda Samuel au milieu de la porte et lui demanda : Peux-tu m'indiquer où est la maison de l'homme qui reçoit des révélations ?

Notez que l'auteur interrompt son récit du jour de l'arrivée de Saül, par une référence à la révélation que Samuel avait reçue du Seigneur la veille.

La deuxième exception à la séquence chronologique est la *préfiguration* (*prolepsis*), qui implique une interruption, afin de décrire un événement qui surviendra par la suite, après le moment où il figure dans le récit. On trouve un exemple de préfiguration en Jean 2.18–23 :

> Là-dessus, les gens lui dirent : Quel signe miraculeux peux-tu nous montrer pour prouver que tu as le droit d'agir ainsi [en chassant les changeurs d'argent du temple]? Démolissez ce temple, leur répondit Jésus, et en trois jours, je le relèverai. – Comment? répondirent-ils. Il a fallu quarante-six ans pour reconstruire le Temple, et toi, tu serais capable de le relever en trois jours ! Mais en parlant du « temple », Jésus faisait allusion à son propre corps. Plus tard, lorsque Jésus fut ressuscité, ses disciples se souvinrent qu'il avait dit cela, et ils crurent à l'Écriture et à la parole que Jésus avait dite.
>
> Pendant que Jésus séjournait à Jérusalem pour la fête de la Pâque, beaucoup de gens crurent en lui en voyant les signes miraculeux qu'il accomplissait.

Un auteur qui emploie une préfiguration ou un flashback en prose narrative invite généralement le lecteur à faire une pause, afin d'examiner le rapport entre l'événement présenté en dehors de la séquence chronologique et le récit qui l'entoure et d'examiner pourquoi l'auteur a interrompu la séquence chronologique pour raconter cet événement ici[5].

La prose narrative met généralement l'accent sur le rapport entre les événements, c'est-à-dire la trame, et les personnages (leur description, leur dévelop-

---

5 Pour une discussion plus approfondie et plus technique des flashbacks et des préfigurations, voir Seymour Chatman, *Story and Discourse: Narrative Structure in Fiction and Film* (L'histoire et le discours : la structure narrative dans la fiction et dans les films) (Ithaca, New York : Cornell University Press, 1978), 62–79 ; Gerard Genette, « Time and Narrative » (Temps et récit), dans *Aspects of Narrative* (Aspects du récit), éd. J. Hillis Miller (New York : Columbia University Press, 1970), 93–118; idem, *Narrative Discourse: An Essay in Method* (Le discours narratif : un essai de méthode) (Ithaca, New York : Cornell University Press, 1980), 32–76.

pement et les rapports entre eux). L'étude de ces sujets peut revêtir une grande importance exégétique. La discipline critique développée autour de la prose narrative est la *critique narrative*. Les lecteurs intéressés pour étudier la critique narrative doivent consulter notamment l'œuvre de Robert Alter pour la critique narrative de l'Ancien Testament et celle de Mark Allan Powell et de James L. Resseguie pour la critique narrative du Nouveau Testament[6].

POÉSIE

La poésie est une forme littéraire qui se caractérise par l'emploi de figures linguistiques émotives et associatives, de métrique et de parallélismes entre les lignes et les strophes. La littérature poétique peut contenir un langage littéral, mais, par défaut, on présume qu'elle emploie un langage figuré, sauf si le sens d'un passage exige une construction littérale ou en cas d'indices littéraires indiquant que le langage doit être compris littéralement. Le langage figuré a aussi tendance à être fortement affectif et à s'adresser aux émotions, plutôt qu'aux seules capacités rationnelles et cognitives. Par ailleurs, le langage poétique figuré est généralement associatif, en ce qu'il cherche à évoquer tout un ensemble d'idées ou de pensées.

Par conséquent, le langage poétique est le plus souvent relativement indéterminé et permet une gamme assez vaste (bien que toujours limitée) de constructions possibles.

La forme littéraire poétique n'implique pas forcément de séquence chronologique des données, comme pour la prose narrative, mais démontre plutôt un souci envers l'effet total du passage sur l'esprit et les émotions du lecteur. Certains passages poétiques suivent un développement chronologique, mais les lecteurs ne doivent pas présupposer l'existence d'une séquence chronologique en l'absence d'indications littéraires dans ce sens.

La poésie implique un rythme ou une métrique, avec une certaine cadence. En cherchant à identifier les points mis en avant par le passage ou en étudiant les rapports entre certains détails spécifiques, il peut être utile de tenir compte du rythme ou des mesures. Cependant, bien que les spécialistes soient conscients de l'existence de métrique dans la littérature poétique, ils ne comprennent pas encore pleinement la nature et la fonction de la métrique poétique biblique ; ainsi, la reconnaissance de la métrique ne revêt à présent qu'une utilité exégétique minimale.

La poésie biblique se caractérise aussi par la présence de *parallélismes*, sous trois formes primaires (mais non-exclusives) : le *parallélisme synonyme* (a → a′), dans lequel la deuxième ligne ou strophe répète essentiellement la même chose que la première, en usant d'autres mots ou au moyen d'une phraséologie différente ; le *parallélisme antithétique*, dans lequel la deuxième ligne ou strophe est en contraste avec la première (a mais b) ; et enfin, le *parallélisme synthétique*, dans lequel la deu-

---

6 Alter, *Art of Biblical Narrative* (L'art du récit biblique) ; James L. Resseguie, *Narrative Criticism of the New Testament: An Introduction* (La critique narrative du Nouveau Testament : introduction) (Grand Rapids : Baker Academic, 2005) ; Powell, *What Is Narrative Criticism ?* (Qu'est-ce que la critique narrative ?)

xième ligne ou strophe dit la même chose (ou presque) que la première, en ajoutant d'autres éléments (a a′ + b).

Les lecteurs qui souhaitent identifier des passages poétiques dans la Bible doivent observer le format employé dans les traductions françaises modernes, qui indiquent les passages poétiques par des indentations constantes (voir les traductions modernes des Psaumes). Pour un certain nombre de passages bibliques, les spécialistes sont en désaccord sur la question de savoir s'ils se présentent ou non sous une forme poétique. Parfois, la décision doit attendre la phase d'interprétation, tandis que pour certains passages, il est au final impossible de le déterminer avec certitude et il faut donc suspendre son jugement. La grande majorité des exemples bibliques de forme littéraire poétique se trouvent dans l'Ancien Testament, mais il y en a aussi quelques-uns dans le Nouveau Testament, notamment lorsqu'un auteur du Nouveau Testament cite un passage de l'Ancien Testament ou un hymne de l'Église primitive.

Les lecteurs qui souhaitent découvrir plus spécifiquement la nature et l'importance exégétique de la poésie doivent consulter notamment les œuvres de Robert Alter, David Petersen et Kent Harold Richards[7].

Paraboles

Une parabole est un récit fictif, généralement inspiré de la vie de tous les jours, qui communique des vérités spirituelles. Par conséquent, la forme parabolique emploie le principe d'analogie. Cet accent mis sur l'analogie est suggéré par la dérivation du terme *parabole*, qui associe les termes grecs *para* et *ballô* et signifie littéralement « ce qui est jeté à côté ». Cette expression indique qu'une parabole est un récit jeté à côté de la vérité spirituelle à laquelle elle fait référence par analogie. C'est pourquoi, une parabole est constituée de deux éléments : la vérité spirituelle communiquée et le récit placé à côté de celle-ci, afin de la communiquer.

Il faut cependant garder à l'esprit l'adage qui dit qu'« une analogie ne marche jamais à tous les coups », c'est-à-dire qu'il y a toujours des points de continuité et de discontinuité entre ses composantes, dans le cas présent entre l'histoire racontée dans la parabole et la vérité spirituelle qu'elle illustre. En arrivant au stade de l'interprétation, les lecteurs doivent se demander quel est exactement le rapport entre le récit de la parabole et la vérité spirituelle. En fait, l'histoire de l'interprétation des paraboles se résume aux efforts visant à comprendre avec précision le rapport entre l'histoire et la vérité spirituelle qu'elle cherche à enseigner. La présente discussion est trop limitée pour offrir un aperçu de l'histoire de l'interprétation des paraboles et pour décrire les considérations principales à garder à l'esprit lorsqu'on interprète des passages de ce genre. Les étudiants qui souhaitent approfondir la question doivent consulter les nombreux livres consacrés aux paraboles[8]. Lorsqu'on pense aux paraboles bibliques, celles de Jésus, par exemple en

---

7 Robert Alter, *The Art of Biblical Poetry* (L'art de la poésie biblique) (New York : Basic Books, 1985) ; David L. Petersen et Kent Harold Richards, *Interpreting Biblical Poetry* (Interpréter la poésie biblique), GBS (Minneapolis : Fortress, 1992).

8 Pour une liste de livres consacrés aux paraboles, avec des annotations, voir Bauer, *Annotated Guide to Biblical Resources* (Guide annoté des ressources bibliques), 227-31. Pour une description claire et utile de l'histoire de l'interprétation des paraboles, voir Craig L. Blomberg, *Interpreting the Parables* (Interpréter les paraboles) (Downers Grove, Illinois :

Matthieu 13, Marc 4 ou Luc 15, nous viennent immédiatement à l'esprit. L'Ancien Testament contient cependant aussi des paraboles, comme celle racontée par Nathan à David en 2 Samuel 12.

Textes apocalyptiques

On trouve de la littérature apocalyptique dans plusieurs parties de la Bible, mais cette forme littéraire est largement ignorée actuellement. Le mouvement apocalyptique était en fait un mouvement socio-religieux au sein du judaïsme et du christianisme primitif, de 200 av. J.-C. à 200 ap. J.-C. environ. C'était un mouvement largement composé de personnes marginalisées, qui se sentaient aliénées à la fois sur le plan social et religieux. De leur point de vue, l'œuvre souveraine de Dieu dans le monde n'était pas évidente, et ils n'étaient pas certains non plus, au vu de l'absence de preuves empiriques, que les desseins de Dieu pour son peuple s'accompliraient jamais dans le monde présent ; mais ils avaient confiance que Dieu était bel et bien à l'œuvre, quoique de manière cachée, et qu'il accomplirait ses desseins à travers un grand cataclysme eschatologique à venir. La littérature apocalyptique reflète cette conviction et cherche à dévoiler l'intervention future de Dieu, qui demeure cachée à présent[9].

La littérature apocalyptique se caractérise par l'emploi de langage figuré. Comme en poésie, l'assertion par défaut est que le langage est figuré, sauf si le sens évident du passage ou des indices littéraires montrent qu'un passage apocalyptique donné doit être compris littéralement. Contrairement au langage poétique figuré, le langage figuré de la littérature apocalyptique est généralement ésotérique (en tout cas pour beaucoup de lecteurs modernes), étrange et bizarre. Ce langage vise à saisir l'imagination et à mettre les lecteurs au défi de comprendre la réalité différemment des élites puissantes et oppressives qui les entourent ; il est aussi visuel et imagé, conçu pour révéler les choses cachées. D'ailleurs, on constate une certaine cohérence dans les symboles employés : les animaux et les chiffres ont tendance à se répéter dans divers ouvrages apocalyptiques et désignent fréquemment les mêmes réalités littérales.

La littérature apocalyptique, comme la poésie, ne respecte pas forcément la séquence chronologique, mais a plutôt tendance à passer de sujet en sujet : son mouvement linéaire s'aligne souvent sur les sujets traités. C'est pourquoi, on ne peut présumer, par exemple, que les événements décrits au chapitre 10 d'un texte apocalyptique suivent forcément ceux du chapitre 9 dans le temps[10].

InterVarsity, 1990), 13–167 ; John W. Sider, « Rediscovering the Parables of Jesus: The Logic of the Jeremias Tradition » (Redécouvrir les paraboles de Jésus : la logique de la tradition de Jeremias), *JBL* 102 (1983) : 61–83.

9 Le terme *apokalypsis* signifie « révélation ».

10 Un vaste corpus littéraire traitant du mouvement et de la littérature apocalyptique a émergé. Pour les contributions principales, voir Bauer, *Annotated Guide to Biblical Resources* (Guide annoté des ressources bibliques), 176–78. Les traitements les plus utiles sont notamment D. S. Russell, *The Method and Message of Jewish Apocalyptic, 200 BC–AD 100* (La méthode et le message des apocalypses juives, 200 av. J.-C.–100 ap. J.-C.), OTL (Philadelphie : Westminster, 1964) ; John J. Collins, *The Apocalyptic Imagination: An Introduction to Jewish Apocalyptic Literature* (L'imaginaire apocalyptique : introduction à la littérature apocalyptique juive), 2ᵉ éd., série Ressources bibliques (Grand Rapids : Eerdmans, 1998) ; Paul D. Hanson, *Old Testament Apocalyptic* (Le genre apocalyptique dans l'Ancien Testament), IBT (Nashville : Abingdon, 1987) ; Paul S. Minear, *New Testament Apocalyptic* (Le genre apocalyptique dans le Nouveau Testament), IBT (Nashville : Abingdon, 1981).

On trouve des textes apocalyptiques dans certaines parties de l'Ancien Testament, notamment dans le livre de Daniel. L'exemple le plus développé de texte apocalyptique biblique est cependant le livre de l'Apocalypse, notamment les chapitres 4 à 22.

TEXTES DISCURSIFS

L'argumentation logique, telle qu'on la trouve dans toutes les Épîtres du Nouveau Testament, est une forme littéraire discursive qu'on peut trouver aussi ailleurs dans la Bible, notamment dans le Sermon sur la Montagne (Matthieu 5-7), le Sermon dans la Plaine (Luc 6) et certains sermons de Jérémie (par ex. 18.1–12, 19.1–13, 23.23–40). Les textes légaux peuvent être considérés comme une forme plus spécifique du genre discursif (par ex. Deutéronome 28).

Avec la forme littéraire discursive, on présume que le langage sera littéral plutôt que figuré, mais ce n'est qu'une assertion générale ; au final, c'est le sens d'un passage individuel qui détermine s'il s'agit de langage littéral ou figuré. On s'attend cependant à ce que, dans un texte discursif, le langage soit littéral.

Une autre assertion est que les passages discursifs suivent une séquence logique plutôt que chronologique. Nous n'entendons pas que les lecteurs ne devront jamais envisager la possibilité d'une séquence temporelle, mais qu'on ne peut présumer, par exemple, que les événements décrits au verset 16 d'un chapitre doit être compris comme survenus avant ceux décrits au verset 14. Dans la forme littéraire discursive, l'accent est mis sur le flux de l'argumentation. Par ailleurs, contrairement à la forme littéraire poétique, les passages discursifs ont tendance à avoir une gamme de sens relativement déterminée. Autrement dit, si les passages poétiques contiennent souvent un langage conçu comme associatif, qui pousse le lecteur à examiner une diversité d'idées et d'images liées entre elles, les passages discursifs visent généralement la précision cognitive et invitent le lecteur à se demander ce que le passage semble communiquer de plus spécifique. Par ailleurs, avec la forme littéraire discursive, on présume que le plus important est le développement du flux de l'argumentation et que les connecteurs logiques, comme *c'est pourquoi*, *ainsi* et *parce que*, revêtent une importance particulière et qu'il faut y faire spécialement attention.

Enfin, la forme littéraire discursive suppose l'importance des concepts, de leur développement et du rapport entre eux. Ainsi, les passages avec la marque du genre discursif s'opposent à la prose narrative, qui, ainsi que nous l'avons vu, met l'accent sur le rapport entre les événements (la trame), le développement des personnages et le rapport entre eux.

Bien que la critique rhétorique traite de la force communicative et de la puissance de tout type de discours, quelle que soit sa forme littéraire, la discipline de la critique rhétorique se concentre particulièrement sur les dispositifs et techniques employés dans le genre discursif. Comme pour toutes ces disciplines critiques, un vaste corpus littéraire est en cours de développement. On peut mentionner notamment l'œuvre de George A. Kennedy comme représentative[11].

TEXTES DRAMATIQUES

Le drame et la prose dramatique font intervenir la personnification et la description vivace d'idées, pour leur effet poignant. Les textes dramatiques présentent des idées à travers une description dramatique de personnes ou d'événements, qui ne sont pas censés être pris littéralement, mais plutôt symboliquement. La prose dramatique est étroitement liée à l'expression poétique de la vérité. Au vu de ces considérations, il faut déterminer si un auteur s'exprime en termes d'histoire réelle ou s'il se sert de l'approche dramatique pour donner plus de poids à la vérité qu'il souhaite communiquer. Il faut comprendre, par exemple, qu'en Ésaïe 2.1–4, le prophète a peut-être recours au drame dans sa description du rôle et de la destinée future de Jérusalem et qu'il ne serait pas raisonnable de présumer que tout ce qu'il dit dans ce passage doit être considéré comme factuel. La fameuse vision d'Ézéchiel, des ossements secs (Ézéchiel 37), est un exemple de prose théâtrale.

Il faut faire attention à ne pas classer tout l'Ancien Testament, ou presque, dans la catégorie théâtrale. Il est important d'étudier les textes eux-mêmes, afin de vérifier ce qu'ils disent d'eux-mêmes quant à leur forme littéraire, tout en évitant de superposer une approche théâtrale des textes historiques. En même temps, l'observateur doit reconnaître que la méthode dramatique est une forme légitime de communication littéraire et que sa présence doit être prise en compte dans le processus d'interprétation.

Les lecteurs qui souhaitent étudier ces formes littéraires, ainsi que d'autres, doivent étudier les articles pertinents dans les dictionnaires bibliques standard. Ils peuvent consulter aussi des œuvres comme *Literary Forms in the New Testament: A Handbook* (Formes littéraires dans le Nouveau Testament : un manuel), de James L. Bailey et Lyle D. Vander Broek.[12]

Exemple d'aperçu de segment (2 Timothée 3.1 — 4.8)

Les aperçus d'observation sont de nature provisoire et peuvent être corrigés et complétés à mesure que l'étude progresse. De même, parfois, on peut décider de noter plus d'une seule possibilité, ainsi que l'illustrent les tableaux 23 et 24.

---

11 George A. Kennedy, *New Testament Interpretation through Rhetorical Criticism* (L'interprétation du Nouveau Testament par la critique rhétorique) (Chapel Hill : University of North Carolina Press, 1984) ; voir aussi Burton Mack, *Rhetoric and the New Testament* (La rhétorique et le Nouveau Testament), GBS (Minneapolis : Fortress, 1990) ; Carl Joachim Classen, *Rhetorical Criticism of the New Testament* (Critique rhétorique du Nouveau Testament) (Leiden : Brill, 2002). Pour un exemple de critique rhétorique dirigée vers une forme littéraire autre que le discours, en l'occurrence la prose narrative, voir Phyllis Trible, *Rhetorical Criticism: Context, Method, and the Book of Jonah* (La critique rhétorique : contexte, méthode et le livre de Jonas), GBS (Minneapolis : Fortress, 1994) ; cf. aussi « Critique rhétorique », dans Aune, *Westminster Dictionary*, 416–18.

12 James L. Bailey et Lyle D. Vander Broek, *Literary Forms in the New Testament: A Handbook* (Les formes littéraires dans le Nouveau Testament : manuel) (Louisville : Westminster John Knox, 1992). Pour les principaux dictionnaires bibliques, voir notamment Bromiley, *International Standard Bible Encyclopedia* (Encyclopédie biblique internationale standard), éd. rév. ; David Noel Freedman, éd., *The Anchor Bible Dictionary* (Dictionnaire biblique de l'Ancre), 6 vol. (New York : Doubleday, 1992); Katharine Doob Sakenfeld, éd., *The New Interpreter's Dictionary of the Bible* (Nouveau dictionnaire biblique de l'exégète), 5 vol. (Nashville : Abingdon, 2006-2009) ; cf. aussi Bauer, *Annotated Guide to Biblical Resources* (Guide annoté des ressources bibliques), 26–28.

TABLEAU 23

Aperçu de segment : 2 Timothée 3.1 — 4.8

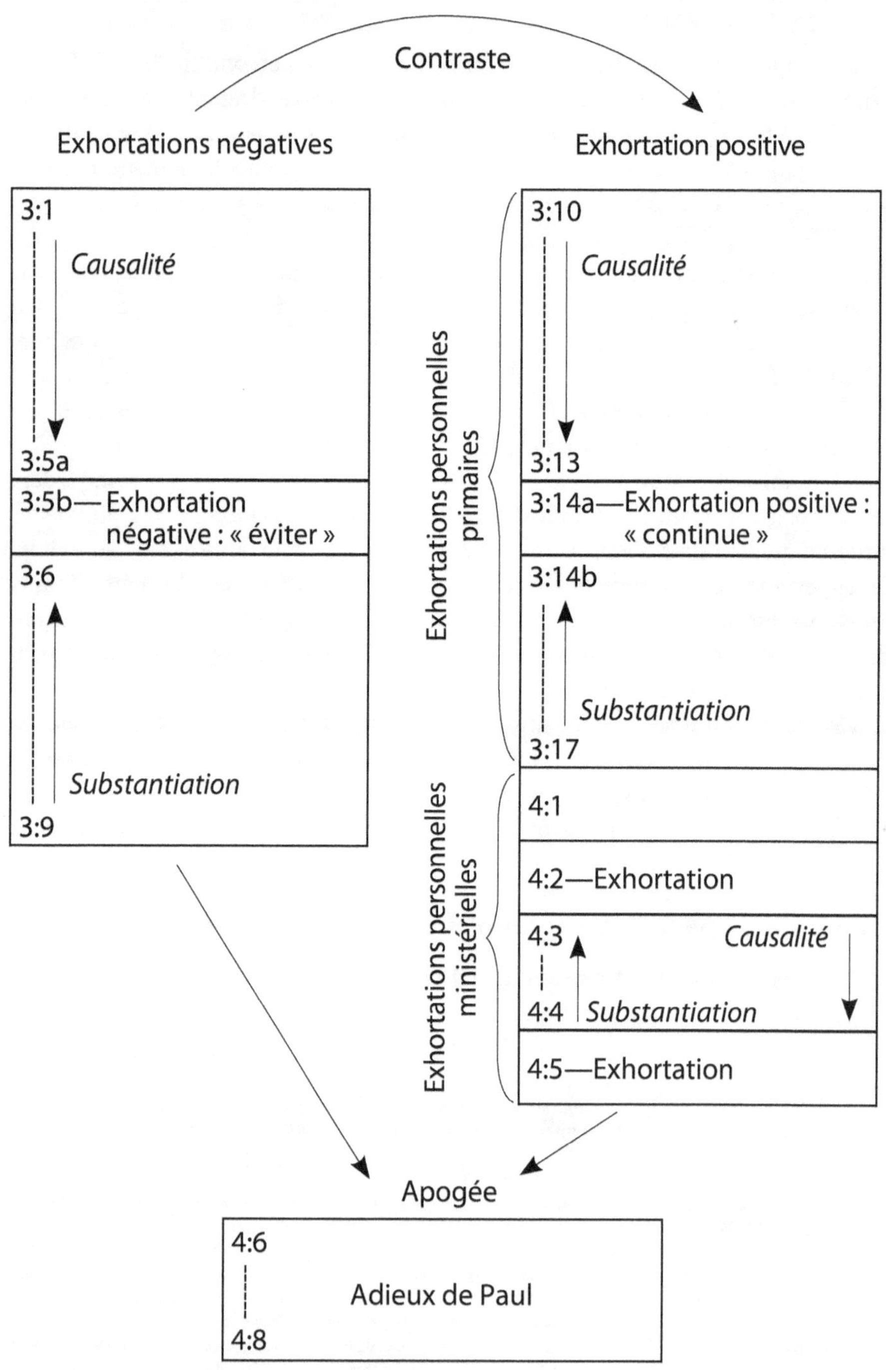

Les étudiants doivent noter que, plus ils développent leurs compétences pour les aperçus, plus ils découvriront de choses à ce stade du processus inductif. C'est pourquoi, ils ne doivent pas se décourager s'ils ne reproduisent pas ce qui est inclus dans l'illustration suivante, mais plutôt être encouragés à développer des compétences si essentielles afin de commencer à observer les données contextuelles requises pour comprendre les affirmations individuelles contenues dans le segment.

Récurrence de causalité et de substantiation

Un modèle exhortatif est constitué d'exhortations, précédées et/ou suivies de leurs causes ou des raisons pour lesquelles il faut y prendre garde. On discerne ce modèle plusieurs fois en 2 Timothée 3.1 — 4.8, ainsi que le montre le schéma suivant.

Causes/raisons de l'exhortation/causalité (3.1–5a)

Exhortation/effet = « Détourne-toi de ces gens-là ! » (3.5b)

Autres raisons/causes de cette exhortation/substantiation = exposition ultime (3.6–9)

Causes/raisons de la nouvelle exhortation/causalité (3.10–13) = Notez le contraste en 3.13 : « Mais les hommes méchants et les charlatans » = Tromperie progressive des autres et de soi = réitère l'accent en 3.1–9

Exhortation/effet = « Pour toi, reste attaché à tout ce que tu as appris et reçu avec une entière conviction. » (3.14a)

cette exhortation/causalité (3.14b-17)

Causes/raisons des nouvelles exhortations/causalités (4.1)

Exhortation/effets supplémentaires = « Proclame la Parole, insiste, que l'occasion soit favorable ou non, convaincs, réprimande, encourage par ton enseignement, avec une patience inlassable. » (4.2)

Causes/substantiation supplémentaires aux exhortations précédentes en 4.2 et causes/causalité (4.3–4) aux exhortations en 4.5

Effets/exhortations = « Mais toi » versus « les hommes » décrits en 4.3–4 = « Fais preuve, en toute circonstance, de modération. Supporte les souffrances. Remplis bien ton rôle de prédicateur de l'Évangile. Accomplis pleinement ton ministère. » (4.5)

Cause/substantiation supplémentaire = « En ce qui me concerne » = exemple de Paul (suggère une comparaison en termes d'émulation) = retour à l'emphase autobiographique en 3.10–11 = inclut la destinée ultime : « Telle une couronne, la justice » (4.6–8)

Questions exégétiques : Quel est le sens de chaque exhortation ? Qu'indiquent-elles concernant les préoccupations de l'auteur implicite et les besoins de Timothée ? Quel est leur rapport entre eux et quelle est l'importance de ces rapports ? En quoi les raisons appuient-elles les exhortations ? Quel est leur rapport entre eux et qu'apportent ces rapports ? En quoi les raisons données éclairent-elles et appuient-elles la nature « difficile » de la « période finale » à venir ? Pourquoi chacune de ces exhortations est-elle donnée ? Pourquoi sont-elles toutes données ? Pourquoi l'auteur a-t-il ces préoccupations ? Quelles sont les raisons données pour chaque exhortation et que signifie chacune d'entre elles ? Pourquoi ces raisons spécifiques sont-elles données ? Quels sont les éléments principaux des raisons données ? Quelles en sont les implications ?

Récurrence de contraste

1. Entre exhortations négatives (3.1–9) et positives (3.10 — 4.8) : « Détourne-toi » versus « reste attaché/remplis », etc.

2. Entre personnes : « les hommes méchants et les charlatans » versus « ceux qui sont décidés à vivre dans la piété » (3.12), c'est-à-dire Timothée, Paul, les disciples de Timothée et tous les croyants

   a. D'abord le caractère/l'identité : liste de vices versus liste de vertus (3.2–5a vs. 3.10–11)

   b. D'abord la conduite/les actes (3.6–9, 13 ; 4.3–4 vs. 3.15–17)

3. Entre attitudes à l'égard de la vérité : ceux qui « s'opposent à la vérité » (3.8) et qui influencent ainsi les autres (3.6–7 ; 4.3–4) versus ceux qui se soucient de la vérité (3.10, 15–17 ; 4.2)

4. Entre destinées : exposition ultime (3.9) et dégradation progressive (3.13) versus couronne de justice (4.8)

Questions exégétiques : Quelles sont les exhortations positives et négatives et quelles sont les différences entre elles ? Pourquoi ces différences ? Pourquoi ces exhortations contrastées ?

Quelles sont les différences indiquées entre personnes à éviter et à imiter, à la fois au niveau du caractère et de la conduite ? Que signifient chacune d'entre elles ? Pourquoi sont-elles suggérées ? Quel est leur rapport entre elles ? Quel est le rapport entre l'être et le faire ? Pourquoi l'auteur implicite met-il en avant ce rapport ? Quelles en sont les implications ?

Récurrence d'exhortations positives (surtout en 3.10 — 4.8)

1. D'abord personnel (3.10–17) et d'abord ministériel ou pastoral (4.1–8)
2. Motif de la persécution/souffrance (3.3–4, 8, 11–12 ; 4.5, 6)
3. Emphases autobiographiques et biographiques (3.10–11 ; 3.14b ; 4.6–8)

Questions exégétiques : Quelles sont les exhortations personnelles et quel est le sens de chacune d'entre elles ? Pourquoi chacune est-elle formulée, surtout au vu de l'exhortation négative en 3.5b et des raisons données ? Quelles exhortations ministérielles ou pastorales sont données et quel est le sens de chacune d'elles ? Quel est leur rapport entre elles et avec l'exhortation personnelle et quel est le sens du/des rapport(s) découvert(s) ? Pourquoi ce(s) rapport(s) sont-ils suggéré(s) et en quoi est-ce important ? Qui persécutera Timothée et les autres croyants et responsables chrétiens ? Comment ? Pourquoi ? Quel est le rapport entre l'accent que l'auteur implicite met sur la souffrance et les « temps [...] difficiles » de la « période finale » (3.1) ? Pourquoi est-ce si important d'avertir Timothée et les autres de cette persécution ? Quelles en sont les implications ?

L'apogée comme épitomé et point culminant (4.6–8)

L'apogée (4.6–8) est l'épitomé et le point culminant des éléments suivants :

1. L'exemple de Paul (3.10–11), à la fois en termes de vie personnelle et ministérielle, les deux préoccupations des exhortations positives (4.6–7)
2. Le besoin urgent d'être prêt à faire face à la persécution et à la souffrance, souligné en égard à l'expérience de Paul et en rapport aux autres, notamment à Timothée (3.11–12 ; 4.5, 6a)
3. La destinée exaltée de Paul et de ceux qui suivent son exemple (4.8), contrairement aux charlatans impies et méchants (3.9, 13)
4. L'exécution imminente de l'exemple personnel et pastoral de Timothée

Questions exégétiques : Qu'est-ce qui est inclus dans cette déclaration apogée ? Quel est le sens de ses diverses emphases ? En quoi servent-elles de point culminant des exhortations positives de l'auteur et des raisons données pour celle-ci ? En quoi mettent-elles en lumière les instructions/directives de Paul par rapport à son exemple ? Par rapport à sa vie personnelle et ministérielle et à celle de Timothée ? Par rapport à la persécution et à la souffrance ? Par rapport à sa destinée eschatologique ? Pourquoi recourir à une telle apogée ? Quelles en sont les implications ?

Domaines stratégiques dans 2 Timothée 3.1 – 4.8

3.1	Affirmation générale préparatoire relative au segment dans son ensemble
3.5b, 14a	Exhortations négatives et positives d'importance capitale par rapport à la vie personnelle de Timothée, une des préoccupations principales de Paul
4.5d	Résume l'accent récurrent mis sur la vie ministérielle
3.15–17	Met l'accent à la fois sur les éléments personnels et ministériels, en lien avec les Écritures en tant que source première de vérité par opposition aux mythes (4.4), qui constituent, avec l'enseignement de Paul (3.10a), le fondement des injonctions à « proclame[r] la Parole » (4.2a)
4.6–8	L'apogée du passage

Forme littéraire

Ce passage emploie la forme littéraire discursive.

Autres impressions importantes

1. Un profond sentiment d'urgence semble se dégager des avertissements et injonctions de Paul, par rapport aux problèmes graves auxquels Timothée sera de plus en plus confronté en cette « période finale », en tant que croyant fidèle et pasteur, notamment en vue de l'exécution imminente de l'auteur implicite, qui a joué un rôle-clé dans la vie du destinataire.

2. Les proportions semblent indiquer un plus grand accent mis sur le positif que sur le négatif.

3. Pour ce qui est de la structure de cette unité, il y a peut-être une autre possibilité que celle présentée ci-dessus, concernant le rapport entre 3.1 et le reste du segment : 3.1 peut-être la préparation ou l'introduction, en termes généraux, qui fixe le cadre pour le reste du passage et éclaire ainsi l'ensemble. Dans ce cas, on peut ajouter le rapport de la préparation et de la réalisation avec la particularisation. Le tableau 25 montre un schéma alternatif et les éléments suivants appuient cette possibilité :

Si l'observation structurelle illustrée au tableau 24 semble valide, elle doit être ajoutée aux observations décrites ci-dessus.

Questions exégétiques : Que signifie l'avènement de la « période finale » ? Quand l'auteur s'attend-il à la voir survenir ? Est-ce lié à « sa venue » (4.8) et si oui, en quoi ? Dans quel sens ces « temps » seront-ils « difficiles » ? Pour qui ? En quoi ? Pourquoi l'auteur juge-t-il important d'attirer l'attention sur cette période et sur leur nature à la fin de ce passage ?

Voir 2 Timothée 3:1 comme une préparation pour Timothée 3.1 — 4.8

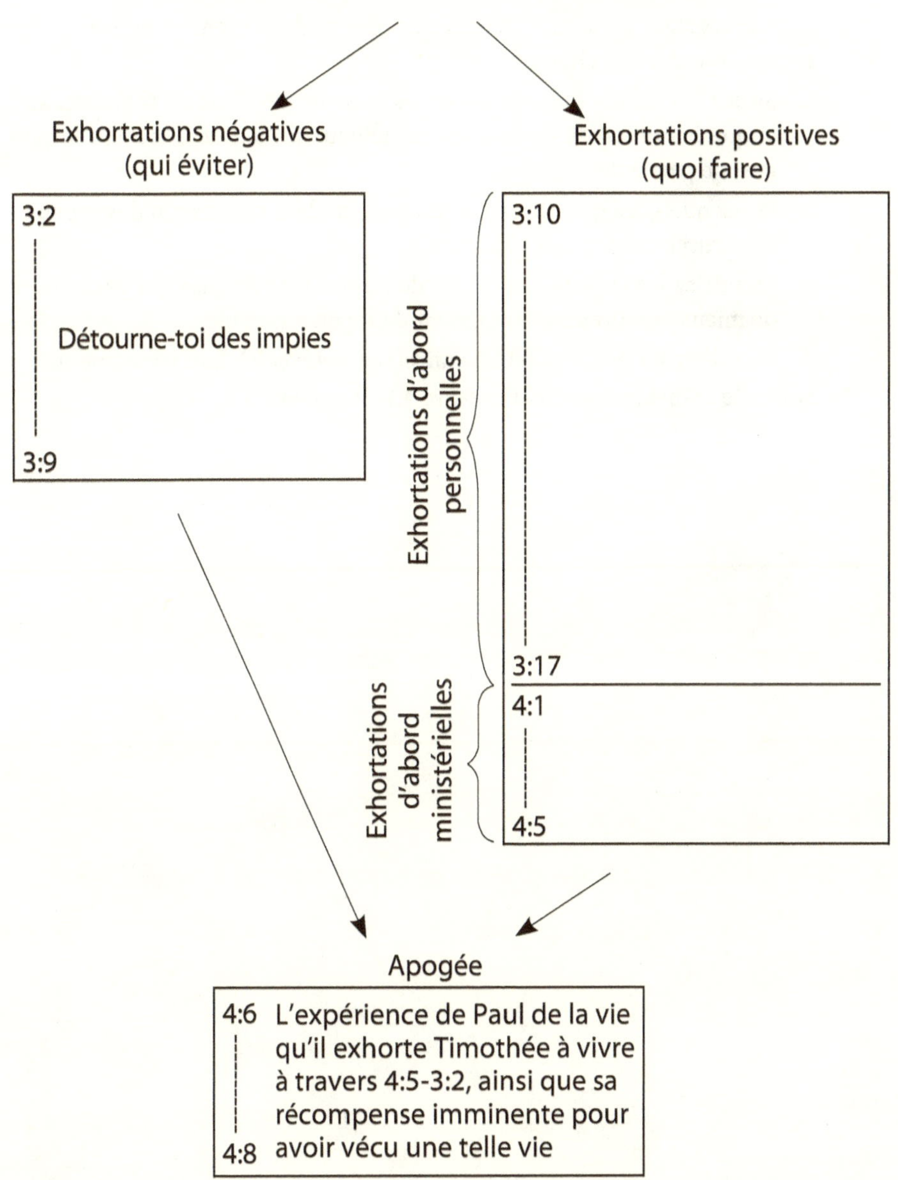

En quoi cette affirmation générale introductive définit-elle le cadre pour le reste du passage et l'éclaire-t-elle, à la fois les exhortations et les raisons citées pour lesquelles il faut les écouter ? Comment, pour leur part, les détails du reste du segment nous éclairent-ils 3.1 ? Après avoir déterminé le cadre en 3.1, pourquoi l'auteur procède-t-il ainsi en 3.2–9 ?

Quelles sont les implications des réponses à toutes ces questions ?[13]

Exercice : aperçu de segment

1. Lisez le segment Jonas 4.1–11. Faites un aperçu de ce segment en suivant les suggestions dans ce chapitre.

   a. Situez les unités principales et les sous-unités dans ce segment, ainsi que les rapports structurels principaux à l'œuvre à travers la plus grande partie du segment.

   b. Posez quelques questions exégétiques fondées sur chacun des rapports structurels principaux observés.

   c. Identifiez les versets-clés ou les domaines stratégiques qui permettent de mieux comprendre le segment dans son ensemble.

   d. Identifiez la/les forme(s) littéraire(s) employée(s) dans ce segment.

2. Suivez le même processus avec Marc 4.1–34 et Marc 15.1–47.

---

13 Cette discussion illustre le fait que les « autres impressions principales » peuvent inclure des réflexions supplémentaires sur des questions structurelles du segment.

13

Observation concentrée

Si l'observation de livres dans leur ensemble et de parties de livres, a pour objet d'étude des unités plus ou moins larges et implique donc d'en réaliser un condensé, l'observation concentrée des détails des passages individuels est liée à l'observation de passages plus restreints et nécessite donc d'en réaliser une analyse détaillée. Il s'agit d'examiner des paragraphes, ou même des phrases, au microscope. Si l'on choisit de passer du condensé d'un livre et d'un segment à l'observation concentrée, celle-ci nous fournira une perception du contexte plus vaste dans lequel s'inscrit le passage individuel. Lorsqu'on en arrive à l'étape de l'observation concentrée, les étudiants ayant facilités en grec ou en hébreu trouveront le recours à la langue originale particulièrement utile.

La Bible est constituée d'unités plus longues, comme les livres et les divisions. Par ailleurs, les livres sont constitués de phrases et d'expressions individuelles. Ainsi, une approche inductive permet d'examiner les détails des petits passages. Cet examen peut prendre deux formes différentes : l'observation détaillée ou l'analyse détaillée.

Observation détaillée

Pour l'observation détaillée, on fait des observations spécifiques et descriptives à propos de chaque détail significatif d'un passage (bref)[1], puis on pose des questions exégétiques à propos de chacune de ces observations.

---

1 Il peut être utile de commencer par des observations portant sur le passage dans son ensemble, avant de le parcourir verset par verset. En abordant un verset, on fera des observations sur le verset, dans son ensemble. À ce stade, il sera utile de le parcourir proposition par proposition, en faisant des observations sur chaque proposition, dans son ensemble (si la proposition dans son ensemble se prête effectivement à une analyse), puis, enfin, sur chaque expression et mot de la proposition.

Les mêmes types de questions mentionnées précédemment, au chapitre 11, dans la partie « Poser des questions exégétiques », s'appliquent ici : les questions relevant de la définition et de l'explication, celles relevant de l'étude raisonnée et celles se rapportant à aux implications du passage. Ainsi que nous l'avons mentionné, ces questions doivent être posées dans cet ordre, car les questions d'ordre rationnel se fondent sur les questions d'ordre définitoire/explicatif, tandis que les questions d'ordre implicatif se rapportent aux implications des réponses aux questions d'ordre implicatif et rationnel.

Types d'observation

Plusieurs types d'observations sont particulièrement pertinentes dans cette phase de l'étude.

Les *observations de termes*, ainsi que leur nom l'indique, sont liées aux termes. Cette catégorie implique toutes les observations relatives aux mots individuels d'un passage, notamment leur racine (forme lexicale de base), leur inflexion (changements de forme indiquant le cas, le genre, le nombre, le temps, la personne - première, seconde ou troisième - le mode ou la voix) et leur type (littéral ou figuré). Le terme *il chanta*, par exemple, dérive de la racine du verbe *chanter*, et, pour ce qui est de son inflexion, il est au passé simple, à la troisième personne du pluriel. Un exemple de terme grec est *ēlthomen*, la forme aoriste active (déponente) de l'indicatif, à la première personne du pluriel, du verbe racine *erchomai*. Un exemple hébreu est le terme *lammēd*, l'infinitif *piel* (construit) de *lāmad*.

Les *observations grammaticales* concernent la fonction grammaticale, ou syntaxe, des mots ou expressions d'une phrase, par exemple sujet, prédicat ou présupposition. Ce type d'observation peut revêtir une assez grande importance pour l'interprétation. selon une remarque restée célèbre, « l'Évangile est dans les prépositions ». Par ailleurs, la structure grammaticale de certains passages montre quel est le *sujet ou point principal* du passage, ainsi que les *thèmes ou questions subordonnés*.

Les étudiants avec des facilités en grec ou en hébreu sont versés dans la syntaxe de ces langues, mais beaucoup d'étudiants qui ne peuvent travailler qu'à partir d'une traduction en langue vernaculaire seront moins conscients des complexités de la syntaxe de leur langue maternelle. C'est malheureusement particulièrement vrai aux États-Unis. Il pourrait être d'un grand secours à ces étudiants d'effectuer une révision des catégories grammaticales dans leur propre langue[2].

Les *observations structurelles* ont trait aux rapports structurels littéraires (par ex. le contraste, la substantiation ou l'apogée) abordés au chapitre 11, dans la partie « Rapports structurels principaux ». Ainsi que nous l'avons mentionné précédemment, ces rapports sont présents à tous les niveaux littéraires, notamment dans les paragraphes, les phrases, et même les propositions.

---

2 Les étudiants anglophones trouveront les ouvrages suivants particulièrement utiles : Francis Braun, *English Grammar for Language Students: Basic Grammatical Terminology Defined and Alphabetically Arranged* (Grammaire anglaise pour étudiants en langues : la terminologie grammaticale définie et arrangée alphabétiquement) (Ann Arbor, Michigan : Ulrich's Books, 1947) ; John C. Hodges et Mary E. Whitten, avec Suzanne S. Webb, *Harbrace College Handbook* (Manuel du Harbace College), 10ᵉ éd. (San Diego : Harcourt Brace Jovanovich, 1986).

Les *observations logiques* ont trait au fonctionnement logique d'un terme, ou d'une déclaration : le type de sens exprimé par ce terme ou déclaration, ou le sujet qu'il aborde. Il n'y a pas de limites au nombre de types de sens ou de sujets abordés ; ainsi, il faudra établir l'habitude de choisir précisément les bonnes appellations afin d'indiquer les sujets rencontrés en lisant un passage de bout en bout. Certaines appellations les plus courantes sont notamment l'étendue (par ex. « tout le monde » est inclusif, « certains » partiel et « personne » exclusif), la portée (par ex. « une grande multitude de personnes » indique la portée numérique), l'*action*, l'*emplacement*, le *nombre*, l'*acteur*, la *situation* et l'*attitude*, ainsi que *négatif* ou *positif*. Cette catégorie inclut aussi les dynamiques relationnelles du texte, qui désignent peut-être des réalités, des rôles et des attentes sociales, comme la priorité, l'honneur ou la puissance. Avoir un thésaurus à portée de mains permet au lecteur d'identifier l'appellation la plus précise.

Notez quelques-unes des réactions logiques possibles en Matthieu 28.16–17 : « Les onze disciples se rendirent en Galilée, sur la colline que Jésus leur avait indiquée. Dès qu'ils l'aperçurent, ils l'adorèrent. Mais ils ne surent que penser. » « Onze » indique le *nombre* ; « disciples » les *acteurs*, ou encore leur *statut* ou leur *rôle* dans la *relation* ; « se rendirent » leur *action* ; « en Galilée, sur la colline que Jésus leur avait indiquée » fait référence à leur *destination* ; la « Galilée » est leur *destination régionale* ; « la colline » leur *destination topographique* ; « que Jésus leur avait indiquée » leur *destination impérative*, avec aussi une référence à leur *motivation* et à leur *reconnaissance de l'autorité de Jésus*. « Dès qu'ils l'aperçurent » décrit l'*occasion* ; « ils l'adorèrent. Mais ils ne surent que penser » désigne la *réaction*. Celle-ci est double : la *réaction positive* se trouve dans la première description : « ils l'adorèrent », tandis que la *réaction négative* se trouve dans la deuxième description : « Mais ils ne surent que penser ». « Ils » (« certains » dans d'autres versions (ex. la Bible en Français Courant) fait référence à une étendue partielle : ils n'ont pas tous douté (étendue inclusive), mais le texte ne dit pas non plus que personne n'a douté (étendue exclusive). La considération que le texte passe de la description d'une réaction positive à celle d'une réaction négative implique l'*ordre* ou la *séquence*.

L'identification de ces thèmes logiques peut être très utile afin d'aider les lecteurs à situer les diverses préoccupations d'un passage, en vue de découvrir le sens et les interactions spécifiques de ces préoccupations en arrivant à l'interprétation.

Les *observations contextuelles* concernent l'identification des points de connexion entre les détails observés dans le passage examiné et les éléments du contexte qui l'entoure. Nous conseillons aux étudiants de limiter leurs observations contextuelles au contexte immédiat, aux versets qui précèdent et suivent directement le passage étudié[3]. Le motif de cette suggestion est double. D'abord, dans le cadre d'un effort visant à être cohérent, on ne pourra pas identifier toutes les connexions contextuelles entre les éléments du passage observé et de tous les autres passages du livre dans son ensemble, surtout pour les livres les plus longs. Ensuite, en phase

---

3 Il sera généralement avantageux de demeurer dans les limites du segment en faisant des observations contextuelles en phase d'observation détaillée, mais si le passage observé est en début ou en fin de segment, on voudra peut-être établir des connexions avec les versets à l'extérieur du segment, qui le précèdent ou le suivent directement.

d'interprétation, on découvrira que la prise en compte du contexte immédiat est souvent cruciale. En phase d'observation, les étudiants doivent donner une place prépondérante à l'examen des connexions spécifiques entre le passage observé et son contexte immédiat.

Les *observations littéraires* forment une vaste catégorie, qui contient tous les éléments du passage susceptibles d'être considérés par le lecteur comme potentiellement importants pour communiquer le sens du passage. Cette catégorie inclut les techniques littéraires, comme l'ironie ou les figures de style, ainsi que la sélectivité, la reconnaissance du fait que l'auteur implicite a choisi d'exprimer ses pensées de cette manière plutôt que d'une autre. Les lecteurs doivent toujours se poser la question de savoir pourquoi l'auteur a choisi telle ou telle expression plutôt qu'une autre également à sa disposition. On note, par exemple, que dans le Psaume 23, l'auteur déclare : « L'Éternel est mon berger », au lieu d'employer un autre nom, comme « Dieu ». Il dit aussi que « l'Éternel est mon berger », plutôt que « notre » berger, « le » berger ou « un » berger. Il décrit l'Éternel comme « mon berger », plutôt que « ma forteresse », « mon bouclier », « mon roi » ou « mon ami ». Enfin, il dit que « l'Éternel est mon berger », pas qu'il l' « était », l' « a été » ni le « sera ». Les observations littéraires peuvent nécessiter de noter aussi le non-dit, les lacunes dans le flux du passage que le lecteur doit remplir, ainsi que les affirmations et implications claires (mais inexprimées) du texte. Cette catégorie implique aussi ce qui pose problème, les éléments d'un passage qui prêtent à confusion, sont incertains ou ambigus à l'esprit du lecteur. Certains passages, par exemple, peuvent suggérer une forme de contradiction, comme lorsque Jonas, en Jonas 1.9, confesse qu'il adore « l'Éternel, le Dieu du ciel qui a fait la mer et la terre », alors même qu'il cherche à fuir « loin de la présence de l'Éternel » (1.3, 10) : comment Jonas a-t-il pu penser qu'il pouvait fuir la présence de l'Éternel, qui est le créateur souverain du cosmos ?[4]

Nous ne suggérons pas que cette liste de types d'observations soit exhaustive. On peut trouver d'autres formes d'observations à faire. L'étudiant pourra, par exemple, consulter deux ou trois traductions, afin d'observer les différences dans la manière dont certains termes ou expressions sont rendus, ou encore les variantes de lecture potentiellement significatives dans la tradition manuscrite, qui figurent souvent en marge ou en bas de page dans les traductions françaises modernes et sont présentes dans l'appareil textuel des éditions critiques de la Bible hébraïque et du Nouveau Testament grec[5].

Directives pour l'observation détaillée

Pour améliorer leur observation détaillée, les étudiants tireront profit des directives suivantes :

1. Les étudiants doivent faire attention à ne pas s'engager prématurément dans l'interprétation dès cette étape, car cela aurait pour effet psychologique de mettre

---

4 Nous sommes reconnaissants envers notre collègue Dr. Joseph Dongell pour une partie de la nomenclature adoptée ici, notamment les termes « non-dit » et « problématique ».

5 Voir « Historique du texte » au chap. 14 pour l'importance exégétique potentielle des variantes textuelles.

en place des paramètres autour de leur interprétation du passage, des limites exégétiques qui seraient ensuite difficiles à dépasser afin d'envisager d'autres possibilités exégétiques en passant à l'étape de l'interprétation. Le principe général est que les observations ne doivent inclure que des choses incontestables pour toute personne raisonnable. Ce principe n'implique pas que nos observations détaillées doivent être, superficielles ou passe-partout, ni qu'il faille se borner à dire des évidences ; au contraire, elles doivent être pénétrantes, mais ce principe indique qu'une fois effectuée, une observation ne doit plus être contestée. Pour trouver l'équilibre entre des observations à la fois pénétrantes, originales et incontestables, les étudiants pourront souligner le caractère hypothétique de leurs propos en usant du conditionnel et d'expressions telles que « peut-être » ou « on peut considérer ».

2. Les étudiants doivent se donner pour objectif de faire des observations spécifiques et descriptives et non se contenter de citer ou de paraphraser le texte. Une citation ou paraphrase ne constitue pas une observation. Il faut dire quelque chose du passage ou des éléments du passage.

3. Les étudiants doivent être toujours clairs et explicites dans leurs observations. Ils doivent choisir la voie de la spécificité et de l'explicite, afin de ne rien laisser à la spéculation quant au sens de leurs observations. Si leurs observations sont peu claires ou ambiguës, ils découvriront par la suite, en revenant à l'observation détaillée afin de chercher à s'en servir, qu'ils auront souvent eux-mêmes du mal à comprendre ce qu'ils avaient voulu dire.

4. Les étudiants trouveront utile la distinction entre observations coutumières et non-coutumières. Une observation coutumière se rapporte aux éléments du texte qui se retrouvent généralement dans tous les passages et qui semblent relativement insignifiants pour la transmission du message du passage. Les conjonctions de base, comme *et*, ainsi que les articles (à la fois définis (*le*) et indéfinis (*un/une*)), appartiennent à cette catégorie. Certes, il est quelque peu risqué, à ce stade, de porter des jugements sur ce qui pourrait ou non s'avérer important pour l'interprétation, si bien que cette distinction pourra parfois pousser l'étudiant à omettre des observations sur des éléments qui pourraient s'avérer beaucoup plus importants que ne le suggèrent les impressions initiales. Cette distinction est néanmoins bénéfique, en ce qu'elle pousse l'étudiant à 1) se concentrer sur les éléments les plus significatifs d'un passage, 2) faire un meilleur usage de son temps.

Il y a trois catégories d'observations non routinières : 1) celles qui sont difficiles à comprendre, 2) les éléments cruciaux d'un passage, ainsi que ceux qui, sans être cruciaux, sont néanmoins importants pour comprendre ce qu'affirme un passage, 3) les autres qui expriment des idées profondes ou revêtant une importance théologique particulière. Ces trois catégories sont déterminées à l'aide de critères objectifs, de considérations tirées du texte lui-même. On peut ajouter aussi une quatrième catégorie, qui dépend de considérations subjectives : l'intérêt personnel. Parfois, les étudiants aborderont un passage dans un souci spécifique, ou encore ce passage contiendra un élément revêtant à leurs yeux une importance particulière, même s'il n'est pas forcément d'une pertinence capitale pour la transmission de l'idée principale. Leur tendance naturelle sera de faire des observations sur ces éléments, qui seront les bienvenues tant que les étudiants reconnaîtront que leur importance dépend moins des dynamiques du passage que de leur propre situation ou arrière-plan personnel.

Cette distinction entre éléments coutumiers et non coutumiers n'est pas conçue pour décourager une observation attentive et approfondie, mais pour développer la discrétion. Plus on développe ses pouvoirs discrétionnaires, plus clairement on discernera les éléments qui méritent une attention particulière. Ainsi, notre observation deviendra plus incisive, donc plus approfondie.

Dessein de l'observation détaillée

L'observation détaillée remplit trois fonctions. D'abord, ces observations peuvent être importantes en ce qu'elles fournissent des preuves spécifiques qui seront employées pour interpréter le passage. La discussion de l'interprétation, à la partie 3, montrera clairement que les preuves tirées du contexte immédiat sont généralement cruciales pour interpréter un passage et qu'elles dérivent largement de l'observation détaillée. Ensuite, le processus d'observation détaillée permet généralement aux étudiants d'identifier les préoccupations premières du passage, ainsi que la manière précise dont ces préoccupations ou ces thèmes sont développés. Enfin, ces observations servent de fondement pour développer les questions, ; l'interprétation consistant dans le fait de répondre à celles-ci[6].

Exemple d'observation détaillée (2 Timothée 3.16–17)

<table>
<tr><td>[16] pasa graphē theopneustos kai ōphelimos pros didaskalian, pros elegmon, pros epanorthōsin, pros paideian tēn en dikaiosynē,</td><td>[16] Toute Écriture est inspirée de Dieu, et utile pour enseigner, pour convaincre, pour corriger, pour instruire dans la justice,</td></tr>
<tr><td>[17] hina artios ē ho tou theou anthrōpos, pros pan ergon agathon exērtismenos.</td><td>[17] afin que l'homme de Dieu soit accompli et propre à toute bonne oeuvre.</td></tr>
</table>

1. Observations structurelles de 3.16–17 comme un tout : il pourra y avoir un rapport de cause paratactique (implicite) entre l'affirmation concernant l'inspiration divine des Écritures (v. 16a) et son utilité (v. 16b-17).

2. Récurrence de l'instrumentalisation avec particularisation : les Écritures inspirées de Dieu (moyens) visent à atteindre certains desseins intermédiaires : « enseigner, réfuter, redresser et apprendre à mener une vie conforme à ce qui est juste » (3.16b), lesquels deviennent à leur tour des moyens pour atteindre le dessein ultime : « Ainsi, l'homme de Dieu se trouve parfaitement préparé et équipé pour ac-

---

6 Nous avons mentionné précédemment le fait que les questions posées dans l'aperçu de livre ou de segment peuvent jouer un rôle « métacognitif » : le fait même de poser des questions spécifiques et profondes peut clarifier notre compréhension de l'observation à propos de laquelle la question est posée. La même possibilité existe pour les questions posées dans le cadre de l'observation détaillée. Très souvent, à ce stade, le processus même de poser des questions profondes à propos des observations suffit à informer les observations elles-mêmes et nous aide à mieux les décrire.

complir toute œuvre bonne. » (3.17 ; récurrence d'instrumentalisation). Notez que le terme *pros*, « pour », apparaît cinq fois dans ce court passage, avec *hina* dans la proposition de but. Le(s) rapport(s) précis entre les passages instrumentaux en 3.16–17 et l'objectif du salut mentionné en 3.15 doivent être examinés.

Voici des observations plus détaillées sur 3.16–17, avec les questions exégétiques qui se posent :

La colonne de gauche : Observations

La colonne de droite : Questions

1. **« Toute l'Écriture est inspirée de Dieu »** (3.16a)

a. Ce passage parle de « l'Écriture », au singulier, tandis que 3.15 emploie le pluriel : « les Saintes Écritures », quoique les deux expressions dérivent de la même racine, écrire. La forme est anarthre (sans article défini). L'expression « l'Écriture » est employée à la place d'autres expressions possibles, comme « la Loi et les prophètes » ou « la Parole » (4.2). L'auteur semble mettre l'accent sur « l'Écriture » en 3.15–17, en rapport avec ce que le lecteur a « appris et reçu avec une entière conviction », à ce qu'il « sai[t] », comme le fondement de son exhortation à continuer (3.14). Si l'« Écriture » à laquelle Paul fait allusion est identique aux « Saintes Écritures » de 3.15, Timothée avait accès à celles-ci « depuis [s]on enfance » (3.15). Cela suggère aussi un emploi récurrent du thème de l'« Écriture ». Il y a un rapport possible entre ce motif et l'enseignement de Paul (3.10).

> *Quelle est l'« Écriture » à laquelle 3.16 fait allusion ? Quelles sont les « Saintes Écritures » mentionnées en 3.15 ? En quoi sont-elles liées ? Si elles sont identiques, pourquoi l'auteur implicite emploie-t-il deux expressions différentes en 3.15 et en 3.16 ? Pourquoi ne pas en employer d'autres ? Si elles sont identiques, quelles étaient les « Écritures sacrées » et l'« Écriture » en circulation, et donc accessibles à Timothée dès son enfance ? Pourquoi Paul emploie-t-il le pluriel en 3.15 et le singulier en 3.16 ? Quelles sont les implications de la forme anarthre en 3.16 ? Pourquoi est-elle employée ? En quoi l'« Écriture » est-elle liée à l'enseignement de Paul mentionné en 3.10 ? Pourquoi l'auteur attire-t-il l'attention sur l'« Écriture » dans ce contexte ? Quelles sont les implications des réponses à ces questions ? (Ajouter des questions semblables)*

b. « Toute l'Écriture » : le terme *pasa* peut être employé dans un sens collectif (« tout ») ou distributif (« chaque »). Dans les deux cas, ce concept semble inclusif.

> *Que signifierait ici l'emploi de la tournure dans un sens collectif ou distributif ? Comment déterminer auquel il est fait recours ? Cela fait-il une différence ? Si oui, laquelle ? Pourquoi l'auteur emploie-t-il ce sens ? Dans les deux cas, si le terme est inclusif, pourquoi l'auteur l'emploie-t-il ainsi ? Quelles déductions faut-il en tirer ?*

c. L'expression est elliptique : elle ne contient pas de verbe et requiert l'insertion d'une copule. L'emplacement et le temps de la copule implicite « est » sont tous deux importants.

Pour ce qui est de l'emplacement, il y a deux possibilités. D'abord, la copule peut être insérée après « inspirée de Dieu », ce qui donnerait : « Toute l'Écriture inspirée de Dieu [est] ». Dans ce cas, cas l'expression « inspirée de Dieu » est essentiellement attributive et peut-être restrictive. La deuxième option est de mettre la copule entre « « Toute l'Écriture » et « inspirée de Dieu », ce qui donnerait : « Toute l'Écriture *est* inspirée de Dieu ». Cette traduction n'est pas restrictive et « inspirée de Dieu » équivaut à un adjectif prédicatif. Les deux possibilités existent, que *pasa* soit traduit par « tout » ou par « chaque ».

> *Quelles sont les implications de l'emploi d'une ellipse ? Pourquoi est-elle employée ? Quel serait le sens de chacun des deux emplacements possibles de la copule ? Quelle différence cet emplacement fait-il, particulièrement par rapport à l'aspect restrictif ou non restrictif de l'expression ? Quel emplacement a été choisi et pourquoi ? Quelles en sont les implications ?*

> *Pour ce qui est du temps, la plupart des versions emploient le présent au lieu du passé « était » ou du futur « sera ».*

> *Quel est le sens de l'emploi du présent au lieu du passé ou du futur ? Cela suggère-il quelque chose par rapport à la nature de l' « Écriture » à laquelle l'auteur fait allusion ? 'emploi du présent, de préférence au passé ou au futur, fait-il une différence ? Quel temps est approprié ici et pourquoi ? L'emploi inféré du présent indique-t-il quelque chose concernant l'origine de l'Écriture ? Si oui, quoi ? Pourquoi ? Quelles en sont les implications ?*

d. « Inspirée de Dieu » est la traduction de *theopneustos*, un terme composé de *theos* (Dieu) et d'un dérivé du verbe *pneō* (souffler, respirer), dont vient le mot *pneuma* (esprit). Il sert de prédicat ou d'adjectif attributif et suit immédiatement *graphē* dans le texte original. Il semble parallèle à l'adjectif « saintes » en 3.15 et indique peut-être la raison pour laquelle les « Écritures » sont considérées comme « Saintes ». La double description de l'« Écriture », en 3.16, suit l'appel adressé à Timothée, à « reste[r] attaché » à tout ce qu'il a « appris et reçu avec une entière conviction [...] depuis [s]on enfance » (3.14–15 ; 1.5). Elle peut donc servir de substantiation pour l'appel à continuer, ainsi que pour l'appel implicite à imiter Paul, surtout en égard à son enseignement (3.10). Notez aussi le contraste entre ce à quoi le texte exhorte Timothée à rester attaché et les actions des « hommes méchants et [d]es charlatans » mentionnés en 3.13 et en 3.7–9. Ce contraste sert aussi de raison supplémentaire (*causalité*) pour laquelle Timothée doit suivre l'exemple de Paul et rester attaché à ce qu'il a appris et reçu avec une entière conviction, afin de pouvoir faire face au défi posé par ces personnes.

> *Que signifie « inspirée de Dieu » ? Quel est le sens de « Saintes » ? En quoi « inspiré de Dieu », en 3.16, est-il lié à « Saintes », en 3.15 ? En quoi le rapport aux « Saintes » Écritures éclaire-t-il le sens de l'Écriture « inspirée de Dieu » ? S'il y a un lien, pourquoi le texte emploie-t-il deux expressions différentes : « Saintes Écritures » et « Écriture » ? Pourquoi cette emphase sur « inspirée de Dieu » et « Saintes » ? En quoi les « Saintes Écritures » et l'« Écriture » sont-elles liées à l'histoire de Paul, surtout à son enseignement ? En quoi sont-elles liées à la tromperie des hommes méchants et des charlatans (3.13) ? Quel est le sens de ces rapports ? Qui a appris à Timothée ce qu'il a appris et reçu avec une entière conviction ? Pourquoi Paul le mentionne-t-il ? Que veut-il dire par « depuis ton enfance » ? Comment se fait-il que Timothée connaissait les « Saintes Écritures » depuis son enfance ? Pourquoi cet élément temporel ? En quoi les réponses à ces questions éclairent-elles à la fois l'identité des « Saintes Écritures » et de l'« Écriture » et le sens de leur inspiration divine ? Quelles sont les différences entre les « Saintes Écritures » et l'« Écriture », l'enseignement et la vie de Paul, et ceux des « hommes méchants et [d]es charlatans » ? En quoi ces différences sont-elles importantes ? Pourquoi sont-elles importantes ? Quelles en sont les implications ?*

2. **« et utile pour enseigner, réfuter, redresser et apprendre à mener une vie conforme à ce qui est juste »** (3.16b)

a. « et utile » : comme indiqué précédemment, la traduction de *kai* dépend de l'emplacement de la copule inférée « est » : si elle est placée avant « l'Écriture »

(« toute » ou « chaque » Écriture inspirée de Dieu « est »), alors *kai* doit être traduit par « aussi ». Certaines versions ajoutent « est » après « inspirée de Dieu », puis un autre « est » après *kai*, si bien que *kai* est traduit par « et ». D'autres emploient un double prédicat, mettant ainsi l'accent sur les deux aspects de l'Écriture : elle est à la fois « inspirée de Dieu » et « utile ». Notez aussi que la copule ajoutée après « et » (*kai*) est de nouveau au présent, plutôt qu'au passé ou au futur : « est », pas « était » ou « sera ». L'auteur implicite aurait pu exprimer la copule au passé, en égard au fait que l'Écriture est « inspirée de Dieu », ou au présent, en égard au fait qu'elle est « utile ». L'omission de la copule pourrait suggérer que la copule au présent doit être ajoutée, en lien avec les deux caractéristiques de l'« Écriture » auxquelles l'auteur implicite et le lecteur ont accès. Il pourrait cependant y avoir un double parallèle entre 3.16 et 3.15 : un rapport de *causalité* entre « inspirée de Dieu » en 3.16 et « Saintes » en 3.15, tandis que l'emphase sur l'« Écriture » qui est « utile » (3.16) peut être liée au concept de potentiel des « Saintes Écritures », de ce qu'elles « peuvent » faire (3.15). Il y a peut-être aussi un rapport de *causalité* entre l'inspiration divine de l'Écriture et son utilité (3.16).

> *Que signifie « utile » ? Y a-t-il un rapport de causalité entre les deux caractéristiques de l'« Écriture », son inspiration divine et son utilité de certaines manières ? Si oui, en quoi ? Si oui, quelles sont les implications de ce rapport ? Pourquoi ce rapport serait-il important, en rapport avec le contexte ? Quelle est l'importance de l'emploi implicite de la copule au présent, plutôt qu'au passé ou au futur, en égard à ces deux caractéristiques de l'« Écriture » ? Pourquoi l'auteur n'écrit-il pas explicitement au passé, pour dire que l'Écriture a été « inspirée de Dieu », puis au présent, pour dire qu'elle est « utile » ? Y a-t-il des raisons de d'estimer que, dans la pensée de l'auteur implicite, l'« Écriture » avait été « inspirée de Dieu » à l'origine, mais ne l'était plus au moment où il écrivait cette épître ? Si oui, lesquelles ? Quelles en sont les implications ?*

b. On constate un quadruple emploi d'expressions prépositionnelles, qui commencent toutes par *pros* (pour) : « [*pros*] enseigner », « [*pros*] réfuter », « [*pros*] redresser » et « [*pros*] apprendre à mener une vie conforme à ce qui est juste ». Cet emploi récurrent de *pros* est peut-être révélateur à la fois des domaines dans lesquels l'« Écriture » est « utile » et des multiples aspects de son utilité : elle est « utile » dans chacun de ces domaines et pour accomplir chacun de ces desseins (*récurrence de l'instrumentalisation*). Le rapport précis entre les quatre n'est pas clair. Notez que le mot traduit par « enseigner » (*didaskalia*) est une récurrence du mot employé par Paul en 3.10 pour son « enseignement ».

Quel est le sens de « pour » dans ces expressions ? Pourquoi cet emploi récurrent de cette préposition ? Que signifie « enseigner », « réfuter », « redresser » et « apprendre à mener une vie conforme à ce qui est juste » ? Pourquoi Paul emploie-t-il le même mot pour « enseigner » ici qu'en 3.10 ? Quel est le rapport entre ces divers domaines et objectifs et quel est le sens de ces rapports ? Pourquoi chacun de ces domaines est-il mentionné et pourquoi le sont-ils tous les quatre ? Pourquoi dans cet ordre ? Quelle est leur importance eu égard à la vie et au ministère du destinataire implicite, par rapport aux diverses questions mises en avant dans ce segment et dans l'épître ? Quel est leur rapport avec l'exemple de Paul, y compris avec son enseignement ? Quel est le sens de ce rapport ? Pourquoi ce rapport ? En quoi ces domaines et desseins sont-ils liés à la description contrastée de l'opposition en 3.13 et en 3.1–5a et 6–9, notamment 3.8–9 ? Quelles sont les implications de ces rapports et quelle est leur importance ? En quoi l' « Écriture » est-elle « utile » dans chacun des domaines mentionnés ? Si « pour » inclut l'instrumentalisation, en quoi le destinataire peut-il se servir de l' « Écriture » pour accomplir chacun de ces desseins ? Qui a besoin d'être enseigné, réfuté, redressé, et d'apprendre, par l'Écriture, à mener une vie conforme à ce qui est juste ? Quelles en sont les implications ?

3. « Ainsi, l'homme de Dieu se trouve parfaitement préparé » (3.17a)

a. 3.17 contient une proposition de but (avec *hina*), qui découle de 3.16. Si l'emploi récurrent de *pros* en 3.16 suggère un objectif, l'auteur veut peut-être indiquer les objectifs intermédiaires de « l'Écriture » en 3.16, suivis d'un objectif ultime en 3.17 (*récurrence de l'instrumentalisation*). D'autres versions proposent une traduction neutre de l'expression grecque qui signifie littéralement « l'homme de Dieu ». Cette traduction n'indique pas l'article défini qu'on trouve en grec, mais fait plutôt une affirmation inclusive : « tous ». Le terme traduit par « homme » dans ce passage est *anthrōpos* (être humain) plutôt que *anēr* (personne de sexe masculin). Ce mot, avec l'article défini, peut être traduit par « la personne » et être toujours neutre. Le génitif « de Dieu » est parfois traduit aussi comme possessif plutôt que relationnel : « qui appartient à Dieu » au lieu de « qui fait confiance à Dieu et le sert ».

Si 3.17 indique le dessein ultime de « l'Écriture », tandis que 3.16b énonce ses desseins intermédiaires, en quoi ce dessein ultime est-il atteint pas l'accomplissement de ces desseins intermédiaires ? Qu'entend-on par « l'homme de Dieu » ? Quels peuvent être les arguments pour et contre la traduction de « l'homme » par l'expression neutre « tous » ? Quelles sont les implications de l'emploi par l'auteur du terme anthrōpos plutôt que anēr ? Pourquoi ne pas traduire « l'homme » par « la personne » ? Quelle est l'importance de l'emploi de l'article défini en grec ? L'expression inclusive « tous », dans le sens de « toute personne », est-elle valide ? Si oui, pourquoi ? Que signifie « de Dieu » ici ? Quelles sont les raisons de traduire l'expression dans le sens possessif plutôt que dans le sens relationnel ? Y a-t-il d'autres possibilités ? Si oui, lesquelles et pourquoi ? Quelles en sont les implications ?

b. L'objectif de « l'Écriture », et un de ses emplois, semble exprimé par l'expression « parfaitement préparé ». Le verbe grec traduit par « se trouve » est au subjonctif singulier. Cette « préparation parfaite » peut être vue comme une interrogation, c'est-à-dire la solution aux défis et aux exigences établis par voie de contraste en 3.1–9, 12–13 et 4.3–4, qui sont liés à la fois à la vie personnelle et ministérielle de Timothée. En 3.7, on a une indication qu'un changement d'instruction ou d'enseignement ne permet jamais d'arriver à la vérité, tandis qu'en 3.8, l'auteur compare ces enseignants à Jannès et Jambrès, qui se sont opposés à Moïse et à la vérité (comparaison avec contraste). En 3.13, l'auteur décrit les mêmes personnes comme trompant les autres et étant trompés elles-mêmes. En 4.3–4, reprenant peut-être le thème de 3.1 concernant la « période finale », il indique que le temps viendra où « les hommes ne voudront plus rien savoir de l'enseignement sain », mais « au gré de leurs propres désirs, ils se choisiront une foule de maîtres à qui ils ne demanderont que de leur caresser agréablement les oreilles. Ils détourneront l'oreille de la vérité pour écouter des récits de pure invention ». En 3.10, l'auteur établit un contraste avec son propre enseignement, qui n'avait apparemment pas changé pour s'aligner sur ce que les gens voulaient entendre. Il exhorte aussi le destinataire à « reste[r] attaché » à ce qu'il a appris et reçu avec une entière conviction, sur le fondement de ce qu'il a appris depuis son enfance et sachant de qui il l'a appris (3.14–15a), notamment à la lumière des « Écritures saintes » qui constituent le fondement du long apprentissage et de la foi du destinataire. L'auteur indique aussi le potentiel des Écritures saintes, qui ont joué un rôle crucial dans l'expérience du destinataire, pour instruire pour le salut par la foi en Christ (3.15b).

    Qu'est-ce que cela implique de devenir « parfaitement préparé » ? Quels sont les critères pour cela ? Comment « l'homme de Dieu » devient-il « parfaitement

*préparé » en laissant « l'Écriture » l' « enseigner », le « réfuter », le « redresser »
et lui « apprendre à mener une vie conforme à ce qui est juste » ? À partir de
quand est-il « parfaitement préparé » ? Quelles sont les exigences et les défis
auxquels Timothée est confronté, au regard de 3.1–9, 12–13 et 4.3–4 ? En quoi
cette préparation parfaite l'aide-t-elle à répondre aux défis et aux exigences à la
fois personnels et ministériels auxquels il sera confronté ? Pourquoi ?*

*En quoi les « Écritures saintes » sont-elles différentes des enseignements auxquels
il est fait référence en 3.8–9, 13 et 4.3–4 ? Pourquoi sont-elles nécessaires pour
répondre à ces demandes et à ces défis ? Pourquoi l'auteur implicite met-il en
avant ces différences ? Pourquoi sont-elles importantes ? Quelles en sont les
implications ?*

4. **« et équipé pour accomplir toute œuvre bonne »** (3.17b)

a. L'adjectif « équipé » (*exērtismenos*) traduit la forme participiale du verbe *exartizō*.
Le temps du participe est le parfait et sa voix est passive, si bien qu'on pourrait
le traduire par « ayant été équipé ». En un sens, il peut être vu en apposition à
« parfaitement préparé », avec l'expression présuppositionnelle qui suit, suggérant
que « l'homme de Dieu » qui est « parfaitement préparé » est celui qui a été « équipé
pour accomplir toute œuvre bonne ». Ainsi, cette expression peut être vue comme
une particularisation d'« équipé », ou encore indiquer l'action par laquelle « l'homme
de Dieu », par le moyen de « l'Écriture », devient « équipé » (participe instrumental et
participe de résultat : instrumentalisation avec causalité).

*Si le rapport entre l'expression « pour accomplir toute œuvre bonne » et
l'adjectif « équipé » est l'instrumentalisation, quel en est le sens ? Pourquoi
est-il employé ? Cette expression éclaire-t-elle la nature et la raison d'être de la
préparation parfaite qui précède ? Si oui, en quoi ? Pourquoi l'auteur emploie-
t-il ces rapports ? En quoi ce dessein s'accomplit-il à travers l'Écriture ? En
quoi est-il important à la lumière du contexte du segment et du livre ? En
quoi cette expression instrumentale peut-elle être liée aux desseins indiqués
précédemment, en 3.16–17, ainsi qu'à la proposition de but en 3.15 ? Au vu de la
récurrence de l'instrumentalisation dans ces versets, quel est l'enjeu de conclure
cette série sur « équipé pour accomplir toute œuvre bonne » ? Pourquoi la
conclure ainsi ? Quelles en sont les implications ?*

b. Le participe est suivi de l'expression prépositionnelle « pour toute œuvre bonne »,
qui peut par ailleurs indiquer le dessein d'équiper l'homme de Dieu, par le biais des

Écritures, afin de le rendre « parfaitement préparé », ce qui peut aider à définir à la fois la nature et la cause ou la raison d'être de cette préparation parfaite (instrumentation avec substantiation). Dans d'autres traductions, il s'agit là du cinquième emploi de « pour » en 3.16–17, afin d'indiquer les divers desseins des Écritures (récurrence de l'instrumentation). Si les « Écritures saintes » en 3.15 sont identiques à « l'Écriture » mentionnée en 3.16, cet emploi récurrent de l'instrumentation en rapport avec les Écritures commence par l'expression « « qui conduit au salut », en 3.15, même si la préposition grecque dans ce verset est *eis* plutôt que *pros*. Le rapport entre les desseins mentionnés en 3.16–17 et en 3.15 doit être examiné.

Nul

c. Le terme « toute » suggère une portée inclusive, en rapport avec l' « œuvre bonne ». Le texte emploie le singulier « toute œuvre bonne », au lieu du pluriel « toutes œuvres bonnes ». Ainsi, 3.16–17 commence et se termine sur une forme de *pas* inclusif : « Toute l'Écriture [...] toute œuvre bonne ».

> *Qu'est-ce qu'une « œuvre bonne » ? Pourquoi mettre l'accent sur l' « œuvre bonne » ? Pourquoi employer le singulier au lieu du pluriel « toutes œuvres bonnes » ? En quoi « l'Écriture » permet-elle à « l'homme de Dieu » d'être « équipé pour toute œuvre bonne » ? Pourquoi « l'homme de Dieu » a-t-il besoin d'être « équipé pour toute œuvre bonne » ? Quel est le rapport, s'il y en a un, entre le pas au début et à la fin de 3.16–17 : « Toute l'Écriture [...] toute œuvre bonne » ? S'il y en a un, quel en est le sens ? À la lumière du contexte, en quoi les diverses affirmations en 3.16–17 sont-elles pertinentes pour le destinataire de l'épître ? En quoi est-ce important dans le cadre de notre étude ? Quelles en sont les implications ?*

Observations supplémentaires : l'accomplissement des desseins et l'utilité des Écritures/textes sacrés, affirmés en 3.15–17, rendrait possible l'accomplissement des exhortations en 4.1–5, qui, à leur tour, s'opposeraient aux défis auxquels fait face le destinataire pour les temps à venir. Timothée pourra proclame[r] la Parole (4.2 ; cf. 3.15–17) ; avoir les traits de caractère requis dans les occasions favorables ou non (4.2, 5) ; convaincre, reprendre (cf. 3.16 ; 4.3) ; encourager et faire preuve de toute patience dans son enseignement (4.2 ; cf. 3.16 ; 4.30) ; faire l'œuvre d'un évangéliste et accomplir pleinement son ministère (4.5). La raison pour atteindre ce potentiel scripturaire est qu'il aura besoin de faire face à des personnes qui auront en horreur la saine doctrine, qui voudront accumuler pour eux-mêmes des enseignants selon leurs désirs et qui s'éloigneront de la vérité pour suivre des mythes (4.3–4).

Analyse détaillée

Nous avons mentionné ci-dessous les deux formes d'observation concentrée, qui étudient les détails des passages individuels. Nous venons de décrire la première, l'observation détaillée. La deuxième, l'analyse détaillée, est connue aussi sous le nom de courant de pensée, qui suit le fil de pensée d'un passage.

L'analyse détaillée est en quelque sorte un schéma du passage, qui met l'accent sur les rapports structurels et les connexions contextuelles[7]. Elle se distingue de l'observation détaillée sur plusieurs points. D'abord, l'analyse détaillée a tendance à être plus sélective dans ses observations. Ainsi que nous venons de le mentionner, l'analyse détaillée se concentre sur les fonctions structurelles du passage, notamment sa division en unités de plus en plus petites et en rapports structurels, comme les contrastes ou les généralisations, ainsi que sur les connexions contextuelles entre les détails du passage et les éléments présents dans les versets qui le précèdent et le suivent immédiatement. Dans l'analyse détaillée, les lecteurs pourront faire d'autres types d'observations (par ex. l'inflexion du verbe ou la syntaxe d'une expression), mais on ne notera généralement ces observations que beaucoup moins fréquemment en analyse détaillée qu'en observation détaillée ; autrement dit, le degré d'importance de telles observations est beaucoup plus élevé en analyse détaillée qu'en observation détaillée.

Par ailleurs, l'analyse détaillée correspond bien à des passages plus longs, tandis que l'observation détaillée est plus utile pour les passages de longueur moindre. Étant donné la gamme assez complète de remarques concernant l'observation détaillée, il est plus difficile d'appliquer ce processus aux passages plus longs que deux ou trois versets. Dans ces cas, l'observation détaillée prend tout simplement trop de temps, mais en prenant en compte la nature plus sélective de l'analyse détaillée, on reconnaîtra qu'une analyse détaillée d'un passage plus long peut être assez facile à gérer.

Enfin, même si l'analyse détaillée peut s'avérer utile pour observer des passages de toutes formes littéraires, on découvrira qu'elle est particulièrement efficace pour les passages en forme d'argumentation logique, comme les passages épistolaires. Dans ces passages, l'observation soutenue du courant de pensée est particulièrement importante pour saisir ce que le texte entend communiquer.

Processus d'analyse détaillée

Nous avons découvert le processus suivant utile pour l'analyse détaillée :

1. Commencez par des observations relatives au rapport entre le passage dans son ensemble et son contexte immédiat. Ces observations feront souvent entrer en jeu des rapports structurels. On peut observer, par exemple, qu'un certain passage est lié aux versets qui le précèdent immédiatement en termes de comparaison.

2. Notez la structure générale du passage : ses unités principales et sous-unités, ainsi que les rapports structurels principaux à l'œuvre dans l'ensemble du passage.

---

7 À noter que le caractère schématique de l'analyse détaillée ne doit pas être confondu avec les schémas plus formels abordés ci-dessous (voir « Intégration exégétique » au chap. 15 et en annexe F), dans le cadre de notre traitement des schémas logiques et de sujets.

3. Examinez la première unité principale identifiée. Déterminez ses divisions principales et subdivisions, puis divisez chaque subdivision en unités de plus en plus petites et spécifiques. Dans le cadre de ce processus, attribuez les appellations appropriées pour décrire ces unités, identifiez les rapports structurels et notez les connexions contextuelles. Suivez le même processus pour chacune des autres unités principales identifiées.

4. À partir de l'analyse détaillée, extrapolez le thème unificateur principal du passage, ainsi que les sous-thèmes, et observez comment les sous-thèmes contribuent, développent ou appuient le thème principal, afin de chercher à identifier la structure de pensée du passage.

5. Notez très sélectivement les principales questions exégétiques qui vous viennent à l'esprit en résultat de l'analyse détaillée.

Suggestions pour l'analyse détaillée

Voici quelques suggestions générales pour l'analyse détaillée :

1. Passez progressivement des unités plus vastes aux plus petites. Si cela peut être utile, servez-vous des unités et sous-unités identifiées dans l'aperçu de segment comme d'un cadre pour l'analyse détaillée.

2. Prêtez une attention particulière aux éléments suivants :

    a. les rapports structurels ;

    b. les liens contextuels ;

    c. les catégories logiques (par ex. le type de sens exprimé par le mot ou le passage, ou encore par le problème posé), en faisant attention à attribuer les catégories logiques les plus précises et spécifiques possibles, dans un souci d'exactitude maximale.

    d. les passages, mots ou autres éléments inhabituels ou imprévus ;

    e. les difficultés, éléments d'un abord ardu ou dont le sens de base n'est pas clair, en tout cas en surface.

3. Comprenez qu'une analyse détaillée peut être aussi spécifique (détaillée) ou générale que vous le souhaitez. Votre préférence personnelle, les besoins et contraintes de temps déterminent le degré de spécificité ou de profondeur de votre analyse détaillée.

Raison-d'être de l'analyse détaillée

Voici les principaux motifs d'effectuer une analyse détaillée :

1. L'analyse détaillée permet d'observer les détails significatifs d'un passage long (alors que l'observation détaillée s'applique généralement aux passages plus courts) et de relier ces détails entre eux.

2. L'analyse détaillée permet de concentrer son attention sur le flux du passage et le mouvement de pensée, ce qui est particulièrement utile pour les textes discursifs (mais s'applique à toutes les formes littéraires).

3. Cela permet d'identifier l'emphase principale d'un passage et son rapport précis avec les autres préoccupations ou éléments de ce passage, afin de contribuer à l'interprétation du passage en fournissant des perspectives contextuelles spécifiques.

4. L'analyse détaillée sert de fondement pour poser des questions exégétiques. (Le nombre de questions dépend à la fois du passage et de l'étudiant.) Voici quelques questions utiles (posées de manière générique) :

- Quel est le thème principal mis en avant dans ce passage ? En quoi les préoccupations les plus spécifiques sont-elles liées à ce thème principal ? Comment éclairent-elles ce thème principal ? Pourquoi l'auteur a-t-il mis ce thème en avant et pourquoi l'a-t-il développé de cette manière ?

- Quels sont les principaux problèmes et difficultés que recèle ce passage et comment un examen de ces difficultés me permet-il de mieux comprendre le message qu'il véhicule ?

- Quels sont les sous-thèmes ou détails spécifiques qui m'intéressent particulièrement et en quoi leur rapport au thème principal et aux autres détails me permet-il de mieux en comprendre le sens ?

L'analyse détaillée peut aussi générer des questions plus spécifiques. Elle est utile à la fois pour poser des questions, puis pour y répondre en phase d'interprétation.

Exemple d'analyse détaillée (Psaume 8)

Le tableau 25 est un exemple d'analyse détaillée du Psaume 8, qui révèle comment associer un aperçu d'une unité de la longueur d'un segment avec une analyse détaillée.

On peut commencer par identifier deux rapports structurels majeurs qui entrent en jeu dans ce psaume considéré dans son ensemble. Le premier se manifeste aux versets 1 et 9 : on voit que ces deux versets forment une inclusio autour du psaume. Entre ces passages, le psalmiste a fait figurer ce qui relève de la majesté du nom de l'Éternel (ainsi, les versets 2–8 particularisent le verset 1 et sont généralisés au verset 9) et les raisons, ou causes, pour lesquelles le nom de Yahweh est magnifique sur toute la terre (ainsi, les versets 2–8 donnent de la substance au verset 1 et engendrent le verset 9)[8]. On peut noter aussi le contraste entre l'insignifiance de l'humanité par rapport à la création, aux versets 3–4, et la gloire pour laquelle il a été conçu, aux versets 5–8. Ces observations structurelles constituent un cadre général pour l'analyse détaillée du psaume.

Les lecteurs noteront que nous avons identifié d'une manière graphique les rapports structurels de l'ensemble du Psaume (par ex. l'inclusio entre les versets 1 et 9 et le mouvement partant de l'affirmation générale, au verset 1 et menant aux raisons spécifiques, aux versets 2–8 [particularisation avec substantiation]), ainsi que les rapports structurels présents dans les unités plus petites (par ex. le contraste entre la grandeur de la création et la vanité relative de l'humanité, aux versets

---

8 Ainsi, le psaume est structuré selon la particularisation et la substantiation, avec généralisation et causation par inclusio.

TABLEAU 25

Analyse détaillée du Psaume 8

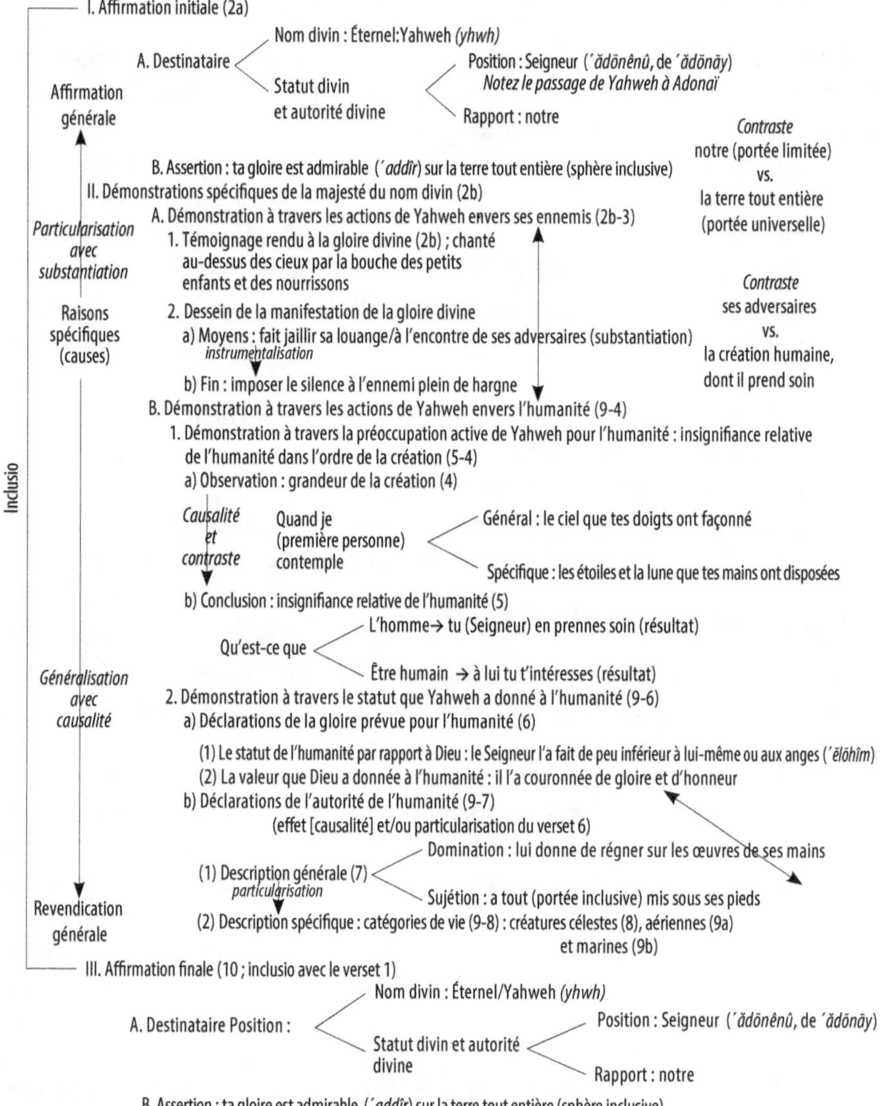

3–4). Ils noteront aussi les appellations descriptives qui expriment des catégories logiques ou des types de problèmes (par ex. « témoignage » et « objectif », aux versets 1b-2), ainsi que les liens contextuels (par ex. entre la « tête » et les « pieds », aux versets 5–6).

Il est important de reconnaître en quoi le caractère schématique de cette analyse détaillée révèle clairement le cheminement du passage. Par ailleurs, en comparant cette analyse détaillée avec l'observation détaillée de 2 Timothée 3.16–17, les lecteurs découvriront que certaines remarques faites dans le cadre de l'observation détaillée, ne se trouvent généralement pas dans l'analyse détaillée. Par exemple, l'analyse détaillée ne contient pas beaucoup d'observations relatives aux termes, comme leurs racines ou inflexions. Il y a des similitudes entre les deux processus, mais chacun représente une manière bien distincte d'étudier et de comprendre les diverses facettes d'un texte.

Exercice : observation détaillée

En suivant les suggestions de ce chapitre, faites une observation détaillée de Marc 15.33–39.

Exercice : analyse détaillée

En suivant les suggestions de ce chapitre, faites une analyse détaillée de Jonas 4.1–11 et de Marc 4.1–10.

Partie 3

Réponses ou interprétation

Nous avons intitulé cette partie « Réponses ou interprétation », parce que les étudiants interprètent le texte en répondant aux questions soulevées en phase d'observation. L'interprétation consiste à s'assurer précisément et spécifiquement du sens du texte, en identifiant, sur la base des preuves tirées du texte lui-même et des passages qui l'entourent, l'intention communicative de l'auteur implicite à l'égard du lecteur implicite, c'est-à-dire du lecteur présumé par le texte lui-même. Le processus exégétique dépend donc de l'orientation que le texte donne au lecteur pour l'interprétation du sens. Ce rôle déterminant de l'orientation textuelle dans l'interprétation exige que les étudiants comprennent celle-ci comme le fait de répondre aux questions posées en phase d'observation.

Les étudiants qui font le lien entre l'interprétation et la réponse aux questions issues de l'observation du texte lui-même, adoptent une procédure qui permet aux données et aux dynamiques du texte lui-même de déterminer son interprétation. L'historique de l'interprétation atteste du fait que l'eiségèse émane souvent de l'habitude de poser au texte des questions auxquelles il n'est pas disposé à répondre, des questions étrangères au texte lui-même. Une approche inductive, qui cherche à écouter le texte selon ses propres termes, cherchera à s'assurer que l'interprétation émane de l'observation du texte. Les étudiants feront le lien entre observation et interprétation en concevant l'interprétation comme la réponse aux questions posées en phase d'observation.

Certains se demandent quelle peut bien être l'utilité de l'interprétation. Est-ce que cela ne suffit pas de tout simplement lire le texte ? Cette suspicion à l'égard de l'interprétation est souvent liée à l'assertion optimiste que « la Bible dit ce qu'elle veut dire et veut dire ce qu'elle dit ». Certes, le sens fondamental de la plupart des textes peut être saisi par le biais d'une lecture attentive. De fait, toute lecture consiste une forme élémentaire d'interprétation. C'est pourquoi, une grande partie de ce que nous avons décrit précédemment dans la partie consacrée à l'observation, ainsi qu'une grande partie de ce que nous allons mentionner concernant l'interprétation, fait intervenir des pratiques adoptées d'une manière générale et quasi-inconsciente par la plupart des lecteurs compétents. En un sens, bien faire attention à l'observation et à l'interprétation permet de devenir de meilleurs lecteurs, en mettant plus efficacement en pratique ce que les lecteurs compétents font déjà.

Il y a cependant une différence entre la lecture et l'interprétation, très bien décrite par Ben F. Meyer : « L'interprétation est un effort méthodique visant à lire un texte qui ne révèle pas son sens immédiatement. »[1] Le texte biblique est issu de cultures profondément étrangères à la plupart des lecteurs modernes et c'est un texte profond et très dense. C'est pourquoi, les passages bibliques refusent constamment de révéler immédiatement tout leur sens, si bien qu'un « effort méthodique » d'interprétation s'avère nécessaire.

---

1 Meyer, *Reality and Illusion* (Réalité et illusion), 90.

14

Choisir des questions et formuler les prémisses

Choisir les questions auxquelles répondre

Critères de sélection

La discussion de l'observation, présentée en partie 2, montre clairement qu'en avançant dans le processus d'observation et en posant des questions d'observation, on génère tant de questions qu'il est impossible de répondre à chacune d'entre elles. Même si, sur certains points, il serait idéal de répondre à toutes les questions posées dans le cadre du processus d'observation, ce n'est pas réaliste[1]. C'est pourquoi, les étudiants peuvent choisir les questions auxquelles répondre, selon quatre critères.

Importance. Quelles questions semblent être les plus importantes pour s'assurer de la/les préoccupation(s) centrale(s) du passage et la/les explorer ? L'observation concentrée (que ce soit par observation détaillée ou par analyse détaillée) nous oriente peut-être vers le problème principal du passage, en aidant à identifier sa structure de pensée. Les considérations de structure grammaticale/syntactique,

---

1 L'expression « sur certains points » est importante. L'objectif de complétude absolue est valide et certaines questions qui semblent, à première vue, ne pas avoir de grand potentiel exégétique, peuvent être d'une grande importance afin de s'assurer du message de certains passages. Ces considérations nous orientent toutes les deux vers l'idéal qui consiste à répondre à toutes les questions posées, même si certaines questions posées en observation, non seulement *semblent* ne pas avoir de grand potentiel exégétique, mais n'en ont *effectivement* pas, si bien qu'y répondre nous déconcentrerait et nous agacerait.

de structure littéraire ou de contexte, peuvent être utiles aussi pour juger de l'importance des questions.

Difficulté. S'il est naturel de vouloir éviter les tâches et les situations difficiles, le processus d'exploration et de résolution des difficultés d'un passage est un principe d'interprétation, souvent crucial pour comprendre le sens d'un passage. C'est pourquoi, nous devons nous demander quels sont les problèmes, puis quelles sont les questions qui abordent spécifiquement les problèmes principaux. Les réponses à certaines questions sont tellement évidentes qu'on peut les ignorer dans l'interprétation.

Interdépendance. En répondant à une question, vous serez souvent obligé d'en poser d'autres. Par exemple, il n'est souvent pas possible de répondre à une question rationnelle, sans avoir d'abord répondu à la question définie/explicative, car la question rationnelle présuppose la question définie/explicative. Par ailleurs, la réponse à une question d'ordre général implique souvent de répondre à certaines questions plus spécifiques, posées dans le cadre de l'observation détaillée.

Intérêt. Les étudiants abordent souvent un passage avec une préoccupation particulière, un intérêt personnel ou professionnel pour un aspect du passage, qui peut être différent du thème dominant. Cet intérêt ou objectif personnel peut naturellement et légitimement les mener à poser des questions autour de cet intérêt ou objectif.

Cadre temporel pour la sélection

Les étudiants disposent de deux possibilités par rapport au moment du processus où ils choisissent les questions auxquelles répondre. Ils peuvent le faire pendant le processus d'observation lui-même. En posant une question immédiatement, ils seront peut-être frappés par son importance apparente, que ce soit au regard du message véhiculé par le passage lui-même ou de leurs propres desseins personnels ou professionnels. Dans ce cas, ils voudront peut-être la noter, afin d'y fournir une réponse immédiate. D'un autre côté, les étudiants préféreront peut-être attendre d'avoir achevé le processus d'observation et posé toutes les questions, afin de les examiner toutes, en vue d'en identifier une ou deux leur apparaissant particulièrement prometteuses pour l'interprétation. Par ailleurs, d'autres questions significatives pourront leur venir à l'esprit à la fin de l'observation.

Répondre aux questions choisies et formuler des prémisses

Répondre à une question implique deux éléments assez larges : 1) identifier les types de preuves pertinentes comme fondement pour formuler les prémisses, 2) tirer les bonnes inférences de ces prémisses, qui constituent des réponses possibles aux questions posées, et vérifier ces réponses possibles, afin de déterminer laquelle présente le plus de preuves et les meilleures preuves en sa faveur. Pendant tout ce temps, les étudiants doivent faire attention à éviter diverses erreurs d'interprétation ou d'exégèse.

Un certain nombre de types de preuves peuvent influer sur les réponses aux questions exégétiques choisies. Vous trouverez ci-dessous une liste relativement complète de ces types de preuves, qui ne seront cependant pratiquement jamais toutes pertinentes ou, au moins, d'une réelle utilité pour répondre à une question exégétique. C'est pourquoi, en se fondant sur la question posée, l'exégète doit se demander lesquels de ces types de preuves, ou déterminants exégétiques, seront les plus utiles pour répondre à la question choisie :

- définition préliminaire,
- contexte littéraire,
- usage des mots,
- témoignage des Écritures,
- type de termes,
- inflexion et syntaxe (structure grammaticale),
- formes littéraires,
- facteur psychologique,
- ton ou atmosphère,
- objectif et point de vue de l'auteur,
- arrière-plan historique,
- historique des termes,
- historique du texte,
- historique de la tradition,
- interprétation par les autres.

Du fait que les prémisses sont fondées sur la mention de divers types de preuves, les étudiants doivent se familiariser avec toute la gamme de types de preuves possibles susceptibles d'être employées dans la formulation de prémisses. Voici une description des principaux types de preuves.

Définition préliminaire

Si la question dépend du sens d'un terme, une définition préliminaire sera généralement utile. Il s'agit de chercher le mot dans un lexique classique, qu'il s'agisse d'un lexique hébreu (pour les passages de l'Ancien Testament) ou grec (pour les passages du Nouveau Testament). Les ressources en langue source sont nécessaires parce que les étudiants s'intéressent au sens du terme employé par l'auteur biblique. Ce processus ne posera aucune difficulté aux étudiants qui ont des facilités en grec et en hébreu, mais les lecteurs qui ne maîtrisent pas ces langues peuvent néanmoins se servir de ces ressources. De tels lecteurs pourront avec profit consulter l'annexe D « Emploi de ressources en langue originale ».

Nous souhaitons faire deux suggestions concernant la définition préliminaire. D'abord, à ce stade, nous recommandons aux étudiants de n'employer que des lexiques classiques, au lieu de manuels ou de dictionnaires théologiques[2]. Ces derniers sont utiles pour explorer l' « historique du terme », une déterminante exégétique sur laquelle nous reviendrons par la suite. À ce stade, cependant, nous n'avons besoin que d'une définition élémentaire de chaque, tandis que les manuels et dictionnaires théologiques entrent beaucoup dans les détails de l'historique et de l'emploi du terme dans divers contextes, dont le passage à interpréter fait souvent partie.

Ensuite, parce que les étudiants n'ont à présent besoin que d'une définition de base, ils ne voudront éventuellement noter que le sens de base du terme, qui est généralement donné en haut de l'entrée. Autrement dit, il pourrait leur être profitable d'éviter d'aller trop loin dans la lecture de l'entrée ou de la lire en entier. En effet, souvent, le lexicographe abordera le sens du terme dans le passage-même que les étudiants sont en train d'interpréter, auquel cas le lexique fonctionnera comme un commentaire. D'une manière générale, nous recommandons aux étudiants d'examiner les commentaires en dernier, dans le cadre du dernier type de preuves pris en compte. Une fois qu'ils en viendront à examiner l'interprétation des autres sous la forme de commentaires, ils pourront revenir au lexique et noter les remarques du lexicographe sur leur passage. À ce stade de la définition préliminaire, cependant, l'objectif est d'obtenir une idée de base du sens du terme, qui servira en quelque sorte de point de départ pour leur propre étude du passage[3].

---

2 Par exemple, G. Johannes Botterweck, Helmer Ringgren et Heinz-Josef Fabry, éd., *Theological Dictionary of the Old Testament* (Dictionnaire théologique de l'Ancien Testament), trad. J. T. Willis et al., 15 vol. (Grand Rapids : Eerdmans, 1974-2006) ; Willem A. VanGemeren, éd., *New International Dictionary of Old Testament Theology and Exegesis* (Nouveau dictionnaire international de la théologie et de l'exégèse de l'Ancien Testament), 5 vol. (Grand Rapids : Zondervan, 1997) ; Colin Brown, éd., *New International Dictionary of New Testament Theology* (Nouveau dictionnaire international de la théologie du Nouveau Testament), 4 vol. (Grand Rapids : Zondervan, 1975–79) ; Gerhard Kittel et Gerhard Friedrich, éd., *Theological Dictionary of the New Testament* (Dictionnaire théologique du Nouveau Testament), trad. Geoffrey W. Bromiley, 10 vol. (Grand Rapids : Eerdmans, 1975–76). Des ressources supplémentaires sont disponibles dans Bauer, *Annotated Guide to Biblical Resources* (Guide annoté des ressources bibliques), 58–59, 198–200.

3 Voici quelques-uns des lexiques hébraïques les plus populaires : Francis Brown, S. R. Driver et Charles A. Briggs, *A Hebrew and English Lexicon of the Old Testament* (Lexique grec-hébreux de l'Ancien Testament) (1907 ; repr., Peabody, Massachusetts : Hendrickson, 1979, 1996, avec numérotation *Strong*) ; Benjamin Davidson, *The Analytical Hebrew and Chaldee Concordance* (Concordance analytique de l'hébreu et du chaldéen), 2ᵉ éd. (Peabody, Massachusetts : Hendrickson, 1990) ; William L. Holladay, *A Concise Hebrew and Aramaic Lexicon of the Old Testament* (Lexique concis hébreux et araméen de l'Ancien Testament) (Grand Rapids : Eerdmans, 1971) ; Ludwig Köhler et Walter Baumgartner, *The Hebrew and Aramaic Lexicon of the Old Testament* (Lexique hébreux et araméen de l'Ancien Testament), rév. Walter Baumgartner et Johann Jakob Stamm, 3ᵉ éd., 5 vol. (Leiden : Brill, 1994–2000). Pour une liste plus exhaustive et pour des annotations sur ces lexiques, voir Bauer, *Annotated Guide to Biblical Resources* (Guide annoté des ressources bibliques), 56–58.

Les lexiques grecs les plus largement employés incluent notamment : W. Bauer, F. W. Danker, W. F. Arndt et F. W. Gingrich, *A Greek-English Lexicon of the New Testament and Other Early Christian Literature* (Lexique grec-anglais du Nouveau Testament et des autres textes chrétiens primitifs), 3ᵉ éd. (Chicago : University of Chicago Press, 2000), fondé sur la 6ᵉ éd. du *Griechisch-deutsches Wörterbuch zu den Schriften des Neuen Testaments und der frühchristlichen Literatur* (Dictionnaire grec-allemand des Écritures du Nouveau Testament et de la littérature chrétienne primitive), de Walter Bauer ; Wesley J. Perschbacher, éd., *The New Analytical Greek Lexicon* (Lexique grec analytique) (Peabody, Massachusetts : Hendrickson, 1990) ; Joseph Henry Thayer, *Greek-English Lexicon of the New Testament: Coded with the Numbering System from Strong's Exhaustive Concordance of the Bible* (Lexique grec-anglais du Nouveau Testament : codé avec le système de numérotation de la Concordance biblique exhaustive de Strong) (Peabody, Massachusetts : Hendrickson, 1996) ; Barclay Newman, *A Concise Greek-English Dictionary of the New Testament* (Dictionnaire concis grec-anglais du Nouveau Testament) (Stuttgart : United Bible Societies, 1993). Pour une liste plus complète et pour des annotations sur ces lexiques, voir Bauer, *Annotated Guide to Biblical Resources* (Guide annoté des ressources bibliques), 195–98. Pour l'hébreu et le grec, l'étudiant pourra partir des définitions de base données, par ex., via le logiciel BibleWorks.

Contexte littéraire

Le contexte littéraire est généralement le type de preuve le plus important pour l'interprétation, qu'il faudra toujours considérer comme un type de preuve pertinent, quel que soit le passage étudié. L'unité littéraire de base de la Bible étant le livre, le contexte littéraire fait entrer en jeu toutes les preuves tirées du livre dans lequel se trouve le passage. C'est pourquoi, il y a trois niveaux de preuves contextuelles.

Le premier niveau de preuve contextuelle est le contexte immédiat : les preuves sont tirées des versets qui précèdent et suivent immédiatement le passage. Le plus souvent, à l'étape d'observation, les étudiants auront déjà effectué soit une observation, soit une analyse détaillée, qui leur aura permis de faire un certain nombre d'observations contextuelles. C'est pourquoi, ils voudront commencer leur examen du contexte immédiat en notant les observations qu'ils auront faites pendant l'observation détaillée ou l'analyse détaillée, en se demandant si elles peuvent servir de preuves pour répondre à la question exégétique soulevée. Dans ce cas, ils pourront présenter ces éléments ici, comme étant des preuves, afin d'en tirer des inférences qui constitueront des réponses possibles aux questions qui se posent. Ils ne devront cependant pas s'en tenir à consulter le résultat de leur observation détaillée, mais réexaminer le contexte immédiat en gardant spécifiquement en tête leur question exégétique, afin de découvrir les autres preuves tirées des versets qui précèdent ou suivent immédiatement le passage et peuvent influer sur la réponse à la question exégétique.

Le deuxième niveau de preuves contextuelles est le contexte du segment. Là encore, les étudiants auront peut-être déjà préparé un aperçu de segment pendant la phase d'observation, ce qui leur permettra de commencer cet examen des preuves tirées du contexte du segment en notant les observations tirées de l'aperçu de segment qui leur semblent utiles pour répondre à la question. Ils présenteront ensuite ces observations comme preuves, afin d'en tirer des suppositions. Les étudiants ne devront cependant pas s'arrêter là, mais réexaminer ensuite le segment, en gardant à l'esprit la question exégétique, afin d'en identifier les autres éléments pouvant servir de preuves pour l'interprétation.

Le troisième niveau de preuves contextuelles est le contexte du livre. Si les étudiants ont préparé un aperçu du livre pendant la phase d'observation, ils pourront commencer par identifier les observations effectuées là, qui peuvent servir de preuves pour l'interprétation de leur passage. Ils devront cependant aussi prendre en compte les autres éléments du livre qu'ils pourront employer comme preuves de leur interprétation.

Nous avons suggéré précédemment que, du fait que tous types de preuves tirées du livre lui-même sont susceptibles de servir de preuves contextuelles, ces dernières peuvent prendre diverses formes spécifiques. Deux types de preuves contextuelles sont particulièrement pertinentes, si bien que les exégètes feront bien de toujours les prendre en compte.

La première de ces formes particulièrement pertinentes de preuves contextuelles est la structure littéraire. Nous avons mis en avant le rôle de l'analyse structurelle en phase d'observation, car nous sommes persuadés de l'importance capitale de la structure littéraire pour une bonne interprétation. De fait, en tenant compte de l'impossibilité de saisir pleinement le sens du message communiqué autrement qu'en examinant comment il est communiqué, on reconnaît le rôle central que jouent les éléments structurels dans l'interprétation. Ainsi, les exégètes doivent prendre au sérieux les manières dont la structure littéraire informe le sens d'un passage. Nous croyons qu'il faut toujours se demander en quoi la structure de la phrase, du paragraphe, du segment et du livre éclairent le sens du passage à interpréter. Si, dans l'interprétation, le rôle joué par la structure littérale pourra varier d'un passage à l'autre, elle affectera toujours la manière dont on interprètera chaque passage.

La deuxième de ces formes particulièrement pertinentes de preuves contextuelles est l'emploi de ce terme ailleurs dans le livre. L'exégète pourra se demander aussi en quel autre endroit de ce même livre biblique le terme du passage à interpréter apparaît et quelle lumière cette occurrence du mot projette son sens dans le passage faisant l'objet d'une étude. Le terme en question sera toujours celui employé par l'auteur implicite lui-même ; il s'agira donc d'un terme hébreu (Ancien Testament) ou grec (Nouveau Testament), dont on pourra trouver les occurrences en se servant d'une concordance en langue originale. L'exégète commencera donc à se servir de la concordance en tant que preuve contextuelle.

L'emploi des concordances en langue originale ne pose pas de problème pour ceux qui connaissent le grec ou l'hébreu, mais même ceux qui connaissent les langues originales devront se servir de concordances grecques ou hébraïques pour une interprétation plus précise et approfondie d'un terme. L'annexe D, « Emploi de ressources en langue originale », sensibilisera ces personnes aux processus qui leur permettront d'identifier les passages contenants tel ou tel terme grec ou hébreu. Tous les exégètes auront besoin d'une concordance grecque et hébraïque ou d'un logiciel biblique ayant des capacités étendues et précises de recherche de termes. Ces logiciels créent en fait une concordance à chaque nouvelle recherche[4].

Un auteur implicite pourra néanmoins faire usage du même terme grec ou hébreu de manières diverses en rédigeant le même livre. Il ne faudra pas se contenter de présumer que le sens d'un mot est exactement le même dans d'autres passages

---

4 Pour une liste de certaines annotations des concordances hébraïques et grecques, voir Bauer, *Annotated Guide to Biblical Resources* (Guide annoté des ressources bibliques), 60–61, 200–202. Voici les concordances hébraïques les plus significatives : Abraham Even-Shoshan, *A New Concordance of the Old Testament* (Nouvelle concordance de l'Ancien Testament) (Jérusalem : Kiryat Sepher, 1977–80 ; Grand Rapids : Baker Academic, 1984) ; John R. Kohlenberger III, *The Hebrew-English Concordance to the Old Testament: With the New International Version* (Concordance grec-anglais de l'Ancien Testament : à partir de la New International Version) (Grand Rapids : Zondervan, 1998); George V. Wigram, *The Englishman's Hebrew Concordance of the Old Testament* (Concordance hébraïque de l'Ancien Testament de l'anglais) (Peabody, Massachusetts : Hendrickson, 1996). Les concordances les plus significatives pour le NT grec sont : Kurt Aland, éd., *Vollständige Konkordanz zum griechischen Neuen Testament* (Concordance complète du Nouveau Testament grec), 2 vol. (Berlin : de Gruyter, 1975–83) ; H. Bachmann et W. A. Slaby, éd. collaboratives, *Computer Concordance to the Novum Testamentum Graece* (Concordance informatique du Novum Testamentum Graece), édité par l'Institut de recherche textuelle sur le Nouveau Testament et le Centre informatique de l'Université de Münster (Berlin : de Gruyter, 1985) ; W. F. Moulton et A. S. Geden, *A Concordance to the Greek Testament* (Concordance du Testament grec), éd. I. Howard Marshall, 6ᵉ éd. (New York : Continuum, 2002).

du livre. En écrivant son livre, cependant, l'auteur implicite crée un microcosme, le microcosme du texte, qui invite implicitement le lecteur à comprendre une occurrence d'un terme du livre à la lumière des autres occurrences du même terme dans le même livre. L'assertion de l'auteur est donc que le lecteur fera le lien entre les occurrences d'un même terme dans le livre.

Pour mieux comprendre, voici une brève illustration de l'importance des rapports contextuels pour l'interprétation des passages individuels de Romains 12.1 — 15.3. La première partie est un exemple de l'importance des rapports contextuels les plus immédiats, tandis que la dernière partie concerne l'importance des rapports plus lointains.

On note que le rapport entre Romains 12.1–2 et 12.3 — 15.3 est ce que nous avons décrit précédemment comme la particularisation logique, à laquelle participe le mouvement du général au spécifique. Le passage général contient plusieurs parties principales : d'abord, une exhortation aux Romains à présenter leur corps en sacrifice vivant ; ensuite, la précision qu'un tel sacrifice constitue un culte spirituel ; puis, une exhortation usant du contraste entre une vie conforme aux temps présents et une vie transformée ; et enfin, le moyen et l'objectif d'une telle vie : une intelligence renouvelée, afin de discerner la volonté bonne, agréable et parfaite de Dieu.

Lorsqu'un lecteur applique le rapport de particularisation et cherche à découvrir en quoi ces idées générales s'expliquent par les détails de 12.3 — 15.13, on découvre que pour Paul, le sacrifice vivant du corps implique la juste évaluation de nos propres dons, comme l'absence de vanité, l'amour authentique, la haine du mal, l'hospitalité, le fait de bénir ceux qui nous maudissent et une vie d'empathie pour les autres chrétiens. Il s'agit d'expressions concrètes d'une vie de sacrifice. De fait, ces pratiques, ainsi que d'autres qu'on trouve en 12.3 — 15.13, constituent la volonté « bonne, agréable et parfaite » de Dieu (12.2), que les Romains peuvent discerner en s'abandonnant à Dieu. Voici les éléments d'une vie transformée, plutôt que façonnée selon le monde.

Les gens de ce monde persécutent ceux qui les persécutent et rendent le mal pour le mal. Si les chrétiens de Rome sont comme le monde, ils feront la même chose ; mais si, de par leur consécration à Dieu, leur perspective mentale change, alors, si leurs ennemis ont faim, ils leur donneront à manger ; s'ils ont soif, il leur donneront à boire. Ils surmonteront le mal par le bien. Un tel abandon à Dieu et à sa volonté constitue un culte spirituel, la liturgie qui engage le cœur-même du chrétien. C'est ce que Paul dit aux Romains : « Voulez-vous rendre à Dieu un culte spirituel, donc authentique ? Alors, bénissez ceux qui vous persécutent au lieu de les maudire. Donnez à manger et à boire à votre prochain. De tels actes constituent un culte authentique. Sans eux, votre culte est vain. Seule une vie transformée est la vie du culte spirituel ! » En examinant l'importance et les effets de la particularisation, on parvient au sens profond de ce que Paul écrit en Romains 12.1 — 15.13.

L'exposition de Romains 12.1 — 15.13 va cependant beaucoup plus loin encore. Notez d'abord que le premier verset contient « donc », ce qui indique que ce passage présente les effets des causes précédentes. Autrement dit, la loi de la causalité exhortative agit dans l'arrangement d'ensemble de la lettre, faisant entrer l'exégète dans les rapports contextuels les plus distants du passage. Par conséquent, afin de s'assurer de tout l'impact des exhortations contenues en Romains 12.1 – 15.13, il faut trouver dans les onze premiers chapitres les raisons qui rendent possible et impérative l'obéissance du lecteur à ces exhortations. Cet examen nécessiterait l'étude de tous les rapports et liens des chapitres 1 à 11. Une telle étude n'est pas possible à ce stade, mais le lecteur pourra entrevoir quelques-unes des potentialités inhérentes à l'utilisation de tous ces rapports structurels. Cela donne aussi des preuves supplémentaires de la complexité des rapports et liens qui doivent souvent être pris en compte dans l'interprétation du passage.

Usage des mots

Cette déterminante exégétique exige d'examiner comment, dans d'autres livres bibliques, est employé un terme apparaissant dans le passage et dont on cherche à connaître le sens. Il faut garder à l'esprit que toutes les preuves, quelles qu'elles soient, tirées du livre biblique, notamment les occurrences du mot lui-même dans ce livre, font partie du contexte. Par conséquent, l'usage des mots ne concerne que les occurrences de ce mot en dehors du livre. L'usage des mots se divise en deux catégories assez vastes : biblique et extrabibliques.

Usage des mots dans la Bible

L'usage biblique d'un mot se rapporte à l'emploi du mot ailleurs dans le texte biblique. Puisqu'il s'agit du mot employé par l'auteur implicite du texte, cela consiste à suivre les autres occurrences du terme hébreu (pour l'Ancien Testament) ou grec (pour le Nouveau Testament)[5]. C'est pourquoi, ainsi que nous l'avons mentionné précédemment dans la partie « Contexte littéraire », il sera profitable pour l'exégète d'employer des concordances en langue originale. Là encore, les lecteurs qui ne maîtrisent pas le grec ou l'hébreu doivent consulter l'annexe D. Ceux qui, au contraire, connaissent l'une ou l'autre de ces deux langues doivent consulter une concordance grecque ou hébraïque classique, ou encore se servir d'un logiciel biblique avec capacité de recherche en langue originale.

L'usage des mots dans la Bible peut lui-même être divisé en trois types. Il y a d'abord l'usage des mots au sein du *corpus*. Ce terme fait ici référence à un corpus littéraire et, plus spécifiquement, à un ensemble ou une collection de livres écrits par le même auteur. Toutes choses étant égales par ailleurs, les exégètes peuvent supposer que la manière dont le même auteur emploie le même mot dans un autre de ses livres est plus pertinente pour le sens de ce mot dans tel ou tel passage que la manière dont d'autres auteurs l'ont employé. Une même personne emploiera probablement le même mot de la même manière (ou d'une manière approchante) dans les divers textes qu'il écrit. Par conséquent, les exégètes accorderont peut-être la priorité à l'usage des mots au sein du corpus. Pour interpréter le sens d'un mot dans un passage de Romains, par exemple, on peut commencer l'étude de l'emploi

---

5 Voir les informations bibliographiques sur les concordances hébraïques et grecques significatives à la note 3 ci-dessus.

de ce mot en examinant comment Paul l'emploie dans ses autres épîtres. Cette suggestion ne veut pas dire qu'il ne faille examiner que l'emploi de ce terme par Paul, mais qu'il faut en commencer par-là avant d'en chercher d'autres emplois dans d'autres passages de la Bible[6].

La plupart des livres bibliques ne font pas partie du corpus d'un auteur, mais ont été écrits par des personnes qui n'ont contribué qu'un seul livre au canon biblique. En pareil cas, on peut passer directement à la seconde manière d'étudier l'emploi d'un terme biblique : vérifier l'emploi du mot dans le même *Testament*.

Le troisième type d'emploi d'un mot biblique, son emploi dans l'autre Testament, ne s'applique qu'à l'étude des passages du Nouveau Testament et aux occurrences d'un terme grec tiré de l'Ancien Testament dans sa version grecque, la Septante[7], principale traduction grecque de l'Ancien Testament disponible dans le monde gréco-romain du 1er Siècle. La quasi-totalité des auteurs de l'Ancien Testament connaissaient la Septante et la majorité d'entre eux se servaient exclusivement de cette traduction pour leurs citations et allusions à l'Ancien Testament. Les auteurs de l'Ancien Testament écrivaient en hébreu, si bien que la terminologie grecque du Nouveau Testament ne saurait servir de base à l'étude de l'usage des mots pour les passages écrits par les auteurs de l'Ancien Testament. Les auteurs du Nouveau Testament, ainsi que leur public, connaissaient pour leur part l'Ancien Testament grec et leur emploi du vocabulaire, surtout du vocabulaire, surtout du vocabulaire théologique, tendait à être informé par l'Écriture telle qu'elle avait été dans leur langue vernaculaire, de même que les chrétiens modernes conceptualisent les termes et catégories théologiques selon leur fonction dans nos traductions françaises. Les auteurs et le public de l'Ancien Testament ne parlaient pas grec et ne connaissaient certainement pas le Nouveau Testament grec, dont ils ont précédé la rédaction de plusieurs siècles.

Les étudiants qui ont des facilités en grec doivent se servir du sens des mots de l'Ancien Testament (Septante) pour interpréter les passages du Nouveau Testament. C'est possible en se servant d'une concordance de la Septante.[8] Les logiciels bibliques incluant une fonction de recherche de la Septante peuvent également être employés, souvent même par des étudiants qui ne connaissaient pas le grec.

---

6 Un autre exemple d'emploi de ce mot dans un corpus serait l'interprétation d'un passage des livres historiques deutéronomiques (de Josué à 2 Rois), en admettant que l'ensemble de ces livres, sous leur forme finale, porte la marque d'un seul rédacteur ou éditeur. Cette idée a été acceptée par la grande majorité des spécialistes, depuis l'œuvre-charnière de Martin Noth, *The Deuteronomistic History* (Les livres historiques deutéronomiques). Cet exemple des livres historiques deutéronomiques illustre cependant une complication potentielle relative aux corpus d'auteurs, car l'appartenance ou non d'un livre à un corpus n'est jamais parfaitement claire. Notez le débat entre spécialistes concernant l'étendue du corpus du Chroniqueur dans l'étude de l'AT, ou encore celui qui porte sur la question de savoir si les prophètes mineurs constituent un simple recueil canonique (c. à d. un groupe de livres liés dans l'organisation du canon), ou s'ils portent la marque d'une rédaction finale commune (comme ce serait apparemment le cas des livres historiques deutéronomiques). Sur la question des livres historiques du Chroniqueur, voir Joseph Blenkinsopp, *Ezra-Nehemiah: A Commentary* (Esdras-Néhémie : commentaire), OTL (Louisville : Westminster John Knox, 1988) ; et sur la question des prophètes mineurs, voir Paul R. House, *The Unity of the Twelve* (L'unité des Douze), JSOT 97 (Sheffield : Almond, 1990).

7 La Septante est parfois représentée parle le chiffre romain LXX (70), à cause de la tradition selon laquelle elle a été produite par soixante-dix savants (ou soixante-douze, d'après la *Lettre d'Aristée* 35–40).

8 Edwin Hatch et Henry A. Redpath, *A Concordance to the Septuagint and Other Greek Versions of the Old Testament* (Concordance de la Septante et des autres versions grecques de l'Ancien Testament), 2 vol. (Oxford : Clarendon, 1897–1906). Pour une discussion des ressources principales pour l'étude de la Septante, voir Bauer, *Annotated Guide to Biblical Resources* (Guide annoté des ressources bibliques), 62–65.

L'objectif de cette recherche sur l'usage des mots est de fournir l'arrière-plan linguistique des passages examinés, en cherchant à répondre à la question de savoir comment l'auteur implicite s'est servi de ce terme, ou, plus précisément, comment l'auteur implicite de ce passage s'attendait à ce que ses lecteurs implicites le comprennent. Ainsi que nous l'avons mentionné précédemment, le contexte littéraire est généralement très utile pour répondre à cette question, mais sans toutefois qu'il y suffise pleinement dans bon nombre de cas. Les auteurs présument généralement que leurs lecteurs aborderont le passage à partir de son arrière-plan linguistique, avec des connaissances sur la manière dont le terme était employé dans cette culture et sous-culture. Les lecteurs modernes, étant issus d'une culture linguistique différente, n'ont pas cet arrière-plan ; c'est pourquoi, afin de parvenir à une lecture compétente du texte, ils ont besoin de se familiariser le plus possible avec l'arrière-plan linguistique original. Ils acquièrent cette compétence linguistique au moyen d'un examen critique de l'emploi du terme ailleurs dans la culture et la sous-culture, notamment dans la sous-culture de la communauté religieuse dans laquelle le mot était usité. Il s'agit de bien saisir dans quel sens un terme était employé, soit, pour un terme de l'Ancien Testament au sein de la communauté d'Israël, tel qu'il ressort de la lecture des livres de l'Ancien Testament, pour les termes qui appartiennent à son lexique ; et, pour tout terme du Nouveau Testament, et au sein de la communauté de l'Église, tel qu'il ressort surtout de la lecture du Nouveau Testament et aussi de la Septante.

Lorsque les lecteurs reconnaissent que l'objectif visé dans l'emploi d'un mot est d'acquérir une idée de l'arrière-plan linguistique du passage, ils comprennent l'importance de l'interaction critique entre le mot tel qu'il est employé dans le passage à interpréter et le même mot tel qu' employé dans d'autres passages bibliques. On ne peut présumer qu'un auteur ait forcément voulu que ses lecteurs interprètent tel ou tel mot de tel ou tel passage dans un sens parfaitement identique à celui que ce terme revêt dans d'autres passages bibliques. Les auteurs sont libres d'employer des mots d'une manière qui se distingue au moins un peu de l'emploi qu'en font d'autres auteurs.

C'est pourquoi, en se livrant à l'étude de l'usage des mots, les étudiants doivent toujours se demander si l'emploi d'un mot dans le passage qu'ils étudient s'inscrit dans une continuité ou une discontinuité fondamentale avec l'emploi du même mot dans un autre passage d'un autre livre biblique. Si ce mot semble être employé de la même manière, il y a continuité fondamentale, ou complémentarité, et les étudiants doivent donc faire usage du principe d'arrière-plan, en se demandant en quoi l'emploi de ce terme dans l'autre passage biblique ajoute de la richesse, de la profondeur et de la clarté à l'emploi du terme dans leur passage.

Le terme qui apparaît dans le passage à interpréter peut cependant être employé dans un sens différent lorsqu'il apparaît ailleurs dans la Bible. Dans ce cas, il y a discontinuité fondamentale, ou spécificité, et les étudiants emploient le principe de contraste[9], en se demandant en quoi l'emploi du terme dans un autre passage

---

9 Si l'emploi du même mot dans l'autre passage est en contraste fondamental avec son emploi dans le passage interprété, ce contraste pourra lui-même éclairer le sens du terme dans le passage interprété. Par exemple, *justifier* (*dikaioō*) est

biblique est différent et sert à faire ressortir quel est son emploi dans le passage à interpréter, puis en quoi cette différence éclaire les préoccupations spécifiques de l'auteur dans le passage à interpréter.

L'engagement à la conversation critique entre l'emploi du mot dans le passage à interpréter et dans d'autres passages bibliques protégera les étudiants contre l'erreur exégétique du transfert total illégitime[10], qui consiste à imposer au passage à interpréter les connotations de toutes les autres occurrences du terme. Il s'agit de la pratique consistant à interpréter un terme employé dans un passage en lui prêtant, sans aucun discernement, l'ensemble des sens qu'il revêt partout où il apparaît. Cette addition pêle-mêle de tous les sens d'un mot tel qu'il faut le comprendre dans d'autres occurrences signale un échec à reconnaître le principe herméneutique selon lequel toute occurrence d'un mot a sa propre individualité significative, déterminée par son contexte. Sur le plan linguistique, les étudiants ne peuvent présumer, par exemple, que lorsque Jude emploie un terme donné, il a en tête tous les sens que peut prendre partout où il apparaît dans la Bible.

Certains ont suggéré, par exemple, que Luther, malgré toutes ses qualités d'exégète biblique, avait tendance à lire tous les livres de la Bible, notamment du Nouveau Testament, à la lumière de Paul. Ainsi, certains ont affirmé que lorsqu'il rencontrait le terme *loi* (*nomos*) dans Matthieu, il avait tendance à l'interpréter conformément à l'emploi que Paul fait du même terme, n'ayant pas suffisamment su voir quel usage différent ces deux auteurs en faisaient. Par conséquent, il n'était peut-être pas pleinement en mesure de comprendre le témoignage spécifique, et quelque peu unique, rendu par Matthieu au rôle joué par la loi dans la vie chrétienne.

La nécessité de l'interaction critique entre l'usage d'un terme et ceux qu'il revêt ailleurs soulève deux problèmes dans sa mise en pratique. Le premier est celui de l'ordre dans lequel ce processus doit s'opérer, particulièrement de l'importance de traiter les preuves tirées du contexte avant de passer à l'examen des preuves liées à l'usage des mots. L'interaction critique entre l'emploi d'un terme dans le passage à interpréter et dans d'autres passages nécessite que l'étudiant ait déjà réalisé une étude approfondie du contexte immédiat du passage à interpréter, ainsi que du livre dans son ensemble.

Ensuite, la nécessité de cette interaction critique nous montre quelle doit être la procédure spécifique d'examen des autres occurrences de ce mot dans la Bible. Il serait bon de noter le contexte immédiat de chacun des passages dans lesquels le mot est employé, afin de porter au moins un jugement sommaire et provisoire sur son sens et son importance dans chacun de ces passages. Une telle investigation de l'importance d'une occurrence dans son contexte immédiat est évidemment requise pour les interactions critiques décrites ici.

---

employée d'une manière fondamentalement différente en Luc 10.29, qui décrit le maître de la loi qui a posé une question à Jésus, afin de se justifier dans le sens de valider sa question, et en Romains 6, où Paul emploie le même terme en référence à une relation juste avec Dieu ou à un statut juste devant lui.

10 James Barr, *The Semantics of Biblical Language* (Sémantique du langage biblique) (Londres : SCM, 1983), 218, 222.

EMPLOI DES MOTS HORS CONTEXTE BIBLIQUE

Le même principe de conversation critique entre l'emploi du terme dans le passage à interpréter et dans les autres passages s'applique aussi à l'emploi du mot en dehors de la Bible, surtout pour le Nouveau Testament, car nous ne disposons pratiquement d'aucun texte en hébreu ancien en dehors du Nouveau Testament.

Il y a deux types d'usage des mots du Nouveau Testament en dehors de la Bible : en grec classique et en grec koinè (le grec courant, parlé dans la vie de tous les jours à l'époque hellénistique et romaine). La recherche d'un emploi grec extrabiblique nécessite généralement une connaissance du grec.[11]

Témoignage des Écritures

Le témoignage des Écritures consiste en l'étude de toutes les preuves, quelles qu'elles soient, dans l'ensemble de la Bible, en dehors de celles tirées du contexte du livre ou liées à l'emploi du mot dans les passages où il apparaît explicitement. Ainsi que nous l'avons vu précédemment, les divers livres bibliques montrent des différences entre elles, tandis que les données bibliques ont une unité fondamentale. En fait, d'une certaine manière, on peut parler du monde du canon biblique. L'unité de la Bible est partiellement due au fait que les derniers textes sont, pour une large part, des adaptations et de nouvelles applications de textes plus anciens contenus dans la Bible[12]. Par ailleurs, sur une période relativement longue, la communauté de foi en est venue à reconnaître une forme de cohérence théologique entre les livres, qu'elle a finalement acceptée comme canonique. Ainsi, tout en refusant d'imposer le sens d'un passage biblique à un autre sans faire preuve d'esprit critique, mais en faisant attention à laisser chaque passage s'exprimer par lui-même, les étudiants peuvent légitimement examiner comment les passages bibliques à travers le canon peuvent éclairer le contenu communicatif d'un passage individuel.

En se fondant sur cette définition du témoignage des Écritures, il s'agit clairement d'un facteur déterminant vaste. En fait, on la trouve sous au moins trois formes principales.

La première forme est le témoignage conceptuel des Écritures, qui consiste à examiner comment les Écritures traitent un concept qui apparaît dans le passage à interpréter. Romains 1.18, par exemple, dit : « En effet, du haut du ciel, Dieu révèle sa colère contre les hommes qui ne l'honorent pas et ne respectent pas sa volonté. » En interprétant ce passage, les étudiants peuvent commencer par examiner les occurrences du terme de *colère* (*orgê*) dans le livre des Romains ; cette étude

---

11 Les étudiants qui s'intéressent au grec classique pourront notamment consulter avec profit Henry George Liddell et Robert Scott, *A Greek-English Lexicon* (Lexique grec-anglais), rév. et augm. par Henry Stuart Jones et Roderick McKenzie (Oxford : Clarendon, 1940). Ce lexique référence la plupart, voire toutes les occurrences des termes dans la littérature grecque, sans restriction au grec classique, mais en incluant le grec koinè, avec les occurrences dans la Septante et le NT grec. ceux qui s'intéressent au grec koinè feront bien de consulter *The Vocabulary of the Greek Testament Illustrated from the Papyri and Other Non-Literary Sources* (Vocabulaire du Testament grec illustré à partir des papyrus et autres sources non littéraires), de Moulton et Milligan (Grand Rapids : Eerdmans, 1930).

12 La réadaptation constante des textes les plus anciens de la Bible a été fréquemment notée, notamment par l'influent spécialiste de l'AT Gerhard von Rad ; voir son *Old Testament Theology* (Théologie de l'Ancien Testament), 2 vol. (New York : Harper & Row, 1962–65).

traitera forcément du contexte, car toutes les preuves, quelles qu'elles soient, dans le cadre du livre lui-même, entreront dans cette catégorie. Les étudiants pourront passer ensuite à l'examen des occurrences de ce terme grec dans le corpus paulinien, dans le Nouveau Testament et dans la Septante. Cette étude concernerait l'usage des mots. Ils pourront ensuite passer à l'examen de l'idée ou du concept de la colère ou du jugement de Dieu dans les passages bibliques qui ne contiennent pas ce mot. On voit donc que l'étude du témoignage des Écritures consiste à se demander comment ce concept, qu'on trouve dans ce passage, est traité dans le reste de la Bible et comment ce traitement éclaire son sens ici.

La question est de savoir comment les étudiants peuvent identifier tous les passages où un concept est traité. Peu d'entre eux peuvent affirmer, comme Luther, avoir mémorisé toute la Bible de A à Z. La plupart ont besoin d'aide, qui prend la forme de concordance de sujets, parfois appelées *Bibles annotées*. Ce type de ressources fait la liste des concepts prééminents dans la Bible et cite les passages bibliques où on trouve ces concepts.[13]

Dans la discussion ci-dessus sur l'usage des mots, nous avons beaucoup insisté sur le fait que les exégètes doivent éviter de lire les autres occurrences d'un mot selon l'esprit du passage en question, sans esprit critique, mais plutôt engager une conversation critique entre le sens et l'importance du mot dans les autres passages et dans le passage interprété. Le même principe s'applique à l'examen des concepts présentés dans d'autres passages à travers la Bible. Les étudiants doivent examiner à la fois les points de continuité et de discontinuité entre le concept, tel qu'il est présenté dans le passage à interpréter et dans les autres passages bibliques où il apparaît. En cas de continuité fondamentale, les exégètes pourront employer le principe d'arrière-plan, afin d'évaluer en quoi l'emploi du concept dans les autres passages bibliques enrichit, donne de la profondeur et de la précision à son sens. En cas de discontinuité fondamentale, les exégètes pourront employer le principe de contraste, en se demandant en quoi la différence entre la présentation du concept dans les autres passages bibliques et dans le passage à interpréter peut éclairer les préoccupations spécifiques du passage à interpréter[14].

La deuxième forme principale est le témoignage textuel des Écritures, qui consiste à examiner la manière dont le passage faisant l'objet d'une interprétation emploie d'autres passages bibliques, soit en les citant, soit en y faisant allusion. Luc 17.26–27 en est un bel exemple : « Le jour où le Fils de l'homme reviendra, les choses se passeront comme au temps de Noé : les gens mangeaient, buvaient, se mariaient et étaient donnés en mariage, jusqu'au jour où Noé entra dans le bateau. Alors vint le déluge qui les fit tous périr. » Luc fait allusion au récit du déluge, en Genèse 6–9. Les étudiants peuvent examiner le récit de la Genèse dans ses mots et

---

13 John R. Kohlenberger III, *Zondervan NIV Nave's Topical Bible* (Bible Zonderwan NIV annotée de Nave) (Grand Rapids : Zondervan, 1992). Voir Bauer, *Annotated Guide to Biblical Resources* (Guide annoté des ressources bibliques), 25–26, pour des références supplémentaires.

14 La perspective apparemment divergente dans l'évaluation du renversement violent des méchants, reflétée par la présentation du coup d'État de Jéhu contre la maison d'Achab en 2 Rois 9–10 et en Osée 1.4–5, constitue un exemple possible de discontinuité conceptuelle. 2 Rois présente les actes de Jéhu comme une attitude d'obéissance zélée aux commandements de Dieu, tandis qu'Osée les présente comme très cruels et affirme qu'ils ont attiré sur lui le jugement divin.

son contexte original, afin de s'assurer comment exactement Luc souhaitait voir le lecteur faire le lien entre l'histoire de Noé dans la Genèse au sens des déclarations de Jésus en Luc 17. Là encore, les lecteurs des Évangiles ne doivent pas présumer que Luc voulait forcément les voir imposer tout le récit de la Genèse sur Noé et son époque au texte de Luc 17. Les étudiants doivent engager une conversation critique entre le contexte de Luc 17 et les données renfermées dans le passage auquel ce chapitre fait référence, Genèse 6–9.

Jonas 1.1 est un autre exemple : « L'Éternel adressa la parole à Jonas, fils d'Amittaï. » L'auteur implicite de Jonas fait allusion à un homme du nom de « Jonas, fils d'Amittaï », une allusion apparente à 2 Rois 14.25–27, qui parle du prophète Jonas et de son ministère auprès du royaume du nord d'Israël pendant le règne de Jéroboam II. Ainsi, l'auteur implicite de Jonas invite peut-être le lecteur à interpréter la présentation de Jonas dans le livre de Jonas à la lumière de ce qui a été dit concernant cet homme en 2 Rois. Parce que 2 Rois 14.25–27 décrit Jonas comme le prophète qui a annoncé des bénédictions imméritées à la nation pécheresse d'Israël, ce passage contribue à l'ironie de la présentation de Jonas dans le livre qui porte son nom L'ironie est que Jonas, qui représente peut-être Israël, accepte avec plaisir la grâce et le pardon de Dieu pour lui-même, mais se met en colère lorsque Dieu étend le même pardon aux Ninivites.

Ces exemples représentent des allusions à d'autres passages bibliques, mais on trouve aussi souvent des citations d'autres passages. Il y a, par exemple, Matthieu 2.15, qui dit : « Ainsi s'accomplit ce que le Seigneur avait dit par le prophète : J'ai appelé mon fils à sortir de l'Égypte. » Matthieu cite Osée 11.1, un passage qui, dans son contexte original, n'est pas présenté comme une prophétie messianique, mais comme une description de la manière dont Dieu délivrera Israël de l'esclavage en Égypte au moment de l'exode[15]. Certains ont objecté que Matthieu cité ce passage en-dehors de son contexte original, pour lui faire dire quelque chose de tout à fait étranger à la pensée du prophète Osée ; mais en lisant plus attentivement Matthieu 2, on voit que Matthieu souligne plusieurs fois le fait que Jésus est l'accomplissement eschatologique de divers personnages et événements de l'histoire de l'Ancien Testament[16]. Ainsi, Matthieu souhaite clairement voir le lecteur prendre en compte le contexte original d'Osée 11 et songer à l'exode, en vue de comprendre que le sens ultime de cet événement n'est pas la libération politique d'un peuple de l'esclavage en Égypte, mais l'événement de la vie de Christ présenté dans ce passage. Autrement dit, Jésus donne son sens et son importance ultimes à l'exode, qui anticipe la délivrance dont il ferait l'expérience et dont il deviendrait finalement le médiateur.

On trouve un autre exemple d'inclusion d'une citation biblique en Matthieu 2.5–6 : « [Le Christ doit naître à] Bethléhem en Judée, lui répondirent-ils, car voici ce que le prophète a écrit : Et toi, Bethléhem, village de Juda, tu n'es certes pas le plus insignifiant des chefs-lieux de Juda, car c'est de toi que sortira le chef qui, comme

---

15 Ainsi, Osée 11.1 est un exemple de passage biblique faisant allusion à un passage plus ancien : le récit de l'Exode, dans le livre de l'Exode (notamment 4.22–23).

16 Voir R. T. France, « The Formula-Quotations of Matthew 2 and the Problem of Communication » (Les formules-citations de Matthieu 2 et le problème de la communication), *NTS* 27 (1980–81): 233–51.

un berger, conduira Israël mon peuple. » Cette citation est tirée de deux passages de l'Ancien Testament : Michée 5.1 et 2 Samuel 5.2. Le fait que Matthieu ait assemblé deux passages originellement distincts et les ait réunis en un seul indique une modification opérée par l'évangéliste. La combinaison même de deux citations distinctes a pour résultat de créer un nouveau passage, qui transcende le sens des deux passages pris séparément. Il est par ailleurs remarquable que l'évangéliste ait apparemment introduit un changement de formulation radical dans sa citation de Michée 5.1. Ce passage de Michée, à la fois dans Hébreux et dans la Septante, dit : « Et toi, Bethléhem Éphrata, la plus petite parmi les clans/seigneurs de Juda » (traduction de l'auteur). Matthieu a inséré le terme *oudamôs* (« certes pas ») dans la citation, ce qui en déforme complètement le sens[17]. Il s'agit d'un cas de discontinuité apparente entre le texte original du passage cité et la citation du passage lui-même. Il est possible que l'auteur implicite de l'Évangile de Matthieu attire l'attention du lecteur sur la construction originale de Michée 5.2[18], dans l'intention de pousser le lecteur à se demander en quoi ce texte parvient à son accomplissement eschatologique d'une manière précisément opposée à celle du texte original de Michée[19].

La troisième forme principale, qui passe par l'examen des passages parallèles, est le témoignage parallèle des Écritures. Il inclut des passages dans d'autres livres bibliques qui rapportent le même événement ou les mêmes paroles que le passage étudié. Il est évident que cette forme de témoignage des Écritures se retrouve surtout dans les Évangiles, où l'on trouve en grande partie les mêmes événements et paroles de Jésus dans deux Évangiles ou plus. Le témoignage parallèle des Écritures ne se limite cependant pas aux Évangiles : il est pertinent aussi pour l'étude des deux grands récits de l'Histoire d'Israël dans l'Ancien Testament, que sont les livres historiques deutéronomiques (de Josué à 2 Rois) et ceux du chroniqueur Ces deux grandes fresques historiques traitent en grande partie des mêmes événe-

---

17 Une autre possibilité est que Matthieu ait été familier d'une variante du texte qui contenait cette lecture, même si on ne dispose d'aucune preuve textuelle appuyant cette possibilité.

18 Le lecteur implicite de l'Évangile de Matthieu connaît l'AT, et on s'attend à ce qu'il interprète le texte de Matthieu à la lumière des allusions et des citations de l'AT. Voir Robert H. Gundry, *The Use of the Old Testament in St. Matthew's Gospel with Special Reference to the Messianic Hope* (L'emploi de l'Ancien Testament dans l'Évangile selon Matthieu, avec des références spéciales à l'espérance messianique, Novum Testamentum Supplements 18 (Leiden : Brill, 1967), 205–15; C. H. Dodd, *According to the Scriptures: The Sub-Structure of New Testament Theology* (Selon les Écritures : l'infrastructure de la théologie du Nouveau Testament (Londres : Nisbet, 1952).

19 Au fil des années, les spécialistes se sont engagés dans des discussions intenses autour de l'emploi de l'AT par des auteurs du NT. Plus spécifiquement, le débat porte sur la question de savoir si les auteurs du NT cherchent à attirer l'attention du lecteur sur le contexte original des passages de l'AT qu'ils citent ou auxquels ils font allusion ; et si c'est bien le cas, dans quelle mesure ? Nous estimons que, sur le plan méthodologique, les étudiants doivent prendre une décision en se fondant sur l'examen de chaque passage. Notre conclusion est que la grande majorité des citations ou allusions d'auteurs du NT à des passages de l'AT prennent en compte le contexte original des passages de l'AT, dans l'intention d'attirer l'attention sur certains éléments de ce contexte original. Cette pratique des auteurs du NT, de faire référence implicitement au contexte des passages de l'AT qu'ils citent ou auxquels ils font allusion, s'appelle la *metalepsis*. Pour de plus amples discussions sur la *metalepsis*, voir Richard Hays, *Echoes of Scripture in the Letters of Paul* (Échos des Écritures dans les Lettres de Paul) (New Haven : Yale University Press, 1989), surtout 29–33 ; idem, « The Conversion of the Imagination: Scripture and Eschatology in 1 Corinthians » (La conversion de l'imagination : Écritures et eschatologie en 1 Corinthiens), *NTS* 45 (juillet 1999) : 391–412 ; Mark Allan Powell, « Expected and Unexpected Readings in Matthew: What the Reader Knows » (Lectures attendues et inattendues de Matthieu : ce que le lecteur sait), *Asbury Theological Journal* 48, n°2 (1993) : 31–52 ; Dodd, *According to the Scriptures* (Selon les Écritures). Pour les ouvrages traitant du sujet plus vaste de l'emploi de passages de l'AT par des auteurs du NT, voir Bauer, *Annotated Guide to Biblical Resources* (Guide annoté des ressources bibliques), 218–20.

ments. On peut également trouver des parallèles dans d'autres parties du canon biblique, par exemple entre les enseignements pauliniens dans Éphésiens et ceux renfermés dans Colossiens, ou encore entre l'enseignement de Jude et celui, très semblable et peut-être parallèle, de 2 Pierre 2.

La ressource primaire pour l'étude des passages parallèles dans les Évangiles sont les « harmonies » ou « synopsis » des Évangiles. Dans ces ouvrages, on trouve généralement les passages parallèles imprimés sur plusieurs colonnes de la même page, afin de permettre aux lecteurs de comparer et contraster facilement ce qui est présenté dans les passages parallèles[20]. Des harmonies ou synopsis sont également disponibles pour étudier les parallèles entre les livres historiques deutéronomiques et ceux du chroniqueur[21].

Comme pour les autres formes de témoignages des Écritures, il y a une possibilité de continuité et de discontinuité entre le passage à interpréter et les passages bibliques apparentés. Les étudiants peuvent s'attendre à trouver soit une continuité, soit une discontinuité fondamentale. Ainsi, ils pourront s'engager dans une conversation critique entre le passage à interpréter et son/ses parallèle(s).

Il y a *continuité fondamentale* entre le passage étudié et son/ses parallèle(s), lorsque le(s) passage(s) parallèle(s) expriment des connaissances ou une perspective dont l'auteur du passage à interpréter présume que ses lecteurs disposent et qu'ils prendront en compte dans leur interprétation de son passage. Les étudiants pourront porter ce jugement en se fondant sur le contexte littéraire et la probabilité historique du passage. Une telle continuité fondamentale indique une complémentarité entre un passage et son/ses parallèle(s), et ainsi, le principe d'arrière-plan prend effet. Les étudiants peuvent se servir du passage parallèle pour obtenir les connaissances dont l'auteur implicite de leur passage présumait que les lecteurs implicites disposeraient et qu'ils utiliseraient.

Il y a *discontinuité fondamentale* entre le passage étudié et son/ses parallèle(s) lorsque le(s) passage(s) parallèle(s) ne contien(nen)t pas d'informations ou n'adopte(nt) pas une perspective dont l'auteur implicite du texte présumait que les lecteurs implicites disposeraient et qu'ils prendraient en compte dans leur interprétation du passage. Dans le cas d'une telle discontinuité fondamentale, le passage a une spécificité par rapport à son/ses parallèle(s) et le principe de contraste prend effet. Dans ce cas, l'étudiant pourra se demander si les différences entre le pas-

---

20 La meilleure harmonie des Évangiles fondée sur le texte anglais est probablement Burton H. Throckmorton, *Gospel Parallels: A Comparison of the Synoptic Gospels* (Parallèles entre les Évangiles : comparaison des Évangiles synopytiques), 5ᵉ éd. (Nashville : Nelson, 1992). Les harmonies fondées sur le texte grec qui font autorité sont Kurt Aland, éd., *Synopsis of the Four Gospels: Completely Revised on the Basis of the Greek Text of Nestle-Aland, 26th Edition, and the Greek New Testament, 3rd Edition* (Synopsis des quatre Évangiles, entièrement révisé sur le fondement du texte grec de Nestle-Aland, 26ᵉ édition, et du Nouveau Testament grec, 3ᵉ édition) (New York : United Bible Societies, 1985) ; Albert Huck, *A Synopsis of the First Three Gospels with the Addition of the Johannine Parallels* (Synopsis des trois premiers Évangiles avec ajout des parallèles johanniques), rév. Heinrich Greeven, 13ᵉ éd. (Grand Rapids : Eerdmans, 1982). Pour plus de remarques sur ces ressources et des titres supplémentaires, voir Bauer, *Annotated Guide to Biblical Resources* (Guide annoté des ressources bibliques), 236-37.

21 Voir notamment Abba Bendavid, *Maqbilôt ba-Miqra* (Parallèles dans la Bible (Jérusalem : Carta, 1972) ; John C. Endres, William R. Millar et John Barclay Burns, éd., *Chronicles and Its Synoptic Parallels in Samuel, Kings, and Related Biblical Texts* (Les Chroniques et leurs parallèles synoptiques dans Samuel, Rois et les passages bibliques apparentés) (Collegeville, Minnesota : Liturgical Press, 1998) ; Primus Vannutelli, *Libri synoptici veteris testamenti seu librorum regum et chronicorum loci paralleli* (Rome : Presse de l'Institut biblique pontifical, 1931-34). Pour plus de remarques et de titres, voir Bauer, *Annotated Guide to Biblical Resources* (Guide annoté des ressources bibliques), 91-94.

sage en question et son/ses parallèle(s) sur le plan des informations ou celui de la perspective éclairent les préoccupations spécifiques et particulières que l'auteur implicite du passage communique.

Le rapport entre Matthieu 27.1–2 et Jean 18.31 constitue un exemple de continuité fondamentale. Matthieu 27.1–2 décrit l'acte des autorités religieuses, qui venaient de condamner Jésus à mort à travers le Sanhédrin, puis de le livrer au gouverneur romain Pilate : « L'aube s'était levée. L'ensemble des chefs des prêtres et des responsables du peuple tinrent conseil contre Jésus pour le faire condamner à mort. Ils le firent lier et le conduisirent chez Pilate, le gouverneur, pour le remettre entre ses mains. » Le passage lui-même, dans son contexte immédiat, soulève une question à laquelle il ne répond pas : pourquoi les autorités religieuses qui ont condamné Jésus à mort l'ont-elles livré à Pilate au lieu de tout simplement l'exécuter eux-mêmes ? Le passage évoque cette question dans la pensée du lecteur, mais sans chercher à y répondre, ce qui suggère que l'auteur implicite présuppose que le lecteur implicite connaissait déjà la réponse ; mais le lecteur moderne ne dispose pas de ces informations d'arrière-plan : dans le cas présent, il les trouvera dans le parallèle johannique. Jean répond explicitement à cette question dans son propre récit parallèle : « Reprenez-le, répliqua Pilate, et jugez-le vous-mêmes d'après votre Loi. Mais ils lui répondirent : Nous n'avons pas le droit de mettre quelqu'un à mort. » Cette consultation du passage parallèle aide donc le lecteur de l'Évangile de Matthieu à comprendre le récit de Matthieu 27. L'auteur implicite de l'Évangile de Matthieu ne présume pas que le lecteur implicite connaisse l'Évangile de Jean, mais plutôt qu'il dispose de cette information ou d'une perspective dont il se trouve qu'elle est exprimée par le parallèle johannique.

Le rapport entre l'affirmation de Jésus en Matthieu 13.11 et son parallèle en Marc 4.11 constitue un exemple de discontinuité fondamentale. Matthieu 13.11 dit : « Vous avez reçu le privilège de connaître les secrets du royaume des cieux, mais eux ne l'ont pas reçu. » Le passage parallèle en Marc dit : « Les secrets [en grec *le secret*] du royaume de Dieu vous ont été confiés ; mais à ceux du dehors, tout est présenté au moyen de paraboles. » Le lecteur reconnaît immédiatement la différence entre l'inflexion du terme « secret » dans ces deux passages : Matthieu l'emploie au pluriel, tandis que Marc l'emploie au singulier. La question qui nous préoccupe à ce stade n'est pas celle des paroles du Jésus historique, mais nous nous concentrons sur l'interprétation du texte et sur son importance pour l'interprétation de Matthieu 13 et de Marc 4, à partir de la différence entre ces passages parallèles. Les exégètes peuvent conclure que les « secrets » de Matthieu 13 font référence aux caractéristiques et principes du Royaume, établis par Jésus dans les paraboles qui entourent ce passage. L'exégète peut aussi affirmer que le « secret » de Marc 4 fait référence au mystère caché à l'entendement humain, tel qu'il est mis en avant à travers tout l'Évangile de Marc : la merveilleuse vérité que Dieu a choisi d'établir son règne des derniers temps précisément à travers la mort honteuse sur la croix de son propre Fils[22]. La comparaison critique entre les passages parallèles éclaire donc la préoccupation unique ou spécifique des deux passages[23].

La question qui se pose est toujours de savoir quelles informations d'arrière-plan sont supposées connues des lecteurs par l'auteur implicite de ce passage. Pour répondre à cette question, les étudiants doivent éviter d'imposer un passage parallèle aux données d'un passage, sans esprit critique, de peur que l'interprétation soit faussée simultanément pour les deux passages. On peut se souvenir du sermon de Matthieu 26.6–13, lors de l'onction de la tête de Jésus dans la maison de Simon, à Béthanie, dans laquelle le prédicateur s'est immédiatement tourné vers le récit parallèle de Marc 14.3–9, en employant des éléments du récit de Marc qui sont absents de celui de Matthieu pour combler les lacunes. En résultat, le prédicateur crée un nouveau texte composé, qui ne correspond ni au récit de Matthieu, ni à celui de Marc. Les étudiants peuvent à présent trouver un moment approprié pour l'étude de la présentation de cet événement dans le Nouveau Testament, afin de rassembler les préoccupations de chacun de ces récits. L'intégrité herméneutique de cet effort ne sera cependant atteinte qu'en procédant d'une manière qui permette aux fonctions et préoccupations uniques de chacun des évangélistes de se faire entendre et d'entrer en conversation[24].

À ce stade, nous devons aborder le rapport entre les preuves tirées du contexte et celle tirées de l'usage des mots et du témoignage des Écritures. Les preuves tirées du contexte sont généralement les plus importantes, car elles impliquent l'orientation de l'auteur. À travers le contexte immédiat, ainsi que celui du livre biblique dans son ensemble, qui constitue l'unité littéraire de base de la Bible, l'auteur oriente le lecteur par rapport au sens des passages du livre. En écrivant un livre, l'auteur crée forcément une sorte de microcosme alternatif, un microcosme textuel. Le contexte fait donc partie du monde du texte, qui constitue un système plus ou moins clos, lequel a pour raison d'être d'expliquer le sens des passages individuels, ainsi que du livre entier. L'expression *plus ou moins* est cependant significative, car n'importe quel livre part d'une grande quantité d'informations d'arrière-plan tirées du « monde réel » : des connaissances linguistiques, conceptuelles et historiques dont l'auteur implicite présume que l'auteur, tel qu'envisagé par le texte (c. à d. le lecteur implicite), possède. Un objectif important, à la fois de l'étude

---

22 Ce mystère, mis en avant d'une manière frappante par Marc, est connu comme le « secret messianique ». Voir notamment Christopher Tuckett, éd., *The Messianic Secret* (Le secret messianique), Issues in Religion and Theology (Questions de religion et de théologie) 1 (Philadelphie : Fortress, 1983) ; Kingsbury, *Christology of Mark's Gospel* (La christologie de l'Évangile de Marc), 1–22 ; cf. William Wrede, *The Messianic Secret* (Le secret messianique), trad. J. C. G. Greig, Library of Theological Translations (Bibliothèque des traductions théologiques) (Cambridge, Royaume-Uni : James Clarke, 1971), publié à l'origine comme *Das Messiasgeheimnis in den Evangelien* (Le secret messianique dans les Évangiles) (1901).

23 Parfois, la différence de fonctionnement entre passages parallèles n'est pas au niveau de leurs mots, mais de leur contexte. Ainsi, la parabole de la brebis perdue est présentée en des termes quasi-identiques en Matthieu 18 et en Luc 15, mais le contexte de Luc 15 indique que le cœur de la parabole de Luc est que nous ne devons pas être offensés de voir Dieu chercher les perdus, même les infréquentables sur le plan religieux et social, tandis que le contexte de Matthieu 18 indique que le cœur de la parabole de Matthieu est que les disciples doivent faire attention à éviter d'offenser (de faire trébucher et s'éloigner de la foi) les autres disciples membres de l'Église, par une insistance excessive sur nos droits dans le Royaume eschatologique de Dieu, sans se soucier de la manière dont cette insistance peut affecter négativement la vie spirituelle des autres chrétiens, voire même la détruire.

24 L'assemblage des enseignements sur les récits parallèles appartient en fait au processus de corrélation, abordé ci-dessous, à la partie 5.

de l'usage des mots et du témoignage des Écritures (ainsi que de l'arrière-plan historique ; voir ci-dessous, dans ce chapitre), est de fournir le type d'informations d'arrière-plan dont le texte présume que le lecteur dispose et qu'il prendra en compte dans son interprétation du passage. Ainsi, il suffit d'effectuer une interaction critique entre le contexte et les autres passages bibliques découverts dans le cadre de l'étude de l'usage des mots et du témoignage des Écritures. Cette interaction critique affirme l'emploi et l'importance de l'usage des mots et du témoignage des Écritures, tout en restant conscient de ses limites. Le tableau 26 illustre cette combinaison de l'affirmation et des limites.

TABLEAU 26

Affirmation et limites

Une interprétation précise implique de posséder et de s'approprier le type de connaissances d'arrière-plan tirées du monde réel que l'auteur implicite s'attend à voir le lecteur implicite prendre en compte dans l'interprétation du passage. On parle de sous-interprétation lorsque le lecteur n'a pas pris, ou ne prend pas en compte ces informations, et de surinterprétation lorsqu'il interprète les passages en fonction d'informations que l'auteur implicite ne supposait pas connues du lecteur implicite emploie ou dont il ne soupçonnait pas qu'il les emploierait dans l'interprétation d'un passage. La surinterprétation se produit lorsque le lecteur se sert d'informations d'arrière-plan d'une manière contraire aux attentes de l'auteur implicite à son égard.

Genre de termes

Ce type de preuve consiste à déterminer si un terme donné est employé au sens littéral ou figuré, et, s'il s'agit d'un sens figuré, d'en déterminer le sens et l'importance pour l'interprétation du passage. Une grande partie du langage de la Bible est figuré ou métaphorique. Pratiquement toutes les expressions relatives à Dieu, par exemple *El Shaddaï* ou *Abba*, sont inspirées des sphères spécifiques de la vie humaine et appliquées à la divinité dans un effort visant à expliquer certains aspects de Dieu et de son rapport aux hommes ou au monde, ainsi que le dit Grant Osborne : « En fait, la plupart des concepts théologiques des Écritures sont métaphoriques, car les vérités éternelles de Dieu ne peuvent être exprimées précisément dans le langage temporel humain.[25] » Nous ne reconnaissons cependant généralement pas la nature métaphorique des divers noms divins, car celle-ci a été changée par le temps et l'habitude, au point de faire partie du concept divin lui-même.

Tout en étant conscient de la nature métaphorique (en tout cas à l'origine) d'une grande partie du langage biblique, il est très important de noter la terminologie figurée, surtout dans les passages où les auteurs attirent l'attention sur leur pratique métaphorique. Il s'agit des passages qui mettent l'accent sur l'emploi de métaphores et où celles-ci jouent un rôle central dans la communication du sens du passage.

Le langage métaphorique emploie le principe d'analogie, qui fait intervenir la comparaison[26]. On adopte le langage métaphorique pour faire une analogie entre l'image, ou la métaphore (le *signifiant*), et la réalité à laquelle elle est comparée (le *signifié*). Souvenez-vous cependant de l'expression citée plus haut : « Aucune analogie ne marche à 100 % », autrement dit, il y aura à la fois une continuité et une discontinuité entre l'image employée et la réalité à laquelle elle fait référence. La continuité est présente dans la mesure où l'image est semblable à la réalité à laquelle elle fait référence. Cependant, parce que les éléments analogues ne sont pas identiques, il y aura forcément des différences ou des discontinuités entre l'image/la métaphore et la réalité à laquelle elle fait référence. Ce mélange de continuité et de discontinuité peut s'exprimer par l'image de deux sphères partiellement superposées (voir tableau 27).

L'exégète a la responsabilité d'identifier les points de continuité et de discontinuité, afin de s'assurer de la raison d'être de la métaphore. G. B. Caird a démontré l'importance de reconnaître clairement le sens du langage métaphorique dans un passage biblique. En référence au Psaume 133.1–2 : « Oh ! Qu'il est bon et qu'il est agréable pour des frères de se trouver ensemble ! C'est comme l'huile parfumée répandue sur la tête, qui descend sur la barbe, la barbe d'Aaron, et coule jusqu'au bord de ses habits », il écrit : « Lorsque le psalmiste nous dit qu'une famille uni-

---

25 Grant R. Osborne, *The Hermeneutical Spiral: A Comprehensive Introduction to Biblical Interpretation* (La spirale herméneutique : introduction intégrale à l'interprétation biblique), 2ᵉ éd. (Downers Grove, Illinois : InterVarsity, 2006), 387.

26 Janet Martin Soskice définit le langage métaphorique comme « le fait de parler de quelque chose en des termes considérés comme suggérant autre chose » (*Metaphor and Religious Language* (Métaphore et langage religieux) [Oxford : Clarendon, 1985], 49). Spécifiquement, le « sourire » implique une analogie ou une comparaison linguistique, à l'aide des termes « comme » ou « de même que », tandis que la « métaphore » est une analogie ou une comparaison linguistique survenant sans l'emploi de tels termes. Le « langage métaphorique » fait référence à la fois aux métaphores et aux comparaisons.

fiée est comme l'huile qui descend sur la barbe d'Aaron et coule jusqu'au bord de ses vêtements, il ne cherche pas à nous persuader que l'unité d'une famille est malpropre, poisseuse ou volatile, mais il pense à cette fragrance qui envahit tout et qui est resté si profondément ancrée dans sa mémoire lors de l'onction du grand-prêtre (Psaume 133.2).[27]

TABLEAU 27

Signifiant et signifié

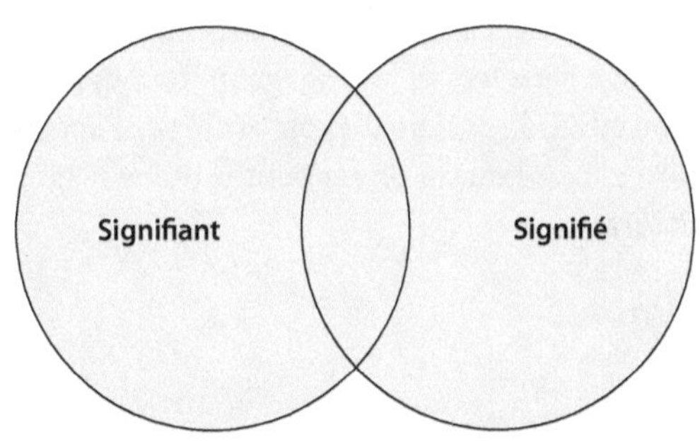

S'assurer de l'importance du langage figuré peut nécessiter de recourir à d'autres types de preuves, telles que le contexte, l'usage des mots et le témoignage des Écritures. En fait, la distinction d'emploi des divers types de preuves n'est pas rigide, car ils sont au contraire souvent confondus dans la pratique.

Si le langage métaphorique fait intervenir le principe d'analogie, il ne peut être réduit à l'analogie ou à des propositions analogiques. Ainsi, les exégètes ne doivent pas penser avoir saisi pleinement le sens d'une métaphore en disant quelque chose comme : « Cette métaphore nous apprend six choses sur le concept qu'elle décrit et on peut énoncer ces six vérités sous la forme d'affirmations simples. » Un tel réductionnisme analogique reflète la théorie de la substitution de la métaphore, associée notamment à Aristote, qui affirme que les métaphores ne sont que des substituts à motivation esthétique aux descriptions littérales et qu'elles peuvent donc être entièrement traduites en de telles descriptions.

Plus récemment, beaucoup de spécialistes ont argumenté contre la théorie de la substitution et en faveur de la théorie de l'opposition ou de l'interaction séman-tique[28]. selon cette théorie, la combinaison même des similitudes et des différences entre le signifiant et le signifié crée une tension entre eux, et cette nature tendue du langage métaphorique est précisément ce qui donne au signifiant métapho-rique la force de clarifier ou de décrire le signifié. Ainsi, le langage métaphorique transforme d'une manière dynamique la compréhension que le lecteur a des deux éléments de la construction métaphorique : le signifiant et le signifié[29]. Le langage

---

27   Caird, *Language and Imagery of the Bible* (Langage et images de la Bible), 145.

28   Osborne, *Hermeneutical Spiral* (La spirale herméneutique), 388.

29   Une tendance populaire continuelle consiste à comprendre le langage métaphorique comme purement décora-tif. L'œuvre des théoriciens de la métaphore au cours des trente dernières années montre clairement qu'une telle vision ne peut être justifiée. Ces théoriciens ont démontré d'une manière concluante que les métaphores sont plus qu'un lan-gage décoratif et esthétiquement plaisant : elles sont cognitivement actives et créent quelque chose de nouveau, avec une

213

métaphorique fait appel à l'imagination. Les étudiants peuvent imaginer de nouvelles manières dont la juxtaposition du signifié et du signifiant ouvre des sens précédemment inexplorés pour chacun de ces deux éléments, ainsi que des dimensions autrement cachées de leur rapport. David deSilva l'exprime ainsi : « Une métaphore ne fait pas que « représenter » la réalité qu'elle remplace : elle l'interprète en la plaçant dans une nouvelle perspective, obtenue de son examen à la lumière d'une autre réalité connue. »[30]

Cet appel à l'imagination n'est pas un encouragement à un recours libre et sans contraintes à l'imaginaire, mais à un emploi discipliné de l'imagination, orienté par le contexte du passage dans lequel le langage métaphorique est employé[31]. Ainsi, l'exégète a la responsabilité capitale d'explorer le sens spécifique du langage figuré, en reconnaissant cependant qu'on ne peut réduire le langage métaphorique à des propositions littérales.

Inflexions et syntaxe

INFLEXIONS

Dans la discussion sur les inflexions, présentée dans la partie « Observation détaillée » (au chapitre 13), nous avons décrit les inflexions comme étant des modifications apportées à la forme des mots, révélateurs de leur sens et de leur importance grammaticale. Les inflexions se rapportent notamment à la personne, au nombre, au cas, au temps, au mode et à la voix[32]. L'identification de l'inflexion relève de l'observation, mais l'exploration du sens spécifique et de l'apport de l'inflexion appartient à la phase d'interprétation. Dans certains cas, l'importance exégétique d'une inflexion sera assez flagrante et n'exigera pas de recherches spécifiques sur ce qu'en ont dit les spécialistes. Ainsi, on peut considérer l'apport exégétique de l'emploi des temps du futur en Ésaïe 11.1 (« Un rameau poussera sur le tronc d'Isaï, un rejeton naîtra de ses racines ») comme décrivant des événements qui n'ont pas

---

« énergie cognitive ». Ici, il faut consulter les travaux des spécialistes en sciences linguistiques cognitives. Voir George Lakoff et Mark Johnson, *Metaphors We Live By* (Les métaphores selon lesquelles nous vivons) (Chicago : University of Chicago Press, 1980) ; George Lakoff et Mark Turner, *More Than Cool Reason: A Field Guide to Poetic Metaphor* (Plus que la raison froide : guide du terrain de la métaphore poétique), (Chicago : University of Chicago Press, 1989) ; Raymond Gibbs, *The Poetics of Mind: Figurative Thought, Language, and Understanding* (La poétique de l'esprit : pensée, langage et compréhension figurés) (Cambridge : Cambridge University Press, 1994); Lynne Cameron et Graham Low, éd., *Researching and Applying Metaphor* (Rechercher et appliquer la métaphore), Cambridge Applied Linguistics (Cambridge : Cambridge University Press, 1999); Gerard Steen, *Understanding Metaphor in Literature: An Empirical Approach* (Comprendre la métaphore dans la littérature : approche empirique) (Londres : Longman, 1994). Voir aussi Paul B. Armstrong, *Conflicting Readings: Variety and Validity in Interpretation* (Lectures conflictuelles : variété et validité dans l'interprétation) (Chapel Hill : University of North Carolina Press, 1990) ; John Darr, *On Character Building: The Reader and the Rhetoric of Characterization in Luke-Acts* (Sur la construction du caractère : le lecteur et la rhétorique de la caractérisation dans Luc-Actes), LCBI (Louisville : Westminster John Knox, 1992), 85–126 ; Caird, *Language and Imagery of the Bible* (Langage et images de la Bible), 144–59 ; Max Black, « Métaphore », dans *Philosophical Perspectives on Metaphor* (Perspectives philosophiques sur la métaphore), éd. Mark Johnson (Minneapolis : University of Minnesota Press, 1981), 63–82.

30 David deSilva, *Perseverance in Gratitude: A Socio-Rhetorical Commentary on the Epistle "to the Hebrews"* (La persévérance dans la gratitude : commentaire socio-rhétorique de l'Épître « aux Hébreux ») (Grand Rapids : Eerdmans, 2000), 426.

31 Le Psaume 23 offre un excellent exemple de l'importance du contexte pour clarifier le sens du langage métaphorique. La notion que l'Éternel est un « berger », au verset 1, est vérifiée soigneusement par la description qu'on trouve dans le reste du Psaume.

32 Voir « Types d'observation » au chap. 13 pour une discussion des observations relatives aux inflexions.

encore eu lieu au moment où Ésaïe prophétisait, mais qui auraient lieu à l'avenir (du point de vue d'Ésaïe). Une recherche spécifique et intentionnelle s'avère cependant souvent utile afin de saisir plus précisément les nuances des éléments de sens communiqués par l'inflexion. Dans de tels cas, la connaissance de la langue originale sera particulièrement utile. À la fois pour l'inflexion et pour la syntaxe, dont nous reparlerons ci-dessous, les ressources essentielles qui nous aident dans l'analyse en langue originale sont la grammaire ou les études grammaticales[33].

La possibilité de développer la portée des inflexions s'offre cependant dans bien des cas même aux étudiants qui n'ont pas de facilités en hébreu ou en grec, mais qui dépendent de la traduction en langue vernaculaire. Le lecteur de la Bible française devra noter le pluriel en Matthieu 2.20 : « ceux qui voulaient tuer l'enfant sont morts ». L'emploi du pluriel est surprenant, car jusqu'à ce stade du récit, seul le roi Hérode a été présenté comme ayant l'intention de tuer l'enfant Jésus. Par cet emploi du pluriel, Matthieu suggère-t-il que les « principaux sacrificateurs et les scribes », qu'Hérode avait interrogés sur le lieu de naissance de Christ (2.4) étaient complices de sa tentative de tuer Jésus et sont ensuite morts ? Ou bien veut-il dire que non seulement Hérode lui-même, mais aussi tous les soldats qu'il avait envoyés à Bethléhem pour le tuer, étaient morts (2.16) ? Quelle est la portée de ce pluriel ? Peut-être Matthieu attire-t-il l'attention du lecteur sur Exode 4.19, où on trouve la même expression : dans ce verset, Dieu ordonne à Moïse de retourner en Égypte, « car tous ceux qui voulaient te faire périr sont morts ». Si oui, l'emploi du pluriel fait référence au récit de Moïse et, en accord avec l'emphase de Matthieu tout au long du chapitre, suggère que l'expérience de l'enfant Jésus aux mains d'Hérode a été anticipée par celle de Moïse, dont elle constitue l'accomplissement eschatologique. Par ailleurs, le lecteur attentif se posera la question du plein sens de l'emploi du singulier en Jean 1.29 : « Voici l'Agneau de Dieu, celui qui enlève le péché [non pas les péchés] du monde », tandis que le lecteur de 1 Jean se demandera

---

33 Il y a deux catégories de grammaires en langue originale : les grammaires intermédiaires, qui contiennent des discussions essentielles et accessibles sur les principaux types d'inflexions et de structures syntactiques qu'on trouve dans la Bible et sont donc conçues pour servir de référence utile en avançant dans la lecture ou l'analyse des passages, et les grammaires intégrales, qui offrent des informations plus complètes sur pratiquement tous les aspects du langage. On peut citer parmi les grammaires hébraïques intermédiaires Bill T. Arnold et John H. Choi, *A Guide to Biblical Hebrew Syntax* (Guide de la syntaxe biblique hébraïque) (Cambridge : Cambridge University Press, 2003) ; Bruce K. Waltke et M. O'Connor, *An Introduction to Biblical Hebrew Syntax* (Introduction à la syntaxe biblique hébraïque) (Winona Lake, Indiana : Eisenbrauns, 1990). Les grammaires hébraïques intégrales incluent Paul Joüon et T. Muraoka, *A Grammar of Biblical Hebrew* (Grammaire biblique hébraïque), 2 vol., Subsidia biblica 14.1–2 (Rome : Biblical Institute Press, 1991) ; E. Kautzsch, éd., *Gesenius' Hebrew Grammar* (Grammaire hébraïque de Genenius), 2ᵉ éd., révisée en accord avec la 28ᵉ éd. allemande de A. E. Cowley (Oxford : Clarendon, 1909). Les grammaires grecques intermédiaires incluent Daniel B. Wallace, *Greek Grammar beyond the Basics: An Exegetical Syntax of the New Testament* (La grammaire grecque au-delà des fondements : syntaxe exégétique du Nouveau Testament) (Grand Rapids : Zondervan, 1996) ; H. E. Dana et Julius R. Mantey, *A Manual Grammar of the Greek New Testament* (Manuel de grammaire du Nouveau Testament grec) (New York : Macmillan, 1927) ; James A. Brooks et Carlton L. Winbery, *Syntax of New Testament Greek* (Syntaxe du Nouveau Testament grec) (Lanham, Maryland : University Press of America, 1979) ; David Alan Black, *It's Still Greek to Me: An Easy-to-Understand Guide to Intermediate Greek* (C'est toujours du grec pour moi : guide du grec facile à comprendre, niveau intermédiaire) (Grand Rapids : Baker Academic, 1998). Les grammaires grecques intégrales incluent A. T. Robertson, *A Grammar of the Greek New Testament in Light of Historical Research* (Grammaire du Nouveau Testament grec à la lumière de la recherche historique) (Nashville : Broadman, 1934) ; F. Blass et A. Debrunner, *A Greek Grammar of the New Testament and Other Early Christian Literature* (Grammaire grecque du Nouveau Testament et des autres textes chrétiens primitifs), trad. et éd. Robert W. Funk (Chicago : University of Chicago Press, 1961). Voir Bauer, *Annotated Guide to Biblical Resources* (Guide annoté des ressources bibliques), 54–56, 191–95.

pourquoi le présent, au lieu du futur, est employé en 2.17 : « Or le monde passe avec tous ses attraits ».

La portée potentielle de l'analyse inflectionnelle du langage original a beaucoup à nous apprendre pour l'analyse exégétique des inflexions, à la fois verbales et nominales. Pour ce qui est des verbes, les étudiants du Nouveau Testament grec savent que les diverses fonctions possibles de l'aoriste font débat chez les grammairiens. L'*aoriste constatatif*, par exemple, décrit l'action qui survient en tant que telle, sans référence à sa durée ou à son manque de durée. L'*aoriste culminatif*, au contraire, décrit l'accomplissement d'une action, tandis que l'*aoriste ingressif* décrit l'action à son commencement. L'imparfait grec remplit également des fonctions diverses. Par exemple, l'*imparfait de volonté* décrit une action entreprise, sans qu'elle ait atteint son terme. Beaucoup de spécialistes considèrent l'imparfait en Matthieu 27.48 comme un imparfait de volonté. La plupart des traductions rendent ainsi ce verset : « L'un d'entre eux courut aussitôt prendre une éponge, qu'il imbiba de vinaigre et piqua au bout d'un roseau. Il la présenta à Jésus pour qu'il boive. » Le verbe traduit par « pour qu'il boive » est à l'imparfait (*epotizen*), si bien que, s'il s'agit d'un imparfait de volonté, on comprend qu'il « essaya de lui donner à boire », mais que Jésus n'a rien pris.

La plupart des grammairiens insistent sur le fait qu'il n'y a pas de temps en hébreu, mais des aspects, qui fonctionnent en grande partie comme des temps. Une fonction de l'aspect imparfait en hébreu est d'indiquer une action fréquente ou habituelle, comme en Genèse 43.32 : « On les servit séparément, lui [Joseph] à une table, ses frères à une autre, et les Égyptiens qui mangeaient avec lui à une troisième table. En effet, les Égyptiens ne peuvent pas prendre leurs repas avec les Hébreux : ils considèrent cela comme une chose abominable. » Dans ce verset, l'aspect imparfait du verbe « ne peuvent pas » (*yûklûn*) indique que cette impossibilité ne s'appliquait pas qu'à ce repas ou à ce moment spécifique, mais que c'était constamment ou habituellement le cas à l'époque des patriarches[34].

Pour ce qui est des noms, les lecteurs ayant des facilités en grec se souviendront qu'il existe une grande variété de fonctions possibles pour chaque cas, avec chacune son importance exégétique potentielle. Il y a, par exemple, divers types de génitifs, notamment le génitif de source, pour lequel le nom au génitif constitue l'origine ou la cause du nom qu'il modifie. Ainsi, 1 Thessaloniciens 1.3 contient une série de génitifs (*foi* agissante, *amour* actif, *persévérance* soutenue par votre espérance), qui sont quasi certainement des génitifs de source : « nous nous rappelons sans cesse, devant Dieu notre Père, votre foi agissante, votre amour actif, et votre persévérance soutenue par votre espérance en notre Seigneur Jésus-Christ ». Il faut donc les comprendre ainsi : « vos œuvres, qui sont l'expression de votre foi ; vos actes, qui sont l'expression ou le résultat de votre amour ; et votre persévérance, qui émane de votre espérance en Jésus-Christ ».

Un des passages les plus âprement débattus du Nouveau Testament, controversé à cause de l'emploi du génitif par Paul, est Galates 2.16, qui dit : « Cependant, nous

---

34 Dans ce cas, le caractère répété ou habituel de l'action verbale est confirmé et clarifié par l'affirmation suivante : « ils considèrent cela comme une chose abominable » (Gen. 43.32).

avons compris qu'on est déclaré juste devant Dieu, non parce qu'on accomplit les œuvres que commande la Loi, mais uniquement par la foi en Jésus-Christ. » Le mot « en » n'apparaît pas dans le texte original grec, qui contient plutôt une description génitive pouvant être ainsi traduite littéralement « par la foi de Jésus-Christ » (*dia pisteōs Iēsou Christou*)[35]. Les traducteurs ont conclu qu'il s'agit d'un génitif objectif, qui indique que le nom et le titre du génitif, « Jésus-Christ », est l'objet de la foi : « la foi en Jésus-Christ ». D'autres spécialistes ont cependant récemment défendu l'idée que des preuves tirées du contexte immédiat et du livre, ainsi que des autres épîtres de Paul (usage des mots et témoignage des Écritures), suggèrent que Paul emploie plutôt un génitif subjectif. selon cette compréhension, le nom et le titre au génitif, « Jésus-Christ », est le sujet de la « foi », si bien qu'on pourrait traduire ainsi : « nous sommes justifiés par la foi [en Dieu] ou par l'obéissance fidèle [à Dieu] qu'avait Jésus-Christ. »[36] Le sens même de ce passage dépend donc de l'interprétation du génitif, lequel a des répercussions significatives sur notre compréhension de la doctrine de Paul concernant la justification par la foi.

La reconnaissance des divers emplois possibles du génitif hébreu peut avoir une valeur inestimable aussi pour l'interprétation. En lisant en Deutéronome 10.17 que « l'Éternel votre Dieu est le Dieu suprême » (*ʾĔlōhê hāʾĕlōhîm*), il faut garder à l'esprit qu'une des fonctions du génitif hébraïque est d'indiquer le superlatif, si bien que cette expression génitive peut vouloir dire que le Seigneur est le Dieu suprême, sans suggérer en aucune manière l'existence d'autres divinités.

Syntaxe

Tandis que les inflexions se concentrent sur les changements au niveau de la forme d'un mot, relatifs au sens grammatical de ce mot (par ex. le temps, la personne, le mode, le cas), la syntaxe concerne la structure grammaticale d'une phrase[37]. Tout comme les inflexions, la structure grammaticale ou syntaxe (par ex. le sujet, le prédicat, le modificateur adverbial et les propositions indépendantes et dépendantes) est notée en phase d'observation, mais en phase d'interprétation, on en évalue l'impact sur le sens du passage. Par ailleurs, de même que les inflexions, la structure grammaticale peut être examinée utilement, dans une certaine mesure, la traduction française servant de base. Un certain niveau de clarté, de profondeur et de fiabilité de l'interprétation n'est cependant possible qu'à travers une analyse en langue originale. C'est pourquoi, ici, dans le processus d'examen des inflexions et d'analyse grammaticale, une connaissance élémentaire des langues originales s'avère particulièrement utile. Les personnes ayant des facilités en hébreu ou en grec devront recourir pleinement à toutes leurs compétences linguistiques[38].

---

35 Comme indiqué en marge de la NRSV, ainsi que c'était déjà le cas dans la KJV.

36 Voir notamment esp. Richard B. Hays, *The Faith of Jesus Christ: An Investigation of the Narrative Substructure of Galatians 3.1-4.11* (La foi de Jésus-Christ : enquête sur la sous-structure narrative de Galates 3.1 — 4.11), SBLDS 56 (Chico, Californie : Scholars Press, 1983).

37 Les spécialistes emploient souvent le terme de « syntaxe » en référence à la fois aux inflexions et à la structure grammaticale des phrases, mais nous trouvons la distinction entre l'étude des inflexions et des structures grammaticales assez utile, tout en reconnaissant le rapport étroit entre eux.

38 Nous recommandons aux étudiants de se servir des langues originales, en fonction de leur maîtrise de ces langues, mais en identifiant les limites de celle-ci et en évitant de chercher à travailler avec les langues originales d'une manière

Il existe une abondance d'exemples où la syntaxe du Nouveau Testament[39] présente une grande importance exégétique. Même en se fondant sur le texte français, on peut voir que la structure grammaticale de Matthieu 28.19–20a fait intervenir un verbe principal, « faire des disciples » (*mathēteusate*), suivi de deux participes coordonnés, « baptisant » (*baptizontes*) et « enseignant » (*didaskontes*), afin d'indiquer que la préoccupation principale de cette phrase est de faire des disciples et que les références au baptême et à l'enseignement sont secondaires par rapport à cette préoccupation principale et lui sont subordonnées (d'une manière parallèle)[40].

Par ailleurs, les étudiants qui maîtrisent le grec se souviendront qu'il y a deux manières d'exprimer une interdiction dans cette langue. Les auteurs bibliques emploient généralement *mê* avec le subjonctif aoriste afin d'exprimer l'interdiction d'une action envisagée, mais pas encore effectuée (« Ne commencez même pas à… »), par exemple en Matthieu 3.9 (« Ne vous imaginez pas »), mais ils l'emploient avec l'impératif présent afin d'exprimer l'interdiction d'une action déjà en cours (« Cessez de… »). En Actes 18.9, lorsque le Seigneur dit à Paul : « N'aie pas peur », il emploie *mê* avec l'impératif présent. Par conséquent, on reconnaît à cette construction grecque que Paul avait déjà peur et que le Seigneur lui ordonne de rejeter cette peur.

On trouve un autre exemple d'importance exégétique de la syntaxe lors de la tentation de Jésus par Satan dans le désert : « Si tu es le Fils de Dieu, ordonne donc à cette pierre de se changer en pain » (Luc 4.3 ; cf. 3.9). On peut noter que, dans le texte original, Satan n'emploie pas le conditionnel de troisième classe (*ean* avec le subjonctif), mais plutôt de première classe (*ei* avec l'indicatif). Le conditionnel de première classe assume la réalité de la condition comme un fait. On peut dont comprendre ce passage comme : « Puisque tu es le Fils de Dieu, … » On voit donc que Satan ne demande pas à Jésus s'il est le Fils de Dieu, comme s'il voulait qu'il lui prouve sa filiation divine en changeant la pierre en pain, mais il le tente d'exprimer ainsi sa filiation divine.

Les preuves syntactiques revêtent parfois une grande importance théologique. Jean 1.1c est une construction de prédicat nominatif : « il [celui qui était la Parole] était lui-même Dieu ». En grec, le sujet d'une construction de prédicat nominatif prend un article défini, tandis que le prédicat nominatif lui-même est anarthre (c'est-à-dire qu'il n'a pas d'article défini). Ici, « la Parole » (*o logos*) a un article et est donc sujet ; « Dieu » (*theos*) est anarthre et est donc le prédicat nominatif. Par conséquent, cette affirmation n'est pas, au sens strict, au sujet de Dieu, mais le fait

---

qui dépasse leurs compétences, en gardant à l'esprit cette expression : « Certaines personnes connaissent tout juste assez de grec et d'hébreu pour être dangereuses ».

39 Les diagrammes grammaticaux de phrases ne servent souvent à rien d'autre qu'à noter les rapports syntactiques. Pour une discussion utile des diagrammes, avec des exemples de divers modèles de diagrammes, voir Osborne, *Hermeneutical Spiral* (Spirale herméneutique), 45–50.

40 Même ici, cependant, la connaissance du grec est utile, car les étudiants qui connaissent cette langue reconnaîtront que le verbe principal *mathēteusate* est non seulement suivi de deux participes présent, mais aussi précédé d'un participe aoriste, *poreuthentes*, traduit dans la plupart des versions françaises avec *mathēteusate* sous la forme d'un verbe principal composé. Par ailleurs, les étudiants qui maîtrisent le grec reconnaîtront un certain nombre de rapports possibles entre les participes grecs et le verbe principal, ce qui leur permettra d'identifier le rapport grammatical le plus probable et d'en tirer l'importance exégétique de ce rapport.

que le sujet est « la Parole » indique plutôt qu'elle se rapporte à la Parole. Jean ne dit pas que « Dieu est la Parole » ; sinon, il aurait employé « Dieu » et « la Parole » d'une manière interchangeable, comme si Dieu et la Parole étaient équivalents, dans le sens où Dieu se réduit à la Parole, sans que rien d'autre ne subsiste de lui, comme s'il n'était rien d'autre que la Parole. Lorsque Jean affirme que la Parole est Dieu, il veut dire plutôt que Dieu peut être plus que la Parole. La Parole est pleinement Dieu, mais Dieu ne se limite pas à la Parole, ainsi que le dit C. K. Barrett : « θεός [*theos*, Dieu], étant sans article, est prédicatif et décrit la nature de la Parole. L'absence d'articles indique que la Parole est Dieu, mais qu'elle n'est pas la seule à être Dieu ; si Jean avait écrit ὁ θεός [*o theos*, avec article défini], cela aurait signifié l'inexistence de tout être divin en dehors de la deuxième personne de la Trinité. »[41] Autrement dit, cela reviendrait à nier la vérité que Dieu le Père est distinct de Dieu le Fils d'une manière ou d'une autre. Le grammairien A. T. Robertson insiste sur le fait que, s'il y avait un article non seulement avant « Parole » (*logos*), mais aussi avant « Dieu » (*theos*), la structure grammaticale suggérerait que ces termes sont totalement interchangeables, ce qui appuierait le sabellianisme (par ex. le modalisme) contre la théologie trinitaire qui est en fait exprimée dans ce passage, à la fois à travers la structure grammaticale de la phrase et le contexte du reste du prologue et de l'Évangile de Jean.[42]

L'Ancien Testament contient aussi une vaste amplitude d'exemples d'importance exégétique de la syntaxe. En voici quelques-uns, tirés du premier chapitre du livre de Josué. Josué 1.1 a une construction grammaticale en *waw* (littéralement : « et il arriva après la mort de Moïse »), qui indique peut-être que Josué 1.1 est la continuation d'un récit précédent, presque certainement du livre du Deutéronome. Cette construction met donc l'accent sur le fait que le premier chapitre de Josué doit en quelque sorte être compris comme étant la continuation du récit du Deutéronome[43].

Josué 1.7 dit : « Simplement, prends courage et tiens bon ». La phrase commence par l'adverbe « seulement », *raq*, qui, en hébreu comme en français, est légèrement adversatif, exprimant un léger contraste avec ce qui précède. Cette construction adverbiale indique que la promesse de présence divine au verset 6 n'est pas absolue ni complètement suffisante en elle-même afin d'obtenir la victoire, mais qu'il doit s'ensuivre une réaction humaine et des œuvres humaines de force et de courage. La présence et l'aide divines sont une cause nécessaire, mais pas suffisante, du succès dans la conquête.

---

41 Barrett, *Gospel according to St. John* (L'Évangile selon St-Jean), 156.

42 Robertson, *Grammar of the Greek New Testament* (Grammaire du Nouveau Testament grec), 767–68. Voir aussi George R. Beasley-Murray, *John* (Jean), WBC 36 (Waco : Word, 1987), 11, qui insiste que cette construction « caractérise [la Parole comme] *Dieu dans sa nature*, réellement Dieu comme celui avec qui elle « était », sans pour autant épuiser l'être divin ».

43 Ainsi, Kautzsch, dans *Gesenius' Hebrew Grammar* (Grammaire hébraïque de Gesenius), 133, écrit : « Ce nom [*waw consécutif*] exprime le mieux le rapport syntactique prévalent, car il représente toujours une action comme la conséquence directe ou, au moins, temporelle, d'une action précédente. [...] Le fait que des livres entiers (Lévitique, Nombres, Josué, Juges, [1 et 2] Samuel, 2 Rois, Ézéchiel, Ruth, Esther, Néhémie, 2 Chroniques) commencent par le *consécutif* imparfait [...] est perçu comme un signe de leur rapport étroit avec les livres historiques qui les précèdent à présent ou les précédaient à l'origine. »

Mais ce verset, dans sa traduction française, contient aussi une construction participiale : « pour veiller à obéir à toute la Loi que mon serviteur Moïse t'a prescrite ». Les étudiants qui maîtrisent l'hébreu noteront que la construction est en fait *lamed* (ל), à l'infinitif, qui est généralement, ou en tout cas très souvent, indicatrice de dessein. La traduction française : « pour veiller à obéir à toute la Loi que mon serviteur Moïse t'a prescrite » est donc juste[44]. Autrement dit, cette construction syntactique soulève la possibilité que prendre courage et tenir bon a en quelque sorte pour dessein l'accomplissement de toute la Loi de Moïse ; et cette possibilité suggère à son tour un certain nombre d'implications du rapport entre force, courage et obéissance à la Loi de Moïse, dans toute son étendue.

Enfin, on peut observer que le discours adressé par Josué aux tribus transjordaniennes, en 1.14, contient l'adverbe « devant » (hébreu : *liphnê*) : « vous tous qui êtes des hommes de guerre, vous passerez en ordre de bataille en tête de [devant] vos frères et vous leur prêterez main-forte ». Même si cet adverbe peut être employé d'une manière temporelle (c. à d. avant, dans le temps), ici, son emploi est clairement spatial (devant, dans l'espace, en tête de). Cela indique que les hommes des tribus transjordaniennes, qui avaient déjà reçu leur héritage à l'Est du Jourdain et n'avaient personnellement rien à gagner de la conquête de Canaan, devaient être en première ligne des campagnes pour la conquête du territoire des autres Israélites. Ils ne devaient pas se contenter de suivre leurs parents, en ne s'engageant que dans des opérations de ratissage relativement sûres. Au contraire, Josué leur ordonne de se tenir aux postes les plus dangereux et les plus risqués. Tel est l'engagement sacrificiel qui leur fut imposé en faveur des autres Israélites.

Formes littéraires

Nous avons donné une assez longue description des formes littéraires générales dans la partie « Analyse de parties dans leur ensemble) (chapitre 12). Nous avons précisé que les formes, ou genres, littéraires, peuvent être compris en des termes très généraux, selon des catégories vastes dont la présence dans les textes littéraires est assez évidente. Ces catégories vastes incluent la prose narrative, la poésie, le théâtre ou la prose dramatique, la parabole, les textes apocalyptiques et discursifs. Ces catégories générales s'appliquent aux passages de longueur moyenne, c'est-à-dire aux segments ou aux sections, ou encore aux micro-unités comme les paragraphes ou les phrases, plutôt qu'aux macro-unités comme les livres dans leur ensemble. Les formes ou genres littéraires plus spécifiques constituent des sous-catégories de ces formes générales, qu'on trouve généralement soit au niveau du livre dans son ensemble, soit au niveau des phrases et paragraphes in-

---

44 Voir, par ex., Arnold et Choi, *Guide to Biblical Hebrew Syntax* (Guide de la syntaxe hébraïque biblique), 71, 111 ; Kautzsch, *Gesenius' Hebrew Grammar* (Grammaire hébraïque de Gesenius), 348–51, dit que la construction indique généralement le dessein, tout en laissant ouverte la possibilité d'un emploi plus « souple », notamment pour les circonstances, qui est reflété en anglais dans la formulation de la NRSV. Cependant, même en le prenant comme indiquant les circonstances, il est opportun de réfléchir à la manière dont cette construction éclaire le sens du rapport entre ces propositions, et donc l'interprétation du verset entier.

dividuels[45]. Les lecteurs feront bien de consulter la section intitulée « Aperçu de parties dans leur ensemble » (chapitre 12) pour découvrir les caractéristiques de chacune de ces formes littéraires générales et obtenir un éclairage quant à leur importance exégétique.

Un genre ou forme littéraire représente un pacte sociolinguistique entre l'auteur et les lecteurs. Chaque culture et sous-culture a ses genres reconnus, qui manifestent chacun sa propre combinaison caractéristique de contenu et de structure. Les auteurs implicites présument que leurs lecteurs implicites reconnaîtront le genre et liront le texte d'après les *règles* de ce genre. Le genre fait donc intervenir un encodage implicite. Les lecteurs compétents, pour leur part, reconnaîtront le genre employé et interprèteront le texte en conséquence. Ainsi, Wittgenstein parle du genre comme des « règles de jeu du langage »[46]. James L. Bailey décrit les genres comme étant « le modèle conventionnel et répété du discours écrit et oral, qui facilite l'interaction entre personnes dans des situations sociales spécifiques.[47] »

Une fois arrivés au stade de l'interprétation, les étudiants trouveront souvent utile d'explorer l'importance exégétique des formes littéraires générales d'un passage (par ex. la prose narrative). Par ailleurs, à ce stade, les étudiants voudront peut-être même identifier les formes littéraires plus spécifiques que renferme ce passage. Par exemple, la généalogie est une sous-catégorie spécifique de la prose narrative, tandis que le *code de foyer* (*Haustafel*) est une sous-catégorie spécifique du texte discursif[48]. Les étudiants voudront peut-être examiner en quoi la compréhension de cette forme littéraire spécifique peut éclairer le sens du passage. Par ailleurs, dans le cadre de la phase d'interprétation, ils voudront peut-être aussi identifier les formes littéraires spécifiques du livre dans son ensemble, qu'il s'agisse d'un Évangile, d'une biographie, d'un texte historique ou d'une saga, en vue d'examiner l'importance exégétique de la forme littéraire du livre entier.

Il faut garder à l'esprit les principes suivants en examinant le potentiel exégétique de l'analyse de genre.

D'abord, les genres fonctionnent à partir du *principe de sélectivité*. Lorsqu'un auteur emploie un genre, il décide implicitement d'inclure certains éléments appartenant à ce genre et d'en exclure d'autres qui seraient étrangers à ce genre. Ainsi, la sélection du genre opérée par l'auteur signale au lecteur les genres d'éléments qu'il souhaite mettre en relief et comment il souhaite les employer. Un auteur peut, par exemple, présenter certains éléments d'une certaine manière au moyen d'une parabole, alors que cela serait impossible en employant la forme littéraire généalogique.

Les genres ont tendance aussi à refléter certains cadres sociaux ou situations sociales. Par exemple, un chant d'action de grâce comme Exode 15 suggère un cadre

---

45 On peut citer des exceptions à cette affirmation. Par exemple, les paraboles ont souvent la longueur d'un paragraphe.

46 Ludwig Wittgenstein, *Philosophical Investigations* (Enquêtes philosophiques), trad. G. E. M. Anscombe (New York : Macmillan, 1953), 108, cité dans Osborne, *Hermeneutical Spiral* (Spirale herméneutique), 26. Cf. Eco, *Role of the Reader* (Le rôle du responsable), 17-18.

47 James L. Bailey, « Genre Analysis » (L'analyse du genre), dans Green, *Hearing the New Testament* (À l'écoute du Nouveau Testament), 200.

48 Les exemples de *codes du foyer* dans le NT incluent Éph. 5.21 – 6.9, Col. 3.18 – 4.1 et 1 Pierre 2.13 – 3.6.

social assez différent d'un hymne funèbre comme Habaquq 2, qui présuppose lui-même un cadre social différent de celui d'un proverbe. L'exemple de l'hymne funèbre en Habaquq 2 indique que, dans un document littéraire, les données sociales réelles relatives à une forme littéraire spécifique peut être très présent à l'arrière-plan car ce passage ne décrit pas des funérailles réelles, mais use d'un vocabulaire funéraire pour obtenir l'effet rhétorique escompté. Un genre ou forme littéraire spécifique présuppose généralement un cadre social particulier, qui peut être à l'origine de l'événement communicatif, comme pour le psaume d'action de grâce, qui a probablement été rédigé en tant qu'une expression liturgique d'action de grâce lors du culte du Temple. L'auteur peut aussi tout simplement vouloir faire prendre conscience aux lecteurs du cadre social dans lequel il s'inscrit, afin qu'ils puissent interpréter le passage à partir de leur propre expérience de la situation sociale suggérée par le texte, comme dans le cas de Habaquq[49].

Enfin, l'emploi du genre implique le principe de flexibilité ou de malléabilité. Une forme littéraire doit avoir certaines caractéristiques constantes ; autrement, les lecteurs seraient incapables de l'identifier, ou même de parler de formes littéraires. Cependant, même les occurrences individuelles ont des qualités et des caractéristiques uniques. Autrement dit, on ne trouvera presque jamais d'exemple parfait d'un genre, mais plutôt des passages qui semblent appartenir à un genre plutôt qu'à un autre. En fait, les passages individuels manifestent souvent un mélange ou un assemblage de genres, dans lequel un genre se fond dans un autre. Ainsi, les spécialistes ont souvent mené débat sur le genre auquel appartenait Hébreux ou Jacques, qui semblent appartenir au genre épistolaire - et cependant Hébreux présente aussi les caractéristiques d'un sermon[50]. Jacques a été décrit comme associant des éléments épistolaires avec d'autres plus génériques, appartenant notamment à la parénèse[51] (exhortation) ou au « discours protreptique »[52]. Les exégètes doivent donc noter les points de continuité et de discontinuité entre les caractéristiques habituelles d'un genre et les caractéristiques spécifiques de la manifestation particulière de ce genre dans le passage à interpréter. Les étudiants interprèteront ensuite les caractéristiques habituelles du genre rencontré dans le passage en se fondant sur leurs attentes quant à ce genre. Toutefois, les éléments du passage qui sont inattendus venant d'un texte de ce genre littéraire peuvent inviter le lecteur à noter ces modifications comme particulièrement pertinentes pour la transmission du sens d'un passage.

La ressource la plus utile pour l'examen à la fois des genres généraux et plus spécifiques est le dictionnaire biblique. Beaucoup de livres ont été écrits sur des genres littéraires spécifiques, en se concentrant, par exemple, sur les épîtres an-

---

49 Ces considérations suggèrent un certain chevauchement entre la forme littéraire et l'arrière-plan historique, sur lequel nous reviendrons. Plus spécifiquement, la forme littéraire est liée à l'historique social, qui emploie des catégories issues des sciences sociales. L'examen des formes littéraires appartient aussi à l'historique de la tradition, plus spécifiquement à la critique des formes. Voir la partie « Historique de la tradition », dans ce chapitre.

50 Voir, par ex., William L. Lane, *Hebrews* (Hébreux), 2 vol., *WBC 47A–B* (Dallas : Word, 1991).

51 Voir Martin Dibelius, *A Commentary on the Epistle of James* (Commentaire de l'Épître de Jacques), rév. Heinrich Greeven, Hermeneia (Philadelphie : Fortress, 1975).

52 C'est-à-dire « une exhortation à suivre une profession spécifique ». Voir Luke Timothy Johnson, *James* (Jacques), *AB* (New York : Doubleday, 1995), 16–25.

tiques[53] ou biographies[54]. Pour une liste de genres spécifiques dans le Nouveau Testament et des exemples de la pratique de l'analyse de genre dans les textes de celui-ci, dont la méthodologie s'applique aussi aux textes de l'Ancien Testament, voir l'essai sur l' « analyse de genre » de James L. Bailey[55].

Facteur psychologique

Ce type de preuve nécessite d'explorer l'état d'esprit de l'auteur ou des personnages décrits dans un passage, afin de s'assurer de la manière dont ces considérations psychologiques peuvent informer notre interprétation. Parfois, l'état émotionnel ou psychologique d'un auteur, tel qu'il se présente lui-même dans le texte, est crucial pour s'assurer du sens du passage. On voudra peut-être examiner les facteurs psychologiques et émotionnels dans la présentation de Paul en 2 Timothée, où il dit clairement qu'il souffre, en prison (1.8, 11–12), ayant été abandonné par beaucoup de ses amis (1.15, 4.9–18), et qu'il attend son exécution (4.6–8). Le texte lui-même conduit l'exégète à se demander en quoi les effets émotionnels et psychologiques d'une telle situation sur l'auteur éclairent le sens des divers passages de 2 Timothée[56].

Le facteur psychologique s'applique cependant aussi aux personnages présentés dans un texte. Ainsi, Job, par exemple, qui fonctionne vraiment comme un personnage du livre qui porte son nom, est décrit comme un homme qui a subi plusieurs traumatismes et qui est constamment soumis à d'intenses pressions. Le lecteur devra certainement prendre en compte ces facteurs afin d'interpréter ses paroles et actes à travers le livre. Un exemple similaire est celui de Jérémie : le livre de Jérémie le présente comme un prophète qui subit des pressions émotionnelles terribles, sous le fardeau de la parole prophétique, pendant la plus grande crise de l'histoire de Juda. Là encore, le facteur psychologique est pertinent dans les récits de la mort de Jésus dans les Évangiles ; l'exégète devra prendre en compte l'impact émotionnel et psychologique de la crucifixion dans l'interprétation du

cri de détresse de Jésus : « Mon Dieu, mon Dieu, pourquoi m'as-tu abandonné ? » (Matthieu 27.46, Marc 15.34)[57].

---

53 Voir, par ex.., Stanley K. Stowers, *Letter Writing in Greco-Roman Antiquity* (L'écriture de lettres dans l'Antiquité gréco-romaine), LEC (Philadelphie : Westminster, 1986).

54 Voir, par ex., Philip L. Shuler, *A Genre for the Gospels: The Biographical Character of Matthew* (Un genre pour les Évangiles : le caractère biographique de Matthieu) (Philadelphie : Fortress, 1982) ; Richard A. Burridge, *What Are the Gospels ? A Comparison with Graeco-Roman Biography* (Que sont les Évangiles ? Comparaison avec la biographie gréco-romaine) (Cambridge : Cambridge University Press, 1992).

55 Bailey, « Genre Analyse » (L'analyse de genre) 203–21. D'autres ressources importantes sur l'analyse de genre incluent Gary Saul Morson et Caryl Emerson, *Mikhail Bakhtin: Creation of a Prosaics* (Mikhail Bakhtin : création d'une prosaïque) (Palo Alto, Californie : Stanford University Press, 1990) ; Osborne, *Hermeneutical Spiral* (Spirale herméneutique), 181–322 ; David E. Aune, *The New Testament in Its Literary Environment* (Le Nouveau Testament dans son environnement littéraire), LEC (Philadelphie : Westminster, 1987).

56 L'auteur désigné de cette épître, Paul (2 Tim. 1.1), est l'auteur implicite. Nous sommes conscients du fait que beaucoup de spécialistes critiques contemporains attribuent 2 Timothée à un (ou plusieurs) disciple(s) anonyme(s) de Paul, qui auraient rédigé ce texte après sa mort. Dans ce cas, Paul serait un auteur fictif. Les mêmes considérations psychologiques ou émotionnelles demeurent pertinentes que Paul soit l'auteur réel ou fictif, puisque le lecteur est poussé à construire les mots placés dans sa bouche en fonction de la situation décrite dans ce livre comme étant celle de Paul.

57 Il faut garder à l'esprit que les évangélistes mettent autant l'accent sur l'humanité de Jésus que sur sa divinité.

Les spécialistes nous mettent souvent en garde contre l'« erreur psychologique » ou « psychologisante », la tendance à poursuivre l'analyse psychologique des auteurs ou personnages d'un texte biblique sans que le texte lui-même n'y invite. Cette mise en garde contre l'introduction inappropriée de considérations psychologiques ou émotionnelles est saine : elle nous rappelle que le cœur de notre interprétation est le texte lui-même. Ainsi, les étudiants doivent laisser les indications du texte orienter son interprétation[58]. Ces questions opérationnelles sont donc : la description met-elle l'accent sur des éléments émotionnels ou psychologiques, ou encore sur un état d'esprit ? Le texte emploie-t-il un langage se rapportant aux émotions, au comportemental et à l'affect ?

En gardant ces questions à l'esprit, les étudiants estimeront peut-être devoir prendre en compte, par exemple, certains aspects émotionnels des expériences de Joseph dans leur interprétation du récit de son histoire dans la Genèse. L'auteur lui-même, à un point critique de ce récit (par ex. en 42.21, 43.30–31, 45.1–3), attire l'attention du lecteur sur les émotions de Joseph. Le livre de Josué, au contraire, présente les guerres à travers lesquelles les Cananéens sont exterminés avec une distance et une objectivité presque étudiée, qui empêche le lecteur de s'identifier à la souffrance et à la détresse des Cananéens, ou même de la prendre en compte.

Ton ou atmosphère

La discussion du facteur psychologique doit rappeler aux étudiants que la communication textuelle va au-delà de la transmission de contenu cognitif. On s'intéresse souvent à l'impact total du texte sur le lecteur. En fait, le sens cognitif est souvent affecté, et parfois même déterminé, par le ton ou l'atmosphère. Il s'agit de termes métaphoriques (le *ton* est de l'ordre du son et l'*atmosphère* de l'ordre de l'espace), en référence au sentiment émotionnel ou viscéral du passage et à son *sentiment-impact* sur le lecteur. Les lecteurs abordent cependant ces passages en partant de leur arrière-plan et de leur situation ; ainsi, différents lecteurs peuvent avoir une diversité de sentiments en lisant le même passage. En fait, chaque lecteur d'un même passage peut éprouver un sentiment-impact quelque peu différent chaque fois qu'il le lit, en fonction de son humeur ou de sa situation au moment de la lecture. Toutefois, le ton et l'atmosphère, en tant que catégories de preuves, impliquent cependant de prendre en compte des éléments du texte pouvant susciter le genre de sentiment-impact que l'auteur implicite invite le lecteur à éprouver.

Le ton ou l'atmosphère peut affecter notre étude d'un passage de deux manières. Nous croyons d'abord qu'il devrait avoir un impact sur la manière dont on communique le message d'un passage. Plus spécifiquement, il peut déterminer notre manière de prêcher ou d'enseigner un passage. Les étudiants peuvent interpréter un passage avec une grande précision technique, afin d'en extraire le sens correct des termes employés et d'articuler les revendications essentielles de ce passage sur le fondement du contexte immédiat et de celui du livre dans son ensemble, tout en

---

58 Par ailleurs, passer derrière le texte afin de reconstruire l'état psychologique ou émotionnel d'un personnage en tant que figure historique est souvent très spéculatif, car la plupart des personnages bibliques ne sont pas décrits dans des sources extrabibliques.

employant un ton dissonant avec celui du passage lui-même dans leur prédication ou enseignement. En résultat, à des niveaux plus profonds de communication et de réception, les auditeurs retireraient de leur étude une expérience en rupture avec celle souhaitée par l'auteur implicite[59]. Dans une telle situation, en partant d'un passage rédigé sur un ton d'encouragement et d'affirmation (par ex. Philippiens 4.14–20), on pourra prêcher un sermon de censure ou de critique, dont le plein impact sur les auditeurs serait évidemment assez différent de celui que Paul avait prévu que ses paroles aient sur les Philippiens.

Ensuite, le ton ou l'atmosphère peut jouer un rôle important pour comprendre le sens substantif du passage lui-même. Parfois, la même affirmation, avec le même ensemble de mots, peut être comprise positivement (acceptée) ou négativement (rejetée), en fonction du ton ou de l'atmosphère. Un excellent exemple de l'importance du ton ou de l'atmosphère pour comprendre le sens du passage serait l'emploi par l'auteur d'un ton sarcastique. Souvent, le sarcasme a recours à l'emploi de paroles ironiques ou facétieuses ; ainsi, le sentiment est en fait contraire au sens essentiel des mots employés. En Amos 4.4–5, le prophète exhorte le peuple :

> Allez donc à Béthel et transgressez la loi,
>> et, à Guilgal, transgressez-la encore plus !
> Offrez tous les matins vos sacrifices,
>> et le troisième jour vos dîmes.
> Faites brûler de la pâte levée pour les offrandes de reconnaissance,
>> claironnez vos dons volontaires, proclamez-les à haute voix,
>> puisque c'est là ce qui vous plaît, Israélites.

Amos n'appelle pas vraiment son public à offrir des sacrifices à Guilgal et à Béthel. Au contraire, il les exhorte à examiner leur comportement afin de l'aligner sur les exigences de justice de Dieu, avant de faire leurs sacrifices rituels. Il suggère même que s'ils refusent d'accomplir les exigences morales de Dieu, ils ne doivent pas s'engager du tout dans ces rituels. En 1 Corinthiens 4.8, Paul dit aux Corinthiens : « Dès à présent, vous êtes rassasiés. Déjà, vous voilà riches ! Vous avez commencé à régner sans nous. » Ici, il veut dire que, même s'ils ont peut-être l'impression d'être rassasiés, ils sont en fait vides, et que même s'ils estiment être riches et régner, en fait, rien n'est plus éloigné de la réalité.

Objectif et point de vue de l'auteur

Cette catégorie de preuves passe par l'examen de la manière dont la perspective des autres personnes et voix présentées dans un livre est liée à la perspective de l'auteur et examine les raisons pour lesquelles il a inclus ces autres perspectives[60].

---

59 Donald G. Miller, *The Way to Biblical Preaching: How to Communicate the Gospel in Depth* (La voie de la prédication biblique : comment communiquer l'Évangile en profondeur) (Nashville : Abingdon, 1957), 142-53.

60 Plusieurs excellentes études ont été publiées au sujet du point de vue de l'auteur. Parmi les plus développées et utiles, on peut citer Boris Uspensky, *A Poetics of Composition: The Structure of the Artistic Text and Typology of a Compositional Form* (Poétique de la composition : structure du texte artistique et typologie d'une forme compositonnelle) (Berkeley : University of California Press, 1973) ; Susan Sniader Lanser, *The Narrative Act: Point of View in Prose Fiction* (L'acte narratif : le point de vue dans la fiction en prose) (Princeton, New Jersey : Princeton University Press, 1981). Pour l'application du point de vue aux données bibliques, voir, par ex., Danna Nolan Fewell et David M. Gunn, *Compromising Redemption: Relating*

La perspective d'une autre personne ou voix peut être en accord soit complet soit partiel, ou en désaccord complet avec celle de l'auteur implicite. Par exemple, lorsque les étudiants entendent l'homme né aveugle déclarer en Jean 9.31 : « Tout le monde sait que Dieu n'exauce pas les pécheurs », les étudiants pourront examiner si, et dans quelle mesure, ce sentiment est en accord avec le point de vue de l'auteur implicite de l'Évangile de Jean. Ils pourront s'assurer aussi si l'auteur implicite voulait que le lecteur accepte entièrement cette affirmation ou si elle représente une perspective qu'il souhaite critiquer.

Parfois, les auteurs présentent des personnages comme entièrement fiables, avec un point de vue en accord complet avec celui de l'auteur implicite. C'est manifestement le cas de la présentation de Jésus dans les Évangiles. Tout ce que Jésus dit et fait est conforme à la perspective des évangélistes, qui veulent que le public accepte tout ce qu'il dit et fait comme entièrement vrai et valide. La plupart des spécialistes pensent que, dans le livre de 1 Samuel, l'auteur implicite présente le point de vue de Samuel comme fiable. Une question se pose donc lorsque Walter Brueggemann défend l'idée selon laquelle, dans l'histoire de Saül, l'auteur présente le prophète Samuel comme parlant avec ruse afin de piéger Saül à ses propres fins. On peut conclure que les efforts de Brueggemann visant à purger le caractère moral de Saül aux dépens de celui de Samuel contredisent le point de vue de l'auteur implicite, qui est en fait celui du texte[61].

Le portrait que Luc fait de Gamaliel en Actes 5 peut être quelque peu différent. Luc se souvient que Gamaliel a poussé le Sanhédrin à renoncer à maltraiter les apôtres, pour attendre plutôt ce qui arriverait au mouvement chrétien émergent. Gamaliel fonde son plaidoyer sur le principe selon lequel la continuation du mouvement en tant que groupe unifié de disciples après la mort de leur chef révélerait qu'il vient de Dieu. Nous jugeons que Luc n'est peut-être qu'en partie d'accord avec le point de vue de Gamaliel. Il présente certainement ses propres convictions à travers la bouche de Gamaliel, en rapportant comment il en a appelé à l'ouverture aux revendications théologiques et christologiques des apôtres ; par ailleurs, il accepte son idée que les revendications de leur chef (en l'occurrence Jésus) sont validées par l'unité miraculeuse de ses disciples face à sa disparition. Pour lui, cependant, il n'est pas nécessaire ni justifié d'attendre plus longtemps pour porter ce jugement positif sur le mouvement chrétien. Jusqu'à ce stade d'Actes 5, l'histoire racontée

---

Characters in the Book of Ruth (La compromission de la rédemption : personnages apparentés dans le livre de Ruth), LCBI (Louisville : Westminster John Knox, 1990) ; Lyle M. Eslinger, "Viewpoints and Point of View in 1 Samuel 8–12," *JSOT* 26 (1983): 61–76; Richard D. Nelson, « The Anatomy of the Book of Kings » (Anatomie du Livre des Rois), *JSOT* 40 (1988) : 39–48 ; David J. A. Clines, « The Arguments of Job's Three Friends » (Les arguments des trois amis de Job), dans *Art and Meaning: Rhetoric in Biblical Literature* (L'art et le sens : la rhétorique dans la littérature biblique), éd. David J. A. Clines, David M. Gunn et Alan J. Hauser (Sheffield : JSOT Press, 1982), 199–214 ; Mark Allan Powell, « Characterization on the Phraseological Plane in the Gospel of Matthew » (Caractérisation de la séquence phraséologique dans l'Évangile de Matthieu), dans *Treasures New and Old: Contributions to Matthean Studies* (Anciens et nouveaux trésors : contributions aux études matthéennes), éd. David R. Bauer et Mark Allan Powell (Atlanta : Scholars Press, 1996), 161–77 ; Robert L. Brawley, *Centering on God: Method and Message in Luke-Acts* (Centré sur Dieu : méthode et message dans Luc-Actes), LCBI (Louisville : Westminster John Knox, 1990) ; James L. Resseguie, *Narrative Criticism of the New Testament* (Critique narrative du Nouveau Testament), 167–96 ; idem, *The Strange Gospel: Narrative Design and Point of View in John* (Étrange Évangile : dessein et point de vue narratif dans Jean) (Leiden : Brill, 2001) ; Gary Yamasaki, *Watching a Biblical Narrative : Point of View in Biblical Exegesis* (Examen d'un récit biblique : le point de vue dans l'exégèse biblique) (New York : T&T Clark, 2007).

61 Brueggemann, *First and Second Samuel* (1 et 2 Samuel), 97–118.

en Luc-Actes fournit une abondance de preuves de la légitimité des revendications chrétiennes concernant Jésus. Il n'appelle donc pas ses lecteurs à « attendre et à voir », mais à « change[r] [...] et [à se] tourne[r] vers Dieu » (Actes 3.19).

Le livre de Job constitue une étude de cas intéressante pour la question du point de vue. Beaucoup de sermons sur les affirmations des amis de Job présument que ces affirmations sont vraies et valides et qu'elles doivent donc être entièrement acceptées. Pourtant, malgré leur orthodoxie de surface et leur expression de piété, du point de vue de l'auteur implicite du livre de Job, ces affirmations sont au mieux des demi-vérités et de pures faussetés dans le pire des cas. L'auteur implicite souhaite voir le lecteur critiquer ces points de vue au lieu de se contenter de les accepter telles quelles[62].

Arrière-plan historique

L'arrière-plan historique en tant que type de preuve peut prendre deux formes. Il y a d'abord l'arrière-plan du texte lui-même, qui aborde l'importance exégétique des questions d'introduction critique, comme la personne de l'auteur, le lieu, la date et l'occasion de rédaction, des destinataires et le rapport historique avec d'autres textes bibliques. Il est clair que notre capacité à identifier cet arrière-plan est souvent limitée, si bien que les efforts des spécialistes visant à explorer ces questions sont parfois de pures spéculations. Malgré cela, l'arrière-plan historique fait partie de l'existence du texte et les exégètes sont donc dans l'obligation de se servir de ces informations, dans la mesure où il est possible d'y répondre sans s'égarer dans la spéculation. Les informations d'arrière-plan les plus utiles et fiables sont généralement celles que les lecteurs peuvent inférer à partir du texte lui-même. Cependant, les articles des dictionnaires bibliques recèlent souvent des discussions utiles consacrées aux livres bibliques spécifiques. Par ailleurs, les commentaires incluent généralement des introductions qui abordent les informations d'arrière-plan. Les sources primaires pour ces informations sont les introductions à l'Ancien et au Nouveau Testament[63]. Tous les auteurs tiennent pour connues des lecteurs un certain nombre d'informations d'arrière-plan.[64]

---

62 Ces exemples indiquent que le point de vue est en général d'une importance toute particulière dans les textes narratifs. Le rapport entre le point de vue de l'auteur et des autres personnes ou voix peut cependant être important même dans les textes discursifs. Le dispositif rhétorique de la *diatribe*, souvent employée dans les Épîtres du NT, constitue un argument contre l'*interlocuteur imaginaire*, dont l'auteur de l'épître expose le point de vue afin de le remettre en cause et de le corriger. Voir « Diatribe » dans Aune, *Westminster Dictionary* (Dictionnaire de Westminster), 127–28. Par ailleurs, l'auteur de l'Épître peut inclure le point de vue adverse, comme Paul dans Galates, qui présente la perspective des judaïsants (cf. J. Louis Martyn, *Galatians* (Galates), AB [New York : Doubleday, 1997]), des autres responsables chrétiens avec qui il est en désaccord (par ex. en Galates 1–2), ou même de ses lecteurs (comme en 2 Corinthiens).

63 Par example, Raymond B. Dillard et Tremper Longman III, *An Introduction to the Old Testament* (Introduction à l'Ancien Testament) (Grand Rapids : Zondervan, 1994) ; Donald Guthrie, *New Testament Introduction* (Introduction au Nouveau Testament), 4e éd. (Downers Grove, Illinois : InterVarsity, 1990). Pour d'autres ouvrages majeurs de cette catégorie, voir Bauer, *Annotated Guide to Biblical Resources* (Guide annoté des ressources bibliques), 69–72, 208–212.

64 Beaucoup de chrétiens ont tendance à accepter les traditions anciennes concernant l'arrière-plan d'un texte biblique, surtout celles des Pères de l'Église, comme quasi-infaillibles. Ces traditions peuvent refléter des informations fiables qui étaient disponibles pour ceux qui ont vécu à une époque bien plus proche de celle de la production des livres bibliques que nous, qui doivent donc être prises très au sérieux, mais sans pour autant les accepter sans examen critique. Une étude sérieuse des Pères de l'Église révèle que leurs revendications concernant l'auteur, le public ou l'occasion des divers livres bibliques sont souvent des hypothèses fondées sur les données contenues dans le livre lui-même, ainsi que sur la répétition de témoignages plus anciens (parfois mal compris). Une utilité des introductions à l'AT et au NT est

Ensuite, cette catégorie appartient aussi à l'arrière-plan historique des personnes ou des choses mentionnées ou auxquelles il est fait allusion dans le livre. Tous les auteurs tiennent pour connues des lecteurs un certain nombre d'informations d'arrière-plan. Les étudiants feront bien de se familiariser avec autant de ces informations d'arrière-plan que possible, afin de devenir des lecteurs compétents du texte biblique. Lorsque Marc mentionne les Pharisiens pour la première fois dans son Évangile (2.16), par exemple, il ne fait pas une pause pour décrire cette secte à ses lecteurs, parce qu'il les estime connus du lecteur, ainsi que leur rôle dans la société juive palestinienne. À l'inverse, le lecteur moderne ne connaît pas la secte des Pharisiens, si bien qu'il lui faut se familiariser avec les informations pertinentes, afin de comprendre ce qui est communiqué à travers le texte. Les paraboles constituent un excellent exemple du besoin d'informations d'arrière-plan pertinentes. Ainsi que nous l'avions mentionné ci-dessous, au chapitre 12, les paraboles sont des récits généralement tirés de la vie de tous les jours, qui illustrent une vérité spirituelle, mais en reflétant la vie quotidienne en Palestine au 1er Siècle ; ceux qui sont très éloignés de cette culture dans le temps et dans l'espace peuvent malheureusement sous-interpréter ou mal interpréter les paraboles s'ils échouent à prendre en compte l'arrière-plan historique.

Les dictionnaires et encyclopédies bibliques sont les ressources les plus naturelles et accessibles pour ce type d'informations d'arrière-plan[65]. Par ailleurs, on peut tirer profit de la consultation d'ouvrages qui se concentrent spécifiquement sur l'arrière-plan historique[66]. Par ailleurs, une forme spécifique de commentaire aborde exclusivement l'arrière-plan historique[67]. Les atlas bibliques[68] et les ouvrages d'archéologie biblique sont également indispensables pour comprendre l'arrière-plan historique[69]. Un domaine prometteur, particulièrement en ce qui

qu'elles contiennent une discussion approfondie de la fiabilité des revendications traditionnellesRaymond B. Dillard et Tremper Longman III, *An Introduction to the Old Testament* (Introduction à l'Ancien Testament) (Grand Rapids : Zondervan, 1994) ; Donald Guthrie, *New Testament Introduction* (Introduction au Nouveau Testament), 4ᵉ éd. (Downers Grove, Illinois : InterVarsity, 1990). Pour d'autres ouvrages majeurs de cette catégorie, voir Bauer, *Annotated Guide to Biblical Resources* (Guide annoté des ressources bibliques), 69–72, 208–12.

65   Pour une discussion des principaux dictionnaires bibliques, voir Bauer, *Annotated Guide to Biblical Resources* (Guide annoté des ressources bibliques), 26–27. Un autre dictionnaire biblique qui aborde spécifiquement l'arrière-plan historique du NT est Craig A. Evans et Stanley E. Porter, éd., *Dictionary of New Testament Background* (Dictionnaire de l'arrière-plan du Nouveau Testament) (Downers Grove, Illinois : InterVarsity, 2000).

66   Michael D. Coogan, éd., *The Oxford History of the Biblical World* (Histoire du monde biblique d'Owford) (New York : Oxford University Press, 1998) ; Roland de Vaux, Les Institutions de l'Ancien Testament (Paris : Éditions du Cerf, 1965). ; Everett Ferguson, *Backgrounds of Early Christianity* (Arrière-plan du christianisme primitif), 2ᵉ éd. (Grand Rapids : Eerdmans, 1993).

67   Victor H. Matthews et Don C. Benjamin, *Social World of Ancient Israel* (Le monde social d'Israël dans l'Antiquité), 1250–587 av. J.-.C. (Peabody, Massachusetts : Hendrickson, 1993) ; Craig S. Keener, *The IVP Bible Background Commentary: New Testament* (Commentaire de l'arrière-plan biblique IVP : Nouveau Testament) (Downers Grove, Illinois : InterVarsity, 1994) ; voir aussi John H. Walton, Victor H. Matthews et Mark Chavalas, *The IVP Bible Background Commentary: Old Testament* (Commentaire de l'arrière-plan biblique IVP : Ancien Testament) (Downers Grove, Illinois : InterVarsity, 2000). Pour une discussion et une liste relativement complète d'ouvrages sur l'arrière-plan historique des allusions dans le texte, voir Bauer, *Annotated Guide to Biblical Resources* (Guide annoté des ressources bibliques), 48–51, 185–90.

68   Voir notamment ces deux atlas récents, complets et très fiables : Anson F. Rainey et R. Steven Notley, éd., *The Sacred Bridge: Carta's Atlas of the Biblical World* (Le pont sacré : atlas du monde biblique Carta) (Jérusalem : Carta, 2006) ; Siegfried Mittmann et Götz Schmitt, éd., *Tübinger Bibelatlas* (Atlas biblique de Tübingen) (Stuttgart : Deutsche Bibelgesellschaft, 2001). Vous trouverez une liste d'autres atlas bibliques importants, avec leur description, dans Bauer, *Annotated Guide to Biblical Resources* (Guide annoté des ressources bibliques), 18–20.

69   Pour des ouvrages d'archéologie biblique (notamment des journaux archéologiques), voir Bauer, *Annotated Guide to Biblical Resources* (Guide annoté des ressources bibliques), 20-24.

concerne le Nouveau Testament, est l'étude des discussions concernant la rhétorique (par ex. des procédés de communication persuasive) par les auteurs gréco-romains antiques[70].

Les exégètes qui se servent de l'arrière-plan historique doivent faire attention à s'assurer le plus précisément possible du degré et du type des informations d'arrière-plan que l'auteur implicite tient pour connues de ses lecteurs et auxquelles ils auront recours dans l'interprétation du passage. Il faut se servir uniquement de ces informations d'arrière-plan pour l'interprétation du passage. Autrement dit, les exégètes doivent examiner comment le texte lui-même, lu dans son contexte historique et littéraire, indique l'arrière-plan historique convenant le mieux à l'interprétation du passage.

En faisant attention à ce stade, l'exégète évitera deux écueils. Le premier consiste en la sous-interprétation, qui consiste à ne pas prendre en compte toutes les informations d'arrière-plan convenables. Le deuxième consiste en la surinterprétation, qui se produit lorsqu'on prend en compte des informations d'arrière-plan qui vont au-delà de celles que l'auteur implicite estime connues de ses lecteurs, et dont il s'attendrait à ce qu'ils en fassent usage dans leur interprétation du texte. Les exégètes peuvent mettre ensemble toutes sortes d'informations d'arrière-plan sur les Pharisiens et les introduire toutes pêle-mêle sans discernement, dans leur interprétation du passage de Marc qui les mentionne. Dans ce cas, on peut concevoir qu'ils emploieraient aussi des informations dont Marc lui-même ne disposait pas, qu'il n'estimait pas connues de ses lecteurs ou, en tout cas, qu'il ne jugeait pas susceptibles d'être employées par eux afin d'interpréter ce passage de son Évangile[71]. Cela mènerait les lecteurs à imposer au texte des idées qui vont au-delà de ce que l'auteur implicite a voulu communiquer. Nous croyons que les lecteurs doivent viser le degré d'informations d'arrière-plan présumées par le passage, afin de les identifier et de les employer, elles et elles seules, dans leur interprétation du texte[72].

---

70 Pour une étude de la rhétorique gréco-romaine, voir Kennedy, *New Testament Interpretation through Rhetorical Criticism* (L'interprétation du Nouveau Testament à travers la critique rhétorique) ; Stanley E. Porter, *Handbook of Classical Rhetoric in the Hellenistic Period (330 B.C.–A.D. 400)* (Manuel de rhétorique classique pendant la période hellénistique (330 av. J.-C.-400 ap. J.-C.) (Leiden : Brill, 1977) ; Ben Witherington III, *New Testament Rhetoric: An Introductory Guide to the Art of Persuasion in and of the New Testament* (La rhétorique du Nouveau Testament : guide introductif à l'art de la persuasion de et dans le Nouveau Testament) (Eugene, Oregon : Cascade, 2009) ; Duane Frederick Watson, *The Rhetoric of the New Testament: A Bibliographic Survey* (La rhétorique du Nouveau Testament : survol bibliographique), Tools for Biblical Study 8 (Blandford Forum, Royaume-Uni : Deo, 2006).

71 Le problème potentiel abordé ici et celui de l'imposition sans esprit critique, dans l'interprétation d'un passage, de données d'arrière-plan que le texte ne nous invite pas à prendre en compte. Toute information historique relative au monde biblique constitue cependant au moins une aide indirecte pour comprendre le texte. Il ne faut pas ici prendre trop de précautions afin d'éviter de tomber dans une étude trop restrictive, sélective ou superficielle de l'histoire du monde biblique.

72 Ce souci de jauger l'emploi de l'arrière-plan historique en se fondant sur l'examen du passage lui-même, compris dans son contexte, est un exemple de l'importance du principe de séquence et, particulièrement, d'une étude sérieuse du contexte, avant de passer à l'arrière-plan historique. On pourrait objecter que parfois, l'exégète ne peut identifier avec certitude le degré de connaissances de l'arrière-plan dont l'auteur implicite présume que le lecteur implicite dispose. Cette idée est assez vraie et souligne le point que nous avons mentionné précédemment : selon le cadre inductif requis par la nature de la Bible, l'exégète doit fonctionner selon le principe de probabilité, plutôt que de certitude absolue. La question à se poser est donc celle-ci : sur la base des preuves tirées du texte lui-même, dans son contexte, et des considérations historiques, quelles sont les informations d'arrière-plan dont l'auteur implicite présume probablement que le lecteur de ce texte dispose et auxquelles il peut recourir pour sa construction de ce passage ?

Une forme spécifique d'arrière-plan historique nécessite de se livrer à des considérations sociologiques ou culturelles. La distinction entre études sociologiques ou culturelles et anthropologiques est quelque peu ambiguë, mais, pour résumer, les études sociologiques se concentrent sur les rapports sociaux et les institutions spécifiques à un peuple, tandis que les études culturelles et anthropologiques s'intéressent à l'ensemble des structures et des dynamiques d'une société entière. David deSilva propose une définition utile de la culture, comme « les valeurs, manières de faire et de voir le monde partagées par tous ses membres, qui servent de cadre à toute communication »[73]. Bien que ces considérations aient, dans une certaine mesure, été employées dans l'étude de la Bible pendant plus d'un siècle[74], elles ont récemment suscité beaucoup une attention accrue, surtout depuis 1970.

L'exégèse sociologique ou culturelle et anthropologique est pratiquée à deux niveaux : 1) la description sociale et culturelle, qui examine les réalités et dynamiques sociologiques ou culturelles suggérées ou reflétées par les passages bibliques, 2) l'analyse sociale et culturelle, qui a recours à des théories ou à des modèles sociologiques ou culturels et anthropologiques afin d'expliquer le sens et l'importance des réalités et des dynamiques sociologiques et culturelles reflétées dans les passages bibliques[75].

---

73 David A. deSilva, *Honor, Patronage, Kinship and Purity: Unlocking New Testament Culture* (Honneur, patronage, parenté et pureté : dévoiler la culture de l'Ancien Testament) (Downers Grove, IL: InterVarsity, 2000).

74 Les racines de l'étude sociologique de la Bible sont souvent considérées comme remontant à l'influence de Max Weber, notamment à une série d'articles publiés d'une manière posthume, comme une collection, dans *Ancient Judaism* (Le judaïsme antique), trad. Hans H. Gerth et Don Martindale (Glencoe, Illinois : Free Press, 1952), titre original : *Antike Judentum* (Le judaïsme antique) (1920). Les premières incursions en Histoire sociale de la Bible incluent, du côté de l'AT, W. Robertson Smith, *Lectures on the Religion of the Semites* (Conférences sur la religion des Sémites) (Londres : Black, 1889) ; et du côté du NT, Adolf Deissmann, *Light from the Ancient East* (Lumières de l'Orient ancien), trad. Lionel R. M. Strachan (New York : Doran, 1927), titre original *Licht vom Osten* (Lumières de l'Orient ancien) (1908) ; Shirley Jackson Case, *The Social Origins of Christianity* (Les origines sociales du christianisme) (Chicago : University of Chicago Press, 1923). Pour un historique du développement de l'exégèse sociologique des études bibliques, voir Cyril S. Rodd, « Sociology and Social Anthropology » (Sociologie et anthropologie sociale), dans *A Dictionary of Biblical Interpretation* (Dictionnaire de l'interprétation biblique), éd. R. J. Coggins et J. L. Houldon (Londres : SCM, 1990), 635–39 ; pour l'AT, voir Charles E. Carter, « Opening Windows onto Biblical Worlds: Applying the Social Sciences to Hebrew Scripture » (Ouvrir des fenêtres sur les mondes bibliques : l'application des sciences sociales aux Écritures hébraïques), dans *The Face of Old Testament Studies: A Survey of Contemporary Approaches* (État des lieux des études de l'Ancien Testament : aperçu des approches contemporaines), éd. David W. Baker et Bill T. Arnold (Grand Rapids : Baker Academic, 1999), 421–51 ; A. D. H. Mayes, *The Old Testament in Sociological Perspective* (L'Ancien Testament dans une perspective sociologique) (Londres : Pickering, 1989) ; Robert R. Wilson, *Sociological Approaches to the Old Testament* (Approches sociologiques de l'Ancien Testament), GBS (Philadelphie : Fortress, 1984), 10–29 ; et pour le NT, voir Howard Clark Kee, *Knowing the Truth: A Sociological Approach to New Testament Interpretation* (Connaître la vérité : une approche sociologique de l'interprétation du Nouveau Testament) (Minneapolis : Fortress, 1989).

75 Notez, par ex., les efforts de Norman Gottwald visant à interpréter l'histoire d'Israël en appliquant des modèles anthropologiques et sociologiques (informés par l'idéologie marxiste). Voir notamment Norman K. Gottwald, « Domain Assumptions and Societal Models in the Study of Pre-Monarchic Israel » (Assertions de domaines et modèles sociaux dans l'étude d'Israël avant la monarchie), dans *Community, Identity, and Ideology: Social Science Approaches to the Hebrew Bible* (Communauté, identité et idéologie : approches de la Bible hébraïque fondées sur les sciences sociales), éd. Charles E. Carter et Carol L. Meyers, Sources for Biblical and Theological Study (Sources pour l'étude biblique et théologique) 6 (Winona Lake, Indiana : Eisenbrauns, 1996), 170–81 ; idem, *The Tribes of Israel: A Sociology of the Religion of Liberated Israel* (Les tribus d'Israël : sociologie de la religion d'Israël libéré) (Maryknoll, New York : Orbis Books, 1979). Voir aussi Bruce Malina, *The New Testament World: Insights from Cultural Anthropology* (Le monde du Nouveau Testament : apports de l'anthropologie culturelle), 3° éd. (Louisville : Westminster John Knox, 2001) ; notamment l'adoption par Malina du modèle anthropologique de Mary Douglas dans *Christian Origins and Cultural Anthropology: Practical Models for Biblical Interpretation* (Origines chrétiennes et anthropologie culturelle : modèles pratiques d'interprétation biblique) (Atlanta : John Knox, 1986) ; cf. Louise Joy Lawrence, *An Ethnography of the Gospel of Matthew: A Critical Assessment of the Use of the Honour and Shame Model in New Testament Studies* (Ethnographie de l'Évangile de Matthieu : évaluation critique de l'emploi du modèle de honte et d'honneur dans le Nouveau Testament), Wissenschaftliche Untersuchungen zum Neuen Testament, 2° sér., 165 (Tübingen :

La difficulté au premier niveau, de la description culturelle et sociale, implique les limites des preuves. Parfois, les données sociologiques ou culturelles, même avec l'aide de comparaisons avec d'autres cultures du Proche-Orient ancien dans le cas de l'Ancien Testament, ou du monde gréco-romain du 1er Siècle dans le cas du Nouveau Testament, sont trop rares pour obtenir des apports pleinement satisfaisants ou utiles pour comprendre le sens du texte. Certains spécialistes ont cherché à résoudre cette difficulté en passant au deuxième niveau et en ayant recours à des théories sociologiques ou anthropologiques plus vastes afin d'éclairer l'importance des réalités sociologiques et culturelles exprimées dans la Bible. Ce processus induit cependant le risque de créer une grille qui fonctionne comme une sorte de lit de Procuste dans lequel on force les données[76].

Ces considérations indiquent les limites et dangers de l'exégèse sociologique ou culturelle et anthropologique et exigent un niveau d'attention et de précaution convenable pour l'emploi de ces méthodes exégétiques[77]. La présence de ces limites et dangers n'entrave cependant en rien la légitimité et la valeur de cette étude. La Bible affirme rendre témoignage à un Dieu transcendant, si bien qu'on ne peut présumer que les réalités qu'elle décrit se réduisent aux structures sociales et aux attentes culturelles. Pourtant, la Bible, Ancien et Nouveau Testament confondus, présente aussi une théologie de l'incarnation dans laquelle des réalités transcendantes sont intégrées à la matrice culturelle et sociologique de la vie humaine. Le professeur M. Robert Mulholland décrit bien ce principe et ce qu'il dit du Nouveau Testament s'applique aussi à l'Ancien Testament :

> La révélation divine s'inscrit dans les spécificités de l'existence humaine historique. En Jésus, Dieu a pris chair en un homme juif dont la vie s'inscrivait dans le cadre du contexte social, politique, économique, religieux et culturel du judaïsme en Palestine au 1er Siècle. [...] Pour que Dieu, en Jésus, puisse communiquer avec ceux qui qui évoluaient dans le milieu auquel il s'est incarné, il devait employer les diverses matrices du milieu sociologique dans lequel Jésus vivait.[78]

Mohr Siebeck, 2003). Notez aussi l'ouvrage très influent de George H. Mendenhall, *Law and Covenant in Israel and in the Ancient Near East* (La Loi et l'Alliance en Israël et dans le Proche-Orient antique) (Pittsburgh : The Biblical Colloquium, 1955).

76 Il faut noter que l'interprétation du texte selon une grille ou un modèle large peut parfois avoir un effet heuristique, par ses apports significatifs au sens des passages, même si la grille est généralement rejetée comme étant une imposition étrangère aux données du texte.

77 On trouve des présentations utiles sur les questions méthodologiques autour de l'interprétation sociologique et culturelle dans Naomi Steinberg, « Social-Scientific Criticism » (La critique sociologique », dans *Dictionary of Biblical Interpretation* (Dictionnaire de l'interprétation biblique), éd. John H. Hayes (Nashville : Abingdon, 1999), 2.478-81 ; John F. Priest, « Sociology and Hebrew Bible Studies » (Sociologie et étude de la Bible hébraïque), dans Hayes, *Dictionary of Biblical Interpretation* (Dictionnaire de l'interprétation biblique), 2.483-87 ; Thomas Schmeller, « Sociology and New Testament Studies » (Sociologie et étude du Nouveau Testament), dans Hayes, *Dictionary of Biblical Interpretation* (Dictionnaire de l'interprétation biblique), 2.487-92 ; Thomas W. Overholt, *Cultural Anthropology and the Old Testament* (L'anthropologie culturelle et le Nouveau Testament), GBS (Minneapolis : Fortress, 1996) ; John H. Elliott, *What Is Social-Scientific Criticism ?* (Qu'est-ce que la critique sociologique) (CGBS (Minneapolis : Fortress, 1993) ; Bengt Holmberg, *Sociology and the New Testament: An Appraisal* (Sociologie et Nouveau Testament : éloge) (Minneapolis : Fortress, 1990) ; Richard L. Rohrbaugh, éd., *The Social Sciences and New Testament Interpretation* (Sciences sociales et interprétation du Nouveau Testament) (Peabody, Massachusetts : Hendrickson, 1996) ; David G. Horrell, *Social Scientific Approaches to New Testament Interpretation* (Approches sociologiques de l'interprétation du Nouveau Testament) (Edinburgh : T&T Clark, 1999).

78 M. Robert Mulholland, « Sociological Criticism » (Critique sociologique), dans Black et Dockery, *Interpreting the New Testament* (L'interprétation du Nouveau Testament), 170.

Les exégètes bibliques peuvent donc étudier comment l'univers des rapports sociaux et symboliques au sein des cultures de la Bible, ainsi que les assertions culturelles et sociologiques reflétées dans le texte, éclairent le sens des passages bibliques. Les lecteurs ne peuvent comprendre précisément et pleinement les passages qui parlent de pureté et d'impureté ou d'honneur et de honte sans se livrer à de telles recherches. Les instructions de Paul concernant la vie au sein des communautés chrétiennes ne sont pas pleinement compréhensibles sans prendre en compte les dynamiques sociales à l'œuvre dans ces communautés. Il est impossible de comprendre pleinement le sens de la prophétie en Israël sans tenir compte des attentes socioculturelles relatives à ce phénomène, et à d'autres phénomènes semblables, non seulement en Israël, mais aussi chez d'autres peuples voisins du Proche-Orient ancien. Le sens des prescriptions alimentaires de l'Ancien Testament est incompréhensible sans prendre en compte l'importance de la nourriture dans les cultures du Proche-Orient ancien en général et dans la société israélite en particulier. Enfin, l'enseignement de Jésus sur les relations familiales ou les instructions des Proverbes aux pères et aux enfants ne peuvent être compris profondément sans appréciation des dynamiques sociales du foyer.

La plupart des lecteurs de la Bible ne sont pas experts en arrière-plan sociologique et culturel ni en exégèse et dépendent donc des travaux des spécialistes. Les dictionnaires bibliques les plus récents contiennent des informations utiles sur l'arrière-plan sociologique et culturel. Par ailleurs, de plus en plus d'ouvrages sont consacrés spécifiquement à ces dynamiques sociologiques et culturelles. Des commentaires entiers ont même été écrits depuis une perspective sociologique ou culturelle et anthropologique[79].

Historique des termes

L'historique des termes est une catégorie de preuves appartenant à ce qu'on appelle généralement l'étymologie, qui inclut trois aspects spécifiques[80]. Le premier aspect de l'étymologie est l'histoire de la formation du terme, sa morphologie. À un moment donné, les spécialistes pensaient généralement que la manière dont un mot s'est formé à l'origine détermine son sens fondamental. Par exemple, parce

79 On note ici les commentaires comme deSilva, *Perseverance in Gratitude* (La persévérance dans la gratitude) ; Bruce J. Malina et Richard L. Rohrbaugh, *Social-Science Commentary on the Synoptic Gospels* (Commentaire sociologique des Évangiles synoptiques) (Minneapolis : Fortress, 2003) ; Bruce J. Malina et John J. Pilch, *Social-Science Commentary on the Letters of Paul* (Commentaire sociologique des Lettres de Paul) (Minneapolis : Fortress, 2006) ; John van Seters, *The Pentateuch: A Social-Science Commentary* (Le Pentateuque : commentaire sociologique) (Londres : T&T Clark, 2004) ; Thomas C. Romer, *The Deuteronomistic History: A Social-Science Commentary* (Les livres historiques deutéronomiques : commentaire sociologique) (New York : Continuum, 2000) ; Lowell K. Handy, *Jonah's World: Social Science and the Reading of Prophetic Story* (Le monde de Jonas : sciences sociales et lecture de l'histoire prophétique) (Oakville, Connecticut : Equinox, 2007). Certains commentaires qui ne sont pas expressément identifiés aux études sociologiques mettent cependant l'accent sur des aspects culturels ou sociologiques, notamment Jerome H. Neyrey, *2 Pierre, Jude*, AB (New York : Doubleday, 1993) ; John H. Elliott, *1 Pierre*, AB (New York : Doubleday, 2000).

80 Nous adoptons ici la compréhension généralement acceptée, selon laquelle l'étymologie est une catégorie vaste, qui inclut l'histoire du développement morphologique du mot, son rapport aux mots parallèles dans les langues apparentées et l'historique de son emploi. On trouve cette compréhension typique, par ex., dans Richard N. Soulen et R. Kendall Soulen, *Handbook of Biblical Criticism* (Manuel de critique biblique), 3ᵉ éd. (Louisville : Westminster John Knox, 2001). Pour une catégorisation légèrement différente, voir Moisés Silva, *Biblical Words and Their Meaning: An Introduction to Lexical Semantics* (Les termes bibliques et leur sens : introduction à la sémantique lexicale) (Grand Rapids : Zondervan, 1983), 38–44.

que le terme grec pour église, *ekklēsia*, est formé de la combinaison du préfixe *ek*, « hors de », et de la racine *kaleō*, « appeler », beaucoup ont pensé que ce terme a toujours eu le sens d'« appelés hors de ».

Le deuxième aspect de l'étymologie est le rapport du mot à des mots semblables dans des langues apparentées, avec une origine commune. L'hébreu est une langue sémitique, apparentée aux autres langues sémitiques comme l'akkadien et l'ougaritique. Le grec est une langue indo-européenne, apparentée aux autres langues de cette famille, comme le latin et le sanskrit. Particulièrement dans le cas de l'hébreu, des mots très similaires dans des langues apparentées peuvent éclairer le sens d'un mot. La section de l'imposant Commentaire biblique de l'Ancre, sur les Psaumes, de Mitchell Dahood, contient plusieurs exemples de l'emploi de mots parallèles dans des langues apparentées à l'hébreu, notamment l'ougaritique, afin d'informer notre compréhension du sens d'un mot ou d'une expression hébraïque[81].

Le troisième aspect de l'étymologie est l'historique de l'emploi du mot. Les étudiants peuvent retracer le développement du sens d'un mot à travers l'histoire de la langue, en vue d'examiner comment son emploi dans un passé lointain, ou même plus récent, peut éclairer son sens dans un passage biblique. Les étudiants peuvent choisir de retracer le développement du sens d'un terme hébreu à travers son emploi au cours de la longue histoire de la Bible hébraïque, en vue de situer dans cette histoire son emploi dans un passage donné de l'Ancien Testament ; ou encore étudier le développement d'un mot grec à travers l'histoire de la langue grecque[82]. Cet examen leur permettra de comprendre plus clairement, sur la base de l'historique ancien et récent de l'emploi du mot, son sens dans le passage examiné.

Une forme spécifique de ce troisième aspect de l'étymologie implique le champ sémantique du mot examiné. La notion de champ sémantique émerge de la considération qu'un même concept peut être exprimé par plusieurs mots individuels. Ainsi, chacun de ces concepts a un champ sémantique dans lequel les mots individuels trouvent leur place. C'est pourquoi, les étudiants trouveront utile d'explorer les rapports entre termes appartenant au même champ sémantique, afin de déterminer les points communs et de chevauchement, ainsi que les points distinctifs[83]. Aux générations précédentes, ce type d'examen était présenté dans des livres traitant de « synonymes » bibliques[84], mais des études plus récentes des champs sémantiques emploient des apports critiques de la discipline linguistique émergente, afin d'éviter certaines erreurs sémantiques qui caractérisaient les études

---

81 Mitchell Dahood, *Psalms* (Psaumes), 3 vol., AB (Garden City, New York : Doubleday, 1965–70).

82 Cet aspect de l'étymologie est intimement lié à l'usage des mots, abordé plus tôt dans ce chapitre. La distinction, si tant est qu'il y en ait une, est que la catégorie de l'usage des mots implique généralement l'examen et l'analyse directe, par l'étudiant, des passages, à la fois bibliques et extrabibliques, dans lesquels le mot est employé, tandis que l'étymologie implique l'emploi par l'étudiant de sources secondaires qui abordent l'histoire de l'emploi du terme.

83 La combinaison critique des connexions et des distinctions est liée à la notion logique de *per genus et differentiam* (par le genre et la différence). Voir S. Morris Engel, *With Good Reason: An Introduction to Informal Fallacies* (Pour de bonnes raisons : introduction aux erreurs informelles), 2ᵉ éd. (New York : St. Martin's Press, 1982), 44 : « Une définition *per genus et differentiam* est une définition dont l'expression fait référence à un élément de sa classe générique, puis le distingue de tous les autres éléments de cette classe. »

84 Les meilleurs exemples sont Robert B. Girdlestone, *Synonyms of the Old Testament: Their Bearing on Christian Doctrine* (Les synonymes dans l'Ancien Testament : leur impact sur la doctrine chrétienne) (1897 ; repr., Grand Rapids : Eerdmans, 1976) ; Richard C. Trench, *Synonyms of the New Testament: Studies in the Greek New Testament* (Les synonymes dans le Nouveau Testament : études du Nouveau Testament grec) (1880 ; repr., Grand Rapids : Eerdmans, 1953).

plus anciennes. Les étudiants pourront trouver des apports des études linguistiques du champ sémantique dans les lexiques et glossaires théologiques en langue originale les plus récents[85].

Il est clair que tous les trois aspects de l'étymologie peuvent parfois éclairer le sens d'un mot dans un passage biblique, mais l'étymologie ne suffit pas à déterminer le sens d'un mot. Les mots communiquent du sens sur la base du contexte linguistique et littéraire dans lequel ils sont employés, pas selon un sens établi une fois pour toutes il y a longtemps. Le contexte linguistique fait référence à l'emploi et à la compréhension d'un mot dans une zone géographique spécifique et à un moment précis. On ne peut présumer, par exemple, que les contemporains d'Homère (9e Siècle av. J.-C.) employaient et comprenaient un mot grec de la même manière que les auteurs du Nouveau Testament. Les langues sont dynamiques et le sens des termes a donc tendance à changer avec le temps[86]. Ainsi que nous l'avons mentionné plus tôt dans ce chapitre (voir « Contexte littéraire »), le contexte littéraire fait référence aux versets qui précèdent ou suivent immédiatement un passage (contexte immédiat), ainsi qu'à l'ensemble du livre biblique dans lequel ce passage se trouve (contexte du livre dans son ensemble). Il s'agit généralement de l'indicateur principal du sens des termes. Cela pose donc problème de fonder sa compréhension d'un mot d'un passage de l'Ancien Testament premièrement sur le sens d'un éventuel mot ougaritique apparenté, sur des inférences par rapport à la manière dont ce mot a été formé morphologiquement à l'origine, ou encore sur le sens dans lequel il était employé plusieurs siècles avant la rédaction du passage. Se fonder sur l'étymologie afin de déterminer le sens ultime d'un terme est une grave erreur exégétique, que James Barr appelle l' « erreur racine »[87].

Une autre erreur est de tout simplement négliger entièrement l'étymologie. Celle-ci peut fonctionner comme un dispositif heuristique, susceptible d'éclairer ou de clarifier le sens des termes employés dans leur contexte linguistique et littéraire. Elle peut donc être utile, tant qu'elle a pour fin première la détermination du contexte[88]. Si l'étymologie (plus précisément la morphologie) d'*ekklesia* (appelés hors de) était largement oubliée au 1er Siècle et n'a apparemment joué aucun rôle dans le sens du terme employé dans le Nouveau Testament[89], l'étymologie du mot

---

85 La présentation la plus complète étant: Johannes P. Louw et Eugene A. Nida, éd., *Greek-English Lexicon of the New Testament Based on Semantic Domains* (Lexique grec-anglais du Nouveau Testament basé sur les domaines sémantiques), 2e éd., 2 vol. (New York : United Bible Societies, 1989); cf. Johannes P. Louw, *Semantics of New Testament Greek* (Sémantique du Nouveau Testament grec) (Philadelphie : Fortress, 1982). Sponsorisé par les Sociétés bibliques unies, le projet de Dictionnaire sémantique de l'hébreu biblique (édité par Reinier de Blois, avec l'assistance de Enio R. Mueller) produit actuellement le « Lexique hébreu-anglais de l'Ancien Testament, fondé sur les domaines sémantiques ». Cet ouvrage est encore en préparation, mais les données sont publiées progressivement et sont accessibles à l'adresse suivante : *www.sdbh.org*.

86 Ce phénomène s'illustre souvent dans les Bibles traduites. En anglais, les lecteurs de la KJV sont souvent confus en lisant « conversation », car, au 17e Siècle, en Grande-Bretagne, ce terme est employé en référence à ce qu'on appelle aujourd'hui le « mode de vie », sans aucun rapport avec le dialogue entre plusieurs personnes.

87 Barr, *Semantics of Biblical Language* (Sémantique du langage biblique), 100–116.

88 Silva, *Biblical Words and Their Meaning* (Les mots bibliques et leur sens), 47–51.

89 Cela ne veut pas dire que la notion d'« appelé hors de » ne joue aucun rôle dans l'ecclésiologie du NT ; mais lorsque certains auteurs du NT mettent l'accent sur ce statut de l'Église, ils le font à travers des indicateurs contextuels, pas sur la base du développement morphologique original du mot *ekklēsia*. Le texte ne donne aucune indication selon laquelle les auteurs du NT choisissent généralement de parler à l'église de l'emploi du terme *ekklēsia*, à cause de son étymologie ; ce choix est dû essentiellement au faut que la LXX emploie *ekklēsia* pour *qāhāl* (« assemblée, réunion »), de *qahal* (« appeler ensemble, rassembler »).

traduit par « Évangile » (de *eu*, « bonne » + *angelion*, « nouvelle, annonce » s'accorde avec, et éclaire ainsi en partie, le sens du mot dans son contexte néo-testamentaire.

La première ressource pour un examen étymologique est un dictionnaire théologique des termes bibliques, qui aborde en détail les origines, les mots apparentés et l'histoire de l'emploi du mot. Les dictionnaires théologiques les plus complets, qui font autorité, sont le *Theological Dictionary of the Old Testament* (Dictionnaire théologique de l'Ancien Testament) et son corollaire, le *Theological Dictionary of the New Testament* (Dictionnaire théologique du Nouveau Testament)[90], mais il y a aussi plusieurs autres excellents ouvrages qui entrent dans cette catégorie[91].

Évidemment, en examinant l'étymologie des mots bibliques, on travaille avec les termes originaux grecs et hébreux[92]. Le recours à l'étymologie d'un terme qui apparaît dans une traduction française comme fondement pour des revendications relatives au sens d'un terme employé par l'auteur biblique serait une forme flagrante d'eiségèse.

Historique du texte

Avant l'invention de l'imprimerie, au 15ᵉ Siècle, le texte biblique était transmis par des scribes qui le copiaient, avec le risque inévitable d'erreurs liées à la tradition manuscrites.

Ces divers types d'erreurs peuvent être classées dans deux catégories principales : les erreurs involontaires et celles délibérées. Les erreurs involontaires peuvent être oculaires ou auditives. Pour ce qui est des erreurs oculaires, un scribe peut, par exemple, accidentellement répéter un mot ou une ligne (dittographie), ou encore omettre un mot ou une expression (haplographie). Le texte était aussi souvent copié par lecture à voix haute par une personne, le plus souvent un moine, pour être mis par écrit par plusieurs autres personnes présentes. Le lecteur pouvait mal prononcer ou mal lire un mot, ou encore un scribe pouvait mal comprendre ce qu'il entendait.

Malgré la contradiction apparente des termes, certaines erreurs peuvent être délibérées.

Les scribes n'introduisaient pas consciemment de nouvelles erreurs dans le texte, mais certaines erreurs émanent de leurs efforts visant à « corriger » les textes qu'ils copiaient. Un scribe pouvait se dire, par exemple, que Jésus n'aurait jamais dit telle ou telle chose, mais qu'il a certainement voulu dire autre chose. Alors, il modifiait un mot, ou peut-être l'inflexion d'un mot, ou encore il introduisait une brève note explicative (glose), afin de s'assurer que les lecteurs ne comprennent pas mal le sens du texte. De telles gloses ont souvent fini par être intégrées au texte biblique lui-même. Un scribe pouvait aussi chercher à aligner les mots d'un passage des Chroniques sur le passage parallèle en 1 Rois, ou encore un passage de Marc sur le passage parallèle dans Matthieu.

---

90 *TDOT* ; *TDNT*.

91 Voir Bauer, *Annotated Guide to Biblical Resources* (Guide annoté des ressources bibliques), 58–59, 198–200. Par ailleurs, les lexiques grecs et hébreux standard contiennent souvent au moins une mention de l'étymologie.

92 Ou en araméen, dans les quelques passages de l'AT qui emploient cette langue.

Par conséquent, une discipline majeure, appelée « critique textuelle »[93], dont l'objectif principal consiste à identifier les erreurs des scribes afin de rétablir les mots originaux du texte, s'est développée dans le milieu bibliste[94]. Les spécialistes ont isolé un certain nombre de signes ou d'indicateurs révélant des erreurs de scribe, puis développé des principes permettant de déterminer, à partir de l'ensemble des textes anciens de la tradition manuscrite, quels sont le plus probablement les mots originaux d'un passage[95]. Les étudiants, qui souhaitent probablement interpréter les passages tels qu'ils ont été écrits à l'origine, chercheront à identifier la bonne lecture, ou du moins la meilleure lecture possible du texte. Par

---

93 La critique textuelle est parfois appelée « critique inférieure », afin de la distinguer de la « critique supérieure », qui s'intéresse à l'histoire de la tradition, notamment à la reconstruction des sources plus anciennes. Voir « Histoire de la tradition » ci-dessous.

94 Les « textes originaux » font référence au texte, tel qu'il a été transmis par l'auteur principal, le deuxième évangéliste dans le cas de l'Évangile de Marc. Même si la situation est généralement claire pour le NT, c'est plus compliqué pour l'AT : le texte de l'AT était assez fluide, dans le sens où plusieurs traditions textuelles coexistaient au moins jusqu'au 1er Siècle ap. J.-C. (ainsi que l'indiquent, par ex., les diverses recensions de la Septante, le texte hébreu représenté dans les rouleaux de la Mer Morte et la tradition proto-massorétique). À la fin du 1er Siècle ap. J.-C., en lien avec la canonisation officielle des Écritures hébraïques par la communauté juive, un effort significatif de stabilisation textuelle a eu lieu, autour de la tradition qui a fini par trouver son expression dans le texte massorétique. Les spécialistes sont donc en désaccord par rapport à l'objectif de la critique textuelle de l'AT. Certains défendent l'idée qu'il s'agit de rétablir le texte tel qu'il a été transmis par les auteurs eux-mêmes. La fluidité du texte dans son histoire ancienne, ainsi que les difficultés fréquentes à différencier le développement littéraire de certains livres de l'AT (qui ont été écrites par plusieurs mains sur une longue période) et le processus de transmission des scribes, compliquent notre capacité à discerner quelle est exactement la forme du texte transmise par l'auteur principal. C'est pourquoi, d'autres spécialistes ont abandonné l'espoir d'établir un texte original, mais défendent plutôt que l'objectif de la critique textuelle de l'AT est tout simplement de cataloguer et d'évaluer les lectures et traditions textuelles les plus anciennes auxquelles nous ayons accès. Cet objectif est cependant peut-être trop modeste, car il échoue à établir un texte assez fiable et cohérent pour servir de fondement théologique propre à servir la communauté de foi. Par conséquent, des spécialistes comme Childs, *Introduction to the Old Testament as Scripture* (Introduction à l'Ancien Testament en tant qu'Écriture), 84–106, estiment, pour des raisons historiques, pragmatiques et théologiques, que l'objectif de la critique textuelle de l'AT doit être d'établir le texte tel qu'il était à l'époque de sa stabilisation en tant que texte canonique, vers la fin du 1er Siècle ap. J.-C. ; le texte massorétique étant le « véhicule » de ce texte et les traditions textuelles plus anciennes étant indispensables à la compréhension et à l'évaluation de ce texte canonique stabilisé. Pour une description de ces trois perspectives et un historique de la critique textuelle de l'AT, voir Emanuel Tov, *Textual Criticism of the Hebrew Bible* (La critique textuelle de la Bible hébraïque), 2e éd. (Minneapolis : Fortress, 2001), 14–20, 155–97, 287–91 ; Al Wolters, « The Text of the Old Testament » (Le texte de l'Ancien Testament), dans Baker et Arnold, *Face of Old Testament Studies* (État des lieux des études de l'Ancien Testament), 19–37. Les principes et procédures de critique textuelle sont généralement les mêmes, quel que soit le stade du texte identifié comme cible pour la critique textuelle de l'AT. Pour notre part, nous sommes assez séduits par la troisième position, car les arguments de Childs nous semblent généralement convaincants. Les étudiants doivent cependant se familiariser avec les arguments autour de l'objectif de la critique textuelle de l'AT, afin de décider, sur la base des preuves, quel stade de la tradition cibler.

95 Les critiques textuels emploient à la fois des preuves internes et externes afin de déterminer l'authenticité d'une variante textuelle. Les preuves internes impliquent des éléments d'une variante qui suggèrent une erreur ou originalité du scribe. Les preuves externes sont liées à l'âge et à la fiabilité des manuscrits dans lesquels apparaissent les variantes. La méthode spécifique pour l'évaluation des variantes a été clarifiée et reçu son expression classique dans Brooke Foss Westcott et Fenton John Anthony Hort, *Introduction to the New Testament in the Original Greek* (Introduction au Nouveau Testament dans le grec original), vol. 1, *The Text Revised* (Le texte révisé), suivi du vol. 2, *Introduction and Appendix* (Introduction et annexe) (New York : Harper & Brothers, 1881–82). Pour une brève discussion de la méthode de critique textuelle, voir Paul D. Wegner, *A Student's Guide to Textual Criticism of the Bible* (Guide de l'étudiant de la critique textuelle de la Bible) (Downers Grove, Illinois : InterVarsity, 2006) ; J. Harold Greenlee, *Introduction to New Testament Textual Criticism* (Introduction à la critique textuelle du Nouveau Testament), éd. rév. (Peabody, Massachusetts : Hendrickson, 1995) ; P. Kyle McCarter, *Textual Criticism: Recovering the Text of the Hebrew Bible* (La critique textuelle : recouvrir le texte de la Bible hébraïque), GBS (Philadelphie : Fortress, 1986). Pour plus de détails, voir Bruce M. Metzger et Bart D. Ehrman, *The Text of the New Testament: Its Transmission, Corruption, and Restoration* (Le texte du Nouveau Testament : sa transmission, corruption et restauration), 4e éd. (Oxford : Oxford University Press, 2005) ; Kurt Aland et Barbara Aland, *The Text of the New Testament: An Introduction to the Critical Editions and to the Theory and Practice of Modern Textual Criticism* (Le texte du Nouveau Testament : introduction aux éditions critiques, à la théorie et à la pratique de la critique textuelle moderne), trad. Erroll F. Rhodes, 2e éd. (Grand Rapids : Eerdmans, 1989) ; Ernst Würthwein, *The Text of the Old Testament: An Introduction to the Biblia Hebraica* (Le texte de l'Ancien Testament : introduction à la Biblia Hebraica), trad. Erroll F. Rhodes, éd. rév. (Grand Rapids : Eerdmans, 1995).

exemple, en interprétant l'Évangile de Marc, ils reconnaîtront que 16.9–20, la fin la plus longue, est quasi certainement un ajout tardif destiné à arrondir l'Évangile, parce qu'un scribe a trouvé sa fin en 16.8 trop abrupte ; ou encore, dans leur interprétation de Luc 22.39–46, ils noteront peut-être que le passage : « sa sueur devint comme des gouttes de sang qui tombaient à terre » ne figurait probablement pas dans le texte original.

Le texte de certains passages est si corrompu qu'il est impossible d'en recouvrir les mots originaux. C'est le cas, par exemple, de 1 Samuel 13.1[96]. Cependant, pour la grande majorité des variantes textuelles, on peut arriver à un degré élevé de probabilité, voire souvent à une quasi-certitude, quant à leur formulation originale. Dans tous les cas, l'incapacité à acquérir une certitude absolue concernant les mots de chaque passage biblique n'est pas une raison pour douter de la fiabilité du texte biblique ou de son utilité fonctionnelle en tant que fondement de la foi ou de l'Église chrétienne, comme certains l'ont suggéré récemment[97]. Ainsi qu'il est souvent noté, aucune doctrine fondamentale de la foi chrétienne n'est affectée par d'importantes variantes textuelles.

Bien que l'objectif principal de la critique textuelle soit d'établir les mots originaux du texte, une autre fonction est liée à l'étude de l'histoire du texte : les erreurs délibérées (c'est-à-dire les efforts visant à corriger le texte) peuvent servir de dispositif heuristique afin d'attirer notre attention sur des questions exégétiques ou théologiques que les croyants, plus spécifiquement les scribes, ont trouvées dans ce passage à un moment donné dans le passé et qu'ils ont cherché à clarifier par leurs corrections textuelles[98]. Les limites de notre propre temps et de nos circonstances de vie peuvent nous rendre aveugles à des questions exégétiques et théologiques importantes pour ces chrétiens qui ont vécu des siècles avant nous. Leurs efforts visant à clarifier ces questions par des altérations textuelles peuvent aider les étudiants à les identifier et peuvent aussi révéler au moins certaines manières de les comprendre et de les résoudre. Par exemple, il est quasi-certain que l'expression « sans cause » a été ajoutée par un scribe aux paroles de Jésus en Matthieu 5.22 : « quiconque se met en colère sans cause contre son frère, sera punissable par le jugement » (Bible Martin). En lisant les paroles de Jésus : « quiconque se met en colère contre son frère sera punissable par le jugement », le scribe s'est demandé s'il s'agissait d'un commandement absolu, qui ne tolère aucune exception (c. à d. si la colère est toujours mauvaise), ou d'un principe général avec des exceptions possibles, par ex. la colère à cause de l'oppression et de l'injustice (une juste indignation). Après tout, ailleurs dans l'Évangile de Matthieu, Jésus semble exprimer

---

96 *Corrompu* est un terme technique qui décrit les passages dans lesquels les variantes textuelles de la tradition manuscrite rendent la reconstitution du texte original pratiquement impossible.

97 Bart D. Ehrman, *Misquoting Jesus: The Story behind Who Changed the Bible and Why* (Jésus mal cité : l'histoire de qui a changé la Bible et pourquoi) (San Francisco : Harper San Francisco, 2005).

98 Voir, par ex., Gordon D. Fee, « Textual Criticism of the New Testament » (La critique textuelle du Nouveau Testament), dans *Studies in the Theory and Method of New Testament Textual Criticism* (Étude de la théorie et de la méthode de critique textuelle du Nouveau Testament), éd. Eldon J. Epp et Gordon D. Fee. Studies and Documents (Études et documents) 45 (Grand Rapids : Eerdmans, 1993), 3–16 ; et pour une discussion plus approfondie et très suggestive, voir Barbara Aland, « Welche Rolle spielen Textkritik und Textgeschichte für das Verständnis des Neuen Testaments ? Frühe Leserperspektiven » (Quel est le rôle de la critique textuelle et de l'histoire du texte pour notre compréhension du Nouveau Testament ? Perspectives des premiers lecteurs), *NTS* 52 (2006) : 303–18.

sa colère (voir 21.12–13, 23.13–36). Cette variante textuelle avertit donc les lecteurs de ces possibilités exégétiques et leur suggère des manières d'avancer[99].

La plupart des étudiants ne deviendront jamais experts en critique textuelle, mais ils doivent se familiariser avec ses questions et principes fondamentaux, afin de pouvoir comprendre les discussions relatives aux variantes textuelles qu'on trouve, par exemple, dans les commentaires. Ils pourront ensuite, avec une certaine confiance, identifier la formulation originelle la plus probable d'un passage, afin de se servir de l'histoire du texte comme d'une occasion de découvrir et d'explorer des questions exégétiques et théologiques importantes qu'ils risqueraient de rater autrement. Les étudiants peuvent acquérir une compréhension de base de la critique textuelle de l'Ancien et du Nouveau Testament, à travers les nombreux livres consacrés à ce sujet[100].

Historique de la tradition

Un processus plus ou moins étendu de croissance et de développement se cache derrière la forme finale du texte de beaucoup de livres et passages bibliques. Le texte lui-même atteste souvent de ce développement historique des traditions qui l'entourent[101]. C'est pourquoi, l'histoire de la tradition, qui progresse vers son point culminant sous sa forme finale, fait partie de l'ensemble vaste de l'existence du texte biblique et doit être prise en compte dans l'interprétation des passages pour lesquels ces questions comptent. Cette étude de l'histoire de la tradition requiert qu'on fasse usage de méthodes critiques. Les étudiants doivent se souvenir que l'étude biblique inductive concerne tous les principaux aspects de l'existence de la Bible, y compris la préhistoire du texte, et qu'elle influe sur le sens de sa forme finale. C'est pourquoi, l'emploi de ces méthodes critiques participe d'une approche inductive intégrale. L'histoire de la tradition passe par quatre niveaux possibles.

1. Un passage qui rapporte des événements historiques et/ou des discours passés, nous invite à examiner l'événement historique ou le discours original auquel il rend témoignage. Le processus de reconstruction de l'événement ou du discours historique, dans son contexte temporel original, relève de la critique historique[102].

---

99 Cette fonction heuristique de la critique textuelle fait en réalité partie de l'historique de l'interprétation, ou de l'interprétation par d'autres, sur lesquels nous reviendrons plus tard dans ce chapitre.

100 Voir Bauer, *Annotated Guide to Biblical Resources* (Guide annoté des ressources bibliques), 61-62, 202-4. Pour plus d'exemples de critique textuelle appliquée à des passages bibliques spécifiques, voir Ellis R. Brotzman, *Old Testament Textual Criticism: An Introduction* (La critique textuelle de l'Ancien Testament : introduction) (Grand Rapids : Baker Academic, 1994), 135-66 ; Michael W. Holmes, « Textual Criticism » (La critique textuelle), dans Black et Dockery, *Interpreting the New Testament* (Interpréter le Nouveau Testament), 46-73. Pour une discussion de chacune des principales variantes textuelles du NT et des processus employés pour déterminer quelle lecture choisir dans chacun des cas, voir Bruce M. Metzger, éd., *A Textual Commentary on the Greek New Testament* (Commentaire textuel du Nouveau Testament grec), 2⁰ éd. (Stuttgart : United Bible Societies, 1994).

101 Ce témoignage est parfois explicite, comme lorsqu'un auteur cite ses sources plus anciennes (par ex. le livre des Rois mentionne le « livre des Actes de Salomon » en 1 Rois 11.41 ; les « Annales des Rois d'Israël » en 1 Rois 14.19 ; 15.31 ; 16.5, 14, 20, 27 ; 22.39 ; 2 Rois 1.18 ; 10.34 ; 13.8, 12 ; 14.15, 28 ; 15.11, 15, 21, 26, 31 ; et les « Annales des Rois de Juda » en 1 Rois 14.29 ; 15.7, 23 ; 22.45 ; 2 Rois 8.23 ; 12.19 ; 14.18 ; 15.6, 36 ; 16.19 ; 20.20 ; 21.17, 25 ; 23.28 ; 24.5). Dans bien d'autres passages, le texte témoigne d'une manière implicite des traditions ayant mené au texte final, comme la dépendance apparente des livres historiques du Chroniqueur aux livres historiques deutéronomiques.

102 J. Maxwell Miller, *The Old Testament and the Historian* (L'Ancien Testament et l'historien), GBS (Philadelphie : Fortress, 1976) ; Edgar Krentz, *The Historical-Critical Method* (La méthode historicocritique), GBS (Philadelphie : Fortress, 1975).

On peut citer comme exemples les diverses histoires d'Israël, qui abordent la nature et le contexte précis des événements originaux racontés par l'Ancien Testament[103], ou les diverses études de la vie et de l'enseignement du Jésus historique[104].

2. Les spécialistes s'accordent généralement à dire que, dans la période qui a suivi immédiatement les événements eux-mêmes, les textes rapportant ces événements, ainsi que les discours et enseignements originaux, circulaient par voie orale, souvent au service de la prédication ou de l'enseignement. La reconstruction de ce stade oral de la tradition relève de la critique traditionnelle, qu'on appelle souvent *critique des formes*[105], car les rapports oraux de ces événements, discours et enseignement prenaient souvent une forme stéréotypée. Par exemple, les récits de guérison ont tendance à avoir un contenu et un arrangement communs. La critique des formes ne concerne cependant pas que la phase orale de la répétition des événements et discours historiques, mais aussi leur *formulation originale*, puisqu'ils étaient conditionnés par certaines assertions ou attentes formelles qui faisaient partie de leur culture et reflétaient les exigences de leur cadre original (*Sitz im Leben*)[106]. Ainsi, au Moyen-Orient ancien, les paroles de sagesse étaient généralement formulées selon une diversité de formes acceptées et comprises, qui reflétaient le cadre dans lequel la sagesse était enseignée[107] Il en était de même du discours prophétique ; c'est pourquoi, les oracles prophétiques s'inscrivent généralement dans l'une ou l'autre forme couramment acceptée de discours prophétique[108]. Les Psaumes constituent un excellent exemple de ce phénomène. Depuis l'époque de

---

103 Par ex. John Bright, *A History of Israel* (Histoire d'Israël), 4e éd. (Louisville : Westminster John Knox, 2000). Pour une bibliographie, voir Bauer, *Annotated Guide to Biblical Resources* (Guide annoté des ressources bibliques), 48–51.

104 Pour un aperçu des dernières études sur la vie et l'enseignement du Jésus historique, voir Mark Allan Powell, *Jesus as a Figure in History: How Modern Historians View the Man from Galilee* (Jésus en tant que personnage historique : comment les historiens modernes voient l'homme de Galilée) (Louisville : Westminster John Knox, 1998) ; Ben Witherington III, *The Jesus Quest: The Third Search for the Jew of Nazareth* (La quête de Jésus : la troisième recherche du Juif de Nazareth) (Downers Grove, Illinois : InterVarsity, 1995). Pour une bibliographie et une brève discussion des ouvrages principaux, voir Bauer, *Annotated Guide to Biblical Resources* (Guide annoté des ressources bibliques), 231–37.

105 Gene M. Tucker, *Form Criticism of the Old Testament* (Critique formelle de l'Ancien Testament), GBS (Philadelphie : Fortress, 1971) ; John H. Hayes, éd., *Old Testament Form Criticism* (La critique des formes de l'Ancien Testament) (San Antonio : Trinity University Press, 1974) ; idem, *An Introduction to Old Testament Study* (Introduction à l'étude de l'Ancien Testament (Nashville : Abingdon, 1979) ; Klaus Koch, *The Growth of the Biblical Tradition: The Form-Critical Method* (La croissance de la tradition biblique : la méthode de la critique des formes) (New York : Scribner, 1969) ; Edgar V. McKnight, *What Is Form Criticism?* (Qu'est-ce que la critique des formes ?) GBS (Philadelphie : Fortress, 1969) ; Martin Dibelius, *From Tradition to Gospel* (De la tradition à l'Évangile), trad. Bertram Lee Woolf (Cambridge, Royaume-Uni : James Clarke, 1971), titre original : *Die Formgeschichte des Evangeliums* (Histoire formelle de l'Évangile) (1919) ; Vincent Taylor, *The Formation of the Gospel Tradition* (La formation de la tradition évangélique) (Londres : Macmillan, 1960). Notez surtout la série de commentaires de l'AT écrits d'une perspective de critique des formes : The Forms of the Old Testament Literature (Les formes des livres de l'Ancien Testament) (FOTL), éd. Rolf P. Knieram, Gene M. Tucker et Marvin A. Sweeney (Grand Rapids : Eerdmans, 1981–). Walter E. Rast, *Tradition History and the Old Testament* (L'histoire de la tradition et l'Ancien Testament), GBS (Philadelphie : Fortress, 1972), distingue la critique traditionnelle de la critique formes, qu'elle voit comme une sous-catégorie de celle-ci. Les spécialistes maintiennent souvent une certaine fluidité de nomenclature dans leur description de ces diverses méthodes critiques.

106 Voir, par ex., Roland E. Murphy, *Wisdom Literature: Job, Proverbs, Ruth, Canticles, Ecclesiastes, and Esther* (Les livres de la sagesse : Job, Proverbs, Ruth, Cantique des Cantiques, Ecclésiaste et Esther), FOTL 13 (Grand Rapids : Eerdmans, 1981) ; Claus Westermann, *Roots of Wisdom: The Oldest Proverbs of Israel and Other Peoples* (Les racines de la sagesse : les plus anciens proverbes d'Israël et des autres peuples) (Louisville : Westminster John Knox, 1994).

107 Ce type de critique des formes correspond à l'analyse de genre dont il est question plus tôt dans ce chapitre, dans la partie « Formes littéraires ».

108 Claus Westermann, Basic Forms of Prophetic Speech (Formes basiques de discours prophétique) (Louisville : Westminster John Knox, 1991) ; Gene M. Tucker, « Prophetic Speech » (Le discours prophétique), dans Interpreting the Prophets (Interpréter les prophètes), éd. James Luther Mays et Paul J. Achtemeier (Philadelphie : Fortress, 1987), 27–40.

Gunkel, les spécialistes ont reconnu que les Psaumes peuvent être classés selon leurs diverses formes, comme les psaumes de reconnaissance ou de lamentation, qui reflètent largement le cadre originel écrits[109] de leur rédaction.

3. Avec le temps, la tradition orale avait tendance à se réduire à l'écrit, si bien que des documents écrits servant de sources aux passages et livres bibliques ont émergé. La reconstruction de ces sources écrites relève de la *critique des sources*. Par exemple, l'*hypothèse documentaire* (généralement appelée JEPS, pour jéhoviste (yahwiste), élohiste, deutéronomique et sacerdotale) implique l'identification de sources écrites plus anciennes dans le Pentateuque[110], tandis que le *problème synoptique*, qui est la question du rapport littéraire entre les trois premiers Évangiles, mène à chercher à situer les sources écrites qui se cachent derrière les Évangiles synoptiques[111]. Parfois, les spécialistes cherchent à reconstruire des hymnes et confessions de foi plus anciens, qui se cachent peut-être derrière certains passages des épîtres du Nouveau Testament[112].

4. Les auteurs de nos livres bibliques ont édité ces sources écrites (et orales), afin de produire des documents conçus pour accomplir les objectifs proclamatoires (*kérygmatiques*) ou pastoraux de l'auteur. La reconstruction de ce processus éditorial, ainsi que l'étude des documents édités finaux, relève de la *critique rédactionnelle*[113]. Le terme *rédactionnel* est lié à l'édition. La critique rédactionnelle examine les changements, ajouts, omissions et réarrangements introduits par les auteurs dans leurs sources, afin de discerner des éléments du dessein pastoral ou proclamatoire de l'auteur, de son intention idéologique ou théologique et de la situation (*Sitz im Leben*) dans laquelle ces livres ont été écrits ou qu'ils abordent[114].

---

109 Hermann Gunkel, *The Psalms: A Form-Critical Introduction* (Les Psaumes : introduction critique des formes), trad. Thomas M. Horner, Facet Books Biblical Series 19 (Philadelphie : Fortress, 1967), titre original : *Die Religion in Geschichte und Gegenwart* (La religion à travers l'Histoire et dans le présent) (2ᵉ éd., 1930) ; idem, *Introduction to Psalms: The Genres of the Religious Lyric of Israel* (Introduction aux Psaumes : les genres lyriques religieux d'Israël), complété par Joachim Begrich, trad. James D. Nogalski, Mercer Library of Biblical Studies (Macon, Géorgie : Mercer University Press, 1998), titre original : *Einleitung in die Psalmen* (Introduction aux Psaumes) (1933) ; cf. Sigmund Mowinckel, *The Psalms in Israel's Worship* (Les Psaumes dans le culte d'Israël), trad. D. R. Ap-Thomas, 2 vol. (Nashville : Abingdon, 1963), titre original : *Offersang og sangoffer* (1951).

110 Julius Wellhausen, *Prolegomena to the History of Israel: With a Reprint of the Article "Israel" from the Encyclopaedia Britannica* (Prolégomène à l'histoire d'Israël : avec une réimpression de l'article « Israël » de l'Encyclopaedia Britannica) (Edinburgh : A. & C. Black, 1885) ; Ernest Nicholson, *The Pentateuch in the Twentieth Century: The Legacy of Julius Wellhausen* (Le Pentateuque au 20ᵉ Siècle : l'héritage de Julius Wellhausen) (Oxford : Clarendon, 1998) ; Blenkinsopp, *Pentateuch* (Pentateuque). Pour une compréhension différente du développement des sources du Pentateuque, voir Rolf Rendtorff, *The Old Testament: An Introduction* (L'Ancien Testament : introduction) (Philadelphie : Fortress, 1986) ; idem, *Das überlieferungsgeschichtliche Problem des Pentateuch* (Le problème de l'histoire de la transmission du Pentateuque), Beihefte zur Zeitschrift für die alttestamentliche Wissenschaft (Berlin : de Gruyter, 1992) ; Thomas B. Dozeman et Konrad Schmid, éd., *A Farewell to the Yahwist? The Composition of the Pentateuch in Recent European Interpretation* (Adieu au yahwiste ? La composition du Pentateuque dans l'interprétation européenne récente) (Atlanta : Society of Biblical Literature, 2006) ; cf. K. A. Kitchen, *Ancient Orient and Old Testament* (L'Orient ancien et l'Ancien Testament) (Chicago : InterVarsity, 1966).

111 Voir, par ex., Robert H. Stein, *The Synoptic Problem: An Introduction* (Le problème synoptique : introduction) (Grand Rapids : Baker Academic, 1987).

112 Par ex. Rom. 1.1-4, Phil. 2.5-11, Col 1.15-20. Si on estime que ces hymnes et confessions de foi étaient des documents écrits, alors leur reconstruction est soumise à la critique des sources, tandis que si on présume d'une transmission orale, elle relève de la critique des formes.

113 Norman Perrin, *What Is Redaction Criticism?* (Qu'est-ce que la critique rédactionnelle ?) GBS (Philadelphie : Fortress, 1969) ; Mark Edward Biddle, « Redaction Criticism, Hebrew Bible » (Critique rédactionnelle, Bible hébraïque), dans Hayes, *Dictionary of Biblical Interpretation* (Dictionnaire de l'interprétation biblique), 2.373-76.

114 Un des objectifs principaux de la critique rédactionnelle est d'explorer comment la manière dont l'auteur édite ses sources afin d'accomplir ses desseins pastoraux éclaire la situation historique de la communauté à laquelle il s'adresse. Les apports de la critique rédactionnelle peuvent ainsi contribuer à l'arrière-plan historique.

Il faut reconnaître que chacune de ces méthodes critiques est apparue afin de répondre à un aspect réel du texte ; par conséquent, chacune est légitime, en tout cas en principe. Les chrétiens conservateurs, notamment certains évangéliques, ont parfois fait preuve d'une certaine résistance, voire d'une certaine crainte, à l'égard de ces approches de haute critique, mais les étudiants n'ont aucune raison de s'y opposer ou de les craindre[115], tant qu'ils gardent à l'esprit les avertissements mentionnés ci-dessous par rapport à leurs limites et aux abus qu'il est possible d'en faire. En fait, il y a des évangéliques conservateurs parmi les praticiens de ces méthodes et les conclusions de certains spécialistes critiques sont en accord avec les convictions de la plupart des chrétiens conservateurs. Dans tous les cas, l'approche inductive ne fonctionne pas en se fondant sur la crainte des conclusions possibles ou de la manière dont certaines personnes réagiront à ces conclusions : elle est ouverte à toutes les conclusions possibles, tant qu'elles représentent des inférences saines fondées sur des preuves solides.

Dans la pratique, cependant, les exégètes ont parfois tendance à associer ces méthodes à certaines présuppositions philosophiques ou théologiques, qui faussent leurs conclusions. Cette tendance émane d'une orientation déductive qui les mène à faire un usage abusif de la méthode. Par exemple, beaucoup de spécialistes ont fait de la critique historique d'un point de vue antisurnaturaliste, qui part d'une vision de l'univers comme étant un ensemble clos, dans lequel tout ce qui, comme les miracles, ne peut être expliqué par le modèle cohérent de la causalité empiriquement vérifiable, est rejeté comme étant impossible. Lorsque la critique historique fonctionne avec ce genre de parti-pris philosophique, elle conclut d'avance que des événements comme la résurrection de Jésus sont entièrement en dehors du règne du possible et ne peuvent donc être historiques.

Par ailleurs, les praticiens de ces méthodes ont parfois tendance à revendiquer des résultats qui dépassent ce que les méthodes peuvent raisonnablement atteindre. Ainsi, dans l'histoire de l'interprétation, on constate d'une manière répétée que lorsqu'une méthode critique spécifique commence à dominer le paysage exégétique, ses partisans auront tendance à penser qu'elle offre une possibilité ultime, ou en tout cas exhaustive, de percer le sens du texte biblique. Aucune de ces méthodes ne s'est cependant montrée à la hauteur de ces espoirs. Par conséquent, le 19ᵉ et le 20ᵉ Siècle ont vu apparaître une succession de nouvelles méthodes, qui ont toutes connu leur heure de gloire, suivie d'une période de prédominance de la nouvelle méthode suivante (voir annexe E pour une discussion plus détaillée de ces approches critiques et de leur importance pour l'étude biblique inductive)[116].

---

115 Carl E. Armerding, *The Old Testament and Criticism* (L'Ancien Testament et la critique) (Grand Rapids : Eerdmans, 1983) ; John Goldingay, *Models for Interpretation of Scripture* (Modèles pour l'interprétation des Écritures) (Grand Rapids : Eerdmans, 1995). Notez aussi, d'un point de vue catholique, Raymond E. Brown, *The Critical Meaning of the Bible* (Le sens critique de la Bible) (New York : Paulist Press, 1981).

116 Les spécialistes s'accordent généralement à dire que la critique des sources était dominante de 1880 à 1920 environ, la critique des formes de 1920 à 1945 environ et la critique rédactionnelle de 1945 à 1980 environ. Depuis lors, ce sont les approches littéraires et centrés sur la réaction du lecteur, ainsi que, dans une moindre mesure, les approches sociologiques et anthropologiques, qui ont tendance à dominer. Il est clair que les valeurs de chacune de ces méthodes sont toujours appréciées et que la plupart d'entre elles ont continué à être pratiquées après leur période de prédominance. Certaines de ces méthodes étaient pratiquées déjà avant d'émerger comme dominantes ; ainsi, certains spécialistes fai-

Pour résumer, les étudiants doivent s'efforcer de profiter pleinement du potentiel significatif de ces méthodes critiques, tout en étant conscients de leurs limites et des abus possibles. Comme pour la critique textuelle, la plupart d'entre eux ne deviendront pas experts en ces méthodes, mais ils doivent être assez bien informés de leur dessein et de leur fonctionnement pour comprendre les discussions des spécialistes, qu'on trouve, par exemple, dans les commentaires, afin de pouvoir se servir d'une manière informée de leurs apports et conclusions pour interpréter le texte[117].

Interprétation par les autres

L'interprétation des autres, en tant que type de preuve, passe par l'examen de ce que les spécialistes ont dit de l'interprétation d'un passage ou d'un livre. Elle est pertinente pour l'étude de n'importe quel passage, car l'interprétation revêt forcément un aspect communautaire[118], qui exige que le lecteur entre en conversation avec l'histoire de l'interprétation. Les étudiants ne doivent jamais envisager leur travail d'interprétation comme étant achevé sans être entrés en dialogue avec l'interprétation des autres. L'interprétation des spécialistes est accessible dans une diversité de sources, notamment des articles de journaux, des livres ou des chapitres de livres consacrés à des thèmes bibliques ou à des passages individuels[119], mais les sources les plus naturelles et les plus courantes pour l'interprétation des

---

saient ce qu'on a appelé ensuite de la critique rédactionnelle avant même l'émergence de cette méthode, a fortiori avant qu'elle ne devienne dominante.

117   Pour des discussions sur ces méthodes critiques, voir Barton, *Reading the Old Testament* (Lire l'Ancien Testament) ; Baker et Arnold, *Face of Old Testament Studies* (État des lieux des études de l'Ancien Testament) ; Douglas A. Knight et Gene M. Tucker, éd., *The Hebrew Bible and Its Modern Interpreters* (La Bible hébraïque et ses exégètes modernes) (Chico, Californie : Scholars Press, 1985) ; Eldon Jay Epp et George W. MacRae, éd., *The New Testament and Its Modern Interpreters* (Le Nouveau Testament et ses exégètes modernes) (Philadelphie : Fortress, 1989) ; Werner Georg Kümmel, *The New Testament: The History of the Investigation of Its Problems* (Le Nouveau Testament : histoire de l'examen de ses problèmes) (Nashville : Abingdon, 1972) ; Stephen Neill et Tom Wright, *The Interpretation of the New Testament, 1861-1986* (L'interprétation du Nouveau Testament, 1861-1986), 2ᵉ éd. (New York : Oxford University Press, 1988). Pour une présentation de ces méthodes, d'un point de vue évangélique, avec des exemples réels d'application au texte du NT, voir Richard J. Erickson, *A Beginner's Guide to New Testament Exegesis: Taking the Fear out of Critical Method* (Guide du débutant pour l'exégèse du Nouveau Testament : faire sortir la crainte de la méthode critique) (Downers Grove, Illinois : InterVarsity, 2005) ; Marshall, *New Testament Interpretation* (Interprétation du Nouveau Testament) ; Black et Dockery, *Interpreting the New Testament* (Interpréter le Nouveau Testament).

118   Voir « Nature and Importance of Communal Study » (Nature et importance de l'étude communautaire), au chap. 7.

119   Les étudiants de la Bible qui ont accès à une bibliothèque théologique y trouveront un état des lieux bibliographique actuel et exhaustif des discussions des spécialistes sur chaque passage biblique dans *Elenchus of Biblica* (Elenchus de Biblica), publié par la Presse de l'Institut Biblique de Rome ; *Religion Index One: Periodicals* (Index des religions 1 : périodiques), publié par l'American Theological Library Association (disponible aussi sur inscription individuelle en ligne : http://www.atla.com/products/catalogs.html) ; *Old Testament Abstracts* (Résumés de l'Ancien Testament), publié par l'Association biblique catholique ; *New Testament Abstracts* (Résumés du Nouveau Testament), publié par la Weston Jesuit School of Theology, à Cambridge, Massachusetts. ; Watson E. Mills, éd., *Bibliographies for Biblical Research* (Bibliographies pour la recherche biblique), série Nouveau Testament, 21 vol. (Lewiston, New York : Mellen Biblical Press, 1993-2002) ; Günter Wagner, éd., *An Exegetical Bibliography of the New Testament* (Bibliographie exégétique du Nouveau Testament) (Macon, Géorgie : Mercer University Press, 1983-). Voir Bauer, *Annotated Guide to Biblical Resources* (Guide annoté des ressources bibliques), 3-8, 44-46, 179-81. Les commentaires contiennent souvent une liste de livres et d'articles écrits sur des passages individuels ; voir notamment les listes utiles présentées au début de la discussion sur chaque passage du Word Biblical Commentary (Commentaire des mots bibliques), publié par Word (et plus récemment par Thomas Nelson).

autres sont les commentaires bibliques[120]. Nous recommandons de consulter au moins trois ou quatre commentaires pour l'interprétation d'un passage.

Le choix des commentaires et des études exégétiques employées est crucial. Nous croyons que les étudiants doivent consulter des commentaires exégétiques, dont le seul objectif est l'interprétation du passage, plutôt que des commentaires homilétiques[121], dont l'objectif principal est de présenter des idées à prêcher ou des ressources pour des sermons, avec peut-être même des modèles de sermons. Les commentaires exégétiques sont différents aussi des commentaires dévotionnels, dont l'objectif premier est de contribuer à la formation spirituelle[122]. Les commentaires homilétiques et dévotionnels sont utiles, mais ils n'abordent généralement pas directement les questions exégétiques cruciales pour le processus d'interprétation.

Les étudiants devraient consulter aussi des études et commentaires représentant une diversité de traditions théologiques. Nous avons tous naturellement tendance à employer des études et commentaires écrits par des spécialistes issus au sein notre propre tradition théologique et il est certainement utile de consulter celles-ci, mais le sens des passages va au-delà d'une seule tradition théologique et les spécialistes issus d'autres traditions auront des perspectives et des apports à offrir à côté desquels étudiants passeraient en se limitant à leurs propres préconceptions et à leur situation théologique. Le fait de consulter des spécialistes qui défendent des interprétations avec lesquelles ils sont en désaccord pourra même aider les étudiants à se familiariser avec les preuves et arguments en faveur de ces lectures alternatives, pour éventuellement changer d'avis si les preuves les en convainquent.

Nous croyons aussi que les étudiants doivent choisir des études et des commentaires qui représentent différentes périodes de l'histoire de l'Église. Nous avons tendance à lire la Bible non seulement avec les paramètres de notre tradition théologique, mais aussi avec ceux de notre époque. Le sens du texte revêt des dimensions qui étaient bien plus claires pour ceux qui ont vécu il y a des siècles que pour

---

120 L'interprétation des autres peut être élargie pour inclure l'historique de la réception ou de l'influence du texte, qu'on trouve non seulement dans les commentaires et discussions des spécialistes, mais aussi dans l'art, la littérature, la liturgie et l'hymnodie. La *Wirkungsgeschichte* est souvent l'appellation donnée à l'étude de l'influence d'un passage dans ces domaines, en se servant de l'histoire de sa réception comme d'un dispositif heuristique afin d'identifier les aspects du sens du texte qu'on raterait autrement. Ce terme allemand signifie « histoire de l'influence » ou « histoire des effets ». Voir « Nature et importance de l'étude communautaire », au chap. 7.

121 Citons, par exemple, le récent Word Communicators Commentary (Commentaire des communicateurs de la Parole), ainsi que d'autres ouvrages plus anciens, comme le *Pulpit Commentary* (Commentaire de la chaire). Certains commentaires homilétiques présentent des apports exégétiques sérieux et sont donc utiles pour l'interprétation. C'est parfois le cas aussi des ouvrages contenant des sermons expositoires, comme les nombreux semons et études expositoires de G. Campbell Morgan et les expositions classiques des Psaumes par Charles Spurgeon. Voir Charles H. Spurgeon, *The Treasury of David* (Les trésors de David), 3 vol. (New York : Marshall, 1869 ; réimpr., Grand Rapids : Zondervan, 1966). La plupart des « commentaires » des Pères de l'Église étaient en fait des sermons. Ce genre d'ouvrage homilétique peut clairement contribuer à une compréhension exégétique d'un passage et les étudiants pourront tirer profit de leur consultation en tant qu'« interprétation des autres », sans pour autant négliger de consulter aussi les commentaires exégétiques au sens strict.

122 Un exemple classique de commentaire dévotionnel, qui demeure parmi les meilleurs, est Matthew Henry, *Commentary on the Whole Bible* (Commentaire de la Bible entière), 6 vol. (1706 ; réimpr., New York : Revell, [1983 ?]). La populaire Daily Study Bible (NT) (Bible d'étude quotidienne (NT)), de William Barclay, va fortement dans le sens d'un commentaire dévotionnel. En revanche, la Daily Study Bible (OT) (Bible d'étude quotidienne (AT)), écrite par une équipe de plusieurs spécialistes, est surtout un commentaire exégétique. Bien qu'elle soit brève, il s'agit d'une ressource utile pour l'interprétation des autres.

nous aujourd'hui. Un des développements les plus heureux des vingt dernières années a été une appréciation renouvelée des interprétations de ceux qui ont vécu à l'époque prémoderne, notamment les Pères de l'Église[123]. Les étudiants trouveront donc utile de choisir des études et des commentaires des Pères, de la période post-patristique (par ex. Bède le Vénérable ou Thomas d'Aquin), de l'époque de la Réforme[124] et de l'ère moderne[125]. Ce principe consistant à employer des études et des commentaires écrits au cours de périodes diverses reflète notre engagement à écouter des voix exégétiques issues d'autres contextes culturels. On comprend donc qu'il est important aussi de consulter, à notre époque, des études et des commentaires écrits par des personnes issues d'autres cultures. Une telle exposition à d'autres perspectives culturelles peut aider les étudiants à identifier leurs assertions autrement inconscientes et à les ouvrir à la possibilité d'une meilleure interprétation du texte, ainsi que le dit Markus Bockmuehl : « Voir les choses à travers les yeux d'autres cultures peut être d'une aide précieuse dans la tâche notoirement difficile de changer d'avis. »[126] Pour beaucoup d'entre nous, cela inclut des apports afro-américains et des voix des pays en voie de développement[127].

D'une manière générale, les commentaires les plus utiles sont ceux qui citent toutes les preuves les plus pertinentes du sens des préoccupations fondamentales du passage et montrent clairement en quoi les conclusions exégétiques suivent ces preuves. Certains commentaires se concentrent cependant sur des questions secondaires ou tertiaires, sans aborder celles qui semblent cruciales, au vu de la structure, du contexte et du cadre historique du passage. Certains commentateurs se concentrent sur les premiers stades de la tradition, sans vraiment commenter le texte lui-même. D'autres présentent une quantité massive de données qui ne sont pas clairement pertinentes pour l'interprétation du passage. Certains commentaires se contentent de citer les informations d'arrière-plan, sans jamais aborder le sens théologique réel de ces textes, dont l'objectif premier est la proclamation théologique. D'autres sont tellement laconiques qu'ils n'offrent qu'une brève interprétation, sans faire aucun effort pour citer des preuves ou mentionner des

---

123 Voir la série en plusieurs volumes, *Ante-Nicene Fathers* (Les Pères anténicéens) et *Nicene and Post-Nicene Fathers* (Les Pères nicéens et post-nicéens), éditée par Philip Schaff, A. Cleveland Coxe et Henry Wace, réimprimée par Hendrickson Publishers. Cette série contient des index bibliques. Une ressource plus accessible (bien que limitée) est la série *Ancient Christian Commentary on Scripture* (Commentaires chrétiens anciens des Écritures), éditée par Thomas C. Oden et al., publiée par InterVarsity Press. Cette série inclut une sélection de brefs commentaires patristiques pour chaque passage de la Bible. Une série similaire, dont les volumes apparaissent à peine, est *The Church's Bible* (La Bible de l'Église), éditée par Robert Louis Wilken et publiée par Eerdmans.

124 Notamment les commentaires de Calvin et les commentaires et autres œuvres de Luther.

125 Puisque la tradition exégétique se développe avec le temps et que les ouvrages récents sont fondés sur les plus anciens, il est approprié de mettre au moins un peu plus l'accent sur les études plus récentes.

126 Bockmuehl, *Seeing the Word* (Voir la Parole), 124.

127 Voir, par ex., Tokunboh Adeyemo, éd., *Africa Bible Commentary: A One-Volume Commentary Written by Seventy African Scholars* (Commentaire biblique africain : un commentaire en un volume, écrit par soixante-dix théologiens africains) (Grand Rapids : Zondervan, 2006). Évidemment, certains commentaires sont écrits de manière à imposer au texte la perspective idéologique (par ex. féministe) ou culturelle (par ex. afro-américaine) du commentateur. Cette interprétation idéologique ne peut être qualifiée d'exégèse, encore moins d'étude biblique inductive. Nous croyons que les étudiants doivent se servir de commentaires écrits par des personnes de divers arrière-plans culturels, dans l'objectif de faire un exposé du texte, tout en reconnaissant que leur arrière-plan peut leur permettre de comprendre certains aspects du texte mieux que nous, de même que notre arrière-plan spécifique peut nous permettre de voir certaines vérités des textes qui leur échappent.

alternatives possibles. Ces commentaires peuvent être d'une certaine utilité, mais leur valeur en tant que partenaires de dialogue dans l'interprétation est limitée. Avec le temps, les étudiants voudront peut-être découvrir les commentaires les plus utiles, qui font autorité ; pour cela, ils devront consulter des bibliographies, notamment annotées, et tâtonner en se servant de divers commentaires dans leur œuvre continuelle d'interprétation de la Bible[128].

En examinant l'interprétation des autres, nous ne devons pas nous contenter d'accepter le sens du passage déterminé par le spécialiste. La catégorie exégétique de l'interprétation des autres inclut un processus d'interaction critique avec le spécialiste/commentateur. L'étudiant doit examiner l'exposé de l'érudit ou du commentateur, en posant une série de questions-clés : quelles sont les preuves qu'il cite ? Cite-t-il toutes les preuves pertinentes ou seulement une partie ? Les évalue-t-il correctement, en reconnaissant, par exemple, que les preuves contextuelles sont généralement plus importantes que celles tirées de l'usage des mots ? Tire-t-il des conclusions saines et logiques des preuves qu'il cite ? Note-t-il les interprétations alternatives plausibles et explique-t-il pourquoi il a choisi cette interprétation plutôt qu'une autre ? Les raisons qu'il donne sont-elles convaincantes ?

Les étudiants constateront que l'interprétation des autres pourra les mener à quatre résultats. Dans certains cas, elle *confirmera* leurs propres impressions tirées de leur étude du texte sur la base d'autres déterminantes. Cette confirmation est encourageante, en ce qu'elle leur montre que leur interprétation n'est pas forcément infondée ou idiosyncratique, car d'autres ont trouvé le même sens dans le même passage. Cette confirmation ne veut cependant généralement pas dire que l'interprétation de l'étudiant correspond entièrement à celle des commentaires. Des étudiants qui ont examiné un passage d'une manière relativement approfondie, en employant plusieurs types de preuves citées précédemment, constateront généralement que leur interprétation contient des apports et des perspectives qui vont au-delà de ce que décrivent les commentateurs. La confirmation signifie que l'essentiel de l'interprétation de l'étudiant est en accord avec celle du commentateur, mais une étude indépendante du texte qui précède l'examen des discussions et commentaires des spécialistes apportera presque toujours une meilleure profondeur et étendue de compréhension, qui transcendera parfois ce qu'on peut trouver dans ces commentaires et discussions.

Les étudiants constateront parfois aussi que l'interprétation des autres corrige leurs conclusions exégétiques initiales. Les commentaires peuvent présenter des preuves auxquelles ils n'avaient pas accès, ou encore de nouvelles inférences convaincantes à partir des preuves auxquelles ils étaient déjà familiers. Enfin, parfois, l'interprétation des autres clarifie ou étend leurs conclusions exégétiques initiales.

Nous croyons que, d'une manière générale, les étudiants doivent prendre en compte l'interprétation des autres en dernier. La raison pour laquelle on garde

---

128 Voir, par ex., Tremper Longman III, *Old Testament Commentary Survey* (Aperçu des commentaires de l'Ancien Testament), 4ᵉ éd. (Grand Rapids : Baker Academic, 2007) ; D. A. Carson, *New Testament Commentary Survey* (Aperçu des commentaires du Nouveau Testament), 6ᵉ éd. (Grand Rapids : Baker Academic, 2007) ; Bauer, *Annotated Guide to Biblical Resources* (Guide annoté des ressources bibliques).

généralement l'examen des discussions des spécialistes pour la fin du processus exégétique est double[129]. D'abord, ainsi que nous l'avons dit au chapitre 5, en consultant des commentaires dès le début du processus exégétique, l'étudiant aura tendance à avoir des a priori en abordant le texte, qui lui causeront des difficultés dans l'identification des possibilités exégétiques non mentionnées ou défendues par les commentaires. Par ailleurs, l'objectif, en consultant l'interprétation des autres, n'est pas de trouver la réponse, mais d'engager une interaction critique avec les discussions des spécialistes, afin d'arriver à une interprétation plus pleine et confiante, sur la base de cette interaction. Les étudiants ne pourront participer à ce processus d'interaction et de dialogue que s'ils abordent ces discussions en étant déjà équipés de connaissances sur les preuves pertinentes et d'un sentiment de l'importance de ces preuves pour le sens du passage.

Cette suggestion de consulter l'interprétation des autres à la fin du processus d'interprétation ne veut pas dire que l'examen du texte lui-même doit être complètement épuisé avant de recourir aux commentaires, mais plutôt que l'étape initiale doit être l'étude indépendante. Après avoir consacré une quantité de temps raisonnable aux facteurs déterminants liés à l'étude directe du texte, les étudiants devront examiner les sources secondaires, pour ensuite, après leur examen partiel des sources secondaires, revenir à l'observation et à l'interprétation de première main, qui pourront être suivies d'un examen complémentaire de l'opinion des exégètes, prenant ainsi part à un cycle récurrent qui ne cessera jamais, surtout pour l'examen de première main, qui sert d'étape initiale de l'observation et de l'interprétation, ainsi que de point de retour constant des étudiants.

Conclusion

Plusieurs considérations doivent être gardées à l'esprit par rapport à ces déterminantes exégétiques des types de preuves. D'abord, elles sont toutes liées, certaines plus que d'autres. Par exemple, l'objectif et le point de vue de l'auteur dépendent en grande partie de l'examen du contexte et constituent pratiquement une forme spécifique de preuve contextuelle ; et nous avons constaté aussi un chevauchement important entre l'usage des mots et l'historique des termes. Malgré cela, nous avons fait l'effort de les distinguer, à cause de l'utilité d'une telle analyse pour nous faire prendre conscience des facteurs spécifiques qui influencent l'interprétation.

Ensuite, cette discussion des facteurs exégétiques déterminants n'est forcément que suggestive. En plus des mots indiqués dans le texte et dans les notes de bas de page au cours de notre présentation de chacun de ces types de preuves, les lecteurs

---

129 Les expressions *d'une manière générale* et *généralement* suggèrent que le principe qui consiste à examiner l'interprétation des autres en dernier doit être nuancé. Il doit même l'être de deux manières. D'abord, s'il est idéal de consulter des commentaires à la fin du processus d'interprétation, dans la pratique, les étudiants seront parfois tellement perplexes face au sens de base d'un passage biblique qu'ils ne sauront même pas comment commencer à l'interpréter. Dans ces cas très rares, ils auront peut-être besoin de comprendre le sens plus vaste du passage afin de commencer le processus exégétique. Ensuite, la procédure inductive est *en spirale* (voir l'introduction de ce livre) : elle exige de revisiter régulièrement les étapes précédentes du processus. Ainsi, l'interprétation des autres peut contraindre les étudiants à retourner en arrière afin de réexaminer les preuves déjà prises en compte.

sont encouragés à examiner un ou plusieurs livres qui approfondissent davantage ces déterminantes exégétiques[130]. Par ailleurs, on peut identifier d'autres facteurs exégétiques déterminants, au-delà de celles indiquées ici, comme l'importance des figures de style, qui peut inclure notamment un examen des ramifications exégétiques de l'ironie, de la synecdoque et de la métonymie[131].

Par ailleurs, ces diverses déterminantes exégétiques, ou types de preuves, ont divers degrés d'importance, qui dépendent de la nature et des dynamiques du passage étudié. Ainsi que nous l'avons mentionné précédemment, ils ne seront pratiquement jamais tous pertinents pour l'interprétation d'un passage. L'étudiant devra commencer par se demander en quoi les exigences exégétiques du passage à interpréter indiquent quels sont les types de preuves qui s'avéreront les plus utiles pour répondre à la/aux question(s) exégétique(s) choisie(s) ; mais un point important, déjà mentionné précédemment, est que le contexte et l'interprétation des autres seront toujours pertinents.

Enfin, la liste de ces types de preuves n'implique pas une séquence d'interprétation rigide. On ne s'attend pas à ce que des exégètes expérimentés vérifient chaque type de preuve chaque fois qu'ils veulent étudier un passage, mais l'objectif de cette séquence est plutôt de permettre aux lecteurs de développer un instinct exégétique. Certes, les débutants voudront peut-être consciemment appliquer ces types de preuves une à une pour un temps, afin de comprendre comment chacune d'elles fonctionne dans le processus exégétique d'ensemble et comment elles sont liées entre elles. L'objectif ultime de cette emphase initiale sur la séquence est cependant de faire de l'examen de ces déterminantes exégétiques une deuxième nature.

---

130 Voir, par ex., Osborne, *Hermeneutical Spiral* (Spirale herméneutique) ; Walter C. Kaiser Jr., *Toward an Exegetical Theology: Biblical Exegesis for Preaching and Teaching* (Vers une théologie exégétique : l'exégèse biblique au service de la prédication et de l'enseignement) (Grand Rapids : Baker Academic, 1981) ; Walter C. Kaiser Jr. et Moisés Silva, *An Introduction to Biblical Hermeneutics: The Search for Meaning* (Introduction à l'herméneutique biblique : en quête de sens), éd. rév. (Grand Rapids : Zondervan, 2007) ; et William W. Klein, Craig L. Blomberg et Robert L. Hubbard Jr., *Introduction to Biblical Interpretation* (Introduction à l'interprétation biblique), 2ᵉ éd. (Nashville : Nelson, 2004).

131 Ces questions sont abordées dans Aune, *Westminster Dictionary* (Dictionnaire de Westminster) ; Coggins et Houlden, *Dictionary of Biblical Interpretation* (Dictionnaire de l'interprétation biblique) ; et Milton S. Terry, *Biblical Hermeneutics* (Herméneutique biblique), éd. rév. (New York : Methodist Book Concern, 1911).

15

Tirer des inférences à partir des prémisses

Rôle du raisonnement inductif inférentiel

Après avoir identifié les types de preuves pertinentes, on peut décrire chaque élément de preuve sélectionné et l'incorporer aux prémisses, afin d'en tirer des conclusions ou inférences possibles, qui s'appuient sur la réponse à la question exégétique posée. Ce processus passe par le recours à la logique inférentielle, à travers laquelle l'étudiant examine les implications de chaque élément de preuve pour la réponse à la question qui se pose. Les étudiants doivent passer en revue la discussion assez longue, au chapitre 1, consacrée au raisonnement inférentiel inductif, afin d'apprécier l'importance capitale de cette phase du processus exégétique et d'identifier les composantes principales du raisonnement inférentiel.

Modèles exégétiques possibles

Les étudiants peuvent suivre une diversité de procédures spécifiques pour interpréter les passages. Ils ne doivent en aucun cas se sentir tenus de suivre une méthode spécifique d'exposition de leur œuvre exégétique. On note cependant deux modèles possibles, au sens large : le modèle analytique et le modèle synthétique.

Modèle analytique

Les étudiants débutants voudront peut-être employer des éléments uniques qui représentent différents types de preuves comme fondement pour les inférences exégétiques[1]. Les étudiants génèrent des prémisses simples pour chaque type de

---

1 Le choix du modèle peut dépendre non seulement du niveau de développement de l'étudiant, mais aussi des demandes exégétiques du passage. L'interprétation adéquate, parfois même la plus efficace, de certains passages, passe par

preuve à tour de rôle, ce qui leur permet de développer une compréhension du caractère et de la fonction de chaque type de preuve, comme le contexte, l'usage des mots ou le témoignage des Écritures. Ce modèle peut recourir à la procédure spécifique suivante :

1. En répondant aux questions relatives au sens des termes, commencez par les prémisses liées à la définition préliminaire. Ce point de départ a pour objectif de vous permettre d'obtenir une idée générale du sens lexical de base des termes-clés.

2. Passez ensuite aux preuves contextuelles. Commencez par les prémisses tirées du contexte immédiat (les versets qui précèdent et suivent immédiatement le passage), puis passez au contexte du segment et enfin, au contexte d'ensemble du livre.[2]

3. Passez ensuite aux prémisses tirées de l'usage des mots, le cas échéant.[3]

4. Passez ensuite aux prémisses tirées du témoignage des Écritures, le cas échéant.[4]

5. Citez ensuite les prémisses qui exigent l'emploi de sources secondaires, comme les dictionnaires bibliques (pour l'arrière-plan historique) ou grammaires (pour l'inflexion et la syntaxe).

6. Enfin, citez les preuves tirées de l'interprétation des autres. Vous ne consulterez généralement les commentaires et études des spécialistes qu'à la dernière étape de l'interprétation du passage. Ces sources présentent les discussions et conclusions concernant le sens du passage, si bien que les étudiants ne peuvent entrer en conversation critique avec ces discussions qu'après avoir examiné le même type de preuves que celles étudiées dans ces commentaires ou discussions de spécialistes.

7. À la fin du processus de réponse à une question spécifique, résumez les principales réponses possibles qui ont émergé des inférences. S'il y a plusieurs possibilités, faites la liste des diverses interprétations possibles et des preuves en faveur de chacune d'entre elles.

8. Évaluez les preuves en faveur de chaque réponse possible, afin de déterminer lesquelles sont prépondérantes. Deux critères peuvent être employés ici. Le premier est celui de l'importance des preuves. Certains types de preuves sont plus importants et sont d'un plus grand poids que d'autres. Par exemple, les preuves contextuelles pèsent généralement plus lourd que celles tirées de l'usage des mots, car un auteur biblique peut choisir d'employer un mot dans un sens légèrement différent de celui dans lequel

---

le modèle analytique, tandis que le modèle synthétique sera un atout significatif pour d'autres passages.

2 Les preuves contextuelles sont examinées tôt, parce qu'elles constituent généralement le type de preuve le plus important. Elles sont fondamentales et donc présupposées pour l'emploi des autres facteurs déterminants exégétiques. Par exemple, l'importance de l'usage des mots dans d'autres passages bibliques est évaluée en fonction de la continuité ou de la discontinuité entre cet emploi et le contexte du passage étudié.

3 Après le contexte, l'usage des mots est généralement la déterminante la plus importante.

4 Les preuves contextuelles, tirées de l'usage des mots et du témoignage des Écritures, impliquent une étude directe, de première main, du texte ; c'est pourquoi, ces preuves sont généralement examinées avant les types de preuves qui impliquent l'emploi de sources secondaires.

un autre auteur biblique l'emploie. Le deuxième critère de décision entre deux alternatives exégétiques est la quantité de preuves. Il faut se demander quelle réponse possible dispose du plus grand nombre de preuves en sa faveur. Ces deux critères doivent être pris en compte, mais l'importance des preuves passe généralement avant leur quantité.

Vous trouverez ci-dessous un exemple de la juste manière d'organiser l'interprétation selon le modèle analytique, avec des suggestions spécifiques en italique.

QUESTION : QUEL EST LE SENS DE … ?

Commencez par écrire la question choisie en haut de la première page.

Types pertinents de facteurs déterminants : par ex. définition préliminaire, contexte, emploi des mots, témoignage des Écritures, inflexions, arrière-plan historique, interprétation des autres

Ensuite, faites deux colonnes:

Colonne 1 : Preuves évidentielles

→ Collone 2 : Inférences

A. Définition préliminaire (quand la question fait intervenir le sens des mots)

Utiliser la définition de base telle que présente dans le lexique de la langue originale.

→ Ces preuves signifient que le sens fondamental des termes-clés participant à cette question sont…

Les inférences tirées des preuves autres que la définition préliminaire doivent être des réponses possibles à la question qui apparaît en haut de la page.[5]

B. Contexte

Commencer avec le contexte immédiat: les versets qui précèdent et suivent immédiatement le passage ; ensuite, passez-en progressivement à l'étude du segment puis à l'étude du livre entier.[6]

1. Premier élément de preuve contextuelle

Citez le passage contextuel, puis proposez une brève formulation provisoire du sens du passage lui-même.

---

5 Du fait que les inférences tirées des définitions préliminaires sont plus fondamentales pour donner du sens aux définitions des termes, elles ont tendance à ne pas générer de réponses spécifiques aux questions exégétiques, de même que les inférences tirées d'autres types de prémisses.

6 Il est fondamental pour les étudiants de discuter le sens des passages bibliques employés comme preuves (preuves contextuelles, emploi des mots ou témoignage des Écritures), au lieu de se contenter d'identifier, de citer, ou même de paraphraser un passage. Une simple citation ou paraphrase ne peut fonctionner comme preuve, mais le résultat sera généralement une inférence si générale qu'elle ne sera d'aucune utilité ou insuffisamment fondée sur les preuves mentionnées, si bien qu'elle ira au-delà. En citant un passage biblique comme preuve, il sera donc important pour les étudiants d'énoncer brièvement et provisoirement ce qu'ils estiment être le sens de chaque passage de leur liste de preuves, en justifiant leur réponse. Alors seulement, le passage cité comme preuve pourra servir de fondement afin de tirer des inférences en réponse à la question posée. Ce processus fait intervenir ce que les spécialistes décrivent comme le « cercle herméneutique » : l'interprétation de passages sur la base de notre compréhension d'autres passages. Ce processus circulaire n'est pas idéal, mais il est inévitable. Ce cercle herméneutique nous rappelle que toute conclusion exégétique est plus ou moins provisoire, si bien que nous devons rester ouverts à la possibilité de changer d'avis sur notre idée du sens des passages cités comme preuves, afin de garder ouverte la possibilité de changer d'avis sur nos réponses à toutes nos questions exégétiques.

→ Cette preuve implique que la réponse à la question posée est (a)[7].

2. Deuxième élément de preuve contextuelle

Citez le passage contextuel, puis proposez une brève formulation provisoire du sens du passage lui-même.

→ Cette preuve implique que la réponse à la question posée est (b).

3. Troisième élément de preuve contextuelle

Citez le passage contextuel, puis proposez une brève formulation provisoire du sens du passage lui-même.

→ Cette preuve implique que la réponse à la question posée est (a).

4. Quatrième élément de preuve contextuelle[8]

Citez le passage contextuel, puis proposez une brève formulation provisoire du sens du passage lui-même.

→ Cette preuve implique que la réponse à la question posée est (a). D'autre part, cette preuve implique aussi que la réponse à la question posée est (b).

Les mêmes preuves peuvent désigner deux inférences possibles ou plus.

Résumé du contexte : les preuves contextuelles désignent généralement (a) comme la réponse à la question posée, même si certaines preuves contextuelles désignent (b) comme la réponse.

C. Emploi des mots

Emploi des mots dans le Nouveau Testament

1. Première occurrence

Citez le passage du NT et décrivez brièvement comment le terme est employé (son sens) dans ce passage.

→ Cela implique que la réponse à la question posée est (a).

2. Deuxième occurrence

Citez le passage du NT et décrivez brièvement comment le terme est employé (son sens) dans ce passage.

→ Cela implique que la réponse à la question posée est (a).

---

7 À travers cet exemple, nous emploierons les lettres (a) et (b) pour représenter les réponses possibles à la question posée.

8 Il faut garder à l'esprit que le même élément de preuve peut induire plus d'une seule inférence et que toutes les inférences légitimes doivent en être tirées.

3. Troisième occurrence

Citez le passage du NT et décrivez brièvement comment le terme est employé (son sens) dans ce passage.

→   Cela implique que la réponse à la question posée est (a).

Emploi des mots dans l'Ancien Testament

1. Première occurrence

Citez le passage de l'AT et décrivez brièvement comment le terme est employé (son sens) dans ce passage.

→   Cela implique que la réponse à la question posée est (a).

2. Deuxième occurrence

Citez le passage de l'AT et décrivez brièvement comment le terme est employé (son sens) dans ce passage.

→   Cela implique que la réponse à la question posée est (a).

Emploi des mots en dehors de la Bible

1. En grec classique

Notez la manière dont le terme est employé - son sens - en grec classique.

→   Cela implique que la réponse à la question posée est (a).

2. En grec koinè

Notez la manière dont le terme est employé (son sens) en grec koinè.

→   Cela implique que la réponse à la question posée est (a).

Résumé de l'emploi des mots : les preuves tirées de l'emploi des mots désignent a comme la réponse à la question posée.

D. Témoignage des Écritures

1. Premier élément de preuve tirée du témoignage des Écritures

Écrivez une brève formulation provisoire du sens du passage lui-même.

→   Cela implique que la réponse à la question posée est (b).

2. Deuxième élément de preuve tirée du témoignage des Écritures

Écrivez une brève formulation provisoire du sens du passage lui-même.

→   Cela implique que la réponse à la question posée est (b).

Résumé du témoignage des Écritures : les preuves tirées de l'emploi des mots désignent (b) comme la réponse à la question posée.

E. Autres facteurs déterminants

Refaites le même processus avec les autres types de facteurs déterminants pertinents, par ex. les inflexions, l'arrière-plan historique et l'interprétation des autres.

> **Résumé général des découvertes :** notre étude a montré qu'il y a deux réponses possibles à la question posée : (a) et (b).
>
> *Évaluez les preuves en faveur de chaque possibilité, puis décidez quelle réponse possible a le plus de preuves et les meilleures preuves en sa faveur. Ce sera la réponse à la question choisie.*

L'exemple ci-dessous illustre certaines prémisses et inférences, selon le modèle analytique, tirées d'une partie de l'interprétation de Joël 4.14 : « Oh, quelles foules, quelles foules dans le val du Verdict ; le jour de l'Éternel est proche dans le val du Verdict. »

QUESTION : QUEL EST LE SENS DE L'EXPRESSION : « LE JOUR DE L'ÉTERNEL EST PROCHE » ?

Facteurs déterminants pertinents : définition préliminaire, contexte, emploi des mots, témoignage des Écritures, arrière-plan historique, historique de l'interprétation

Preuves évidentielles

→ Inférences

A. Définitions préliminaires

Voir lexique hébreu

1. Jour (*yôm*) : jour, journée, période de temps

   → Cela implique que le « jour de l'Éternel » peut être un seul jour, ou encore une période plus ou moins longue.

2. Proche (*qārôb*) : proche (dans l'espace ou le temps)

   → Cela implique que le « jour de l'Éternel » peut être proche dans le temps, c. à d. qu'il arrivera bientôt, ou dans l'espace, c. à d. qu'il surviendra à proximité de l'endroit où se trouvent les foules, l'auteur ou les lecteurs.

B. Contexte

Le contexte indique que le val du Verdict semble ici synonyme de la « vallée de Josaphat », mentionnée plusieurs fois dans le contexte immédiat. Yahweh rassemblera « tous les peuples » (4.2 ; ou « les peuples de partout », 4.11–12) et les fera « descendre dans la vallée de Josaphat » (4.2) ; où il « siéger[a] pour juger » (*'ēšēb lišpōṭ*, 3.12) — un jeu de mots avec le nom de Josaphat, qui signifie « Yahweh jugera — les nations (4.2). Yahweh appelle ainsi les nations à venir au lieu de leur propre jugement, un appel qui est apparemment déterminant pour leur venue, mais qui leur est caché. Ils croient qu'ils viennent de leur propre initiative pour faire la guerre à Jérusalem et la conquérir (4.9–12), mais à un niveau plus profond, Yahweh se sert de leur soif de guerre et de conquête pour les faire venir au lieu de leur propre jugement.

→ Cela implique que Yahweh lui-même, dans sa puissance souveraine, agit pour mettre en œuvre les événements du jour de l'Éternel. Cela implique aussi que ce jour est le jour de l'Éternel, dans le sens où il est actif d'une manière et dans une mesure qui dépasse ce qui est courant dans l'Histoire, notamment en se servant des impulsions mauvaises des nations pour les faire venir jusqu'au lieu de leur propre jugement. Le jour de l'Éternel implique donc la manifestation de la souveraineté de Yahweh sur les impulsions et intentions mauvaises de ses adversaires : le jour de l'Éternel est un moment où Yahweh se sert des intentions de ses adversaires pour accomplir son propre jugement.

Note : il s'agit d'un exemple très sélectif de prémisses et d'inférences tirées de Joël 3.14. On aurait pu inclure beaucoup d'autres prémisses tirées du contexte et d'autres types de preuves.

Modèle synthétique

Les étudiants voudront peut-être incorporer des éléments de divers types de preuves aux prémisses qui servent de base à leurs inférences exégétiques. Dans le modèle synthétique, ils emploient un processus analytique qui peut être semblable à l'exemple que nous venons de présenter, afin d'identifier les principales possibilités d'interprétation du passage. Ils associent ensuite des éléments de divers types de preuves aux prémisses qui forment les lignes de raisonnement menant aux principales conclusions exégétiques possibles. Le modèle synthétique peut suivre un modèle semblable à celui-ci :

Prémisse 1 : Étant donné *B* (élément de preuve contextuelle) et *F* (élément de preuve tirée de l'usage des mots),

Prémisse 2 : et étant donné *J* (élément de preuve tirée du témoignage des Écritures) et *W* (élément de preuve tirée de l'arrière-plan historique) et *U* (élément de preuve tirée de la syntaxe),

Inférence exégétique : toutes ces considérations mènent ensemble à la conclusion que *I1* est peut-être la réponse à la question. ...

D'autre part :

Prémisse 1 : Étant donné M (élément de preuve contextuelle) et O (élément de preuve tirée du témoignage des Écritures),

Prémisse 2 : et étant donné N (élément de preuve tirée de l'historique de la tradition) et Q (élément de preuve tirée de l'historique du texte),

Inférence exégétique : toutes ces considérations mènent ensemble à la conclusion que $I2$ est peut-être la réponse à la question. ...

En examinant les preuves en faveur de $I1$ et de $I2$, $I2$ semble être la réponse la plus probable à la question.

Le modèle synthétique reconnaît que des éléments de preuves de divers types peuvent être imbriqués et s'informer mutuellement. Ils peuvent donc être combinés pour former un argument fort en faveur de certaines inférences exégétiques. L'exemple exégétique tiré de 2 Timothée 3.16 qui apparaît dans la suite de ce chapitre représente le modèle synthétique. Cet exemple inclut une identification explicite des divers types de preuves employées, afin de permettre aux étudiants de discerner en partie le processus analytique derrière le processus synthétique.

Intégration exégétique

Que les étudiants n'emploient que le processus analytique ou aussi le processus synthétique, leur réflexe naturel est d'intégrer les réponses aux diverses questions exégétiques afin de déterminer le sens de paragraphes et de segments entiers du livre dans son ensemble. Après avoir répondu aux questions exégétiques soulevées en rapport avec une unité spécifique, ils auront pour tâche d'intégrer les diverses réponses afin de parvenir au message principal du segment, de la division ou du livre dans son ensemble. Parfois, les étudiants s'acquitteront de cette tâche, au moins partiellement, en répondant eux-mêmes aux questions, car certaines d'entre elles peuvent être de nature intégrée, mais l'intégration devra néanmoins se produire à un moment donné. Diverses techniques, dont plusieurs sont notées ci-dessous, sont à la disposition des étudiants, afin d'intégrer et de résumer l'exégèse d'un paragraphe, d'une section, d'une division ou d'un livre complet.

D'abord, on peut se servir des réponses aux questions du résumé afin de synthétiser le sens d'unités plus longues, notamment de livres complets. Un des objectifs des questions exégétiques portant sur les rapports structurels de l'aperçu (livre, division, section ou segment) est de répondre à ces questions en se fondant sur l'interprétation spécifique de passages spécifiques à travers l'unité, afin de synthétiser l'enseignement de celle-ci.

On peut aussi faire la liste des vérités principales trouvées dans une unité des Écritures. Ce faisant, on peut distinguer entre la/les vérité(s) principale(s), ou fondamentales, et les vérités subordonnées. Il faut être prêt à développer ces vérités principales et subordonnées et à les décrire d'une manière synthétique et intégrée. Autrement dit, il est utile de montrer comment ces vérités entrent en interaction dans le cadre d'ensemble du schéma de pensée du passage.

On peut aussi énoncer le thème principal d'un passage en se servant d'un titre ou d'une proposition descriptive. Par exemple, l'interprétation d'Ésaïe 5 peut être résumée par le titre : « Le meilleur de Dieu et le pire d'Israël ». L'idée principale de Josué peut être énoncée par la proposition : « Canaan fut conquis en comptant sur Yahweh indispensable et fiable ». Il faut cependant aller au-delà de ces propositions en termes généraux, en énonçant le sens spécifique des termes principaux du thème principal, ainsi que les manières spécifiques dont ce thème principal est amplifié dans le passage. En prenant l'exemple de Josué, le plus important est que Josué et Israël expriment leur dépendance de Yahweh, manifestée particulièrement dans leur obéissance à la Loi de Moïse, même si cette obéissance semble risquée et dangereuse.

La préparation d'un schéma est souvent utile pour intégrer et résumer un passage des Écritures. Un schéma peut être thématique ou logique, en fonction de la nature du passage. D'une manière générale, un schéma thématique ne pourra pas être employé afin de résumer les passages logiques, comme ceux qu'on trouve dans les Épîtres de Paul, car il ne peut rendre justice au mouvement logique. Les moyens employés pour le résumé doivent correspondre à la nature de l'unité examinée. Là encore, ce type de projet intégré ne remplace pas un travail approfondi et détaillé. L'étudiant qui emploie un schéma thématique ou logique doit pouvoir développer les points et sous-points, à partir des réponses spécifiques aux questions spécifiques du processus d'interprétation.

Le schéma logique est différent du schéma thématique, en ce que le premier passe par des étapes successives et interdépendantes, tandis que le deuxième concerne divers aspects parallèles du même sujet. Dans l'exemple d'un schéma thématique au sujet de la ville de New York, une de ses divisions principales pourrait être sa « largeur », sa « centralité » et son « cosmopolitisme ». Ces phases sont réellement liées les unes aux autres, mais elles sont assez distinctes pour pouvoir être traitées comme des fonctions séparées. Le schéma logique, au contraire, passe, ainsi que nous l'avons déjà noté, par des étapes successives et interdépendantes, toutes fondées sur ce qui les précède. Un tel schéma est de nature argumentative : il cherche à prouver quelque chose. Il dénote un développement logique. Il ne se contente pas de décrire un sujet : il appuie une conclusion (voir annexe F pour un exemple de schéma logique).

Une autre technique d'intégration des découvertes exégétiques passe par l'emploi d'une paraphrase ou d'un tableau, afin d'intégrer les vérités principales et subordonnées d'un passage. À cet égard, on peut aussi employer la forme d'un essai. Certaines questions fondamentales d'intégration peuvent servir de guides, notamment les suivantes : en quoi la structure d'un passage est-elle révélatrice de son dessein et de son message principal ? Quelles sont les contributions principales d'un passage à l'unité structurelle plus vaste dont il fait partie ?

Suggestions générales concernant le processus exégétique

Nous recommandons aux étudiants de séparer les preuves des inférences. En les mélangeant, le processus de raisonnement inférentiel, des preuves et des prémisses aux conclusions et aux inférences, devient plus difficile. Un tel mélange offre aussi l'occasion aux assertions et aux présuppositions de s'introduire subrepticement dans le processus.

Chaque inférence doit découler de la preuve citée, par une logique claire et directe. Les étudiants devront éviter deux dangers en tirant des inférences à partir des preuves. Le premier est la réticence ou l'hésitation à tirer toutes les inférences pertinentes des preuves citées, avec pour résultat la sous-interprétation. La réflexion constructive sur les possibilités inférentielles et le recours à l'imaginaire exégétique résoudra ce problème. Le deuxième danger est de tirer des inférences qui vont au-delà des preuves citées ou qui ne découlent pas de celles-ci, avec pour résultat la surinterprétation. Nous recommandons aux étudiants de s'engager dans une réflexion critique sur chaque inférence qu'ils en tireront, afin de s'assurer de ne découvrir aucune déficience dans la logique qui relie leurs preuves à l'inférence.

Les étudiants doivent garder à l'esprit que l'explication la plus simple, qui émane de l'ensemble des faits le plus naturellement et sans contrainte ou complexité significative, est généralement la meilleure explication et interprétation. L'interprétation la plus alambiquée n'est pas forcément la plus saine.

Enfin, les étudiants voudront peut-être écrire un paragraphe de conclusion bref, mais spécifique, qui mette en avant la réponse à la question soulevée. Ce paragraphe de conclusion doit refléter clairement les inférences tirées des preuves tout au long du processus.

16

Mise en pratique de l'interprétation

Erreurs exégétiques

Afin d'élucider quels éléments entrent en jeu lors d'une juste pratique de l'exégèse, nous allons énumérer et décrire brièvement certaines approches exégétiques fallacieuses qui ont fait surface au fil de l'Histoire de l'interprétation. Les étudiants noteront que beaucoup de ces pratiques erronées contiennent des éléments de vérité ou sont motivées par des considérations au moins partiellement légitimes. Le fait que certaines de ces pratiques font intervenir des éléments de vérité doit nous rappeler qu'une exégèse fallacieuse est souvent le fruit d'une insistance trop grande sur une dimension valide, mais unilatérale, de l'exégèse.

Il y a en fait un grand nombre d'erreurs exégétiques possibles. La liste suivante n'est pas exhaustive. On les trouvera décrites d'une manière plus détaillée dans des ouvrages qui leur sont consacrées[1].

Les spécialistes décrivent généralement les processus d'interprétation erronés comme étant « fallacieux », un terme qui émane de la logique. Ce vocabulaire s'accorde avec l'approche inductive, qui met l'accent sur un processus de logique inférentielle inductive, des prémisses aux conclusions possibles. Faute de forme nominale pour cet adjectif en français — en-dehors peut-être de « faussetés » — nous parlons d'« erreurs », que nous classifierons d'une manière en termes généraux selon trois dimensions de raisonnement inférentiel inductif : les erreurs de prémisses, d'inférence et d'orientation. Les erreurs d'orientation sont le résultat de l'adoption d'une perspective déductive, et non inductive, pendant le processus d'interprétation. Il existe un certain chevauchement entre ces trois catégories. Par

---

1 D. A. Carson, *Exegetical Fallacies* (Erreurs exégétiques), 2ᵉ éd. (Grand Rapids : Baker Academic, 1996).

exemple, certaines erreurs liées aux prémisses passent aussi par les inférences et peuvent donc être considérées comme des erreurs d'inférence.

Erreurs de prémisses

Il s'agit de preuves citées ou traitées de manière inadéquate. Du fait que les preuves servent de fondement aux prémisses dans le processus de raisonnement inférentiel inductif, on peut décrire ces erreurs de preuves comme des erreurs de prémisses.

ERREUR DE PRÉMISSE INVALIDE

L'erreur la plus élémentaire dans le processus exégétique est la citation de preuves qui se révèlent contraires aux faits. Même les spécialistes les mieux établis peuvent se rendre coupables de ce genre d'erreur, comme en témoigne un incident assez cocasse survenu à une rencontre organisée par une société biblique de premier ordre, où un spécialiste a passé trente minutes à lire un article consacré à l'importance exégétique de l'emploi d'un verbe hébreu apparaissant dans un psaume sous sa forme Niphal plutôt que sous sa forme Hiphil. Dans la discussion qui a immédiatement suivi sa présentation, un membre du groupe lui a fait remarquer qu'en fait, ce psaume employait la forme Hiphil du verbe. Tout son article était fondé sur une erreur élémentaire de lecture du texte hébreu.

Un autre exemple nous vient d'un spécialiste du Nouveau Testament d'une génération précédente, A. H. McNeile. Dans son interprétation de Matthieu 5.48 : « Votre Père céleste est parfait. Soyez donc parfaits comme lui », il insiste que le passage de l'Ancien Testament qui est en arrière-plan de ce texte, Lévitique 19.2, décrit la perfection en termes d'interdictions négatives, tandis que le contexte de Matthieu 5.48 la présente en des termes « positifs d'épanouissement spirituel »[2]. Or, le contexte de Lévitique 19.2 contient un certain nombre de commandements positifs, qui appellent à faire plutôt qu'à ne pas faire, tandis que le contexte de Matthieu 5.48 contient plusieurs interdictions. Dans ce second cas, McNeile s'est tout simplement trompé dans sa caractérisation des données bibliques.

ERREUR DE PRÉMISSE AMBIGUË

Parce que les mots sont flexibles et fluides, les termes employés par les étudiants dans leur discussion des prémisses doivent être les plus précis possibles, ou développés avec une précision maximale. Les étudiants doivent éviter les termes vagues ou ambigus ; s'ils sont contraints à l'usage de tels mots, ils doivent en préciser et en clarifier le sens. Ce problème survient, par exemple, lorsqu'un étudiant se contente de citer un passage biblique comme preuve, sans préciser comment il comprend le sens précis des termes-clés contenus dans le passage cité. Des mots qui ont un sens précis en vertu de leur fonction dans leur contexte littéraire, deviennent imprécis et peuvent même revêtir un autre sens lorsqu'ils sont retirés de

---

2 Alan Hugh McNeile, *The Gospel according to Matthew* (L'Évangile selon Matthieu) (Londres : Macmillan, 1938), 73.

ce contexte et tout simplement répétés comme éléments de preuve. L'argumentaire suivant représente un autre cas de prémisse imprécise :

Jésus était Dieu (par ex. Jean 20.28, Hébreux 1.8).

Or, Dieu ne peut être tenté (Jacques 1.13).

Donc, Jésus ne pouvait être tenté et n'a pas vraiment été tenté en Matthieu 4.1–10 et Luc 4.1–13.

Le problème avec ce syllogisme est lié à l'ambiguïté de l'affirmation : « Jésus était Dieu », à la première prémisse. Il faudrait clarifier que ces passages (et d'autres) présentent Jésus comme Dieu le Fils, que le Nouveau Testament distingue toujours de Dieu le Père, tandis que Jacques 1.13 fait référence à Dieu le Père. Beaucoup de caractéristiques du Père s'appliquent également au Fils, mais ce n'est pas le cas pour tout. Dieu le Père ne peut être tenté, mais cela ne veut pas forcément dire qu'il en est de même pour Dieu le Fils, en tout cas pendant son existence terrestre.

ERREUR DE RÉDUCTIONNISME LEXICAL

Il arrive parfois que des étudiants s'en tiennent à une pratique de l'interprétation se bornant à une définition lexicale des termes-clés d'un passage. Peut-être est-ce parce qu'ils estiment suffisant de fournir la définition de base de chaque terme d'un passage pour interpréter le passage dans son ensemble ; la cause en est peut-être aussi qu'ils extraient du dictionnaire deux ou trois définitions alternatives d'un terme, avant de poursuivre en centrant toute la suite de leur exégèse sur les éléments en faveur de l'une ou l'autre de ces définitions de base. Dans ce cas, il leur reste à reconnaître que le sens d'un passage ne se limite pas à la somme des définitions des termes qui le composent, mais qu'il est aussi transmis à travers le rapport dynamique entre les termes contenus dans la proposition de la phrase (syntaxe), et au travers de leur fonction dans leur contexte littéraire et historico-culturel. La catégorie exégétique de la définition préliminaire, décrite précédemment, est utile en tant que point de départ de l'interprétation, mais ne doit pas être perçue comme la totalité de l'interprétation, ni même comme le cadre dans lequel il faut faire entrer toutes les autres preuves et inférences.

ERREUR DE RACINE

L'erreur de racine consiste à présumer que le sens de chaque occurrence d'un terme se détermine en définitive par sa formation originale (sa morphologie). En fait, les mots n'ont pas de sens inhérent déterminé par leur formation originale, qu'ils conservent forcément tout au long de leur emploi dans l'Histoire de la langue, mais leur sens a plutôt tendance à se développer avec le temps, tout en étant toujours déterminé par le contexte. (Nous avons abordé cette erreur brièvement, avec quelques exemples liés à l'étymologie au chapitre 14, dans la partie « Historique des termes ».)

James Barr, l'auteur du terme erreur de racine, cite un exemple tiré de l'œuvre du célèbre spécialiste de l'Ancien Testament Norman Snaith :

Le premier mot du premier Psaume, en hébreu, est *ašrê*, « béni soit… », littéralement « Bonheur du… » Ce terme est lié à des mots issus de diverses langues sémitiques, qui signifient « trace de pas », « aller droit devant, avancer », ainsi qu'au pronom relatif hébreu. Snaith conclut : « Tout cela montre toute l'étendue de l'emploi du premier terme. Le psaume nous parle de la bonne voie, opposée à la mauvaise. L'homme heureux est celui qui va droit devant lui, car, ainsi que le dit le dernier verset, « l'Éternel prend en compte la voie suivie par les justes », tandis que « le sentier des méchants les mène à la ruine ». Ainsi, un mot est considéré comme ayant une étendue inhabituelle, du fait de l'existence d'autres mots ayant la même racine dans d'autres langues, ou même dans la même langue, mais n'ayant plus le même sens étymologique (par ex. le pronom relatif hébreu), qui ont le sens de « lieu » ou de « voie », ou sont censés avoir eu dans le passé. Le thème d'ensemble du psaume est donc celui des voies, la bonne voie et la mauvaise. Il n'y a pas la moindre preuve que ces associations soient venues à l'esprit du poète ; il est même évident que certaines d'entre elles étaient quasi certainement inconnues et inconnaissables pour lui et ses contemporains. Les associations étymologiques sont employées sans que l'on cherche à s'assurer qu'elles venaient à l'esprit des premiers lecteurs du poème.[3]

Le mot *hilaskomai*, qui apparaît dans plusieurs passages évoquant le sacrifice expiatoire de Christ et qui est traduit par « expier » ou « rendre propice », est un exemple tiré du Nouveau Testament. Certains ont noté que ce verbe est tiré de la racine *hileōs*, qui signifie « gracieux », et en ont conclu que *hilaskomai* signifie à l'origine « rendre gracieux ». Cependant, les étudiants commettent une erreur de racine lorsqu'ils déduisent de cette donnée sur la racine du mot, qu'*hilaskomai* signale, à chacun de ses emplois dans le Nouveau Testament, que l'expiation de Christ a conduit, voire contraint, un Dieu d'abord résistant à nous faire grâce. Ce terme, n'a pas, chaque fois qu'il apparaît dans le Nouveau Testament, le sens lié à sa formation originale.

Cependant, ainsi que nous l'avons mentionné précédemment, la racine peut suggérer le sens d'un terme tel qu'il est employé dans son contexte. Par exemple, le terme grec pour « disciple », *mathētēs*, dérive de *manthanō*, qui signifie « apprendre » ; ce souci d'apprendre correspond à un aspect important du terme *mathētēs*, tel qu'il est employé dans le contexte du Nouveau Testament.[4]

ERREUR D'ÉTYMOLOGIE INVERSÉE

Nous avons vu que de chercher à déterminer le sens d'un terme biblique en se basant sur l'étymologie, ou la formation originale, de sa forme grecque ou hébraïque, pose un problème. Interpréter un terme issu d'un passage biblique en se fondant sur l'étymologie du mot français employé dans certaines traductions fran-

---

3 Barr, *Semantics of Biblical Language* (Sémantique des langues bibliques), 116.

4 Même si, à l'époque du NT, le terme de *mathētēs* en était venu à désigner d'abord les disciples d'une doctrine ou d'un enseignement plutôt que les étudiants eux-mêmes, la notion d'apprentissage demeure présente dans le concept, tel qu'il est employé dans le NT. Voir Michael J. Wilkins, *Discipleship in the Ancient World and Matthew's Gospel* (Le discipulat dans le monde antique et dans l'Évangile selon Matthieu), 2ᵉ éd. (Grand Rapids : Baker Academic, 1995).

çaises est cependant encore plus fallacieux. Ce serait le cas, par exemple, en interprétant le sens du mot Évangile, dans les passages du Nouveau Testament, comme signifiant « bonne nouvelle », en se fondant sur le développement morphologique du terme français (qui vient du grec *evangelion*, bonne nouvelle), ou encore en interprétant le terme biblique *instruction* selon son étymologie, qui dérive du latin *instruere*, « édifier ».

ERREUR D'ANACHRONISME SÉMANTIQUE

L'erreur d'anachronisme sémantique consiste à interpréter des termes hébreux et, surtout, grecs, de la Bible, en se fondant sur des mots français contemporains dérivés de ces termes grecs ou hébreux. Un exemple courant est l'interprétation du terme grec *dynamis* (puissance/pouvoir) selon le mot français « dynamite », ce qui suggère que *dynamis* a une connotation d'énergie explosive et potentiellement dangereuse. Un autre exemple est le mot traduit par « étrangers » en 1 Pierre 1.17, *paroikia*, qui a donné « paroisse » en français : ce serait une erreur d'anachronisme sémantique que d'interpréter ce passage en se fondant sur le sens de ce terme français. Retracer le développement sémantique d'un terme hébreu ou grec vers le français peut jouer une fonction heuristique, celle de nous permettre de reconnaître certaines dimensions du sens du terme original employé dans son contexte biblique, mais nous ne devons pas laisser ces considérations déterminer le sens que doit revêtir pour nous le terme biblique. Le langage est dynamique et nous avons toutes les raisons de nous attendre à des différences significatives entre les mots français modernes et leurs ancêtres hébreux et grecs[5].

ERREUR D'ANACHRONISME THÉOLOGIQUE

L'erreur de l'anachronisme théologique est étroitement liée à celle de l'anachronisme sémantique. Elle implique la présomption qu'un terme théologique dans un passage biblique correspond tout à fait à la compréhension de ce terme dans la tradition théologique de l'Église ou de notre propre communauté de foi. Les lecteurs de passages bibliques qui tombent sur des termes comme *sanctification, prédestination*, élection ou *expiation*, les construisent naturellement selon leurs propres préconceptions théologiques, auxquelles ils sont souvent profondément attachés et qu'ils défendent avec ferveur. Dans cette situation, il est donc nécessaire de prendre le temps de s'examiner soi-même, afin d'identifier le sens précis qu'on attache à ces termes ou qu'on veut leur donner, ce qui exige la détermination d'examiner les alternatives d'une manière équilibrée. Cela ne veut pas dire que les traditions théologiques de l'Église ou de communautés de foi individuelles ne peut informer et éclairer le sens de ces termes dans la Bible : elles le peuvent et le doivent même certainement ; mais uniquement dans la mesure où notre compréhension de ces termes est confirmée par les données bibliques, examinées à travers des pratiques exégétiques appropriées.

---

5 À cause du rapport historique entre le français et le grec, la langue française contient beaucoup plus de mots apparentés avec le grec qu'avec l'hébreu.

ERREUR DE PREUVE PARTIELLE

Par manque de temps ou du fait de son engagement implicite envers une préconception, un étudiant pourra ne traiter qu'une partie des informations pertinentes, ce qui le mènera à une interprétation erronée. S'il s'agit d'un problème de temps, le choix des preuves pourra être aléatoire et arbitraire. S'il s'agit de préconceptions, cette sélectivité pourrait lui porter préjudice. Certes, tous les étudiants font face à des contraintes de temps, tandis qu'une interprétation du texte pleine et entière de presque n'importe quel passage biblique exige plus de temps qu'ils ne peuvent y investir, si riche et si profond étant le texte biblique. Ils doivent néanmoins s'engager à identifier quelles sont les preuves les plus cruciales pour l'interprétation d'un passage, puis à les traiter aussi scrupuleusement que le temps imparti le permet. L'antidote le plus efficace à cette sélectivité préjudiciable serait un engagement à prendre en compte les interprétations alternatives et à chercher activement des preuves en faveur des interprétations qu'on n'avait pas envisagées, ou à l'égard desquelles on est réticent. Les étudiants doivent certainement prendre en compte les preuves qui ne vont pas dans leur sens, ainsi que les explications et interprétations alternatives.

ERREUR DE VIOLATION DE GENRE

Ainsi que nous l'avons mentionné au chapitre 14, dans la partie « Formes littéraires », la forme ou le genre littéraire fait intervenir un accord implicite entre l'auteur et les lecteurs, selon lequel un texte donné doit être lu selon les attentes du genre qui lui est propre et non selon d'autres modes de lecture et de construction. Ces étudiants doivent identifier le genre employé et interpréter le passage selon les caractéristiques et les attentes de ce genre. S'ils ne le font pas, il s'agit d'une violation de genre, qui peut mener à de graves erreurs d'interprétation.

La Bible elle-même contient des récits de personnes ayant mal compris le message qui leur était communiqué à cause d'une violation de genre. Lorsque Nathan a raconté à David la parabole du pauvre et de sa brebis, David pensait qu'il s'agissait de prose narrative (plus spécifiquement d'un cas judiciaire), si bien qu'il n'a pas perçu la communication prophétique jusqu'à ce que Nathan lui dise clairement : « Cet homme-là, c'est toi ! » Par ailleurs, la tendance à interpréter les passages narratifs sous forme allégorique est très répandue à travers l'Histoire de l'Église, jusqu'à présent : la forme des récits est le plus souvent reconnue comme historique ou descriptive, mais ils sont eux-mêmes employés comme des allégories pour enseigner des leçons spirituelles. Même si les leçons tirées de ces textes sont souvent justes, parce qu'elles sont fondées sur une connaissance de l'ensemble du message biblique, elles n'ont aucun lien organique avec les récits historiques en question. Toute séduisante qu'elle soit, cette méthode d'interprétation est également trompeuse. La ligne de démarcation entre interprétation narrative et exposition allégorique est souvent presque impossible à percevoir, un phénomène couramment constaté en écoutant une prédication : un sermon sur la conquête de Jéricho (Josué 6) pourra enjoindre les auditeurs à se demander quels sont les murs qu'ils doivent faire tomber dans leurs propres vies, ou encore, un sermon évoquant la rencontre de Jésus avec la femme samaritaine, près du puits (Jean 4), pourra parler des « Samaritains dans nos vies ». Dans les deux cas, il est probable que l'exposition en arrière-plan de ces sermons soit au moins partiellement allégorique[6].

ERREUR DE FRAGMENTATION

L'interprétation fragmentaire traite les Écritures comme un ensemble de versets isolés, qui doivent être compris indépendamment de leur contexte immédiat et de leur contexte d'ensemble. Cette pratique est due en partie à la division assez arbitraire de la Bible en chapitres et en versets. Par ailleurs, certains étudiants ont une vision de l'inspiration biblique qui les mène à une compréhension quasi oraculaire de la nature du texte biblique. D'après cette vision, chaque affirmation contenue dans la Bible contient sa propre vérité divine absolue et Dieu parle directement par chaque clause ou phrase isolée. Toute cette fragmentation peut mener à négliger le cadre contextuel des affirmations bibliques.

Les pasteurs sont parmi les plus souvent concernés par ce problème. Ils ignorent souvent le cadre du passage qu'ils choisissent comme thème de leur prédication. L'un de nous se souvient de sa grande surprise losque, lors d'un sermon, le prédicateur n'avait choisi de prêcher que sur la moitié d'un verset, ce qui a suscité la question de savoir pourquoi le verset entier n'avait pas été lu par le prédicateur ; mais il est vite devenu clair que ce dernier n'aurait pas pu prêcher ce sermon à partir du reste du verset. Si des pasteurs chrétiens tombent dans ce piège, comment nous étonner si leurs paroissiens, qui comptent sur eux pour les guider dans leur interprétation de la Bible, en fassent autant voire pire ?

ERREUR PSYCHOLOGISANTE

Comme plusieurs autres erreurs de cette liste, l'erreur psychologisante a déjà été mentionnée dans notre discussion du facteur psychologique (chapitre 14). Comme pour ces autres erreurs, nous y revenons à présent. L'erreur psychologisante consiste à interpréter un passage en se basant sur des considérations émotionnelles ou psychologiques, lorsque ces données ou indications sont absentes du passage ou de son contexte. L'erreur psychologisante peut être liée à des assertions concernant l'état psychologique et émotionnel de l'auteur ou à l'état intérieur des personnages décrits dans ces passages.

On peut citer, par exemple, la suggestion de l'évêque John Shelby, selon laquelle l'enseignement de Paul contre le comportement homosexuel, au premier chapitre de Romains, doit être interprétée comme une « homophobie » ayant pour but de masquer les propres pulsions homosexuelles latentes de l'apôtre. Ici, l'évêque tombe dans l'erreur psychologisante par rapport à l'auteur, puisque rien dans le passage (en tout cas selon notre étude) n'indique que le lecteur soit invité à analyser la psychologie de Paul afin de comprendre avec certitude le message de ce

---

6 Voir Robert A. Traina, *Methodical Bible Study: A New Approach to Hermeneutics* (L'étude biblique méthodique : une nouvelle approche herméneutique) (New York : Ganis & Harris, 1952), 172–74, pour une discussion plus détaillée de l'approche allégorique.

passage. L'argument du passage ne dépend pas de l'état psychologique supposé de Paul et n'est pas affecté par celui-ci[7]. Cette lecture implique d'imposer au texte des théories psychologiques modernes complexes, alimentées par des intérêts socio-politiques contemporains. Lorsque Oesterley et Robinson suggèrent que le récit du mariage d'Osée à la prostituée Gomer, aux premiers chapitres de son livre, indique qu'« Osée souffrait d'une obsession sexuelle, qui l'a poussé vers ce qu'il avait le plus en horreur »[8], ces spécialistes tombent également dans l'erreur psychologisante. Il en est de même lorsqu'un prédicateur influent insiste que l'adultère de David avec Bath-Shéba, puis son meurtre d'Urie (2 Samuel 11), s'expliquent par sa « crise de la cinquantaine », sans citer de preuves qu'il s'agit là de la perspective du texte[9].

ERREUR DE TRANSFERT ILLÉGITIME DE LA TOTALITÉ

Ainsi que nous l'avons mentionné dans la partie « Emploi des mots » (au chapitre 14), l'expression « transfert illégitime de totalité » a été inventée par James Barr, qui s'en servait pour désigner la tendance à imposer, sans esprit critique, les connotations et associations de chaque occurrence d'un mot à l'emploi de ce mot dans un passage biblique donné. Dans la discussion de l'usage des mots, nous avons mis l'accent sur le fait que les étudiants doivent engager une conversation critique entre l'emploi du terme dans son contexte littéraire et toutes ses autres occurrences dans la Bible, afin de déterminer si celles-ci peuvent constituer un arrière-plan linguistique utile pour l'interprétation du passage en question. La question à se poser est de savoir quels étaient l'arrière-plan linguistique et la compréhension de ce mot que l'auteur implicite supposait connu de son lecteur implicite, ce dernier étant jugé à même d'en faire usage dans sa compréhension de ce terme, tel qu'il est employé dans ce passage. Les autres occurrences peuvent fournir un arrière-plan linguistique qui éclaire le contexte du passage à interpréter et suggère quels éléments d'information l'auteur implicite supposait connus de son public, ce dernier étant jugé à même de tenir compte de ces éléments d'information en lisant le passage. Les occurrences d'un terme dans d'autres parties de la Bible peuvent indiquer des usages entièrement différents de celui qui est réservé au terme dans le passage. Dans ce cas, cette différence-même peut servir de contre-exemple à l'emploi du terme par l'auteur, ce qui éclaire, par voie de contraste, les préoccupations spécifiques du texte à interpréter.

---

7 John Shelby Spong, *Sins of Scripture: Exposing the Bible's Texts of Hate to Reveal the God of Love* (Les péchés des Écritures : exposer les textes bibliques qui parlent de haine pour révéler l'amour de Dieu) (San Francisco : HarperSanFrancisco, 2005), 135–42 ; idem, *Living in Sin: A Bishop Rethinks Human Sexuality* (Vivre dans le péché : un évêque repense la sexualité humaine) (San Francisco : Harper & Row, 1988), 151. On peut se servir de ces considérations dans notre évaluation du passage (voir chapitre 17), mais selon notre jugement, il y a un gros manque de preuves en faveur des assertions de Spong.

8 W. O. E. Oesterley et Theodore H. Robinson, *An Introduction to the Books of the Old Testament* (Introduction aux livres de l'Ancien Testament) (New York : Meridian Books, 1958), 351–52.

9 Nous ne nions pas la légitimité de s'intéresser à l'état psychologique des personnages historiques, mais ces propositions ne doivent pas être le premier moyen d'interpréter un passage qui manque de références psychologiques ou émotionnelles et ne contient aucune indication selon laquelle le lecteur doit prendre en compte ces considérations dans sa construction du passage. Par ailleurs, la reconstruction de la psychologie ou des émotions d'auteurs et de personnages bibliques en chair et en os est une opération précaire, car, dans presque tous les cas, les seuls témoignages dont nous disposions à leur sujet sont ceux du texte biblique lui-même. Si celui-ci ne contient pas de références psychologiques ou émotionnelles, alors le processus de reconstruction psychologique aura tendance à être spéculatif.

Nous voudrions étendre la notion de transfert illégitime de totalité au-delà des considérations linguistiques (ou d'emploi des mots), pour y inclure les questions liées au témoignage des Écritures et à l'arrière-plan historique. Ainsi que nous l'avons vu ci-dessus, un aspect du témoignage des Écritures consiste à situer les autres passages bibliques qui développent le concept tel qu'il se trouve dans le passage à interpréter. Le même genre d'interaction critique entre le passage et les autres passages bibliques que nous venons de décrire en ce qui concerne l'emploi des mots s'applique cependant aussi au témoignage des Écritures. Les étudiants doivent se demander quel est le rapport entre le concept décrit dans un autre passage biblique et l'arrière-plan conceptuel que l'auteur implicite supposait connu de son public, qu'il tenait pour apte à utiliser cet arrière-plan afin de comprendre ce passage. Toute lecture d'un passage intégrant pêle-mêle et sans discernement l'ensemble des remarques explicites ou implicites de tous les autres auteurs bibliques concernant le concept, reviendrait à tomber dans l'erreur du transfert illégitime de totalité.

Les étudiants se souviendront qu'un autre type de témoignage des Écritures passe par l'examen des autres passages bibliques cités ou auxquels il est fait allusion dans le passage à interpréter. Là encore, il faut un débat critique pour déterminer quels aspects du passage cité ou évoqué l'auteur implicite voulait voir pris en compte dans l'interprétation de ce passage ; on pourra ensuite employer le passage cité ou auquel il est fait référence, selon les indications données par l'auteur implicite du passage étudié.

Un autre type de témoignage des Écritures passe par l'examen des passages parallèles. Il s'agit notamment de la manière dont un récit parallèle du même événement ou enseignement, tel qu'il se présente dans un autre Évangile, éclaire le passage à interpréter. Là encore, les étudiants doivent engager une conversation critique, afin de ne prendre en compte, dans leur interprétation du passage, que les informations spécifiques fournies par les récits parallèles supposés connus de ses lecteurs par l'auteur implicite du passage et dont il s'attendait à ce qu'ils s'en servent dans leur interprétation du passage.

La discussion dans la partie « Témoignage historique » (au chapitre 14) encourage les étudiants à éviter un certain type de surinterprétation, qui survient lorsque des informations relatives à l'arrière-plan historique d'un événement sont imposées à un passage, sans qu'il soit fait preuve d'esprit critique. Les étudiants doivent engager une comparaison critique entre les indicateurs contextuels du passage examiné et son arrière-plan historique, afin de déterminer quelles informations d'arrière-plan le texte (que nous allons personnifier un bref instant durant) demande au lecteur de prendre en compte pour une interprétation pleine et fiable du passage, afin de ne se servir que de celles-ci[10].

---

10 Samuel Sandmel qualifie ces citations et impositions de parallèles historiques sans esprit critique de « parallélomanie ». Voir son intervention devant la Société de littérature biblique : « Parallélomanie », JBL 81 (1962) : 2–13. Sandmel s'oppose notamment aux assertions de dérivation sans esprit critique, par ex. en affirmant qu'un passage donné émane ou dérive directement d'un autre passage.

En allant au-delà, on tombera dans l'erreur du transfert illégitime de la totalité[11].

Erreurs d'inférences

Certaines erreurs sont davantage liées au processus par lequel on tire des inférences, ou des conclusions, à partir des preuves, qu'aux preuves citées, c'est-à-dire aux prémisses. La plupart de ces erreurs passent par des assertions cachées ou inavouées. Voici quelques-unes des erreurs d'inférences les plus courantes.

ERREUR D'ANACHRONISME RÉFÉRENTIEL

L'erreur d'anachronisme référentiel passe par l'assertion que, d'une manière générale, les passages bibliques font référence à des événements à venir, si bien que leur sens ultime est caché jusqu'à ce qu'il soit manifesté à ceux qui vivent ces événements. Ceux qui pratiquent cette approche exposent l'Ancien Testament comme si tout son contenu préfigurait le Nouveau et ils orientent toutes leurs inférences exégétiques dans le sens d'un accomplissement en Christ et dans le Nouveau Testament. Ils interprètent même les détails les plus insignifiants des récits historiques comme des types qui trouvent leur accomplissement dans le Nouveau Testament. Cette vision part du principe légitime selon lequel l'Ancien Testament prépare la révélation du Nouveau ; mais chaque détail de l'Ancien Testament n'est pas pour autant forcément un type d'un événement ou d'un personnage du Nouveau, et même les détails qui bien des types sont ont un sens et une importance de base dans le contexte historique des premiers destinataires du passage. Une telle compréhension de l'Ancien Testament enfreint deux principes exégétiques fondamentaux : l'importance de comprendre les passages dans leur cadre historique et celle de les exposer selon l'intention de l'auteur (implicite). Il faut donc faire attention à ne pas tirer des inférences qui présument que toute ressemblance fortuite entre des passages de l'Ancien et du Nouveau Testament ont forcément une importance typologique.

Cette erreur n'est cependant pas liée uniquement au fait d'interpréter chaque passage de l'Ancien Testament selon son accomplissement dans le Nouveau, mais aussi à la tendance qu'ont certains lecteurs à présupposer que la Bible, Ancien et Nouveau Testaments, est remplie de prédictions d'événements à venir. Ces lecteurs tirent des inférences censées montrer comment certains passages prédisent des

---

11 Une forme spécifique de transfert illégitime de la totalité, relative à l'arrière-plan historique, est l' « erreur de l'arrière-plan non pertinent », qui consiste à citer un arrière-plan qui n'est pas pertinent pour le sens du passage, compris comme la communication entre l'auteur implicite et le lecteur implicite. Il serait illégitime, par exemple, d'interpréter un passage d'un de nos Évangiles en se fondant sur une reconstruction des paroles originales de Jésus en araméen, car aucun des Évangiles n'envisage un lecteur comprenant l'araméen. Cela impliquerait la prise en compte d'informations d'arrière-plan inconnues du public cible, dont l'auteur ne pouvait donc s'attendre à ce qu'elles soient prises en compte dans la construction du passage. Un tel appel peut être légitime afin de reconstruire des événements ou des discours dans le cadre du processus de critique historique, mais s'en servir comme fondement pour l'interprétation du texte sous sa forme finale serait de la surinterprétation. Il en est de même du recours au sens du terme hébraïque dans un passage de l'AT cité dans Luc ou Hébreux : Luc et l'auteur de l'épître aux Hébreux ne comprenaient apparemment pas l'hébreu et ne présumaient certainement pas que leurs lecteurs connaîtraient le texte hébraïque, mais seulement la Septante. Un autre exemple serait la tendance, de la part de Bultmann et de certains autres, à interpréter le NT à la lumière d'un gnosticisme qui n'a émergé pleinement qu'aux 2ᵉ et 3ᵉ Siècles de l'ère chrétienne. Voir Rudolf Bultmann, *Theology of the New Testament* (Théologie du Nouveau Testament), trad. Kendrick Grobel, 2 vol. en 1, *Scribner Studies in Contemporary Theology* (New York : Scribner's Sons, 1955).

événements majeurs survenus par la suite. Cette erreur émane généralement de la non-différentiation entre une prophétie et une pure prédiction : avec une prophétie, l'aspect prédictif est inévitablement lié à l'aspect proclamatoire ; en fait, le dessein premier de la prédiction est d'appuyer le message du prophète. C'est pourquoi, les prédictions du prophète sont pertinentes dans le cadre de la situation historique concrète dans laquelle et pour laquelle il s'exprime. Une pure prédiction peut, au contraire, être entièrement sans rapport avec son cadre historique. Nous croyons que les Écritures contiennent des prophéties, mais pas de pures prédictions, et qu'en ignorant cela, on passe à côté de l'importance de l'élément historique des Écritures, si bien que notre interprétation de celles-ci sera erronée.

ERREUR DE COMPOSITION

Cette erreur passe par l'assertion que ce qui est vrai pour une partie s'applique forcément à l'ensemble[12]. Si nous supposions que Luc, qui présente certains Samaritains comme plus généreux (10.29–37) ou plus reconnaissants (17.11–19) que certains Juifs, voulait que ses lecteurs en tirent la conclusion que tous les Samaritains sont moralement supérieurs aux Juifs, nous irions bien au-delà des preuves et ce serait un exemple d'erreur de composition. Il en irait de même en supposant, à partir du récit de la guérison de l'homme boiteux à la Belle Porte en Actes 3.1–10, que Luc enseigne que tous ceux qui ont besoin de guérison physique la trouveront s'ils mettent également leur foi en le nom de Jésus. L'erreur de composition apparaît souvent dans des suppositions à la première personne du pluriel : « ce passage enseigne que nous pouvons ou devons », sous-entendant que ce qui est dit de ou bien à une personne spécifique dans une situation spécifique s'applique forcément à tout le monde, partout, ou, du moins, à tous les croyants.[13]

ERREUR DE DIVISION

L'erreur de division est le contraire de celle de composition. Cette erreur est liée à l'assertion que ce qui est valable pour l'ensemble l'est forcément pour une partie[14]. Par exemple, lorsque le livre d'Ésaïe déclare que la nation d'Israël a péché en se rebellant contre Dieu à l'époque d'Ésaïe, on ne peut pas en conclure que chaque Hébreu était coupable individuellement. Ce qui était vrai pour la nation dans son ensemble ne s'appliquait pas forcément à chaque personne qui la composait : il est possible que ce fût bien le cas, mais ce n'est pas une certitude.

---

12 Engel, *With Good Reason* (Avec de bonnes raisons), 93-94 ; Rudinow et Barry, *Invitation to Critical Thinking* (Invitation à la pensée critique), 281.

13 La question de savoir si l'enseignement d'un passage s'applique légitimement à tous, ou, du moins, à d'autres personnes en d'autres endroits et à d'autres époques, est une question d'évaluation et d'application, sur laquelle nous reviendrons à la partie 4.

14 Engel, *With Good Reason* (Avec de bonnes raisons), 94 ; Rudinow and Barry, *Invitation to Critical Thinking* (Invitation à la pensée critique), 281.

ERREUR DE GÉNÉRALISATION HÂTIVE

L'erreur de généralisation hâtive consiste à « se servir d'un cas exceptionnel pour en tirer une conclusion générale infondée »[15]. On tombe dans cette erreur si l'on défend la thèse que la prière sincère du prophète Amos ayant détourné la colère de Dieu de s'abattre sur Israël (7.1–6), l'enseignement à retirer de ce passage est que Dieu revient toujours de son intention de sévir lorsqu'un homme de Dieu juste l'implore de le faire. Le livre d'Amos présente peut-être l'événement décrit dans ce passage comme une exception. D'une manière semblable, on tombe dans cette erreur en partant du fait que le livre de Joël considère l'invasion de sauterelles comme le jugement de Dieu à cause des péchés de Juda, pour déduire du livre de Joël que les catastrophes naturelles constituent toujours un jugement de Dieu qui frappe les nations pour leurs péchés. Là encore, le livre de Joël n'affirme pas cela, mais ne se prononce que sur le jugement visé par Dieu à travers cette catastrophe naturelle spécifique.

ERREUR DE BIFURCATION

L'erreur de bifurcation[16] est parfois appelée « fausse dichotomie »[17], en ce qu'elle insiste qu'il n'y a que deux alternatives possibles, alors qu'en fait, il y en a une troisième. Ceux qui tombent dans cette erreur prennent les contraires pour des contradictions. Si deux citations sont contradictoires, elles ne peuvent être toutes les deux vraies ni toutes les deux fausses (une véritable dichotomie : l'un ou l'autre est vrai), tandis que si elles sont contraires, les deux ne peuvent être vraies, mais les deux peuvent être fausses, si bien qu'une troisième alternative émerge : aucune des deux n'est vraie.

On tombe dans l'erreur de bifurcation en inférant que, parce que Gamaliel n'était pas contre les apôtres, puisqu'il a défendu leur libération (Actes 5.33–39), il devait donc être pour eux, soutenir leur cause. Ici, les deux propositions suivantes ne peuvent être toutes deux vraies : Gamaliel était pour les apôtres et Gamaliel était contre les apôtres ; mais il se pourrait qu'elles soient fausses toutes les deux. Une troisième possibilité existe donc : d'après le livre des Actes, Gamaliel n'était ni un adversaire, ni un partisan des apôtres.

Un autre exemple : on tombe dans cette erreur en inférant que, parce que l'Ancien Testament ne condamne pas la polygamie, il en prend forcément le parti. Il est possible aussi que l'Ancien Testament ne défende ni ne condamne la polygamie, mais en reconnaisse tout simplement l'existence sans porter de jugement clair dans un sens ou dans l'autre.

ERREUR DE PÉTITION DE PRINCIPE

En logique, une pétition de principe est « une erreur qui consiste à se contenter, dans une argumentation, de répéter sa conclusion sous une autre forme, au lieu

---

15 Engel, *With Good Reason* (Avec de bonnes raisons), 108 ; cf. Irving Copi, *Introduction to Logic* (Introduction à la logique), 2ᵉ éd. (New York : Macmillan, 1961), 64.

16 Engel, *With Good Reason* (Avec de bonnes raisons), 111–13.

17 Carson, *Exegetical Fallacies* (Erreurs exégétiques), 90–92. Rudinow et Barry, *Invitation to Critical Thinking* (Invitation à la pensée critique), 312–13, fait référence à cette erreur comme l' « erreur du faux dilemme ».

d'apporter des preuves. Un tel argument nous invite à présumer que quelque chose a été confirmé, alors qu'en fait, cela n'a été qu'affirmé ou réaffirmé[18] ». Autrement dit, la pétition de principe consiste à énoncer une conclusion sous la forme d'une prémisse, puis une prétendue inférence qui ne fait que répéter cette conclusion. En voici un exemple :

Prémisse :   En Marc 7.27, Jésus adopte une attitude supérieure envers les non-Juifs.

Inférence :   Donc, dans ce passage, Marc présente Jésus comme quelqu'un de supérieur.

Nous voyons ici que la prémisse présente la conclusion exégétique (sans fournir de preuve) et que l'inférence ne fait que répéter la conclusion déjà énoncée. Ce qui reste encore à prouver, c'est le fait que, dans ce passage, Jésus exprime un sentiment de supériorité à l'égard des non-Juifs. Cela pose la question du sens et du caractère de la réponse de Jésus à la femme syro-phénicienne.

Voici un autre exemple :

Prémisse :   En Matthieu 5.48, Jésus donne à ses disciples le commandement impossible d'être parfaits, comme leur Père céleste est parfait.

Inférence: Ce commandement est donc un idéal irréalisable, vers lequel les disciples doivent tendre sans jamais espérer l'atteindre.

Là encore, la prémisse contient la conclusion, qui est seulement répétée en des mots légèrement différents. Cela pose la question du sens de l'adjectif *parfait*. La prémisse elle-même présume de son impossibilité.

ERREUR DE LA PRÉMISSE PRÉSUMÉE

Lorsque nous manquons de preuves, les inférences que nous tirons, qui vont au-delà des preuves citées, émanent le plus souvent de prémisses implicites ou présumées. Il est très important pour les étudiants d'exprimer d'une manière explicite toutes les prémisses qui mènent aux inférences, car c'est la seule manière d'en évaluer la validité. Notez les prémisses implicites et non énoncées dans les exemples suivants :

Prémisse :   En 1 Jean 4.8, Jean déclare que Jésus est amour.

Inférence :   Donc, ce passage enseigne que Jésus ne condamnera jamais personne.

Cette inférence présume d'une prémisse implicite : l'amour de Dieu est nécessairement de nature à exclure toute condamnation.

Prémisse :   En Marc 15.34, Jésus indique qu'à la croix, Dieu l'a abandonné.

---

18 Engel, *With Good Reason* (Avec de bonnes raisons), 114. Voir aussi Copi, *Introduction to Logic* (Introduction à la logique), 65–66.

Inférence :   Au moment de la mort de Jésus, Dieu a fait retomber sur lui toute la culpabilité des péchés du monde et l'a frappé de toute sa colère pour ces péchés.

Cette inférence présume de plusieurs prémisses implicites : 1) Dieu a réellement abandonné Christ à la croix, 2) cet abandon implique une répudiation personnelle de Jésus, plutôt que, par exemple, une décision fonctionnelle de ne pas intervenir afin de le délivrer de la mort sur la croix, 3) s'il s'agit d'une répudiation personnelle, celle-ci exprime la révulsion et l'horreur de Dieu face aux péchés du monde. Ces prémisses implicites peuvent être valides ou non, mais le processus exégétique exige qu'elles soient exprimées et étayées par des preuves.

ERREUR DE LA CAUSE ERRONÉE

L'erreur de la fausse cause[19] consiste à affirmer ou à présumer d'une causalité, sans l'avoir démontrée à l'aide des preuves et des prémisses citées. La causalité présumée peut être intratextuelle ou extratextuelle.

Voici un exemple de causalité présumée extratextuelle : Hérode a exécuté Jean-Baptiste (Marc 6.14–29), donc son sentiment de culpabilité l'a poussé à penser que Jésus était Jean ressuscité (Marc 6.16). Le texte ne mentionne pas, en tout cas pas explicitement, ce sentiment de culpabilité d'Hérode : il s'agit d'une extrapolation psychologique déduite du texte et les preuves citées n'appuient pas l'inférence de causalité. Le rapport de causalité peut être réel, mais l'inférence ne serait juste qu'en citant des preuves spécifiques dans ce sens.

On parle de causalité présumée intratextuelle lorsque deux éléments sont présentés dans le texte et qu'à partir de là, l'étudiant présume tout simplement de l'existence d'un rapport de cause. En voici un exemple :

Prémisse 1 :   Samuel était opposé à l'émergence d'une monarchie israélite (1 Samuel 8.6).

Prémisse 2 :   Samuel a prononcé le jugement de Saül, le premier roi d'Israël (1 Samuel 13.8–15 ; 15.10–33).

Inférence :   Samuel a prononcé le jugement de Saül à cause de son hostilité personnelle à l'institution de la monarchie et afin de la saboter.

Ici, on trouve ces deux prémisses dans le texte, mais sans lien de causalité entre elles (en tout cas sans preuves d'un tel lien). Cette inférence manque donc des preuves requises pour établir le rapport de cause[20].

---

19. Engel, *With Good Reason* (Avec de bonnes raisons), 132-37 ; Carson, Exegetical Fallacies (Erreurs exégétiques), 133-34 ; Copi, *Introduction to Logic* (Introduction à la logique), 64–65 ; Rudinow et Barry, *Invitation to Critical Thinking* (Invitation à la pensée critique), 321–22.

20 Plus spécifiquement, cet argument est post hoc, ergo propter hoc (après cela, donc à cause de cela) : l'assertion selon laquelle un événement survenu après un autre a eu lieu à cause de cet événement précédent.

ERREUR DE L'APPEL À LA CRAINTE

L'erreur de l'appel à la crainte[21] consiste à tirer des conclusions ou des inférences fondées non sur une évaluation équitable des preuves, mais sur des considérations concernant les effets probables d'une interprétation possible sur les personnes ou les institutions. Ce processus de raisonnement est fondé sur l'assertion implicite qu'aucune conclusion, quelle que soit sa viabilité sur la base des preuves citées, ne peut être prise en compte si elle provoque un tort ou un trouble que l'étudiant considère comme inacceptable.

Une forme courante d'erreur de l'appel à la crainte est l'argument de la *pente glissante*[22], selon lequel toute conclusion exégétique susceptible d'encourager quelqu'un à adopter d'autres conclusions plus dangereuses sur le plan théologique (ou éthique) doit être évitée. Selon nous, en définitive, aucune communauté ni personne n'a rien à craindre de la vérité, tant que celle-ci est comprise et présentée correctement.

L'erreur de l'appel à la crainte prend parfois une forme plus personnelle : quelqu'un peut craindre implicitement qu'adopter une interprétation ou un ensemble d'interprétations données pourrait avoir de graves conséquences négatives pour lui, comme la perte d'un poste ou l'exclusion de sa communauté théologique[23]. Nous ne voulons en aucune manière minimiser la douleur susceptible d'être provoquée par une telle situation, mais nous nous sentons dans l'obligation de mentionner que c'est précisément là que les biblistes qui croient vraiment se retrouvent confrontés à la question de savoir s'ils sont prêts à se soumettre à l'autorité des Écritures sur leur vie, avec tous les risques que cela comporte.

ERREUR *AD HOMINEM*

L'erreur *ad hominem*[24] (*ad hominem* veut dire « envers la personne ») est un argument formulé contre une position et fondé, non sur les mérites de la position elle-même, mais sur l'arrière-plan ou le caractère de la personne qui la défend. Dans l'interprétation, cette erreur concerne surtout les inférences à partir des preuves tirées de l'interprétation des autres. Elle implique d'ignorer ou d'écarter une interprétation parce qu'elle a été proposée par quelqu'un que l'étudiant perçoit comme suspect. L'étudiant peut inférer que l'interprétation, ainsi que les arguments exégétiques mis en avant par un certain spécialiste, ne doivent pas être pris au sérieux, car ce spécialiste est, par exemple, catholique, libéral ou fondamentaliste. Ils doivent cependant juger les arguments et conclusions exégétiques en fonction de leurs mérites propres ; dans l'analyse finale, ni l'arrière-plan, ni les engagements de la personne qui présente les arguments, n'ont rien à voir avec la validité ou non des arguments eux-mêmes.

---

21 Engel, *With Good Reason* (Avec de bonnes raisons), 190-94 ; Carson, *Exegetical Fallacies* (Erreurs exégétiques), 106-8.

22 Rudinow et Barry, *Invitation to Critical Thinking* (Invitation à la pensée critique), 323-24.

23 James D. Weinland, *How to Think Straight* (Comment penser juste) (Totowa, New Jersey : Rowman & Allanheld, 1963), 128-29.

24 Engel, *With Good Reason* (Avec de bonnes raisons), 166-68 ; Copi, *Introduction to Logic* (Introduction à la logique), 54-57.

ERREUR DE L'APPEL À L'AUTORITÉ

L'erreur de l'appel à l'autorité[25] consiste à faire appel à des personnes qui n'ont pas les compétences requises dans le domaine en question, par exemple à faire appel à un avocat pour des questions médicales. Nous employons cette expression en référence au fait de se contenter d'accepter les arguments et conclusions exégétiques d'un spécialiste, parce que c'est un spécialiste, ainsi que le montrent sa réputation, ses publications ou ses réussites[26]. En un sens, cette erreur est le contraire de l'erreur ad hominem, car elle passe par un appel positif à l'arrière-plan ou au caractère de la personne qui défend un argument ou une position donnée, sans égard aux mérites de l'argument ou de la position elle-même. Là encore, cette erreur passe notamment par l'*interprétation des autres* et consiste à se contenter de citer les interprétations de certains commentateurs ou autres spécialistes, puis à en tirer des inférences qui présument de la légitimité de ces interprétations, sur la base du fait qu'elles ont été proposées par des spécialistes reconnus. Les spécialistes n'ont cependant aucune autorité exégétique indépendante, mais les étudiants doivent juger de la solidité de leur interprétation par les mêmes méthodes et normes qu'ils emploient pour leurs propres preuves et inférences.

ERREUR DU *CONSENSUS OPINIO*

L'erreur de l'appel au consensus général des spécialistes est étroitement liée à l'erreur de l'appel à l'autorité. Le *consensus opinio* est en fait une forme spécifique d'appel à l'autorité, qui passe par l'appel à une autorité d'un certain type : celle du groupe, en l'occurrence d'un groupe de spécialistes. Nous devons certes prendre au sérieux le consensus des spécialistes, car aucun d'entre nous n'est capable d'effectuer une étude exhaustive de toutes les subtilités de chaque question exégétique qui se pose même dans un passage isolé, comme la communauté des spécialistes l'a fait. C'est pourquoi, les étudiants qui défendent une interprétation contredisant le *consensus opinio*, doivent être conscients que la charge de la preuve est de leur côté et qu'ils doivent démontrer, par des preuves spécifiques, en quoi exactement le consensus des spécialistes est erroné et sur quoi ils fondent une telle évaluation. Le consensus des spécialistes n'a cependant rien d'infaillible, l'Histoire de l'interprétation étant pleine d'exemples de « résultats garantis » écartés par de nouvelles preuves ou des arguments plus solides[27].

Erreurs d'orientation

Les erreurs dues à une perspective erronée du processus d'interprétation peuvent être qualifiées d'erreurs d'orientation. Il s'agit de formes spécifiques de l'adoption d'une approche déductive, ou présuppositionnelle, plutôt qu'inductive, ou fondée sur des preuves.

---

25 Engel, *With Good Reason* (Avec de bonnes raisons), 183-88, 203 ; Carson, *Exegetical Fallacies* (Erreurs exégétiques), 22-23 ; Copi, *Introduction to Logic* (Introduction à la logique), 61-62.

26 Rudinow et Barry, *Invitation to Critical Thinking* (Invitation à la pensée critique), 19-20, 300-303.

27 Bockmuehl, *Seeing the Word* (Voir la Parole), 37-38.

ERREUR DES QUESTIONS ILLÉGITIMES

L'erreur des questions illégitimes[28] peut passer par des questions exégétiques qui échouent à émerger du texte lui-même et auxquelles celui-ci n'est donc pas prêt à répondre, ou encore par des questions formulées de manière à mettre en avant une réponse présumée. Nous avons précédemment mis l'accent sur le fait qu'une interprétation juste passe par des questions qui émanent d'observations effectuées à partir du texte lui-même, afin de s'assurer de la conformité de notre interprétation au programme du texte. L'erreur de la question illégitime, elle, consiste à interpréter des passages en répondant à des questions que le texte ne pose pas et qui s'écartent donc de son programme. Nos efforts visant à répondre à ces questions nous mèneront soit à de pures spéculations, soit à des réponses sans intérêt. Les réponses à de telles questions seront soit d'une fausseté absolue du point de vue du sens du texte, soit des hors-sujets flagrants.

Le type de question illégitime qui met en avant une réponse présumée, est en fait une réponse déguisée. Voici quelques exemples : pourquoi Ézéchiel appelle-t-il la Russie « Gog » en Ézéchiel 38 ? Pourquoi Paul décrit-il ainsi l'Enlèvement de l'Église avant la Tribulation en 1 Thessaloniciens 4 ? Ces questions présument d'une interprétation et toute réponse confirmera forcément la présupposition sous-entendue.

ERREUR DOGMATIQUE

L'erreur dogmatique consiste à chercher dans les Écritures un appui pour certains dogmes ayant fait l'objet d'une acceptation préalable. Le résultat est que les étudiants expliquent la Bible de manière à appuyer certaines croyances, en rejetant promptement et arbitrairement toutes les interprétations possibles susceptibles de nier ces croyances. Une telle approche implique souvent l'erreur de fragmentation, que nous avons décrite précédemment, en ce qu'elle cite comme preuves des textes sortis de leur contexte, afin d'appuyer certains dogmes. L'erreur dogmatique reflète le fait que les Écritures peuvent être employées pour prouver n'importe quoi.

L'élément de vérité contenu dans l'erreur dogmatique est que, dans l'Église, il faut faire appel à la Bible comme autorité en matière de croyances chrétiennes. Ceux qui tombent dans l'erreur dogmatique échouent cependant à comprendre correctement le véritable sens de l'autorité des Écritures. En effet, les Écritures ne font autorité que si elles servent de fondement pour formuler nos propres croyances, pas uniquement pour appuyer nos propres présupposés dogmatiques. La première approche part des Écritures pour aller aux croyances, tandis que la deuxième part des croyances pour aller aux Écritures. Dans le premier cas, la Bible fait vraiment autorité, tandis que dans le deuxième, l'autorité est passée au présupposé théologique qui sert de point de départ. Pour faire bref, la première approche est doctrinale, en ce qu'elle examine les Écritures afin d'y trouver les croyances

---

28 Engel, *With Good Reason* (Avec de bonnes raisons), 122-25.

qu'elles contiennent, tandis que la deuxième est dogmatique, en ce qu'elle implique l'assertion d'éléments dont on trouve la substantiation dans la Bible.

ERREUR RATIONALISTE

L'erreur rationaliste consiste à exposer les Écritures de manière à les rendre acceptables à la raison humaine. Par exemple, les nombreuses « vies de Jésus » écrites au 19ᵉ Siècle par des libéraux classiques comme David Friedrich Strauss sont remplies d'explications naturalistes aux miracles de Jésus, destinées à apaiser la sensibilité des intellectuels de l'ère victorienne, dont l'esprit avait cette tournure.[29]

Un tel accent peut revêtir une pléiade de causes diverses. Par exemple, l'inaptitude à croire en certains faits bibliques, comme les miracles, mène souvent à une interprétation rationaliste. Le rationalisme rappelle aux étudiants que l'exégète doit aussi se servir de sa raison et les encourage à chercher sincèrement à comprendre le message de la Bible et à le mettre en lien avec les réalités du monde, en employant leurs raisonnements les plus rigoureux. Le rationaliste doit cependant admettre la possibilité de la finitude de la raison et le fait qu'elle révèle elle-même ses propres limites. Par ailleurs, afin d'interpréter correctement le message de la Bible, il faut être ouvert à la perspective transcendante du texte, même si, pour finir, on n'accepte pas son point de vue sur la réalité de la transcendance.

Une manifestation spécifique de l'erreur rationaliste est l'approche mythologique de l'interprétation. Souvent, afin d'écarter ce qui ne peut être compris ou accepté par la raison, on affirme que certains événements sont des mythes, c'est-à-dire des représentations fictives de la réalité, plutôt que des faits historiques. Ces événements sont comme une coquille de noix, qui peut être jetée dès qu'on parvient à la noix elle-même, aux vérités spirituelles communiquées par les mythes[30].

Cette approche sert en grande partie à nier l'aspect historique des Écritures : elle nie l'existence d'un rapport indispensable entre l'Histoire et la transmission de vérités spirituelles. Cette opinion mène souvent à la position que les Évangiles renferment le mythe de Christ[31]. D'après cette idée, la résurrection n'était pas un événement historique réel, mais un mythe dont le dessein est d'enseigner la vérité spirituelle ultime que même si Jésus a été tué, son esprit demeure vivant[32]. En apprenant cette leçon spirituelle importante et en y prenant part sur le plan existentiel, on peut écarter le récit employé pour la communiquer.

---

29 David Friedrich Strauss, *The Life of Jesus Critically Examined* (Examen critique de la vie de Jésus), trad. Peter C. Hodgson à partir de l'allemand du 4ᵉ Siècle, éd. (1840), *Série Vies de Jésus* (Philadelphie : Fortress, 1972) ; cf. Albert Schweitzer, *The Quest of the Historical Jesus: The First Complete Edition* (La quête du Jésus historique : première édition complète), éd. John Bowden (Minneapolis : Fortress, 2001).

30 On peut trouver une clarification et une description utile du mythe, surtout dans l'AT, en John N. Oswalt, *The Bible among the Myths: Unique Revelation or Just Ancient Literature?* (La Bible au milieu des mythes : révélation unique ou simples écrits antiques ?) (Grand Rapids : Zondervan, 2009).

31 John Hick, éd., *The Myth of God Incarnate* (Le mythe du Dieu incarné) (Londres : SCM, 1977) ; Burton L. Mack, *The Myth of Innocence: Mark and Christian Origins* (Le mythe de l'innocence : marque et origines chrétiennes) (Philadelphie : Fortress, 1988) ; cf. Michael Green, éd., *The Truth of God Incarnate* (La vérité du Dieu incarné) (Grand Rapids : Eerdmans, 1977).

32 Rudolf Bultmann, *Kerygma and Myth: A Theological Debate* (Kérygme et mythe : débat théologique), éd. Hans W. Bartsch (New York : Harper & Row, 1961) ; Marcus J. Borg et John Dominic Crossan, *The Last Week* (La dernière semaine) (San Francisco : HarperSanFrancisco, 2006), 189–216.

ERREUR RÉDUCTIONNISTE

L'erreur de l'approche réductionniste de la Bible consiste à prendre un certain aspect de la Bible pour la totalité de son caractère. Une forme d'erreur réductionniste est l'erreur panhistorique. D'après cette idée, la Bible doit être étudiée quasi exclusivement comme l'Histoire de certains peuples[33]. Une telle approche échoue à prendre en compte le fait que les Écritures font plus que de contenir de l'Histoire : elles présentent l'Histoire comme intégrée au récit et transmise par le texte, présentée dans la perspective d'un dessein divin transcendant. Les événements décrits dans la Bible ne peuvent être abordés qu'à travers le cadre littéraire et narratif fourni par le texte biblique. L'étude historique de la Bible est donc forcément liée à son étude littéraire et théologique[34]. Le récit historique révèle le Dieu de l'Histoire. C'est pourquoi, on ne peut limiter le processus exégétique à l'examen des événements historiques empiriquement vérifiables rapportés ici ou aux faits historiques bruts liés à la production des documents[35]. La vision panhistorique rappelle cependant à l'étudiant l'importante vérité que le message biblique est d'abord un témoignage rendu au Dieu qui agit à travers l'Histoire et que le récit biblique prétend presque toujours présenter des événements réels sur le plan historique.

Une autre forme d'erreur réductionniste est l'erreur littéraire. D'après cette idée, la Bible peut être réduite à sa dimension littéraire. À un moment donné, l'étude de la Bible en tant qu'œuvre littéraire grandiose était assez populaire dans certains milieux[36]. Beaucoup de ceux qui ont examiné les Écritures de ce point de vue ont échoué à prendre en compte le fait qu'en littérature, l'objectif poursuivi est essentiel à la grandeur d'une œuvre littéraire : ces biblistes, dans certains cas extrêmes, n'ont fait que chercher les expressions euphoniques et les images pittoresques contenues dans la Bible, comme s'il ne s'agissait de rien de plus que d'un ensemble d'expressions propres à susciter l'émotion esthétique. Plus récemment, certains praticiens de certaines formes de critique littéraire, quoi qu'il ne s'agisse que de certains d'entre eux, ont eu tendance à réduire la Bible à son caractère

---

33 Par ex. Rainer Albertz, *A History of Israelite Religion in the Old Testament Period* (Histoire de la religion israélite dans la période de l'Ancien Testament), 2 vol., OTL (Louisville : Westminster John Knox, 1994) ; J. Alberto Soggin, *Joshua* (Josué), OTL (Philadelphie : Westminster, 1972) ; Gösta W. Ahlström, *The History of Ancient Palestine* (Histoire de la Palestine antique), éd. Diana Edelman (Minneapolis : Fortress, 1993) ; Heikki Räisänen, *Beyond New Testament Theology: A Story and a Programme* (Au-delà de la théologie du Nouveau Testament : Histoire et programme), 2ᵉ éd. (Londres : SCM, 2000) ; Jacques Berlinerblau, *The Secular Bible: Why Nonbelievers Must Take Religion Seriously* (La Bible séculière : pourquoi les non-croyants doivent prendre la religion au sérieux) (Cambridge : Cambridge University Press, 2005). Bien sûr, beaucoup d'études historiques ne sont pas panhistoriques, mais traitent plutôt sérieusement les problèmes narratifs et/ou théologiques ; c'est le cas notamment de Bright, *History of Israel* (Histoire d'Israël) ; Iain Provan, V. Philips Long et Tremper Longman III, *A Biblical History of Israel* (Histoire biblique d'Israël) (Louisville : Westminster John Knox, 2003) ; Ben Witherington III, *New Testament History: A Narrative Account* (Histoire du Nouveau Testament : un récit narratif) (Grand Rapids : Baker Academic, 2001) ; Gerd Theissen et Annette Merz, *The Historical Jesus: A Comprehensive Guide* (Le Jésus historique : un guide exhaustif) (Londres : SCM, 1998) ; N. T. Wright, *The Resurrection of the Son of God* (La résurrection du Fils de Dieu) (Minneapolis : Fortress, 2003) ; Martin Hengel, *The Cross of the Son of God* (La croix du Fils de Dieu) (Londres : SCM, 1986).

34 Bockmuehl, *Seeing the Word* (Voir la Parole), 47.

35 Ce serait tomber dans l'erreur génétique : la fausse notion selon laquelle le sens de la réalité se réduit à ses débuts. Voir Engel, *With Good Reason* (Avec de bonnes raisons), 170–73.

36 Par ex. Leland Ryken, *The Literature of the Bible* (La littérature de la Bible) (Grand Rapids : Zondervan, 1974). Ryken lui-même apprécie le génie théologique de la Bible et cette reconnaissance se reflète dans la plupart de ses ouvrages plus tardifs, notamment *Words of Delight: A Literary Introduction to the Bible* (Paroles de délices : introduction littéraire à la Bible), 2ᵉ éd. (Grand Rapids : Baker Academic, 1992).

d'œuvre littéraire[37]. Ils cantonnent l'étude de la Bible à l'aptitude littéraire de cette dernière à construire son propre univers de sens cognitif formateur, à travers le processus de lecture, comme toute œuvre littéraire le peut, mais sans prendre en compte ses revendications historiques ou théologiques[38]. Dans le cadre de l'étude biblique, cependant, un événement ne peut être connu ou pensé sans récit, pas plus qu'il ne peut se réduire à un récit. Les récits historiques attestent des événements rapportés et de leur importance. De même que l'approche panhistorique a tendance à se concentrer sur la dimension historique, à l'exclusion de la dimension littéraire, l'approche panlittéraire a tendance à se concentrer sur l'approche littéraire, à l'exclusion de l'approche historique. En fait, un examen inductif de la Bible peut indiquer que ses aspects littéraire, historique et théologique sont inextricablement liés[39], si bien que les exégètes ne peuvent traiter un de ces aspects d'une manière adéquate sans tous les prendre en compte. Finalement, les exégètes ne peuvent traiter un passage biblique d'une manière adéquate, sans l'interroger dans la complexité de sa matrice historique, littéraire et théologique.

Exemple d'interprétation (2 Timothée 3.16)

L'objectif de cet exemple est d'illustrer le processus de raisonnement inférentiel inductif, pas de répondre aux questions posées. De même, les preuves citées le sont à des fins d'illustration et ne sont pas exhaustives.

Interpréter graphē

Questions choisies pour y répondre :

Quel est le sens de graphē, l' « Écriture », en 2 Timothée 3.16 ?

À quoi ce terme fait-il référence ?

---

37 Entre autres critiques littéraires qui étudient la signification et les affirmations théologiques du texte, on peut citer : Robert Polzin, *Moses and the Deuteronomist: A Literary Study of the Deuteronomic History* (Moïse et le deutéronomiste : une étude littéraire de l'Histoire deutéronomique (New York: Seabury, 1980); L. Daniel Hawk, *Every Promise Fulfilled : Contesting Plots in Joshua* (Toutes les promesses réalisées : contestation des intrigues dans Josué) LCBI (Louisville : Westminster John KNow, 1991) ; Barry G. Webb, *The Book of Judges : An Integrated Reading* (Le livre des Juges: une lecture intégrale), JSOTSU p. 46 (Sheffield: JSOT Press, 1987); Sternberg: *Poetics of Biblical Narrative* (Poétique de la narration biblique) ; Kingsbury, *Christology of Mark's Gospel* (Christologie de l'Evangile de Marc) ; Mark Allan Powell, *God with Us: A Pastoral Theology of Matthew's Gospel* (Dieu avec nous: une théologie pastorale de l'Evangile de Matthieu) (Minneapolis: Fortress, 1995); idem, *Chasing the Eastern Star: Adventures in Biblical Reader-Responser Criticism* (A la poursuite de l'étoile d'Orient: les aventures de la critique biblique fondée sur la réaction des lecteurs) (Louisville: Westminster John Know, 2001); idem, *What is Narrative Criticism ?* (Qu'est-ce que la littérature ?)

38 C'est en grande partie le cas de l'ouvrage massif (et utile à bien des égards) de J. P. Fokkelman, *Art and Poetry in the Books of Samuel: A Full Interpretation Based on Stylistic and Structural Analysis* (L'art et la poésie dans les livres de Samuel : pleine interprétation fondée sur l'analyse stylistique et structurelle), 4 vol., *Studia semitica neerlandica* (Winona Lake, Indiana : Eisenbrauns, 1981–93), même si cet ouvrage contient des apports théologiques implicites utiles ; ainsi que de l'ouvrage d'Adele Berlin, *Poetics and Interpretation of Biblical Narrative* (Poétique et interprétation du récit biblique), BLS 9 (Sheffield : Almond, 1983), même si, à la fin du livre, elle inclut de brèves réflexions sur le rapport entre étude littéraire et critique historique. Voir aussi Shimon Bar-Efrat, *Narrative Art in the Bible* (L'art narratif dans la Bible), JSOT 70, BLS 17 (Sheffield : Almond, 1989) ; Fewell et Gunn, *Compromising Redemption* (Compromettre la rédemption) ; Hans Frei, *The Eclipse of Biblical Narrative* (L'éclipse du récit biblique) (New Haven : Yale University Press, 1974). Voir les correctifs apportés au caractère non historique d'une grande partie de la critique narrative du NT, dans Peter Merenlahti, *Poetics for the Gospels ? Rethinking Narrative Criticism* (Poétique pour les Évangiles ? Repenser la critique narrative) (Londres : T&T Clark International, 2002).

39 Voir aussi Wright, *New Testament and the People of God* (Le Nouveau Testament et le peuple de Dieu), 47–166.

A. « Saintes Écritures » et « Écriture » sont identiques.

Preuves : contexte et inflexions

Prémisse 1 : Bien que « Saintes Écritures » (*grammata*), en 2 Timothée 3 :15, soit au pluriel, tandis qu'« Écritures » (*graphē*), en 3.16, soit au singulier ;

Preuves : historique du terme[40]

Prémisse 2 : étant donné que les deux dérivent de la même racine (*graphō*), qui signifie « écrire » ;

Preuves : contexte

Prémisse 3 : et étant donné qu'il ne semble pas y avoir de rupture entre les versets 15 et 16 ;

Preuves : contexte et inflexions

Prémisse 4 : et étant donné que les « Saintes Écritures » peuvent désigner les différentes parties de « l'Écriture » ;

Preuves : inflexion

Prémisse 5 : si « l'Écriture » au verset 16 est un singulier collectif qui fait référence aux Écritures hébraïques dans leur ensemble ;

Preuves : syntaxe, emploi des mots et témoignage des Écritures[41]

Prémisse 6 : et étant donné que *pasa*, au verset 16, peut être traduit par *toute* ;

Inférence : il s'ensuit que les « Saintes Écritures » et « l'Écriture » sont identiques.

---

40 Gottlob Schrenk, « γράφω, γραφή, γράμμα... », dans *TDNT* 1.749-73.
41 BDAG 782.

B. Les « Saintes Écritures » (2 Timothée 3.15) et *graphē* (verset 16) sont différents.

Preuve : inflexions

Prémisse 1 :   Étant donné que les « Saintes Écritures » sont au pluriel (verset 15), tandis que « l'Écriture » (verset 16) est au singulier ;

Preuves : contexte et témoignage des Écritures

Prémisse 2 :   et étant donné que 2 Timothée 3.8 et Jude 14–15 contiennent des références à des textes qu'on ne trouve pas dans les Écritures hébraïques ;

Inférence : l'étendue des « Saintes Écritures » est donc peut-être plus vaste que celle de « l'Écriture ».

Preuve : témoignage des Écritures (Romains 9.15, 15.10 ; 1 Corinthiens 6.16 ; Galates 3.16 ; Éphésiens 4.8, 5.14 ; Matthieu 19.4–5 ; Actes 4.24–25 ; 13.34–35 ; Hébreux 1.6)

Prémisse supplémentaire : Cependant, étant donné que ces passages ne sont pas introduits par les formules couramment employées pour les citations des Écritures hébraïques, comme « L'Écriture dit », « Il est dit », « Dieu dit » et « Il est écrit » ;

Inférence supplémentaire : il s'ensuit que ces données ne sont peut-être pas considérées comme étant au même niveau que les Écritures hébraïques.

C. Emploi de « l'Écriture » (*graphē*) par Paul et par d'autres

Preuves : emploi des mots et témoignage des Écritures (Romains 1.2 ; 4.3 ; 9.17 ; 10.11 ; 11.2 ; 15.4 ; Galates 3.8, 22 ; 4.2)

Prémisse 1 :   Étant donné que Paul, l'auteur implicite de 2 Timothée, emploie fréquemment une forme de *graphē* en référence aux Écritures hébraïques ;

Preuves : emploi des mots et témoignage des Écritures
(Matthieu 21.42 ; 26.54 ; Marc 12.10 ; 14.49 ; Luc 4.21 ; 24.27 ;
Jean 2.22 ; 7.42 ; Actes 1.16 ; 8.32)

Prémisse 2 :   et étant donné que les autres auteurs du NT emploient aussi des
formes de *graphē* en référence à/aux Écriture(s) hébraïque(s), à
l'exception possible de 2 Pierre 3.16 ;

Inférence : par conséquent, « l'Écriture » (*graphē*) fait probablement référence
aux Écritures hébraïques[42].

D. Copies des Écritures hébraïques

Preuves : contexte et inflexions

Prémisse 1 :   Étant donné que « peuvent » (*dynamena*) en 2 Timothée 3.15 est
un participe présent ;

Prémisse 2 :   et étant donné que les formes inférées des copules au verset 16
peuvent être au présent : « toute l'Écriture est *theopneustos* et est
utile » ;

Preuves : contexte, historique du texte et arrière-plan historique
(verset 15)

Prémisse 3 :   et étant donné que les seules versions des Écritures hébraïques
qui existaient à l'époque de Paul et pendant l'enfance et
le ministère de Timothée étaient des copies des Écritures
hébraïques ;

Preuve : historique du texte

Prémisse 4 :   et étant donné qu'il y avait probablement des différences entre
les copies des Écritures hébraïques et des documents originaux ;

---

42   Pour la position selon laquelle *graphē* peut inclure des traditions chrétiennes existantes, ou même certains écrits apostoliques, ainsi que le suggère peut-être 2 Pierre 3.16, voir George W. Knight III, *Commentary on the Pastoral Epistles* (Commentaire des épîtres pastorales), NIGTC (Grand Rapids : Eerdmans, 1992) ; William D. Mounce, *Pastoral Epistles* (Épîtres pastorales), WBC 46 (Nashville : Nelson, 2000). D'autre part, Philip H. Towner, *The Letters to Timothy and Titus* (Les lettres à Timothée et à Tite), NICNT (Grand Rapids : Eerdmans, 2006), défend que la *graphē* inspirée de Dieu est une référence aux Écritures hébraïques, mais que celles-ci doivent être « comprises et appliquées [...] dans le cadre herméneutique fourni par l'Évangile paulinien » (589).

Inférence : donc l' « Écriture » à laquelle l'auteur implicite fait référence inclut probablement des variations des textes originaux.

E. Emploi de la Septante (LXX)

Preuves : témoignage des Écritures (Romains 3.10–18 ; 4.3 ; 9.15, 26 ; 2 Corinthiens 6.2 ; Galates 3.10 ; 4.27 ; Hébreux 1.5–12 ; 3.7–11 ; 3.15 ; 10.5–7) et interprétations des autres

Prémisse 1 : Étant donné que Paul et les autres auteurs du NT emploient la Septante même lorsqu'elle est différente du texte hébraïque[43] ;

Preuve : voir témoignage des. Écritures ci-dessus (aussi Actes 2.16–21, 25–28, 34–35 ; 4.25–26 ; 7.42–43, 48–50 ; Romains 8.36 ; 15.9–12, 21)

Prémisse 2 : et étant donné qu'ils peuvent employer des expressions comme « il est écrit », « Dieu dit », « le Saint-Esprit dit » ou « il est dit » pour introduire ces citations ;

Inférence : il s'ensuit que l'auteur implicite considère peut-être au moins certaines parties de la Septante comme « Écriture », avec le texte original hébreu.

F. Emploi de paraphrases : mot ou message versus mots

Preuves : témoignage des Écritures (Romains 9.33 ; 1 Corinthiens 3.20, 2 Corinthiens 6.16–18, Galates 3.10, 4.27) et interprétation des autres[44]

Prémisse 1 : Étant donné que l'auteur implicite semble paraphraser à la fois le texte hébreu et la Septante ;

Prémisse 2 : et étant donné qu'il emploie parfois des expressions comme « il est écrit » et « dit le Seigneur » en introduction à ces paraphrases apparentes ;

---

43 Le texte massorétique est employé comme représentatif du texte hébraïque.

44 Henry Barclay Swete, *An Introduction to the Old Testament in Greek* (Introduction à l'Ancien Testament grec), rév. R. R. Ottley (Cambridge : Cambridge University Press, 1914), 381–405.

Inférence :   donc, Paul se soucie peut-être davantage de clarifier la parole ou le message de Dieu dans les Écritures que de citer les mots exacts.

Résumé : à la fin de ce processus, si plus d'une seule possibilité émerge, il est nécessaire d'indiquer quelles sont ces possibilités, avec les lignes de raisonnement inférentiel qui appuient apparemment chacune d'elles. Si possible, une décision provisoire devra être prise ensuite, afin de savoir quelle possibilité jouit du plus grand nombre de preuves en sa faveur. Si aucune interprétation ne dispose d'un tel soutien, il faudra reconnaître qu'aucune décision, même provisoire, ne peut être prise.

Interpréter *theopneustos*

Questions choisies à répondre :
Que signifie *theopneustos*, « inspirée de Dieu » ?
À qui ou à quoi cette expression fait-elle référence ?

A. Sens de base de « inspirée de Dieu » (*theopneustos*)

Preuves : définition préliminaire, étymologie et interprétation des autres[45]

Prémisse :   Étant donné que le sens de base de *theopneustos* soit tout simplement « inspirée de Dieu »,

Inférence :   il s'ensuit qu'il n'est peut-être pas possible de tirer de cette expression une description spécifique du processus d'« inspiration divine » de « toute l'Écriture » (*pasa graphē*).

B. « L'Écriture » comme les paroles adressées par Dieu aux auteurs originaux

Preuves : inflexion et interprétation des autres[46]

Prémisse 1 :   Étant donné que *theopneustos* peut être à la voix passive et faire référence aux origines de « toute l'Écriture » ;

Preuves : *pneō*[47] ; témoignage des. Écritures : « la Parole de l'Éternel fut adressée à » (Ésaïe 1.10, Jérémie 1.2, Osée 1.1, Amos 3.1,

---

45   Eduard Schweizer, « θεόπνευστος », dans *TDNT* 6.453–55.

46   Raymond F. Collins, *I and II Timothy and Titus: A Commentary* (1 et 2 Timothée et Tite : commentaire), NTL (Louisville : Westminster John Knox, 2002), 264.

47   BDAG 449–50.

Michée 1.1, Sophonie 1.12, Actes 9.10, 2 Pierre 1.19–21) et interprétations des autres[48]

Prémisse 2 : et étant donné que la deuxième composante de *theopneustos* est peut-être dérivé de *pneō* ;

Preuve : témoignage des Écritures : « Dieu dit » ou « a dit », « le Saint-Esprit dit » ou « a dit » (Matthieu 19.4–5 ; Actes 4.24–25 ; 13.34–35 ; Hébreux 1.6 ; 3.7 ; voir les références prophétiques ci-dessous ; Jean 10.34–35 ; 2 Pierre 1.19–21) ; et interprétation des autres[49]

Prémisse 3 : et étant donné que *pneō* peut signifier « inspiré » ;

Inférence : il s'ensuit que *theopneustos* signifie peut-être que Dieu a adressé les paroles des Écritures aux auteurs originaux et que toute l'Écriture est donc soufflée ou verbalement inspirée.

C. Auteurs inspirés de Dieu

Preuve : interprétation des autres[50]

Prémisse 1 : Étant donné que la deuxième composante d'« inspirée de Dieu » est peut-être dérivée de *pneō* ;

Preuves : inflexion et interprétation des autres[51]

Prémisse 2 : et étant donné que *theopneustos* fait peut-être référence aux origines de « toute l'Écriture » ;

Preuve : témoignage des Écritures

Prémisse 3 : et étant donné que cet emploi de *pneō* reflète peut-être l'analogie de Genèse 2.7, qui dit que Dieu a soufflé dans les narines de l'homme formé de la poussière de la terre ;

---

48 B. B. Warfield, *The Inspiration and Authority of the Bible* (Inspiration et autorité de la Bible) (Philadelphie : P&R, 1948), 133–40, 152–53 ; I. Howard Marshall, Biblical Inspiration (Inspiration biblique) (Grand Rapids : Eerdmans, 1983), 31–35.

49 Warfield, *Inspiration and Authority* (Inspiration et autorité), 135–40.

50 BDAG 449–50, 837–38.

51 I. Howard Marshall, *A Critical and Exegetical Commentary on the Pastoral Epistles* (Commentaire critique et exégétique des épîtres pastorales), ICC (Edinburgh : T & T Clark, 1999), 793–94.

Inférence : il s'ensuit qu'« inspirée de Dieu » signifie peut-être que Dieu a soufflé « toute l'Écriture » dans ceux qui l'ont écrite, afin de les inspirer dans leur activité d'auteur.

D. Source divine de « toute l'Écriture », au lieu du mode d'inspiration

Preuves : définition préliminaire, étymologie et interprétation des autres[52]

Prémisse 1 : Étant donné que *theopneustos* peut tout simplement faire référence à la source divine de la rédaction des Écritures ;

Inférence : il s'ensuit qu'on ne peut peut-être pas tirer de doctrine sur le mode d'inspiration divine de 2 Timothée 3.16

E. Emploi de *pneō* versus emploi de mots du vocabulaire de la parole, comme *legō* et *phēmi*

Preuve : emploi des mots

Prémisse 1 : Étant donné que *pneo* ne semble pas être employé pour désigner la parole dans le Nouveau Testament ;

Preuves : emploi des mots et témoignage des Écritures

Prémisse 2 : et étant donné que d'autres mots, comme *legō* et *phēmi*, sont apparemment employés pour la parole ;

Inférence : il s'ensuit que *theopneustos* ne fait peut-être pas référence à l'inspiration ou à la parole de Dieu.

F. L'Écriture qui existait à l'époque de Paul est « inspirée de Dieu »

Preuve : syntaxe

---

52 Eduard Schweizer, « θεόπνευστος », dans *TDNT* 6.453–55.

Prémisse 1 :   Étant donné que 2 Timothée 3.16–17 est un passage elliptique sans verbe principal ;

Prémisse 2 :   et étant donné que l'auteur implicite aurait pu se servir de la copule au passé (« était inspirée de Dieu »), afin d'indiquer qu'il faisait référence au texte original de « toute l'Écriture » ;

Inférence :   il s'ensuit qu'il faisait peut-être référence à la qualité « théopneustique » (c. à d. « inspirée de Dieu » des Écritures à son époque).

G. Le Saint-Esprit, la puissance et l'Écriture

Preuve : contexte (2 Timothée 1.7–8, 12 ; 2.1 ; 3.5, 7, 9, 15)

Prémisse 1 :   Étant donné que l'auteur implicite semble mettre l'accent sur l'impuissance des faux enseignants ;

Preuve : voir élément D de l'exemple « Interpréter *graphē* en 2 Timothée 3.16 ci-dessus, qui mentionne *dynamena* (« peuvent ») en 2 Timothée 3.15 (cf. 1.7–8 ; 3.5, 7, 9)

Prémisse 2 :   et étant donné que « Saintes Écritures » au verset 15 est peut-être équivalent à « toute l'Écriture » au verset 16 ;

Preuves : contexte, définition et inflexion[53]

Prémisse 3 :   et étant donné qu'au verset 15, l'auteur implicite emploie un participe présent de *dynamai* (*dynamena*) pour exprimer la puissance des « Saintes Écritures » dont Timothée dispose depuis son enfance ;

Preuves : emploi des mots et témoignage des Écritures (Luc 4.14 ; Actes 1.8 ; Romains 15.13 ; 1 Corinthiens 2.4 ; 1 Thessaloniciens 1.5 ; cf. Jean 6.63 et Éphésiens 6.17) ; interprétation des autres[54]

---

53 BDAG 261–62.
54 BDAG 262–63

Prémisse 4 : et étant donné que cette puissance semble associée au souffle ou à l'esprit de Dieu ;

Inférence : il s'ensuit que *theopneustos* fait peut-être référence à Dieu qui insuffle son esprit dans les « Saintes Écritures » et dans « toute l'Écriture », afin de les rendre utiles et d'offrir au lecteur la capacité existentielle d'accomplir les desseins mentionnés en 2 Timothée 3.15 et en 3.16b-17.

H. La fonction de l'Écriture

Preuve : inflexion

Prémisse : Si l'auteur implicite emploie *theopneustos* à la voix active plutôt qu'à la voix passive ;

Inférence : il s'ensuit que *theopneustos* signifie peut-être « inspirant Dieu », afin d'insister sur la fonction et sur l'effet prévu de « toute l'Écriture » sur le lecteur.

Exercice : interprétation

1. Conformément aux suggestions à la partie 3, choisissez une ou deux questions-clés de votre observation détaillée de Marc 15.33–39 et interprétez ce passage en répondant à cette question à l'aide de prémisses et d'inférences.

2. Conformément aux suggestions à la partie 3, interprétez Jonas 4.1–11 en répondant aux questions-clés suivantes : quel est le sens de ce dialogue entre Jonas et Dieu ? En quoi éclaire-t-il le message du livre de Jonas ? De la même manière, interprétez Marc 4.1–10 en répondant à la question-clé : quel est le sens de cette parabole ?

Partie 4

Évaluation et appropriation

Après avoir interprété le texte, les lecteurs doivent s'assurer quels modèles de pensée, de caractère et de comportement peuvent être déduits de l'interprétation du texte afin d'être appliqués à la formation de la vie personnelle et communautaire contemporaine[1]. Ce processus se fait forcément en deux phases, que nous appelons évaluation et *application*, ou, mieux encore, *appropriation*[2].

Il est impossible ici d'étudier en détail toutes les complexités de ce processus. Par ailleurs, le rôle d'évaluation et d'appropriation est forcément plus ouvert qu'avec l'observation et l'interprétation. Si l'observation et l'interprétation ne peuvent en définitive être réduites à certaines règles et techniques, c'est d'autant moins le cas pour l'évaluation et l'appropriation. Par conséquent, le dessein de la présentation suivante est d'établir certains principes fondamentaux et d'offrir un aperçu des principales phases du processus d'évaluation et d'appropriation des données bibliques. En définitive, les étudiants doivent découvrir les détails eux-mêmes par la pratique.

---

1 Pour une discussion du rapport entre l'étude biblique inductive, l'évaluation et l'appropriation, voir Robert A. Traina, « Inductive Bible Study Reexamined in Light of Contemporary Hermeneutics II: Applying the Text » (L'étude biblique inductive réexaminée à la lumière de l'herméneutique contemporaine II : application du texte), dans McCown et Massey, *Interpreting God's Word for Today* (Interpréter la Parole de Dieu pour aujourd'hui), 85–109 ; Kuist, *These Words upon Thy Heart* (Ces paroles sur ton cœur), 133–58.

2 La plupart des spécialistes préfèrent à présent le terme d'*appropriation* à celui d'*application*, car ils trouvent qu'*application* a une connotation trop étroitement cognitive et comportementale, tandis que le terme d'*appropriation* décrit mieux le caractère largement formatif du processus de mise en lien des valeurs du texte avec notre existence contemporaine. Pour éviter la monotonie, nous employons les deux termes d'une manière interchangeable.

17

Description de l'évaluation et de l'appropriation

Évaluation

Évaluer consiste à déterminer la valeur d'une chose, à estimer son excellence, sa pertinence et son utilité. Ainsi, le processus d'évaluation implique de répondre aux questions suivantes : le texte accomplit-il le dessein dans lequel il a été écrit ? Ses revendications sont-elles valides ou non ? Si oui, quand, pour qui et pour quels desseins ? Il est évident que le rôle fondamental de l'interprétation est d'informer la réponse à ces questions ; aux pages suivantes, les étudiants verront à plusieurs reprises que l'évaluation est étroitement liée à l'interprétation, mais que, parce qu'elle implique des jugements de valeur, elle est distincte de l'interprétation elle-même.

Les étudiants doivent noter attentivement la place de l'évaluation dans une étude inductive d'ensemble. Ils doivent commencer par comprendre que l'évaluation doit suivre l'interprétation, plutôt que de la précéder ou de survenir simultanément[1]. On ne peut évaluer le sens du texte biblique qu'après l'avoir saisi. Les étudiants doivent reconnaître aussi que l'évaluation doit précéder l'appropriation elle-même. Contrairement à une idée et pratique courante, les étudiants ne sont pas prêts à s'approprier un passage dès qu'ils en ont découvert le sens. En fait, dans le processus d'appropriation des passages, certains étudiants n'engagent l'évalua-

---

1 Kuist, *These Words upon Thy Heart* (Ces paroles sur ton cœur), 58 ; Birch et Rasmussen, *Bible and Ethics* (Bible et éthique), 170 ; Osborne, *Hermeneutical Spiral* (Spirale herméneutique), 440–41.

291

tion que d'une manière implicite et inconsciente ; par conséquent, ils demeurent vulnérables à toutes sortes d'assertions déductives qui peuvent pénétrer leur pensée et déterminer leur appropriation du texte. Après avoir interprété un passage, les étudiants doivent s'engager dans un processus intentionnel d'évaluation du texte biblique, par lequel ils s'assurent de la valeur et de la pertinence d'un texte. Ainsi, ils peuvent poursuivre par un processus tout aussi délibéré d'évaluation de la spécificité de la situation contemporaine et d'établissement de ses rapports avec le passage biblique. Pour ces raisons, on peut tout à fait considérer l'évaluation comme la phase principale du processus général d'appropriation.

Il ne faut pas chercher à exempter la Bible du processus d'évaluation de sa valeur et de sa pertinence, qu'on appelle *critique judiciaire*[2]. En effet, ainsi que nous le verrons, les Écritures invitent à une telle évaluation critique de la Bible dans son ensemble. Par ailleurs, la Bible elle-même rend témoignage au fait que ses parties, prises individuellement, n'ont pas toutes la même pertinence et valeur continuelle. Ce fait se confirme lorsque nous reconnaissons avec tous les lecteurs que si nous ne pouvions posséder qu'une partie des livres de la Bible, nous en choisirions certains plutôt que d'autres. Tous n'exprimeraient certainement pas la même opinion quant à savoir quels livres choisir, mais il n'en demeure pas moins qu'un choix devrait être opéré et que ce choix présuppose une diversité de valeur. En fait, l'analyse de l'emploi de la Bible par les lecteurs révèle qu'ils l'évaluent toujours, au moins implicitement. Cette évaluation implicite constante appuie l'idée que l'évaluation émane de la nature de l'existence de la Bible.

Évaluation générale

L'évaluation des données bibliques passe avant tout par le processus d'évaluation de la validité et de la valeur générale des Écritures dans leur ensemble ou de larges parties. Pour cela, les étudiants doivent répondre aux questions suivantes : la Bible (ou une large partie de la Bible, comme l'Ancien Testament) a-t-elle de la valeur pour nos contemporains, ou est-elle dépourvue de toute pertinence ou utilité pour eux ? A-t-elle une valeur immuable ? Si oui, quelle en est la nature et la portée ? Les données bibliques ont-elles un dessein dont l'importance transcende leur production originale ? Si oui, les données bibliques atteignent-elles ces objectifs transcendants ? Ces questions sont fondamentales à toute évaluation et appropriation biblique. Si la Bible dans son ensemble, ou une large partie de la Bible, n'est d'aucune utilité pour la vie contemporaine, alors le processus d'évaluation est terminé ; de plus, toute possibilité d'appropriation est écartée, car l'appropriation présuppose que les passages bibliques ont de la valeur et que nous pouvons donc nous les approprier.

Le processus employé pour répondre à ces questions de base est trop complexe pour être abordé d'une manière détaillée dans ce volume. D'une manière générale,

---

2 L'expression *critique judiciaire* est employée dans un sens neutre et n'implique en aucun cas un jugement dérogatoire ou destructif. Elle est employée dans ce sens propre par Howard Tillman Kuist, qui l'a empruntée à T. M. Greene. Voir Kuist, *These Words upon Thy Heart* (Ces paroles sur ton cœur), 58-59, 96, 107 ; Theodore Meyer Greene, *The Arts and the Art of Criticism* (Les arts et l'art de la critique) (Princeton, New Jersey : Princeton University Press, 1940).

cependant, il se compose de trois éléments : 1) l'identification du dessein primordial de la Bible,

2) l'évaluation de sa pertinence dans la continuité et 3) la vérification de l'accomplissement par les Écritures de leur objectif fondamental, et si oui dans quelle mesure[3]. Les étudiants doivent répondre à ces questions pour eux-mêmes, en se fondant sur un examen raisonnable des preuves tirées du texte, à la lumière des réalités constantes de l'existence humaine. Notre propre opinion, que nous énonçons comme une hypothèse provisoire, est que le dessein primaire des données bibliques est de rendre témoignage à la révélation de Dieu, à travers ses œuvres dans l'Histoire et leur explication, alors que les desseins et la volonté de Dieu pour sa création, notamment pour l'humanité, sont dévoilés. Un tel dessein semble être transcendant, ce qui signifie qu'il n'est pas limité à une époque ni à un endroit spécifique, mais concerne tout le monde en tout temps.

Du fait que cette énonciation provisoire du dessein des données bibliques implique l'œuvre de Dieu sur le plan historique, ainsi que ses desseins et sa volonté pour sa création (surtout pour l'humanité), l'évaluation de l'accomplissement par la Bible de ces deux desseins transcendants (et donc de sa validité continuelle) est centrée sur deux aspects. Il y a d'abord celui de l'historicité : les événements décrits comme l'œuvre de Dieu ont-ils vraiment eu lieu ? La revendication biblique de l'implication divine dans ces événements constitue-t-elle l'explication la plus plausible à leur déroulement ? Le deuxième aspect est théologique : la compréhension biblique de Dieu et de sa relation avec le monde, notamment avec sa création humaine, est-elle convaincante ?

Dans les deux cas, les étudiants doivent appliquer tous les tests de vérité et de valeur pertinents afin de s'assurer de la vérité et de la valeur de tout passage prétendument historique ou théologique. Pour ce qui est du premier aspect, celui de l'historicité, on peut se servir de tous les tests appliqués dans une cour de justice afin de déterminer quels événements se sont vraiment produits et comment en donner la meilleure explication. À ce stade, une attitude véritablement inductive est d'une importance capitale afin d'identifier toutes les assertions philosophiques et idéologiques avec lesquelles on aborde ces preuves historiques, en vue de rejeter toutes celles qui s'opposeraient à une évaluation ouverte et raisonnable des preuves[4].

---

3 Ce processus présume de l'existence d'un dessein primaire à la Bible entière. Avec l'approche inductive, il ne faut cependant présumer de rien. L'étudiant doit être ouvert à la possibilité que la cohérence entre les diverses parties de la Bible soit insuffisante pour parler d'un dessein général. Tel n'est pas notre point de vue, mais nous reconnaissons que la plupart des spécialistes penchent vers cette conclusion, qui marquerait en fait la fin du processus d'évaluation et d'appropriation biblique, même si on peut défendre cette position pour la Bible dans son ensemble tout en admettant que seuls les livres individuels ou parties de livres peuvent être dignes d'une appropriation contemporaine.

4 Pour des discussions sur la fiabilité générale de l'AT, voir Walter C. Kaiser Jr., *The Old Testament Documents: Are They Reliable and Relevant ?* (Les documents de l'Ancien Testament : sont-ils fiables et pertinents ?) (Downers Grove, Illinois : InterVarsity, 2001) ; K. A. Kitchen, *On the Reliability of the Old Testament* (De la fiabilité de l'Ancien Testament), éd. rév. (Grand Rapids : Eerdmans, 2003) ; cf. William G. Dever, *What Did the Biblical Writers Know and When Did They Know It ? What Archaeology Can Tell Us about the Reality of Ancient Israel* (Que savaient les auteurs bibliques et quand le savaient-ils ? Ce que l'archéologie a à nous apprendre des réalités de l'ancien royaume d'Israël) (Grand Rapids : Eerdmans, 2001). Pour des discussions sur la fiabilité du NT, voir F. F. Bruce, *The Defense of the Gospel in the New Testament* (La défense de l'Évangile dans le Nouveau Testament), éd. rév. (Grand Rapids : Eerdmans, 1977) ; idem, *The New Testament Documents: Are They Reliable ?* (Les documents du Nouveau Testament : sont-ils fiables) 6ᵉ éd. (Downers Grove, Illinois : InterVarsity, 2003) ; Paul Barnett, *Is the*

Par exemple, aborder cette question de l'historicité avec l'assertion d'un univers fermé, qui exclut d'avance la possibilité d'une implication divine transcendante dans le processus historique, c'est un raisonnement déductif, qui n'est pas conforme à l'esprit d'une enquête ouverte. Adopter la question de l'historicité avec une attitude qui affirme : « Dieu l'a dit, donc je le crois, point final ! » pose cependant un problème aussi, car cette assertion est tout aussi déductive et indigne du courage avec lequel la Bible expose ses revendications au monde.

Pour ce qui est du deuxième aspect, l'aspect théologique, on peut citer notamment le test de congruité et le test expérimental. Le test de congruité cherche à déterminer si les divers aspects du portrait biblique de Dieu et de la représentation de ses actions sont cohérents ou fondamentalement contradictoires. Bien sûr, les étudiants doivent reconnaître l'éventuelle présence de contradictions dans le portrait biblique de Dieu et admettre qu'il fallait peut-être s'attendre à certaines contradictions, au vu de la complexité et de la transcendance des réalités divines. Ils devront ensuite s'assurer d'une cohérence sous-jacente qui donne une cohérence interne au portrait biblique de Dieu. Le test de congruité répond aussi à la question de savoir si le portrait biblique de Dieu, notamment de ses actes et de ses desseins, est cohérent avec ce que l'on sait par ailleurs des réalités du monde[5]. Ce test pourra déterminer si le portrait biblique de Dieu est cohérent en externe[6].

Le test expérimental détermine si la représentation biblique de la relation de Dieu avec le monde, surtout avec sa création humaine, constitue une explication plus convaincante de l'expérience humaine du monde et de la vie dans le monde que les interprétations alternatives. Les existentialistes et les postmodernistes affirment parfois que l'expérience est notre autorité ultime, surtout dans le monde contemporain, mais en fait, c'est plutôt l'interprétation de notre expérience qui doit faire autorité. En effet, les personnes n'ont pas de connaissance directe de leur expérience, qui passe toujours par leur conscience, à travers des grilles d'interprétation. La Bible présente un « monde étrange et nouveau », selon les mots de Karl Barth[7], qui constitue en fait l'interprétation biblique alternative de notre expérience du monde et de la vie dans le monde. Selon notre jugement, la Bible pré-

---

New Testament Reliable ? (Le Nouveau Testament est-il fiable ?) 2ᵉ éd. (Downers Grove, Illinois : InterVarsity, 2004). Pour l'historicité de la présentation de l'Histoire de Jésus dans le NT, comparer avec N. T. Wright, *Jesus and the Victory of God* (Jésus et la victoire de Dieu) (Minneapolis : Fortress, 1996) ; John Dominic Crossan, *The Historical Jesus: The Life of a Mediterranean Jewish Peasant* (Le Jésus historique : la vie d'un paysan juif méditerranéen) (San Francisco : HarperSanFrancisco, 1991). Pour un excellent traitement de l'historicité de la résurrection, qui constitue certainement l'événement le plus important de l'Histoire biblique du salut, voir Richard R. Niebuhr, *Resurrection and Historical Reason: A Study of Theological Method* (La résurrection et la raison historique : étude de la méthode théologique) (New York : Scribner, 1957) ; cf. Marcus J. Borg et N. T. Wright, *The Meaning of Jesus: Two Visions* (Le sens de Jésus : deux visions) (San Francisco : HarperSanFrancisco, 1999).

5 Le processus de mise en lien du portrait biblique avec notre état des connaissances des réalités du monde peut remettre en question la légitimité de nos connaissances putatives. Autrement dit, il peut nous faire prendre conscience que les choses que nous pensions savoir des réalités du monde n'étaient en fait que des opinions méritant d'être contestées, puis éventuellement abandonnées.

6 Ces questions relèvent du domaine de l'apologétique chrétienne. Pour une liste d'ouvrages consacrés à l'apologétique, avec un certain nombre d'excellents articles, voir Norman L. Geisler, éd., *Baker Encyclopedia of Christian Apologetics* (Encyclopédie Baker de l'apologétique chrétienne) (Grand Rapids : Baker Academic, 1999); W. C. Campbell-Jack, Gavin McGrath et C. Stephen Evans, éd., *New Dictionary of Christian Apologetics* (Nouveau dictionnaire de l'apologétique chrétienne) (Downers Grove, Illinois : InterVarsity, 2006).

7 Karl Barth, *The Word of God and the Word of Man* (La Parole de Dieu et la parole de l'homme), trad. Douglas Horton ([Boston et Chicago ?]: Pilgrim, 1928), 28–50.

sente cette interprétation alternative comme assez différente, au final, de toutes les autres constructions de l'expérience humaine qui ont été proposées au cours de l'Histoire du monde[8]. La Bible nous confronte donc à une vision différente de la réalité et nous invite à nous demander si, en définitive et en gardant une authentique ouverture aux nouvelles possibilités, cette vision différente s'avère plus convaincante que les interprétations rivales de l'expérience humaine[9].

La participation communautaire est davantage liée au façonnement de la grille d'interprétation expérimentale des personnes, pour qu'une personne élevée au sein d'une communauté chrétienne ait davantage de chances de trouver la construction biblique de la réalité convaincante qu'une personne élevée, par exemple, dans une communauté musulmane. Si l'influence de la communauté est forte, elle n'est cependant pas absolue. Dans tous les cas, le jugement d'une personne concernant la validité de l'interprétation biblique de la réalité devrait peut-être passer en partie par l'authenticité expérimentée au sein d'une communauté qui s'efforce de se laisser façonner par la vision biblique, plutôt que par les autres communautés humaines, notamment religieuses[10].

Tous les étudiants sérieux de la Bible, qu'ils soient membres ou non de la communauté de foi et qu'ils acceptent ou non son autorité canonique dans leur propre vie, sont dans l'obligation d'évaluer la fiabilité du témoignage et des revendications bibliques. La Bible elle-même invite à une telle évaluation et l'honnêteté intellectuelle l'exige. Le degré de cette évaluation et la manière dont elle sera effectuée varieront évidemment en fonction des personnes. Par exemple, les professionnels comme les pasteurs engageront habituellement un niveau de réflexion critique qui ne sera pas forcément nécessaire pour la plupart des laïcs. De même, certains lecteurs auront davantage de doutes concernant la fiabilité de certaines revendications bibliques, si bien qu'ils auront évidemment tendance à examiner ces questions d'autant plus attentivement. Certains étudiants seront aussi confrontés à des questions posées par des amis ou des connaissances, si bien qu'ils auront besoin de s'équiper eux-mêmes pour les orienter et leur offrir des explications.

L'évaluation biblique générale que les biblistes doivent poursuivre passe par un certain nombre d'étapes. D'abord, les étudiants doivent identifier le sens et la nature précis du passage ou du témoignage biblique. Il serait manifestement injuste de considérer la Bible comme déficiente ou manquant de fiabilité, sur la base de revendications qu'elle ne formule pas ou de positions qu'elle n'adopte pas. Cette considération montre l'importance de la séquence, notamment du principe selon lequel l'interprétation passe avant l'évaluation.

---

8 Il y a une certaine continuité entre le *kérygme* biblique et la pensée et la compréhension humaine générale, qui passe par la préconception (abordée au chapitre 2) selon laquelle il est nécessaire que tous puissent comprendre au moins le message fondamental de la Bible. Nous croyons cependant que la Bible présente sa propre perspective, qui finit par remettre en question profondément les idéologies et valeurs humaines généralement acceptées.

9 Pour une excellente discussion de ce test expérimental, voir Wright, *New Testament and the People of God* (Le Nouveau Testament et le peuple de Dieu), 31-80. Voir aussi Richard B. Hays, *The Moral Vision of the New Testament: Community, Cross, New Creation* (La vision morale du Nouveau Testament : communauté, croix, nouvelle création) (San Francisco : Harper, 1996), 210-11.

10 En appliquant ce test communautaire, il faut cependant être conscient qu'aucune communauté ne peut incarner parfaitement la réalité du message biblique, quel que soit son dévouement dans ce sens. Voir Dietrich Bonhoeffer, *Life Together* (Vivre ensemble) (San Francisco : Harper & Row, 1954).

Ensuite, les étudiants doivent mettre en lien les passages et revendications bibliques avec le dessein d'ensemble de la Bible. Les spécialistes reconnaissent à juste titre que toute forme de critique judiciaire doit prendre en compte le dessein du texte[11]. Il ne serait, par exemple, pas juste de juger de la fiabilité d'un livre de mathématiques sur la base d'affirmations psychologiques ou sociologiques accessoires. Tous les passages bibliques n'ont pas forcément la même portée au regard du dessein de la Bible, si bien que les étudiants doivent examiner l'importance relative des divers passages pour l'accomplissement de ce dessein, et donc pour la fiabilité et l'autorité de la Bible. Certes, en principe, la Bible présente peut-être chacun de ses passages comme ayant une importance égale pour la communication et la validité de son message, mais l'histoire du fer de hache qui flotte, en 2 Rois 6.1-7, n'est par exemple pas forcément située au même niveau de la structure théologique biblique que la résurrection de Jésus. Notre objectif n'est pas d'indiquer laquelle de ces alternatives est préférable, mais nous insistons sur le fait que les étudiants ont l'obligation de décider, sur la base de leur propre étude inductive de la Bible, si, du fait de sa structure théologique, certaines revendications sont plus cruciales pour son dessein d'ensemble, et donc plus importantes pour la question de sa fiabilité, que d'autres. Nous croyons aussi que les étudiants ont l'obligation d'évaluer les conséquences de cette réponse pour leur évaluation de la fiabilité de la Bible.

Enfin, les étudiants doivent se familiariser avec toutes les preuves appropriées, pour et contre les revendications bibliques, pour un examen juste et raisonnable des preuves, en écartant, dans la mesure du possible, les assertions infondées[12]. Il pourrait être utile pour eux de garder à l'esprit quelques principes-clés en examinant les preuves.

1. Le raisonnement inductif ne permet pas de garantir une certitude absolue, mais des degrés de probabilité (voir chapitre 1). Il ne faut donc pas insister que les preuves de la fiabilité des passages et revendications bibliques doit rendre ces passages absolument certains : ce serait irréaliste. Ils doivent seulement être jugés plus ou moins probables.

2. Le raisonnement inductif laisse toujours ouverte la possibilité de l'existence de preuves supplémentaires, à présent indisponibles ou ayant été perdues (voir chapitre 1). Il ne serait pas juste de conclure que si seulement on disposait de davantage de preuves, la Bible s'avérerait vraie, mais nous devons reconnaître les limites des preuves et faire montre de prudence avant de juger que tel passage ou telle revendication biblique n'est pas fiable.

---

11 Par ex. Mortimer Adler, *How to Read a Book* (Comment lire un livre), éd. rév. (New York : Simon & Schuster, 1972), 137-67. Voir Traina, *Methodical Bible Study* (L'étude biblique méthodique), 210.

12 Une suggestion pratique, afin d'identifier les preuves et les arguments en faveur et à l'encontre des passages et revendications bibliques, est de commencer par situer les discussions par des évangéliques ou dans des livres publiés par des maisons d'édition évangéliques traditionnelles, comme Zondervan, InterVarsity, Baker Academic et, dans une certaine mesure Eerdmans et Hendrickson. (Une liste complète des titres publiés par chacune des maisons d'édition est disponible sur leur site Internet.) Ces discussions ne se contentent généralement pas de présenter les preuves et les arguments en faveur de la fiabilité de la Bible ou des passages et des revendications bibliques, mais elles citent aussi des spécialistes qui la défendent. (D'une manière générale, les spécialistes évangéliques ont tendance à citer ceux qui défendent un point de vue opposé plus régulièrement que les spécialistes non-évangéliques.) Les étudiants doivent prendre ces citations au sérieux et lire eux-mêmes les points de vue opposés à ceux présentés par les spécialistes qui les défendent.

3. Dans le cadre du processus d'évaluation, il faut s'abstenir d'un jugement trop rapide. Notre évaluation doit être caractérisée par des décisions délibérées et par un jugement suspendu chaque fois que cela s'avère nécessaire. Nous devons être davantage prêts à remettre en question la valeur de notre propre jugement que celle des Écritures. On peut trouver de bonnes raisons historiques de penser que certaines parties de la Bible sont plus fiables qu'on ne le constate parfois à première vue, en gardant à l'esprit que les Écritures ont subi des siècles de critique péjorative et que ce n'est pas pour rien qu'elles ont résisté. Leur statut canonique, par exemple, montre toute la valeur qu'elles ont pour plusieurs générations de membres de la communauté de foi, à ses débuts, et en dit long sur leur valeur expérimentale. La politique d'évaluation la plus sûre pour certains passages consiste donc à être lent à les juger inutiles[13].

Évaluation spécifique

En admettant que notre réponse à la question de la validité et de la valeur générale des Écritures dans leur ensemble soit affirmative, on se retrouve confronté à la question de leur évaluation spécifique. L'évaluation spécifique passe par la détermination de la valeur de passages bibliques individuels pour leur appropriation à des situations spécifiques auxquelles des personnes font face aujourd'hui. Ainsi, elle revêt deux aspects : 1) l'analyse biblique, c'est-à-dire l'évaluation de passages bibliques afin de déterminer leur valeur dans la continuité en vue de l'appropriation, 2) l'analyse de situation, c'est-à-dire l'évaluation de situations contemporaines, afin de déterminer précisément la nature d'une situation donnée et de s'assurer si l'enseignement d'un passage biblique est pertinent pour la situation, et de quelle manière le cas échéant.

Analyse biblique

L'analyse biblique est le processus d'évaluation des passages et enseignements bibliques, afin de déterminer leur légitimité, leur étendue, leur force et leur degré de concession pour une appropriation contemporaine. La plupart des spécialistes limitent leur discussion de l'évaluation biblique spécifique aux questions de légitimité, c'est-à-dire qu'ils ne se demandent que si l'enseignement d'un passage biblique spécifique peut légitimement être pris et appliqué directement à des situations en d'autres endroits et à d'autres époques ou s'il est tellement lié à la situation historique originale qu'une telle application n'est pas légitime. Si la question de la légitimité pour l'appropriation est la plus fondamentale en analyse biblique, elle n'est cependant pas la seule question pertinente.

Une fois qu'on a déterminé que l'enseignement d'un passage transcende sa situation historique originale, si bien qu'on peut légitimement l'appliquer en d'autres endroits et à d'autres époques, il faut déterminer aussi le spectre de son applicabilité. Cela passe par la question de savoir si l'enseignement de ce passage s'applique à toutes les personnes du monde ou seulement à certaines, aux

---

13 Au sujet des contradictions apparentes de la Bible, voir la discussion sur le substantiel par opposition à l'accidentel et véritable par opposition à apparent dans Traina, *Methodical Bible Study* (étude biblique méthodique), 212-13.

membres de la communauté de foi, ou, plus spécifiquement encore, uniquement à ses responsables (par ex. 1 Timothée 3.1–13 ; Tite 2.1–10).

Il faut déterminer aussi la force de son applicabilité : certaines exigences sont absolues, si bien que notre acceptabilité aux yeux de Dieu dépend directement de notre respect on non de ces exigences (par ex. Deutéronome 5.17 ; Marc 1.15). Certaines sont fortement recommandées, elles font partie du dessein divin, mais sans atteindre au niveau qui caractérise les demandes absolues (par ex. Luc 10.20 ; 2 Thessaloniciens 3.1). D'autres enfin ne sont que des suggestions tactiques, des conseils qui peuvent être utiles (par ex. Proverbes 25.15–17, 2 Thessaloniciens 3.14).

Il faut déterminer aussi le degré de concession, afin de s'assurer si un enseignement ou passage biblique est un idéal accompagné de la concession que personne, hormis un très petit nombre, ne peut l'accomplir[14], ou encore une concession à notre faiblesse. Dans ce dernier cas, la volonté divine passe idéalement par une performance qui surpasse tout ce qui est décrit dans le passage (par ex. 2 Rois 5.15–19)[15].

DOUBLE NATURE DE LA BIBLE

L'évaluation spécifique relève clairement d'une approche inductive de l'étude biblique, car la nécessité de l'évaluation émane de la nature de la Bible elle-même. D'une manière générale, on peut dire que la Bible a une double nature et donc, un double sens.

D'abord, la Bible a un sens historique passé. Tous ceux qui la lisent sentent qu'ils entendent un auteur du passé. Le texte les engage donc en tant qu'acte communicatif qui émane du passé et les invite à se demander ce que l'auteur a voulu dire à ceux que le texte présente comme son public. La réponse à cette question relève de l'interprétation[16].

---

14 Notez le désaccord sur la question de savoir si Jésus voulait que ses enseignements dans le Sermon sur la Montagne soient pris comme des idéaux que personne ne peut vraiment atteindre ou comme des exigences à accomplir. Reinhold Niebuhr comprend les commandements de Jésus, de ne pas résister au mal et de ne pas refuser d'emprunter à ceux qui le souhaitent (Matthieu 5.39, 42) comme des « possibilités impossibles ». Il insiste qu'à cause du péché des hommes et parce qu'ils fonctionnent forcément dans une société immorale, l'éthique d'amour absolu de Jésus ne peut être respectée, mais que nous devons plutôt nous efforcer de nous en rapprocher, en parvenant à la justice. Ainsi, l'éthique, bien qu'au-delà de notre portée, sert d'objectif auquel on aspire et de norme pour juger de toute conduite (voir Reinhold Niebuhr, *Interpretation of Christian Ethics* (Interprétation de l'éthique chrétienne) [1935 ; repr. avec une nouvelle préface, Cleveland : World, 1956] ; idem, *Moral Man and Immoral Society* (L'homme moral et la société immorale) [New York : Scribner's Sons, 1932]). John Howard Yoder insiste, au contraire, que nous pouvons et devons obéir à ces commandements, qui ne relèvent pas d'une éthique uniquement individuelle, mais également sociale (*The Politics of Jesus* (La politique de Jésus) [Grand Rapids : Eerdmans, 1972], 12–13).

15 Voir William J. Webb, *Slaves, Women and Homosexuals: Exploring the Hermeneutics of Cultural Analysis* (Esclaves, femmes et homosexuels : explorer l'herméneutique de l'analyse culturelle) (Downers Grove, Illinois : InterVarsity, 2001), 58–66.

16 Au cours des dernières années, l'idée selon laquelle la Bible est un texte historique et doit donc être interprétée comme tel avait rarement besoin d'être étayée, mais à la lumière de certains efforts herméneutiques contemporains visant à nier l'importance de la réalité historique passée du texte biblique, nous estimons qu'il est de notre devoir de mentionner brièvement le fait qu'il consiste en des textes profondément ancrés dans l'Histoire, que ce soit en termes d'origines ou de contenu. Son caractère littéraire implique des origines historiques, en tant qu'œuvre écrite dans le passé et adressée à des gens qui vivaient dans le passé. Le sens des textes peut parfois transcender leurs origines historiques, mais une exégèse réaliste et holistique cherchera à ancrer n'importe quelle interprétation légitime d'un texte dans les circonstances originales dans lesquelles il a été produit, dans la mesure où celles-ci sont identifiables. La Bible est également historique en termes de son contenu, en ce qu'elle atteste de ce qu'elle prétend être : les actes de Dieu dans l'Histoire. Ce témoignage historique ne concerne pas que les parties narratives de la Bible, car même les textes qui appartiennent à des genres non narratifs, comme les épîtres, ont une sous-structure historique narrative, en ce qu'ils présument le méga-récit de l'Histoire

Ensuite, la Bible a un sens historique présent. Tous ceux qui lisent la Bible ont le sentiment, non seulement de la présence d'un auteur, mais aussi qu'il s'adresse à eux. Les lecteurs modernes peuvent reconnaître qu'ils sont clairement différents du public pour lequel le texte a été écrit à l'origine (le lecteur implicite) ; toutefois, d'une certaine manière, l'auteur implicite du texte s'adresse aussi à eux, précisément en tant que voix du passé historique. Ce sentiment qu'on s'adresse à lui invite le lecteur à se demander comment ce texte lui parle dans les conditions et circonstances présentes, ainsi que quelle valeur ce passage ou ce livre peut avoir pour lui, pour d'autres membres de sa communauté ou dans notre existence contemporaine. La réponse à ces questions est de l'ordre de l'évaluation et de l'appropriation. La réalité du sens historique présent rend l'appropriation possible et obligatoire. Le fait que ce sens historique présent passe par la communication historique passée rend l'évaluation nécessaire[17].

L'interprétation précède l'évaluation. La reconnaissance de cette double nature de la Bible (sens historique passé/présent) mène à un certain nombre d'implications. La première est que, d'une manière générale, l'interprétation doit précéder l'évaluation et l'appropriation qui en émanent. Nous avons déjà mentionné ce principe, mais cela vaut la peine de le répéter, car il est souvent remis en question aujourd'hui, à la fois en théorie et en pratique. Dans le cadre de l'église locale, cette nécessité de faire les choses dans l'ordre est souvent remise en question dans la pratique. Pendant les études bibliques et discussions de passages bibliques, on entend souvent les participants dire nonchalamment : « Voilà ce que ce passage veut dire pour moi », puis parler de son application à des questions contemporaines ou à des problèmes auxquels ils sont confrontés dans leur vie. Ils présument que la manière dont ils pensent que ce passage s'applique à eux correspond au sens du passage lui-même. Dans ce cas, l'évaluation et l'appropriation précèdent et déterminent l'interprétation. Il faut cependant faire attention à ne pas juger trop sévèrement les laïcs qui fonctionnent ainsi, car ils reconnaissent implicitement la vérité réellement primordiale que l'étude de la Bible doit, en définitive, conduire à s'approprier les textes aujourd'hui. Ils ont raison de mettre l'accent sur cette vérité, même si la manière dont ils s'y prennent tend à être improductive, inefficace ou même invalide.

Cette exigence de séquence est remise en question aussi par certains biblistes qui, pour des raisons philosophiques, nient l'existence d'un sens constant derrière

---

du salut rencontrée dans la Bible dans son ensemble, et même qu'ils en émanent. Les épîtres ont une double sous-structure narrative : le méga-récit de l'Histoire du salut et le récit implicite, et parfois explicite, de l'histoire du rapport entre l'auteur et le public de l'épître. Dans certaines épîtres, le méga-récit de l'Histoire du salut est plus mis en avant, tandis que d'autres épîtres mettent l'accent sur le récit de l'auteur au public. Voir Ben Witherington III, *Paul's Narrative Thought World: The Tapestry of Tragedy and Triumph* (Le monde de la pensée narrative de Paul) (Louisville : Westminster John Knox, 1994) ; Marion L. Soards, « The Christology of the Pauline Epistles » (L a christologie des épîtres pauliniennes), dans *Who Do You Say That I Am ? Essays on Christology* (Qui dites-vous qui je suis ? Essais de christologie), éd. Mark Allan Powell et David R. Bauer (Louisville : Westminster John Knox, 1999), 88–109.

17 La Bible elle-même atteste de la pertinence continuelle de son message. Plusieurs spécialistes, notamment von Rad, *Old Testament Theology* (La théologie de l'Ancien Testament), ont mentionné le fait que l'AT est en grande partie le fruit d'un processus continuel d'application de matériaux bibliques plus anciens à des situations contemporaines. Par ailleurs, la Bible mentionne souvent explicitement que certaines de ses affirmations ont une pertinence durable pour l'avenir. Voir Klein, Blomberg et Hubbard, *Introduction to Biblical Interpretation* (Introduction à l'interprétation biblique), 478.

les textes et insistent plutôt que le sens dépend entièrement du lecteur, toutes les interprétations n'étant que des applications personnelles qu'ils projettent sur le texte[18]. D'après ces spécialistes, l'appropriation est l'interprétation, si bien que tout sentiment qu'on puisse avoir d'évaluer le sens historique passé des textes bibliques n'est qu'une illusion. On trouve cette perspective dans les formes plus radicales de critique de la réaction du lecteur (voir annexe B). Cette perspective émane de l'existentialisme, l'idée selon laquelle toute connaissance est en définitive subjective, en ce qu'elle existe dans la conscience individuelle subjective. Il y a une part de vrai dans cette position. Ainsi que nous l'avons mentionné précédemment dans la discussion sur le caractère transjectif de l'étude biblique (voir chapitre 2), l'interprétation des lecteurs à une dimension subjective et une dimension objective, dont les préoccupations applicatives joueront souvent un rôle dans leur construction des passages. Au final, cette position n'est cependant qu'une demi-vérité, car elle ignore la réalité que les textes ont une existence indépendante des lecteurs, qu'ils confrontent à leurs propres constructions sociolinguistiques historiques, lesquelles peuvent orienter leur interprétation.

L'inversion de la séquence d'évaluation-interprétation survient lorsqu'on se sert d'une application possible comme fondement pour l'évaluation de la légitimité d'une interprétation ou base permettant de décider entre différentes interprétations. Il y a plusieurs années, au cours d'un séminaire auquel l'un d'entre nous participait, l'orateur a proposé une interprétation d'un passage biblique clairement dénuée de tout rapport avec le sens du passage, dérivé des preuves exégétiques que nous avons abordées à la partie 3. Lorsqu'on lui a demandé quel était le fondement de son interprétation, le présentateur a répondu qu'elle était fondée sur des considérations « éthiques ». Il voulait dire par-là qu'il avait examiné les conséquences applicatives d'un certain nombre d'interprétations possibles, avant de choisir celle qui mènerait à l'application contemporaine la plus éthique, c'est-à-dire la plus conforme à sa vision de la justice sociale[19].

Les évangéliques ne sont certainement pas à l'abri de cette inversion de priorité entre évaluation et interprétation. Nous avons entendu parler de la présentation d'un spécialiste évangélique d'une autre discipline qui affirmait que, parce qu'aucune des interprétations de la triple question de Jésus à Pierre en Jean 21 (« M'aimes-tu plus que ne le font ceux-ci ? ») ne lui apportait aucune aide, il avait opté pour une interprétation assez unique en son genre, qu'il trouvait utile pour lui dans sa vie contemporaine.

Ainsi que nous l'avons mentionné précédemment, l'idée selon laquelle l'interprétation doit précéder l'évaluation est un principe général, mais dans la pratique, on ne peut instaurer de séparation stricte entre interprétation, évaluation et appropriation. Le potentiel applicatif est souvent le fondement, primordial, de la recherche d'une interprétation pour les passages, si bien que les lecteurs ne peuvent

---

18 Voir, par ex., Norman Holland, *The Dynamics of Literary Response* (Les dynamiques de la réponse littéraire) (New York : Norton, 1968) ; idem, *Five Readers Reading* (Cinq lecteurs qui lisent) (New Haven : Yale University Press, 1975).

19 Son application n'est cependant pas forcément la plus éthique, d'un point de vue biblique. Il présumait que sa perspective éthique était soit biblique, soit absolue, supérieure à celle de la Bible. Dans tous les cas, il a adopté une herméneutique qui aurait tout à fait pu empêcher que l'on entende le message éthique du passage qu'il interprétait.

se contenter de l'écarter de leur conscience en menant débat sur le sens des passages. Ainsi, certains éléments d'application de ces derniers peuvent trouver leur place dans le processus exégétique. De même, le processus d'évaluation et d'appropriation biblique éclaire souvent des aspects du sens du texte à côté desquels les lecteurs seront peut-être passés en phase d'interprétation.

Nous ne saurions insister assez sur le fait que le processus inductif est continuel et en spirale[20] ; les premières étapes du processus anticipent les suivantes et celles-ci exigent souvent que l'étudiant revienne aux préoccupations méthodologiques des premières. Le principe selon lequel l'interprétation précède l'évaluation et l'application fait référence à l'emphase. On peut cibler le processus en s'assurant du sens du passage à l'étape d'interprétation, puis on cible le processus de détermination du sens potentiel du passage pour une appropriation contemporaine à l'étape d'évaluation. En fait, en un sens, on ne peut comprendre pleinement le sens d'un passage avant de s'être approprié le message de ce passage dans la vraie vie. Richard Hays affirme : « *Une bonne lecture du Nouveau Testament n'est possible que si la Parole est incarnée*. Nous n'apprenons ce que le texte veut dire qu'en nous soumettant à sa puissance de manière à nous laisser changer par lui. »[21] L'interprétation attentive d'un passage peut cependant juger les préoccupations applicatives avec lesquelles on aborde un passage et nous avertir que ces préoccupations sont invalides ou n'ont pas d'importance[22].

L'interprétation va vers l'évaluation. La deuxième implication de la double nature de la Bible (sens historique passé et présent) est qu'il ne faut pas s'en tenir à l'interprétation, mais reconnaître qu'un travail d'évaluation et d'appropriation doit être effectué. La nature de la Bible ne permet pas aux lecteurs d'envisager l'interprétation comme une fin en soi. La deuxième dimension de la double nature de la Bible, son aspect présent, dont être examinée et dûment prise en compte.

Ce souci de voir l'interprétation mener à l'évaluation et à l'appropriation est lié à ce qu'on peut appeler le caractère abortif des commentaires, car la plupart des commentaires modernes abordent exclusivement le sens passé des passages, sans rien dire sur un éventuel sens historique présent[23]. Évidemment, en principe, il n'y a pas d'objection au fait qu'un commentaire ne se concentre que sur certains aspects du sens des passages : les auteurs, y compris les commentateurs, ont le droit de limiter l'étendue de leurs recherches. Par ailleurs, aucun commentaire unique ne saurait prétendre à donner toute la gamme des applications contemporaines possibles, même si la pratique consistant à limiter la discussion au sens historique passé fait à présent partie de la culture de l'écriture de commentaires, ce qui donne l'impression que le point culminant de l'étude des textes n'est pas l'évaluation et l'appropriation, mais l'interprétation. En fait, les commentateurs

---

20 Voir l'introduction à ce livre.

21 Hays, *Moral Vision of the New Testament* (Vision morale du Nouveau Testament), 305, italiques dans l'original.

22 Thomas W. Ogletree, *The Use of the Bible in Christian Ethics* (L'emploi de la Bible dans l'éthique chrétienne) (Louisville : Westminster John Knox, 2003), 3–4.

23 Si la plupart des commentaires homilétiques ne prennent pas assez en compte le sens passé comme fondement de l'appropriation présente, la plupart des commentaires exégétiques ne prennent pas en compte l'aspect présent du texte. Voir la partie « Interprétation des autres », au chapitre 14, pour l'emploi des commentaires homilétiques afin de trouver des preuves exégétiques.

peuvent aborder certaines questions-clés de l'évaluation des passages et offrir des suggestions sélectives pour l'appropriation contemporaine, sans donner l'impression d'avoir examiné d'une manière exhaustive les champs d'application dans toute leur variété[24].

Il y a une tension entre le sens passé historique et le sens présent historique. La troisième implication qui émane de la double-nature de la Bible est qu'il faut reconnaître la tension entre la nature propre à la situation du sens historique passé de la Bible et l'importance continuelle de son sens historique présent. Cette tension s'exprime dans la manière dont la Bible présente la révélation. Le contenu de la Bible est multiple : il contient des textes historiques, géographiques, scientifiques, etc. ; mais toutes ces choses sont accessoires et tangentielles à la préoccupation première de la Bible, qui est tout simplement de révéler Dieu et sa relation avec sa création, notamment avec l'humanité, en se concentrant sur son peuple élu d'Israël, puis, par la suite, sur l'Église. Du fait que Dieu et sa relation avec sa création (notamment humaine), centrée sur son peuple, est constante à travers l'Histoire, le message de la Bible est tout aussi pertinent pour le lecteur du début du 21° Siècle que pour les Hébreux de l'Antiquité ou pour l'Église du 1er Siècle. Dieu est toujours le même, de même que l'humanité, en tout cas du point de vue existentiel le plus profond. Nous reconnaissons la constance de sa relation avec Israël, son peuple élu, à l'époque de l'Ancien Testament, puis, à présent, avec l'Église, à travers Jésus-Christ, qui est l'accomplissement ultime des desseins de Dieu pour Israël, à qui l'Église est jointe par la foi (par ex. Jean 5.39 ; 2 Corinthiens 1.20 ; Hébreux 1.1–4). Ce principe de continuité de la révélation divine est le fondement de l'importance continuelle du sens historique présent du texte, qui rend l'appropriation contemporaine possible.

Cependant, en disant que la préoccupation centrale de la Bible est de révéler Dieu et sa relation avec sa création (surtout l'humanité), on ne parle que dans les termes les plus généraux. Lorsqu'on examine la manière dont la Bible présente cette révélation, on constate que Dieu s'est révélé lui-même à des êtres humains spécifiques, à des moments spécifiques de l'Histoire, par des actes et des paroles spécifiques. La révélation divine dans la Bible n'est donc pas anhistorique ni abstraite, mais historique et spécifique. Ce principe de spécificité de la révélation divine caractérise le sens historique passé du texte et rend l'évaluation nécessaire.

Sur le plan théologique, cette dimension historique de la révélation de Dieu dans la Bible est liée à la doctrine de l'incarnation. D'après la Bible, la révélation divine, c'est-à-dire la Parole de Dieu, a non seulement été incarnée en la personne de Jésus, mais aussi en des actes historiques et des paroles humaines. Ce principe d'accommodation est la manière dont Dieu s'adapte à la situation historique hu-

---

24 Certaines séries de commentaires n'abordent pas l'évaluation et l'application. La série *Word Biblical Commentary* (WBC, Commentaire biblique mondial), dans ses sections « Explication », fait l'effort d'évaluer les passages à la lumière de la révélation biblique dans son ensemble. Par ailleurs, la *Série Interpretation: A Bible Commentary for Teaching and Preaching* (IBC, Interprétation : commentaire biblique pour l'enseignement et la prédication), publiée par Westminster John Knox, ainsi que le *NIV Application Commentary* (Commentaire d'application de la NIV), publié par Zondervan, portent une attention particulière à l'évaluation et à l'appropriation. La quantité et la qualité de l'attention portée au travail d'évaluation et d'appropriation de ces commentaires varie fortement.

maine. Les chrétiens ont tendance à penser que leur religion est supérieure aux autres en partie à cause de sa nature historique et incarnationnelle, mais une telle révélation implique ses propres défis.

Il y a d'abord le défi situationnel. L'Histoire et le discours humains sont situationnels par nature. Parfois, le discours humain peut transcender la situation dans laquelle il a été prononcé, mais il ne peut jamais être entièrement séparé de la situation. En venant aux Écritures, on trouve un certain « continuum de transcendance ». Certains passages bibliques expriment directement des vérités plus fondamentales, moins liées, dans certains cas que d'autres, à la situation originelle dans laquelle ils ont été révélés (voir tableau 28)[25].

TABLEAU 28

Continuum de transcendance

Affirmations contingentes aux circonstances, liées à la situation originale	Affirmations transcendantes, qui expriment directement des enseignements qui transcendent la situation

La plupart des passages bibliques se situent quelque part entre les deux extrêmes du continuum de transcendance, souvent parce que certains aspects de leur enseignement sont fondamentalement transcendants, tandis que d'autres sont contingents aux circonstances. Par ailleurs, même les passages situés à l'extrémité transcendante du continuum sont, dans une certaine mesure, liés à la situation dans laquelle ils ont été exprimés à l'origine. Aucun passage ne peut être entièrement séparé de son cadre historique original[26].

Un exemple de passage qui semble exprimer directement des vérités fondamentales, avec uniquement des liens ténus avec la situation originale, est Galates 6.10 : « Ainsi donc, tant que nous en avons l'occasion, faisons du bien à tout le monde, et en premier lieu à ceux qui appartiennent à la famille des croyants. » Un exemple de passage qui semble étroitement lié à la situation originale est 1 Timothée 5.23 : « Tu ne devrais pas boire exclusivement de l'eau : prends un peu de vin à cause de ton estomac et de tes fréquents malaises. » Ici, le passage lui-même relie l'instruction à l'état physique de Timothée à ce moment-là, tandis qu'aucun autre passage

---

25 Le jugement sur la question de savoir où un passage se situe sur le continuum de transcendance, dans quelle mesure il exprime directement des enseignements plus fondamentaux, et donc essentiellement transcendants, ou des enseignements liés à la situation originale, et donc contingents aux circonstances, se fait sur la base du contexte littéraire et de l'ensemble du canon biblique, ainsi que des autres types de preuves, sur lesquelles nous reviendrons ci-dessous.

26 Voir Hays, *Moral Vision of the New Testament* (Vision morale du Nouveau Testament), 299–300, qui note à juste titre que « chaque iota et trait de lettre du Nouveau Testament est conditionné culturellement ». Sa résistance à la distinction entre « vérités intemporelles » et enseignement « conditionné culturellement » est cependant exagérée et surtout relative à son objection à la notion d'intemporalité. Nous préférons parler de *contingent aux circonstances* versus *essentiellement transcendant*, plutôt que de *conditionné culturellement* versus *intemporel*. Voir aussi la critique de David K. Clark du « principisme », qu'il définit comme la pratique consistant à extraire des principes intemporels (*To Know and Love God: Method for Theology* (Savoir et connaître Dieu : méthode de théologie) [Wheaton, Illinois : Crossway, 2003], 91–98).

n'interdit de ne boire que de l'eau ou n'ordonne de consommer du vin. Ces passages liés à la situation ne sont cependant pas forcément dénués de toute possibilité d'appropriation contemporaine, puisqu'ils sont souvent directement applicables aujourd'hui aux mêmes situations ou à des situations semblables[27].

Il est évident qu'il y a des passages que les lecteurs ne peuvent reprendre et appliquer directement, quels que soient leurs efforts dans ce sens. Ainsi, Deutéronome 23.7 (« Vous ne considérerez pas les Édomites comme abominables, car c'est un peuple frère ») donne une instruction concernant les rapports avec un peuple qui n'existe plus. La leçon à en tirer est claire: on ne peut se contenter de présumer que le sens superficiel d'un passage des Écritures peut s'appliquer directement à un cadre contemporain.

En même temps, une telle conclusion ne veut pas dire que les passages dont on juge qu'ils sont contingents aux circonstances n'ont pas de potentiel applicatif. Même si le sens superficiel des passages contingents aux circonstances ne peut généralement être approprié légitimement, on constate souvent que même ces passages contiennent des enseignements sous-jacents qu'on peut s'approprier légitimement et raisonnablement. Dans de tels cas, on ne pourra pas forcément s'approprier les réponses à la question d'interprétation finale, car celles-ci sont généralement relatives au sens superficiel du texte, mais on peut s'approprier les réponses aux questions rationnelles et aux questions d'implication. La question rationnelle vérifie les raisons sous-jacentes aux passages. Or, assez souvent, les raisons sous-jacentes à un passage contingent aux circonstances sont du moins en partie transcendantes[28]. La réponse aux questions d'implication dévoile les présuppositions et les développements logiques des passages bibliques. Le plus souvent, les implications d'un passage contingent aux circonstances transcendent la situation originale. L'identification de ces enseignements sous-jacents aux passages contingents aux circonstances est ce que William J. Webb appelle la montée de l'« échelle d'abstraction »[29].

Un deuxième défi émanant du caractère historique et incarnationnel de la révélation biblique est celui du progression dans la révélation. La Bible, dans son ensemble, particulièrement son apogée dans le Nouveau Testament, indique clai-

---

27 Klein, Blomberg et Hubbard, *Introduction to Biblical Interpretation* (Introduction à l'interprétation biblique), 491–93.

28 Webb, *Slaves, Women and Homosexuals* (Esclaves, femmes et homosexuels), 210, décrit une analyse qui identifie à la fois la base ou la raison « ultime », qui doit être transcendante, et la base « pragmatique » d'un passage biblique, qui est liée à la situation. La réponse à la question rationnelle, dans le processus exégétique, peut mener à identifier à la fois les raisons/bases ultimes et pragmatiques. Dans ce cas, les raisons/bases ultimes doivent être transcendantes, tandis que les raisons/bases pragmatiques sont liées à la situation. Voir aussi Klein, Blomberg et Hubbard, *Introduction to Biblical Interpretation* (Introduction à l'interprétation biblique), 487–88, 491–92 ; Charles H. Cosgrove, *Appealing to Scripture in Moral Debate: Five Hermeneutical Rules* (Appel aux Écritures dans le débat moral : cinq règles herméneutiques) (Grand Rapids : Eerdmans, 2002), 12–50.

29 Webb, *Slaves, Women and Homosexuals* (Esclaves, femmes et homosexuels), 54, 209–11. Le langage de l'« abstraction » suggère un principe général, sous-jacent au passage lié à la situation ; l'opposition n'est cependant pas général versus spécifique, mais contingent aux circonstances versus transcendant. Nous croyons donc que ce processus se définit comme le passage au-delà du sens superficiel, ou du niveau définitif, des passages liés à la situation, pour parvenir aux enseignements sous-jacents au niveau rationnel et implicationnel. Un tel processus permettrait à la concrétisation de l'enseignement sous-jacent à la situation, dans le passage lié à la situation, de lui donner de la spécificité, même si la concrétisation elle-même ne sera pas abordée et appliquée directement, du fait de ses liens avec la situation. Dans tous les cas, l'objectif doit être de déterminer le plus précisément possible le sens spécifique de l'enseignement transcendant. Voir Klein, Blomberg, and Hubbard, *Introduction to Biblical Interpretation* (Introduction à l'interprétation biblique), 500.

rement un mouvement progressif, d'une révélation plus primitive et incomplète dans les périodes les plus anciennes à une révélation plus complète par la suite, notamment en Christ et en ses apôtres. La Bible n'est pas un livre plat, mais un récit dynamique de la révélation de Dieu à travers une longue histoire.

Le progression dans la révélation implique deux éléments. D'abord, il y a un développement de la révélation dans l'Ancien Testament dans son ensemble. Même si ce développement est certainement historique et passe par la réadaptation constante de traditions bibliques plus anciennes par les auteurs plus tardifs de l'Ancien Testament, on ne peut présumer qu'il soit possible de retracer ce développement révélatif de l'Ancien Testament, rien que par le suivi des idées théologiques et éthiques des différentes étapes historiques successives de la production de l'Ancien Testament[30]. Ici, le plus gros problème est que même les spécialistes ne peuvent identifier avec certitude les développements historiques spécifiques des traditions dans l'Ancien Testament. Il en résulte que, dans bien des cas, on ne peut savoir avec certitude où, dans la séquence historique, se situe un témoignage spécifique de l'Ancien Testament[31]. Par ailleurs, certains livres de l'Ancien Testament fournissent des preuves que le développement des traditions qu'ils contiennent a été le fruit d'un processus historique plus ou moins long, si bien que des vestiges d'idées théologiques et éthiques plus anciennes peuvent se retrouver côte à côte avec d'autres, plus tardives, dans le même livre[32]. Par ailleurs, les dynamiques de l'ensemble du canon, avec notamment son apogée dans le Nouveau Testament, indiquent que la progression de la révélation dans l'Ancien Testament n'est pas, en définitive, une question de séquence historique, mais de proximité théologique et éthique avec la révélation finale de Dieu en Jésus-Christ et dans le Nouveau Testament.

Ainsi, la plupart des chrétiens ont de bonnes raisons de penser que la révélation divine est moins complète ou moins développée, par exemple, dans les récits des guerres d'extermination de Josué que dans les prophéties de la grâce et du pardon de Dieu envers Juda dans le livre de Jérémie. En définitive, cette évaluation émerge, non du fondement de la séquence historique, mais de la reconnaissance du fait que la révélation du pardon surabondant de Dieu en Jérémie semble plus proche de la révélation de Dieu en Jésus-Christ que dans le cas des guerres d'extermination,

---

30 John Barton, *Understanding Old Testament Ethics* (Comprendre l'éthique de l'Ancien Testament) (Louisville : Westminster John Knox, 2003), 19-31.

31 Pour prendre un seul exemple : les dates proposées pour le livre de Joël vont de vers 800 av. J.-C. à vers 300 av. J.-C. Voir Hans Walter Wolff, *Joel and Amos* (Joël et Amos), Hermeneia (Philadelphie : Fortress, 1977), 3-5.

32 C'est peut-être particulièrement le cas du Pentateuque et de l'Histoire deutéronomique (Josué–2 Rois), mais cela peut être le cas aussi de certains livres prophétiques, par ex. Osée. Voir les discussions sur ces questions dans les principales introductions à l'AT ; on peut trouver une liste annotée de ces introductions dans Bauer, *Annotated Guide to Biblical Resources* (Guide annoté des ressources bibliques), 69-72. Voir aussi Blenkinsopp, *Pentateuch* (Pentateuque) ; Sandra L. Richter, « Deuteronomic History » (Histoire deutéronomique), dans *Dictionary of the Old Testament Historical Books* (Dictionnaire des livres historiques de l'Ancien Testament), éd. Bill T. Arnold et H. G. M. Williamson (Downers Grove, Illinois : InterVarsity, 2005), 219-30 ; Francis I. Andersen et David Noel Freedman, *Osée*, AB (Garden City, New York : Doubleday, 1980) ; cf. A. A. Macintosh, *A Critical and Exegetical Commentary on Hosea* (Commentaire critique et exégétique d'Osée), ICC (Edimbourg : T&T Clark, 1997).

dans lesquelles Dieu a détruit non seulement les chefs des Cananéens, mais aussi des femmes et des enfants impuissants à se défendre[33].

Malgré cela, affirmer que certains passages peuvent contenir des révélations relativement incomplètes ou imparfaites n'entend pas que ces passages n'ont aucune réelle importance révélatrice. Dire que la révélation divine est moins complète dans les guerres d'extermination que dans certains autres passages de l'Ancien Testament, comme le livre de Jérémie, ne revient pas à dire que ces guerres d'extermination ne contiennent aucune véritable révélation de Dieu. La révélation de Dieu peut être moins développée dans les guerres d'extermination, mais elle est néanmoins une révélation réelle ; en fait, certains aspects du caractère et du dessein de Dieu ne peuvent être présentés qu'à travers les guerres d'extermination, si bien que notre compréhension de Dieu serait fautive si ces récits n'étaient présents dans le canon. Ces passages n'ont cependant pas le dernier mot concernant le caractère et le dessein de Dieu, si bien que tout effort visant à se les approprier doit inclure un sérieux processus d'évaluation, qui identifie les aspects liés à la situation, lesquels seraient illégitimes pour nous aujourd'hui, à la lumière du principe de progression dans la révélation.

Ce principe n'est cependant pas propre au développement de l'Ancien Testament. Le deuxième élément est le rapport entre l'Ancien et le Nouveau Testament. Définir précisément ce rapport s'est avéré difficile depuis la naissance du christianisme. Il est peut-être correct de dire que le problème théologique fondamental des textes du Nouveau Testament est le rapport entre les alliances. On peut même aller jusqu'à dire que cette emphase demeure le problème fondamental de la théologie et de l'éthique biblique, si bien que pratiquement toutes les questions théologiques ou éthiques y sont liées plus ou moins directement. Notre compréhension du rapport entre les deux Testaments fera une différence en termes de notre évaluation et appropriation des passages bibliques.

Tout au long de son Histoire, l'Église s'est clairement débattue avec ce problème du rapport entre les Testaments ; par conséquent, il serait ridicule d'insister que notre vision doive être adoptée comme la seule juste. Chaque étudiant a la responsabilité d'examiner les preuves bibliques d'une manière inductive, afin de déterminer, sur ce fondement, quelle compréhension de ce rapport lui semble la plus plausible. Il peut cependant s'avérer opportun d'indiquer une possibilité majeure et de décrire, en termes généraux, comment cette compréhension du rapport entre les Testaments est fondée sur l'évaluation biblique.

On constate qu'un examen des Écritures, dans leur ensemble, indique que l'Ancien Testament est lié au Nouveau en termes de préparation et d'accomplissement. L'Ancien Testament prépare le Nouveau, tandis que le Nouveau accomplit l'Ancien. Plus spécifiquement, il y a un rapport dialectique entre les deux Testaments, car la notion de préparation et d'accomplissement implique une continuité fondamentale, mais avec une certaine discontinuité. Cette continuité fondamentale

---

33 Il faut garder à l'esprit que, même si, en termes de progression historique, l'exode d'Égypte a eu lieu avant les guerres d'extermination, l'AT et le NT, dans leur ensemble, considèrent tous deux l'exode comme une révélation relativement plus complète de Dieu que les guerres d'extermination. Il faut cependant reconnaître qu'il y a des éléments communs aux deux, notamment la destruction des jeunes (innocents) ; mais avec également des différences significatives.

est rendue possible par le lien profond et fondamental entre le concept d'accomplissement et ce qui précède l'accomplissement. En même temps, la discontinuité est rendue possible par le fait que le concept d'accomplissement implique aussi l'ajout de quelque chose et n'est pas qu'une simple continuation de ce qui est arrivé auparavant. On trouve un élément de disjonction culminante. Dans la pratique, il arrive que le Nouveau Testament confirme (par ex. 1 Pierre 1.16 ; Jacques 4.6 ; Actes 17.24–25), corrige (par ex. Hébreux 4.8 ; Marc 10.4–5 ; Galates 5.6), étende le sens (par ex. Matthieu 2.15 ; 5.21–30 ; Actes 2.25–28) et abroge des passages de l'Ancien Testament (par ex. Matthieu 5.38–45 ; Marc 7.14–23 ; Actes 10.1–48). Le résultat pratique est qu'il faut laisser le Nouveau Testament déterminer les éléments de l'Ancien Testament qui demeurent utiles pour une appropriation directe[34].

Les auteurs du Nouveau Testament ont toujours affirmé, à la fois explicitement et implicitement, que l'Ancien Testament faisait autorité pour eux. En fait, ils ont toujours paru considérer les discontinuités entre l'enseignement de l'Ancien et du Nouveau Testaments comme un approfondissement de leur compréhension du Dieu de l'Ancien Testament, rendu possible par l'accomplissement eschatologique auquel le Nouveau Testament rend témoignage.

Par ailleurs, l'affirmation, par les auteurs du Nouveau Testament, de l'autorité continuelle des Écritures de l'Ancien Testament, suggère à la fois qu'ils présument généralement que l'enseignement de l'Ancien Testament demeure valide et qu'ils souhaitent que leur public accepte l'autorité de cet enseignement, sauf dans les cas où ils indiquent une modification. En l'absence de tels indicateurs, les lecteurs du Nouveau Testament doivent donc présumer de la continuité de l'enseignement de l'Ancien Testament.

Un exemple de cette assertion de pertinence continuelle serait la théologie de la création. À l'exception des revendications quant au rôle joué par Christ dans la création et la nouvelle création, le Nouveau Testament parle relativement peu de la création, par rapport au traitement bien plus complet de la théologie de la création dans l'Ancien Testament. Certains spécialistes[35] pensent que les protestants notamment se sont parfois concentrés si exclusivement sur le Nouveau Testament, qu'ils en ont pratiquement négligé des pans entiers de théologie et d'éthique biblique qui sont relatifs à la création. Une telle négligence peut expliquer en partie l'accusation selon laquelle les chrétiens se sont trop souvent montrés négligents dans leur gestion de l'environnement.

---

34 Cette compréhension du rapport entre les deux Testaments est une description générale de la vision *alliancienne*. Les deux principales visions concurrentes sont le dispensationnalisme, qui met l'accent sur la discontinuité entre les périodes, ou dispensations, de l'AT et du NT, et le théonomisme, qui insiste sur l'absence quasi-totale de discontinuité entre les deux Testaments. Pour des présentations utiles de ces deux visions, voir Daniel P. Fuller, *Gospel and Law: Contrast or Continuum ? The Hermeneutics of Dispensationalism and Covenant Theology* (L'Évangile et la Loi : contraste ou continuation ? Herméneutique du dispensationnalisme et de la théologie de l'alliance) (Grand Rapids : Eerdmans, 1980) ; Greg L. Bahnsen, Walter C. Kaiser Jr., Douglas J. Moo, Wayne G. Strickland et Willem A. VanGemeren, *Five Views on Law and Gospel* (Cinq visions de la Loi et de l'Évangile) (Grand Rapids : Zondervan, 1996) ; John S. Feinberg, éd., *Continuity and Discontinuity: Perspectives on the Relationship between the Old and New Testaments* (Continuité et discontinuité : perspectives sur le rapport entre l'Ancien et le Nouveau Testament) (Westchester, Illinois : Crossway, 1988).

35 Par ex. Elizabeth Achtemeier, *Nature, God, and Pulpit* (La nature, Dieu et la chaire) (Grand Rapids : Eerdmans, 1992).

Nature de l'éthique biblique

Nous avons vu jusqu'ici que le besoin d'une analyse biblique évaluative émane de la double nature de la Bible, dont les passages revêtent à la fois un sens historique passé et un sens historique présent, lequel émerge du sens historique passé spécifique. L'importance d'une analyse biblique évaluative émane aussi de la nature de l'éthique biblique, laquelle est occasionnelle plutôt que systématique. La Bible ne contient ni une théologie, ni un code d'éthique systématiques. Ses assertions théologiques comme ses instructions éthiques ont été occasionnées par les demandes liées à la situation dont les auteurs bibliques estimaient qu'elles exigeaient une réponse. Ainsi, en termes d'éthique, la Bible n'est pas un livre de lois, mais une collection d'instructions occasionnelles. C'est pourquoi, les étudiants doivent évaluer le rôle de chaque passage biblique dans le programme dynamique de présentation du bien et du mal, du juste et de l'injuste, du vrai et du faux, dans la Bible dans son ensemble.

Parler d'un programme éthique dynamique dans la Bible revient à suggérer l'existence dans la Bible d'une structure éthique profonde et implicite. En effet, un certain sens d'une structure et d'un rapport d'ensemble dynamique entre les revendications éthiques bibliques est nécessaire afin de pouvoir seulement parler d'éthique biblique, dans un sens général. Un examen inductif de l'éthique biblique ne révélera pas forcément de structure d'ensemble de l'éthique biblique, mais plutôt que les diverses instructions éthiques contenues dans les Écritures constituent des conseils moraux essentiellement isolés, sans rapport entre eux, et même contradictoires. Les étudiants devront cependant se demander si la Bible contient une structure éthique, et, si c'est le cas, identifier précisément la nature de cette interconnectivité dynamique.

Pratiquement tous les spécialistes qui abordent l'éthique biblique, explicitement ou implicitement, adoptent une structure éthique qui sert de fondement à leurs échanges[36]. Pourtant, malgré le fait que les diverses présentations de la structure de l'éthique biblique ont tendance à présenter certains points d'emphase récurrents, il n'y a jusqu'à présent pas de consensus sur la forme précise de cette structure. C'est pourquoi, il serait très présomptueux d'affirmer que notre compréhension de cette structure éthique est la seule valable. Il peut néanmoins être utile d'indiquer une compréhension possible de l'éthique biblique, dans son ensemble, en notant certains éléments que les spécialistes mentionnent d'une manière répétée dans leur discussion de l'éthique biblique en général. Le cadre éthique biblique dépeint au tableau 29 est fondé sur notre interprétation de nombreux passages bibliques et sur notre lecture de la Bible dans son ensemble. Par conséquent, elle est évidemment provisoire et nous ne voulons en aucun cas la présenter comme défi-

---

36 Sur la nécessité d'une forme de structure d'ensemble, voir Birch et Rasmussen, *Bible and Ethics* (La Bible et l'éthique), 59, 96, 180, qui s'exprime en termes d'une « vision morale » concrétisée par des passages bibliques individuels. Hays, *Moral Vision of the New Testament* (La vision morale du Nouveau Testament), 193–205, adopte une structure éthique du NT qui passe par l'interaction dynamique entre les images focales de la communauté, de la croix et de la nouvelle création. Même si W. J. Webb ne décrit pas explicitement sa compréhension de la structure éthique biblique, tout ce qu'il fait part de l'assertion implicite d'une catégorie d'ensemble de « rédemptivité ». Nous croyons qu'il aurait pu renforcer sa présentation en explicitant la structure éthique qui fonctionne constamment sous la surface (Webb, *Slaves, Women and Homosexuals* (Esclaves, femmes et homosexuels), 30–36, 48, 50–54, 179–84, 240–42, 253–54).

Tableau 29

Structure de l'éthique biblique

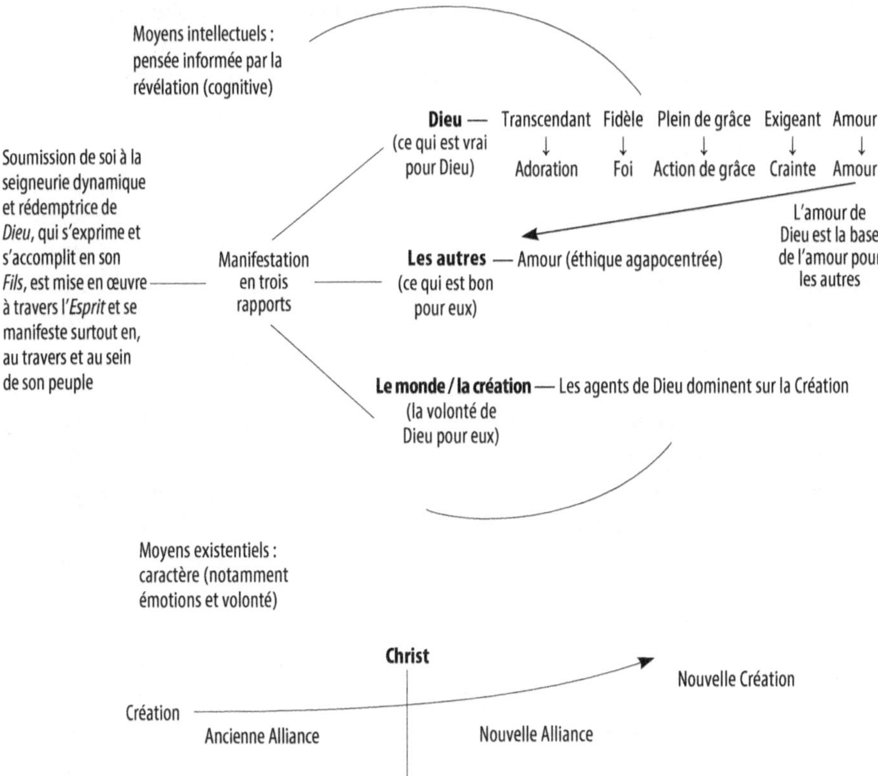

nitive ou finale. Nous espérons qu'elle sera au moins indicative et éclairante. Nous n'essayerons même pas de nous engager dans la tâche exhaustive d'appuyer ce cadre, ou ses composants principaux, par des arguments ou des citations bibliques prolongées. Les étudiants familiers du contenu de la Bible sauront se souvenir des preuves bibliques pour ce modèle et ses composantes principales.

Ainsi que nous l'avons mentionné précédemment, le dessein de la Bible peut être de rendre témoignage à la révélation de Dieu et à sa relation avec sa création, notamment avec l'humanité ; c'est pourquoi, la préoccupation principale de la Bible est d'ordre non point éthique, mais théologique, si bien que l'éthique dérive de cette préoccupation théologique principale. Par conséquent, une compréhension adéquate de la structure éthique de la Bible doit émerger de son emphase théologique.

Nous croyons que le concept théologique central de la Bible est la *seigneurie de Dieu*[37] ; sa thèse centrale est que Dieu est activement à l'œuvre afin d'établir sa sei-

---

[37] La notion de la seigneurie de Dieu est étroitement liée au Royaume ou au règne de Dieu. Nous préférons cependant la seigneurie, car elle apparaît plus tôt et d'une manière plus complète dans la Bible. Pour l'argument selon lequel le concept de Royaume de Dieu est au centre de la structure théologique de la Bible, même si l'expression elle-même n'y est pas employée très souvent, voir, par ex., John Bright, *The Kingdom of God: The Biblical Concept and Its Meaning for the Church*

gneurie sur le cosmos, surtout sur sa création humaine. C'est pourquoi, au cœur de l'éthique biblique, il y a l'obligation morale humaine de répondre à la seigneurie de Dieu. Cette réponse passe par la soumission de soi à la seigneurie dynamique et rédemptrice de Dieu. Chaque instruction biblique peut éventuellement être ramenée à cette attente ultime.

La Bible indique aussi que cette soumission de soi à la seigneurie rédemptrice de Dieu se manifeste par les rapports aux trois réalités humaines principales auxquelles tous les hommes font face : Dieu, les autres et le monde / la création[38]. Puisque, du point de vue biblique, Dieu est la réalité ultime de l'univers, y compris de la vie humaine, notre premier rapport est avec le divin. D'après la Bible, notre rapport à Dieu se définit par ce qui est vrai pour Dieu. Parce que Dieu est notre Créateur transcendant, qui nous soutient et nous délivre, nous devons l'adorer. Parce qu'il est fidèle et digne de confiance, nous devons réagir en conséquence, en mettant notre foi et notre confiance en lui. Parce qu'il est plein de grâce, qu'il nous donne ce qui est bon pour nous et nous préserve du mal, d'une manière qui dépasse largement ce que nous méritons, nous devons être reconnaissants envers lui et lui rendre grâce. Parce qu'il a des exigences d'amour envers nous et que par conséquent, il juge ceux qui refusent de se soumettre à son programme de rédemption, les hommes doivent lui rendre la crainte qui lui est due. Enfin, parce qu'il est amour, nous pouvons et devons l'aimer. Les lecteurs familiers du texte biblique se souviendront immédiatement des passages bibliques qui présentent ces descriptions de Dieu et ces attentes à l'égard des hommes.

Du point de vue biblique, ce rapport à Dieu est un rapport de premier ordre, qui mène inexorablement à un rapport de deuxième ordre avec les autres (par ex. Marc 12.28–31). En fait, notre rapport à Dieu s'exprime inévitablement par notre rapport aux autres (par ex. Matthieu 25.31–46 ; Jacques 3.9 ; 1 Jean 4.16–21). D'après la Bible, notre rapport aux autres se définit par ce qui est bon pour eux, ce qui est vraiment amour ; en effet, l'amour biblique « souhaite activement le bien », ainsi que le dit James Moffatt[39]. Ainsi, beaucoup ont défendu l'idée que l'amour est au centre de l'éthique biblique[40]. Une description plus précise serait cependant de dire que l'amour est le centre, et même la source, des relations interpersonnelles humaines (Matthieu 22.34–40). Le terme grec couramment employé dans le Nou-

---

(Le Royaume de Dieu : le concept biblique et sa signification pour l'Église) (Nashville : Abingdon, 1953) ; Herman Ridderbos, *The Coming of the Kingdom* (L'avènement du Royaume) (Philadelphie : P&R, 1962) ; George R. Beasley-Murray, *Jesus and the Kingdom of God* (Jésus et le Royaume de Dieu) (Grand Rapids : Eerdmans, 1986).

38   Voir Martin Buber, *I and Thou* (Moi et vous) (New York : Scribner, 1970).

39   James Moffatt, *Love in the New Testament* (L'amour dans le Nouveau Testament) (Londres : Hodder & Stoughton, 1929).

40   Par ex. Anders Nygren, *Agape and Eros* (Agapê et erôs) (Philadelphie : Westminster, 1953), 48 ; Reinhold Niebuhr, *The Nature and Destiny of Man* (La nature et la destinée de l'homme), 2 vol. (New York : Scribner's Sons, 1941-43) ; Victor Paul Furnish, *The Love Command in the New Testament* (Le commandement de l'amour dans le Nouveau Testament) (Nashville : Abingdon, 1972). Cf. Robert A. Traina, « Amour », dans *Baker's Dictionary of Christian Ethics* (Dictionnaire Baker d'éthique chrétienne), éd. Carl F. H. Henry (Grand Rapids : Baker Books, 1973), 396-98. Hays, *Moral Vision of the New Testament* (La vision morale du Nouveau Testament), 200-203, critique à juste titre la notion selon laquelle l'amour est le « thème unificateur » de l'éthique biblique ou de celle du NT. Ainsi que le montre ce modèle, l'amour envers les autres n'inclut pas toutes les obligations éthiques bibliques, mais les hommes ont d'autres obligations éthiques à l'égard de Dieu et du monde/de la création ; de notre point de vue, cependant, les attentes bibliques quant à nos relations avec les autres sont une manifestation de l'amour.

veau Testament pour l'amour est *agape* ; ce modèle d'obligation éthique à l'égard des autres est donc une éthique *agapocentrique*.

La Bible aborde cependant aussi le rapport et les responsabilités des hommes à l'égard de l'ordre créé. Elle les décrit comme les agents de la domination de Dieu sur la création, qui accomplissent sa volonté pour elle. Les hommes sont, en un sens, les régents de Dieu sur la création (par ex. Genèse 1.26–30), appelés non pas à la piller, mais à en prendre soin (par ex. 2.15)[41].

En égard à ce modèle éthique biblique, il y a plusieurs accentuations qui valent la peine d'être notées. D'abord, il s'agit d'un modèle transcendant, en ce qu'il reconnaît l'initiation de Dieu comme la base à la fois de la possibilité et de l'obligation éthique. L'éthique biblique est avant tout une réponse à ce que Dieu est et à ce qu'il a fait (par ex. Exode 20.2 ; 1 Jean 4.19). Ce modèle met l'accent sur la transcendance aussi en reconnaissant le rôle du Fils, à travers qui Dieu a exprimé et accompli sa seigneurie. Dieu exprime sa domination personnellement, à travers le Fils, qui incarne son Royaume. Il l'exprime aussi instrumentalement à travers lui, car le Fils est le médiateur du salut de Dieu aux autres. Ce modèle met l'accent sur la transcendance, en ce qu'il reconnaît le rôle de l'Esprit, qui met en œuvre la seigneurie de Dieu dans la vie des individus, des communautés et enfin, du monde entier.

Ensuite, il s'agit d'un modèle communautaire, qui reconnaît que Dieu a l'intention de commencer le processus de manifestation de sa seigneurie dans le monde à travers son peuple, la communauté de foi. Il a appelé Israël et appelle à présent l'Église à être la sphère à travers laquelle sa seigneurie se manifeste d'une façon particulière, par l'adoration, l'amour entre croyants, le témoigne et le service envers le monde.

Il s'agit par ailleurs d'un modèle spécifique, en ce qu'il permet à chacune des catégories décrites ici de se développer, en termes de leur présentation dans des passages spécifiques à travers la Bible[42]. Les étudiants doivent prendre la décision très importante de ne pas considérer ces catégories comme des abstractions, dont le contenu dépendrait de nos assertions et prédilections personnelles, plutôt que des données des passages bibliques interprétés correctement.

Il s'agit aussi d'un modèle développemental, qui reconnaît que les actes de Dieu, afin d'établir sa seigneurie rédemptrice, ainsi que la réponse éthique des hommes, se manifestent dans un processus historique continu, qui commence avec la création et culmine avec la nouvelle création. La Bible décrit cette progression de la création à la nouvelle création, à travers le salut, ce méga-récit historique qui va de l'Ancienne à la Nouvelle Alliance, avec Jésus-Christ au centre. La notion de progrès historique est donc cruciale pour notre compréhension de l'éthique biblique, tandis que la considération de notre propre situation historique est cruciale pour nos délibérations concernant l'appropriation de l'éthique biblique.

---

41 Christopher J. H. Wright, *Old Testament Ethics for the People of God* (L'éthique de l'Ancien Testament pour le peuple de Dieu) (Downers Grove, Illinois : InterVarsity, 2004), 103-45.

42 Hays, *Moral Vision of the New Testament* (La vision morale du Nouveau Testament), 189-91.

Il s'agit enfin d'un modèle holistique, qui reconnaît que l'éthique biblique inclut non seulement le comportement, mais aussi la connaissance cognitive et un caractère transformé. On ne peut accomplir les attentes bibliques qu'en sachant quelles elles sont et quelles sont leurs implications ; c'est pourquoi, nous faisons référence aux moyens intellectuels d'une pensée informée par la révélation. Les moyens intellectuels, s'ils sont nécessaires, ne sont cependant pas suffisants. La Bible ne se soucie pas seulement de notre comportement manifeste, mais aussi de notre attitude et de nos motivations internes, c'est-à-dire de notre caractère ; c'est pourquoi, nous faisons référence aussi aux moyens existentiels : au caractère, qui inclut les émotions et la volonté, transformés par le Saint-Esprit.

TYPES DE PREUVES UTILISABLES POUR L'ANALYSE BIBLIQUE

Notre discussion sur la nécessité et la nature d'une évaluation spécifique a déjà présenté un certain nombre de principes que les étudiants doivent garder à l'esprit en engageant une évaluation spécifique. À ce stade, cependant, il est opportun de se concentrer sur le processus d'évaluation de la légitimité, de l'étendue, du degré de force et de concession des passages bibliques, pour leur appropriation contemporaine. Une approche inductive requiert une telle évaluation, sur la base d'un examen attentif des preuves[43].

Quatre types de preuves bibliques peuvent être pertinentes pour l'évaluation d'un passage biblique. Nous avons abordé la plupart d'entre elles en traitant l'interprétation, à la partie 3 ci-dessus ; ici, nous souhaitons mettre en lumière leur importance pour l'évaluation. Ces exemples révéleront que dans bien des cas, la ligne de démarcation entre interprétation et évaluation est difficile à tracer. Souvent, les étudiants auront recours aux apports de l'interprétation et s'en serviront pour leur évaluation d'un passage. Ces exemples montrent aussi qu'en pratique, il y a un chevauchement significatif entre les divers types de preuves, si bien qu'on en emploie souvent deux ou plus en tandem. Enfin, ils montrent que l'évaluation est liée non seulement à la légitimité de l'appropriation de passages bibliques en d'autres temps et lieux, mais aussi au degré de concession, de force et d'étendue d'applicabilité.

Contexte. Comme pour l'interprétation, le contexte est généralement le principal type de preuve au même titre que pour l'évaluation, car il implique les directives de l'auteur à l'égard du lecteur. Les étudiants doivent garder à l'esprit que le contexte inclut toutes les preuves contenues dans le livre biblique[44].

---

43 Pour une discussion approfondie, sur tout un livre, des divers types de preuves et de critères employés afin de déterminer si un enseignement biblique est lié à une situation donnée ou transcendant, voir Webb, *Slaves, Women and Homosexuals* (Esclaves, femmes et homosexuels).

44 On peut mentionner ici trois formes spécifiques de preuves contextuelles. Il y a d'abord le *degré de sanction* : plus il est élevé, c. à d. plus le châtiment pour le non-respect d'une ordonnance est sévère, plus cela suggère que l'enseignement est probablement transcendant, tandis qu'un degré de sanction moindre ou l'absence de sanction suggère que l'auteur biblique se contente d'une présomption ou une concession fondée sur les attentes propres à la culture de l'époque. La mention d'un jugement sévère en conséquence d'un acte peut indiquer un degré de gravité et d'intentionnalité qui suggère une force transcendante. Un deuxième type de preuve contextuelle spécifique est la *comparaison en série*, qui part du degré de probabilité d'une commensurabilité entre les divers éléments mentionnés dans une série ou liste. Ainsi, en évaluant un certain passage ou instruction d'une liste, on peut noter les autres éléments de cette liste, afin de s'assurer si un ou plusieurs de ces éléments est clairement lié à la situation ou transcendant. Ainsi, si d'autres éléments de la même liste

D'après Matthieu 10.5–6, Jésus a envoyé ses disciples en voyage missionnaire, en leur donnant cet ordre : « N'allez pas dans les contrées étrangères et n'entrez pas dans les villes de la Samarie. Rendez-vous plutôt auprès des brebis perdues du peuple d'Israël » dans l'Évangile de Matthieu, l'expérience des douze disciples anticipe généralement celle de l'Église après Pâques. Dans l'esprit du lecteur, ce passage pose donc la question de savoir si l'instruction de limiter le ministère à Israël concerne uniquement ce moment de l'Histoire de Jésus, ou si les lecteurs doivent le reprendre et l'appliquer directement à d'autres moments et d'autres époques. Le contexte d'ensemble de l'Évangile de Matthieu nous fournit la réponse à cette question. L'Évangile atteint son apogée avec le mandat missionnaire énoncé dans 28.18–20, où Christ exalté ordonne à l'Église post-Pâques de « fai[re] des disciples parmi tous les peuples ». Le contexte d'ensemble du livre indique donc que la consigne donnée en 10.5–6 est liée à la situation : une telle restriction était appropriée pour les douze disciples à l'époque du ministère terrestre de Jésus, mais on ne peut légitimement l'appliquer directement à toute la période de l'Église post-Pâques. Notre travail préalable d'interprétation de ce passage nous a peut-être permis d'identifier des raisons sous-jacentes et des implications théologiques transcendantes, qui peuvent servir de fondement à une appropriation contemporaine. Le sens superficiel de ce passage n'est cependant pas directement applicable aujourd'hui.

L'enseignement de Paul sur le comportement homosexuel, en Romains 1.18–27, s'est retrouvé récemment au cœur d'une controverse, laquelle portait notamment sur l'importance du contexte immédiat pour son évaluation. Sur la base du contexte immédiat, ainsi que de l'arrière-plan historique du passage, certains spécialistes défendent l'idée que l'enseignement de Paul ne concerne que le rapport entre homosexualité et idolâtrie au 1er Siècle. Ils insistent que Paul s'attaque à l'idolâtrie païenne, pas à la pratique homosexuelle en tant que telle[45]. Nous croyons cependant qu'une analyse attentive de l'argumentation de Paul révèle que ses objections à la pratique homosexuelle sont fondées sur la structure de la création et que Paul insiste que le comportement homosexuel est une forme de résistance humaine au Créateur. Dans ce cas, le contexte immédiat suggère que l'enseignement de Paul est transcendant et demeure valable tant que la création subsistera[46].

Des considérations contextuelles sont clairement pertinentes pour l'évaluation de l'affirmation de Paul : « Je voudrais bien que tout le monde soit [célibataire]

---

sont clairement liés à la situation, le passage ou enseignement à évaluer le sera probablement aussi. Une troisième forme spécifique de preuve contextuelle est la *comparaison divine*, qui montre la probabilité qu'un enseignement soit transcendant, si l'instruction est fondée sur le caractère ou les actions de Dieu (ou de Christ) ; voir, par ex., Lévitique 11.44–45 ; Éphésiens 4.32 ; 5.22–33. Voir Webb, *Slaves, Women and Homosexuals* (Esclaves, femmes et homosexuels), 172–79, 192–201, pour une discussion judicieuse et approfondie de ces formes spécifiques de preuves contextuelles, avec des exemples utiles.

45 Voir notamment Dale Martin, « Heterosexism and the Interpretation of Romans 1.18–32 » (L'hétérosexisme dans l'interprétation de Romains 1.18–32), *Biblical Interpretation* (Interprétation biblique) 3 (1995): 332–55. Certains spécialistes fondent de telles revendications sur le contexte immédiat lié aux injonctions contre l'homosexualité dans l'AT ; voir, par ex., Letha D. Scanzoni et Virginia R. Mollenkott, *Is the Homosexual My Neighbor ? A Positive Christian Response* (L'homosexuel mon prochain ? Une réponse chrétienne affirmative), 2e éd. (San Francisco : HarperCollins, 1994), 63–66.

46 Les structures créationnelles continuelles font état d'un enseignement transcendant, même si certaines dimensions des récits de la création eux-mêmes (Genèse 1–3) semblent être liés à la situation, notamment sur la base du témoignage des Écritures. Voir Webb, *Slaves, Women and Homosexuals* (Esclaves, femmes et homosexuels), 124–27, 134–45.

comme moi » (1 Corinthiens 7.7 ; cf. 7.40). Le contexte immédiat indique que Paul voit le célibat comme un idéal, mais concède qu'étant donnée la présence de désirs sexuels forts, la plupart des gens seront incapables d'atteindre cet idéal sans risquer de tomber dans la promiscuité (7.2, 6, 8-9) ; seules certaines personnes ont reçu de Dieu le don de rester célibataires sans succomber à la flamme de la passion (7.8-9). Par la suite, Paul fonde son avis quant à l'opportunité du célibat sur l'idée que, du fait de l'arrivée prochaine de la parousie, nous devons rester aussi dégagés que possible des responsabilités conjugales, afin de consacrer toute notre attention à l'œuvre urgente de Dieu (7.21-35). Ainsi, ces considérations contextuelles indiquent que 1) Paul présente ce conseil comme une suggestion tactique, un conseil concernant ce qui est le plus utile, au vu de certaines circonstances, et non comme un commandement absolu (degré de force) ; 2) le célibat est un idéal qui tolère des concessions aux réalités sexuelles humaines (degré de concession) ; 3) ce conseil est limité à ceux qui ont reçu de Dieu le don de vivre une vie de célibat sans succomber aux passions sexuelles (étendue d'applicabilité).

Témoignage des Écritures. Le fait que la Bible est un recueil canonique suggère que les étudiants ont la responsabilité de répondre à la question de l'appropriation continuelle des passages bibliques individuels, sur le fondement de la Bible dans son ensemble. Ceux qui adhèrent à la notion de l'autorité de la Bible doivent comprendre que cette autorité n'appartient pas, en définitive, aux passages individuels lus isolément, mais à la Bible dans son ensemble. Cette autorité implique l'importance du besoin d'évaluer les passages bibliques individuels à la lumière de leur fonction dans l'ensemble du canon. Ainsi, dans le cadre de ce processus d'évaluation, les étudiants doivent toujours prendre en compte les preuves tirées du témoignage des Écritures, ce qui inclut toutes les preuves bibliques, en dehors du livre de la Bible en question[47].

Sur la base de ces considérations contextuelles, les instructions de Paul concernant la soumission aux autorités gouvernementales, en Romains 13.1-7, semblent inconditionnelles : « il n'y a pas d'autorité qui ne vienne de Dieu, et celles qui existent ont été instituées par Dieu », si bien que « celui qui s'oppose à l'autorité lutte contre une disposition établie par Dieu, et ceux qui sont engagés dans une telle lutte recevront le châtiment qu'ils se seront attiré », car les autorités sont « au service de Dieu pour ton bien », « pour manifester sa colère et punir celui qui fait le mal ». Le fait que d'autres passages du Nouveau Testament poussent au même type de soumission (par ex. 1 Pierre 2.13-17) est une preuve tirée du témoignage des Écritures, que cette soumission est un enseignement transcendant. D'autres preuves tirées du témoignage des Écritures présentent cependant une autre perspective : ainsi, le livre de l'Apocalypse décrit les autorités qui nous gouvernent comme des persécuteurs malfaisants, qui cherchent à forcer les disciples fidèles à abandonner leur engagement envers leur Seigneur et auxquels il faut donc résister, même jusqu'à la mort (6.9-11 ; 9.1-11 ; 13.1-18.24). De même, Actes 3-5 présente les représentants des Sadducéens comme des responsables religieux dont la fonction est avant tout politique, qui persécutent les apôtres et cherchent à les

---

47 Les étudiants doivent garder à l'esprit que les preuves tirées du livre entrent dans la catégorie du contexte.

réduire au silence, si bien que les apôtres résistent à leurs demandes en affirmant qu'il vaut mieux obéir à Dieu qu'aux hommes (4.19 ; 5.29). Par ailleurs, au cours de sa passion, Jésus refuse de se soumettre aux exigences d'Hérode (Luc 23.6–12). Ainsi, le témoignage des Écritures semble poser des conditions aux instructions de Romains 13.1–7, indiquant que la soumission aux autorités gouvernementales se limite aux situations dans lesquelles celles-ci fonctionnent de la manière (assez idéale) décrite par Paul dans ce passage.

Beaucoup défendent la thèse qu'il existe, dans le Nouveau Testament, une contradiction portant sur le rôle des femmes au sein de l'Église. Même si l'interprétation spécifique de passages comme 1 Corinthiens 14.33–36 et 1 Timothée 2.11–15 est contestée[48], il est plausible de construire ces passages dans le sens d'une interdiction totale aux femmes d'exercer une autorité d'enseignante au sein de l'Église. D'autres passages du Nouveau Testament peuvent cependant servir de preuves par le témoignage des Écritures, afin de suggérer que ces passages sont liés à une situation spécifique. D'abord, d'autres passages des Épîtres de Paul indiquent que des femmes exerçaient des responsabilités dans les églises pauliniennes : Paul décrit Junia comme « très estimé[e] en tant qu'apôtr[e] »[49], tandis qu'Évodie et Syntiche étaient apparemment responsables de groupes importants au sein de l'église de Philippes (Philippiens 4.2–3)[50].

Par ailleurs, le livre des Actes rapporte que Priscille, avec son mari Aquilas, a pris Apollos à part et « lui expliqu[a] plus précisément la Voie de Dieu » (18.24–28)[51]. Déjà auparavant, le livre des Actes rapporte qu'il y avait des femmes parmi les 120 personnes réunies dans la chambre haute, le jour de la Pentecôte, où tous ceux qui étaient présents ont fait l'expérience de la venue de l'Esprit et ont parlé à tous ceux qui étaient assemblés à Jérusalem des « choses merveilleuses que Dieu a

---

48 Pour des exemples représentatifs des principales possibilités exégétiques, voir Richard Clark Kroeger et Catherine Clark Kroeger, *I Suffer Not a Woman: Rethinking 1 Timothy 2.11–15 in Light of Ancient Evidence* (Je ne permets pas à la femme : repenser 1 Timothée 2.11–15 à la lumière des preuves antiques) (Grand Rapids : Baker Academic, 1992) ; John Piper et Wayne Grudem, éd., *Recovering Biblical Manhood and Womanhood: A Response to Evangelical Feminism* (Recouvrir la masculinité et la féminité bibliques : une réponse au féminisme évangélique) (Wheaton, Illinois : Crossway, 1991) ; Robert W. Wall, « 1 Timothy 2.9–15 Reconsidered (Again) » (1 Timothée 2.9–15 reconsidéré (encore une fois)), *Bulletin for Biblical Research* (Bulletin de recherche biblique) 14, n°1 (2004) : 81–103. Les deux questions exégétiques soulevées par 1 Corinthiens 14.33–36 sont : 1) la possibilité, qui relève de la critique textuelle, que 14.34–35 ne faisait pas partie du livre à l'origine, mais constitue une interpolation scribale tardive ; 2) la contradiction apparente entre les instructions de Paul concernant la manière dont les femmes qui prient et prophétisent à l'église doivent se vêtir, et en 11.2–16, et ce passage, qui semble leur interdire de prophétiser à l'église. Voir, par ex., Anthony C. Thiselton, *The First Epistle to the Corinthians* (La première épître aux Corinthiens), NIGTC (Grand Rapids : Eerdmans, 2000), 1147–62.

49 L'interprétation de ce passage tourne autour de la question de savoir si le nom était masculin ou féminin ; la différence est une question d'accentuation, tandis que les textes les plus anciens ne contenaient pas d'accents. La majorité des spécialistes récents ont mis en avant des preuves selon lesquelles le nom devait être féminin. Voir Eldon Jay Epp et Beverly Roberts Gaventa, *Junia: The First Woman Apostle* (Junia : la première femme apôtre) (Minneapolis : Fortress, 2005). La référence à l'« apôtre » n'indique pas forcément qu'elle était apôtre dans le même sens que Pierre, ou même Paul, mais qu'elle était reconnue comme ayant une autorité suffisante pour enseigner et prêcher en tant que « missionnaire itinérante ». Pour une discussion utile, voir Douglas Moo, *Romans* (Romains), NICNT (Grand Rapids : Eerdmans, 1996), 921–24.

50 Même si la dispute causée par ces femmes avait apparemment créé un certain schisme dans l'église de Philippes, Paul ne fait pas le lien entre ce problème et le fait d'avoir des femmes responsables et ne l'aborde pas en insistant qu'en tant que femmes, elles doivent garder le silence ; mais il les exhorte plutôt à être « en parfaite harmonie, l'une avec l'autre, selon le Seigneur ».

51 Ici, Luc mentionne Priscille avant Aquilas, comme Paul le fait par ailleurs en Romains 16.3. Cet ordre de priorité est important, en ce qu'il peut suggérer que Priscille ait eu davantage de responsabilités qu'Aquilas.

accomplies » (2.1–21 ; cf. 1.12–14), que Pierre décrit comme l'accomplissement de Joël 2.28–32 :

« Voici ce qui arrivera, dit Dieu, dans les jours de la fin des temps : Je répandrai de mon Esprit sur tout le monde. Vos fils, vos filles prophétiseront, vos jeunes gens, par des visions, vos vieillards, par des songes, recevront des révélations. Oui, sur mes serviteurs, comme sur mes servantes, je répandrai de mon Esprit, en ces jours-là : ils prophétiseront. » (Actes 2.17–18) Ce témoignage des Écritures indique peut-être que les instructions de Paul en 1 Corinthiens 14.33–35 et en 1 Timothée 2.11–15 étaient liées à une situation spécifique à cette époque et aux églises de Corinthe et d'Éphèse.

Un dernier exemple de témoignage des Écritures est lié à la question de l'esclavage dans la Bible. Il est évident que la Bible n'insiste pas sur son abolition ; en fait, l'Ancien comme le Nouveau Testament, non seulement cautionnent l'esclavage, mais en font peut-être même, par endroits, un élément légitime de la structure sociale (par ex. Exode 21.20–21, 28–32 ; Lévitique 19.20–22, Deutéronome 23.15 ; Éphésiens 6.5–8 ; 1 Pierre 2.18–25)[52]. Pourtant, en tout cas aux yeux de la plupart des personnes modernes, l'esclavage contredit le commandement d'aimer son prochain comme soi-même, dont Jésus affirme qu'il est au cœur de la volonté de Dieu exprimée par la Loi (Matthieu 22.34–40 ; cf. Lévitique 19.18)[53]. Dans de telles circonstances, l'importance de mettre en lien les passages individuels avec la structure de l'éthique biblique devient donc évidente. En évaluant l'esclavage à la lumière du commandement central de l'amour du prochain, on conclura que l'éthique biblique des rapports interpersonnels exclut la possibilité de l'esclavage et nous contraint à considérer tous les passages bibliques qui cautionnent cette pratique comme liés à la situation. Les auteurs bibliques, malgré leur inspiration et leur génie, subissaient peut-être tant l'influence d'une culture dans laquelle l'esclavage avait un rôle à jouer dans la société, qu'ils ne pouvaient concevoir une structure sociale sans esclavage. W. J. Webb qualifie ce genre d'influence culturelle compréhensible subie par les auteurs bibliques et leur public comme un « horizon expérimental limité »[54].

Le témoignage des Écritures[55] pose la question des contradictions entre textes bibliques : divers passages bibliques ont parfois un enseignement différent, voire même contradictoire. Nous avons vu que ce phénomène peut indiquer une des possibilités suivantes : 1) certains de ces passages abordent en fait des situations

---

52 Même dans Philémon, Paul ne s'attaque pas à l'institution de l'esclavage, mais affirme seulement qu'Onésime serait plus utile au Seigneur si Philémon l'affranchissait pour qu'il puisse servir Paul.

53 Ailleurs dans Matthieu, ce commandement est développé en termes de « règle d'or » (7.12).

54 Webb, *Slaves, Women and Homosexuals* (Esclaves, femmes et homosexuels), 155. Sur les instructions de Paul concernant les esclaves en Colossiens 4.1, voir la remarque de Luke Timothy Johnson, *The Writings of the New Testament: An Interpretation* (Les textes du Nouveau Testament : interprétation), éd. rév. (Minneapolis : Fortress, 1999), 400 : « Paul ne pouvait pas davantage envisager un autre système de parenté qu'il n'aurait pu proposer une démocratie jeffersonienne à la place de l'Empire romain. »

55 Webb, *Slaves, Women and Homosexuals* (Esclaves, femmes et homosexuels), 110–22, décrit une forme spécifique de témoignage des Écritures, qu'il appelle « fondé sur la chute ou sur la malédiction ». Il nous exhorte à nous demander si l'enseignement d'un passage biblique prend en compte, ou même émane de la chute ou de la malédiction ; dans ce cas, il doit être considéré comme lié à la situation, par rapport à l'inauguration de la nouvelle création en Jésus-Christ. Ce critère est relatif au caractère développemental de la révélation biblique, décrit au tableau 29 (ci-dessus), « Structure éthique biblique », et dans la discussion associée.

spécifiques et sont donc liées à la situation[56], 2) cela peut souligner l'importance de situer les passages individuels dans les contours d'ensemble de la structure de l'éthique biblique, afin de porter un jugement entre passages contradictoires, sur la base de leur rapport avec les préoccupations premières et fondamentales de la Bible, 3) cela peut indiquer le progression dans la révélation, entre l'Ancien et le Nouveau Testament. C'est ce sujet que nous allons aborder à présent.

Progression dans la révélation. La progression dans la révélation, en tant que preuve, est en fait une sous-catégorie du témoignage des Écritures. Ce type de preuve est lié à la réalité que nous avons décrite précédemment : le fait que la révélation se développe au fil de la Bible, notamment en passant de l'Ancien au Nouveau Testament. Il fonctionne sur le fondement du principe selon lequel le Nouveau Testament détermine si certains passages de l'Ancien Testament continuent de s'appliquer directement.

On trouve un exemple clair de progression dans la révélation dans la liste de thèses et d'antithèses en Matthieu 5.21–48. On note surtout l'antithèse par rapport à la *lex talionis*, ou loi du talion, en 5.38–42. Jésus cite Exode 21.24 / Lévitique 24.20 mot pour mot, puis, par ses enseignements en « Eh bien, moi, je vous dis », il contredit le sens superficiel de l'instruction de l'Ancien Testament : « Œil pour œil, dent pour dent ». Même en admettant que le dessein du commandement de l'Ancien Testament n'était pas d'exiger, mais de limiter les représailles[57], on reconnaîtra que l'instruction de Jésus exige un rejet total de celles-ci. Le Jésus de Matthieu suggère que le commandement lui-même n'exprime pas complètement la volonté de Dieu derrière la lettre de la loi, si bien que Jésus accomplit le commandement à travers son antithèse (cf. 5.17–20). Jésus déclare que ce commandement de l'Ancien Testament est lié à la situation, qu'il était approprié pour le peuple d'Israël à l'époque où Moïse le leur a donné, mais qu'il ne s'applique plus sous la même forme qu'à l'époque où il fut donné. La notion de progrès dans la révélation implique une forme d'accommodation divine à l'immaturité naturellement liée aux premières étapes du développement spirituel du peuple de Dieu[58].

Un deuxième exemple de la progression dans la révélation met l'accent sur l'élément de la concession divine. Dans le passage qui aborde la question du divorce (Marc 10.2–9), certains Pharisiens demandent à Jésus si un homme peut légitimement divorcer de sa femme, en lui rappelant que dans la Loi, « Moïse [...] a permis de divorcer d'avec sa femme, à condition de lui donner un certificat de divorce ». Jésus explique que la Loi de Moïse était une concession divine : « C'est à cause de la dureté de votre cœur que Moïse a écrit ce commandement pour vous. Mais, au

---

56 Klein, Blomberg, Hubbard, *Introduction to Biblical Interpretation* (Introduction à l'interprétation de la Bible), 489-90.

57 Voir, par ex., Christopher J. H. Wright, *An Eye for an Eye: The Place of Old Testament Ethics Today* (Œil pour œil : la place de l'éthique de l'Ancien Testament aujourd'hui) (Downers Grove, Illinois : InterVarsity, 1983).

58 Ainsi, cette accommodation divine est une manifestation de la grâce condescendante de Dieu, en ce qu'elle implique sa disposition à accommoder sa révélation à son peuple, afin qu'ils puissent la recevoir là où ils se situaient dans l'avancée de l'Histoire du salut. John Calvin, *Institution de la religion chrétienne*, 1.13.1, le décrit en ces mots : « Car qui sera l'homme de si petit esprit, qui n'entende que Dieu bégaye, comme par manière de dire, avec nous à la façon des nourrices pour se conformer à leurs petis enfants ? » Webb, *Slaves, Women and Homosexuals* (Femmes, esclaves et homosexuels), 58-59, le décrit comme l'amour et le soin pastoral de Dieu. Même si les premières étapes de la révélation étaient peut-être relativement imparfaites, comparées à la révélation en Jésus-Christ, elles étaient fonctionnellement parfaites : elles correspondaient exactement à ce que le peuple était capable de comprendre et de recevoir à ce moment de l'histoire.

commencement de la création, Dieu a créé l'être humain homme et femme. C'est pourquoi l'homme laissera son père et sa mère pour s'attacher à sa femme, et les deux ne feront plus qu'un. Ainsi, ils ne sont plus deux, ils font un. Que l'homme ne sépare donc pas ce que Dieu a uni. » Ici, Jésus déclare que le dessein énoncé par Dieu pour sa création montre que la loi sur le divorce ne reflète pas l'idéal divin, mais était plutôt une concession au péché des hommes ; ainsi, la validité de la Loi de Moïse était limitée à l'époque où les hommes étaient asservis par la dureté de leur cœur, dont ils peuvent à présent être libérés, du fait de la venue du Royaume de Dieu de la fin des temps (cf. Marc 1.14–15).

On peut même considérer, sur la base de la progression dans la révélation, que certains éléments du récit de la création sont liés à la situation. Le commandement de se marier, ou, du moins, l'attente du mariage, qu'on trouve en Genèse 2.24, est remis en question dans le Nouveau Testament, à la fois par Jésus (Matthieu 19.10–12) et par Paul (1 Corinthiens 7.6–9, 21–38), en faveur de l'idéal du célibat pour le royaume de Dieu, en tout cas pour ceux qui ont reçu de Dieu le don du célibat[59].

Arrière-plan historico-culturel. Parfois, l'arrière-plan historique ou culturel d'un passage biblique peut informer notre évaluation de sa valeur applicative contemporaine. Selon un principe souvent exprimé, un passage biblique qui est en continuité avec les assertions et attentes de la culture ambiante (*paraculturel*) aura davantage de chances d'être culturel, c'est-à-dire lié à la situation, même si ce ne sera en aucun cas certain. Si, au contraire, un passage biblique contredit ou remet en cause les attentes et assertions de la culture ambiante (*contre-culturel*), il y aura davantage de chances pour qu'il soit transculturel, c'est-à-dire transcendant[60]. Ainsi, puisque les cultures qui entouraient l'ancien Royaume d'Israël étaient polythéistes, l'insistance de l'Ancien Testament sur l'adoration exclusive de Yahweh a davantage de chances d'avoir une validité applicative transcendante, en termes de preuves dérivées de l'arrière-plan historique. De la même manière, le fait que les cultures qui entouraient l'ancien Royaume d'Israël, ainsi que le monde gréco-romain, acceptaient, voire même célébraient l'homosexualité[61], fait que les interdictions bibliques de ce comportement sont probablement transcendantes. De plus, le fait que la polygamie semble avoir été généralement acceptée dans les cultures du Proche-Orient ancien appuie la conclusion que la présentation de cette pratique dans les pages de l'Ancien Testament est liée à la situation[62].

---

59 Il faut se souvenir que, même si l'événement de la création n'est pas lui-même lié à l'Ancienne Alliance, les récits de la création font partie de l'AT ; ainsi, l'enseignement de ces passages fait partie de l'Ancienne Alliance. Par ailleurs, l'ensemble du NT dit clairement que la nouvelle création eschatologique, venue en Jésus-Christ et qui sera manifestée pleinement à la consommation, n'est pas que la restauration de la création originale, mais transcende celle-ci, en gloire et par son plein accomplissement des desseins de Dieu. Voir Webb, *Slaves, Women and Homosexuals*, 150–52.

60 Par ex. Klein, Blomberg et Hubbard, *Introduction to Biblical Interpretation* (Introduction à l'interprétation de la Bible), 494–95 ; Osborne, *Hermeneutical Spiral* (Spirale herméneutique), 420–26 ; Webb, *Slaves, Women and Homosexuals* (Esclaves, femmes et homosexuels), 152–72 ; Gordon D. Fee et Douglas Stuart, *How to Read the Bible for All Its Worth* (Comment lire la Bible avec toute sa valeur), 2ᵉ éd. (Grand Rapids : Zondervan, 1993), 73–74.

61 Voir, par ex., Donald J. Wold, *Out of Order: Homosexuality in the Bible and the Ancient Near East* (Désordonné : l'homosexualité dans la Bible et dans le Proche-Orient antique) (Grand Rapids : Baker Academic, 1998) ; Wayne R. Dynes et Stephen Donaldson, éd., *Homosexuality in the Ancient World* (L'homosexualité dans le monde antique) (New York : Garland, 1992).

62 Par ex. de Vaux, *Ancient Israel* (Israël antique), 24–26, 115–17.

Par ailleurs, un examen de l'arrière-plan culturel du langage employé dans les passages bibliques peut aider les étudiants à identifier le caractère culturel de certaines instructions. Un tel examen est utile, par exemple, pour évaluer l'enseignement de Paul en 1 Corinthiens 11.5–6, un passage qui laisse perplexes la plupart des lecteurs modernes : « Mais si une femme prie ou prophétise la tête non couverte, elle outrage son chef à elle : c'est comme si elle était rasée. Si donc une femme ne se couvre pas la tête, pourquoi, alors, ne se fait-elle pas aussi tondre les cheveux ? Mais s'il est honteux pour une femme d'être tondue ou rasée, qu'elle se couvre donc la tête. » Klein, Blomberg et Hubbard résument bien l'importance de l'arrière-plan culturel de ce passage :

> Ces remarques [de Paul] poussent le lecteur à se demander ce qu'il y avait de honteux, pour une femme à l'époque de Paul, à avoir les cheveux rasés. Il y a bien des possibilités. Pour les femmes juives, la tête rasée suggérait peut-être qu'elles étaient coupables d'adultère. Pour les femmes gréco-romaines, cela pouvait indiquer qu'elles étaient le partenaire le plus « masculin » d'un couple lesbien. Donc, à moins que les cheveux courts ou les têtes non-couvertes ne revêtent un sens approchant dans nos cultures modernes, [...] la pratique spécifique est ici sans importance. D'autre part, n'importe quel vêtement, tenue, comportement ou parole qui suggère l'infidélité ou la déviance sexuelle doit demeurer aussi condamnable pour les femmes chrétiennes aujourd'hui qu'à Corinthe au 1er Siècle[63].

Ainsi, la reconnaissance de l'arrière-plan culturel peut révéler des possibilités d'appropriation de passages qui peuvent de prime abord sembler assez insignifiants pour le public contemporain.

Distinctions de processus entre passages de l'Ancien et du Nouveau Testament

Même si la procédure générale d'évaluation est constante pour tous les passages à travers la Bible, il y a des distinctions entre le processus d'évaluation des passages de l'Ancien et du Nouveau Testament, car, après tout, ceux de l'Ancien Testament représentent une étape plus ancienne de l'avancée de la révélation divine.

Les passages de l'Ancien Testament doivent être évalués à la lumière de leur place dans celui-ci et des passages spécifiques, ainsi que des enseignements généraux, du Nouveau Testament. En Joël 2.12–17, par exemple, le prophète appelle le peuple de Juda à la repentance, parce qu'ils ont péché et que par conséquent, ils ont subi la dévastation physique du jugement de Dieu. Le prophète appuie cet appel à la repentance sur la promesse que Dieu inversera le jugement de détresse physique et enverra des bénédictions matérielles, manifestées par l'abondance agricole, à ceux qui se repentiront et se soumettront pour obéir à sa volonté (2.14). Le passage suivant présume que Juda a accepté l'appel à la repentance du prophète et s'est

---

63 Klein, Blomberg, Hubbard, *Introduction to Biblical Interpretation* (Introduction à l'interprétation de la Bible), 490 ; cf. Bruce W. Winter, *After Paul Left Corinth: The Influence of Secular Ethics and Social Change* (Après que Paul a quitté Corinthe : l'influence de l'éthique séculière et du changement social) (Grand Rapids : Eerdmans, 2001), 121–41.

détourné de ses péchés, afin de se soumettre par l'obéissance à la juste volonté de Dieu. Ce passage décrit les bénédictions physiques abondantes que Yahweh a ensuite répandues sur la nouvelle nation obéissante (2.18–27). Le livre de Joël décrit donc clairement un rapport de cause : le péché mène à la détresse physique et à la privation matérielle, tandis que la repentance et la fidélité renouvelée à Yahweh mènent à l'abondance physique et matérielle.

Cette vision du péché qui mène au jugement physique et matériel, tandis que la justice mène aux bénédictions matérielles de Yahweh, est confirmée dans beaucoup d'autres passages de l'Ancien Testament. En fait, l'idée que Dieu récompensera matériellement les justes et apportera la dévastation matérielle sur les injustes est caractéristique de la théologie deutéronomique, dont la plupart des spécialistes pensent qu'on la retrouve dans beaucoup de passages de l'Ancien Testament (par exemple dans Jérémie). Elle s'exprime notamment dans les listes contrastées de bénédictions et de malédictions en Deutéronome 27–28, ainsi que dans la conclusion-résumé en Deutéronome 30. Une partie significative de la tradition sapientiale de l'Ancien Testament insiste aussi sur le rapport de cause entre la soumission à la voie de l'Éternel, qui est le chemin de la sagesse, et la prospérité matérielle, par opposition au rapport de cause contraire entre la folie et la souffrance/dévastation physique. Le livre des Proverbes fait ce lien à plusieurs reprises[64].

Cette idée est cependant aussi contestée dans l'Ancien Testament. La tradition sapientiale a engagé sa propre critique du rapport simple et direct entre justice et bénédictions matérielles d'une part, et injustice et dévastation physique ou matérielle d'autre part. Ainsi, le livre de Job décrit un homme qui souffre, non pas tout simplement malgré sa justice, mais à cause de celle-ci, même si, en définitive, sa fidélité à Dieu le mène à recevoir le double de ce qu'il avait au début (Job 42.10–17). Par ailleurs, le Serviteur de l'Éternel, en Ésaïe 40–55, subit la douleur physique, la souffrance, et même la mort, à cause de sa parfaite justice. D'une manière générale, cependant, cette idée est assez étrangère à l'Ancien Testament, ainsi que l'attestent les premières lignes d'Ésaïe 53 : « Qui a cru à notre message ? À qui a été révélée l'intervention de l'Éternel ? »

Le Nouveau Testament ne promet pas aux croyants des bénédictions physiques et la prospérité parce qu'ils sont disciples de Christ, pas plus qu'il ne fait cette promesse aux églises fidèles. En fait, le Nouveau Testament, dans son ensemble, enseigne que la vie de disciple peut être accompagnée de l'adversité physique et du sacrifice des richesses, allant jusqu'à la privation matérielle. On trouve des exemples spécifiques de cet état de fait dans Matthieu 5.10–12 ; 19.27–29 ; Marc 8.34–37 ; Hébreux 10.33–34. L'exemple ultime est cependant l'expérience de Jésus lui-même : alors qu'il était riche, il s'est appauvri (2 Corinthiens 8.9) ; à l'inverse même des oiseaux et des renards, il n'avait nulle part où poser sa tête (Luc 9.58). Son obéissance l'a mené à souffrir et à mourir sur la croix, perdant toutes les bénédictions matérielles de cette vie.

---

64 Les Proverbes sont structurés selon une récurrence de contraste de cause : un comportement juste et sage est reconnu à plusieurs reprises comme la cause de la bénédiction physique d'une vie longue et heureuse, pleine de bénédictions matérielles ; d'autre part, un comportement méchant et fou est considéré comme la cause de la malédiction physique d'une vie courte et misérable, pleine de privations matérielles.

Pour ce qui est du Nouveau Testament, il enseigne que la justice engendre la bénédiction. La récompense promise n'est cependant pas constituée des bénédictions physiques ou matérielles de cette vie, mais de la bénédiction spirituelle à présent et de la félicité éternelle dans le monde à venir. Le livre de Joël contient donc une vérité fondamentale toujours pertinente : la justice engendre la bénédiction, l'obéissance est le secret du bien-être. L'enseignement de Joël parvient à son accomplissement dans le Nouveau Testament, mais, précisément parce qu'il en est l'accomplissement, l'enseignement du Nouveau Testament transcende les expressions précédentes de Joël et il est donc différent de celles-ci sur un certain nombre de points importants. Dieu a révélé cette vérité à la génération de Joël, en les seuls termes en lesquels la génération de l'Ancien Testament pouvait les comprendre, étant donné le moment où elle se situait dans le processus long de plusieurs siècles à travers lequel Dieu a guidé son peuple vers une meilleure compréhension et maturité.

Les étudiants ne doivent pas conclure de cette discussion que leur appropriation personnelle ou leur proclamation pastorale du livre de Joël doit demeurer au niveau de la notion générale selon laquelle la justice, ou le retour à la justice, produit la bénédiction. Si c'était le cas, le livre de Joël n'aurait pas sa propre contribution unique à apporter à la foi biblique, mais il ne ferait que répéter un message que les lecteurs peuvent trouver exprimé bien plus clairement dans les pages du Nouveau Testament. En fait, le livre de Joël contient certains aspects de cette vérité fondamentale qu'on ne trouve exprimés précisément de la même manière nulle part ailleurs dans le canon biblique. Autrement dit, le livre de Joël continue de rendre son propre témoignage à la foi du Nouveau Testament. On peut noter, par exemple, comment Joël met l'accent sur le fait que Dieu n'a aucune obligation de récompenser ceux qui reviennent à une vie d'obéissance fidèle, mais que sa décision de bénir ceux qui se revêtent du manteau de la justice n'est que grâce : « Qui sait ? Peut-être l'Éternel se ravisera-t-il et changera-t-il lui aussi de ligne de conduite. Qui sait s'il ne laissera pas derrière lui une bénédiction [...] ? » (2.14) Le livre de Joël enseigne aussi que Dieu se réjouit tellement de la repentance de son peuple, qu'il est disposé à favoriser ceux qui se détournent de la méchanceté pour pratiquer la justice, à les bénir bien au-delà de ce dont ils jouissaient dans le passé ou de ce qu'ils auraient jamais espéré recevoir (2.28 — 3.21).

Pour ce qui est des passages du Nouveau Testament, ils doivent être évalués à la lumière des enseignements généraux de celui-ci, ainsi que d'autres passages spécifiques. Dans Marc 10.17–22, par exemple, on note l'injonction que Jésus adresse au jeune homme riche. En réponse à sa question : « que dois-je faire pour obtenir la vie éternelle ? », Jésus répond : « va, vends tout ce que tu possèdes, donne le produit de la vente aux pauvres et tu auras un trésor dans le ciel. Puis viens et suis-moi ! » On peut exprimer la question ainsi : ce commandement est-il une exigence générale pour la vie de disciple et la vie éternelle ? Peut-il être pris et appliqué directement en d'autres endroits et à d'autres époques, notamment les nôtres ? Même si le contexte immédiat (10.23–31), ainsi que plusieurs autres passages du Nouveau Testament, insistent sur le danger de l'attachement aux richesses et de l'importance du don sacrificiel aux pauvres[65], le Nouveau Testament dans son ensemble ne semble pas en faire une condition nécessaire à la vie de disciple. On peut citer plus spécifiquement en Luc 19.1–10, l'histoire dans laquelle Zachée se propose de rembourser au quadruple tous ceux qu'il a escroqués et de donner la moitié de ces biens aux pauvres, ce qui implique qu'il a probablement gardé une part importante de ses biens, ou encore Matthieu 27.57, qui décrit Joseph d'Arimathée comme un homme riche qui était aussi disciple de Jésus. Le livre des Actes rapporte que Marie, la mère de Jean-Marc, a continué à posséder une maison (10.6–17), au milieu d'un récit qui rapporte que « ceux qui possédaient des champs ou des maisons les vendaient, apportaient le produit de la vente et le remettaient aux apôtres » (4.34–35). Enfin, Paul donne des instructions à Timothée concernant l'accompagnement pastoral des riches au sein de l'Église (1 Timothée 6.17–19).

L'enseignement transcendant de Marc 10.17–22 semble donc être qu'il faut prendre toutes les mesures nécessaires, même les plus draconiennes, afin de retirer tout obstacle qui peut nous empêcher de suivre Christ. Tel est l'enseignement de ce passage, qui s'applique à tous, partout et en tout temps. Le passage suggère cependant aussi que, même si le matérialisme est souvent un problème-clé à prendre en compte lorsqu'une personne réfléchit à devenir disciple de Jésus, c'était particulièrement le cas dans la vie de cet homme. C'est pourquoi, chacun doit examiner ses propres engagements, quels qu'ils soient, afin de déterminer quelles décisions il doit éventuellement prendre afin de suivre Christ, puis de prendre ces décisions courageusement, quelles qu'elles soient. Le Nouveau Testament indique que certaines personnes peuvent maintenir une forme de distance sanctifiée à l'égard de leurs biens. Autrement dit, ils sauront gérer leurs biens tout en considérant qu'ils appartiennent en fait à Dieu, qui les leur a confiés afin qu'ils s'en servent pour faire avancer son Royaume, ainsi que l'a fait la mère de Jean-Marc dans le livre des Actes.

En Romains 14.1–.5–13, Paul aborde la question d'une controverse apparente au sein de l'église de Rome, sur la question de savoir si les fêtes (14.5–6) et, surtout, les lois alimentaires de l'Ancien Testament (14.2, 6, 14–23)[66] demeurent en vigueur pour les chrétiens ou si, au contraire, ils sont libérés de ces exigences. Cette controverse semble avoir mené à un esprit de dispute (14.1) et de jugement (14.3, 10, 13), qui menaçait l'unité de l'église de Rome (14.1, 19 ; 15.7), car une telle unité n'est rendue possible qu'à travers une attitude de générosité envers ceux qui sont différents de nous et un esprit de sacrifice (14.1, 15, 20 ; 15.1–6). Paul insiste sur le fait qu'il n'y a aucun fondement théologique pour continuer à observer ces fêtes et prescriptions alimentaires et il est d'accord pour dire que ceux qui le font sont en un sens « faibles » (14.1 ; 15.1). Il exhorte donc ces chrétiens faibles à reconnaître que, tant que ceux qui mangent et boivent le font avec une conscience pure devant le Seigneur, leur décision doit être respectée (14.4–12).

---

65 Par ex. Matthieu 6.22–24 ; Luc 3.12–14 ; 12.13–21, 33–34 ; 16.19–31.

66 Il est possible que la question des lois alimentaires aille au-delà des prescriptions de l'AT, pour inclure le refus de manger de la viande et de boire du vin (Romains 14.2, 21). Robert Jewett suggère que certains non-Juifs venus à Christ, issus d'un arrière-plan ascétique païen, s'étaient peut-être joints à certains chrétiens d'origine juive au sein de l'église de Rome, dans leur insistance sur l'abstinence (*Romans* (Romains), Hermeneia [Minneapolis : Fortress, 2007], 837).

Paul insiste cependant aussi sur le fait que les chrétiens qui ont compris qu'ils sont libres d'ignorer ces prescriptions, doivent les observer si leur refus de le faire risque de blesser spirituellement un frère ou une sœur (14.15), ou même d'occasionner une chute dans sa démarche de foi (14.21). Le témoignage des Écritures indique que l'enseignement de ce passage peut être transcendant. Paul propose un argument analogue en 1 Corinthiens 8.1 — 9.27 et en 10.23 — 11.1, en insistant que, si, en principe, il n'y a aucune objection au fait de manger de la viande sacrifiée aux idoles, les chrétiens doivent renoncer à cette pratique si elle choque d'autres membres de la communauté chrétienne au point de les faire chuter par rapport à la foi. On trouve le même équilibre entre liberté chrétienne vis-à-vis des prescriptions alimentaires de l'Ancien Testament et respect des scrupules des autres membres de la communauté derrière le jugement délicatement nuancé de l'Église lors du concile apostolique en Actes 15.1–41.

Ainsi, le principe énoncé en Romains 14.1 — 15.13 est transcendant, mais la question spécifique des fêtes et des prescriptions alimentaires est spécifique à l'église de Rome à cette époque. Cette question n'a que peu de pertinence pour les lecteurs modernes, non parce qu'elle est sans importance inhérente, mais parce qu'elle est obsolète[67]. L'enseignement spécifique est donc lié à la situation. Or, à quelques exceptions près, on ne retrouve plus ces circonstances particulières dans l'Église chrétienne aujourd'hui[68]. Le principe sous-jacent, que Paul exprime explicitement dans ce passage, peut cependant être repris et appliqué en d'autres endroits et à d'autres époques : il y a des domaines périphériques dans l'expérience chrétienne où la conscience individuelle seule ne peut servir d'autorité ultime pour déterminer quelle décision prendre ou si une pratique doit être suivie. Dans ce cas, il est trois choses fondamentales dont nous devons tenir compte dans notre choix : notre relation de foi avec Dieu, ce qui est le plus propice au mieux-être spirituel des autres chrétiens et enfin, le souci de la paix et de l'unité de l'Église.

Analyse de la situation

L'enseignement biblique n'est pas le seul à devoir être évalué : il en est de même de la situation ou de la question contemporaine à laquelle on pense que l'enseignement biblique pourrait s'appliquer. L'objectif de cette évaluation est de s'assurer s'il existe un parallèle entre la situation contemporaine et la vérité biblique et si oui, dans quel cas. Ce besoin d'analyse situationnelle dérive de trois considérations.

D'abord, de même que l'évaluation biblique est nécessaire du fait du caractère historique de la Bible et de la révélation qu'elle contient, l'analyse situationnelle est également nécessaire du fait que les vies humaines sont profondément historiques et impliquent des situations très spécifiques et conditionnées par l'Histoire. Afin de rester fidèles aux réalités de l'appropriation, il faut prendre en compte non seulement le caractère historiquement spécifique de la révélation à ses origines

---

67 D'après Webb, *Slaves, Women and Homosexuals* (Esclaves, femmes et homosexuels), 209-21, l'enseignement superficiel d'un passage a davantage de chances d'être lié à la situation s'il ne peut être transféré d'un contexte culturel à un autre.

68 On peut imaginer des situations dans lesquelles le même problème peut se présenter, par ex. dans des assemblées composées de chrétiens issus d'un arrière-plan juif conservateur ou orthodoxe et d'autres croyants sans arrière-plan juif.

(analyse biblique), mais aussi le caractère spécifiquement historique de la situation réceptrice (analyse situationnelle).

Ensuite, le besoin d'analyse situationnelle émane de la considération que l'éthique biblique est fondée sur des principes plutôt que sur des lois. La possibilité du caractère fondé sur des principes de l'éthique biblique se reflète ci-dessus, au tableau 29 (« Structure éthique biblique »), dans lequel nous suggérons que la Bible présente l'obligation éthique en termes de principes (par ex. reconnaissance, amour) plutôt que d'un code légal[69]. La fonction, ou, du moins, l'objectif de la loi, est de chercher à incorporer toutes les situations concevables dans un code légal[70], tandis qu'une éthique fondée sur des principes exige un examen attentif du rapport possible entre le principe et la situation, avec la plus grande intégrité possible. C'est pourquoi, les étudiants doivent partir des principes éthiques bibliques, interprétés d'une manière spécifique, et les mettre en lien, d'une manière réfléchie, avec les situations auxquelles ils se retrouvent confrontés, afin de savoir exactement comment le principe biblique peut être correctement appliqué à ces situations. Cela ne veut pas dire que l'application directe de certains commandements bibliques ne serait pas appropriée, mais qu'elle n'est souhaitable que dans la mesure où ce commandement est une concrétisation du principe, pour une situation qui se rapproche ou correspond à la situation contemporaine[71].

Le besoin d'appliquer les principes bibliques à la situation spécifique des lecteurs s'applique à tous les principes, ou catégories, décrits dans le modèle de « structure éthique biblique » que nous avons présenté (tableau 29). Prenez, par exemple, le principe, ou la catégorie, de l'adoration : la Bible donne à ce principe un contenu spécifique, qu'on peut dériver d'une étude attentive des divers passages bibliques qui l'abordent. Ainsi, on retrouve certaines constantes dans chaque effort visant à appliquer les mandats bibliques touchant à l'adoration divine. Tous les individus et communautés doivent cependant se demander comment appliquer à leur situation spécifique la vision et les exigences bibliques pour l'adoration, tout en gardant la porte ouverte à certaines divergences quant à la manière d'adorer ou de conduire l'adoration, d'une communauté à une autre et même, sur certains points, d'une personne à une autre.

Le rôle de la situation contemporaine joue un rôle tout prépondérant en ce qui concerne le principe de l'amour. Une éthique centrée sur l'amour (*agapocentrique*) exige que chaque personne ou communauté se demande quelle est la chose la plus aimante à faire dans cette situation spécifique. Il faut cependant préciser tout de suite qu'il doit d'agir de la « chose la plus aimante » selon la perspective divine

---

69 La Bible, dans son ensemble, comprend même la Loi de Moïse comme une expression concrète de principes, notamment du principe d'amour (par ex. Matthieu 22.34-40 ; Deutéronome 6.4-5).

70 Le fait qu'aucun code légal ne peut envisager même une contingence ou une situation envisageable révèle les limites d'une éthique fondée sur la loi.

71 En un sens, les auteurs bibliques deviennent des modèles de prise de décisions éthiques. Une analyse attentive de la manière dont ils appliquent les principes sous-jacents à leurs commandements spécifiques dans leur contexte historique permettra aux étudiants de comprendre en partie le processus d'application des auteurs bibliques, qui devrait informer le leur. Voir Birch et Rasmussen, *Bible and Ethics* (Bible et éthique), 155 ; Osborne, *Hermeneutical Spiral* (Spirale herméneutique), 413-15 ; Charles Kraft, *Christianity in Culture: A Study in Dynamic Biblical Theologizing in Cross-Cultural Perspective* (Le christianisme dans la culture : étude de théologie biblique dynamique dans une perspective transculturelle) (Maryknoll, New York : Orbis Books, 1979).

décrite dans les Écritures. Le problème de l'éthique de situation, qui a gagné en influence au cours des années 1960 et qui est particulièrement liée au livre populaire de Joseph Fletcher, *Situation Ethics: The New Morality* (Éthique de situation : la nouvelle moralité)[72], n'est pas son insistance sur une éthique *agapocentrique* dans nos rapports interpersonnels, car c'est là la vision biblique ; mais plutôt qu'elle définit souvent l'amour comme ce que la personne considère comme la chose la plus aimante à faire dans telle et telle situation. Cette compréhension de l'amour a donc tendance à être centrée sur l'homme (anthropocentrique) et sur l'individu (idiocentrique), tandis que l'éthique de la Bible est centrée sur Dieu (théocentrique) et sur Christ (christocentrique) en termes de son expression et de sa manifestation ultimes.

La troisième exigence de l'analyse situationnelle émane du fait que les situations contemporaines auxquelles on applique les vérités bibliques sont souvent très complexes et exigent donc une analyse attentive, afin de les comprendre avec assez de profondeur et de clarté pour leur approprier la Bible d'une manière responsable. Il existe, bien sûr, des cas où l'analyse situationnelle est assez simple, avec une ligne plus ou moins droite qui va de l'enseignement biblique à son application à notre vie. Il faut cependant faire attention et reconnaître que certaines situations contemporaines qui semblent claires et simples peuvent s'avérer plus complexes qu'il ne semblait à l'origine. En examinant comment appliquer un enseignement biblique à une situation contemporaine, il faut toujours s'interrompre pour se demander si cette situation ne va pas plus loin que ce qui saute aux yeux.

Certaines situations contemporaines sont cependant assez clairement complexes. C'est le cas de certaines questions éthiques majeures qui attirent notre attention dans le monde moderne. James Gustafson a suggéré quatre étapes utiles pour l'analyse de ces situations complexes :[73]

1. *L'analyse historique.* En quoi la dimension historique éclaire-t-elle une action ou un problème éthique contemporain ? Par exemple, dans le cas de la peine capitale, comment une compréhension de son historique éclaire-t-elle les problématiques liées à la question ? Plus spécifiquement, on peut se demander quels ont été l'emploi, les effets, les avantages et les inconvénients de la peine capitale ? Dans le cas du clonage animal, en quoi l'historique de cette pratique, ainsi que d'autres pratiques scientifiques apparentées, éclaire-t-elle les problématiques liées à la question ? (Puisque le clonage animal est un phénomène relativement récent, les données sont peut-être limitées, mais utiles là où elles existent.)

2. *L'analyse motivationnelle.* Quelles sont les motivations et les intentions à l'œuvre derrière les diverses opinions sur cette question éthique, comme la peine capitale ou le clonage animal ?

---

72 Joseph Fletcher, *Situation Ethics: The New Morality* (Éthique de situation : la nouvelle moralité) (Philadelphie : Westminster, 1966).

73 James Gustafson, « The Place of Scripture in Christian Ethics » (La place des Écritures dans l'éthique chrétienne), *Int* 24 (1970) : 435-38 ; voir aussi Ronald L. Sider, « Toward a Biblical Perspective on Equality: Steps on the Way toward Christian Political Engagement » (Vers une perspective biblique de l'égalité : étapes en route vers un engagement politique chrétien), *Int* 43 (1989) : 156-69.

3. *L'analyse circonstancielle.* Quelles sont les conséquences actuelles de l'action ou du problème éthique ? Les motivations et les intentions liées à une action ou à un problème éthique donné sont-elles atteintes ? Citez des exemples concrets de conséquences de la politique et de la pratique (ou absence de pratique) actuelle de la peine capitale ou du clonage animal. Les motivations et intentions derrière ces politiques et pratiques sont-elles atteintes à travers elles ?

4. *L'analyse conséquentielle.* Quelles sont les alternatives possibles ? Quelles seraient les conséquences (probables) de ces actions ? En reprenant nos exemples, quels seraient les résultats probables d'autres pratiques que celles qui sont en place actuellement ? Ces résultats permettraient-ils d'atteindre plus efficacement les bonnes motivations et intentions concernant la peine capitale et le clonage animal ?[74]

Il est clair que ce genre d'analyse exige de prendre en compte des données extra-bibliques, notamment scientifiques, tirées à la fois des sciences physiques, sociales et comportementales. Par exemple, il faudrait consulter une étude historique de la peine capitale, afin d'en tirer les informations requises pour l'analyse historique, ou encore des études de la physiologie des animaux clonés, afin d'en tirer des informations pour l'analyse circonstancielle. Il faut cependant garder à l'esprit que pratiquement aucune recherche scientifique n'est tout à fait finale ni entièrement objective. Les sciences sociales et comportementales (humaines), mais aussi les sciences physiques (dures) sont vulnérables aux préconceptions des chercheurs et des spécialistes[75]. Ainsi, dans la mesure du possible, les étudiants doivent consulter des études produites par des scientifiques réputés, qui représentent une diversité de perspectives, puis évaluer ces études d'un point de vue critique, sur la base des preuves et des conclusions valides qu'on peut en tirer.

Il ne faut cependant pas présumer qu'une recherche attentive n'est requise qu'en lien avec les grandes questions éthiques auxquelles la société moderne est confrontée. Une telle analyse peut être requise pour une appropriation précise et utile de l'enseignement biblique pour des situations de notre vie individuelle ou de la vie de nos assemblées. Ces situations individuelles ou locales sont parfois assez complexes ; elles peuvent, en tout cas, contenir des questions plus profondes qui doivent être résolues d'une manière créative et porteuse de guérison, par l'appropriation des vérités bibliques, ainsi que l'écrit Grant Osborne : « Le prédicateur doit devenir sociologue, en un sens très réel, afin d'analyser les exigences sociales et éthiques de ses ouailles avant d'appliquer le texte à leurs besoins. D'une certaine manière, il est tout aussi important d'analyser correctement les besoins de l'assemblée que d'interpréter correctement le texte. »[76] Ceux qui sont engagés dans

---

74 Ce modèle reflète une théorie éthique conséquentialiste, qui se concentre sur les effets, ou conséquences, des actions. On peut la résumer par cette question : quelles actions produiront le plus grand bien ? Cette théorie éthique conséquentialiste est cependant implicitement liée à la préoccupation déontologique pour l'obligation à l'égard du principe universel d'amour ou de rédemptivité. Voir Ogletree, *Use of the Bible* (Usage de la Bible), 18-22.

75 Ce point a été mentionné dans le livre extrêmement influent de Thomas S. Kuhn, *The Structure of Scientific Revolutions* (La structure des révolutions scientifiques), 2ᵉ éd. (Chicago : University of Chicago Press, 1970). Voir aussi, plus récemment, Del Ratzsch, *Science and Its Limits: The Natural Sciences in Christian Perspective* (La science et ses limites : les sciences naturelles dans une perspective chrétienne), 2ᵉ éd. (Downers Grove, Illinois : InterVarsity, 2000).

76 Osborne, *Hermeneutical Spiral* (Spirale herméneutique), 443.

l'enseignement ou dans la prédication auprès de l'église doivent faire particulièrement attention à analyser les besoins et les situations de ceux auprès desquels ils exercent leur ministère, pour une appropriation correcte et efficace de l'enseignement biblique.

L'analyse situationnelle peut aussi influencer la prise de décisions, lorsque les normes bibliques semblent se contredire. Pour Norman Geisler, « les évangéliques ont généralement défendu une forme d'absolutisme éthique. Par opposition au situationnalisme, ils affirment qu'il y a beaucoup de valeurs morales absolues. » Il ajoute : « Dans le camp des partisans de deux absolus ou plus, se pose un problème particulier : qu'en est-il des contradictions morales ? Que faire lorsque deux obligations absolues, ou plus, se contredisent d'une manière inévitable ? » En alternative à l'« absolutisme inconditionnel » et « contradictoire » comme réponses à ce dilemme éthique, Geisler préfère « l'absolutisme graduel (ou la position du plus grand bien) », qui affirme qu'« il peut parfois y avoir de véritables contradictions morales, mais [...] sans qu'il y ait culpabilité personnelle pour celui qui fait le plus grand bien dans une situation donnée »[77].

Appropriation

L'appropriation passe par la corrélation de la vérité biblique avec la situation contemporaine, afin de laisser celle-ci informer celle-là en profondeur. Une grande partie de ce que nous avons décrit dans la discussion du double processus d'analyse biblique et situationnelle contribue à ce travail d'appropriation. Nous aborderons à présent brièvement les aspects principaux de l'appropriation elle-même.

Le processus de mise en lien d'un passage ou enseignement biblique avec une situation contemporaine exige qu'il existe bien une véritable correspondance entre les deux. C'est pourquoi, il faut déterminer que l'enseignement biblique correspond précisément à une situation contemporaine donnée. Même un enseignement transcendant ne peut être appliqué indifféremment à toutes les situations.

La possibilité d'approprier l'enseignement d'un passage biblique à une situation contemporaine exige donc un rapport direct entre les deux[78]. Même un enseignement lié à la situation peut être approprié à une situation contemporaine, mais uniquement si celle-ci correspond effectivement aux circonstances du passage en question. Ainsi, si notre santé est affectée négativement par la mauvaise qualité de l'eau disponible et que la consommation de vin ou de médicaments contenant de l'alcool restaurerait notre santé sans effets adverses, alors l'enseignement lié à la situation de 1 Timothée 5.23 s'applique directement à nous. Dans le cas d'une personne qui a dû, par le passé, se battre contre l'alcoolisme, une telle application serait cependant désastreuse et diamétralement opposée au dessein du passage.

Pour s'approprier l'enseignement transcendant d'un passage, il faut soit évaluer une situation contemporaine spécifique afin de s'assurer si elle s'inscrit dans le cadre de l'enseignement transcendant, soit identifier une situation contempo-

---

77 Norman Geisler, *Options in Contemporary Christian Ethics* (Options éthiques chrétiennes contemporaines) (Grand Rapids : Baker Academic, 1981), 68. Voir aussi Birch et Rasmussen, *Bible and Ethics* (Bible et éthique), 52-57.

78 Osborne, *Hermeneutical Spiral* (Spirale herméneutique), 424-30.

raine qui lui correspond. Si, par exemple, on cherche à approprier l'enseignement transcendant de Romains 14.1 — 15.13 à une certaine pratique, il faut commencer par s'assurer si cette pratique peut être considérée comme périphérique ou si elle est fondamentale et essentielle. Dans ce dernier cas, l'emploi de Romains 14.1 — 15.13 peut mener à la licence plutôt qu'à la véritable liberté chrétienne.

À cet égard, la comparaison de la pratique en question avec la situation concrète abordée par Paul constitue un excellent test. Toute ressemblance fondamentale avec la consommation ou la non-consommation de viande, dans ce cadre, peut être considérée comme périphérique. Une pratique contemporaine fondamentalement différente de la consommation de viande, dans ce cadre, est, au contraire, essentielle. Ainsi, si les caractéristiques du problème lié à la consommation de viande sont présentes dans la situation contemporaine, alors celle-ci correspond au passage de Romains, mais si ce n'est pas le cas, comme pour les problèmes contemporains liés à l'idolâtrie ou aux relations sexuelles extraconjugales, alors on ne peut légitimement appliquer le passage de Paul.

Les étudiants disposent de deux possibilités dans l'établissement d'un lien entre l'enseignement d'un passage biblique et une situation contemporaine. La première consiste à commencer par l'étude d'un passage biblique, puis, après l'avoir interprété, à choisir d'examiner ses possibilités d'application contemporaine. Ainsi que nous venons de le mentionner, dans ce cas, il serait prudent d'identifier des situations contemporaines directement en lien avec la vérité biblique à approprier.

Assez souvent, cependant, les étudiants abordent la Bible avec les questions qu'ils se posent ou les thèmes auxquels ils sont confrontés, soit personnellement, soit au sein de leur communauté, afin de trouver des réponses ou des conseils dans le texte. La deuxième possibilité afin de mettre en lien un enseignement biblique avec une situation contemporaine est donc de trouver des passages bibliques qui abordent la question, puis de les interpréter et de les évaluer d'une manière équilibrée, selon leurs propres termes. Dans ce cas, une approche possible sera d'employer une concordance thématique fiable[79], afin d'identifier les passages qui paraissent aborder le sujet dans l'ensemble de la Bible, puis, après avoir lu attentivement chacun de ces passages dans son contexte, de choisir celui qui semble le plus pertinent. Si aucun passage ne sort clairement du lot, les étudiants choisiront les passages qui semblent correspondre le plus directement à leur préoccupation contemporaine. À ce moment-là, ils devront cependant prendre garde à fonder leur sélection sur le principe du degré de proximité, et non sur leur envie de choisir des passages qui semblent proposer les réponses auxquelles ils s'attendent ou qu'ils espèrent.

Après avoir identifié le(s) passage(s) le(s) plus pertinent(s), les étudiants doivent engager le processus d'observations, d'interprétation et d'évaluation, qui sert de fondement à l'appropriation du passage pour la question qui nous intéresse. Les étudiants doivent toujours être ouverts à la possibilité que l'interprétation d'un passage qui semblait initialement en lien avec leur préoccupation contemporaine

---

79 Pour une liste de concordances de sujets, avec des annotations, voir Bauer, *Annotated Guide to Biblical Resources* (Guide annoté des ressources bibliques), 25–26.

peut révéler que ce passage n'aborde pas cette question du tout d'une manière spécifique ou utile. Dans ce cas, les étudiants seront contraints de recourir à l'utilisation d'autres passages qui informent la situation contemporaine. Ils doivent aussi être ouverts à la possibilité que l'orientation proposée par un passage pour leur préoccupation contemporaine soit assez différente de ce à quoi ils s'attendaient ou de ce qu'ils souhaitaient trouver. Un engagement inductif exige de suivre l'enseignement biblique, où qu'il mène.

En un sens, l'appropriation d'un passage représente la somme totale de l'analyse biblique et situationnelle. Après avoir identifié l'enseignement biblique dont l'application demeure valide, ainsi que la situation contemporaine à laquelle cet enseignement peut légitimement s'appliquer, on peut appliquer le passage à la situation, avec pour résultat l'appropriation.

Voici une illustration des contours d'ensemble de ce processus décrit en Joël 2.12–17 :

- Le péché de Juda l'a mené à la détresse physique et à la privation matérielle, tandis que sa repentance et sa fidélité renouvelée à Yahweh l'a mené à l'abondance physique et matérielle.

- Le péché mène à la détresse spirituelle et au jugement éternel, tandis que la repentance et la fidélité renouvelée à Dieu mènent à la bénédiction spirituelle et à une récompense éternelle.

- On peut être un pécheur non repenti ni soumis à la volonté de Dieu, ou un pécheur repenti et soumis à la volonté de Dieu.

- C'est pourquoi, il faut savoir que Dieu nous jugera par la détresse spirituelle dans le monde présent et par la condamnation éternelle dans le monde à venir, ou accepter la réalité que Dieu nous récompensera abondamment, par des bénédictions spirituelles à présent et par la vie éternelle dans le monde à venir.

Les étudiants noteront que cet exemple établit le processus de base pour l'application. Dans la pratique, il faut ajouter du contenu spécifique à l'interprétation et à l'évaluation du passage, afin de parvenir à une appropriation plus spécifique et plus riche. Cette appropriation doit être matériellement spécifique et fonctionnellement vaste.

L'appropriation doit être matériellement spécifique, en ce que les étudiants doivent viser le meilleur degré de spécificité possible dans leur appropriation des données bibliques. Ils doivent toujours se poser une série de questions : de quelles manières spécifiques l'appropriation de l'enseignement biblique à leur situation contemporaine informe-t-elle leur pensée et leur attitude à l'égard de cette situation contemporaine ? En quoi exactement leur pensée et leur attitude sera-t-elle différente de ce qu'elle était avant qu'ils ne s'engagent dans ce processus d'appropriation ? Quels changements spécifiques et concrets leur appropriation de cet enseignement biblique exige-t-elle dans cette situation ? Demeurer au niveau des généralités dans son appropriation biblique est à la fois inefficace et dangereux. Puisque les vies humaines se caractérisent par de telles spécificités, une telle pratique aurait tendance à faire perdre tout son sens et toute sa pertinence au travail d'appropriation ; ou encore, elle risquerait de mener à l'introduction implicite d'un contenu applicatif plus spécifique, éventuellement dénué de rapport réel avec l'enseignement spécifique du passage biblique, voire même en contradiction avec celui-ci

L'appropriation doit cependant aussi être fonctionnellement vaste, à la fois en termes de processus et d'étendue d'appropriation. Le processus d'appropriation doit être vaste, en ce qu'il doit impliquer à la fois les aspects individuels et communautaires. En un sens, chaque individu a la responsabilité d'examiner lui-même les Écritures, afin d'y trouver des réponses et d'assurer sa formation personnelle. En un autre sens, cependant, le croyant fait l'expérience de la puissance formatrice des Écritures, par sa participation à une communauté de foi, qui est, au moins potentiellement, la communauté au sein de laquelle la formation des valeurs bibliques est communiquée et nourrie.

Birch et Rasmussen décrivent bien le rôle de la communauté :

> Nous ne pouvons en aucun cas amasser des apports moraux pour et à travers nous-mêmes, indépendamment de nos communautés, pas plus que nous ne pouvons être quelqu'un d'autre que nous-mêmes. Tout ce que nous savons sur la moralité et sur une vie morale, ou sur quoi que ce soit d'autre, est en définitive une entreprise et un accomplissement communautaires. S'il est vrai que les individus ne sont pas que des clones de leurs communautés, mais qu'ils sont uniques et peuvent tout à fait s'élever au-dessus du niveau moral de celles-ci, il est tout aussi vrai que même les décisions et réussites les plus intimes sont le fruit de nos expériences sociales et qu'ils ne pourraient exister ou être compris indépendamment de cette expérience.[80]

Ils poursuivent en mettant en avant l'importance particulière de l'expérience communautaire chrétienne pour la vie morale : « En résumé, le judaïsme comme le christianisme ont conçu la vie morale comme l'expression pratique de la foi de la communauté, manifestée par la vie de ses membres et de la communauté dans son ensemble. Le rôle de celle-ci est de socialiser ses membres, afin de leur apprendre à vivre une vie qui manifeste la conduite correspondant à l'expérience communautaire de Dieu. »[81] Cette socialisation morale passe par l'étude et l'incarnation des vérités bibliques, en communauté[82].

Cette emphase sur le rôle de la communauté chrétienne pour la prise de décisions morales suggère que l'Église peut être un forum pour des discours moraux chrétiens, où on discute de la bonne réponse chrétienne aux questions éthiques majeures auxquelles les individus, l'Église et la société dans son ensemble font face[83]. Ces questions sont souvent si complexes qu'il est impossible aux individus de les comprendre correctement ou de porter un jugement informé par la Bible à leur sujet. Par ailleurs, les chrétiens ont le mandat biblique de croire que Dieu

---

80 Birch et Rasmussen, *Bible and Ethics* (Bible et éthique), 19.

81 Ibid., 20.

82 Ibid., 32.

83 Dans ibid., 133–40, Birch et Rasmussen décrivent l'Église comme une « communauté de délibération morale ».

veut que l'Église ait reçu le don divin de discerner les vérités des Écritures et de les traduire en des décisions et attitudes morales[84].

Les structures de vie communautaire déjà en place offrent généralement toute une gamme d'événements sociaux pour explorer ces questions depuis une perspective biblique, notamment les groupes d'étude biblique, classes d'école du dimanche, séminaires et forums. Ces discussions doivent être auto-critiques et méthodologiquement responsables, afin de refléter les principes et processus établis ici. De plus, les conversations toujours ouvertes sur ces questions entre églises et dénominations sont un facteur fondamental, car autrement, ces discussions de groupe ne serviraient qu'à intensifier et à valider les préconceptions de la communauté.

Le rôle de l'Église, dans la prise de décisions morales, inclut aussi ses délibérations et jugements à travers son Histoire. Les chrétiens ont beaucoup à apprendre du processus de réflexion éthique et d'appropriation biblique, en s'inspirant de la sagesse accumulée par l'Église, au sein de laquelle le Saint-Esprit demeure. Avec le recul, on voit qu'à certains moments de l'Histoire, certaines communautés chrétiennes ont échoué dans leurs efforts visant à approprier les vérités bibliques à leur cadre contemporain, ainsi que le montrent, par exemple, les fameux arguments en faveur de la traite négrière. En un sens, cependant, ces erreurs sont un don pour les chrétiens contemporains, qui peuvent ainsi apprendre à la fois des succès et des errements moraux de l'Église[85].

L'appropriation doit cependant être fonctionnellement vaste, non seulement en termes du processus d'application, qui revêt une dimension à la fois individuelle et communautaire, mais aussi en termes de portée d'application. La Bible aborde l'ensemble de la vie, dans tous ses aspects, si bien que l'appropriation de vérités bibliques par les étudiants doit être tout aussi vaste. D'une part, l'appropriation biblique passe à la fois par la pensée et par l'action. La Bible ne se soucie pas seulement des actions ouvertes, mais aussi des processus, de la direction et du contenu des pensées. En fait, la Bible reconnaît que le comportement émane généralement de la pensée. Elle reconnaît aussi la puissance de ce qu'on appelle aujourd'hui les systèmes de croyance. Pour cette raison, Paul donne souvent une structure causale à ses épîtres, en passant de la doctrine, ou croyance, à l'impératif de passer à l'action (par ex. Romains 12.1–2 ; Éphésiens 4.1–2). Même si cela semble étrange et inadéquat pour l'esprit occidental moderne porté sur le pragmatisme, une appropriation fondamentalement idéologique est tout à fait valide. L'exemple des Épîtres de Paul rappelle cependant aussi aux étudiants que selon la Bible, une idéologie adoptée sincèrement ne saurait manquer de s'exprimer par le comportement.

---

84 Voir surtout les promesses de Jésus à ses disciples dans ses discours d'adieu dans l'Évangile de Jean (par ex. 14.15–17, 25–31 ; 15.26–27 ; 16.5–16), ainsi que le rôle de l'Église, dans son ensemble, au niveau de son discernement théologique et éthique, selon le livre des Actes (par ex. 11.1–18 ; 15.1–35).

85 Ainsi, l'historique de l'interprétation, ou, plus spécifiquement, des effets ou de la réception du texte biblique dans l'Église (*Wirkungsgeschichte*), est un type de preuve pour l'évaluation et l'appropriation biblique. Du fait qu'il ne s'agit pas d'une preuve biblique, mais d'une forme de preuve secondaire et complémentaire, elle fonctionne d'une manière heuristique plutôt que finale. Voir Birch et Rasmussen, *Bible and Ethics* (Bible et éthique), 61, qui aborde le développement du sens moral et de la vision morale, à travers l'expérience des efforts visant à incarner l'enseignement biblique dans notre vie, potentiellement avec l'aide du Saint-Esprit.

L'appropriation biblique implique aussi l'être et le faire. La Bible reconnaît l'importance de la re-formation de la personne tout entière, en commençant par son caractère, que la Bible appelle généralement le « cœur », c'est-à-dire « l'ensemble de la vie intérieure d'une personne »[86]. Pour cette raison notamment, il est impossible, dans la pratique, d'établir une séparation absolue entre appropriation et interprétation. La formation morale et spirituelle profonde des personnes et des communautés n'est possible que par la lecture attentive et par l'interprétation fidèle de la Bible. L'immersion dans l'étude de la Bible a la puissance de transformer nos sentiments et émotions, notre attitude et notre volonté[87]. Selon la Bible, cette transformation du caractère s'exprime par le comportement[88]. Jésus exprime un principe qu'on trouve à travers l'ensemble de la Bible : « Ce qui sort de l'homme, c'est cela qui le rend impur. Car c'est du dedans, c'est du cœur de l'homme que proviennent les pensées mauvaises, l'immoralité, le vol, le meurtre [...]. Tout ce mal sort du dedans et rend l'homme impur. » (Marc 7.21–22)[89]

Par ailleurs, l'appropriation biblique passe par le corps de l'Église, à la fois individuel et collectif. La Bible ne se préoccupe pas que des pensées et du comportement des personnes, mais aussi de la vie de la communauté de foi dans son ensemble. Certes, en un sens, les décisions communautaires sont une abstraction, puisqu'elles sont forcément le produit de décisions prises par des individus au sein de la communauté ; cependant, la Bible met l'accent sur l'ordre de vie du peuple de Dieu, dans l'intention de lui permettre, à travers sa vie communautaire, de rendre un culte agréable à Dieu et de communiquer au monde la révélation divine du salut. Ainsi, l'Ancien comme le Nouveau Testament décrivent la communauté de foi comme « une sainte communauté de prêtres » (1 Pierre 2.5) ou « une communauté de rois-prêtres, une nation sainte » (Exode 19.6 ; cf. 1 Pierre 2.9) ; le Nouveau Testa-

---

86   C'est ainsi qu'Alex Luc définit le terme hébraïque désignant le cœur (*lv*). Voir Alex Luc, *New International Dictionary of Old Testament Theology and Exegesis* (Nouveau dictionnaire international de la théologie et de l'exégèse de l'Ancien Testament), éd. Willem A. VanGemeren (Grand Rapids : Zondervan, 1997), s.v. « *lv* ».

87   Des travaux récents en éthique biblique ont mis l'accent sur cet aspect de la formation du caractère. Voir notamment William P. Brown, éd., *Character and Scripture: Moral Formation, Community, and Biblical Interpretation* (Caractère et Écritures : formation morale, communauté et interprétation biblique) (Grand Rapids : Eerdmans, 2002) ; M. Daniel Carroll R. et Jacqueline E. Lapsley, éd., *Character Ethics and the Old Testament: Moral Dimensions of Scripture* (Éthique du caractère et Ancien Testament : dimensions morales des Écritures) (Louisville : Westminster John Knox, 2007) ; Robert L. Brawley, éd., *Character Ethics and the New Testament: Moral Dimensions of Scripture* (Éthique du caractère et Nouveau Testament : dimensions morales des Écritures) (Louisville : Westminster John Knox, 2007).

88   Birch et Rasmussen, *Bible and Ethics* (Bible et éthique), 42–46.

89   Ce modèle de formation reflète la théorie éthique perfectionniste, ou téléologique, qui était assez répandue dans le monde antique. Ogletree, *Use of the Bible* (Emploi de la Bible), 32–33, le décrit en ces termes : « Si nous devons appréhender ce qui arrive dans des situations concrètes et réagir d'une manière appropriée, il nous faut quelque chose de plus que nos notions morales abstraites. [...] Il nous faut des capacités de développement de notre discernement moral, de prudence, de « sagesse pratique » (Aristote). La sagesse pratique a recours à des notions morales formulées d'une manière critique, mais pas en tant que déterminants définitifs de ce qu'est une bonne ou une mauvaise action : elle les traite plutôt comme des conseils pour bien agir, dont l'application concrète à chaque situation ne peut en définitive être évaluée que par un acteur moral mature. L'importance d'être soi-même moral, de la formation du caractère, dépend de la notion de conscience, définie par Kuist comme « la voix intérieure qui nous dit : tu dois ». Kuist parle aussi des Écritures comme le « tuteur de la conscience » (*These Words upon Thy Heart* (Ces paroles sur ton cœur), 150–51). La conscience implique une orientation et une impulsion morale : une orientation quant à ce qui est juste et une impulsion pour faire son devoir. La conscience peut fonctionner d'une manière intuitive, mais elle passe en fait par un processus de raisonnement moral implicite et profond. Voir Birch et Rasmussen, *Bible and Ethics* (Bible et éthique), 81, 109, 120–27 ; cf. Claude Anthony Pierce, *Conscience in the New Testament: A Study of "Syneidēsis" in the New Testament* (La conscience dans le Nouveau Testament : une étude de « *syneidēsis* » dans le Nouveau Testament), Studies in Biblical Theology (Études de théologie biblique) 15 (Chicago : Allenson, 1955).

ment décrit aussi le corps communautaire de l'Église comme le temple du Saint-Esprit (1 Corinthiens 3.16–17). En fait, Paul peut dire aux Corinthiens qu'ils incarnent la proclamation apostolique de Paul au monde : « Notre lettre c'est vous-mêmes, une lettre [...] que tout le monde peut connaître et lire » (2 Corinthiens 3.2)[90].

---

90 Le fait que Paul adresse ce passage spécifiquement à l'église de Corinthe, laquelle, d'après les deux épîtres aux Corinthiens, était troublée spirituellement et déficiente à bien des égards, indique qu'il considère que jouer un tel rôle constitue l'appel de l'Église et que les églises s'en rapprochent et s'en éloignent parfois, si bien qu'elles n'accomplissent pas toujours pleinement les desseins de Dieu pour l'ordre de leur vie communautaire.

18

Mettre en pratique l'évaluation et l'appropriation

Erreurs liées à l'évaluation et à l'appropriation

L'objectif de cette discussion est de mettre en garde les étudiants contre certains dangers et de développer et éclairer davantage, par des exemples négatifs, certains principes importants d'évaluation et d'appropriation décrits précédemment, à la partie 4[1].

Erreur de l'appropriation infondée

Une des erreurs de base liées à l'appropriation passe par une application qui n'émerge pas de l'interprétation du passage. Les étudiants tombent dans cette erreur en cherchant à appliquer un texte sans l'avoir d'abord interprété, mais aussi en commençant par l'interprétation pour l'ignorer ensuite, à l'étape de l'appropriation contemporaine. Cette erreur est courante chez les prédicateurs, mais elle n'épargne pas les spécialistes eux-mêmes. Par exemple, chaque passage de *The Interpreter's Bible* (La Bible de l'exégète), un ouvrage en dix volumes, publié au début des années 1960, contient une section « exégèse », dont l'objectif est l'interprétation du texte, suivie d'une section « exposition », censée contenir des suggestions pour une appropriation contemporaine. On constate cependant souvent qu'il n'y

---

1 Une grande partie des erreurs décrites dans la partie « erreurs exégétiques » (au chapitre 16) sont également des erreurs d'évaluation et d'appropriation. Les étudiants doivent passer en revue ces erreurs, afin d'identifier les avertissements concernant l'évaluation et l'appropriation.

a pratiquement aucun lien entre les deux sections consacrées à un même passage, mais que certaines paires de sections ont été écrites par des spécialistes différents qui semblent ne pas avoir lu ce que l'autre avait écrit[2]. Dans ce cas, l'application n'a aucun fondement réel dans le texte ; malgré les apparences superficielles, elle pourra s'avérer ne pas être une application du texte du tout.

Erreur du concept vide

Souvent, les étudiants identifient des catégories ou principes bibliques généraux, comme l'amour ou la justice, qu'ils cherchent ensuite à appliquer, sans contenu spécifique dérivé d'une présentation particulière que la Bible fait de ces principes. On trouve souvent cette erreur dans des sermons dans lesquels le seul rapport entre le thème du sermon et le passage biblique prêché est qu'ils abordent le même principe général. Dans ce cas, le contenu du sermon ne reflète pas les manières spécifiques dont ce principe est développé dans le passage, ou même dans la Bible dans son ensemble.

On retrouve aussi souvent cette erreur dans les jugements éthiques. Dans le cadre du débat actuel autour de l'ordination d'homosexuels pratiquants, on entend souvent que de refuser l'ordination à ces personnes « ne semble pas être ce qu'il y a de plus aimant à faire »[3]. En fait, la détermination du rapport entre amour et ordination d'homosexuels pratiquants ne devrait pas dépendre d'assertions générales, mais d'une analyse attentive des spécificités du texte biblique, en vue de s'assurer du sens spécifique de l'amour selon la Bible. Avec cette erreur, le concept, quel qu'il soit, demeure indéfini par le texte biblique et les personnes qui y font appel lui imposent souvent leurs propres ressources spécifiques et leur propre contenu éthique[4], qui a tendance à refléter leurs présupposés personnels ou culturels.

Erreur de l'appropriation limitée

Les étudiants doivent appliquer les enseignements bibliques à la fois à eux-mêmes et aux autres. Ils doivent examiner les possibilités applicatives liées à l'aspect politique et économique, ainsi que spirituel, de la vie. Ils doivent aussi se servir des vérités bibliques au niveau local, national et universel, afin de les appliquer à la fois aux croyants et aux incroyants. Il s'agit évidemment d'affirmations générales,

---

2 Ce problème est survenu dans l'édition originale de *The Interpreter's Bible* (La Bible de l'exégète). *The New Interpreter's Bible* (La nouvelle Bible de l'exégète), publiée au cours des années 1990, a cependant su l'éviter. Même si cette édition laisse à désirer, les auteurs manquant d'espace, ses articles se caractérisent par une plus grande cohérence entre l'interprétation (« Commentaire ») et l'appropriation contemporaine (« Réflexions »). Brevard S. Childs, *Biblical Theology in Crisis* (La théologie biblique en crise) (Philadelphie : Westminster, 1970), 142-43, insiste sur le fait que la dichotomie entre exégèse et exposition dans *The Interpreter's Bible* (La Bible de l'exégète) était due au fait que ses interprétations n'étaient généralement guère plus que de simples reconstructions historico-critiques sans intérêt théologique.

3 Il s'agit essentiellement du même argument proposé par Scanzoni et Mollenkott (*Is the Homosexual My Neighbor ?* (*L'homosexuel est-il mon prochain ?*)), qui se concentre surtout sur Luc 10.25-37.

4 Klein, Blomberg et Hubbard, *Introduction to Biblical Interpretation* (Introduction à l'interprétation de la Bible), 499, est un exemple utile. Les auteurs envisagent qu'on pourrait tirer de Genèse 22 le principe d'ensemble de la confiance en la souveraineté de Dieu, puis ils poursuivent en suggérant que le problème qui se pose en cherchant à appliquer un principe aussi vaste est que le besoin d'une spécificité accrue peut conduire à appliquer ce principe de manières qui n'ont que peu à voir avec l'enseignement du passage : « Par exemple, on peut décider de faire confiance à Dieu pour nous donner un travail approprié après des mois de chômage, mais cette application n'a rien à avoir avec les aspects spécifiques de Genèse 22. »

qui ne sont pas censées suggérer que les vérités de chaque passage s'appliquent à tous les domaines de notre expérience. La manière dont un enseignement est présenté et développé dans un passage biblique ou dans la Bible dans son ensemble détermine les domaines auxquels il faut l'appliquer. Par exemple, certains éléments des Écritures, comme Éphésiens 4, ont davantage de pertinence pour les croyants que pour les incroyants. La pratique consistant à limiter l'appropriation à certains domaines ou sphères peut néanmoins poser problème. Par exemple, certaines personnes voient facilement là où une vérité biblique s'applique aux autres, qu'il s'agisse d'autres chrétiens ou d'autres nations, mais ils échouent à trouver une application personnelle pour leur propre vie personnelle ou celle de leur patrie. D'autres, au contraire, appliquent facilement ces vérités à leur propre expérience, mais en négligent les implications pour les autres.

Erreur du réductionnisme de norme

Les étudiants peuvent aussi limiter indûment l'appropriation contemporaine en cherchant à restreindre la pertinence continuelle de l'enseignement biblique à une seule norme ou à un seul principe. Cette pratique passe généralement par l'identification d'une norme biblique importante, laquelle est ensuite mise en avant, jusqu'à devenir le filtre à travers lequel on lit tout le reste de la Bible. Le résultat est qu'on a tendance soit à forcer tous les passages bibliques dans le cadre de la norme générale, soit à ignorer de grandes parties de la Bible. Les spécialistes ont établi divers candidats pour une emphase de norme exclusive, notamment l'amour[5], la libération[6], l'espérance[7] et la communauté[8]. On peut comprendre et féliciter ceux qui cherchent à fonder leur cohérence ou leur structure éthique sur la Bible, mais l'éthique biblique ne semble pas pouvoir se réduire à une seule catégorie[9].

Une forme particulièrement problématique de réductionnisme de norme survient lorsque les étudiants se servent d'une catégorie extrabiblique comme de seul fondement pour évaluer la valeur continuelle des passages bibliques. L'ouvrage d'Elisabeth Schüssler Fiorenza, qui fait de l'oppression des femmes et de leur quête de libération la norme qui sert de fondement à l'évaluation biblique, constitue un exemple extrême de cette erreur : « Je suggère donc que le canon révélateur pour

---

5 Par ex. Nygren, *Agape and Eros* (Agapê et erôs) ; Furnish, *Love Command* (Le commandement de l'amour) ; Ceslaus Spicq, *Agape in the New Testament* (Agapê dans le Nouveau Testament), trad. Marie Aquinas McNamara et Mary Honoria Richter, 3 vol. (St. Louis : Herder, 1963–66) ; Timothy P. Jackson, *The Priority of Love: Christian Charity and Social Justice* (La priorité de l'amour : charité chrétienne et justice sociale) (Princeton, New Jersey : Princeton University Press, 2003).

6 Par ex. James H. Cone, *A Black Theology of Liberation* (Théologie de la libération noire) (Philadelphie : Lippincott, 1970) ; idem, *God of the Oppressed* (Le Dieu des opprimés), éd. rév. Maryknoll, New York : Orbis Books, 1997) ; Luis Segundo, *The Liberation of Theology* (La libération de la théologie) (Maryknoll, New York : Orbis Books, 1976) ; Elisabeth Schüssler Fiorenza, *Bread Not Stone* (Du pain, et non des pierres) (Boston : Beacon, 1995).

7 Voir les nombreux ouvrages de Jürgen Moltmann, notamment *Theology of Hope* (Théologie de l'espérance) (San Francisco : HarperSanFrancisco, 1991).

8 Voir les nombreux ouvrages de Stanley Hauerwas, notamment *Community of Character: Toward a Constructive Social Ethic* (Communauté de caractère : vers une éthique sociale constructive) (Notre Dame, Indiana : University of Notre Dame Press, 1981) ; idem, *The Peaceable Kingdom: A Primer in Christian Ethics* (Le Royaume pacifique : apprêt d'éthique chrétienne) (Notre Dame, Indiana : University of Notre Dame Press, 1983).

9 Dans la partie « Structure éthique biblique » (voir tableau 29 au chapitre 17), nous avons identifié la seigneurie de Dieu comme étant le centre théologique de la Bible, donc le fondement ultime de l'éthique biblique. Nous ne voulions en aucun cas suggérer par-là que ce concept constitue la norme éthique biblique exclusive, ni même primaire.

l'évaluation théologique des traditions bibliques androcentriques et de leurs interprétations ultérieures ne peut être dérivée de la Bible elle-même, mais peut être formulée uniquement par et à travers la lutte des femmes pour la libération de toute forme d'oppression patriarcale. [...] Cette expérience personnelle de l'oppression et de la libération, qui se reflète dans la sphère politique, doit devenir le critère de validité de l'interprétation et de l'évaluation des revendications d'autorité de la Bible. »[10] Cette affirmation est troublante pour bien des chrétiens évangéliques, mais nous devons nous demander si nous ne sommes pas nous-mêmes implicitement enclins à engager une évaluation pratique des passages bibliques sur la base d'une norme unique, qui représente notre expérience ou nos préoccupations personnelles et communautaires.

Erreur du réductionnisme de genre

Certains lecteurs de la Bible sont enclins à fonctionner en partant du principe selon lequel on ne peut tirer d'orientations légitimes et fiables pour la pensée et le comportement chrétiens que de certains genres bibliques[11]. Cette erreur prend généralement la forme d'une insistance sur le fait qu'en définitive, notre appropriation contemporaine doit être fondée uniquement sur des commandements directs, comme ceux qu'on trouve dans les textes juridiques et sapientiels de l'Ancien Testament, dans les Épîtres du Nouveau Testament et dans les enseignements de Jésus.

L'un de nous se souvient d'un cours dans lequel le professeur a affirmé que les lecteurs de la Bible ne peuvent tirer aucune vérité théologique ou éthique du livre des Actes, car il s'agit uniquement d'un récit dont le dessein est de rapporter les événements entourant la naissance du christianisme. Outre le fait qu'elle introduit la notion problématique d'absence de dessein proclamatoire ou pastoral du livre des Actes, une telle affirmation retirerait toute pertinence théologique ou éthique continuelle à une grande partie des Écritures, minant ainsi leur fonction canonique. John R. W. Stott adopte essentiellement la même vision, tout en la présentant d'une manière bien plus élaborée et nuancée[12]. Cette position nous rappelle cependant la vérité qu'il faut prendre au sérieux l'importance de ce genre de passages, non seulement pour notre interprétation, mais aussi pour notre évaluation et application, en gardant à l'esprit que la vérité se communique d'une manière assez différente d'un genre à l'autre[13].

---

10 Elisabeth Schüssler Fiorenza, *In Memory of Her: A Feminist Theological Reconstruction of Christian Origins* (En mémoire d'elle : reconstruction théologique féministe des origines chrétiennes) (New York : Crossroad, 1983), 32. Schüssler Fiorenza croit que les origines-mêmes du mouvement chrétien se caractérisent par la libération des femmes de l'oppression patriarcale et que des vestiges de ce féminisme primitif sont profondément enterrés dans les textes finaux du NT, même si elle insiste que le NT, sous sa forme canonique, est désespérément patriarcal. Voir Hays, *Moral Vision of the New Testament* (Vision morale du Nouveau Testament), 266–82.

11 Birch et Rasmussen, *Bible and Ethics* (Bible et éthique), 161–62.

12 John R. W. Stott, *Baptism and Fullness: The Work of the Holy Spirit Today* (Baptême et plénitude : l'œuvre du Saint-Esprit aujourd'hui), 2ᵉ éd. (Downers Grove, Illinois : InterVarsity, 1976), 15–17. Nous sommes reconnaissants à notre collègue Dr. Lawson Stone de nous avoir indiqué cette référence.

13 Voir Waldemar Janzen, *Old Testament Ethics: A Paradigmatic Approach* (Éthique de l'Ancien Testament : une approche paradigmatique) (Louisville : Westminster John Knox, 1994), qui démontre que l'ensemble de l'AT, pas seulement certains genres comme les textes de lois, sont pertinents pour l'éthique chrétienne. Voir aussi Hays, *Moral Vision of the New Testament* (Vision morale du Nouveau Testament), 190–91, 209, pour sa catégorisation utile des divers types de passages bibliques, en termes de leur fonction pour l'évaluation et l'appropriation.

Exemple d'évaluation et d'appropriation (2 Timothée 3.16)

Ainsi que l'indique la discussion précédente, l'évaluation et l'appropriation se suivent et sont fondées sur l'interprétation. L'exemple suivant est suggestif et pas exhaustif. De plus, puisque nous ne nous sommes décidés en faveur d'aucune interprétation, nous emploierons un des sens possibles de « toute l'Écriture » (*pasa graphē*, 2 Timothée 3.16).

D'après l'exemple exégétique, un sens possible de *graphē* est qu'il s'agit d'une allusion aux Écritures hébraïques. De plus, l'auteur implicite de 2 Timothée pensait peut-être à l'importance de voir l'Ancienne Alliance à la lumière de l'Évangile de la Nouvelle Alliance, car, dans le contexte immédiat de 3.16–17, ainsi que dans celui du livre, on trouve un accent mis sur l'adhésion à l'enseignement de l'auteur implicite (3.10) et sur l'importance de l'Évangile (1.8, 11, 13 ; 2.8–9 ; 4.1–2 ; voir aussi 1 Timothée 1.10–11).

Il y a deux manières de procéder pour l'évaluation et l'appropriation. La première consiste à commencer par l'étude d'un passage biblique, puis de passer à l'identification des situations dans lesquelles il peut être approprié. Une autre consiste à commencer par une situation, puis à chercher à identifier un ou plusieurs passage(s) biblique(s) pertinent(s). Voici un exemple de la première manière de faire, puisque notre point de départ est notre tentative d'interprétation de « toute l'Écriture » et de « inspirée de Dieu » en 2 Timothée 3.16.

Paul semble reconnaître la continuité entre les deux alliances (voir, par ex., Romains 1.1–6). Ils sont décrits comme des éléments d'une seule histoire, dans laquelle la deuxième partie accomplit la première. Ce n'est donc pas une surprise si Paul cite Abraham et David comme des exemples de justification par la foi (Romains 4), ni qu'il se serve de l'exemple d'Abraham pour redéfinir sa descendance et ses héritiers comme à la fois les Juifs et les non-Juifs qui croient en Jésus-Christ, même s'ils ne sont pas de la descendance biologique d'Abraham (Galates 3.6–10).

Il semble aussi y avoir des preuves significatives qui montrent que Jésus se souciait sincèrement du respect de la Loi. Dans le Sermon sur la Montagne, dans l'Évangile de Matthieu, Jésus proclame qu'il n'est pas venu abolir la Loi, mais l'accomplir (*pl roō* ; voir 5.17–20). En réponse à la question d'un scribe concernant le plus grand commandement, Jésus dit que les deux commandements de l'amour de Dieu et du prochain contiennent « tout ce qu'enseignent la Loi et les prophètes » (Matthieu 22.34–40).

Un des problèmes récurrents entre Jésus et ses adversaires concerne le respect du sabbat. Contrairement à ses accusateurs, il ne semble pas se soucier de donner une définition précise du travail qu'il convient d'éviter, mais il annonce courageusement que « le sabbat a été fait pour l'homme, et non pas l'homme pour le sabbat », si bien que lui, le Fils de l'homme, détermine même les activités permises le jour du sabbat (Marc 2.27–28).

Les activités sabbatiques de Jésus semblent mues par le désir de répondre aux besoins des hommes, le plus souvent par des guérisons (Matthieu 12.10, 12 ; Marc 2.27–28 ; 3.4). Dans le récit de Jean, Jésus guérit un paralytique, puis il lui demande de prendre son matelas et de marcher, enfreignant ainsi le commandement qui interdit de porter un fardeau le jour du Sabbat (5.1–18). Lorsqu'il est contesté, il proclame une nouvelle morale sabbatique : « Mon Père est à l'œuvre jusqu'à présent, et moi aussi je suis à l'œuvre » (verset 17). Il semble vouloir dire que l'œuvre du Père est de toute première importance et transcende les restrictions du quatrième commandement. Il semble par la suite exhorter ses disciples à faire de même : « Il nous faut accomplir les œuvres de celui qui m'a envoyé tant qu'il fait jour ; la nuit vient où plus personne ne pourra travailler. » (9.4)

Il est donc possible que « toute l'Écriture » en 2 Timothée 3.16 soit une allusion aux Écritures hébraïques, mais aussi que l'auteur implicite veuille dire que celles-ci doivent être lues à la lumière de l'Évangile (voir 2 Timothée 3.10–15 ; aussi 1.8, 11, 13 ; 4.1–2). Même si l'auteur implicite semble mettre l'accent sur l'accomplissement de la Nouvelle Alliance et la préparation de l'Ancienne Alliance (voir, par ex., Romains 1.1–6), il ne s'ensuit pas que le croyant de la Nouvelle Alliance doive forcément accepter toutes les croyances et imiter tous les comportements décrits dans les Écritures hébraïques[14]. Ainsi que nous l'avons indiqué précédemment, l'accomplissement peut être dialectique ; peut-être la continuité de l'accomplissement exige-t-elle une certaine discontinuité (voir chapitre 17).

À partir de là, nous poursuivons en nous demandant quel peut être un des éléments les plus importants des Écritures hébraïques : le Décalogue de l'alliance sinaïtique (Exode 20.2–17 ; Deutéronome 5.6–21). L'accent sera dès lors mis sur le quatrième commandement : « Pense à observer le jour du sabbat et fais-en un jour consacré à l'Éternel. » (Exode 20.8–11) La question peut être énoncée ainsi : le pasteur ou le croyant est-il dans l'obligation d'obéir à ce commandement dans le cadre de sa foi et de son comportement (voir 2 Timothée 3.15–17) ? Ce commandement est-il transcendant et atemporel, ou est-ce un élément de l'Ancienne Alliance, qui ne s'applique plus aux chrétiens ? Y a-t-il continuité ou discontinuité entre les deux alliances ?

Notre première obligation est de comprendre le commandement du Sabbat dans son contexte d'ensemble, notamment tel qu'exposé dans le Pentateuque. Quelques-uns des résultats suivants pourront émerger :

1. Le Sabbat est appelé le jour du Seigneur et décrit comme « saint » (Exode 20.10 ; 31.13 ; 35.2 ; Lévitique 19.3 ; 23.2).

2. En plus du Sabbat hebdomadaire, on le trouve sous diverses autres formes, notamment le Sabbat annuel et celui de la septième année, ce qui souligne son importance (Lévitique 23.7 ; 25.1–7).

3. Sa violation implique une sentence de mort ; à cet égard, elle est considérée comme aussi grave que l'adultère et le meurtre (Exode 31.15–15 ; Nombres 15.32–36).

Certains ont décrit le commandement sabbatique comme faisant partie de la loi cérémonielle, utilisant cette identification pour fonder leur opinion qu'elle ne

---

14 Aux fins présentes, nous proposons l'hypothèse que l'emphase en 2 Timothée 3.16b–17 peut être sur la croyance et sur le comportement du pasteur chrétien.

s'appliquait pas aux chrétiens sur cette identification. Au vu de sa présence au milieu de commandements moraux reconnus, cette désignation est cependant discutable. En fait, il faudrait peut-être se demander si la distinction entre loi morale et cérémonielle est elle-même valide. La vision biblique de la moralité semble liée à la question de savoir si une action est commandée par Dieu, pas de quel genre d'injonction il s'agit[15].

La notion selon laquelle la moralité est liée à notre manière de réagir aux commandements de Dieu semble avoir été introduite dès le commencement, en Genèse 2–3, et demeurer intangible tout au long des Écritures hébraïques. Les instructions pour les mises en scène du mont Ebal et du mont Garizim semblent souligner ce principe (Deutéronome 27.1.29–1). La discontinuité entre les deux alliances semble se manifester par les bénédictions et les malédictions qui en résultent[16].

Cela ne veut pas dire que Jésus et Paul ne se souciaient pas des questions mises en avant dans le Décalogue et ailleurs dans l'Ancienne Alliance. Par exemple, la liste des vices et des vertus contenues dans les paroles de Jésus et les écrits de Paul suggère le contraire[17]. Un examen attentif de ces listes peut indiquer qu'elles transcendent les préoccupations du dialogue, sur certains points.

Il semble ne pas y avoir de suggestion d'antinomisme, ni dans les paroles de Jésus, ni dans celles de Paul. Au contraire, Jésus transcende la Loi de Moïse en abordant les motivations et l'esprit derrière les actes physiques interdits par le Décalogue (voir, par ex., les paroles de Jésus en Matthieu 5.21–48).

En même temps, il faut prendre en compte le fait que la Nouvelle Alliance accomplit la Loi. Nous avons déjà mentionné les paroles de Jésus en Matthieu 5.17–20 et 22.34–40[18]. Paul et les autres auteurs du Nouveau Testament font écho à cette emphase (voir Romains 13.8–9 ; Galates 5.14 ; Éphésiens 5.2 ; 1 Jean 2.7–11 ; Jacques 2.8).

Par conséquent, l'Église primitive semble être passée sans trop de conflit au premier jour de la semaine, le « jour du Seigneur », comme jour de repos et de culte, en commémoration de la résurrection de Jésus. L'expression elle-même n'est employée qu'une seule fois dans le Nouveau Testament (Apocalypse 1.10). Il y a cependant d'autres indications de ce passage du sabbat au premier jour de la semaine, par exemple en Actes 20.7. Même si nous faisons souvent référence au dimanche comme étant le « sabbat », le quatrième commandement impliquait clairement un jour précis, observé d'une certaine manière. Aucun écart de ces réglementations légales strictes n'était toléré : il aurait été passible de la peine de mort (voir Exode 20.8–11 ; Deutéronome 5.12–15).

Il faut noter que la peine de mort pour violation du sabbat fait tout autant partie de la Loi de Moïse donnée par Dieu que n'importe quel autre commandement. La question est de savoir si la Loi de Moïse doit être considérée comme un tout indivisible, sans qu'aucun écart vis-à-vis de ses dispositions ne puisse être toléré.

---

15 Voir Lévitique 27.34. Il est intéressant de noter qu'à une occasion en Lévitique, c'est Dieu lui-même qui a mis à mort la personne coupable d'avoir violé une loi rituelle (10.1–3).

16 Notez, par exemple, les béatitudes en Matthieu 5.3–12, avec les bénédictions et malédictions en Luc 6.20–26.

17 Voir Marc 7.17–23 ; 1 Corinthiens 6.9–11 ; Colossiens 3.5 ; Galates 5.19–23 ; 1 Timothée 1.9–10.

18 Voir le Shema en Deutéronome 6.4–5 et l'injonction en Lévitique 19.18.

À cet égard, Jésus et les apôtres ont apparemment enfreint aussi la prescription de la peine de mort[19].

C'est peut-être à la lumière de ces réalités que la lettre du concile de Jérusalem aux chrétiens d'origine non-juive ne contenait aucune disposition à propos du quatrième commandement (voir Actes 15.28–29). Ainsi, l'enseignement de Paul en Galates 4.10, Colossiens 2.16 et Romains 15.5–6a semble conforme à la pensée de l'Église de Jérusalem.

Le résultat de cette vision de l'autorité de l'Ancienne Alliance peut dépendre d'une évaluation de son accomplissement dans le cadre de la Nouvelle Alliance. Les éléments qui sont en-deçà de ces critères peuvent n'être que temporels, si bien que les chrétiens ne sont pas tenus de les respecter.

Il ne s'ensuit pas forcément qu'il n'y a rien d'intemporel ou de transcendant dans le 4° commandement du Décalogue. L'affirmation de Jésus selon laquelle le sabbat a été fait pour l'homme, est peut-être fondée sur le principe *agapéique* et altruiste sous-jacent du besoin humain de repos hebdomadaire. Dans ce cas, l'idée que, si certaines dispositions ou activités fondées sur le 4° commandement ne font pas forcément autorité pour les chrétiens, leurs implications peuvent trouver leur accomplissement en Christ, peut être valide.

Voici certaines questions principales qui émergent de ce bref aperçu biblique :

1. Quelle est l'autorité de l'Ancien Testament pour les pasteurs et croyants chrétiens qui vivent sous la Nouvelle Alliance (voir Hébreux 8 et Jérémie 31.31–34) ?

2. L'Ancien Testament peut-il être divisé, de manière à sélectionner certains passages comme faisant autorité, tout en en ignorant d'autres ?

3. Comment déterminer quels éléments de l'Ancienne Alliance s'accomplissent en Christ et comment ces éléments doivent-ils déterminer la croyance et la vie chrétienne ?

L'analyse situationnelle du passage de 2 Timothée peut se poursuivre dans plusieurs directions, notamment les suivantes :

IV. I. Analyse historique

    A. Histoire ecclésiastique

        1. La transition du septième au premier (ou huitième) jour de la semaine comme jour de repos et de culte, en commémoration de la résurrection de Jésus, semble ne pas avoir posé de problème significatif dans l'Église primitive. Les chrétiens d'origine juive étaient davantage enclins à obéir au 4° commandement que les non-Juifs. Paul estimait apparemment qu'il valait mieux éviter d'imposer le respect du sabbat aux chrétiens d'origine non-juive, ou, du moins, laisser la question à la discrétion de tout un chacun, puisque les croyants jouissent de la liberté en Christ.

---

19 Même si la péricope en Jean 7.53–8.11 pose problème sur le plan textuel, elle semble refléter l'esprit et les actes de Jésus.

2. Même si l'Église semble avoir largement adopté le premier jour de la semaine comme jour de culte, il y a eu des sabbathiens dans le passé et il y en a encore jusqu'à présent. La question qui se pose est cependant de savoir si on peut réellement prétendre respecter le quatrième commandement dans son contexte décrit dans le Pentateuque, qui semble dépasser largement la question du jour choisi pour le repos et le culte.

B. Histoire séculière

1. La publication et l'affichage du Décalogue pose des problèmes juridiques et constitutionnels.

2. Au travers de lois dites « bleues », certains ont cherché à dominer sur le comportement public dominical, le dimanche étant jour du Seigneur. Le plus souvent, ces lois visaient à interdire la vente d'alcool et de véhicules. Ces lois sont de plus en plus souvent abrogées.

V. II. Analyse contemporaine

A. Certains pasteurs et laïcs sont partisans de l'affichage du Décalogue dans les lieux publics et ont pris des mesures dans ce sens.

B. En plus de contester ces mesures, certains critiques se demandent pourquoi ceux qui ne respectent pas le 4° commandement insistent pourtant pour afficher le Décalogue dans des lieux publics. Par conséquent, cela pose la question de l'intégrité, qui peut nuire à la réputation de l'Évangile, avec toutes les conséquences qui s'ensuivent.

Ces suggestions, avec d'autres, devront peut-être être prises en compte par les pasteurs et croyants chrétiens qui défendent l'affichage du Décalogue dans les écoles publiques et les autres lieux publics. Il y a certainement des questions herméneutiques à prendre en compte. Dans tous les cas, il peut être prudent d'examiner attentivement ces questions, ainsi que d'éventuelles autres questions pertinentes, dans un esprit de prière, avant de prendre une décision en se fondant sur l'autorité des Écritures, étant donné que l'importance, la nature et le pertinence de cette autorité est dérivée de 2 Timothée 3.16.

Exercice : évaluation et appropriation

Selon les suggestions de la partie 4, évaluez et appliquez votre interprétation de Jonas 4.1–11, Marc 4.1–10 et Marc 15.33–39.

Partie 5

Corrélation

La corrélation est le processus d'assemblage ou de synthèse de l'interprétation (et de l'appropriation) des passages individuels, afin de parvenir au sens d'unités bibliques plus vastes. Elle passe par deux niveaux.

Le premier niveau de corrélation est le niveau littéraire. La corrélation littéraire est la synthèse entre les livres écrits par le même auteur[20]. Les étudiants qui abordent l'œuvre d'un auteur qui a écrit plus d'un seul livre biblique, comme c'est le cas de Paul, peuvent synthétiser le sens des livres individuels au sein du corpus de cet auteur, afin de parvenir au sens du corpus dans son ensemble. Ainsi, les étudiants voudront éventuellement corréler l'enseignement des diverses Épîtres de Paul, afin de développer leur compréhension de la théologie paulinienne[21].

Le deuxième niveau de corrélation est le niveau canonique. La corrélation canonique est la synthèse des unités canoniques, plutôt que de celles écrites par un même auteur. Les étudiants peuvent synthétiser le sens de divers livres de l'Ancien Testament, afin de développer une théologie de l'Ancien Testament, ou encore synthétiser les enseignements de l'Ancien et du Nouveau Testament, afin de développer une théologie biblique[22].

À ces deux niveaux, la corrélation peut être générale ou spécifique. Les étudiants s'engagent dans la corrélation générale en synthétisant l'ensemble de l'enseignement d'un corpus d'auteur ou d'une unité canonique, et dans la corrélation spécifique en synthétisant la présentation d'un seul aspect d'un sujet. Ils peuvent, par

---

20 Par *auteur*, on entend l'*auteur implicite*, qui, ainsi que nous l'avons mentionné (voir chapitre 4), est l'auteur tel qu'il se présente lui-même à travers le texte, et donc le portrait de l'auteur qu'on infère à partir de celui-ci. Même en admettant l'opinion de nombreux spécialistes, selon laquelle toutes les Épîtres pastorales n'ont pas été écrites par Paul, mais par un ou plusieurs autres auteurs plus tardifs représentent le cercle paulinien, on est obligé d'admettre que Paul est l'auteur implicite des 13 Épîtres du NT qui portent son nom. Nous reconnaissons que la distinction entre auteur implicite et auteur en chair et en os revêt parfois une valeur historique. Pour cette raison, beaucoup de spécialistes critiques font la distinction entre la théologie de Paul, qu'ils dérivent des Épîtres pauliniennes incontestées, et celle de l'école paulinienne, plus tardive, qu'ils dérivent des Épîtres pastorales.

21 On peut inférer un auteur unique pour des collections de livres, comme le Pentateuque ou l'histoire deutéronomique (par ex. Josué–2 Rois). Dans ce cas, la corrélation littéraire doit être liée à la théologie de ces collections.

22 On voit généralement les unités canoniques comme liées à l'AT, au NT et à la Bible dans son ensemble, mais il y a de plus petites unités canoniques dans les deux Testaments. Par exemple, les prophètes mineurs forment une unité canonique au sein de l'AT, tandis que les quatre Évangiles forment une unité canonique au sein du NT.

exemple, entreprendre une corrélation générale des écrits de Jean, en répondant à la question suivante : quelle est la théologie du corpus johannique ? Ils peuvent aussi choisir de se limiter à une corrélation spécifique du corpus johannique, en répondant à la question suivante : quel est le sens du jugement divin, d'après les écrits de Jean ?

exemple, entreprendre une corrélation générale des écrits de Jean, en répondant à la question suivante : quelle est la théologie du corpus johannique ? Ils peuvent aussi choisir de se limiter à une corrélation spécifique du corpus johannique, en répondant à la question suivante : quel est le sens du jugement divin, d'après les écrits de Jean ?

19

Aspect et pratique de la corrélation

Fondements de la corrélation

La possibilité d'une corrélation émerge de la prise en compte à la fois de l'unité et de la diversité du message théologique de la Bible. Sans cette diversité biblique, c'est-à-dire sans perspectives et emphases théologiques divergentes, les étudiants ne pourraient même pas synthétiser la Bible, tandis que sans noyau d'unité théologique, au contraire, leur synthèse n'aurait aucun fondement.

Pratiquement tous les spécialistes admettent l'existence d'une certaine diversité théologique dans la Bible. Historiquement, la plupart d'entre eux ont constaté aussi un noyau d'unité théologique dans le témoignage biblique. Beaucoup d'entre eux continuent d'ailleurs d'affirmer l'existence d'une unité théologique profonde entre les livres de la Bible.

Au cours des dernières années, cependant, un nombre croissant de spécialistes ont insisté sur le fait que l'unité théologique de la Bible était insuffisante pour rendre une corrélation possible. Ils défendent l'idée qu'on peut parler de la théologie de Marc ou de Paul, mais pas de celle du Nouveau Testament. D'après ces spécialistes, la théologie biblique, ou même celle de l'Ancien et du Nouveau Testament, n'existent pas, mais la Bible ne présente que des perspectives théologiques contradictoires[1]. Certains spécialistes qui adhèrent à ce point de vue insistent que les lecteurs des Écritures qui espèrent trouver de l'unité dans son enseignement,

---

[1] Pour les théologiens de l'AT qui adoptent cette position, voir Walter Brueggemann, *Theology of the Old Testament: Testimony, Dispute, Advocacy* (Théologie de l'Ancien Testament : témoignage, dispute, défense) (Minneapolis : Fortress, 1997) ; Erhard S. Gerstenberger, *Theologies in the Old Testament* (Théologies de l'Ancien Testament) (Minneapolis : Fortress, 2002). Un exemple de théologien du NT qui adopte cette vision est Georg Strecker, *Theology of the New Testament* (Théologie du Nouveau Testament), éd. Friedrich Wilhelm Horn (Louisville : Westminster John Knox, 2000).

lui imposent en fait cette unité. D'après ces spécialistes, les efforts visant à la corrélation de l'enseignement biblique n'impliquent pas la découverte d'une cohérence théologique dynamique dans la Bible elle-même, mais l'imposition d'une unité théologique extérieure à la Bible. Pour eux, une telle unité reflète généralement les traditions théologiques à partir desquelles les lecteurs lisent le texte[2].

Parce qu'une approche inductive demeure ouverte à toutes les possibilités, ceux qui pratiquent l'étude biblique inductive reconnaîtront que les spécialistes qui rejettent l'existence d'une véritable unité théologique au sein de la Bible ont peut-être raison. Les partisans de l'étude biblique inductive doivent cependant insister sur le fait que cette revendication ne doit émaner que de l'examen sérieux de toutes les preuves. De plus, la charge de la preuve est du côté de ceux qui nient l'existence d'une unité théologique significative de la Bible, car les considérations à la fois bibliques et extrabibliques vont dans le sens d'une unité théologique fondamentale.

Pour ce qui est des indicateurs bibliques d'une unité théologique des Écritures, l'étude critique a montré que les auteurs bibliques plus tardifs ont toujours adopté et adapté les traditions bibliques plus anciennes. Ainsi, les spécialistes critiques parlent souvent de croissance de la tradition biblique, ce qui suggère une profonde continuité entre auteurs bibliques plus anciens et plus tardifs[3]. Les indicateurs extrabibliques incluent notamment le développement du canon biblique. Le processus de canonisation, à travers lequel les communautés de foi juives et chrétiennes ont jugé quels livres devaient être inclus ou exclus des Écritures, montre que ces communautés ont trouvé une unité théologique entre les livres qu'ils ont acceptés comme canoniques. Elles n'ont pas porté ces jugements rapidement ou à la légère, mais elles sont parvenues à leur position après des centaines d'années de réflexion et de discernement[4].

Difficulté de la corrélation

Affirmer qu'il y a des raisons de postuler l'unité théologique de la Bible comme fondement à la corrélation ne revient pas à prétendre que cette unité est facilement identifiable ou que le processus de corrélation est simple. En fait, ce processus a tendance à être un défi complexe. D'une part, la corrélation est fondée sur l'interprétation d'un grand nombre de passages et de livres spécifiques. C'est pourquoi, notre corrélation n'est valide que dans la mesure où ces interprétations individuelles sont toutes justes. De plus, la corrélation est le processus qui consiste à établir des liens entre le sens des passages et des livres individuels. C'est pour-

---

2 Voir Peter Balla, *Challenges to New Testament Theology* (Défis posés à la théologie du Nouveau Testament) (Peabody, Massachusetts : Hendrickson, 1998), pour une discussion des spécialistes qui adhèrent à cette vision et une défense passionnée de l'unité théologique du NT (et de l'AT) ; cf. aussi John Goldingay, *Theological Diversity and the Authority of the Old Testament* (Diversité théologique et autorité de l'Ancien Testament) (Grand Rapids : Eerdmans, 1987).

3 La réadaptation constante de données canoniques plus anciennes est mise en avant par Gerhard von Rad. Voir notamment sa *Old Testament Theology* (Théologie de l'Ancien Testament). Cf. aussi Koch, *Growth of the Biblical Tradition* (Croissance de la tradition biblique) ; Sanders, *Canon and Community* (Canon et communauté) ; idem, *From Sacred Story to Sacred Text* (De l'histoire sacrée au texte sacré).

4 Pour des discussions de l'histoire du développement du canon biblique, voir Bauer, *Annotated Guide to Biblical Resources* (Guide annoté des ressources bibliques), 12–15, 46–48, 182–83. Cf. aussi Balla, *Challenges to New Testament Theology* (Défis posés à la théologie du Nouveau Testament), 87–146.

quoi, elle passe par un certain nombre de jugements spécifiques concernant les interconnexions valides entre la perspective des passages et des livres individuels. Or, ce processus ne peut être réduit à de simples règles ou formules. Le processus de corrélation résiste à la description étape par étape que nous avons proposée pour l'observation et l'interprétation, ainsi que, dans une certaine mesure, pour l'évaluation et l'appropriation, ce qui le rend particulièrement vulnérable aux opinions et jugements subjectifs.

En définitive, la corrélation n'est cependant pas une question de jugement subjectif individuel, car elle se concentre sur les données objectives du texte. Comme toutes les phases d'induction, la corrélation est transjective : elle inclut à la fois des aspects objectifs et subjectifs qui fonctionnent ensemble. Ainsi, le processus de corrélation, qui mène à la théologie biblique, est possible, mais pas toujours facile. C'est pourquoi, la corrélation exige de l'humilité, la reconnaissance du caractère provisoire de nos conclusions et l'engagement à demeurer en conversation avec d'autres, notamment ceux avec lesquels on a tendance à être en désaccord.

Importance de la corrélation

Ainsi que nous l'avons mentionné au chapitre 1, une approche inductive exige une étude de la Bible conforme à la nature de celle-ci. Ainsi, la reconnaissance du fait que la Bible est une collection canonique, et non un simple ensemble de livres isolés, implique que l'objectif de l'étude biblique est de développer une théologie biblique[5] susceptible de servir de fondement pour la foi et la vie chrétienne[6]. C'est

---

5 La discipline de la théologie biblique a bénéficié d'une attention renouvelée au cours du dernier quart de siècle. En fait, les spécialistes ont abondamment débattu de la nature de la théologie biblique. James Barr, *The Concept of Biblical Theology* (Le concept de théologie biblique) (Minneapolis : Fortress, 1999), note qu'il n'y a pas de définition de la théologie biblique qui fasse consensus. Pour des traitements importants de la théologie biblique, voir Bauer, *Annotated Guide to Biblical Resources* (Guide annoté de ressources bibliques), 33-36, 72-76, 212-16 ; cf. aussi les traitements récents suivants : Scott J. Hafemann et Paul R. House, *Central Themes in Biblical Theology: Mapping Unity in Diversity* (Thèmes centraux de théologie biblique : cartographier l'unité dans la diversité) (Grand Rapids : Baker Academic, 2007) ; James K. Mead, *Biblical Theology: Issues, Methods, and Themes* (La théologie biblique : questions, méthodes et thèmes) (Louisville : Westminster John Knox, 2007) ; Leo G. Perdue, Robert Morgan et Benjamin D. Sommer, éd., *Biblical Theology: Introducing the Conversation* (La théologie biblique : introduire la conversation), Library of Biblical Theology (Nashville : Abingdon, 2009).

6 Selon nous, la théologie biblique est une description des enseignements théologiques des auteurs bibliques. Pour les chrétiens, la théologie biblique est la base de la théologie systématique et de l'éthique chrétienne fondée sur la Bible. Nous sommes donc d'accord avec la distinction fondamentale entre théologie biblique et théologie systématique, telle qu'elle a été établie à l'origine par Johann Philip Gabler dans son fameux essai «An Oration on the Proper Distinction between Biblical and Dogmatic Theology and the Specific Objectives of Each » (Oraison sur la juste distinction entre théologie biblique et dogmatique, ainsi que sur les objectifs spécifiques de chacune d'elles), publié en 1787 dans *The Flowering of Old Testament Theology* (L'épanouissement de la théologie de l'Ancien Testament), éd. Ben C. Ollenburger, Elmer A. Martins, et Gerhard F. Hasel (Winona Lake, Indiana: Eisenbrauns, 1992), 489-502 ; cf. John Sandys-Wunsch et Laurence Eldridge, «J. P. Gabler and the Distinction between Biblical and Dogmatic Theology » (J. P. Gabler et la distinction entre théologie biblique et dogmatique), *Scottish Journal of Theology* (Journal écossais de théologie) 33 (1980) : 133-88. Cette distinction a notamment été faite aussi par Krister Stendahl, « Biblical Theology, Contemporary » (Théologie biblique, contemporaine), dans *The Interpreter's Dictionary of the Bible* (Dictionnaire biblique de l'exégète), éd. George A. Buttrick (Nashville : Abingdon, 1962), 1.418-32 ; Raymond E. Brown, *Critical Meaning of the Bible* (Sens critique de la Bible) ; I. Howard Marshall, *Beyond the Bible: Moving from Scripture to Theology* (Au-delà de la Bible : le passage des Écritures à la théologie) (Grand Rapids : Baker Academic, 2004). Beaucoup de spécialistes récents ont critiqué sévèrement cette distinction, ainsi que le caractère fondamental de la théologie biblique, en argumentant qu'une synthèse objective de l'enseignement théologique de la Bible est irréaliste. Nous reconnaissons que toute construction purement objective de la théologie biblique est impossible, puisque la perspective théologique et l'arrière-plan des étudiants affecteront forcément leur compréhension de la théologie biblique ; mais nous pensons que les étudiants doivent chercher à comprendre le témoignage théologique des auteurs bibliques selon leurs propres termes, et qu'il s'agit là d'un objectif réaliste.

pourquoi, les lecteurs doivent synthétiser le sens des passages et des livres individuels, afin de saisir le message d'ensemble de la Bible.

Le principe du canon des Écritures implique que la Parole de Dieu ne peut être réduite à des passages ou à des livres individuels, qui se liraient indépendamment du reste de la Bible. On rencontre plutôt la Parole de Dieu en étudiant la Bible entière, dans toute sa complexité dynamique. Au sens strict, il est inexact de dire qu'un passage spécifique des Écritures, pris isolément du reste du canon, est la Parole de Dieu. Les passages spécifiques fonctionnent plutôt comme Parole de Dieu dans la mesure où ils sont compris à la lumière de l'ensemble du canon des Écritures[7].

Ces considérations suggèrent que la notion de *sensus plenior* (sens plus plein/plus profond) peut s'avérer utile. Le *sensus plenior* est l'idée que Dieu se sert des liens entre passages bibliques afin de communiquer un sens plus profond, dont les auteurs bibliques eux-mêmes n'étaient pas conscients[8]. Les auteurs du Nouveau Testament voyaient certainement un sens plus profond que celui des auteurs originaux dans les passages de l'Ancien Testament, qu'ils discernaient en lisant ces passages à la lumière les uns des autres et à la lumière de l'avènement de Christ. Le caractère historique de la révélation biblique suggère que cette intention divine plus vaste est en continuité avec le sens des passages dans leur contexte historique et littéraire original. Ce sens plus profond est une expansion du sens original des passages, qui n'est pas isolé de celui-ci et ne le contredit pas[9], mais qui va au-delà. Les lecteurs peuvent discerner ce sens plus profond en explorant les rapports entre passages bibliques ou en se demandant en quoi ces passages plus anciens nous montrent le chemin vers les étapes plus tardives de la révélation divine, dans le flux du canon biblique. Autrement dit, les lecteurs peuvent discerner ce *sensus plenior*, ce sens plus profond, à travers la corrélation.

Types de corrélation

Nous nous sommes concentrés jusqu'ici sur la synthèse des enseignements au sein du canon biblique, ou corrélation interne, mais la corrélation externe doit également être recherchée. Il s'agit du processus de mise en lien des enseignements des Écritures avec les réalités qu'on découvre dans le monde et en dehors de la Bible.

Wilbert Webster White, qui est peut-être le pionnier principal du développement de l'étude biblique inductive, met l'accent à juste titre sur l'unicité de la vérité. C'est pourquoi, l'honnêteté intellectuelle exige que les étudiants mettent toujours en lien un aspect ou une composante de la vérité avec les autres. Pour

---

7 Thus Vanhoozer, *Is There a Meaning in This Text?* (Y a-t-il un sens à ce texte ?) 263-65, suggère qu'on peut correctement comprendre Dieu comme étant l'auteur de l'ensemble du canon : il est l'auteur implicite du texte lu comme un tout canonique.

8 Voir Raymond E. Brown, *The "Sensus Plenior" of Sacred Scripture* (Le « Sensus Plenior » des Saintes Écritures) (1955 ; repr., Eugene, Oregon : Wipf & Stock, 2008) ; Douglas J. Moo, « The Problem of *Sensus Plenior* » (Le problème du *Sensus Plenior*), dans *Hermeneutics, Authority, and Canon* (Herméneutique, autorité et canon), éd. D. A. Carson et John D. Woodbridge (Grand Rapids : Zondervan, 1986), 179-211.

9 Brown, *"Sensus Plenior" of Sacred Scripture* (« Sensus Plenior » des Écritures sacrées), 313-14.

apprendre, nous devons forcément acquérir de nouvelles perspectives et élargir nos horizons[10].

Le besoin de corrélation externe n'émane cependant pas uniquement des objectifs pédagogiques et de l'intégrité intellectuelle, mais aussi de la nature de la Bible, qui porte des revendications concernant les réalités du monde et invite, voire même contraint, le lecteur à explorer les liens entre les enseignements des Écritures et les faits du monde, tels qu'on les constate.

---

10 Eberhardt, *Bible in the Making of Ministers* (La Bible dans le développement de ministères), 143–59. Beaucoup de philosophes et de théologiens ont aussi mis l'accent sur l'unité de la vérité, le principal étant peut-être Wolfhart Pannenberg : voir notamment son ouvrage *Basic Questions in Theology* (Questions théologiques de base) ; idem, *Systematic Theology* (Théologie systématique), 3 vol. (Grand Rapids : Eerdmans, 1991–93).

20

Mettre en pratique la corrélation

Processus de corrélation

Même si la corrélation est fondée sur l'interprétation et l'appropriation, on ne peut attendre d'avoir interprété et approprié chaque passage biblique avant de commencer le processus de corrélation. Autrement, l'étudiant ne commencera jamais la corrélation, car analyser le sens de chaque passage biblique prendrait toute une vie.

De plus, la corrélation est si fondamentale pour comprendre le message biblique qu'il faut la prendre au sérieux dès le début de l'étude scripturaire. Les étudiants doivent donc engager le processus de corrélation avec tous les passages qu'ils interprètent et s'approprient. Après avoir étudié le sens d'un passage, ils doivent se demander quels peuvent être les liens avec d'autres passages bibliques et en quoi ce passage peut contribuer à l'ensemble du témoignage biblique.

De plus, développer une théologie biblique est une tâche très vaste et complexe, que les étudiants doivent poursuivre graduellement. En fait, le processus de corrélation n'arrive jamais à terme. Les apports qui émergent de l'étude des passages bibliques nourrissent constamment notre compréhension de l'enseignement et de la théologie biblique.

Les étudiants peuvent employer deux procédures d'ensemble pour synthétiser les enseignements des Écritures, entre eux et avec les faits auxquels ils font face dans le monde : l'association formelle et l'association informelle.

Association formelle

L'association formelle est la corrélation par sujets ou par catégories. On peut étudier la manière dont la Bible présente certains thèmes ou sujets, comme la sotériologie (le salut), la pneumatologie (l'Esprit), l'ecclésiologie (la communauté de foi/l'Église) et l'anthropologie (l'humanité). Ces sujets émanent de la théologie systématique et il est compréhensible que les étudiants pensent généralement la théologie biblique en termes de catégories d'origine systématique ou dogmatique. Il ne faut cependant pas limiter l'enseignement des Écritures, ou la théologie biblique, aux catégories associées à la théologie ou à l'éthique systématique[1]. L'enseignement de la Bible intéresse une vaste gamme de sujets, liés notamment à l'accompagnement pastoral[2] et à des catégories théologiques qui ne sont généralement pas abordées en théologie dogmatique, comme l'alliance ou la promesse. On peut aussi employer cette vaste gamme de sujets pour mettre la Bible en lien avec des réalités extrabibliques. Par exemple, un livre récent compare la présentation biblique du handicap aux attitudes et découvertes contemporaines à ce sujet[3].

L'association formelle a pour avantage d'aider les étudiants à comprendre une diversité de thèmes et d'idées abordés dans les Écritures, mais il faut reconnaître que la Bible établit des rapports dynamiques entre thèmes distincts. C'est pourquoi, toute compartimentation artificielle doit être évitée.

De plus, l'association formelle exige que, pour construire leur théologie biblique, les étudiants ne se contentent pas d'identifier et d'examiner les thèmes et sujets contenus dans la Bible, mais prennent garde aussi à l'emphase relative portée par la Bible sur chacun de ces sujets et thèmes.

Les étudiants doivent examiner aussi la manière dont chacun de ces sujets et thèmes est développé dans la Bible appréhendée dans sa totalité. Le premier développement biblique est la progression entre l'Ancien et le Nouveau Testament. Le concept néo-testamentaire d'accomplissement exige que les étudiants prennent au sérieux la progression de la préparation à l'accomplissement, en gardant à l'esprit l'association entre continuité et discontinuité qui joue un rôle implicite dans la notion d'accomplissement. En effet, ce rapport entre les deux Testaments est une question centrale en théologie biblique. C'est pourquoi, les étudiants doivent examiner attentivement le témoignage rendu par chacun des deux Testaments à la révélation divine, surtout lorsqu'elle parvient à son expression finale en Jésus-Christ[4].

---

1 Voir Balla, *Challenges to New Testament Theology* (Défis à la théologie du Nouveau Testament), 21–23.

2 Plusieurs auteurs ont mis l'accent sur l'accompagnement pastoral dans l'interprétation de livres ou d'auteurs bibliques individuels : Powell, *God with Us* (Dieu avec nous) ; James W. Thompson, *Pastoral Ministry according to Paul: A Biblical Vision* (Le ministère pastoral selon Paul : une vision biblique) (Grand Rapids : Baker Academic, 2006) ; pour ce qui est du rôle de la Bible entière dans la pratique pastorale, comparer aussi avec Paul Ballard et Stephen R. Holmes, éd., *The Bible in Pastoral Practice: Readings in the Place and Function of Scripture in the Church* (La Bible dans la pratique pastorale : conférences sur la place et la fonction des Écritures dans l'Église) (Grand Rapids : Eerdmans, 2005).

3 Hector Avalos, Sarah Melcher et Jeremy Schipper, éd., *This Abled Body: Rethinking Disabilities and Biblical Studies* (Ce corps sain : repenser le handicap et l'étude de la Bible) (Atlanta : Society of Biblical Literature, 2007).

4 La notion de canon chrétien suggère des limites significatives à la séparation ultime entre la théologie de l'AT et du NT. La distinction peut être valide, mais en définitive, les deux sont incomplètes, si bien qu'on ne peut s'engager dans une synthèse théologique d'un des deux Testaments, indépendamment de l'autre. Pour des manières utiles de mettre en lien la théologie de l'AT et du NT, voir Childs, *Biblical Theology of the Old and New Testaments* (Théologie biblique de l'Ancien et

Association informelle

L'association informelle passe par la corrélation d'enseignements qui n'appartiennent pas au même sujet spécifique, mais se complètent cependant. Par exemple, les étudiants pourront corréler les enseignements de Michée 6.8, Matthieu 4.17, Romains 6.1–14 et 1 Jean 1.5 — 2.11. Le premier passage décrit certaines exigences de base pour le peuple de Dieu : « ce que l'Éternel attend de toi : c'est que tu te conduises avec droiture, que tu prennes plaisir à la bonté et que tu vives dans l'humilité avec ton Dieu ». Les trois passages du Nouveau Testament indiquent ensemble comment cette attente peut être réalisée : par un changement radical au niveau de l'orientation de la personne (c. à d. par la repentance), qui survient lorsqu'elle met sa foi en l'acte par lequel Dieu a établi son règne de la fin des temps, par son Fils Jésus-Christ, et ouvre la voie à une communion personnelle avec Dieu, à travers Jésus-Christ. Les étudiants peuvent aussi corréler les passages qui décrivent l'amour de Dieu avec ceux qui dépeignent le jugement divin, ou encore ceux qui parlent de sa grâce et de son pardon avec ceux qui exigent l'obéissance[5].

L'association informelle émane de la considération de l'unité ultime de toute la vérité et de toute la vie. Chaque vérité spécifique ou aspect de la vie a un rapport vital avec tous les autres. C'est pourquoi, l'étudiant est encouragé à vérifier tous ces rapports, afin de chercher à comprendre la vérité dans son ensemble.

Les étudiants doivent cependant faire attention à demeurer à l'écoute du sens spécifique de chaque passage individuel, afin d'éviter de créer des rapports là où il n'y en a pas. Ainsi, ils éviteront aussi de se contenter de faire basculer le sens de passages distincts l'un dans l'autre, mais sauront plutôt saisir la *conversation* solide et dynamique entre les passages bibliques qu'ils examinent.

Erreurs de corrélation

Il y a un certain nombre d'erreurs que les étudiants risquent de commettre dans leur corrélation. En voici quelques-unes. Ces erreurs surviennent lorsque les étudiants mettent trop l'accent sur certains aspects de la corrélation, au point d'en nier ou d'en négliger d'autres qui sont tout aussi importants.

Erreur de généralisation abusive

L'erreur de généralisation abusive consiste à mettre l'accent sur les rapports généraux, aux dépens du contenu spécifique. Cette erreur survient lorsque les étudiants portent leur attention exclusivement sur l'identification de principes ou d'enseignements généraux, négligeant le contenu spécifique que leur apporter

---

du Nouveau Testament) et Peter Stuhlmacher, *How to Do Biblical Theology* (Comment faire de la théologie biblique), (Allison Park, Pennsylvanie : Pickwick Publications, 1995), qui ne parle pas de « théologie du Nouveau Testament », mais de « théologie biblique du Nouveau Testament » ; voir idem, *Biblische Theologie des Neuen Testaments* (Théologie biblique du Nouveau Testament), 2 vol. (Göttingen : Vandenhoeck & Ruprecht, 1992-99).

5 Ces exemples indiquent qu'une association informelle n'est possible qu'en cas de lien thématique général entre les enseignements des différents passages, c'est-à-dire de souci général commun, afin de permettre aux étudiants de les mettre en lien dans le cadre du processus d'association informelle. Ainsi, la distinction entre association formelle et informelle est une question de degré de spécificité du sujet. L'association formelle passe par la corrélation des passages qui abordent explicitement le même sujet spécifique.

les passages individuels. Cela mène à des discussions de sujets généraux, sans contenu spécifique ou auquel les étudiants apportent leur propre contenu spécifique, lequel émerge de leurs présuppositions plutôt que des données du texte biblique. Par exemple, les étudiants peuvent parler du sujet biblique général de l'amour de Dieu, en négligeant la préoccupation biblique spécifique pour les exigences divines et notre responsabilité vis-à-vis de Dieu, qui constituent pourtant une composante-clé de la présentation biblique de l'amour de Dieu.

Cette erreur apparaît dans les synthèses extrabibliques, lorsque les étudiants n'établissent qu'un seul rapport d'ensemble superficiel entre l'enseignement biblique et les réalités du monde, échouant ainsi à mettre en lien les détails spécifiques de la présentation biblique avec les apports spécifiques des études et perspectives extrabibliques.

Erreur de séparation invalide

L'erreur de séparation invalide met l'accent sur la diversité, aux dépens de l'unité. Cette erreur passe par le non-établissement de connexions pourtant possibles, en faveur de la séparation de vérités bibliques en catégories isolées, et parfois même contradictoires. Par exemple, certains lecteurs de la Bible échouent à voir un rapport réel entre l'offre de grâce et de pardon de Dieu et son exigence d'une juste obéissance, ou encore entre l'amour et le jugement divin.

Cette erreur peut s'appliquer aussi à la synthèse extrabiblique. Les étudiants peuvent trop mettre l'accent sur les différences entre la présentation biblique et les perspectives extrabibliques sur un sujet ou une question, au point d'établir une dichotomie entre les deux. Ils échouent ainsi à discerner l'interaction dynamique entre les perceptions et apports bibliques et extrabibliques, ne voyant que les points de discontinuité sans identifier les points de connexion. Le résultat peut être une compréhension bifurquée, ou dichotomique, des réalités du monde. Cette tendance s'exprime par exemple dans la négligence des rapports entre la compréhension biblique du monde créé et les découvertes des sciences naturelles modernes.

Erreur d'uniformité totale

L'erreur de l'uniformité totale met l'accent sur l'unité, aux dépens de la diversité. Cette erreur passe par l'assertion que la corrélation exige un accord total entre les passages. Il s'agit d'une confusion entre cohérence et uniformité théologique, qui ne tolère aucune différence de présentation ou de perspective entre passages bibliques traitant du même sujet ou de sujets similaires, mais qui insiste plutôt sur la conformité du message de tous les passages pertinents, sans garder la porte ouverte à des différences de perspective ou d'accent entre passages traitant du même sujet ou thème. Le résultat est une association entre interprétation eiségétique, du fait de la tendance à imposer le sens de certains passages à d'autres, et corrélation superficielle, du fait de l'exclusion de la contribution spécifique de chaque passage à l'ensemble de la présentation biblique. D'autre part, une solide cohérence théologique n'est pas menacée, mais renforcée par des perspectives distinctes et des différences d'emphase entre chaque passage.

Erreur du livre plat

L'erreur du livre plat est une forme spécifique d'erreur d'uniformité totale, qui passe par la négation d'un réel développement dans la Bible, refusant de reconnaître qu'il peut y avoir une progression sur le plan de la présentation et de la compréhension des divers thèmes et sujets, entre les étapes plus anciennes et plus récentes de la révélation biblique. La Bible elle-même fait état d'une telle progression, surtout entre l'Ancien et le Nouveau Testament. Ainsi que nous l'avons mentionné dans la partie « Évaluation et application » (voir sec. 4), les étapes ultérieures de la révélation biblique peuvent clarifier, et même corriger les étapes antérieures. Il y a, par exemple, une réelle possibilité de développement sur le plan de la vision biblique du rôle d'Israël, en rapport à la rédemption divine. Le refus de reconnaître une telle possibilité serait une forme de présupposition de livre plat.

Cette considération n'implique pas que les passages qui appartiennent aux premières étapes n'ont aucune réelle contribution à apporter à la compréhension biblique finale et intégrale d'un thème ou sujet, mais qu'il faut discerner la contribution de chaque passage à la lumière de son rôle dans le développement du thème ou du sujet dans l'ensemble de la Bible.

Exemple de corrélation (2 Timothée 3.15–17)

Voici un exemple suggestif de corrélation, centré sur l'appel apparent de l'auteur implicite à l'autorité et à la valeur des Écritures hébraïques mentionnées en 2 Timothée 3.15–17. Le processus corrélatif présenté ici passe par trois étapes. Nous commençons par explorer l'appel aux Écritures hébraïques dans les Épîtres pastorales, en l'occurrence 1 et 2 Timothée et Tite. Ensuite, nous examinons l'appel aux Écritures hébraïques dans le corpus paulinien. Enfin, à la troisième et dernière étape, nous offrons un aperçu de l'emploi des Écritures hébraïques à travers le Nouveau Testament.

Les Écritures hébraïques dans les épîtres pastorales

Ainsi que nous l'avons vu, l'appel vibrant aux Écritures hébraïques en 2 Timothée 3.15–17 apparaît dans le contexte de la préparation de Timothée à faire face à certaines personnes de la « période finale », décrites en 3.2–9 et qualifiées d'« hommes méchants » et de « charlatans » en 3.13. Leur problème est à la fois éthique et doctrinal et ils sont en contraste radical avec l'exemple de Paul (3.10–12) et des premiers enseignants de Timothée, dans son enfance (3.14 ; cf. 1.5). Surtout, le pasteur rappelle à Timothée que les Écritures qui forment le solide fondement de sa foi ferme et persévérante sont saintes, car elles sont théopneustiques (c'est-à-dire inspirées de Dieu) et essentielles pour atteindre les objectifs personnels et ministériels indispensables pour l'avenir de Timothée.

En 1 Timothée 1.3–11, l'auteur implicite aborde la Loi sous un jour favorable et critique les prétendus enseignants qui ne comprennent pas ce dont ils parlent. Il poursuit en décrivant la Loi comme « bonne » et en indiquant qu'elle s'adresse à ceux qui sont désobéissants. Il se présente ainsi lui-même comme ayant une compréhension et un respect justes de la Loi de Moïse.

En même temps, l'auteur implicite invoque d'autres sources d'autorité, notamment son propre enseignement et sa conduite (2 Timothée 3.10–12 ; 4.6–8). Il inclut aussi des appels à Jésus-Christ (1 Timothée 1.2 ; 2.7 ; 5.11 ; 2 Timothée 1.2 ; 2.1, 3, 8, 10 ; Tite 1.1, 4 ; 2.13–14 ; 3.6), à son autorité apostolique (1 Timothée 1.1 ; 2 Timothée 1.1 ; Tite 1.1) et à l'Évangile tel qu'il l'annonce (1 Timothée 1.11 ; 2 Timothée 1.8, 10 ; 2.8).

Dans ses admonitions concernant divers groupes de personnes, notamment en 1 Timothée 5.18, Paul cite certains passages des Écritures hébraïques ; dans d'autres passages, notamment en 1 Timothée 6.4, 7, 8, 9, 15 et 16, il fait également allusion aux Écritures hébraïques. La plupart du temps, ces admonitions ne semblent cependant être que l'expression de son autorité apostolique, indépendamment de toute référence à des passages spécifiques des Écritures hébraïques.

L'auteur implicite fait allusion aussi à d'autres données qu'on ne trouve pas dans les Écritures hébraïques, comme les « paroles [...] certaines » qu'il cite en 2 Timothée 2.11–13, l'affirmation de l'unicité de Dieu et du rôle de médiateur de Jésus-Christ en 1 Timothée 2.5–6 et le « secret du plan de Dieu » mentionné en 1 Timothée 3.16 : l'incarnation. Lorsqu'il exhorte Timothée à « proclame[r] la Parole » (2 Timothée 4.2), il pense apparemment à plus que les seules Écritures hébraïques, puisqu'il met l'accent sur l'importance de l'Évangile et de son propre enseignement.

Toutes ces considérations posent la question du rapport entre ces divers appels à l'autorité. Ainsi que nous l'avons dit précédemment, si l'Ancienne Alliance établie dans les Écritures hébraïques constitue une préparation de son accomplissement dans le cadre de la Nouvelle Alliance, alors il n'y a pas de continuité entre elles et on ne peut comprendre ou proclamer pleinement l'une sans référence à l'autre. Cependant, ainsi que nous l'avons dit précédemment, l'accomplissement exige aussi une discontinuité, puisque plusieurs éléments identiques ne peuvent satisfaire l'exigence de transcendance qui, pour l'accomplissement, est essentielle. Il est donc important que Timothée, dans sa vie personnelle comme dans son ministère, garde cette distinction à l'esprit, afin d'accomplir pleinement son ministère (2 Timothée 4.5).

Les Écritures hébraïques dans le corpus paulinien

Tout au long des épîtres pauliniennes, il y a des preuves claires du grand respect de l'auteur implicite pour les Écritures hébraïques, même s'il cite le plus souvent la Septante plutôt qu'il ne traduit le texte hébreu. Les deux épîtres pauliniennes dans lesquelles l'emploi des Écritures hébraïques joue le rôle le plus déterminant sont l'épître aux Romains et celle aux Galates.

La salutation de l'épître aux Romains semble suggérer deux des fondements principaux de l'autorité de l'auteur implicite : son apostolat et les promesses prophétiques qu'on trouve dans les Saintes Écritures et qui sont accomplies dans l'Évangile (Romains 1.1–7). Au début de l'épître, Paul fait référence à un passage du prophète Habaquq, afin d'appuyer son thème principal : la justification par la foi (Romains 1.16–17 ; Habaquq 2.4). Il souligne ce thème par la suite, par ses allusions à l'expérience de la justification d'Abraham et de David (Romains 4.1–5, 6–8). L'auteur implicite cite aussi les Écritures hébraïques en appui d'autres vérités, notamment l'universalité du péché (3.9–18), Abraham comme étant le père de tous les croyants, circoncis et incirconcis (4.9–12, 16–25), les effets de la désobéissance d'Adam sur toute l'humanité (5.12–21), la nature et le rôle de la Loi de Moïse (7.1–25), la déchéance et la rédemption de la création (8.19–22), l'élection divine (9.6–18), l'exclusion d'Israël pour sa désobéissance et l'inclusion des croyants non-Juifs (9.24–33 ; 10.1 — 11.22 ; 15.7–21), la délivrance future d'Israël (11.23–36) et l'amour comme accomplissement de la Loi (13.8–10).

En même temps, il semble s'éloigner de l'esprit des psaumes d'imprécation, comme 58.6 et 137.8–9, auxquels il préfère les enseignements de Jésus qui exhortent ses lecteurs à ne pas rendre le mal pour le mal (12.14–21 ; cf. Matthieu 5.43–48). Ainsi, malgré tout son égard pour l'autorité des Écritures hébraïques, Paul reconnaît que parfois, l'Évangile de Jésus-Christ les transcende afin de les accomplir. L'autorité ultime est donc cet Évangile dont l'auteur implicite est l'apôtre.

Pour ce qui est de la lettre aux Galates, Paul met à nouveau l'accent sur son autorité apostolique (Galates 1.1–2). Il souligne cette autorité en affirmant n'avoir pas reçu son Évangile d'autres hommes, mais par révélation divine, dont il prend la peine de décrire les circonstances (1.11–27). Par conséquent, il s'oppose à certaines personnes à Jérusalem, qu'il décrit comme de « faux frères » (2.1–10, surtout v. 4). Il expose ensuite son désaccord avec les autres apôtres Pierre et, peut-être, Jacques, sur la question de la séparation des tables entre judéo-chrétiens et chrétiens incirconcis d'origine non-juive, remettant ainsi en cause l'obligation pour les croyants non-Juifs de respecter les prescriptions alimentaires de la Loi de Moïse. Autrement dit, il s'oppose à l'idée que les non-Juifs doivent devenir des Juifs pratiquants afin d'être chrétiens et insiste que la vision de certains apôtres de Jérusalem implique un retour qui manque de sincérité à la justification par les œuvres de la loi, avec un rejet de la justification par la foi seule (2.11 — 3.5).

L'auteur implicite de Galates revient ensuite à la justification par la foi d'Abraham et à la thèse selon laquelle il est le père de tous ceux qui sont justifiés par la foi (3.6–9 ; cf. Genèse 12.3). Il affirme aussi que tous les croyants non-Juifs sont ainsi devenus héritiers de la promesse faite à Abraham (3.6–29). Quant à la Loi, il s'agit d'un pédagogue qui nous mène tous à la foi en Jésus-Christ et à la filiation divine (3.19–29 ; 4.1–31). Cette filiation libère les croyants de la Loi de Moïse, afin de vivre selon la « loi de l'amour » et de marcher selon l'esprit, et non selon la chair (5.1–26), si bien qu'ils deviennent tous membres du nouvel « Israël de Dieu » (6.1–16).

Dans ses autres épîtres, comme celle aux Corinthiens, il cite souvent les Écritures hébraïques et fait preuve d'un grand respect pour leur autorité ; mais en même temps, il les traite toujours comme préparatoires, et non ultimes. Chaque fois que l'Évangile, dont l'auteur implicite affirme être l'apôtre (1 Corinthiens 1.1 ; 2 Corinthiens 1.1), transcende sa préparation, Paul n'hésite pas à accorder la primauté à l'Évangile (par ex. 1 Corinthiens 5.6–8 ; 6.12–20 ; 7.17–19 ; 8.8–9 ; 9.20–21 ; 10.23–11.1 ; 2 Corinthiens 3.12–18 ; 5.14 ; 10.3–6).

Les Écritures hébraïques dans le Nouveau Testament

Nous avons déjà commencé, dans une certaine mesure, le processus d'examen des corrélations, par rapport à l'emploi des Écritures hébraïques dans l'ensemble du Nouveau Testament. Nous mettrons l'accent sur les Évangiles, notamment Luc-Actes, ainsi que sur le corpus johannique, constitué de Jean, 1–3 Jean et l'Apocalypse de Jean. D'autres livres, comme les épîtres non-pauliniennes, méritent également notre attention, mais nous ne pourrons pas les aborder ici, par manque de temps et d'espace.

L'Évangile selon Matthieu emploie une profusion de citations des Écritures hébraïques, davantage que n'importe quel autre livre ou ensemble de livres du Nouveau Testament. Il contient plus d'une soixantaine de citations. Ce phénomène suggère peut-être que l'auteur implicite ressent un fort besoin de mettre l'accent sur les différences entre les deux alliances. Il semble adhérer fermement à l'idée des Écritures hébraïques exprimée en 2 Timothée 3.15–17.

L'emploi du verbe « accomplir » (*plero*) est la clé pour comprendre le rapport entre l'avènement de Christ et les Écritures hébraïques. Ce verbe est employé pour la première fois en lien avec l'annonce de la naissance virginale de Jésus, fondée sur Ésaïe 7.14 (Matthieu 1.23). En cette instance, il est employé en rapport avec le récit de l'accomplissement d'une prédiction prophétique. Dans ce cas, de même que dans beaucoup d'autres, l'auteur emploie des passages des Écritures hébraïques afin de rendre témoignage à Jésus.

Dans la description du ministère de Jean-Baptiste, la préférence est accordée à la version de la Septante, qui fait du désert le lieu du ministère de Jean-Baptiste, plutôt qu'un lieu de préparation (Marc 1.3 ; cf. Ésaïe 40.3). Ainsi, malgré son respect évident pour les Écritures hébraïques, l'auteur hébraïque n'hésite pas à s'éloigner de leur formulation exacte afin d'appuyer l'avènement de Christ.

Un autre type d'accomplissement passe par le rapport entre un événement passé, en l'occurrence la délivrance d'Israël de la captivité en Égypte, et le départ d'Égypte de la sainte famille (Matthieu 2.15 et Osée 11.1). Dans le cas présent, l'événement ultérieur qui implique le Fils de Dieu mène la délivrance d'Israël en tant que fils de Dieu à son apogée. On trouve un autre type d'accomplissement dans le Sermon sur la Montagne, où Jésus dit : « Ne vous imaginez pas que je sois venu pour abolir ce qui est écrit dans la Loi ou les prophètes ; je ne suis pas venu pour abolir, mais pour accomplir. » (Matthieu 5.17) Dans ce contexte, le verbe « accomplir » n'équivaut pas forcément à l'obéissance à chaque iota ou trait de lettre de la Loi, mais à la prise de conscience de son dessein le plus élevé, qui est de nous faire parvenir à une justice qui dépasse celle des scribes et des Pharisiens légalistes (5.19–20). Par conséquent, Jésus s'éloigne ensuite de la vision des sermons (6.33–37) et du talion (5.38–42) exposée par la Loi.

Jésus a rompu aussi avec une adhésion stricte à la Loi du sabbat et il a été persécuté par les scribes et les Pharisiens pour cette raison (Matthieu 12.1 ; cf. Marc 2.23–28 ; 3.1–6 ; Luc 6.2, 9 ; Jean 5.9–18). Sa revendication d'être « maître du sabbat » le rend supérieur, en tant que Fils de l'homme, à la Loi de Moïse.

L'Évangile selon Matthieu, ainsi que les trois autres Évangiles, citent Ésaïe 6.9–10 afin de mettre l'accent sur l'ignorance judiciaire comme une des raisons principales du rejet de Jésus (Matthieu 13.14–15 ; cf. Marc 4.12 ; Jean 12.36b-41). Dans les Évangiles synoptiques, Jésus compare ses opposants aux anciens Israélites, ainsi qu'au sol dur du chemin, où la graine du Royaume ne peut germer. Cet état était probablement dû à l'atrophie spirituelle et constituait le jugement de Dieu pour le mal persistant. Le prophète Ésaïe a dit que l'entêtement de ses compatriotes à refuser d'obéir à Dieu les a menés à une confusion de valeurs, au point où ils appellent le mal bien et le bien mal, confondent les ténèbres et la lumière, ainsi que la douceur et l'amertume (Ésaïe 5.20). Par conséquent, ils ne comprenaient pas, leurs yeux ne voyaient pas et leurs oreilles n'entendaient pas. L'opposition à Jésus, qui a mené à sa crucifixion, s'explique dans certains cas par un état semblable.

Les trois Évangiles synoptiques se servent de la parabole des mauvais vignerons comme une autre manière d'expliquer la crucifixion de Jésus (Matthieu 21.33–46 ; Marc 12.1–12 ; Luc 20.9–19). Cette parabole emploie l'image connue de la vigne pour enseigner sa leçon (cf. Ésaïe 5). Sa loi structurelle principale est le contraste frappant entre l'intention du Père en envoyant les prophètes et, enfin, son Fils, et la réaction des mauvais vignerons, qui, au lieu d'entendre l'appel à rendre à Dieu ce qui lui est dû, ont décidé de tuer le Fils héritier, afin d'usurper son héritage.

Un autre signe de reconnaissance de l'autorité des Écritures hébraïques dans les Évangiles synoptiques est l'accent mis sur l'amour et l'accomplissement du plus grand commandement (Matthieu 22.34–40 ; Marc 12.28–34 ; Luc 10.27 ; cf. Deutéronome 6.4–5 ; Lévitique 19.18). En réponse à la question posée par un maître de la Loi, à propos du plus grand commandement de la Loi, Jésus cite le Shéma pour répondre : « tu aimeras donc le Seigneur, ton Dieu, de tout ton cœur, de toute ton âme, de toute ta pensée et de toute ton énergie. » Il ajoute ensuite un commandement du Lévitique : « Tu aimeras ton prochain comme toi-même. » Il indique son attitude à l'égard de l'ensemble des Écritures hébraïques en précisant : « Tout ce qu'enseignent la Loi et les prophètes est contenu dans ces deux commandements. »

L'auteur implicite du 1er Évangile met aussi l'accent sur Jésus en tant que Fils du Roi David. Il mentionne ce point au tout premier verset de son Évangile et y revient plusieurs fois par la suite ; l'Évangile de Luc met également en avant cette ascendance. On constate aussi une emphase récurrente sur le « royaume des cieux », qui est mentionnée plusieurs fois dans les autres Évangiles synoptiques comme le « royaume de Dieu ». Le Jésus de Matthieu cite le Psaume 110.1 afin d'indiquer la supériorité de Jésus sur David, en ce que David, « inspiré par l'Esprit », l'a appelé « Seigneur » (Matthieu 22.44 ; cf. Marc 12.36 ; Luc 20.42–43).

Le respect de Jésus pour la Loi de Moïse se manifeste lorsqu'il exhorte le lépreux qu'il vient de purifier à se montrer à un prêtre et à faire l'offrande ordonnée par Moïse pour sa purification (Matthieu 8.1–4 ; cf. Marc 1.44 ; Luc 5.12–16 ; Lévitique 13.49). En matière de divorce, cependant, Matthieu rapporte que Jésus a changé la loi sur le divorce en expliquant qu'il s'agissait d'une concession divine à la dureté du cœur humain (« cardiosclerosis » ; Matthieu 19.3–9 ; cf. Marc 10.2–9) et en indiquant sa préférence pour l'ordre créationnel décrit en Genèse 2.24.

Le récit des tentations de Jésus est peut-être l'exemple le plus frappant du grand respect que Jésus, tel qu'il est présenté par les évangélistes, avait pour les Écritures hébraïques. Dans le récit de Matthieu, par exemple, chaque réponse de Jésus est précédée de l'expression : « il est écrit », puis d'une citation des Écritures hébraïques (Matthieu 4.4, 7, 10 ; cf. Luc 4.1–13). En cette heure la plus critique, alors que le ministère de Jésus était en jeu, il a choisi de se fier aux Écritures hébraïques comme étant le moyen primordial de vaincre le diable.

Même si nous avons déjà mentionné certains emplois des Écritures hébraïques dans l'Évangile de Marc, il y en a quelques autres qui valent la peine d'être mentionnées. La citation concernant Jean-Baptiste, par exemple, est attribuée uniquement au prophète Ésaïe, alors qu'il est évident que Marc 1.2 cite Malachie 3.1. Certains scribes étaient apparemment conscients de cette divergence, si bien qu'ils ont remplacé « le prophète Ésaïe » par « les prophètes ». Les raisons de cette confusion ne sont pas claires, même si on peut comprendre comment la tradition orale peut être responsable de cette fusion. Matthieu et Luc se limitent tous deux à citer uniquement Ésaïe.

La référence la plus significative aux Écritures hébraïques dans Marc est probablement le recours au motif du serviteur souffrant, en Ésaïe 53. L'élément-clé se situe en Matthieu 12.45, où Jésus dit : « Car le Fils de l'homme n'est pas venu pour se faire servir, mais pour servir et donner sa vie en rançon pour beaucoup. » Il exhorte ses disciples à suivre la même voie de servitude (Marc 10.43–44).

Cet appel est la réponse de Marc au scandale de la croix. Une des fonctions principales de l'évangéliste était de convaincre son public d'accepter un Sauveur et Seigneur qui avait été brutalement crucifié par ses ennemis, présenté comme un grand libérateur et conquérant, mais qui avais été tué par ses adversaires malfaisants (cf. 1 Corinthiens 1.18–25). Même Pierre, son propre disciple, a repris celui qu'il avait confessé comme le Christ, lorsqu'il a annoncé sa mort à venir (Marc 8.31–33). Pour contrer cette objection, le Jésus de Marc a rappelé à ses disciples, et, à travers eux, à l'Église primitive, que l'ancien peuple d'Israël avait commis la même erreur. D'après Ésaïe, ils méprisaient et rejetaient le serviteur de Yahweh, parce qu'il était un homme de douleur (Ésaïe 53.2–3). Ils ne comprenaient pas qu'il s'était chargé de leurs maladies, avait pris sur lui leurs souffrances et était percé pour leurs péchés (Ésaïe 53.4–5). La transfiguration qui suit la première annonce de Jésus de sa mort à venir confirme cette vision par l'apparition du prophète Élie et du législateur Moïse, ainsi que la voix du Père, qui a proclamé : « Celui-ci est mon Fils bien-aimé. Écoutez-le ! » (Marc 9.7)

L'auteur implicite de Marc rapporte la réponse de Jésus à certains Pharisiens et scribes qui critiquaient ses disciples parce qu'ils mangeaient avec des mains non lavées, qu'ils considéraient comme impures (7.1–23). Jésus cite la prophétie d'Ésaïe et s'en sert pour montrer l'hypocrisie des auteurs de telles accusations, qui ne faisaient qu'honorer Dieu du bout des lèvres, mais ne se souciaient pas vraiment de ses commandements (7.6–8 ; Ésaïe 29.13). En fait, ils avaient choisi d'obéir à des traditions humaines, même si, ce faisant, ils rejetaient les commandements de Dieu (Marc 7.9). Ils avaient une idée externe de la souillure, tout en ignorant la véritable souillure : la souillure intérieure, celle du cœur (7.14–23).

Il est important de noter que l'auteur implicite de Marc ajoute une remarque éditoriale concernant les implications des paroles de Jésus : « Il déclarait par-là même que tous les aliments sont purs » (7.19b ; cf. Actes 10.15 ; Romains 14.14, 20). En admettant que cette remarque n'est pas une glose, elle semble représenter une rupture claire avec les Écritures hébraïques, puisque les interdits alimentaires constituaient un élément important des lois de pureté. Les aliments considérés comme impurs étaient notamment ceux qui contenaient du sang (Genèse 9.4 ; Lévitique 17.14–15 ; Deutéronome 12.16, 23), la viande des bêtes qui n'ont pas de sabots fendus et qui ruminent (Lévitique 11.3–7 ; Deutéronome 14.6–8), ainsi que toute nourriture consommée par des non-Juifs (Osée 9.3).

Le discours du Mont des Oliviers, parfois appelé la « petite Apocalypse », prend au sérieux l'« abominable profanation » mentionnée aux derniers chapitres du livre de Daniel (Marc 13.14 ; Matthieu 24.15 ; Luc 21.20 ; cf. Daniel 9.27 ; 11.31 ; 12.11). Marc et les autres Évangiles synoptiques abordent ce phénomène en rapport avec la prédiction de la destruction de Jérusalem et du Temple. Cet événement, survenu en 70 ap. J.-C., peut être considéré comme la fin de l'ère représentée par les Écritures hébraïques. Jésus et ses premiers disciples étaient des figures de transition, qui avaient rompu avec certaines pratiques exigées par l'Ancienne Alliance, tout en continuant à en suivre d'autres, notamment le culte du Temple. Avec la destruction du Temple, l'accomplissement décrit dans le livre des Hébreux représente la seule véritable alternative.

D'après les Évangiles synoptiques, la purification du Temple est survenue pendant la semaine de la passion et était peut-être une des raisons principales de l'opposition violente à Jésus, qui a mené à sa crucifixion (Marc 11.15–19 ; Matthieu 21.12–17 ; Luc 19.45–48). Dans le 4ᵉ Évangile, la purification intervient plus tôt dans le récit du ministère public de Jésus (Jean 2.13–22). Dans tous les cas, le fil rouge est la référence à ce que disent les Écritures hébraïques comme raison de son action (voir Ésaïe 56.7 ; Jérémie 7.11 et Psaume 69.9).

L'institution du repas du Seigneur, fondée sur la réinterprétation du repas de la Pâque, est un autre exemple significatif du respect voué aux Écritures hébraïques (Marc 14.12–25 ; Matthieu 26.26–29 ; Luc 22.14–23). On note aussi la parole de Jésus sur sa trahison « conformément à ce que les Écritures annoncent » (Marc 14.21 ; Matthieu 26.20–25 ; Luc 22.14, 21–23).

Le cri de détresse de Jésus est une citation du Psaume 22.1a (Marc 15.34 ; Matthieu 27.46). Les antécédents des pronoms du psaume, avec les aspects des verbes, semblent indiquer que le psalmiste décrit sa propre expérience. Jésus semble citer ce passage parce qu'il estime qu'il correspond bien à la crise qu'il traverse. Les auteurs implicites des deux Évangiles citent l'expression en langue originale, suivie d'une traduction en grec, apparemment pour expliquer pourquoi ceux qui assistaient à la scène pensaient qu'il appelait Élie.

Nous passons à présent au corpus Luc-Actes. L'introduction au 3ᵉ Évangile dit clairement que l'auteur implicite a examiné attentivement les récits de ceux qui sont décrits comme des « témoins » et qu'il est d'accord avec eux (Luc 1.1–4). Il semble donc juste d'inférer qu'il accepte leur compréhension des Écritures hébraïques et de leur accomplissement en Jésus-Christ. Les preuves explicites contenues dans les Évangiles, que nous citons maintenant en partie, semblent appuyer cette inférence.

Au début de l'Évangile, l'auteur implicite inclut une généalogie de Jésus, en tant que fils présumé de Joseph (Luc 3.23–28). Même s'il y a des différences entre sa généalogie et celle qu'on trouve dans Matthieu (1.1–17), les deux se basent sur des données tirées des Écritures hébraïques. Il est intéressant de noter que la généalogie de Luc est en ordre inversé, par rapport à celle de Matthieu, et qu'elle conclut en décrivant Adam comme le « fils de Dieu ». Luc poursuit ensuite en se concentrant sur le rôle du Saint-Esprit dans la vie et le ministère de Jésus, en mettant l'accent sur le fait que c'est l'Esprit qui l'a mené dans le désert et qui était à l'œuvre après son retour en Galilée (4.14). À son retour dans une synagogue de Nazareth, il a profité de l'occasion pour lire le passage suivant du prophète Ésaïe : « L'Esprit du Seigneur est sur moi... » (4.18) Le texte rapporte qu'il a dit ensuite : « Aujourd'hui même, [...] pour vous qui l'entendez, cette prophétie de l'Écriture est devenue réalité. » (4.21) Lorsque les gens de sa ville d'origine lui ont demandé de refaire les miracles qu'il avait accomplis à Capernaüm, Jésus leur a répondu qu'aucun prophète n'est bien accueilli dans sa patrie. L'auteur implicite poursuit en rapportant fidèlement la réponse assez longue de Jésus, à l'aide de l'exemple d'Élie (4.25–27).

Il y a beaucoup d'autres preuves que l'auteur implicite de Luc avait une connaissance substantielle et des Écritures du peuple hébreu et un grand respect pour elles. Parmi ces preuves, il y a l'emploi récurrent d'expressions comme « il est écrit » et d'allusions à divers personnages mentionnés dans les Écritures hébraïques, comme Abel, Abraham, Isaac, Jacob, Moïse, Salomon, les prophètes, Jonas et Zacharie.

Puisque l'auteur implicite du livre des Actes est le même que celui du 3ᵉ Évangile, il n'y a rien de surprenant à ce que l'attitude à l'égard des Écritures hébraïques que nous venons de décrire se retrouve aussi dans les Actes. Une des premières indications de cette attitude est l'affirmation qu'« il fallait que les prophéties de l'Écriture s'accomplissent : car le Saint-Esprit, par l'intermédiaire de David, a parlé à l'avance de Judas » (Actes 1.16). Pour ce qui est du nom du champ acheté par Judas, devenu le lieu de son trépas, le texte rapporte qu'il a été appelé « *Akeldama*, ce qui, dans leur langue, signifie : « le champ du sang » » (1.19). La raison mentionnée au verset 20 est une citation du Psaume 69.25, même s'il y a des différences entre la citation des Actes et le passage des Écritures hébraïques.

On observe un phénomène similaire avec la citation de Joël, en lien avec la Pentecôte (Actes 2.16–21 ; Joël 2.28–32) : même si la citation est introduite comme « ce qu'avait annoncé le prophète Joël », il y a des différences claires avec le passage de Joël. Comme dans le cas précédent, ces différences n'affectent cependant pas l'essence des citations.

Un élément à prendre en compte est que l'auteur implicite du livre des Actes emploie uniquement la Septante. Cela n'implique pas un manque de respect pour les Écritures hébraïques, puisque la Septante était la Bible de cette époque, couramment employée par les auteurs bibliques comme par leurs lecteurs implicites. Même les citations des Écritures hébraïques devaient d'abord être traduites en grec.

Un passage frappant du livre des Actes est celui des accusations contre Étienne et de sa réponse. Accusé d'avoir prononcé des paroles blasphématoires contre Moïse et contre Dieu (Actes 6.11), Étienne a été mené devant le conseil, où de faux témoins l'ont accusé de « discourir contre ce lieu saint et contre la Loi de Moïse » (6.13). D'après le récit, Étienne a ensuite fait un long discours, dans lequel il a passé en revue les actes de Dieu en faveur du peuple hébreu, en commençant par Abraham et en terminant par la construction du temple de Salomon (7.2–50). Il s'est ensuite retourné contre ses accusateurs, en les décrivant comme des « hommes obstinés[,] de véritables incirconcis », qui résistent toujours au Saint-Esprit, qui ont persécuté et tué les prophètes comme l'avaient fait leurs pères et qui n'ont pas respecté la Loi qui leur avait été révélée par des anges (7.51–53). Alors, les ennemis d'Étienne se sont mis en colère et l'ont lapidé à mort (7.54 — 8.1).

L'inclusion de ce passage indique que non seulement l'auteur implicite connaissait le contenu historique des Écritures hébraïques, mais aussi qu'il les acceptait et les tenait en haute estime. On trouve un certain nombre d'autres références aux Écritures hébraïques qui appuient cette compréhension tout au long du livre des Actes, notamment en 8.32–33 ; 10.12–14 ; 13.16–22, 33–35, 47 ; 15.5 ; 17.2–3 ; 21.26 ; 23.3 ; 24.14 et 28.25–27.

Passons à présent au corpus johannique, qui est constitué de l'Évangile selon Jean, de 1–3 Jean et de l'Apocalypse. Nous voyons que l'auteur implicite du 4ᵉ Évangile commence son prologue par une référence aux premiers versets du récit de la création, en Genèse 1. Il interprète les actes de la parole créatrice d'Élohim comme impliquant le Logos divin, qui s'est ensuite incarné et a vécu parmi nous (Jean 1.1–5, 14). Puisque le verbe traduit par « vécu » signifie littéralement « tabernaclé », l'emploi de « gloire » (« Nous avons contemplé sa gloire ») reflète peut-être l'épisode raconté en Exode 40.34, lorsque la « gloire » de l'Éternel a rempli le tabernacle. De plus, l'auteur implicite de l'Évangile ajoute ensuite que si la Loi a été donnée par Moïse, la grâce et la vérité sont venues par Jésus-Christ (1.17).

Contrairement aux Évangiles synoptiques, l'auteur implicite de l'Évangile de Jean rapporte le témoignage rendu à Jésus par Jean-Baptiste, qui le décrit comme « l'Agneau de Dieu » (1.29, 36). L'agneau est le principal sacrifice de la Pâque (Exode 12.1–13) et du culte lévitique. En Jean 1.29, l'Agneau de Dieu est décrit comme ôtant le péché du monde.

Plus loin, Jean 1 rapporte les paroles de Philippe à Nathanaël : « Nous avons trouvé celui dont Moïse a parlé dans la Loi et que les prophètes ont annoncé : c'est Jésus, le fils de Joseph, de la ville de Nazareth » (verset 45). Par la suite, Nathanaël appellera Jésus « le Roi d'Israël » (verset 49), après quoi Jésus décrira ce qu'il verrait par la suite par une allusion à l'échelle de Jacob (verset 51 ; Genèse 28.12).

Une des caractéristiques principales du récit johannique est sa description du ministère public de Jésus (chapitres 1 à 12), par rapport aux diverses fêtes juives décrites dans les Écritures hébraïques. Tandis que les Évangiles synoptiques ne mettent en avant que la dernière Pâque, l'auteur implicite du 4ᵉ Évangile mentionne beaucoup d'autres fêtes (2.13, 23 ; 5.1 ; 6.4 ; 7.2, 8, 11, 14, 37 ; 11.56 ; 12.12, 20), en plus de la dernière Pâque (13.1, 29).

Il est intéressant de noter que certains signes que Jésus a accomplis et certaines de ses revendications concernant sa personne sont liés à ses activités à l'occasion des fêtes juives. C'est, par exemple, en lien avec la fête de la Pâque qu'il a nourri les 5 000 personnes, avant d'affirmer : « Moi, je suis le pain qui donne la vie. » (6.4–14, 35) C'est aussi en lien avec la fête des cabanes qu'il a dit : « Moi, je suis la lumière du monde » (7.2 ; 8.12), une affirmation qu'il a répétée en lien avec la guérison de l'homme aveugle de naissance (9.5).

L'auteur implicite de l'Évangile de Jean inclut aussi divers appels de Jésus à Abraham et à Moïse, qu'il présente tous deux sous un jour favorable (5.46 ; 8.39, 56). Concernant Moïse, le héros supposé de ses adversaires, le texte rapporte que Jésus a dit à ceux qui se revendiquaient comme ses disciples : « N'allez surtout pas croire que je serai moi votre accusateur auprès de mon Père ; c'est Moïse qui vous accusera, oui, ce Moïse même en qui vous avez mis votre espérance. En effet, si vous l'aviez réellement cru, vous m'auriez aussi cru, car il a parlé de moi dans ses livres. » (5.45–46) En même temps, l'auteur implicite n'hésite pas à rapporter des paroles dans lesquelles Jésus revendique sa supériorité à ces deux grandes figures de l'histoire du salut (6.32 ; 8.58).

Ainsi, même si l'auteur implicite de l'Évangile de Jean n'emploie que peu de citations introduites par la formule « selon ce qui est écrit », il présente Jésus comme ayant beaucoup d'égard pour les Écritures hébraïques, qu'il cite librement afin de répondre à ses adversaires incrédules.

En 1 et 2 Jean, il n'y a également que peu de citations des Écritures hébraïques introduites par une formule comme « il est écrit », mais en même temps, l'accent mis sur l'amour mutuel s'accorde avec l'injonction vétéro-testamentaire d'aimer son prochain, qui est mise en avant dans les Évangiles synoptiques (Matthieu 22.39 ; Marc 12.33 ; Luc 10.27 ; cf. Lévitique 19.18 ; 2 Jean 5). D'autre part, l'auteur implicite attire l'attention sur les paroles de Jésus : « Je vous donne un commandement nouveau : Aimez-vous les uns les autres. Oui, comme je vous ai aimés, aimez-vous les uns les autres. » (Jean 13.34 ; cf. 1 Jean 2.8 ; 4.21) Ce nouveau commandement supérieur accomplit celui des Écritures hébraïques, qui met l'accent sur l'amour du prochain comme soi-même.

Par effet de contraste, l'auteur implicite exhorte ses lecteurs à ne pas être comme Caïn, qui « était du diable » et « a égorgé son frère » (1 Jean 3.12a). La raison donnée pour son acte de méchanceté est que « sa façon d'agir était mauvaise, alors que celle de son frère était juste » (3.12b ; cf. Genèse 4.8). Ainsi, l'auteur implicite s'appuie sur le texte des Écritures hébraïques, afin de souligner la différence entre les « enfants de Dieu » et « du diable » (3.10).

Nous passons à présent au livre de l'Apocalypse, qui emploie le genre apocalyptique qu'on trouve dans les derniers chapitres de Daniel. Même en l'absence d'expressions comme « il est écrit », si courantes dans les textes discursifs, et même narratifs, on trouve beaucoup d'allusions aux Écritures hébraïques tout au long de ce livre. Il y a notamment les nombreuses références à l'Agneau, qui rappellent le témoignage de Jean-Baptiste rapporté dans le 4ᵉ Évangile, ainsi que celles aux anges. L'auteur implicite mentionne aussi les éléments suivants : un royaume de prêtres et une nation sainte (Apocalypse 1.6 ; cf. Exode 19.6) ; sept chandeliers d'or (Apocalypse 1.12, 20 ; 2.1 ; cf. Exode 25.31–40) ; la description de celui qui ressemble à un fils de l'homme (Apocalypse 1.13–14 ; cf. Daniel 7.9, 13) ; Balaam et Balak (Apocalypse 2.14 ; cf. Nombres 25.1–2) ; la manne cachée (Apocalypse 2.17 ; cf. Psaume 78.24 ; Ésaïe 56.3–5 ; 62.2 ; 65.15) ; le Fils de Dieu (Apocalypse 2.18 ; cf. Daniel 10.6) ; Jézabel (Apocalypse 2.20 ; cf. 1 Rois 18.4) ; le Temple (Apocalypse 3.12 ; 21.22) ; la nouvelle Jérusalem (Apocalypse 3.12 ; 21.2, 10) ; l'appel des séraphins (Apocalypse 4.8 ; cf. Ésaïe 6.3) ; le rouleau (Apocalypse 5.1 ; cf. Daniel 12.4) ; les 144 000 serviteurs scellés, issus des douze tribus d'Israël (Apocalypse 7.4–8) ; le Lion de la tribu de Juda et le rejeton de David (Apocalypse 5.5) ; le Créateur (Apocalypse 10.7) ; les quatre bêtes (Apocalypse 13.1–2 ; cf. Daniel 7.2–8) ; Sodome et l'Égypte en tant que prototypes de l'Empire romain (Apocalypse 11.8) ; les plaies (Apocalypse 9.18) ; la prostitution (Apocalypse 17.5 ; cf. Osée 2.5 ; 4.15 ; Amos 7.17) ; la nouvelle Jérusalem (Apocalypse 21.9–22) ; le fleuve de vie et l'arbre de vie (Apocalypse 22.1–2).[6]

Voici quelques remarques de conclusion qui résument toutes ces observations sur l'emploi des Écritures hébraïques dans le Nouveau Testament. D'abord, les Écritures hébraïques peuvent être décrites dans un sens vaste comme la « Bible » de Jésus et de l'Église primitive. Dans la plupart des cas, c'est la traduction de la Septante qui est employée. De plus, les auteurs implicites semblent souvent plus préoccupés par le sens général que par la précision du langage.

Ensuite, les auteurs implicites du Nouveau Testament font preuve d'une telle révérence pour les Écritures hébraïques qu'ils les considèrent comme « saintes » (*hieros* ; 2 Timothée 3.15), à la fois dans leurs origines et sous leur forme existante (2 Timothée 3.16–17). Les « saintes » Écritures sont celles qui sont associées à Dieu,

---

6 Dans le cadre du processus de corrélation, il est opportun de commencer par les données bibliques, avant de passer à l'interaction critique avec les sources secondaires liées aux questions couvertes par la corrélation. Dans cet exemple abrégé de corrélation, nous nous limitons à l'examen direct des données bibliques, alors qu'on aurait pu poursuivre par l'interaction avec des ouvrages comme Steven Moyise, *Paul and Scripture: Studying the New Testament Use of the Old Testament* (Paul et les Écritures: étude de l'emploi de l'Ancien Testament dans le Nouveau Testament) (Grand Rapids : Baker Academic, 2010); Bill T. Arnold, « Luke's Characterizing Use of the Old Testament in the Book of Acts » (L'emploi caractéristique de l'Ancien Testament par Luc dans le livre des Actes) dans *History, Literature and Society in the Book of Acts* (Histoire, littérature et société dans le livre des Actes), éd. Ben Witherington III (Cambridge : Cambridge University Press, 1996), 300-323 ; et Richard Bauckham, *The Climax of Prophecy: Studies in the Book of Revelation* (L'apogée de la prophétie : études du livre de l'Apocalypse) (Édimbourg : T&T Clark, 1993). Pour Bauckham, l'Apocalypse est en grande partie destinée à mener les Écritures hébraïques à leur apogée, autour de la figure de Christ souffrant et exalté.

par opposition à celles qui sont purement humaines. C'est pourquoi, Dieu les décrit comme « saintes » (Romains 1.2).

Les auteurs du Nouveau Testament considèrent aussi les Écritures hébraïques comme théopneustiques. L'auteur implicite d'Éphésiens, par exemple, décrit la Parole de Dieu comme l'épée de l'Esprit (Éphésiens 6.17). Les prophètes sont décrits comme étant dirigés par l'Esprit de Christ lorsqu'ils prédisent ses souffrances et sa gloire à venir (1 Pierre 1.11). Il est peut-être valide de dire que la Parole de Dieu et l'Esprit de Dieu sont inséparables. Chaque fois que la Parole de Dieu est émise, elle est toujours accompagnée par son Esprit.

Enfin, en même temps, les auteurs implicites du Nouveau Testament n'acceptent pas les Écritures hébraïques comme la Parole finale et eschatologique de Dieu, mais ils dirigent leurs regards vers une nouvelle alliance, plus grande, qui les accomplit. Ainsi, le rapport entre ancien et nouveau est dialectique : le rapport principal est un rapport de continuité, mais avec aussi nécessairement une certaine discontinuité. Par conséquent, Jésus exhorte ses disciples à obéir à certains commandements de la Loi de Moïse, comme ceux qui interdisent le meurtre et l'adultère, tout en leur disant de s'éloigner des enseignements des Écritures concernant les serments (Matthieu 5.33–37 ; cf. Exode 20.7 ; Lévitique 19.12 ; Nombres 30.2 ; Deutéronome 23–21) et de la pratique de la loi du talion (Matthieu 5.38–42). De même, l'auteur implicite de Romains reflète l'esprit et l'enseignement de Jésus dans ses exhortations en 12.14–21. Ainsi, il comprend que l'exemple des Psaumes d'imprécation, comme par exemple 55.15, 58.6, 69.28, 109.29 et 137.8–9, ne doit pas être suivi par les disciples de Christ. En même temps, il écrit que « tout ce qui a été consigné autrefois dans l'Écriture l'a été pour nous instruire, afin que la patience et l'encouragement qu'apporte l'Écriture produisent en nous l'espérance » (Romains 15.4).

Un certain nombre de passages du Nouveau Testament citent les Écritures hébraïques afin d'atteindre les objectifs définis en 2 Timothée 3.15–17. L'auteur implicite de Romains et de Galates fait appel à Abraham et à David afin d'instruire ses lecteurs implicites « en vue du salut par la foi en Jésus-Christ » (Romains 4 ; Galates 3.6–9, 14, 16, 29 ; 2 Timothée 3.15b). Quant à l'auteur implicite de Hébreux, même s'il a une vision de la « foi » quelque peu différente de celle de l'auteur implicite des épîtres pauliniennes, il cite les exemples de foi, en grande partie inspirés des Écritures hébraïques, d'une « nuée de témoins », afin d'encourager ses lecteurs à persévérer et à atteindre des objectifs doctrinaux et éthiques semblables à ceux cités en 2 Timothée 3.16–17 (Hébreux 11 ; 12.1–21).

Exercice : corrélation

Conformément aux suggestions de la partie 5, corrélez votre interprétation et appropriation de Jonas 4.1–11, Marc 4.1–10 et Marc 15.33–39 avec le reste des Écritures, en montrant la contribution potentielle de chacun de ces passages à la théologie biblique des thèmes ou questions mis en avant dans ce passage.

Épilogue

L'objectif principal de ce livre est d'encourager la réflexion, le dialogue et l'expérimentation. Nous ne prétendons pas présenter la seule, ni même forcément la meilleure méthode d'étude biblique inductive. Il s'agit plutôt d'un témoignage sur ce que nous avons trouvé utile, à la fois pour l'étude et pour l'enseignement.

Nous avons créé un site Internet pour vos questions et remarques, à l'adresse suivante : *http://www .inductivebiblicalstudy.com*, que nous vous encourageons à consulter. Nous y avons inclus aussi des présentations vidéo consacrées à l'étude biblique inductive, ainsi qu'un certain nombre d'études de livres et de passages spécifiques. Nous attendons impatiemment vos retours.

ANNEXE A
Discussion générale sur l'induction et la déduction

Une discussion prolongée des questions techniques abordées par les logiciens dans leurs discussions autour de l'induction et de la déduction dépasse l'objectif du présent ouvrage. Pour faire bref, l'induction et la déduction dépendent des prémisses et des inférences qu'on peut en tirer par voie de cause[1]. Leur sens spécifique et le rapport entre elles peuvent être compris de trois manières différentes.

Modèles d'induction et de déduction

Le modèle expansif

Pour certains théoriciens, l'induction est le mouvement allant de prémisses ou de données spécifiques, dérivées d'observations et qui constituent donc des preuves, aux inférences, qui prennent la forme de principes généraux. L'induction et la déduction se définissent le plus couramment de cette manière, que nous appelons modèle expansif. Le *Webster's New International Dictionary of the English Language* (Nouveau dictionnaire international Webster de langue anglaise) commence sa définition de l'*induction* en la décrivant comme un « acte ou processus de raisonnement allant des éléments vers l'ensemble ou du spécifique à l'universel ». Sa définition de la *déduction* dit : « La *déduction* procède de principes généraux vers d'autres principes généraux ou spécifiques, contrairement à l'induction, qui

---

1 L'assertion (prémisse) permet de tirer une conclusion (inférence). Le lien entre prémisses et inférences s'exprime donc par *Donc* ou une formule équivalente.

cherche à établir des principes ou des règles généraux à partir de l'examen de cas particuliers. »[2] Cette compréhension de l'induction appartient particulièrement au domaine des sciences (à la fois naturelles et humaines), dont le rôle est d'identifier des lois ou modèles généraux. Elle constitue le fondement de la méthode scientifique, dans son paradigme défini par Francis Bacon[3]. D'après cette compréhension, l'induction passe de données spécifiques observées à des conclusions générales expansives, si bien qu'on peut faire référence à cette vision comme le modèle expansif d'induction.

Le modèle essentiel

Dans le modèle essentiel, l'induction est le mouvement allant de prémisses inconnues jusqu'à ce qu'elles soient découvertes à travers un processus d'observation (devenant ainsi des preuves) aux inférences qui forment la connaissance probable d'autres réalités. La déduction, au contraire, passe par des prémisses déjà connues, parce qu'il s'agit d'assertions a priori ou de présuppositions, ou encore que toutes les données ont été examinées et qu'un énoncé intégral peut être produit sur la base d'un examen inductif antérieur, avant de passer à des inférences qui émanent nécessairement de ces prémisses.

Selon cette définition, l'induction est différente de la déduction sur deux points : ses prémisses et ses inférences. Les prémisses inductives sont fondées sur des preuves dérivées de l'observation, dont la validité se détermine par la qualité et la pertinence de l'observation, tandis que les prémisses déductives sont des principes ou des affirmations qui sont tout simplement présumés vrais et fonctionnent donc comme des présuppositions incontestées. Les références inductives sont toujours probables, mais jamais tout à fait certaines, car les conclusions extrapolées à partir de leurs prémisses concernent des questions qui dépassent les prémisses elles-mêmes, tandis que les inférences déductives sont présentées comme des certitudes, car il s'agit de conclusions logiquement nécessaires des prémisses, qui concernent des sujets implicitement contenus dans celles-ci[4]. La quintessence du raisonnement déductif est le syllogisme[5]. En voici un exemple :

---

2 *Webster's New International Dictionary of the English Language, Unabridged* (Nouveau dictionnaire international Webster de langue anglaise, non abrégé), 2ᵉ éd., s.v. « Induction »; s.v. « Déduction ».

3 Francis Bacon, *Novum Organum* ; cf. Robert Audi, éd., *Cambridge Dictionary of Philosophy* (Dictionnaire philosophique de Cambridge) (Cambridge : Cambridge University Press, 1995), 60-61 ; Paul Edwards, éd., *The Encyclopedia of Philosophy* (Encyclopédie de la philosophie),(New York : Macmillan, 1967), 1.235-40.

4 Cette distinction entre l'induction et la déduction, sur la base de la probabilité, par opposition à la certitude, de nos conclusions, est souvent notée. Par exemple, *Webster's New International Dictionary* (Nouveau dictionnaire international Webster) (2ᵉ éd., s.v. « Déduction ») affirme : « La *déduction*, par opposition à l'*induction*, se distingue par le fait que la conclusion est certain et nécessaire si les prémisses le sont aussi. » Edward Craig, éd., *Routledge Encyclopedia of Philosophy* (Encyclopédie de la philosophie Routledge) (Londres : Routledge, 1998), 2.755, propose la description suivante de l'induction : « Il est à présent généralement admis qu'il y a beaucoup d'autres modèles d'inférence qui peuvent également servir de raisons valables de croire en leurs conclusions, même si leurs prémisses ne garantissent pas la véracité de leurs conclusions. Dans le langage courant, de telles inférences sont généralement considérées comme inductives. On pense souvent que toute connaissance de faits que nous n'avons pas observés doit être fondée sur des inférences inductives déduites de notre observation. » Voir aussi Engel, *With Good Reason* (Avec de bonnes raisons), 7-9.

5 Un syllogisme commence par une prémisse générale qui doit être acceptée pour que la logique déductive fonctionne. La prémisse générale doit être inclusive, intégrale et absolue, comme un a priori, une présupposition, un axiome, un théorème mathématique ou une croyance théologique ou philosophique. Un syllogisme a trois composantes : 1) une affirmation générale concernant une certaine classe, 2) l'identification spécifique d'un cas individuel inclus dans cette

Prémisse/présupposition principale : Tous les hommes sont mortels

Prémisse/présupposition principale : Jean est un homme.

Conclusion : Donc Jean est mortel.

Bien sûr, affirmer que le syllogisme est la quintessence du raisonnement déductif ne veut pas dire qu'il s'agisse de la seule forme de déduction. N'importe quel mode de raisonnement qui commence par des présuppositions incontestées et construit des données à partir de celles-ci est déductive.

La quintessence du raisonnement inductif est l'hypothèse, une conclusion provisoire qui requiert davantage de preuves pour être confirmée ou corrigée. En voici un exemple :

Prémisse/preuve : Matthieu emploie généralement le futur de l'impératif dans ses citations ou allusions à un passage de l'Ancien Testament.

Conclusion :   Les preuves montrent donc que le futur de l'impératif en Matthieu 5.48 peut indiquer que ce passage est une citation ou une allusion à un passage de l'Ancien Testament.

On peut décrire cette deuxième vision comme le modèle essentiel d'induction, car elle représente l'essence du raisonnement inductif : le mouvement des prémisses établies par l'observation aux inférences / conclusions probables ou hypothétiques. Ce modèle essentiel est en fait implicite au sein du modèle expansif. Le modèle expansif suit lui aussi un processus qui va des prémisses fondées sur l'observation aux inférences probables ou hypothétiques. Ces deux modèles sont évidentiels, en ce qu'ils insistent sur le mouvement des prémisses évidentielles aux conclusions. Le modèle expansif présume cependant que les prémisses sont des cas particuliers qui mènent aux inférences concernant les règles ou principes généraux, tandis que le modèle essentiel insiste sur la nécessité, à certains moments, d'élaborer une appropriation ou une argumentation à partir de certaines prémisses ou données, afin de parvenir à des conclusions tout aussi spécifiques.

D'après les deux visions de l'induction / déduction que nous venons de présenter (expansive et essentielle), l'induction et la déduction sont antithétiques, contradictoires et mutuellement exclusives[6]. Dans n'importe quel cas, un raisonnement soit inductif, soit déductif, sera requis. Une troisième compréhension de l'induction / déduction les voit cependant comme complémentaires.

classe, 3) l'application de l'affirmation générale à ce cas individuel. Voir Weinland, *How to Think Straight* (Comment raisonner juste), 62–87.

6 D'après les modèles essentiels et intégraux d'induction/déduction, la seule manière d'éviter les conflits et les contradictions entre l'induction et la déduction est de fonder la prémisse générale d'une forme modifiée de raisonnement déductif sur une inférence générale tirée d'un processus de raisonnement inductif. Par exemple, après avoir observé la mort de divers hommes, on peut parvenir à la conclusion inductive que la plupart, voire même tous les hommes meurent. Il est cependant impossible d'observer tous les hommes ayant jamais vécu. C'est pourquoi, une conclusion inductive fondée sur les instances spécifiques de la mort humaine ne peuvent en aucun cas être inclusives, intégrales ou absolues. Une prémisse déductive fondée sur une telle inférence inductive devrait être : beaucoup ou la plupart des hommes sont mortels. La conclusion ne pourrait aller au-delà de la probabilité de la mortalité d'un homme spécifique. Ainsi, un mouvement déductif du général au spécifique est valide si les prémisses se vérifient d'une manière inductive par les preuves. Dans ce cas, si les inférences inductives vont jusqu'à constituer les prémisses générales à partir desquelles poursuivre la déduction, on pourra dire que la déduction et l'induction sont complémentaires. Cf. Eberhardt, *Bible in the Making of Ministers* (La Bible dans la construction de ministères), 130–31.

Le modèle fondamental

Le modèle fondamental emploie le terme d'induction en référence à l'établissement d'une prémisse fondée sur l'observation, puis celui de déduction en référence au processus à travers lequel on tire des inférences de cette prémisse. Cette troisième construction est représentée par la définition de déduire tirée de *The Compact Edition of the Oxford English Dictionary* (Édition compacte du dictionnaire anglais d'Oxford) : « dériver par un processus de raisonnement ou d'inférence ; inférer »[7]. Si *déduire* veut dire « inférer » ou « conclure », alors tout raisonnement inférentiel doit inclure la déduction. Dans le langage courant, bien sûr, le terme de *déduction* est souvent employé en référence à n'importe quelle conclusion logique. Ainsi, par exemple, Sir Arthur Conan Doyle présente à plusieurs reprises son personnage de Sherlock Holmes comme un maître du « raisonnement déductif »[8], même si le grand détective emploie un processus logique qui passe des preuves observées aux hypothèses (probables). D'après la compréhension fondamentale de l'induction que nous décrivons ici, ce serait un exemple de raisonnement inductif. On peut faire référence à cette troisième vision comme au modèle fondamental d'induction, car il dresse une équivalence entre l'induction avec le fondement de la première composante du processus inférentiel : la prémisse.

Modèles d'induction/déduction et d'étude biblique inductive

Nous parlons d'étude biblique *inductive*, selon la deuxième vision présentée ci-dessus : la compréhension essentielle de l'induction. Même si beaucoup de théoriciens, notamment depuis Hume, font état de problèmes philosophiques liés à la compréhension expansive de l'induction[9], la présente discussion ne s'étend pas aux questions qui entourent ces problèmes philosophiques. Nous insistons cependant sur ce point fondamental : la vision expansive de l'induction n'est pas utilisable pour l'interprétation de textes. L'objectif fondamental de l'interprétation est de comprendre le sens du texte, plutôt que d'extrapoler de grands systèmes, modèles ou lois à partir de l'examen de passages individuels[10]. Ainsi que nous l'avons vu précédemment, la compréhension expansive de l'induction fonctionne bien dans le cadre d'un modèle scientifique, qui présume d'une causalité plus ou moins cohérente, comme dans les sciences naturelles et humaines, afin de permettre la projection de modèles intégraux à partir de cas individuels ; mais elle ne s'accorde pas avec la nature des textes qui expriment la dynamique de communication hu-

---

7 *The Compact Edition of the Oxford English Dictionary* (Édition compacte du dictionnaire anglais d'Oxford) (Oxford : Oxford University Press, 1971), 1.666.

8 Doyle, *Complete Sherlock Holmes* (Sherlock Holmes : édition intégrale).

9 Voir notamment la discussion du « problème d'induction », dans Audi, *Cambridge Dictionary of Philosophy* (Dictionnaire philosophique de Cambridge), 651–52.

10 La plupart des personnes étudient les passages bibliques en vue du développement final d'une théologie constructive et intégrale, par exemple une théologie de Dieu. Ce processus (abordé à la partie 5, « Corrélation ») passe par la synthèse de l'enseignement des passages individuels présents dans l'ensemble de la Bible et il est différent de la compréhension large de l'induction, qui peut impliquer l'extrapolation de grands schémas ou de systèmes intégraux à partir d'un ou deux passages individuels.

maine, qui se caractérise par au moins un élément significatif d'individualité, de liberté, de jeu et de sérendipité[11].

Le modèle fonctionnel d'induction nous pose également problème, surtout pour ce qui est de la considération que cette vision ne cherche même pas à aborder la question cruciale des modes de raisonnement distinctifs liés à l'induction, par opposition à la déduction, mais se contente de montrer vers le fait évident que le processus de raisonnement comporte toujours deux composantes fonctionnelles : les prémisses et les inférences. Cependant, parce que les lexicographes définissent souvent non seulement la déduction, mais aussi l'induction, comme le processus consistant à tirer des inférences ou des conclusions logiques, cette vision de l'induction a tendance à rendre l'induction et la déduction quasi-identiques, rendant ainsi inutile la distinction entre les deux.

Le modèle fondamental de l'induction a souvent été mis en avant comme la forme d'induction employée dans l'étude biblique constructive. D'après cette vision, l'induction se définit comme l'observation directe du texte, suivie de l'établissement de prémisses évidentielles, tandis que la déduction se définit comme le processus consistant à tirer des inférences et des conclusions exégétiques. Cette position est défendue par ceux qui affirment qu'on commence par l'étude biblique inductive en examinant directement le texte biblique, pour passer à l'étude biblique déductive à partir du moment où on consulte des sources secondaires. D'après cette vision, l'étude biblique inductive est synonyme d'étude directe du texte (avec observation et développement des prémisses), tandis que l'étude biblique déductive est synonyme de consultation de commentaires (qui présentent des conclusions et des inférences). Ainsi, en consultant un commentaire, on sort du champ des observations inductives (prémisses) pour entrer dans celui des conclusions déductives (inférences).

Cette compréhension de l'étude biblique inductive a eu deux conséquences pratiques. D'abord, elle a souvent mené à une vision tronquée de l'étude biblique inductive, qui insiste qu'une étude holistique de la Bible ne doit pas inclure que l'induction (l'observation directe des textes/prémisses), mais aussi la déduction (une préoccupation pour les inférences et les conclusions exégétiques, notamment à travers l'emploi de commentaires, etc.). Ainsi, ceux qui y adhèrent croient que toute véritable étude biblique doit être à la fois inductive et déductive[12]. Le pro-

---

11 Beaucoup de partisans de l'étude biblique inductive ont décrit l'induction selon ce modèle expansif : des prémisses spécifiques aux conclusions générales. Dans ces textes, on cherche cependant en vain un développement de cette notion, par rapport à l'exégèse biblique, ou encore une explication pratique de l'induction dans le cadre de l'étude biblique, comme un processus allant du spécifique au général. On se doute que de tels auteurs se sont contentés de répéter cette définition courante de l'induction et de l'affirmer en théorie, tout en fonctionnant selon le modèle essentiel d'induction dans la pratique. Voir, par ex., Eberhardt, *Bible in the Making of Ministers* (La Bible dans la construction de ministères), 130 ; Kuist, *These Words upon Thy Heart* (Ces paroles sur ton cœur), 61.

12 Il s'agit de la vision proposée par Eberhardt, *Bible in the Making of Ministers* (La Bible dans la construction de ministères), 129–41, qui défend que la nécessité d'un complément déductif à une approche inductive était implicite dans la pensée de W. W. White. Cf. Kuist, *These Words upon Thy Heart* (Ces paroles sur ton cœur), 60–61. Voir la discussion de cette compréhension du rapport entre induction et déduction dans l'histoire de l'étude biblique inductive dans Traina, « Inductive Bible Study Reexamined in Light of Contemporary Hermeneutics I: Interpreting the Text » (L'étude biblique inductive réexaminée à la lumière de l'herméneutique contemporaine I ; interprétation du texte), dans McCown et Massey, *Interpreting God's Word for Today* (Interpréter la Parole de Dieu pour aujourd'hui), 74–77. Pour un exemple de cette compréhension de l'étude biblique inductive par un auteur extérieur à ce mouvement, voir Osborne, *Hermeneutical Spiral* (Spirale herméneu-

blème avec cette idée est qu'elle passe entièrement à côté de ce point fondamental de l'herméneutique : l'induction implique une orientation vers le texte, en cherchant à le laisser parler selon ses propres termes, dans une démarche visant à être exempt de toute imposition d'idées externes propres au lecteur[13]. Cette question ne concerne pas l'objet de l'étude (le texte lui-même, par opposition aux livres sur le texte), mais la manière dont on l'étudie. Il faut étudier le texte avec une attitude d'ouverture radicale aux preuves liées au sens du texte, où qu'elles se trouvent et quelle que soit leur forme, au lieu d'exprimer une inclinaison à imposer nos propres présuppositions au sens du texte. On peut évidemment s'engager dans une lecture directe du texte lui-même, qui passe par la forme la plus grossière d'imposition. On peut aussi employer les commentaires de manière à discerner d'un point de vue critique en quoi les commentaires peuvent être utiles afin de présenter des preuves destinées à s'assurer du sens précis du texte[14].

En plus d'une vision tronquée de l'étude biblique inductive, cette compréhension fondamentale de l'induction a mené à une vision irréaliste et restrictive de l'étude biblique inductive. Certains partisans de l'étude biblique inductive présument que le seul élément nécessaire à l'étude de la Bible est l'observation du texte lui-même. Cette perspective est représentée dans les manuels et livrets d'étude biblique inductive qui ne s'intéressent qu'aux faits tirés du texte, par exemple : qui parle en Marc 1.7–8 et qu'affirme-t-il concernant celui qui doit venir ?

Une telle orientation superficielle du texte ne peut évidemment servir de fondement adéquat à l'examen sérieux et approfondi des passages bibliques requis des responsables chrétiens. Une telle concentration sur les faits de base du texte ne suffit clairement pas non plus à donner même aux laïcs une véritable idée du sens du texte. Ainsi, dans un effort visant à répondre au désir d'une lecture théologiquement cohérente du texte, les producteurs de tels manuels imposent, ou, du moins, suggèrent souvent des interprétations théologiques, sans citer de preuves bibliques en faveur de ces interprétations. Ceux qui se servent de ces manuels construisent souvent implicitement les faits de base du texte selon leurs propres préconceptions, s'engageant ainsi dans un processus d'imposition de présuppositions, tout en demeurant convaincus que leur étude est véritablement inductive.

La deuxième compréhension de l'induction, le modèle essentiel, aborde d'une manière appropriée les questions critiques liées à l'interprétation biblique, surtout la question-clé du processus allant vers l'objectif exégétique : *quel est le processus de raisonnement requis afin d'atteindre l'objectif de l'interprétation : la certitude du sens textuel ?* Le modèle essentiel insiste que la différence entre induction et déduction est liée au mode ou à la direction du raisonnement. Dans le cadre d'une

---

tique), 40 : « Une approche inductive passe habituellement pas une étude personnelle intensive du texte, sans recours à d'autres guides d'études ou à des outils comme des commentaires ».

13 Ce souci d'éviter d'imposer sa propre vision au message du texte biblique est clairement la préoccupation principale des représentants historiques du mouvement d'étude biblique inductive, qui faisaient appel au principe d'induction.

14 Ainsi que nous l'avons mentionné ailleurs (par ex. au chap. 5), l'étude biblique inductive insiste sur la priorité accordée à l'étude directe du texte lui-même : l'accent doit être mis sur l'étude directe du texte et, d'une manière générale, il faut commencer par l'étude du texte lui-même avant de passer aux sources secondaires. Nous insistons que la vision essentielle de l'induction exige que toutes les preuves, quel que soit leur type et où qu'on les trouve, notamment les preuves dérivées des sources secondaires, doivent servir à former les prémisses inductives.

approche inductive, on passe des prémisses évidentielles à des conclusions (hypo-thétiques et provisoires), tandis que dans le cadre d'une approche déductive, on passe des assertions ou présuppositions à l'examen des données, dans l'objectif fi-nal de construire les données selon les assertions avec lesquelles on a commencé[15]. L'induction, telle qu'elle est employée dans le cadre de l'étude biblique inductive, est donc évidentielle, tandis que la déduction est présuppositionnelle.

---

15 Dans certains cercles philosophiques, il y a récemment eu beaucoup de discussions autour de l'*abduction*, qu'on appelle aussi « inférence à la meilleure explication ». L'abduction passe par la mise en avant d'un certain nombre d'explica-tions possibles des données ou des phénomènes, ainsi que par un jugement afin de déterminer laquelle de ces explications correspond le mieux à tous les facteurs liés aux données ou aux phénomènes. Certains, comme Vanhoozer, *Is There a Meaning in This Text ?* (Y a-t-il un sens à ce texte ?) 333–34, considèrent l'abduction comme une alternative à la fois à l'induction et à la déduction. Vanhoozer poursuit en décrivant l'abduction en termes 1) d'hypothèses et 2) de probabilités, plutôt que de preuves absolues, les deux étant cruciales pour l'induction. La vision de Gilbert Harman est préférable : les inférences inductives sont, ou devraient être, des inférences à la meilleure explication, c'est-à-dire abductives. L'abduction analyse les processus imaginaires, rationnels et psychologiques liés à la découverte des possibilités inférentielles inductives et au choix des possibilités inductives qui expliquent le mieux l'ensemble des données. Voir Gilbert Harman, « The Inference to the Best Explanation » (L'inférence à la meilleure explication », *Philosophical Review* (Revue philosophique) 74 (1965) : 88–95; Peter Lipton, *Inference to Best Explanation* (L'inférence à la meilleure explication », 2ᵉ éd. (Londres : Routledge, 2004); cf. Ted Honderich, éd., *Oxford Companion to Philosophy* (Compagnon philosophique d'Oxford) (Oxford : Oxford University Press, 1995), 407–8; Audi, *Cambridge Dictionary of Philosophy* (Dictionnaire de philosophie de Cambridge), 1.

ANNEXE B
Présuppositions dans la discussion de l'herméneutique contemporaine

En quoi l'étude biblique inductive est-elle liée aux mouvements herméneutiques qui insistent sur le rôle approfondi et défini des préconceptions et des présuppositions dans l'exégèse biblique ? Du point de vue de l'étude biblique inductive, que peut révéler une évaluation critique de ces visions quant à la nature de l'étude de la Bible, des exigences du processus exégétique et, surtout, de la dialectique entre objectivité et subjectivité que nous décrivons comme transjective ? Nous présentons ici une brève évaluation de ceux qui sont partisans de donner un rôle déterminant à une préconception existentielle et à des préconceptions ecclésiales respectivement.

Description de la préconception existentielle

Certains affirment résolument que la Bible doit être interprétée selon une préconception existentielle. Cette vision existentielle contemporaine de la préconception a été influencée par Friedrich Schleiermacher, à travers Wilhelm Dilthey, qui met en avant la nature interpersonnelle de l'herméneutique. Pour Dilthey, à travers les expressions littéraires, l'exégète (Je) revit et reproduit emphatiquement l'expérience, à la fois cognitive et transcognitive, de l'auteur (Tu). Une telle découverte du Je dans le Tu est rendue possible, selon lui, par une préconception de l'immanence de Dieu, fondée sur la communauté de la personnalité humaine et de l'expérience vécue. L'exégète, en tant que personnage historique, est équipé d'une manière innée pour comprendre les documents historiques. En fait, cette appréhension se situe souvent à un niveau intuitif, non rationnel, que Dilthey appelle la « divination »[1].

Martin Heidegger, dont la philosophie a joué un rôle très important dans le développement de l'herméneutique existentielle, reprend la vision de Dilthey. Le seul point de départ possible pour comprendre est la préconception de l'existence concrète du Je (*Dasein*). En herméneutique, on ne peut échapper au soi[2].

Rudolf Bultmann, qui était très influencé par l'herméneutique biblique contemporaine, s'est inspiré de Dilthey et Heidegger. Il répond par la négative à la question posée par son essai : « Is Exegesis without Presuppositions Possible ? » (L'exégèse sans présuppositions est-elle possible ? »)[3] L'exégète ne peut aborder les Écritures la tête vide. Son exégèse est forcément affectée par le cadre et l'existence culturelle de l'exégète. En fait, il n'est pas possible de comprendre le texte biblique sans l'interroger. Les questions posées, qui déterminent le sens qu'on trouve, sont inévitablement informées par notre compréhension de nous-mêmes. Par exemple, la notion biblique de crainte ne peut être comprise sans conception préalable de la crainte, par l'expérience vécue. Pour comprendre le texte biblique, il faut un point de contact entre celui-ci et l'exégète, concernant la crainte. Ainsi, Bultmann est d'accord avec la distinction établie par Dilthey entre l'étude objective des sciences physiques et la nature subjective de l'étude historique[4]. Malgré les différences entre Bultmann et les partisans de la nouvelle herméneutique, représentés par Ernst Fuchs et Gerhard Ebeling, concernant la nécessité et la possibilité de découvrir le Jésus historique, ils sont essentiellement d'accord avec lui concernant son approche existentielle de l'herméneutique[5].

En suivant Dilthey et Heidegger, l'emphase de Bultmann et de la Nouvelle herméneutique sur le rôle des préconceptions en herméneutique est raisonnable. Ce qui pose problème, dans la vision de Bultmann, ce sont les préconceptions théologiques spécifiques avec lesquelles il aborde le texte, ainsi que son refus de soumettre ces préconceptions au jugement du texte. Il aborde le texte biblique avec une vision naturaliste et positiviste de l'Histoire, qui décide d'avance comment comprendre le sens du texte.

Bultmann insiste que, pour un esprit scientifique moderne, le monde physique forme un continuum clos, qui exclut les miracles divins[6]. Par conséquent, il défend la thèse que ces personnes modernes considèrent les données bibliques comme des

---

1 Voir Wilhelm Dilthey, *Gesammelte Schriften* (Collection d'ouvrages) (Stuttgart : Teubner, 1962), 7.201-2, 236 ; cf. H. A. Hodges, *The Philosophy of Wilhelm Dilthey* (La philosophie de Willial Dilthey) (Londres : Routledge & Kegan Paul, 1952), 119.

2 Cf. Martin Heidegger, *Being and Time* (L'être et le temps) (Oxford : Blackwell, 1962), 62.

3 Voir Rudolf Bultmann, *Existence and Faith: Shorter Writings of Rudolf Bultmann* (L'existence et la foi : textes courts de Rudolf Bultmann) (Cleveland : World, 1960), 289-96.

4 Rudolf Bultmann, *Jesus and the Word* (Jésus et la Parole) (Londres : Collins, 1958), 11.

5 Ernst Fuchs, « The New Testament and the Hermeneutical Problem » (Le Nouveau Testament et le problème herméneutique), dans *The New Hermeneutic* (La nouvelle herméneutique), éd. James M. Robinson et J. B. Cobb Jr., New Frontiers in Theology 2 (New York : Harper, 1964), 111-45 ; Gerhard Ebeling, *Word and Faith* (Parole et foi) (Londres : SCM, 1963).

6 Voir Bultmann, *Existence and Faith* (Existence et foi), 291-93.

mythes, que leurs préconceptions ne leur permettent pas d'accepter. Bultmann définit ces mythes comme des manières de décrire Dieu en des termes physiques et humains, de décrire l'autre monde en des termes de ce monde. Il s'agit, selon lui, d'efforts visant à expliquer l'inhabituel en termes d'invasion surnaturelle[7].

Pour traiter ces données, Bultmann se sert d'une herméneutique de *démythologisation*, afin de découvrir le sens existentiel de ces mythes. Il fonctionne en se fondant sur l'idée qu'il n'y a pas forcément de rapport entre un événement (*Historie*) et sa valeur existentielle (*Geschichte*). Pour Bultmann, les scientifiques modernes ne peuvent accepter le miracle de la résurrection physique de Christ, mais le mythe de la résurrection exprime la portée salvifique de la mort de Christ et la réalité de sa seigneurie. L'objectif-historique est ainsi transformé en une forme de subjectif-historique[8]. Par conséquent, la *Théologie du Nouveau Testament* de Bultmann ressemble davantage à la théologie bultmannienne qu'à celle du Nouveau Testament[9].

Évaluation de la préconception existentielle

Beaucoup d'apports herméneutiques de Bultmann sont valides et utiles, notamment son insistance sur le fait que nous devons toujours comprendre le texte par rapport à nous-mêmes et traiter notre compréhension de l'objet biblique par rapport à nos préconceptions et présuppositions. Ses apports mettent l'accent sur un point que tous les lecteurs de la Bible doivent reconnaître : la raison pour laquelle les interprétations de certains lecteurs sont superficielles et insatisfaisantes et que ces personnes sont-elles mêmes superficielles. Elles n'ont pas développé la profondeur potentielle de leur propre humanité. Bultmann a raison d'appeler à un engagement entre le lecteur, dans son expérience, et le texte biblique, mais il échoue à suffisamment prendre en compte le fait que cet engagement prend la forme d'une rencontre dans laquelle la voix du texte biblique est dominante.

Dans la structure du modèle communicatif des textes, les lecteurs qui les interprètent sont abordés comme des auditeurs, pas comme des orateurs. Autrement dit, du fait de la nature-même de la situation, l'engagement entre le texte et le lecteur ne donne à celui-ci aucune occasion de répondre au texte[10] d'une manière audible pour celui-ci (ou pour la présence de l'auteur qui s'y trouve). Le fait que les lecteurs sont abordés comme des auditeurs, dont le rôle est d'écouter, plutôt que comme des orateurs dont le rôle est de parler, suggère qu'ils doivent donner la priorité aux efforts conscients visant à écouter le texte leur parler selon ses propres termes et son propre horizon[11].

---

7 Voir Bultmann, *Kerygma and Myth* (Kérygme et mythe), 10–11.

8 Ibid., 15–16.

9 Voir Bultmann, *Theology of the New Testament* (Théologie du Nouveau Testament).

10 La seule exception possible à cette règle pourrait être quelque chose qui s'approche de la question rhétorique : une assertion sous forme de question, censée pousser le lecteur à donner une réponse précise (par ex. Matthieu 6.25). Cet exemple n'est cependant pas une exception du tout, car la question rhétorique exige un accord avec l'assertion implicite.

11 En un sens, l'approche appropriée consiste à voir l'engagement entre le texte et le lecteur comme une conversation, mais une conversation intérieure au lecteur, à propos du sens et de l'appropriation possible du texte, une conversation ou un dialogue intérieur en réaction au texte. Il ne s'agit pas de la conversation de la sorte à travers laquelle le texte est à l'écoute et peut être transformé, mais de celle à travers laquelle le lecteur, en conversant avec lui-même du sens du texte, peut parvenir à une meilleure compréhension, avec une transformation potentielle à la clé.

L'adhésion de Bultmann à l'existentialisme, notamment son insistance sur l'adoption d'une herméneutique qui dépend si pleinement de la philosophie de Heidegger et du néo-kantisme, le mène à assimiler l'horizon du texte biblique au sien en tant que lecteur contemporain, si bien qu'il est incapable d'entendre et de s'approprier pleinement le texte dans son altérité. Il adopte donc un modèle religieux d'individualisme extrême, aveugle à la dimension communautaire de la théologie du Nouveau Testament. Il est contraint aussi d'adopter un réductionnisme canonique, qui, dans la pratique, ignore tous les thèmes et traditions bibliques qui ne correspondent pas à son emphase sur la rencontre existentielle. Ironiquement, ses efforts visant à lire le texte de manière à le relier sérieusement à l'expérience subjective du lecteur contemporain, qui le mènent à réduire le message du texte à ses propres préconceptions, empêchent le texte d'engager l'expérience subjective du lecteur moderne d'une manière réellement nouvelle et révolutionnaire. Thiselton affirme :

> *Ce n'est qu'en respectant le caractère distinctif des horizons du texte*, plutôt que de notre propre horizon de lecteur, qu'une interaction créative et productive devient possible entre ces horizons. La distance entre le lecteur et le texte a une fonction herméneutique positive. L'assimilation *prématurée* aux perspectives projetées par les horizons des lecteurs piège ceux-ci dans leurs propres horizons préalables. Pire encore : dans de tels cas, le lecteur peut avoir l'illusion que les textes lui sont pleinement adressés.[12]

Même si peu de spécialistes actuels ont adopté le programme existentialiste développé par Bultmann sous sa forme pure[13], la notion de nécessité et de légitimité d'une construction de la Bible déterminée par les présuppositions est très vivace. N. T. Wright mentionne le fait que les études bibliques dirigées par des laïcs conservateurs et piétistes fonctionnent souvent selon un modèle purement subjectif, qui ne fait que demander ce que le texte a à me dire, réduisant l'« horizon du texte » à celui du seul lecteur[14]. Le résultat de cette approche purement subjective est un appauvrissement du sujet, le message distinctif et souvent stimulant du texte étant largement réduit au silence en faveur d'un processus circulaire, consistant à imposer nos propres préoccupations contemporaines au texte pour ensuite les en retirer.

D'ailleurs, nous avons parlé récemment avec le responsable d'un influent ministère évangélique auprès des étudiants, qui résume ainsi la réponse la plus courante que ses équipiers reçoivent des étudiants concernant les études bibliques : « L'idée qu'un passage a tel ou tel sens à communiquer est ridicule. Nous abordons tous

---

12 Thiselton, *New Horizons in Hermeneutics* (Nouveaux horizons herméneutiques), 8, italiques contenues dans l'original ; Vanhoozer, Is There a Meaning in This Text ? (Y a-t-il un sens à ce texte ?)435, nous rappelle la liberté subjective et la libération de l'objectivité : « La lecture des Écritures nous libère aussi de la tyrannie du présent. Le texte contient une « mémoire dangereuse » [Karl Barth], dotée du potentiel de nous libérer des confins de notre époque et d'orienter nos actes, à travers l'espérance, vers l'avenir. »

13 Voir Neill et Wright, *Interpretation of the New Testament* (L'interprétation du Nouveau Testament), 237–51 ; John K. Riches, *A Century of New Testament Study* (Un siècle d'étude du Nouveau Testament) (Valley Forge, Pennsylvanie : Trinity Press International, 1993), 199–232 ; Meyer, *Reality and Illusion* (Réalité et illusion), 70 ; Stuhlmacher, *Historical Criticism and Theological Interpretation* (Critique historique et interprétation théologique), 51–55.

14 Wright, *New Testament and the People of God* (Le Nouveau Testament et le peuple de Dieu), 60.

les passages à travers nos propres expériences, préoccupations et programmes, qui ne font pas qu'affecter et conditionner notre construction du passage, mais la déterminent d'une manière absolue. Un passage veut donc dire ce que la personne pense qu'il veut dire et la construction est entièrement le fruit du genre de questions ou de préoccupations apportées au passage par le lecteur, à partir de sa propre expérience. » Il est évident que l'esprit de l'existentialisme peut prendre beaucoup de formes.

Une version de l'approche existentialiste a émergé récemment, sous la forme d'une insistance à dire que c'est la nature spécifique de la communauté dans le cadre duquel se déroule la lecture, qui détermine comment ses membres, ainsi que la communauté dans son ensemble, comprennent les textes, notamment le texte biblique. Chaque communauté exégétique a sa propre philosophie, ses préoccupations, ses traditions, ses attentes et ses desseins ; cette matrice dynamique de l'expérience communautaire la mène à adopter sa propre lecture du texte (stratégie de lecture), qui prédétermine la manière dont il sera compris[15]. Cette vision est à présent largement répandue, en ce qui concerne l'étude de la littérature en général, et elle a reçu un nouvel élan grâce à des spécialistes comme le philosophe Richard Rorty[16] et le critique littéraire Stanley Fish[17]. Elle a aussi été adoptée spécifiquement pour l'étude biblique par un certain nombre de spécialistes, notamment Daniel Patte[18] et Stanley Hauerwas[19].

Comme pour toutes les principales approches herméneutiques, il y a beaucoup d'éléments utiles et légitimes dans cette compréhension du rôle des communautés exégétiques. Ces spécialistes ont identifié et analysé un élément important, mais souvent ignoré, de l'exégèse. Une grande partie de ce que nous estimons être des composantes naturelles et inévitables du processus exégétique est en fait lié à

---

15 Vanhoozer, *Is There a Meaning in This Text?* (Y a-t-il un sens à ce texte ?) 113, fait référence à la théorie herméneutique de l'existentialisme personnel et communautaire comme la « thèse de la relativité générale » : « ce que les exégètes observent dans un texte dépend entièrement de la « trajectoire » qu'ils ont suivie (par ex. de leurs préjugés, objectifs et intérêts), ainsi que de leur « position » (par ex. genre, race, classe) ».

16 Voir Richard Rorty, *The Linguistic Turn* (Le tour linguistique) (Chicago : University of Chicago Press, 1967) ; idem, *Philosophy and the Mirror of Nature* (La philosophie et le miroir de la nature) (Princeton, New Jersey : Princeton University Press, 1979) ; idem, *Consequences of Pragmatism* (Les conséquences du pragmatisme) (Minneapolis : University of Minnesota Press, 1982); idem, *Contingency, Irony, and Solidarity* (Contingence, ironie et solidarité) (Cambridge : Cambridge University Press, 1989).

17 Stanley Fish, *Is There a Text in This Class? The Authority of Interpretive Communities* (Y a-t-il un texte dans cette classe ? L'autorité des communautés exégétiques) (Cambridge, Massachusetts : Harvard University Press, 1980) ; idem, *Doing What Comes Naturally: Change, Rhetoric, and the Practice of Theory in Literary and Legal Studies* (Faire ce qui vient naturellement : changement, rhétorique et pratique de la théorie dans le cadre des études littéraires et juridiques) (Oxford : Clarendon, 1989).

18 Daniel Patte, *Discipleship according to the Sermon on the Mount: Four Legitimate Readings, Four Plausible Views of Discipleship, and Their Relative Values* (Le discipulat selon le Sermon sur la Montagne : quatre lectures légitimes et deux visions plausibles du discipulat, avec leurs valeurs relatives) (Valley Forge, Pennsylvanie : Trinity Press International, 1996) ; idem, *The Challenge of Discipleship: A Critical Study of the Sermon on the Mount as Scripture* (Le défi du discipulat : étude critique du Sermon sur la Montagne en tant qu'Écriture) (Harrisburg, Pennsylvanie : Trinity Press International, 1999) ; Cristina Grenholm et Daniel Patte, éd., *Reading Israel in Romans: Legitimacy and Plausibility of Divergent Interpretations* (Lire Israël dans l'épître aux Romains : légitimité et plausibilité des interprétations divergentes) (Harrisburg, Pennsylvanie : Trinity Press International, 2000) ; Gary A. Phillips et Nicole Wilkinson Duran, éd., *Reading Communities, Reading Scripture: Essays in Honor of Daniel Patte* (Lire les communautés, lire les Écritures : essais en l'honneur de Daniel Patte) (Harrisburg, Pennsylvanie : Trinity Press International, 2002).

19 Stanley Hauerwas, *Unleashing the Scripture: Freeing the Bible from Captivity to America* (Libérer les Écritures : libérer la Bible de la captivité de l'Amérique) (Nashville : Abingdon, 1993).

notre socialisation au sein de la communauté à laquelle nous appartenons. Le problème est plutôt la position défendue par cette école de pensée, qui met l'accent sur la dimension sociale-subjective du processus de compréhension, excluant en grande partie le rôle potentiellement déterminant du texte biblique dès lors qu'il est perçu comme possédant ses propres horizons.

Sur le plan empirique, l'histoire sociale révèle que des cultures et sous-cultures entières ont été transformées par la puissance des textes, reçus comme une parole distincte et stimulante. Les horizons des lecteurs individuels et des communautés de lecteurs peuvent changer sur la base du message apporté par les textes ; en fait, ces horizons changent constamment, au fur et à mesure que les communautés font de nouvelles expériences et réagissent à toutes sortes de réalités, notamment textuelles, qui sortent du cadre de leurs propres structures de pensée communautaires[20].

En mettant l'accent uniquement sur la puissance de stratégies de lecture distinctes au sein de communautés spécifiques, un autre problème pratique qui se pose est que la compréhension textuelle est transformée en compréhension communautaire. L'emphase est à présent sur la compréhension de l'expérience et des dynamiques communautaires, plutôt que du texte lui-même. Le processus de compréhension du texte, dans son sens réel et selon ses propres termes, est considéré comme un exercice inutile et sans intérêt. Ironiquement, une telle emphase sur l'interprétation communautaire prive le processus exégétique de son caractère authentiquement communautaire, au sens large, car, d'après beaucoup de partisans de cette vision, les communautés ne peuvent s'engager dans un discours avec d'autres communautés, qui les aidera à parvenir à une meilleure compréhension du sens communiqué par les textes. Chaque communauté a sa propre stratégie de lecture et ses constructions textuelles correspondantes, si bien que toute discussion du sens du texte avec d'autres communautés les conduira inévitablement à parler d'elles-mêmes, et même à s'ignorer mutuellement. Tout ce qui restera sera ce que Kevin J. Vanhoozer appelle « « l'herméneutique comparative » : l'analyse et la critique de la manière de voir et d'interpréter de diverses cultures »[21].

Description des préconceptions ecclésiales

En plus de l'approche existentialiste, certains insistent que la Bible doit être interprétée selon les préconceptions ecclésiales. Beaucoup de spécialistes chrétiens défendent l'idée que la Bible, en tant qu'Écriture, doit être interprétée correctement selon la confession et l'expérience de foi de l'Église, en tant que communauté de croyants, ce qui veut dire que la tradition théologique de l'Église est une présupposition à partir de laquelle le texte doit être construit. Certains spécialistes partisans de cette vision ecclésiale, inspirés par les apports de ceux qui insistent sur le caractère déterminant de l'interprétation communautaire décrite précédemment,

---

20 Meyer, *Reality and Illusion* (Réalité et illusion), 49–53, parle de la puissance des « nouvelles certitudes » pour changer ou modifier les horizons ; cf. Max Turner, « Historical Criticism and Theological Hermeneutics » (Critique historique et théologie herméneutique), 58–59 ; Thiselton, *New Horizons in Hermeneutics* (Nouveaux horizons herméneutiques), 31–54, 170.

21 Vanhoozer, *Is There a Meaning in This Text ?* (Y a-t-il un sens à ce texte ?) 103.

affirment que la Bible peut être et a été étudiée de diverses manières, si bien que la manière dont on la lit, puis, par conséquent, la comprend, dépend de la communauté à l'origine de la lecture. Ces spécialistes insistent donc que les membres de l'Église doivent lire le texte biblique selon les réalités qui façonnent celle-ci, en tant que communauté de foi.

Ils vont cependant plus loin, en défendant que, puisque les données bibliques sont issues de la communauté de foi (Israël et l'Église) et ont été adressées à celles-ci, ainsi que puisqu'elles ont été transmises sous une forme canonique, qui oriente leur existence vers la communauté de foi, l'Église est la *sphère* dans laquelle ces Écritures doivent être interprétées[22]. La Bible appartient en fait à l'Église. Ainsi, Robert W. Wall affirme que « sur le plan légal, les Écritures s'adressent à la communauté cultuelle »[23] et « un texte biblique constitue une propriété canonique »[24].

S'il faut en croire ces penseurs, l'étude historico-critique de l'ère moderne a surtout retiré la Bible des mains de l'Église, pour la placer entre les mains du scepticisme, du sécularisme et du cynisme de la modernité. L'étude académique de la Bible n'est non seulement « plus intéressée par la promotion de la compréhension théologique et de ses résultats rédemptifs en tant qu'élément stratégique de la mission de l'Église dans le monde », mais elle est aussi engagée à « problématiser l'Écriture », dans l'objectif de défendre « l'absence de fiabilité inhérente [de la Bible] en matière de foi et de vie »[25]. En adoptant l'historicisme moderne, la guilde biblique académique aborde le texte biblique comme une fenêtre « obscurcie » par la conjecture théologique, puis elle cherche à purger l'étude du texte de son caractère théologique, en se concentrant sur l'arrière-plan historique ayant donné naissance aux textes bibliques ou sur la quête du Jésus historique dans son cadre historique, car elle croit que la vérité est communiquée à travers une reconstruction historique spéculative plutôt qu'à travers les textes théologiques[26]. Cette critique historique peut s'accorder ensuite avec la philosophie, les traditions et les objectifs des érudits, mais elle ne s'accorde pas avec la véritable fonction des Écritures canoniques au sein de l'Église, qui consiste à nourrir la vie spirituelle de l'Église et à promouvoir la formation chrétienne.

Pour ces spécialistes, l'emphase légitime pour l'interprétation de la Bible au sein de l'Église ne porte pas sur la reconstruction spéculative de l'Histoire qui se tient derrière le texte, mais sur le sens évident de la forme finale du texte canonique[27]. Le cadre approprié pour l'interprétation de la Bible au sein de l'Église n'est pas le modèle historique moderne (l'orthodoxie critique) de la guilde, mais la théologie de l'Église, qui trouve son expression notamment dans sa règle de foi (*regula fidei*).

---

22 Ainsi, Hauerwas, *Unleashing the Scripture* (Libérer les Écritures), 9, dit : « La Bible n'est pas et ne peut être accessible à n'importe qui, mais ne doit être mise à la disposition que de ceux qui se sont soumis à la dure discipline d'une existence en tant que membres du peuple de Dieu. »

23 Robert W. Wall, « Reading the Bible from within Our Traditions » (Lire la Bible à partir de nos traditions), dans Green et Turner, *Between Two Horizons* (Entre deux horizons), 90.

24 Ibid., 93.

25 Ibid., 90.

26 Ibid., 92.

27 Ibid., 93, 96. Voir aussi Hart, « Tradition, Authority, and a Christian Approach » (Tradition, autorité et une approche chrétienne), 196 ; Wall, « Canonical Context and Canonical Conversations » (Contexte et conversations canoniques), 168, 170–71.

La pluralité des interprétations possibles des Écritures qui a fait surface dans le cadre de la lutte de l'Église contre les groupes hérétiques a mené l'Église primitive à insister sur le fait que la Bible doit être interprétée selon la règle de foi. En fait, il est affirmé que, dans l'Église, « un engagement critique avec le texte biblique requiert que l'exégète teste les revendications théologiques à l'aune de la Règle »[28] et que l'interprétation de l'Église doit « contraindre » l'enseignement théologique du texte à travers la règle de foi de l'Église[29]. Pour ces spécialistes, la règle de foi n'est pas synonyme des Écritures, mais précède celles-ci, ou est pour le moins fondée sur ce qui précède la rédaction de la Bible chrétienne, en ce qu'elle est façonnée par la vie et l'enseignement de Jésus. Elle constitue véritablement l'essence de l'Évangile, dont la proclamation par Jésus précède la rédaction du Nouveau Testament (Luc 24.13–35, 44–49). La règle de foi résume le cœur de la foi chrétienne, en vue de servir de « borne frontière » de l'identité chrétienne. Il faudrait peut-être parler des « règles de la foi », au pluriel, car plusieurs Pères de l'Église ont cherché à résumer la foi chrétienne, et même si leurs règles contiennent des croyances théologiques et christologiques communes, ils ont exprimé ces croyances différemment et les ont assemblées à travers différentes grammaires[30]. Un effort représentatif d'articulation de la règle de foi est celle de Tertullien :

> La Règle de foi — car il nous faut faire connaître dès maintenant ce que nous défendons — est celle qui consiste à croire : « qu'il n'y a qu'un seul Dieu qui n'est autre que le Créateur du monde ; que c'est lui qui a tiré l'univers du néant par son Verbe émis avant toutes choses ; que ce Verbe fut appelé son fils, qu'au nom de Dieu il apparut sous diverses figures aux patriarches, qu'il se fit entendre en tout temps par les prophètes, enfin qu'il descendit par l'esprit et la puissance de Dieu le Père dans la Vierge Marie, qu'il devint chair dans son sein et que né d'elle 'sa vie devint celle de Jésus-Christ ; qu'il proclama ensuite la loi nouvelle et la nouvelle promesse du royaume des cieux, qu'il fit des miracles, qu'il fut crucifié, qu'il ressuscita le troisième jour, qu'enlevé aux cieux il s'assit à la droite du Père ; qu'il envoya à sa place la force du Saint-Esprit pour conduire les croyants ; qu'il viendra dans la gloire pour prendre les saints et leur donner la jouissance de la vie éternelle et des promesses célestes, et pour condamner les profanes au feu éternel, après la résurrection des uns et des autres et le rétablissement de la chair. » Telle est la règle que le Christ a instituée (comme je le prouverai) et qui ne saurait soulever parmi nous d'autres questions que celles que suscitent les hérésies et qui font les hérétiques.[31]

Malgré certaines différences de peu de poids, ces expressions de la règle de foi par les Pères résument le métarécit de l'Histoire du salut qu'on trouve dans la Bible. Tous ces éléments sont enseignés par la Bible et les résumés relaient les grandes lignes du récit biblique. En fait, Irénée lui-même, le premier à avoir introduit la

---

28 Wall, « Reading the Bible from within our Traditions » (Lire la Bible à partir de nos traditions), 102.

29 Ibid., 88, 90.

30 Ibid., 89.

31 Tertullian, *Prescription against Heretics* (Prescription contre les hérétiques) 90, cité dans ibid., 88.

notion de règle de foi, a reconnu qu'il s'agissait d'un résumé de la Bible, d'une synthèse des passages bibliques interprétés dans leur contexte, c'est-à-dire d'un résumé des enseignements bibliques déterminés par une exégèse responsable[32].

Ces spécialistes maintiennent que, même si la Bible constitue l'autorité première de l'Église[33], son interprétation au sein de l'Église est profondément influencée par la vie communautaire et théologique, informée non pas uniquement par le texte biblique, mais aussi par les grands crédos œcuméniques et hymnes de l'Église, le témoignage de ses saints et les écrits théologiques de ses fidèles[34]. D'après ces spécialistes, les membres de l'Église doivent reconnaître cette situation comme la réalité de la vie de l'Église[35], tandis que l'Église elle-même doit reconnaître qu'elle est appelée à poursuivre un dialogue continuel entre le texte biblique et sa tradition théologique, à travers lequel le texte biblique informe la tradition théologique de l'Église et, en retour, celle-ci informe l'interprétation du texte biblique par l'Église. Pour la plupart de ces spécialistes, cependant, le rôle des Écritures est fondamental : ainsi, Trevor Hart décrit ce dialogue comme une « spirale herméneutique progressive », caractérisée par un « retour constant au texte biblique lui-même », la Bible étant « la source et la norme première pour la foi chrétienne et le façonnement de l'identité chrétienne »[36].

Évaluation des préconceptions ecclésiales

Ces spécialistes ont soulevé un certain nombre de questions critiques et leurs arguments ont souligné certaines dimensions les plus prééminentes de l'existence et de la fonction de la Bible. D'une part, ils se sont attaqués à juste titre à la revendication des critiques historiques, selon laquelle leur méthode est objective en ce que son fonctionnement est purement historique, sans influence du caractère nécessairement subjectif des assertions et convictions théologiques. Ils ont également eu raison de mentionner, ainsi que nous l'avions déjà indiqué, que l'objectivité pure n'existe pas : nous avons tous des présuppositions, souvent liées à la culture ou à la communauté dont nous sommes issus.

Une approche inductive irait cependant encore plus loin, en notant que la question d'une lecture théologique du texte, par opposition à une lecture essentiellement historico-critique, n'est pas qu'une question de préférence communautaire, mais aussi relative à la nature du texte biblique lui-même. Le texte biblique est d'abord théologique. Aucune étude du texte, effectuée par qui que ce soit, quel que

---

32 Hart, « Tradition, Authority, and a Christian Approach » (Tradition, autorité et une approche chrétienne), 187–88, 190.

33 Ibid., 184 : pour l'Église, la Bible constitue « l'autorité première pour la formation de l'identité chrétienne à tous les niveaux ».

34 Voir William J. Abraham, *Canon and Criterion in Christian Theology: From the Fathers to Feminism* (Canon et critères de théologie chrétienne : des Pères au féminisme) (Oxford : Oxford University Press, 1998).

35 Hart, « Tradition, Authority, and a Christian Approach » (Tradition, autorité et une approche chrétienne), 184–85, dit : « Les préoccupations théologiques (sous le voile de la tradition) sont toujours présentes et importantes dans le cadre de n'importe quelle approche du texte de la Bible en tant qu'Écriture. La théologie est donc quelque chose que nous apportons avec nous au texte, ainsi que quelque chose que nous tirons des données brutes. [...] Beaucoup de voix façonnent notre interprétation, mais la tradition théologique en constitue un élément important. Nous n'avons rien à gagner et tout à perdre en prétendant le contraire, soit que cette influence n'existe pas ou que nous sommes immunisés contre elle. »

36 Ibid., 190–91.

soit son contexte, n'est pleinement appropriée tant qu'elle n'aborde pas la dimension premièrement théologique du texte dans le processus d'interprétation. Bien sûr, la Bible contient une diversité de données et aborde beaucoup d'aspects divers de la réalité, si bien qu'on peut légitimement l'étudier afin d'obtenir un éclairage sur l'histoire des religions, de reconstruire l'Histoire d'Israël ou la vie de Jésus, ou même d'illustrer les apports psychologiques de Carl Jung. Ceux qui s'engagent dans de telles études du texte biblique doivent cependant reconnaître que son contenu est d'abord fondamentalement théologique (après tout, il concerne Dieu et son dessein premier, du début à la fin, est de proclamer des réalités divines). Ainsi, toute étude de ces questions secondaires doit être effectuée à travers le prisme de l'obsession théologique du texte, ainsi que de son importance pour la communauté ecclésiale.

Étant donné le caractère prééminemment théologique du texte, même la guilde biblique doit mettre l'accent sur le sens théologique du texte dans son propre travail, ainsi que le dit Ben F. Meyer : « La littérature religieuse exige une attention exégétique portée aux sens et aux valeurs religieux. Il s'agit de la question fondamentale de savoir si on comprend le texte ou non. »[37] En fait, les efforts visant à rejeter, ou même seulement à ignorer la dimension théologique dans l'étude de la Bible constituent eux-mêmes une décision théologique : ainsi que l'a mentionné Adolf Schlatter il y a un siècle, le rejet (pratique) de l'importance des revendications théologiques d'un document théologique constitue un jugement théologique[38].

Cette considération selon laquelle le caractère théologique du texte biblique peut et doit, en tout cas dans une certaine mesure, être engagé par tous les lecteurs de la Bible, pose une question importante concernant l'affirmation selon laquelle la Bible ne peut être interprétée correctement en tant que témoignage théologique que par les membres de la communauté de foi, qui abordent le texte avec la perspective de la foi.

Nous reconnaissons que la Bible est le produit de la communauté de foi et s'adresse d'abord directement à d'autres membres de cette communauté ; elle

---

37 Meyer, *Reality and Illusion* (Réalité et illusion), 149. Meyer fait la distinction entre « interprétation » et « analyse ». L'interprétation consiste à s'assurer du « sens prévu » d'un document. Puisque ces documents sont religieux / théologiques, cette interprétation implique leur sens théologique. L'analyse consiste à explorer les questions derrière le texte (par ex. les sources, rédactions et reconstructions historiques). Meyer défend que l'interprétation précède l'analyse, d'un point de vue logique et pratique ; la guilde ne peut donc faire son travail de reconstruction historico-critique sans d'abord traiter du sens (théologique) du texte.

38 Voir Adolf Schlatter, « Atheistische Methoden in der Theologie » (Méthodes athées en théologie), *Beiträge zur Förderung christlicher Theologie* (Apports à la promotion de la théologie chrétienne) 9, n°5 (1905) : 229-50. Pour la traduction anglaise, voir Adolf Schlatter, « Atheistic Methods in Theology » (Méthodes athées en théologie), trad. David R. Bauer, *Asbury Theological Journal* (Journal théologique d'Asbury) 51 (Fall 1996) : 45-57. Cet article a été réimprimé en annexe à la traduction anglaise de la courte biographie de Schlatter, par Werner Neuer : « Annexe D : Adolf Schlatter, à propos des méthodes athées en théologie », dans *Adolf Schlatter: A Biography of Germany's Premier Biblical Theologian* (Adolf Schlatter : biographie du premier théologien biblique allemand), trad. Robert W. Yarbrough (Grand Rapids : Baker Academic, 1995), 211-25. Peter Stuhlmacher (*Historical Criticism and Theological Interpretation* (Critique historique et interprétation théologique), 83-91) défend la même idée générale : il appelle à une « herméneutique du consentement », à travers laquelle les spécialistes bibliques examinent l'historique des effets du texte, en entrant en dialogue critique avec la tradition théologique de l'Église (selon le principe de l' « écoute »), tout en demeurant ouverts à la possibilité de transcendance divine, à laquelle le texte biblique rend témoignage. Le spécialiste n'est pas forcément croyant et ne le deviendra peut-être jamais, mais il doit être « partisan d'un intellect qui soit à l'écoute, ouvert à la tradition chrétienne et à la possibilité de laisser le *kérygme* biblique s'adresser à lui, sans pour autant être [forcément] capable de parvenir lui-même à la foi en la vérité de ce message » (89-90).

aborde des réalités théologiques et spirituelles qui sont, en tout cas dans une certaine mesure, incarnées de génération en génération au sein de la communauté de foi[39]. Le Nouveau Testament lui-même parle du rôle du Saint-Esprit (qui demeure d'une manière prééminente dans l'Église) afin de mener les chrétiens vers une compréhension plus profonde de la vérité (par ex. Jean 16.5–15). Toutes ces considérations mènent à la conclusion que, d'une manière générale, les membres de l'Église disposent d'une meilleure capacité de compréhension du message biblique, dans toute la profondeur et sa plénitude, que ceux qui n'ont pas un tel arrière-plan théologique ou une expérience de foi informée par l'Église.

Même cette affirmation se doit cependant d'être justifiée, étant donné qu'aucun croyant individuel ou communauté chrétienne ne fait une expérience parfaite de la foi biblique, mais que toutes manifestent certains dysfonctionnement théologiques ou spirituels, susceptibles de tordre leur compréhension du message théologique du texte plutôt que de la renforcer[40]. De plus, la notion selon laquelle la théologie de l'Église détermine sa compréhension des Écritures d'une manière absolue, peut mener à une lecture dans laquelle le message du texte est tout simplement assimilé à la théologie de l'Église[41]. Thiselton nous avertit :

> Cependant, en examinant l'Histoire de l'exégèse biblique, on voit que des préconceptions théologiques ont trop souvent mené à une compréhension du texte prématurée et dénuée d'esprit critique, à travers laquelle le texte a été contraint de n'exprimer que ce qui était requis par une tradition théologique donnée. [...] La tendance générale [pendant la période médiévale] était à l'interprétation du Nouveau Testament de manière à uniquement appuyer la tradition actuelle de l'Église. Selon les mots de Gadamer, il ne pouvait ap-

---

39 Notez le principe défendu par Luther de *Sache und Sprache* (chose et langage) : « Celui qui ne comprend pas les choses ne peut tirer leur sens des mots. » Cité dans Meyer, *Reality and Illusion* (Réalité et illusion), 91. Marcel Dumais souligne que le lecteur implicite d'au moins la plus grande partie des textes du NT (ainsi que de l'AT) est membre de la communauté de foi. Voir Marcel Dumais, « Sens de l'Écriture : réexamen à la lumière de l'herméneutique philosophique et des approches littéraires récentes », *NTS* 45 (1999) : 325. Pour la traduction anglaise, voir Marcel Dumais, "The Sense of Scripture Re-Examined in Light of Philosophical Hermeneutics and Recent Literary Approaches," trans. David R. Bauer, *The Asbury Journal* 63, no. 1 (2008): 53–74. Cf. Bockmuehl, *Seeing the Word*, 70–71, 92, 113.

40 Meyer, *Reality and Illusion* (Réalité et illusion), 93–94.

41 Certains défendent que l'insistance sur une construction de passages bibliques, déterminée par la position de foi contemporaine du lecteur chrétien, est fondée sur l'emploi des Écritures de l'AT dans le NT, car le NT ne s'intéresse généralement pas au « sens original » des passages de l'AT, mais leur attribue un sens nouveau, à la lumière de ses propres convictions théologiques nouvelles. Nous devons cependant faire attention ici, car les questions herméneutiques et théologiques autour de l'emploi de l'AT dans le NT sont extrêmement complexes. Dès lors, tirer des conclusions hâtives est simpliste et dangereux. Une chose semble certaine aux yeux de la plupart des spécialistes : les fondements théologiques et herméneutiques principaux pour la relecture des passages de l'AT dans le NT sont sa christologie et son eschatologie, ainsi que l'histoire du salut. La conviction que toute l'Histoire du salut trouve son accomplissement eschatologique en Jésus-Christ et en son œuvre de salut et de formation du peuple de Dieu de la fin des temps a mené les auteurs du NT à lire l'AT comme un témoignage rendu à la révélation de Dieu en Jésus-Christ. Cette emphase suggère que sa trajectoire herméneutique culmine précisément et nécessairement dans la révélation historique de Jésus-Christ, proclamée dans le NT ; c'est pourquoi, l'emploi de l'AT dans le NT ne constitue pas en lui-même une garantie de relecture chrétienne des passages bibliques (de l'AT comme du NT), sur la base d'une réflexion ou d'une expérience chrétienne post-NT. Voir notamment Richard N. Longenecker, *Biblical Exegesis in the Apostolic Period* (L'exégèse biblique pendant la période apostolique), 2ᵉ éd. (Grand Rapids : Eerdmans, 1999) ; Donald Juel, *Messianic Exegesis: Christological Interpretation of the Old Testament in Early Christianity* (L'exégèse messianique : interprétation christologique de l'Ancien Testament par le christianisme primitif) (Philadelphie : Fortress, 1988); cf. Hays, *Echoes of Scripture* (Échos des Écritures).

porter de nouvelles vérités à la parole.[42]

Ce genre d'assimilation est théologiquement et spirituellement destructeur pour la vie d'Église : elle empêche la Bible de fonctionner comme moyen de correction divine pour la pensée et la vie de l'Église (et des chrétiens). Gerhard Ebeling nous le rappelle : « D'après Luther, la Parole de Dieu nous vient toujours en tant qu'*adversarius noster*, notre adversaire. Elle ne fait pas que confirmer et nous renforcer dans ce que nous pensons être et ce pour quoi nous souhaitons être pris. [...] C'est là la seule manière dont la Parole nous amène à la concorde et à la paix avec Dieu. »[43] En fait, il faut noter que pratiquement tous les livres bibliques présument d'une attitude de confrontation et de défi à l'égard de la communauté de foi à laquelle ils s'adressent ; au lieu de seulement confirmer ou adopter « ce qui est » dans leur théologie ou leur mode de vie, ces textes leur proposent généralement, du moins dans une certaine mesure, une version alternative, sous la forme de « ce qui devrait être différent ».

De plus, la tendance, de la part des membres de la communauté de foi, à imposer leurs assertions théologiques à la lecture du texte, sans esprit critique, peut atténuer le message tranchant et stimulant que les passages bibliques étaient censés communiquer aux fidèles à l'origine. Ainsi, Walter Wink décrit une telle lecture de la parabole du Pharisien et du collecteur d'impôts (Luc 18.9–14), de la part de ceux qui ont été socialisés dans le monde conceptuel de la foi chrétienne. Ces lecteurs abordent la parabole à partir d'un ensemble d'assertions chrétiennes : que les Pharisiens sont mauvais, propres-justes, meurtriers et hypocrites, tandis que les collecteurs d'impôts sont des chercheurs de vérité réceptifs, humbles et pleins de confiance. Pourtant, ces assertions sont exactement le contraires de celles auxquelles cette parabole s'attend de la part de ses lecteurs. Afin de permettre à la parabole d'avoir l'effet escompté, de défaire profondément et d'inverser radicalement tout un ensemble de croyances auxquelles nous tenons, l'auteur implicite s'attend à ce que ses lecteurs abordent la parabole avec l'assertion que les Pharisiens sont des parangons de vertu, tandis que les collecteurs d'impôts sont incroyablement mauvais. Thiselton indique : « Une parabole qui, à l'origine, avait pour fonction de perturber l'auditeur et d'inverser ses valeurs, sert à présent à confirmer les valeurs qui sont déjà les siennes. »[44]

Par ailleurs, les chrétiens risquent de mal comprendre le sens des passages bibliques en les interprétant, sans esprit critique, à la lumière des formulations ou des disputes théologiques qui ont surgi au cours de l'histoire de l'Église. Ils commettent une grave erreur en présumant, par exemple, que chaque passage paulinien qui mentionne l'élection aborde directement la question de l'élection inconditionnelle, débattue dans l'Église occidentale depuis l'époque d'Augustin et, surtout, depuis Calvin et Arminius.

---

42 Thiselton, *Two Horizons* (Deux horizons), 316 ; cf. Hauerwas, *Unleashing the Scripture* (Libérer les Écritures), 23, qui dit : « Vous n'avez pas et n'avez pas besoin d'un « sens » du texte si vous comprenez que l'Église est plus déterminante que le texte. »

43 Cité dans Thiselton, *Two Horizons* (Deux horizons), 319.

44 Ibid., 15.

Un problème supplémentaire qui se pose est qu'il faut parler de la théologie de l'Église, selon laquelle les chrétiens doivent interpréter le texte, de la manière la plus générale possible. Ainsi que nous l'avons vu, la règle de foi, telle qu'articulée par les Pères, est très vaste et basique ; il s'agit essentiellement d'un résumé de l'enseignement des Écritures, qui reflète le récit biblique général. La règle de foi (*regula fidei*) est étroitement liée, mais pas entièrement identique, à l'analogie de la foi (*analogia fidei*)[45]. Si on souhaite parler de la règle de foi de l'Église comme ayant un contenu plus spécifique, on sera contraint d'admettre qu'il y a et qu'il y a toujours eu un manque de consensus sur un grand nombre de questions spécifiques.

Markus Bockmuehl postule que les Pères, jusque vers l'an 150, avaient un accès unique à la foi apostolique, grâce à leur connaissance directe ou indirecte des apôtres eux-mêmes, si bien qu'il faut leur accorder un rôle privilégié dans l'exégèse chrétienne ; cependant, même lui reconnaît l'existence de désaccords entre les Pères sur certains sujets fondamentaux[46]. Dans un autre passage, Bockmuehl regrette que beaucoup de « lectures ecclésiales » soient si générales et anémiques[47].

On est donc contraint, soit de rejeter la notion de règle de foi comme une imposition extérieure d'un contenu exégétique spécifique, soit de la comprendre comme étant essentiellement une lecture du récit biblique, c'est-à-dire du canon dans son ensemble et dans sa structure, surtout lorsqu'il parvient à son apogée dans le Nouveau Testament. Cette lecture doit être effectuée dans les contours d'ensemble des convictions théologiques de l'Église, que celle-ci considère comme prééminemment bibliques[48]. Dans ce dernier cas, affirmer qu'il faut interpréter les passages individuels à la lumière de la règle de la foi revient à insister qu'il faut interpréter fidèlement les Écritures à la lumière des Écritures elles-mêmes, dans leur contexte canonique et à partir de la perspective de l'expérience de l'Église et de l'articulation de la foi chrétienne, qui ont elles-mêmes été façonnées par une

---

45 L'idée que la règle de foi n'est pas tout à fait synonyme des Écritures est juste, car n'importe quel résumé de l'histoire biblique constitue une abstraction sélective du texte biblique lui-même, qui sera plus ou moins informée par nos convictions idéologiques ou théologiques.

46 Bockmuehl, *Seeing the Word* (Voir la Parole), 223-25.

47 Ibid., 60.

48 W. W. White et le séminaire biblique de New York semblent avoir affirmé ce principe de corrélation entre la foi de l'Église en général et les affirmations fondamentales de la Bible, lue d'une manière canonique. La préoccupation de White était que la Bible doit être lue « de manière à éviter de provoquer un esprit de controverse et à promouvoir l'unité entre tous les étudiants, en se concentrant [...] sur les principes fondamentaux qui expriment l'enseignement des Écritures, dans leur ensemble, et ont donc tendance à unir tous les croyants consacrés et fidèles à la Bible sur une base commune ». Ailleurs, les statuts du séminaire biblique de New York indiquent que son dessein est de préparer des responsables chrétiens « positifs, constructifs, non portés aux querelles [...] [qui] se concentrent sur les certitudes incontestables de la foi chrétienne historique, telle que contenue dans les Écritures chrétiennes, et [...] loyaux à la foi historique de l'Église, commune aux chrétiens évangéliques ». Ces affirmations sont tirées des statuts du séminaire biblique de New York, cités dans Eberhardt, *Bible in the Making of Ministers* (La Bible dans la construction de ministères), 215-16. White voyait le Crédo des Apôtres comme une confession exhaustive des vérités contenues dans la Bible, dans son ensemble, qui constituent « le fondement doctrinal du séminaire ». Pour lui, ce Crédo « résume d'une manière admirable et concise les doctrines chrétiennes fondamentales établies par les Écritures ». Il le trouve particulièrement intéressant, en ce qu'il « n'est pas le résultat d'un raisonnement déductif [...] qui a ensuite été promulgué *ex cathedra*, mais qu'il a plutôt été dérivé inductivement et qu'il constituait à l'origine le précipitat, et non le postulat, de l'expérience chrétienne » (cité dans ibid., 212). De plus, la position doctrinale du séminaire est fondée sur la brève affirmation suivante : « Le séminaire reconnaît l'autorité des Écritures saintes, en tant que seule règle infaillible de foi et de vie, et évalue les droits et les responsabilités individuelles en matière d'interprétation des Écritures sous la direction du Saint-Esprit. Tout enseignement doit être fondé sur la croyance en la divinité de Christ et en son sacrifice expiatoire comme seul fondement pour le salut des hommes, ainsi que sur les éléments associés du christianisme apostolique et évangélique » (cité dans ibid., 215-16).

lecture canonique des Écritures. Dans la pratique, la règle de foi employée d'une manière inductive dans l'interprétation de la Bible doit surtout avoir une fonction heuristique, qui montre et éclaire certains aspects du sens du texte (à la fois de passages individuels et de la Bible dans son ensemble) qui passeraient inaperçus si on n'abordait pas les Écritures d'une manière informée par la foi de l'Église, telle qu'on l'expérimente par la participation ecclésiale. Ainsi, Richard B. Hays affirme : « La tradition doit être entendue et pesée ; elle contient des apports indispensables, à la fois concernant le sens des Écritures et des sujets que celles-ci n'abordent pas explicitement. Elle doit néanmoins être constamment réexaminée d'un point de vue critique, à la lumière des textes du Nouveau Testament [ainsi que des textes bibliques]. (En fait, la tradition chrétienne elle-même rend témoignage à l'autorité première des Écritures.) Autrement, la tradition peut étouffer le texte ou coopter les défis radicaux qu'il contient. »[49]

La Bible n'existe cependant pas que dans l'Église, mais aussi dans le monde. Même si elle s'adresse d'abord à la communauté de foi, son contenu est important aussi pour la communauté du monde[50]. Elle ne s'adresse pas à ses lecteurs avec une sorte de code, qui ne serait accessible qu'aux membres de la communauté de foi. Pour ce qui est des preuves empiriques, nous savons qu'il s'agit du moyen à travers lequel des millions de personnes qui n'avaient pas la foi, ni aucun lien préalable avec l'Église, sont parvenues à la foi en lisant ses pages. En fait, l'Église a toujours défendu la thèse que la Bible a une fonction et un potentiel d'évangélisation. Ainsi, Ernst Fuchs demande d'une manière perceptive comment on peut affirmer que les textes bibliques peuvent créer la foi chrétienne, tout en insistant que leur compréhension présuppose la foi ![51]

La meilleure conclusion qu'on peut tirer de l'ensemble de cette discussion est que la participation à l'expérience et à la communauté de foi chrétienne n'est pas nécessaire à une compréhension de base du message théologique de la Bible, mais qu'elle peut être très avantageuse pour saisir ce message théologique dans toute sa richesse et sa profondeur. Aborder le texte à partir de la perspective de la foi ne saurait cependant être utile que si on est prêt à soumettre cette perspective de foi au jugement correctif du texte.

---

49 Hays, *Moral Vision of the New Testament* (Vision morale du Nouveau Testament), 296–97.

50 Même Francis Watson le concède ; voir son *Text, Church, and World* (Texte, Église et monde), 11, 19–29, 236–40.

51 Ernst Fuchs, *Zum hermeneutischen Problem in der Theologie* (Du problème herméneutique de la théologie), Gesammelte Aufsätze (Collection d'essais) 1 (Tübingen : Mohr, 1959), 9–10, cité dans Thiselton, *Two Horizons* (Deux horizons), 18.

ANNEXE C
Sélectivité

Sens et importance de la sélectivité

On raconte que Goethe aurait affirmé : « On reconnaît l'artiste par la sélection. » Quelqu'un d'autre a observé que beaucoup de choses ont dû être exclues du texte biblique afin d'en inclure d'autres. Ces deux affirmations ont les mêmes implications : la sélectivité à dessein caractérise les livres de la Bible. Autrement dit, les auteurs bibliques étaient mus par un objectif défini et ils ont choisi et employé leurs données de manière à atteindre au mieux ces objectifs.

Le facteur de sélectivité est donc à la base du travail des auteurs bibliques. Il est cependant important aussi pour le travail des observateurs, qui cherchent, en définitive, le dessein de l'auteur implicite, lequel est dévoilé à la fois par ce qui est inclus et par ce qui est exclu. Par conséquent, la conscience du principe de sélection à dessein est tout aussi importante pour l'observateur qu'elle l'était pour l'auteur biblique.

Types de sélectivité

Il y a deux types de sélectivité. Le premier est la sélectivité quantitative ou proportionnelle, qui emploie l'élément de masse ou de quantité. Il passe par le choix d'une série d'événements ou d'idées similaires, dont la masse d'ensemble imprègne certains faits dans l'esprit du lecteur.

Les lecteurs découvrent la présence et l'importance de la sélectivité quantitative en appliquant la loi de proportion. Il s'agit du principe selon lequel l'auteur consacre généralement la plus grande proportion de données à ce qu'il considère comme le plus important et utile pour transmettre son message. Par conséquent, les observateurs prennent souvent conscience de la sélectivité quantitative en déterminant le rapport entre la quantité de données consacrées à certains faits et le laps de temps couvert par ces faits, puis en comparant ce rapport avec celui des autres données. Si, par exemple, 10 chapitres sont consacrés aux événements couvrant une année et un seul aux événements couvrant cent ans, alors, en comparant les deux rapports, on peut conclure que l'auteur considère les événements survenus au cours de cette année comme bien plus importants pour ses desseins que ceux survenus au cours des cent ans.

Le livre de la Genèse offre un excellent exemple de sélectivité proportionnelle : les chapitres 12 à 50, soit 39 chapitres, sont consacrés aux événements survenus au cours d'une période qui correspond à seulement quatre générations, tandis que les onze premiers chapitres couvrent de nombreuses générations. L'auteur veut apparemment attirer l'attention sur la nation hébraïque et, surtout, sur les patriarches, et il suggère peut-être que le contenu des chapitres 12 à 50 revêt une plus grande importance directe pour l'accomplissement de son dessein que celui des chapitres 1 à 11. Cette notation offre à l'observateur un aperçu précieux, afin de découvrir l'objectif et le message d'un livre ou passage[1].

L'élément chronologique n'est cependant pas fondamental pour observer la proportion. Dans la littérature logique, comme ce qu'on trouve dans les Épîtres, la sélectivité quantitative peut passer tout simplement par la consécration d'un espace plus large à une idée ou à un facteur qu'aux autres. Par exemple, en Jean 17, les deux-tiers environ de la prière de Jésus ont pour fonction d'indiquer les bases de ses demandes, tandis qu'un tiers seulement de la prière est consacré aux demandes elles-mêmes. Cette observation peut servir de fondement pour l'emploi de la loi de proportion dans l'interprétation de Jean 17.

Il faut noter aussi que la sélectivité quantitative n'implique pas nécessairement d'importance particulière et ne doit pas mener le lecteur à conclure que l'auteur consacre davantage d'espace (ou d'attention) à ce qu'il considère comme le plus important. Le livre de Joël indique, par exemple, que, même si l'auteur consacre moins d'espace au jour du Seigneur en tant que jugement et salut cosmiques à venir (2.28 – 3.21) qu'au jour du Seigneur reflété dans les événements historiques présents en Juda et à Jérusalem (1.2 – 2.27), il oriente néanmoins son livre vers un point culminant de sa description du jour du Seigneur comme un événement à venir. Autrement dit, d'autres considérations mènent à la conclusion que, dans le cas présent, la sélectivité quantitative n'est pas forcément liée au degré d'importance. La prise en compte de la proportion pousse cependant les lecteurs à se demander pourquoi un auteur a consacré davantage d'espace à tel élément ou question qu'aux autres[2].

---

1 Pour une discussion prolongée utile de la sélectivité quantitative, voir Chatman, *Story and Discourse* (Histoire et discours), 62–79 ; Genette, *Narrative Discourse* (Le discours narratif), 77–115.

2 On trouve une exception semblable au principe selon lequel une quantité accrue est indicatrice d'importance dans le livre de Jude, où l'auteur consacre davantage d'espace à sa description de ses adversaires (v. 5–16) qu'aux exhortations qu'il adresse à ses lecteurs (v. 3, 17–23). Ainsi que l'a démontré Richard Bauckham, la structure de Jude indique que l'emphase est sur les exhortations, plutôt que sur la description de ceux qui troublent l'Église. Jude ressent apparemment le besoin de développer assez fortement sa description de ceux-ci, comme fondement de ce qui est le plus important pour lui : les instructions à ses lecteurs. Voir Richard J. Bauckham, Jude, 2 Peter (Jude, 2 Pierre), WBC 50 (Waco : Word, 1983), 4 ; idem, « The Letter of Jude: An Account of Research » (L'Épître de Jude : rapport de recherche), Aufstieg und Niedergang der römischen Welt: Geschichte und Kultur Roms im Spiegel der neueren Forschung (Montée et déclin du monde romain : l'histoire et la culture romaine à travers le miroir des dernières recherches) (New York : de Gruyter, 1988), 2.25.5.3800–3808.

Le deuxième type de sélectivité est la sélectivité qualitative, qui émane de la reconnaissance qu'un auteur choisit ou sélectionne ce qu'il souhaite inclure et exclure. L'événement rapporté en Genèse 12.10–20 peut servir d'exemple de ce type de sélectivité. Il n'y a pas un grand nombre d'occurrences semblables, mais il s'agit d'un événement unique dans son contexte, qui montre comment Abraham dépendait de lui-même, alors que les événements précédents et suivants décrivent un homme de foi. En Genèse 20, cet incident se reproduit d'une manière quasi identique. Son cadre immédiat est cependant particulier.

Pour ce qui est de ce type d'événement ou d'idée, l'observateur doit se demander pourquoi l'auteur implicite a inclus tel événement ou telle idée spécifique, et à cet endroit-là. En quoi cela contribue à l'ensemble, au vu de ses rapports avec les événements et idées qui l'entourent. En répondant à ces questions, ainsi qu'à d'autres questions semblables, on découvrira le dessein implicite de cette sélectivité.

ANNEXE D
Emploi de ressources en langue originale

La connaissance des langues bibliques originales, de l'hébreu et du grec, est essentielle pour parvenir à l'interprétation la plus riche, pénétrante et précise. C'est pourquoi, les étudiants qui en ont l'occasion doivent faire tout leur possible pour apprendre les langues bibliques. Les étudiants qui ne connaissent pas l'hébreu et le grec peuvent cependant employer des ressources hébraïques et grecques. Un certain nombre de processus spécifiques leur permettent d'employer des ouvrages importants en langue originale. Ils peuvent employer la plupart des principaux logiciels bibliques afin de rechercher la définition préliminaire et l'emploi des mots en langue originale. Les étudiants qui ne maîtrisent pas ces langues doivent consulter des manuels d'instruction ou demander conseil auprès de spécialistes de ces logiciels, afin de déterminer précisément comment s'en servir efficacement.

Le processus que nous présentons ici représente une seule manière de faire possible, tandis que les étudiants qui ne maîtrisent pas les langues bibliques peuvent employer certaines ressources publiées, afin d'y trouver une définition préliminaire et l'emploi des mots (ainsi que le contexte, dans la mesure où il implique des occurrences d'un mot ailleurs dans le livre biblique). Ce processus est assez simple et relativement peu onéreux.

Emploi de ressources pour l'hébreu

Définitions préalables pour tous les termes, à l'exception des verbes

PROCESSUS

Pour une définition préliminaire de tous les termes hébraïques, à l'exception des verbes (par ex. les noms, adjectifs), voici nos suggestions :

1. Lisez le passage à interpréter dans la Bible Louis Segond, puis identifiez comment la LSG a traduit le passage, en notant surtout le mot anglais employé pour traduire le terme dont vous cherchez à faire une définition préliminaire.

2. Cherchez l'entrée pour le mot traduit dans la LSG dans la *Concordance exhaustive Strong*, puis situez le passage spécifique dans cette entrée. À la fin de la ligne, vous trouverez un chiffre, qui correspond à la numérotation *Strong* pour le terme hébraïque qui correspond à ce passage[1].

3. Prenez le numéro *Strong*, puis consultez *A Hebrew and English Lexicon of the Old Testament* (Dictionnaire hébreu-anglais de l'Ancien Testament), par F. Brown, S. R. Driver et C. A. Briggs (BDB ; employez une édition contenant l'index *Strong*).[2]

EXEMPLE : OSÉE 9.10

Mais eux [Israël], lorsqu'ils sont arrivés à Baal-Peor, ils se sont consacrés à cette idole infâme et ils sont devenus abominables comme l'objet de leur adoration.

Pour chercher une définition préliminaire de l'expression « idole infâme », commencez par noter la traduction employée par la LSG 21, en l'occurrence « idole infâme », puis recherchez « infâme » dans une version française de la *Concordance exhaustive Strong* (trouvez Osée 9.10 dans cette entrée et notez le numéro en fin de ligne : 1322. Consultez ensuite une édition de la BDB qui contient l'index *Strong*. Consultez l'index à la fin du lexique, cherchez le numéro 1322 et situez la page du lexique où se trouve la définition de ce mot. En trouvant la page et en voyant le chiffre 1322, l'étudiant pourra trouver la définition du terme hébraïque traduit par « infâme » en Osée 9.10, qui se trouve être *bōšet* (à prononcer *bōsheth*).

---

1 On peut aussi se procurer numérotation de *Strong* en faisant une recherche sur la KJV en ligne, à l'adresse suivante : *www.blueletterbible.org.*

2 Une édition de la BDB avec la numérotation *Strong* contient un index à l'arrière du volume, qui indique le numéro de page dans le lexique qui correspond au numéro *Strong.*

Définitions préalables des verbes

Processus

Le processus est légèrement différent pour les verbes hébraïques, car ils sont employés avec divers thèmes morphologiques, si bien que le sens d'un verbe avec un de ses thèmes morphologiques peut être différent de celui de la racine verbale avec un autre thème morphologique. Voici le processus à suivre pour les verbes hébraïques :

1. Trouvez le mot dans la LSG et notez sa traduction.

2. Cherchez le mot dans la *Concordance exhaustive Strong*, trouvez la référence au verset dans l'entrée et notez le numéro en fin de ligne.

3. Prenez ce numéro et consultez *The Englishman's Hebrew Concordance of the Old Testament* (Concordance hébraïque anglaise de l'Ancien Testament), par George Wigram (employez une édition qui contienne le code numérique *Strong*). Chaque entrée contiendra un numéro *Strong*. Trouvez l'entrée correspondant au numéro du mot recherché, situez le passage à interpréter et notez la racine.

4. Consultez ensuite la BDB (une version qui contient la numérotation *Strong*), recherchez le numéro *Strong* dans l'index à l'arrière du lexique, cherchez l'entrée avec ce numéro *Strong*, puis, dans cette entrée, notez la définition du verbe avec la thème morphologique identifiée par l'étudiant à partir de *The Englishman's Hebrew Concordance* (Concordance hébraïque anglaise), qui constituera la définition préliminaire du terme hébreu dans ce passage.

Exemple : Josué 1.6

Prends courage et tiens bon.

Pour interpréter « tiens bon », commencez par trouver la traduction employée par la version LSG 21, en l'occurrence « prends courage ». Cherchez ensuite « courage » dans la *Concordance exhaustive Strong* et identifiez l'entrée 553 de *The Englishman's Hebrew Concordance* (Concordance hébraïque anglaise), puis notez que Josué 1.6 y apparaît sous la racine « kal ». Après cela, consultez l'index à l'arrière de la BDB, identifiez la page du lexique dans laquelle on trouve cette entrée pour ce mot, puis trouvez cette entrée dans le lexique. C'est là que l'étudiant trouvera la partie consacrée à ce terme, qui se trouve être ʾameṣ (à prononcer ʾamēts), sous « kal » (ou « qal »).

Emploi des termes

Voici nos suggestions pour l'emploi des termes hébraïques :

1. Trouvez le mot dans la LSG 21 et notez sa traduction.

2. Situez le mot dans la *Concordance exhaustive Strong*, cherchez dans cette entrée la référence au passage à interpréter et notez le numéro en fin de ligne.

3. Consultez *The Englishman's Hebrew Concordance* (Concordance hébraïque anglaise), trouvez l'entrée numérotée et identifiez tous les passages de la Bible hébraïque qui contiennent ce mot. S'il s'agit d'un verbe, commencez par identifier tous les passages où le verbe est employé avec le même thème morphologique et accordez la priorité au contexte et à l'emploi du verbe avec ce thème. Si vous avez le temps, vous pouvez aussi examiner les occurrences de ce verbe avec d'autres thèmes morphologiques, sachant que leur importance est moindre que celle des occurrences de ce verbe avec le même thème morphologique[3].

Emploi des ressources grecques

Définitions préalables

Pour la définition préliminaire des termes grecs, voici nos suggestions :

1. Identifiez la traduction du terme dans la traduction Louis Segond.

2. Recherchez ce mot dans la *Concordance exhaustive Strong*.

3. Situez le passage en question dans l'entrée *Strong* et notez le numéro en fin de ligne.

4. Recherchez ce numéro dans le *Greek-English Lexicon of the New Testament: Coded with the Numbering System from Strong's Exhaustive Concordance of the Bible* (Lexique grec-anglais du Nouveau Testament, codifié avec le système de numérotation de la *Concordance exhaustive Strong* de la Bible), par Joseph Henry Thayer, où vous trouverez la définition du terme grec[4].

Emploi des termes

Pour l'emploi des termes grecs, voici nos suggestions :

1. Identifiez la traduction du terme dans la LSG.

2. Recherchez ce mot dans la *Concordance exhaustive Strong*.

3. Situez le passage en question dans l'entrée *Strong* et notez le numéro en fin de ligne.

4. Cherchez ce numéro dans *A Concordance to the Greek Testament* (Concordance du Nouveau Testament grec), par W. F. Moulton et A. S. Geden (employez une édition contenant le code *Strong*), pour trouver toutes les occurrences de ce mot dans le Nouveau Testament.

---

3 En plus de l'emploi de la numérotation *Strong* afin de déterminer les définitions préliminaires et l'emploi des mots, ceux qui se servent du déterminant exégétique de l'histoire des termes (abordé ci-dessus, au chapitre 14) peuvent aussi se servir de la numérotation *Strong* afin de situer les discussions des termes grecs et hébraïques dans certains dictionnaires ou glossaires théologiques de l'AT et du NT, qui proposent une étude approfondie des termes bibliques principaux.

4 Il est possible aussi de parcourir les étapes ci-dessus en se servant des ressources disponibles à l'adresse suivante : *www.blueletterbible.org*.

Exemple (Matthieu 1.1)

Voici la généalogie de Jésus-Christ, de la descendance de David et d'Abraham. (Matthieu 1.1)

Pour interpréter « généalogie », cherchez ce mot dans *Strong* et notez que le numéro à la fin de la ligne sur Matthieu 1.1 est 1078. Cherchez ensuite 1078 dans le *Greek-English Lexicon* (Lexique grec-anglais) de Thayer, pour une définition préliminaire, ainsi que dans la *Concordance* de Moulton et Geden, pour l'emploi des termes.

ANNEXE E
Méthodes critiques d'étude biblique inductive

L'étude biblique inductive se concentre sur le sens de la forme finale du texte et chacune des principales méthodes critiques décrites ci-dessous peut contribuer à notre compréhension du sens du texte, sous sa forme finale.

Contributions des méthodes critiques

La critique historique peut révéler des détails et offrir un contexte historique à la fois exhaustif et spécifique. Ainsi, elle peut être utile aux étudiants dans leur quête de preuves tirées de l'arrière-plan historique. Par ailleurs, d'une manière générale, les récits bibliques mettent en avant l'importance des événements qu'ils décrivent dans l'Histoire du salut, ce qui implique qu'il est important d'en savoir le plus possible sur ces événements. Acquérir cette connaissance est précisément l'objectif de la critique historique.

La critique des sources peut ouvrir les lecteurs à l'existence d'une diversité de sources écrites derrière le texte, qui permet d'expliquer certains éléments d'un livre ou d'un passage. La plupart des spécialistes s'accordent, par exemple, à dire que les premiers chapitres de la Genèse contiennent deux récits de la création qui existaient probablement indépendamment l'un de l'autre et ont été assemblés par un auteur ou rédacteur tardif, sans qu'il soit fourni beaucoup d'efforts d'harmonisation interne. Par conséquent, il y a des tensions entre ces récits (1.1 — 2.3 et 2.4 — 3.24). On note, par exemple, que le premier récit décrit la création en sept jours, tandis que le deuxième semble indiquer qu'elle s'est faite en un seul jour. On constate aussi que, si le premier récit indique que l'homme a été créé après les animaux, le deuxième décrit la création de l'homme avant les animaux. Ces tensions ont été conservées dans le texte final, parce qu'elles ne posaient apparemment pas de problème à l'auteur / rédacteur, ni à la communauté de foi qui a reconnu la Genèse comme faisant autorité, puis, en définitive, l'a officiellement incluse dans le canon des Écritures. Le plus important ici est que ces différences, ou tensions, dans le texte final, s'expliquent sur la base de la critique des sources[1].

Cet exemple tiré des premiers chapitres de la Genèse illustre une des contributions essentielles de la critique des sources : elle est fondamentale pour examiner l'activité rédactionnelle d'un auteur. L'identification des sources constitue clairement un prérequis pour l'analyse de l'édition des sources par l'auteur, afin de constituer un document final, susceptible de communiquer son message théologique selon ses desseins (pastoraux). On constate donc ici que le rédacteur de la Genèse a peut-être associé ces deux récits indépendants, et que, ce faisant, il a créé un *tertium quid* : un nouveau récit, qui représente un tout supérieur à la somme des deux récits originaux. En combinant ainsi ces deux récits, il invite son public à les lire ensemble, comme faisant partie d'un récit d'ensemble. Les contradictions que l'auteur a conservées contribuent elles-mêmes, à leur manière, à la construction, par le lecteur, du récit dans son ensemble.

La critique des formes peut être utile aussi pour l'interprétation du passage final. La reconnaissance de certains éléments typiques qui appartiennent à la forme ou au genre peuvent permettre d'identifier le rôle habituellement joué par ces éléments, ainsi que leur fonction dans ces genres. On peut aussi interpréter ces éléments et leur arrangement dans le texte selon les attentes du genre, pour lesquelles il est tout à fait possible que l'auteur s'attendait à ce que ses lecteurs les partagent. Cette construction impliquerait l'interprétation du passage sur la base de la typicité, même si certains éléments typiques peuvent briller par leur absence dans un passage donné, ou encore apparaître dans un ordre différent de l'ordre habituel escompté. Un passage peut même inclure des éléments qui ne font habituellement pas partie de ce genre du tout. Dans ce cas, l'auteur cherche peut-être à encourager le lecteur à prendre note de ces éléments uniques et à examiner les effets potentiels de ces écarts de la norme sur le sens du passage. Cette analyse passe par l'interprétation du passage sur la base de ses spécificités, de ses écarts de la norme formelle[2].

La méthode critique qui influence généralement le plus directement l'interprétation du texte est cependant la critique rédactionnelle, qui passe par l'analyse des décisions éditoriales de l'auteur final, au service de ses efforts visant à communi-

---

1 On peut défendre que cette discussion est circulaire. La reconnaissance des tensions mène à postuler l'existence de deux sources, puis ce postulat est employé afin d'expliquer les tensions. Le fait demeure cependant que ces tensions s'expliquent peut-être le mieux par l'existence de documents séparés à l'origine.

2 À ce stade, il faut cependant garder à l'esprit que la plupart des passages individuels ne se conforment pas à toutes les fonctions idéales d'un genre formel. Une des caractéristiques du genre est que les instances individuelles ont tendance à plus ou moins varier par rapport à leur forme idéale. Parfois, cependant, ces départs de l'idéal typique peuvent montrer des emphases uniques dans un passage donné.

quer son message à ses lecteurs[3]. Par exemple, en Actes 2.17–21, Luc (à travers le discours de Pierre) cite Joël 2.28–32, mais, dans ce processus, il introduit un certain nombre de changements au passage original de l'Ancien Testament. Cette activité rédactionnelle suggère que Luc, à travers le discours de Pierre, souhaite voir l'auteur implicite des Actes[4] noter les altérations à la formulation originale de ce passage prophétique et examiner leurs effets sur le sens d'Actes 2[5].

La critique rédactionnelle présume que le lecteur peut identifier le texte source (ou précurseur) (*Vorlage*), afin d'analyser les changements éditoriaux spécifiques qui ont été apportés. Il est parfois difficile pour les étudiants de savoir avec certitude si un auteur se sert d'un passage spécifique qu'il réécrit. Cette difficulté a mené certains spécialistes, comme Richard Hays, à identifier les critères sur lesquels fonder les décisions concernant l'emploi ou les allusions à un autre passage par un auteur[63].

Ainsi que nous l'avons mentionné précédemment, la critique rédactionnelle est souvent fondée sur des décisions préalables concernant les théories des sources. Si on conclut, comme c'est presque certainement le cas, que Chroniques se sert de l'histoire deutéronomique (Josué-2 Rois) comme source principale, alors cela constitue un fondement relativement solide pour l'analyse rédactionnelle des passages de Chroniques[6]. La critique rédactionnelle des Évangiles dépend clairement de la théorie des sources adoptée pour le rapport littéraire entre les Évangiles synoptiques. Le consensus général, mais certainement pas absolu, au sujet des sources des Évangiles synoptiques, est l'« hypothèse de la double source »[7], selon laquelle Matthieu et Luc se sont servis de deux sources principales pour écrire leurs Évangiles : Marc, qui serait donc le plus ancien Évangile, et une source hypothétique de paroles de Christ, appelée Q[8]. En acceptant ce *consensus opinio*[9],

---

3 Même si la critique rédactionnelle aborde généralement l'activité éditoriale de l'auteur final, l'accent est parfois mis sur l'activité éditoriale des auteurs responsables du développement des sources écrites plus anciennes. Les études du Pentateuque, par ex., incluent parfois une préoccupation pour le suivi de l'activité rédactionnelle et des tendances des ceux qui étaient en charge de la source yahwiste ou élohiste.

4 Le lecteur implicite des Actes connaît l'AT et on s'attend à ce qu'il reconnaisse les citations et allusions à celui-ci.

5 À des fins d'analyse rédactionnelle, la question de savoir si Luc est l'auteur primaire du discours en Actes 2 ou s'il ne fait que rapporter mot pour mot les paroles de Pierre en cette occasion historique n'a pas d'importance. En l'incluant dans son livre, Luc assume la responsabilité ultime pour tous les passages de l'AT cités par des personnages (fiables) du livre des Actes.

6 Voir, par ex., Steven L. McKenzie, *The Chronicler's Use of the Deuteronomistic History* (L'emploi de l'histoire deutéronomique par le Chroniqueur), Harvard Semitic Monographs 33 (Atlanta : Scholars Press, 1985) ; Sara Japhet, *The Ideology of the Book of Chronicles and Its Place in Biblical Thought* (L'idéologie du livre des Chroniques et sa place dans la pensée biblique), 2ᵉ éd., *Beiträge zur Erforschung des Alten Testaments und des Antiken Judentums* (Contributions à l'étude de l'Ancien Testament et du judaïsme antique) 9 (Frankfurt : Peter Lang, 1997) ; Steven S. Tuell, *First and Second Chronicles* (1 et Chroniques), IBC (Louisville : John Knox 2001).

7 Voir B. H. Streeter, *The Four Gospels: A Study in Origins* (Les quatre Évangiles : étude des origines) (Londres : Macmillan, 1924) ; Stein, *Synoptic Problem* (Le problème synoptique).

8 Appelée ainsi car Q est l'initale du mot allemand pour source : *Quelle*. Certains spécialistes acceptent la notion d'antériorité de Marc et affirment que Matthieu et Luc se sont servis de Marc, tout en rejetant l'existence de Q ; ils affirment plutôt que Luc connaissait Matthieu et s'en est servi, en plus de Marc, dans la composition de son Évangile.

9 Pratiquement toute la critique rédactionnelle des Évangiles synoptiques est fondée sur l'hypothèse de la double source. Même si, pendant des années, les spécialistes ont considéré cette théorie comme faisant partie des « résultats garantis de la haute critique », elle a été remise en question de manière cinglante au cours des quarante dernières années, par les partisans de l'hypothèse de Griesbach, qui défend que le rapport littéraire entre les Évangiles synoptiques passe par l'ordre Matthieu-Luc-Marc. W. R. Farmer a défendu cette hypothèse dans son livre *The Synoptic Problem: A Critical Analysis* (Le problème synoptique : analyse critique) (New York : Macmillan, 1964), avant de produire aussi une étude qui développe l'importance de son adoption pour l'histoire des Évangiles et de l'interprétation ; voir W. R. Farmer, *Jesus and the Gospel:*

on peut examiner l'emploi de Marc et de Q par Matthieu, afin de discerner son dessein théologique dans les passages individuels de son Évangile, ainsi que les tendances théologiques dans l'ensemble de l'Évangile de Matthieu[10]. On peut noter, par exemple, que Matthieu a peut-être édité ou rédigé Marc 10.2–9 en ajoutant la clause « sauf en cas d'immoralité sexuelle » (Matthieu 19.9), puis poursuivre en examinant l'importance de ce changement pour sa compréhension du divorce et du remariage[11].

Limites des méthodes critiques

Cette discussion a mis l'accent sur les contributions potentielles de ces méthodes critiques pour l'interprétation des textes bibliques, mais deux éléments doivent être reconnus. D'abord, chacun de ces processus critiques implique d'aller au-delà de la forme finale du texte, qui est le seul texte dont nous disposons ou qui existe réellement à présent. Tout effort visant à reconstruire des réalités potentielles derrière le texte présent passent forcément au moins par une certain mesure de spéculation, même s'il faut faire attention à ne pas généraliser, certaines reconstructions critiques étant plus spéculatives que d'autres. Un élément de spéculation est cependant toujours présent, si bien qu'il faut toujours être plus ou moins prudent en travaillant derrière le texte, que ce soit pour la reconstruction des événements (critique historique), des traditions orales (critique des formes), des sources écrites (critique des sources) ou des intentions éditoriales de l'auteur en chair et en os (critique rédactionnelle).

Ensuite, il y a des tensions entre la perspective de ces méthodes critiques et la forme finale du texte biblique. Ainsi que nous l'avons mentionné précédemment, l'interprétation du texte se concentre sur le sens que l'auteur implicite voulait que le lecteur implicite tire du texte. Les questions exégétiques cruciales sont donc les suivantes : en quoi l'auteur implicite souhaite-t-il voir le lecteur implicite aborder le texte et ainsi, en tirer du sens ? Quel genre de lecteur implicite l'auteur implicite a-t-il à l'esprit ? Quel processus de lecture présume-t-il ? Chacune de ces méthodes critiques présume un lecteur ou un processus de lecture différent de celui auquel les auteurs implicites des données bibliques s'attendaient. C'est pourquoi, ces mé-

---

Tradition, Scripture, and Canon (Jésus et l'Évangile : tradition, Écriture et canon) (Philadelphie : Fortress, 1982). Voir aussi David B. Peabody, Lamar Cope et Allan J. McNichol, éd., *One Gospel from Two: Mark's Use of Matthew and Luke* (Un Évangile pour deux : l'emploi de Matthieu et Luc par Marc) (Londres : SCM, 2001) et Sherman E. Johnson, *The Griesbach Hypothesis and Redaction Criticism* (L'hypothèse de Griesbach et la critique rédationnelle) (Atlanta : Scholars Press, 1991).

10 Un exemple d'interprétation de critique rédactionnelle méticuleuse et soutenue de l'Évangile de Matthieu par un spécialiste évangélique est Robert H. Gundry, *Matthew: A Commentary on His Handbook for a Mixed Church under Persecution* (Matthieu : nouveau commentaire de son manuel pour une Église mixte qui subit la persécution) (Grand Rapids : Eerdmans, 1994) ; voir aussi la série importante d'études anciennes de critique rédactionnelle, compilées dans Günther Bornkamm, Gerhard Barth et Heinz Joachim Held, *Tradition and Interpretation in Matthew* (Tradition et interprétation dans Matthieu), trad. Percy Scott, NTL (Philadelphie : Westminster, 1963).

11 Cet ajout ne veut pas forcément dire que Matthieu a *créé* ce passage. Une autre possibilité est que Jésus a vraiment donné cette exception et que Matthieu l'a incorporée à partir d'une autre source (orale ou écrite). La question de savoir si le Jésus historique est à l'origine de cette exception, et, si oui, dans quelles circonstances, relève de la critique historique. Cependant, quelles que soient les raisons pour lesquelles Matthieu a inclus cette « clause d'exception », il l'a fait dans un passage qu'il a repris de Marc (selon l'hypothèse de la double source), ce qui en fait un acte rédactionnel de la part de Matthieu et qui invite à examiner ses desseins en incorporant cette clause d'exception de cette manière à cet endroit précis de son Évangile.

thodes offrent une aide réelle, mais souvent indirecte, pour le processus de lecture. Ils ne fournissent pas de données qui déterminent, en définitive, la construction essentielle du sens du texte, sous sa forme finale.

La critique historique, pour sa part, présente un récit historique alternatif, forcément différent de celui présenté par l'auteur biblique au lecteur implicite dans le texte biblique[12]. Ces récits alternatifs sont en fait des constructions de spécialistes, qui reflètent les préoccupations et l'idéologie du monde contemporain, notamment du monde académique[13]. Même si les critiques historiques succombent parfois à la tentation de s'imaginer que leurs récits reconstruits sont entièrement objectifs, contrairement aux récits bibliques prétendument tendancieux, orientés par la perspective religieuse, voire par les objectifs de propagande, de leurs auteurs, il n'en demeure pas moins que les récits reconstruits proposés par la critique historique sont forcément eux-mêmes informés par les idées philosophiques et théologiques des spécialistes qui les ont créés[14]. Or une grande partie de l'étude historique contemporaine, étant héritière de la conscience historique moderne qui cherche à exclure toute forme de transcendance ou d'implication divine des explications historiques, adopte une perspective qui s'oppose à celle des auteurs bibliques, dont la perspective est que la clé ultime du sens de l'Histoire est l'œuvre divine[15].

La critique des sources implique la reconstruction de documents écrits qui ont été eux-mêmes absorbés dans la forme finale du texte. L'identification de ces sources plus anciennes passe donc par l'inversion du processus littéraire ayant mené à la création du texte sous sa forme présente, qui constitue pourtant le véhicule de communication entre l'auteur implicite et le lecteur implicite. Étant donné que la critique des formes cherche à reconstruire le stade oral de la tradition, elle rejoint cette inversion du processus de développement de la tradition qui caractérise la critique des sources[16].

À première vue, la critique rédactionnelle semble se concentrer sur le texte, sous sa forme finale, si bien qu'elle concerne directement le lecteur implicite, au-

---

12 Ces récits historiques ne contredisent pas forcément ceux qui sont présentés dans le texte biblique. Cependant, même les critiques historiques qui acceptent la fiabilité historique du texte biblique situent ces événements dans une autre construction narrative, dans leur processus de description ou de discussion de ces événements. Voir, par ex., Wright, *Jesus and the Victory of God* (Jésus et la victoire de Dieu) ; idem, *Resurrection of the Son of God* (La résurrection du Fils de Dieu).

13 John P. Meier, *A Marginal Jew: Rethinking the Historical Jesus* (Un Juif marginal : repenser le Jésus historique), ABRL (New York : Doubleday, 1987–2001), 1.1, montre d'une manière incisive que le « Jésus historique » reconstruit est « une construction scientifique, une abstraction théorique qui ne correspond pas à la pleine réalité de Jésus de Nazareth, tel qu'il a réellement vécu et œuvré en Palestine au 1er Siècle de notre ère, et ne le peut même pas. » Les remarques tranchantes de Meier sur la quête historico-critique du Jésus historique sont valables pour la critique historique de la Bible en général.

14 Il ne peut en être autrement, car la philosophie de l'Histoire reconnaît de plus en plus que celle-ci passe forcément par des événements interprétés, si bien qu'il est impossible pour les historiens de présenter ou de discuter des événements sans en même temps communiquer, au moins implicitement, leur compréhension de l'importance de ces événements. Voir, par ex., la discussion influente de R. G. Collingwood, *The Idea of History* (L'idée de l'Histoire), éd. rev. (Oxford : Oxford University Press, 1993) ; cf. Wright, *New Testament and the People of God* (Le Nouveau Testament et le peuple de Dieu), 81–118.

15 À toutes fins pratiques, c'est le cas même pour quelqu'un comme John Bright, qui accepte la fiabilité historique générale des récits du NT ; voir Bright, *History of Israel* (Histoire d'Israël).

16 La critique des sources et la critique des formes ont toutes deux été critiquées pour leur tendance à atomiser ou à fragmenter le texte, en le découpant en petits fragments et parties, détruisant ainsi l'unité du texte final. Cette fragmentation peut laisser le lecteur avec des fragments isolés, dénués de tout contexte, à l'exception des constructions des spécialistes eux-mêmes.

quel le texte final s'adresse. La critique rédactionnelle n'aborde cependant pas, à proprement parler, la forme finale du texte, mais elle cherche à reconstruire les intentions de l'auteur en chair et en os, qui sont cachées derrière le texte et s'expriment à travers le processus éditorial de l'auteur[17]. L'image des lecteurs, en critique rédactionnelle, est celle de personnes qui ont le texte biblique devant elles, avec les sources employées par l'auteur afin de développer son texte des deux côtés du texte biblique ; leur rôle est de comparer constamment le texte biblique avec les sources, afin de s'assurer des intentions de l'auteur, telles que dérivées des changements apportés aux sources par l'auteur. Selon nous, aucun texte biblique n'envisage un tel lecteur ou processus de lecture[18].

Même si les changements rédactionnels ne sont pas forcément concluants pour l'interprétation du texte, ils peuvent cependant avoir une fonction heuristique ou de confirmation. Leur fonction heuristique potentielle est due au fait que ces considérations rédactionnelles peuvent attirer l'attention sur certains éléments du texte, sous sa forme finale, à côté desquels on pourrait passer ou que l'on aurait tendance à omettre à moins de se livrer à ces considérations. Or, ces considérations rédactionnelles peuvent servir à confirmer ou à valider l'importance de certains éléments du texte final[19].

On peut noter, par exemple, que Matthieu introduit sa version de la parabole du grain de moutarde en parlant d'un grain de moutarde « qu'un homme a prise pour la semer dans son champ » (13.31), ce qui fait écho à la même expression qui introduit la parabole qui précède immédiatement celle-ci : la parabole du bon grain et de l'ivraie, en 13.24 (« Il en est du royaume des cieux comme d'un homme qui avait semé du bon grain dans son champ »), où le champ représente « le monde » (13.38). Le contexte immédiat suggère donc que dans la parabole du grain de moutarde racontée par Matthieu, la croissance du grain de moutarde fait référence à la croissance ou à l'avancée du Royaume dans le monde. Les lecteurs peuvent cependant

---

17 Cette description est particulièrement vraie pour les premiers critiques rédactionnels, qui se concentraient quasi-exclusivement sur les changements apportés à la tradition reçue, avec pour corollaire une tendance à ne pas considérer comme pertinents les éléments que les éditeurs n'ont fait que reprendre de leurs sources. Les critiques rédactionnels plus tardifs portent davantage d'attention aux décisions des rédacteurs d'inclure des données plus anciennes sans les altérer, ainsi qu'aux compositions complètes créées par ces rédacteurs. Autrement dit, plus récemment, la critique rédactionnelle avait tendance à traiter ces rédacteurs comme des auteurs réels, plutôt que de simples éditeurs ; cette forme plus récente de critique rédactionnelle est parfois appelée critique de composition.

18 Les lecteurs auxquels certains livres bibliques s'adressaient à l'origine étaient peut-être familiers des sources en arrière-plan de ces livres. Par exemple, en admettant l'hypothèse de la double source, il est raisonnable de croire que non seulement Luc, mais aussi ses lecteurs, connaissaient Marc et Q. Le texte ne donne cependant aucune indication selon laquelle l'auteur invite ses lecteurs à construire le sens de son Évangile en cherchant des changements éditoriaux, ni que les étudiants n'ont de raison de croire que Luc présumait que son public lirait ainsi son Évangile.

19 La critique rédactionnelle se concentre habituellement sur l'importance exégétique de l'activité rédactionnelle pour le passage qui porte les marques de la rédaction, le passage plus tardif. En fait, cependant, elle peut aussi éclairer le texte précurseur, plus ancien, qui est à la base de la rédaction. Par exemple, la rédaction d'un passage de l'histoire deutéronomique par le Chroniqueur peut non seulement éclairer le sens du texte des Chroniques, mais aussi le passage de l'histoire deutéronomique. L'emploi de l'histoire deutéronomique par le chroniqueur (à l'inclusion des modifications éditoriales) peut être considéré comme le premier chapitre de l'histoire de l'interprétation de l'histoire deutéronomique. Une telle activité rédactionnelle peut donc être examinée par l'étudiant dans la rubrique de l'interprétation des autres. Ce recours à l'adaptation rédactionnelle pour l'interprétation des autres est particulièrement opportun si on comprend l'interprétation des autres comme incluant l'ensemble de l'histoire de l'influence ou de la réception du texte, comme dans l'approche de la *Wirkungsgeschichte*. Voir les remarques au chapitre 7, dans la partie « Nature et importance de l'étude communautaire ».

se demander si, dans le cas présent, on n'attache pas trop d'importance à la répétition de cette expression dans le contexte immédiat de Matthieu 13. Après tout, le Jésus de Matthieu emploiera par la suite cette même image du grain de moutarde pour représenter la foi dans le cœur des disciples (17.20). Peut-être la croissance du grain de moutarde, dans cette parabole, fait-elle donc référence à la croissance de la foi dans le cœur d'un individu. Ici, la critique rédactionnelle peut cependant aider les lecteurs à confirmer leur inclinaison à accorder davantage d'importance à la répétition de cette expression dans le contexte immédiat.

D'après l'hypothèse de la double source, Matthieu a édité la parabole de Marc en remplaçant l'expression : « comme d'un homme qui a répandu de la semence dans son champ » (Marc 4.26) par : « un homme qui avait semé du bon grain dans son champ » (Matthieu 13.24)[20]. Ce changement rédactionnel indique que l'auteur a porté beaucoup d'attention à cette dernière expression de la parabole du bon grain et de l'ivraie et à son rapport avec l'expression similaire : « une graine de moutarde qu'un homme a prise pour la semer dans son champ » (Matthieu 13.31) à la parabole suivante, ce qui nous mène à l'explication qui suit, selon laquelle le « champ » fait référence au « monde » (13.38)[21].

Un autre exemple tiré de l'Ancien Testament : d'après l'Histoire deutéronomique, l'Éternel, dans sa colère, a incité David à recenser Israël (2 Samuel 24.1), tandis que le Chroniqueur reprend sa source deutéronomique en disant que c'est Satan qui y a incité David. Ce changement rédactionnel attire l'attention du lecteur des Chroniques sur l'origine satanique, plutôt que divine, de l'incitation, Satan ayant induit les actes de David. En prenant en compte ce changement éditorial, le lecteur pourra interpréter le passage des Chroniques en examinant l'importance de l'attribution de cet acte à Satan, par opposition à la notion alternative d'une origine divine[81].

---

20 La parabole du bon grain et de l'ivraie n'apparaît pas dans Marc, mais seulement dans Matthieu. La version de Luc de la parabole du grain de moutarde dit : « qu'un homme a prise pour la semer dans son jardin » (Luc 13.19).

21 Ainsi que nous l'avons mentionné précédemment, la cible de l'interprétation est l'intention de l'auteur implicite, plutôt que celle de l'auteur en chair et en os, car l'auteur implicite est le seul auteur véritablement accessible et la concentration sur l'exégèse biblique est le texte lui-même. Nous avons mentionné aussi que les auteurs présument normalement et nécessairement d'une continuité entre l'auteur implicite et l'auteur en chair et en os. Lorsque la critique rédactionnelle attire l'attention du lecteur sur ce qui ressemble à une activité éditoriale délibérée de la part de l'auteur, le lecteur est implicitement invité à se servir de cette information afin de confirmer ou de clarifier des questions qu'on trouve dans la forme finale du texte. Le problème survient lorsque les lecteurs se servent des changements rédactionnels afin d'en déduire un sens exégétique qui ne peut être discerné en principe à partir d'une lecture sensible du texte lui-même.

ANNEXE F
Schémas logiques

Emploi de schémas logiques

Au vu de la description d'un schéma logique (voir chapitre 15, « Intégration exégétique »), ces schémas sont particulièrement utiles pour l'étude de textes de type idéologique, comme ceux qu'on trouve dans l'Épître aux Romains ou aux Hébreux.

Il faut être conscient que ce type de schéma n'est qu'un moyen de saisir la logique d'une unité littéraire. Son emploi n'implique pas que l'auteur d'un passage ou d'un livre avait un tel schéma en tête et qu'il l'a suivi fidèlement dans son travail de rédaction. Ce n'est qu'un outil qui permet de suivre le développement logique, de découvrir comment diverses pensées sont liées entre elles, de déterminer ce qui est principal et secondaire et de s'assurer de la conclusion vers laquelle va l'auteur.

Il faut noter aussi que le schéma logique est un moyen imparfait, avec ses limites, qu'on finira par découvrir en s'en servant à quelque degré que ce soit. Il semble cependant être le meilleur instrument pour se confronter au développement et à la force d'un passage logique.

Suggestions pour construire des schémas logiques

Les suggestions suivantes sont conçues afin de vous aider dans la construction de schémas logiques :

1. Rédigez les schémas sous la forme de phrases, car la force d'un argument ne peut être communiquée que par des phrases complètes.

2. Les analyses en termes de dessein, de fondement, de résultat, etc., peuvent être écrites entre parenthèses après les diverses phrases du schéma. Elles ne doivent pas elles-mêmes constituer des points du schéma.

3. Indiquez d'une manière claire et convaincante les rapports entre idées, d'une ou des deux manières suivantes : d'abord, par position, car, par exemple, une position subordonnée indique une idée subordonnée ; en-

suite, par connexions et connecteurs, comme *c'est pourquoi*, *car*, *parce que*, *pour cette raison*, ou par clauses dépendantes et indépendantes. Ces rapports doivent être exprimés de manière à prouver ce que l'auteur cherche à prouver.

4. En tête de chaque schéma, énoncez le thème du passage sous forme de proposition. Ce thème doit révéler notamment le rapport logique entre le passage et son contexte immédiat, ainsi que son dessein dans le mouvement du livre dans son ensemble. Ce thème est parfois mentionné explicitement, d'autres fois implicitement. Dans les deux cas, il doit être découvert et noté. Il faut faire attention à trouver le thème par induction, plutôt que de l'imposer au passage. Le schéma doit manifester les étapes logiques suivies par l'auteur afin de donner de la substance à son thème.

5. Ainsi que l'indique la suggestion précédente, un schéma logique doit inclure à la fois ce qui est explicite et ce qui est implicite dans une unité. Il faut lire entre les lignes afin de saisir toute la force de l'argument d'un passage logique. Il faut cependant aussi faire attention à fonder ses conclusions sur des données objectives plutôt que sur de pures spéculations.

6. Suivez l'ordre du texte, afin d'éviter le risque d'en altérer la logique. Parfois, il n'y aura pas de différence significative en changeant l'ordre du texte, d'autres fois, cela produira des changements importants. Le mieux est donc de suivre l'arrangement précis du passage.

7. Soyez rigoureux dans votre schéma : les pensées de certaines parties des Écritures sont si étroitement liées entre elles que d'en omettre une seule se solderait par une sérieuse lacune dans l'argumentation. Il vaut mieux être trop rigoureux, si toutefois c'est possible, que pas assez.

8. Employez la forme schématique régulière : I, A, 1, a, (1), (a), etc. N'employez I que s'il est suivi par II, A que s'il est suivi par B, etc. La schématisation passe par le développement de deux aspects ou plus de la même chose. S'il n'y a pas au moins deux aspects d'une idée à prendre en compte, alors n'incluez pas ce point au schéma. Si, par exemple, vous avez un A en-dessous d'un I, sans B qui lui corresponde, combinez le A avec le I.

9. Employez votre propre vocabulaire. Évitez de répéter seulement la terminologie du texte.

10. Un schéma logique doit servir deux objectifs : la synthèse et l'analyse. Les points principaux, notamment I et A, doivent être synthétiques. Par exemple, les chiffres romains doivent représenter la meilleure synthèse possible des idées semblables, en rapport avec tel ou tel thème, tandis que les points secondaires doivent représenter l'aspect analytique du schéma. Ils doivent contenir les arguments individuels, liés entre eux, afin d'appuyer les arguments principaux et le thème. (Note : un schéma résumé est une forme abrégée de schéma logique, qui peut être utile pour la descrip-

tion et le suivi des mouvements principaux d'un passage uniquement. Voir l'exemple de Romains 2.1 — 3.8 ci-dessous.)

11. Évitez de diviser les phrases en un trop grand nombre de petites parties, à cause du risque de perdre l'élément de continuité. D'autre part, évitez d'associer trop d'idées en une phrase, à cause du risque de passer à côté de l'importance de chacune d'elles.

12. Indiquez les références aux chapitres et aux versets à la fin de vos points principaux.

13. Ne préparez un schéma qu'après une étude approfondie, comme un moyen de résumer votre étude. Si vous avez bien étudié un passage, il doit se schématiser de lui-même. Ne vous préoccupez pas de la schématisation pendant le processus d'interprétation.

Exemples de schémas logiques

Exemple de schéma logique (Romains 1.18–32)

Thème : les non-Juifs ont besoin de l'Évangile du salut, car, ayant reçu la vérité de Dieu par révélation, ils l'ont délibérément retenue captive par leur manque de respect pour Dieu, si bien qu'ils sont devenus les objets de sa colère et de son juste jugement. (verset 18)

I. Ayant la vérité concernant Dieu, Dieu la leur ayant clairement révélée, ils n'ont donc pas l'excuse de l'ignorance. (v. 19–20 — *révélation — responsabilité qui s'ensuit*)

   A. En effet, ce qu'on peut apprendre de Dieu, son existence et sa nature, peut être discerné par eux ; Dieu le leur a consciemment et clairement montré. (v. 19 — *fait de la révélation*)

      1. Cela est vrai depuis la fondation du monde, puisque la création est le moyen à travers lequel Dieu s'est dévoilé à eux. (v. 20a — *substantiation — temps et moyen de la révélation*)

      2. En effet, à travers la création visible, le caractère invisible de Dieu, c'est-à-dire sa puissance infinie et son altérité avec l'humanité, ont été rendus clairement visibles. (v. 20b — *nouvelle substantiation — contenu de la révélation*)

   B. À cause de cette manifestation claire de l'existence et de la nature de Dieu, ils sont sans excuse pour leurs actes, parce qu'ils ne peuvent pas dire qu'ils ne savaient pas. (v. 20c — *dessein et résultat de la révélation — responsabilité*)

II. En effet, bien qu'ils aient reçu une révélation flagrante de la vérité concernant Dieu, ils l'ont délibérément retenue captive et refusé d'agir en conformité avec elle. (v. 21–23 — *rejet et rétrogression*)

A. Au lieu de rendre à Dieu l'admiration qui lui est due pour sa grandeur qu'il a manifestée et de lui être reconnaissants pour sa provision, ils ont refusé de l'adorer ou de lui rendre grâce. (v. 21a — *contraste — absence de culte — première étape du déclin*)

B. Ainsi, leur pensée est devenue inefficace, parce qu'ils ont cherché à raisonner sans postuler le Divin. Par conséquent, leur être intérieur a sombré dans la confusion la plus totale. (v. 21b — *contraste — intelligence et cœur obscurcis — deuxième étape du déclin*)

C. Par conséquent, ils se sont totalement fourvoyés eux-mêmes, prétendant être sages alors qu'ils étaient fous, et la profondeur de leur folie se manifeste par le fait qu'ils ont échangé la splendeur majestueuse du véritable Dieu incorruptible contre la ressemblance des hommes corruptibles, des oiseaux, des bêtes à quatre pattes ou même des êtres qui rampent. (v. 22–23 — *résultat — faux culte — troisième* étape du déclin)

III. Parce qu'ils avaient reçu une révélation claire de Dieu, qu'ils ont délibérément retenue captive, Dieu les a jugés, en les privant de la puissance de restriction de la conscience et de la raison, ainsi qu'en les livrant à leurs désirs corrompus et à leurs esprits dépravés. (v. 24–32 — *rétribution — résultat*)

A. Dieu les a livrés à la puissance des désirs de leurs cœurs. (v. 24–25 - *résultat*)

   1. Ce comportement a eu pour résultat l'impureté, notamment par la maltraitance mutuelle de leurs corps. (v. 24 — *résultat suivant*)

   2. Je répète que Dieu les a abandonnés à leurs désirs, avec leurs conséquences, parce qu'ils ont échangé le vrai Dieu, dont la puissance et la divinité sont infinies, contre des dieux qui ne correspondent à aucune réalité, et parce qu'ils ont adoré et servi la Créature au lieu du Créateur, qui seul mérite la louange. (v. 24 — *répétition de la raison*)

B. Parce qu'ils ont échangé le vrai Dieu contre de faux dieux et le Créateur contre des créatures, Dieu les a livrés à la puissance de leurs passions honteuses. (v. 26–27 — *répétition de la raison et résultat suivant*)

   1. Par conséquent, leurs femmes ont échangé des pratiques sexuelles normales contre des pratiques anormales. (v. 26b - *résultat*)

   2. De même, les hommes se sont engagés dans des actes homosexuels débridés et infâmes, dont le résultat constitue leur juste jugement. (v. 27 — *résultat semblable*)

C. Je le répète encore une fois, c'est parce qu'ils ont délibérément refusé d'approuver et d'admettre Dieu dans leur pensée, qu'il les a livrés à la puissance de leur esprit réprouvé et dégénéré, ce qui les a menés à toutes sortes de conduites irrationnelles et inappropriées, à la fois sur le plan personnel et social. (v. 28–32 — *répétition de la raison et autre résultat*)

1. Ainsi, ils ont été remplis de toute sorte d'injustice, de méchanceté, de convoitise et de malice. Ils sont pleins de jalousie, de haine mortelle, de querelle, de fausseté et de méchanceté. Ils sont médisants, calomniateurs, rapporteurs, blasphémateurs, méprisants, arrogants, hautains, inventeurs de choses injurieuses, désobéissants à leurs parents, dépourvus d'intelligence, infidèles à leur parole, sans cœur et sans pitié. (v. 29–31 — *résultat et particularisation*)

2. En fait, ils sont tellement dépravés que, bien qu'ils connaissent le décret de Dieu, selon lequel ceux qui commettent ces péchés délibérément seront inévitablement et justement condamnés à mort, non seulement ils les font eux-mêmes, mais ils applaudissent même lorsque d'autres les font. (v. 32 — *autre résultat et particularisation*)

Exemple de schéma logique (Romains 2.1 — 3.8)

Thème : Les Juifs aussi ont besoin de l'Évangile du salut. En effet, le jugement est universellement fondé sur les caractère et les actes ; donc, étant donné que les Juifs, malgré leurs grands privilèges en vertu desquels ils se revendiquent enseignants, sont tellement moralement déficients que les non-Juifs blasphèment Dieu à cause d'eux, et étant donné qu'ils ne peuvent être exemptés du jugement par la circoncision physique ou par l'autojustification, ils sont, tout autant que les autres, sous le coup de la condamnation divine.

I. Le jugement est *universellement* fondé sur le *caractère* et les *actes*. (2.1–16 — *principe général*)

II. Puisque le jugement est *universellement* fondé sur le *caractère* et les *actes*, et que vous, les Juifs, malgré vos grands privilèges en vertu desquels vous êtes certains de votre aptitude à enseigner les autres, êtes moralement corrompus à tel point que les non-Juifs blasphèment Dieu à cause de vous, je vous dis que vous aussi, vous êtes sous le coup de la condamnation divine. (2.17–24 — *application spécifique*)

III. Étant coupables et sous le coup du jugement, vous ne serez pas délivrés de la colère par le rite de la circoncision physique ni par tous vos efforts d'évasion et rationalisation intellectuelle. (2.25 — 3.8 — *réfutation des objections anticipées*)

Bibliographie

Abraham, William J. *Canon and Criterion in Christian Theology: From the Fathers to Feminism*. Oxford : Oxford University Press, 1998.

Abrams, Meyer Howard. *A Glossary of Literary Terms*. 4° éd. New York : Holt, Rinehart & Winston, 1981.

Achtemeier, Elizabeth. *Nature, God, and Pulpit*. Grand Rapids : Eerdmans, 1992.

———. *Preaching from the Old Testament*. Louisville : Westminster John Knox, 1989.

———. « The Relevance of the Old Testament for Christian Preaching ». Dans *A Light unto My Path: Old Testament Studies in Honor of Jacob M. Myers*, édité par H. N. Bream, Ralph Daniel Heim et Carey A. Moore, 3–24. Philadelphie : Temple University Press, 1974.

Adeyemo, Tokunboh, éd. *Africa Bible Commentary: A One-Volume Commentary Written by Seventy African Scholars*. Grand Rapids : Zondervan, 2006.

Adler, Mortimer. *How to Read a Book*. Éd. rév. New York : Simon & Schuster, 1972.

Ahlström, Gösta W. *The History of Ancient Palestine*. Édité par Diana Edelman. Minneapolis : Fortress, 1993.

Aland, Barbara. « Welche Rolle spielen Textkritik und Textgeschichte für das Verständnis des Neuen Testaments ? Frühe Leserperspektiven ». *New Testament Studies* 52 (juillet 2006) : 303–18.

Aland, Kurt, éd. *Synopsis of the Four Gospels: Completely Revised on the Basis of the Greek Text of Nestle-Aland, 26th Edition, and the Greek New Testament, 3rd Edition*. New York : United Bible Societies, 1985.

———, éd. *Vollständige Konkordanz zum griechischen Neuen Testament*. 2 vol. Berlin : de Gruyter, 1975–83.

Aland, Kurt et Barbara Aland. *The Text of the New Testament: An Introduction to the Critical Editions and to the Theory and Practice of Modern Textual Criticism*.

Traduit par Erroll F. Rhodes. 2° éd. Grand Rapids : Eerdmans, 1989.

Albertz, Rainer. *A History of Israelite Religion in the Old Testament Period*. 2 vol. Old Testament Library. Louisville : Westminster John Knox, 1994.

Allen, Willoughby C. et L. W. Grensted. *Introduction to the Books of the New Testament*. 3° éd. Édimbourg : T&T Clark, 1929.

Alter, Robert. *The Art of Biblical Narrative*. New York : Basic Books, 1981.

———. *The Art of Biblical Poetry*. New York: Basic Books, 1985.

Andersen, Francis I., et David Noel Freedman. *Hosea*. Anchor Bible. Garden City, New York : Doubleday, 1980.

Armerding, Carl E. *The Old Testament and Criticism*. Grand Rapids : Eerdmans, 1983.

Armstrong, Paul B. *Conflicting Readings: Variety and Validity in Interpretation*. Chapel Hill : University of North Carolina Press, 1990.

Arnold, Bill T. « Luke's Characterizing Use of the Old Testament in the Book of Acts ». Dans *History, Literature and Society in the Book of Acts*, édité par Ben Witherington III, 300–323. Cambridge : Cambridge University Press, 1996.

Arnold, Bill T. et John H. Choi. *A Guide to Biblical Hebrew Syntax*. Cambridge : Cambridge University Press, 2003.

Audi, Robert, éd. *Cambridge Dictionary of Philosophy*. Cambridge : Cambridge University Press, 1995.

Aune, David E. *The New Testament in Its Literary Environment*. Library of Early Christianity. Philadelphie : Westminster, 1987.

————. *The Westminster Dictionary of New Testament and Early Christian Literature and Rhetoric.* Louisville : Westminster John Knox, 2003.

Avalos, Hector, Sarah Melcher et Jeremy Schipper, éd. *This Abled Body: Rethinking Disabilities and Biblical Studies.* Atlanta : Society of Biblical Literature, 2007.

Bachmann, H. et W. A. Slaby, éd. collaboratives. *Computer Concordance to the Novum Testamentum Graece.* Edité par l'Institut pour la recherche textuelle sur le Nouveau Testament et le Centre informatique de l'Université de Münster. Berlin : de Gruyter, 1985.

Bacon, Benjamin Wisner. « The 'Five Books' of Matthew against the Jews ». *Expositor* 15 (1918) : 56–66.

————. *Studies in Matthew.* New York : Henry Holt, 1930.

Bacon, Francis. *Novum Organum.* 1620. Réimpression, Oxford : Clarendon, 1888.

Bahnsen, Greg L., Walter C. Kaiser Jr., Douglas J. Moo, Wayne G. Strickland et Willem A. VanGemeren. *Five Views on Law and Gospel.* Grand Rapids : Zondervan, 1996.

Bailey, James L. « Genre Analysis » Dans *Hearing the New Testament: Strategies for Interpretation*, édité par Joel B. Green, 197–221. Grand Rapids : Eerdmans, 1995.

Bailey, James L. et Lyle D. Vander Broek. *Literary Forms in the New Testament: A Handbook.* Louisville : Westminster John Knox, 1992.

Baker, David W. et Bill T. Arnold. *The Face of Old Testament Studies: A Survey of Contemporary Approaches.* Grand Rapids : Baker Academic, 1999.

Balla, Peter. *Challenges to New Testament Theology.* Peabody, Massachusetts : Hendrickson, 1998.

Ballard, Paul et Stephen R. Holmes, éd. *The Bible in Pastoral Practice: Readings in the Place and Function of Scripture in the Church.* Grand Rapids : Eerdmans, 2005.

Barbour, Ian. *Issues in Science and Religion.* Londres : SCM, 1966.

Bar-Efrat, Shimon. *Narrative Art in the Bible.* Journal for the Study of the Old Testament : supplément série 70. Bible and Literature Série 17. Sheffield : Almond, 1989.

Barnett, Paul. *Is the New Testament Reliable ?* 2° éd. Downers Grove, Illinois : InterVarsity, 2004.

Barr, James. *The Concept of Biblical Theology.* Minneapolis : Fortress, 1999.

————. *Fundamentalism.* Philadelphie : Westminster, 1978.

————. *The Semantics of Biblical Language.* Londres : SCM, 1983.

Barrett, C. K. *The Gospel according to St. John: An Introduction with Commentary and Notes on the Greek Text.* 2° éd. Philadelphie : Westminster, 1978.

Barth, Karl. *The Word of God and the Word of Man.* Traduit par Douglas Horton. [Boston et Chicago ?] : Pilgrim, 1928.

Barton, John. *Holy Writings, Sacred Text: The Canon in Early Christianity.* Louisville : Westminster John Knox, 1997.

————. *Reading the Old Testament: Method in Biblical Study.* Éd. Rév. Louisville : Westminster John Knox, 1996.

————. *Understanding Old Testament Ethics.* Louisville : Westminster John Knox, 2003.

Bauckham, Richard J. *The Climax of Prophecy: Studies in the Book of Revelation.* Édimbourg : T&T Clark, 1993.

————. *Jude, 2 Peter.* Word Biblical Commentary 50. Waco : Word, 1983.

————. « The Letter of Jude: An Account of Research ». *Aufstieg und Niedergang der römischen Welt: Geschichte und Kultur Roms im Spiegel der neueren Forschung.* Partie 2, Principat 25.5.3800–3808. New York : de Gruyter, 1988.

Bauer, David R. *An Annotated Guide to Biblical Resources for Ministry.* Peabody, Massachusetts : Hendrickson, 2003. Reprint, Eugene, Oregon : Wipf & Stock, 2011.

————. *The Structure of Matthew's Gospel: A Study in Literary Design.* Journal for the Study of the New Testament: Supplement Series 31. Bible and Literature Series 15. Sheffield : Almond, 1988.

Bauer, W., F. W. Danker, W. F. Arndt et F. W. Gingrich. *A Greek-English Lexicon of the New Testament and Other Early Christian Literature.* 3° éd. Basé sur la 6° éd. du *Griechisch-deutsches Wörterbuch zu den Schriften des Neuen Testaments und der frühchristlichen Literatur*, de Walter Bauer. Chicago : University of Chicago Press, 2000.

Beasley-Murray, George R. *Jesus and the Kingdom of God.* Grand Rapids : Eerdmans, 1986.

————. *John.* Word Biblical Commentary 36. Waco : Word, 1987.

Beekman, John, John Callow et Michael Kopesec. *The Semantic Structure of Written Communication.* 5° éd. Dallas : Summer Institute of Linguistics, 1981.

Bendavid, Abba. *Maqbilôt ba-Miqra [Parallels in the Bible].* Jérusalem : Carta, 1972.

Berkouwer, G. C. *Holy Scripture.* Études en dogmatique. Grand Rapids : Eerdmans, 1975.

Berlin, Adele. *Poetics and Interpretation of Biblical Narrative*. Bible and Literature Series 9. Sheffield : Almond, 1983.

Berlinerblau, Jacques. *The Secular Bible: Why Nonbelievers Must Take Religion Seriously*. Cambridge : Cambridge University Press, 2005.

Biddle, Mark Edward. « Redaction Criticism, Hebrew Bible ». Dans *Dictionary of Biblical Interpretation*, édité par John H. Hayes, 2.373–76. Nashville : Abingdon, 1999.

Birch, Bruce C. et Larry L. Rasmussen. *Bible and Ethics in the Christian Life*. Éd. rév. Minneapolis : Augsburg, 1989.

Black, David Alan. *It's Still Greek to Me: An Easy-to-Understand Guide to Intermediate Greek*. Grand Rapids : Baker Academic, 1998.

Black, David Alan et David S. Dockery, éd. *Interpreting the New Testament: Essays on Methods and Issues*. Nashville : Broadman & Holman, 2001.

Black, Max. « Metaphor ». Dans *Philosophical Perspectives on Metaphor*, édité par Mark Johnson, 63–82. Minneapolis : University of Minnesota Press, 1981.

Blass, F. et A. Debrunner. *A Greek Grammar of the New Testament and Other Early Christian Literature*. Traduit et édité par Robert W. Funk. Chicago : University of Chicago Press, 1961.

Blenkinsopp, Joseph. *Ezra-Nehemiah: A Commentary*. Old Testament Library. Louisville : Westminster John Knox, 1988.

———. *The Pentateuch: An Introduction to the First Five Books of the Bible*. Anchor Bible Reference Library. New York : Doubleday, 1992.

Blomberg, Craig L. *Interpreting the Parables*. Downers Grove, Illinois : InterVarsity, 1990.

Bockmuehl, Markus. *Seeing the Word: Refocusing New Testament Studies*. Grand Rapids : Baker Academic, 2006.

Bonhoeffer, Dietrich. *Life Together*. San Francisco : Harper & Row, 1954.

Booth, Wayne. *The Rhetoric of Fiction*. Chicago : University of Chicago Press, 1961.

Borg, Marcus J. et John Dominic Crossan. *The Last Week*. San Francisco : HarperSanFrancisco, 2006.

Borg, Marcus J. et N. T. Wright. *The Meaning of Jesus: Two Visions*. San Francisco : HarperSanFrancisco, 1999.

Bornkamm, Günther, Gerhard Barth et Heinz Joachim Held. *Tradition and Interpretation in Matthew*. Traduit par Percy Scott. New Testament Library. Philadelphie : Westminster, 1963.

Botterweck, G. Johannes, Helmer Ringgren et Heinz-Josef Fabry, éd. *Theological Dictionary of the Old Testament*. Traduit par J. T. Willis et al. 15 vol. Grand Rapids : Eerdmans, 1974–2006.

Braun, Francis. *English Grammar for Language Students: Basic Grammatical Terminology Defined and Alphabetically Arranged*. Ann Arbor, Michigan : Ulrich's Books, 1947.

Brawley, Robert L. *Centering on God: Method and Message in Luke-Acts*. Literary Currents in Biblical Interpretation. Louisville : Westminster John Knox, 1990.

———, éd. *Character Ethics and the New Testament: Moral Dimensions of Scripture*. Louisville : Westminster John Knox, 2007.

Bright, John. *The Authority of the Old Testament*. Nashville : Abingdon, 1967.

———. *A History of Israel*. 4° éd. Louisville : Westminster John Knox, 2000.

———. *The Kingdom of God: The Biblical Concept and Its Meaning for the Church*. Nashville : Abingdon, 1953.

Bromiley, Geoffrey W., éd. *The International Standard Bible Encyclopedia*. Éd. Rév. 4 vol. Grand Rapids : Eerdmans, 1979–88.

Brooks, James A. et Carlton L. Winbery. *Syntax of New Testament Greek*. Lanham, Maryland : University Press of America, 1979.

Brotzman, Ellis R. *Old Testament Textual Criticism: An Introduction*. Grand Rapids : Baker Academic, 1994.

Brown, Colin, éd. *New International Dictionary of New Testament Theology*. 4 vol. Grand Rapids : Zondervan, 1975–79.

Brown, Francis, S. R. Driver et Charles A. Briggs. *A Hebrew and English Lexicon of the Old Testament*. 1907. Reprint, Peabody, Massachusetts : Hendrickson, 1979, 1996, avec numérotation *Strong*.

Brown, Raymond E. *The Critical Meaning of the Bible*. New York : Paulist Press, 1981.

———. *The "Sensus Plenior" of Sacred Scripture*. 1955. Réimprimé, Eugene, Oregon : Wipf & Stock, 2008.

Brown, William P., éd. *Character and Scripture: Moral Formation, Community, and Biblical Interpretation*. Grand Rapids : Eerdmans, 2002.

Bruce, F. F. *The Canon of Scripture*. Downers Grove, Illinois : InterVarsity, 1988.

———. *The Defense of the Gospel in the New Testament*. Éd. rév. Grand Rapids : Eerdmans, 1977.

———. *The New Testament Documents: Are They Reliable?* 6e éd. Downers Grove, Illinois : InterVarsity, 2003.

Brueggemann, Walter. *First and Second Samuel.* Interpretation: A Bible Commentary for Teaching and Preaching. Louisville : John Knox, 1990.

———. *Theology of the Old Testament: Testimony, Dispute, Advocacy.* Minneapolis : Fortress, 1997.

Buber, Martin. *I and Thou.* New York : Scribner, 1970.

Bultmann, Rudolf. *Existence and Faith: Shorter Writings of Rudolf Bultmann.* Cleveland : World, 1960.

———. *Jesus and the Word.* Londres : Collins, 1958.

———. *Kerygma and Myth: A Theological Debate.* Édité par Hans W. Bartsch. New York : Harper & Row, 1961.

———. *Theology of the New Testament.* Traduit par Kendrick Grobel. 2 vol. en 1. Scribner Studies in Contemporary Theology. New York : Scribner's Sons, 1955.

Burridge, Richard A. *What Are the Gospels? A Comparison with Graeco-Roman Biography.* Cambridge : Cambridge University Press, 1992.

Caird, George B. *The Language and Imagery of the Bible.* Philadelphie : Westminster, 1980.

———. *New Testament Theology.* Édité par L. D. Hurst. Oxford : Clarendon, 1994.

Calvin, John. *Institutes of the Christian Religion.* Édité par John T. McNeill. Traduit par Ford Lewis Battles. Philadelphie : Westminster, 1960.

Cameron, Lynne et Graham Low, éd. *Researching and Applying Metaphor.* Cambridge Applied Linguistics. Cambridge : Cambridge University Press, 1999.

Campbell-Jack, W. C., Gavin McGrath, C. Stephen Evans, éd. *New Dictionary of Christian Apologetics.* Downers Grove, Illinois : InterVarsity, 2006.

Carroll R., M. Daniel et Jacqueline E. Lapsley, éd. *Character Ethics and the Old Testament: Moral Dimensions of Scripture.* Louisville : Westminster John Knox, 2007.

Carson, D. A. *Exegetical Fallacies.* 2e éd. Grand Rapids : Baker Academic, 1996.

———. *New Testament Commentary Survey.* 6e éd. Grand Rapids : Baker Academic, 2007.

Carter, Charles E. « Opening Windows onto Biblical Worlds: Applying the Social Sciences to Hebrew Scripture ». Dans *The Face of Old Testament Studies: A Survey of Contemporary Approaches,* édité par David W. Baker et Bill T. Arnold, 421–51. Grand Rapids : Baker Academic, 1999.

Case, Shirley Jackson. *The Social Origins of Christianity.* Chicago : University of Chicago Press, 1923.

Chatman, Seymour. *Story and Discourse: Narrative Structure in Fiction and Film.* Ithaca, New York : Cornell University Press, 1978.

Childs, Brevard S. *Biblical Theology in Crisis.* Philadelphie : Westminster, 1970.

———. *Biblical Theology of the Old and New Testaments: Theological Reflection on the Christian Bible.* Minneapolis : Fortress, 1992.

———. *Introduction to the Old Testament as Scripture.* Philadelphie : Fortress, 1979.

———. *The New Testament as Canon: An Introduction.* Philadelphie : Fortress, 1985.

Clark, David K. *To Know and Love God: Method for Theology.* Wheaton, Illinois : Crossway, 2003.

Classen, Carl Joachim. *Rhetorical Criticism of the New Testament.* Leiden : Brill, 2002.

Clines, David J. A. « The Arguments of Job's Three Friends ». Dans *Art and Meaning: Rhetoric in Biblical Literature,* édité par David J. A. Clines, David M. Gunn et Alan J. Hauser, 199–214. Sheffield : JSOT Press, 1982.

———. *The Theme of the Pentateuch.* 2e éd. Journal for the Study of the Old Testament : Supplement Series 10. Sheffield : JSOT Press, 1997.

Coggins, R. J., et J. L. Houlden, éd. *A Dictionary of Biblical Interpretation.* Londres : SCM, 1990.

Coleridge, Samuel Taylor. *Biographia Literaria: Biographical Sketches of My Literary Life and Opinions and Two Lay Sermons.* Londres : Bell & Daldy, 1880.

Collingwood, R. G. *The Idea of History.* Éd. rév. Oxford : Oxford University Press, 1993.

Collins, John J. *The Apocalyptic Imagination: An Introduction to Jewish Apocalyptic Literature.* 2e éd. Biblical Resources Series. Grand Rapids : Eerdmans, 1998.

Collins, Raymond F. *I and II Timothy and Titus: A Commentary.* New Testament Library. Louisville : Westminster John Knox, 2002.

Cone, James H. *A Black Theology of Liberation.* Philadelphie : Lippincott, 1970.

———. *God of the Oppressed.* Rev. éd. Maryknoll, New York : Orbis Books, 1997.

Conzelmann, H. et A. Lindemann. *Arbeitsbuch zum Neuen Testament.* Tübingen : Mohr, 1975.

Coogan, Michael D., ed. *The Oxford History of the Biblical World.* New York: Oxford University Press, 1998.

Copi, Irving. *Introduction to Logic*. 2° éd. New York : Macmillan, 1961.

Cosgrove, Charles H. *Appealing to Scripture in Moral Debate: Five Hermeneutical Rules*. Grand Rapids : Eerdmans, 2002.

———, éd. *The Meanings We Choose: Hermeneutical Ethics, Indeterminacy, and the Conflict of Interpretations*. Journal for the Study of the Old Testament: Supplement Series 411. The Bible in the Twenty-First Century Series 5. Londres : T&T Clark, 2004.

Cotterell, Peter et Max Turner. *Linguistics and Biblical Interpretation*. Downers Grove, Illinois : InterVarsity, 1989.

Craig, Edward, éd. *Routledge Encyclopedia of Philosophy*. Londres : Routledge, 1998.

Crossan, John Dominic. *The Historical Jesus: The Life of a Mediterranean Jewish Peasant*. San Francisco : HarperSanFrancisco, 1991.

Culpepper, R. Alan. *Anatomy of the Fourth Gospel: A Study in Literary Design*. Foundations and Facets. Philadelphie : Fortress, 1983.

Dahood, Mitchell. *Psalms*. 3 vol. Anchor Bible. Garden City, New York : Doubleday, 1965–70.

Dana, H. E. et Julius R. Mantey. *A Manual Grammar of the Greek New Testament*. New York : Macmillan, 1927.

Darr, John. *On Character Building: The Reader and the Rhetoric of Characterization in Luke-Acts*. Literary Currents in Biblical Interpretation. Louisville : Westminster John Knox, 1992.

Davidson, Benjamin. *The Analytical Hebrew and Chaldee Concordance*. 2° éd. Peabody, Massachusetts : Hendrickson, 1990.

Deissmann, Adolf. *Light from the Ancient East*. Traduit par Lionel R. M. Strachan.

New York : Doran, 1927. Titre original : *Licht vom Osten* (1908).

deSilva, David A. *Honor, Patronage, Kinship and Purity: Unlocking New Testament Culture*. Downers Grove, Illinois : InterVarsity, 2000.

———. *Perseverance in Gratitude: A Socio-Rhetorical Commentary on the Epistle "to the Hebrews"*, Grand Rapids : Eerdmans, 2000.

Dever, William G. *What Did the Biblical Writers Know and When Did They Know It ? What Archaeology Can Tell Us about the Reality of Ancient Israel*. Grand Rapids : Eerdmans, 2001.

Dewey, Joanna. *Markan Public Debate: Literary Technique, Concentric Structure, and Theology in Mark 2.1-3.6*. Society of Biblical Literature Dissertation Series 48. Chico, Californie : Scholars Press, 1980.

Dewey, John. « Method ». Dans *Cyclopedia of Education*, édité par Paul Monroe, 4.204–5. New York : Macmillan, 1913.

Dibelius, Martin. *A Commentary on the Epistle of James*. Révisé par Heinrich Greeven.

Hermeneia: A Critical and Historical Commentary on the Bible. Philadelphie : Fortress, 1975.

———. *From Tradition to Gospel*. Traduit par Bertram Lee Woolf. Cambridge, Royaume-Uni : James Clarke, 1971. Titre original : *Die Formgeschichte des Evangeliums* (1919).

Dillard, Raymond B. et Tremper Longman III. *An Introduction to the Old Testament*. Grand Rapids : Zondervan, 1994.

Dilthey, Wilhelm. *Gesammelte Schriften*. Vol. 7. Stuttgart: Teubner, 1962.

Dodd, C. H. *According to the Scriptures: The Sub-Structure of New Testament Theology*. London: Nisbet, 1952.

Doyle, Arthur Conan. *The Complete Sherlock Holmes*. Garden City, New York : Doubleday, [1930 ?].

Dozeman, Thomas B. et Konrad Schmid, éd. *A Farewell to the Yahwist ? The Composition of the Pentateuch in Recent European Interpretation*. Atlanta : Society of Biblical Literature, 2006.

Drane, John. *Introducing the Old Testament*. Éd. rév. Oxford : Lion, 2000.

Dumais, Marcel. « Sens de l'Écriture: réexamen à la lumière de l'herméneutique philosophique et des approches littéraires récentes ». *New Testament Studies* 45 (1999) : 325.

———. « The Sense of Scripture Re-Examined in Light of Philosophical Hermeneutics and Recent Literary Approaches ». traduit par David R. Bauer. *The Asbury Journal* 63, n° 1 (2008): 53–74.

Dynes, Wayne R. et Stephen Donaldson, eds. *Homosexuality in the Ancient World*. New York : Garland, 1992.

Ebeling, Gerhard. *Word and Faith*. Londres : SCM, 1963.

Eberhardt, Charles R. *The Bible in the Making of Ministers: The Scriptural Basis of Theological Education; The Lifework of Wilbert Webster White*. New York : Association Press, 1949.

Eco, Umberto. *Interpretation and Overinterpretation*. Édité par S. Collini. Cambridge: Cambridge University Press, 1992.

———. *The Role of the Reader: Explorations in the Semiotics of Texts*. Londres : Hutchinson, 1981.

Edwards, Paul, éd. *The Encyclopedia of Philosophy*. Vol. 1. New York : Macmillan, 1967.

Ehrman, Bart D. *Misquoting Jesus: The Story behind Who Changed the Bible and Why*. San Francisco : Harper-SanFrancisco, 2005.

Elliott, John H. *1 Peter*. Anchor Bible. New York : Doubleday, 2000.

———. *What Is Social-Scientific Criticism ?* Guides to Biblical Scholarship. Minneapolis : Fortress, 1993.

Ellis, E. E. « Quotations in the New Testament ». Dans *The International Standard Bible Encyclopedia*, édité par Geoffrey W. Bromiley, 4.18–25. Grand Rapids : Eerdmans, 1988.

Endres, John C., William R. Millar et John Barclay Burns, éd. *Chronicles and Its Synoptic Parallels in Samuel, Kings, and Related Biblical Texts*. Collegeville, Minnesota : Liturgical Press, 1998.

Engel, S. Morris. *With Good Reason: An Introduction to Informal Fallacies*. 2° éd. New York : St. Martin's Press, 1982.

Epp, Eldon Jay et Beverly Roberts Gaventa. *Junia: The First Woman Apostle*. Minneapolis : Fortress, 2005.

Epp, Eldon Jay et George W. MacRae, éd. *The New Testament and Its Modern Interpreters*. Philadelphie : Fortress, 1989.

Erickson, Richard J. *A Beginner's Guide to New Testament Exegesis: Taking the Fear out of Critical Method*. Downers Grove, Illinois : InterVarsity, 2005.

Eslinger, Lyle M. « Viewpoints and Point of View in 1 Samuel 8–12 ». *Journal for the Study of the Old Testament* 26 (1983) : 61–76.

Evans, Craig A. et Stanley E. Porter, éd. *Dictionary of New Testament Background*. Downers Grove, Illinois : InterVarsity, 2000.

Even-Shoshan, Abraham. *A New Concordance of the Old Testament*. Jérusalem : Kiryat Sepher, 1977–80 ; Grand Rapids : Baker Academic, 1984.

Farmer, W. R. *Jesus and the Gospel: Tradition, Scripture, and Canon*. Philadelphie : Fortress, 1982.

———. *The Synoptic Problem: A Critical Analysis*. New York : Macmillan, 1964.

Fee, Gordon D. « Textual Criticism of the New Testament ». Dans *Studies in the Theory and Method of New Testament Textual Criticism*, édité par Eldon J. Epp et Gordon D. Fee, 3–16. Studies and Documents 45. Grand Rapids : Eerdmans, 1993.

Fee, Gordon D., et Douglas Stuart. *How to Read the Bible for All Its Worth*. 2° éd. Grand Rapids : Zondervan, 1993.

Feinberg, John S., éd. *Continuity and Discontinuity: Perspectives on the Relationship between the Old and New Testaments*. Westchester, Illinois : Crossway, 1988.

Ferguson, Everett. *Backgrounds of Early Christianity*. 2° éd. Grand Rapids : Eerdmans, 1993.

Fewell, Danna Nolan et David M. Gunn. *Compromising Redemption: Relating Characters in the Book of Ruth*. Literary Currents in Biblical Interpretation. Louisville : Westminster John Knox, 1990.

Fiorenza, Elisabeth Schüssler. *Bread Not Stone*. Boston : Beacon, 1995.

———. *In Memory of Her: A Feminist Theological Reconstruction of Christian Origins*. New York : Crossroad, 1983.

Fischer, David Hackett. *Historians' Fallacies: Toward a Logic of Historical Thought*. New York : Harper & Row, 1970.

Fish, Stanley. *Doing What Comes Naturally: Change, Rhetoric, and the Practice of Theory in Literary and Legal Studies*. Oxford : Clarendon, 1989.

———. *Is There a Text in This Class ? The Authority of Interpretive Communities*. Cambridge, Massachusetts : Harvard University Press, 1980.

Fletcher, Joseph. *Situation Ethics: The New Morality*. Philadelphie : Westminster, 1966.

Fokkelman, J. P. *Art and Poetry in the Books of Samuel: A Full Interpretation Based on Stylistic and Structural Analysis*. 4 vol. Studia semitica neerlandica. Winona Lake, Indiana : Eisenbrauns, 1981–93.

Fowl, Stephen E. *Engaging Scripture: A Model for Theological Interpretation*. Malden, Massachusetts : Blackwell, 1998.

———. « The Role of Authorial Intention and the Theological Interpretation of Scripture ». Dans *Between Two Horizons: Spanning New Testament Studies and Systematic Theology*, édité par Joel B. Green and Max Turner, 71–87. Grand Rapids : Eerdmans, 2000.

Fox, Michael. « The Uses of Indeterminacy ». *Semeia* 71 (1995): 173–92.

France, R. T. « The Formula-Quotations of Matthew 2 and the Problem of Communication ». *New Testament Studies* 27 (1980–81) : 233–51.

Freedman, David Noel, éd. *The Anchor Bible Dictionary*. 6 vol. New York: Doubleday, 1992.

Freedman, William. « The Literary Motif: A Definition and Evaluation ». *Novel* 4, n°2 (1970–71) : 123–31.

Frei, Hans. *The Eclipse of Biblical Narrative*. New Haven : Yale University Press, 1974.

Fretheim, Terence E., Lloyd R. Bailey Sr. et Victor P. Furnish, éd. *Deuteronomic History*. Interpreting Biblical Texts. Nashville : Abingdon, 1983.

Frye, Northrop. *Anatomy of Criticism: Four Essays*. Princeton, New Jersey : Princeton University Press, 1957.

Fuchs, Ernst. « The New Testament and the Hermeneutical Problem ». Dans *The New Hermeneutic*, édité par James M. Robinson et J. B. Cobb Jr., 111–45. New Frontiers in Theology 2. New York : Harper, 1964.

Fuller, Daniel P. *Gospel and Law: Contrast or Continuum ? The Hermeneutics of Dispensationalism and Covenant Theology*. Grand Rapids : Eerdmans, 1980.

Furnish, Victor Paul. *The Love Command in the New Testament*. Nashville : Abingdon, 1972.

Gabler, Johann Philip. « An Oration on the Proper Distinction between Biblical and

Dogmatic Theology and the Specific Objectives of Each ». Dans *The Flowering of Old Testament Theology*, édité par Ben C. Ollenburger, Elmer A. Martins et Gerhard F. Hasel, 489–502. Winona Lake, Indiana : Eisenbrauns, 1992.

Gadamer, Hans-Georg. *Truth and Method*. New York : Crossroad, 1988.

Gasque, W. Ward. *A History of the Interpretation of the Acts of the Apostles*. Peabody, Massachusetts : Hendrickson, 1975.

Geisler, Norman L., éd. *Baker Encyclopedia of Christian Apologetics*. Grand Rapids : Baker Academic, 1999.

———. *Options in Contemporary Christian Ethics*. Grand Rapids : Baker Academic, 1981.

Genette, Gerard. *Narrative Discourse: An Essay in Method*. Ithaca, New York : Cornell University Press, 1980.

———. « Time and Narrative ». Dans *Aspects of Narrative*, édité par J. Hillis Miller, 181–99. New York : Columbia University Press, 1970.

Gerstenberger, Erhard S. *Theologies in the Old Testament*. Minneapolis : Fortress, 2002.

Gibbs, Raymond. *The Poetics of Mind: Figurative Thought, Language, and Understanding*. Cambridge : Cambridge University Press, 1994.

Girdlestone, Robert B. *Synonyms of the Old Testament: Their Bearing on Christian Doctrine*. 1897. Réimpression, Grand Rapids : Eerdmans, 1976.

Goldingay, John. *Models for Interpretation of Scripture*. Grand Rapids : Eerdmans, 1995.

———. *Theological Diversity and the Authority of the Old Testament*. Grand Rapids : Eerdmans, 1987.

Gottwald, Norman K. « Domain Assumptions and Societal Models in the Study of PreMonarchic Israel ». Dans *Community, Identity, and Ideology: Social Science Approaches to the Hebrew Bible*, éd. Charles E. Carter et Carol L. Meyers, 170–81. Sources for Biblical and Theological Study 6. Winona Lake, Indiana : Eisenbrauns, 1996.

———. *The Tribes of Israel: A Sociology of the Religion of Liberated Israel*. Maryknoll, New York : Orbis Books, 1979.

Green, Joel B., éd. *Hearing the New Testament: Strategies for Interpretation*. Grand Rapids : Eerdmans, 1995.

———. « The Practice of Reading the New Testament ». Dans *Hearing the New Testament: Strategies for Interpretation*, édité par Joel B. Green, 411–27. Grand Rapids : Eerdmans, 1995.

Green, Michael, éd. *The Truth of God Incarnate*. Grand Rapids : Eerdmans, 1977.

Greene, Theodore Meyer. *The Arts and the Art of Criticism*. Princeton, New Jersey : Princeton University Press, 1940.

Greenlee, J. Harold. *Introduction to New Testament Textual Criticism*. Éd. rév. Peabody, Massachusetts : Hendrickson, 1995.

Grenholm, Cristina et Daniel Patte, éd. *Reading Israel in Romans: Legitimacy and Plausibility of Divergent Interpretations*. Harrisburg, Pennsylvanie : Trinity Press International, 2000.

Grimes, Joseph E. *The Thread of Discourse*. Janua linguarum, series minor 207. Berlin : Mouton, 1975.

Gundry, Robert H. *Matthew: A Commentary on His Handbook for a Mixed Church under Persecution*. Grand Rapids : Eerdmans, 1994.

———. *The Use of the Old Testament in St. Matthew's Gospel with Special Reference to the Messianic Hope*. Novum Testamentum Supplements 18. Leiden : Brill, 1967.

Gunkel, Hermann. *Introduction to Psalms: The Genres of the Religious Lyric of Israel*. Complété par Joachim Begrich. Traduit par James D. Nogalski. Mercer Library of Biblical Studies. Macon, GA: Mercer University Press, 1998. Titre original : *Einleitung in die Psalmen* (1933).

———. *The Psalms: A Form-Critical Introduction*. Traduit par Thomas M. Horner. Facet Books Biblical Series 19. Philadelphie : Fortress, 1967. Titre original : *Die Religion in Geschichte und Gegenwart* (2ᵉ éd., 1930).

Gunton, Colin E. *Enlightenment and Alienation: An Essay towards a Trinitarian*

Theology. Contemporary Christian Studies. Basingstoke, Royaume-Uni : Marshall, Morgan & Scott, 1985.

Gustafson, James. « The Place of Scripture in Christian Ethics ». *Interpretation* 24 (1970) : 435-38.

Guthrie, Donald. *New Testament Introduction.* 4e éd. Downers Grove, Illinois : InterVarsity, 1990.

Hafemann, Scott J. et Paul R. House. *Central Themes in Biblical Theology: Mapping Unity in Diversity.* Grand Rapids : Baker Academic, 2007.

Handy, Lowell K. *Jonah's World: Social Science and the Reading of Prophetic Story.* Oakville, Connecticut : Equinox, 2007.

Hanson, Paul D. *Old Testament Apocalyptic.* Interpreting Biblical Texts. Nashville : Abingdon, 1987.

Harman, Gilbert. « The Inference to the Best Explanation ». *Philosophical Review* 74 (1965) : 88-95.

Hart, Trevor. « Tradition, Authority, and a Christian Approach to the Bible as Scripture ». Dans *Between Two Horizons: Spanning New Testament Studies and Systematic Theology*, édité par Joel B. Green et Max Turner, 183-204. Grand Rapids : Eerdmans, 2000.

Hatch, Edwin et Henry A. Redpath. *A Concordance to the Septuagint and Other Greek Versions of the Old Testament.* 2 vol. Oxford : Clarendon, 1897-1906.

Hauerwas, Stanley. *Community of Character: Toward a Constructive Social Ethic.* Notre Dame, Indiana : University of Notre Dame Press, 1981.

———. *The Peaceable Kingdom: A Primer in Christian Ethics.* Notre Dame, Indiana : University of Notre Dame Press, 1983.

———. *Unleashing the Scripture: Freeing the Bible from Captivity to America.* Nashville: Abingdon, 1993.

Hawk, L. Daniel. *Every Promise Fulfilled: Contesting Plots in Joshua.* Literary Currents in Biblical Interpretation. Louisville : Westminster John Knox, 1991.

Hayes, John H. *An Introduction to Old Testament Study.* Nashville : Abingdon, 1979.

———, éd. *Old Testament Form Criticism.* San Antonio : Trinity University Press, 1974.

Hays, Richard B. « The Conversion of the Imagination : Scripture and Eschatology in 1 Corinthians ». *New Testament Studies* 45 (juillet 1999) : 391-412.

———. *Echoes of Scripture in the Letters of Paul.* New Haven : Yale University Press, 1989.

———. *The Faith of Jesus Christ: An Investigation of the Narrative Substructure of Galatians 3.1-4.11.* Society of Biblical Literature Dissertation Series 56. Chico, Californie : Scholars Press, 1983.

———. *The Moral Vision of the New Testament: Community, Cross, New Creation.* San Francisco : HarperSanFrancisco, 1996.

Heidegger, Martin. *Being and Time.* Oxford : Blackwell, 1962.

Hengel, Martin. *The Cross of the Son of God.* Londres : SCM, 1986.

Henry, Matthew. *Commentary on the Whole Bible.* 6 vol. 1706. Réimpression, New York : Revell, [1983 ?].

Hick, John, éd. *The Myth of God Incarnate.* Londres : SCM, 1977.

Hirsch, E. D., Jr. *The Aims of Interpretation.* Chicago : University of Chicago Press, 1976.

———. *Validity in Interpretation.* New Haven: Yale University Press, 1967.

Hodges, H. A. *The Philosophy of Wilhelm Dilthey.* Londres : Routledge & Kegan Paul, 1952.

Hodges, John C. et Mary E. Whitten, with Suzanne S. Webb. *Harbrace College Handbook.* 10e éd. San Diego : Harcourt Brace Jovanovich, 1986.

Holladay, William L. *A Concise Hebrew and Aramaic Lexicon of the Old Testament.* Grand Rapids : Eerdmans, 1971.

Holland, Norman. *The Dynamics of Literary Response.* New York : Norton, 1968.

———. *Five Readers Reading.* New Haven : Yale University Press, 1975.

Holmberg, Bengt. *Sociology and the New Testament: An Appraisal.* Minneapolis : Fortress, 1990.

Holmes, Michael W. « Textual Criticism ». Dans *Interpreting the New Testament: Essays on Methods and Issues*, édité par David Alan Black et David S. Dockery, 46-73. Nashville : Broadman & Holman, 2001.

Honderich, Ted, éd. *Oxford Companion to Philosophy.* Oxford : Oxford University Press, 1995.

Horrell, David G. *Social-Scientific Approaches to New Testament Interpretation..* Édimbourg : T&T Clark, 1999.

House, Paul R. *The Unity of the Twelve.* Journal for the Study of the Old Testament : Supplement Series 97. Sheffield : Almond, 1990.

Huck, Albert. *A Synopsis of the First Three Gospels with the Addition of the Johannine Parallels.* Révisé par Heinrich Greeven. 13e éd. Grand Rapids : Eerdmans, 1982.

Iser, Wolfgang. *The Act of Reading: A Theory of Aesthetic Response.* Baltimore : Johns Hopkins University Press, 1978.

————. *The Implied Reader: Patterns of Communication in Prose Fiction from Bunyan to Beckett*. Baltimore : Johns Hopkins University Press, 1975.

Jackson, Timothy P. *The Priority of Love: Christian Charity and Social Justice*. Princeton, New Jersey : Princeton University Press, 2003.

Jakobson, Roman. « Linguistics and Poetics ». Dans *Style in Language*, édité par T. A. Sebeok, 350–77. Cambridge, Massachusetts : MIT Press, 1960.

Janzen, Waldemar. *Old Testament Ethics: A Paradigmatic Approach*. Louisville : Westminster John Knox, 1994.

Japhet, Sara. *The Ideology of the Book of Chronicles and Its Place in Biblical Thought*. 2ᵉ éd. Beiträge zur Erforschung des Alten Testaments und des antiken Judentums 9. Frankfurt : Peter Lang, 1997.

Jewett, Robert. *Romans*. Hermeneia: A Critical and Historical Commentary on the Bible. Minneapolis: Fortress, 2007.

Johnson, Elliott E. *Expository Hermeneutics: An Introduction*. Grand Rapids : Academie Books, 1990.

Johnson, Luke Timothy. *James*. Anchor Bible. New York : Doubleday, 1995.

————. *The Writings of the New Testament: An Interpretation*. Éd. rév. Minneapolis : Fortress, 1999.

Johnson, Sherman E. *The Griesbach Hypothesis and Redaction Criticism*. Atlanta : Scholars Press, 1991.

Joüon, Paul et T. Muraoka. *A Grammar of Biblical Hebrew*. 2 vol. Subsidia biblica

14.1–2. Rome : Biblical Institute Press, 1991.

Juel, Donald. *Messianic Exegesis: Christological Interpretation of the Old Testament in Early Christianity*. Philadelphie : Fortress, 1988.

Kaiser, Walter C., Jr. *The Old Testament Documents: Are They Reliable and Relevant ?* Downers Grove, Illinois : InterVarsity, 2001.

————. *Toward an Exegetical Theology: Biblical Exegesis for Preaching and Teaching*. Grand Rapids : Baker Academic, 1981.

Kaiser, Walter C., Jr., and Moisés Silva. *An Introduction to Biblical Hermeneutics: The Search for Meaning*. Éd. rév. Grand Rapids : Zondervan, 2007.

Kautzsch, E., éd. *Gesenius' Hebrew Grammar*. 2ᵉ éd. Révisé conformément à la 28ᵉ éd. allemande par A. E. Cowley. Oxford : Clarendon, 1909.

Kee, Howard Clark. *Knowing the Truth: A Sociological Approach to New Testament Interpretation*. Minneapolis : Fortress, 1989.

Keener, Craig S. *The IVP Bible Background Commentary: New Testament*. Downers Grove, Illinois : InterVarsity, 1994.

Kennedy, George A. *New Testament Interpretation through Rhetorical Criticism*.

Chapel Hill : University of North Carolina Press, 1984.

Kingsbury, Jack Dean. *The Christology of Mark's Gospel*. Philadelphie : Fortress, 1983.

————. *Matthew: Structure, Christology, Kingdom*. Philadelphie : Fortress, 1975.

Kitchen, K. A. *Ancient Orient and Old Testament*. Chicago : InterVarsity, 1966.

————. *On the Reliability of the Old Testament*. Éd. rév. Grand Rapids : Eerdmans, 2003.

Kittel, Gerhard et Gerhard Friedrich, éd. *Theological Dictionary of the New Testament*. Traduit pat Geoffrey W. Bromiley. 10 vol. Grand Rapids : Eerdmans, 1975–76.

Klein, William W., Craig L. Blomberg et Robert L. Hubbard Jr. *Introduction to Biblical Interpretation*. 2ᵉ éd. Nashville : Nelson, 2004.

Knight, Douglas A. et Gene M. Tucker, éd. *The Hebrew Bible and Its Modern Interpreters*. Chico, Californie : Scholars Press, 1985.

Knight, George W., III. *Commentary on the Pastoral Epistles*. New International Greek Testament Commentary. Grand Rapids : Eerdmans, 1992.

Koch, Klaus. *The Growth of the Biblical Tradition: The Form-Critical Method*. New York : Scribner, 1969.

Kohlenberger, John R., III. *The Hebrew-English Concordance to the Old Testament: With the New International Version*. Grand Rapids : Zondervan, 1998.

————. *Zondervan NIV Nave's Topical Bible*. Grand Rapids : Zondervan, 1992.

Köhler, Ludwig et Walter Baumgartner. *The Hebrew and Aramaic Lexicon of the Old Testament*. Révisé par Walter Baumgartner et Johann Jakob Stamm. 3ᵉ éd. 5 vol. Leiden : Brill, 1994–2000.

Kraft, Charles. *Christianity in Culture: A Study in Dynamic Biblical Theologizing in Cross-Cultural Perspective*. Maryknoll, New York : Orbis Books, 1979.

Krentz, Edgar. *The Historical-Critical Method.* Guides to Biblical Scholarship. Philadelphie : Fortress, 1975.

Kroeger, Richard Clark et Catherine Clark Kroeger. *I Suffer Not a Woman: Rethinking 1 Timothy 2.11–15 in Light of Ancient Evidence.* Grand Rapids : Baker Academic, 1992.

Kuhn, Thomas S. *The Structure of Scientific Revolutions.* 2ᵉ éd. Chicago : University of Chicago Press, 1970.

Kuist, Howard Tillman. *These Words upon Thy Heart: Scripture and the Christian Response.* Richmond : John Knox, 1947.

Kümmel, Werner Georg. *Introduction to the New Testament.* Éd. rév. Nashville : Abingdon, 1975.

———. *The New Testament: The History of the Investigation of Its Problems.* Nashville : Abingdon, 1972.

Lakoff, George et Mark Johnson. *Metaphors We Live By.* Chicago : University of Chicago Press, 1980.

Lakoff, George et Mark Turner. *More Than Cool Reason: A Field Guide to Poetic Metaphor.* Chicago : University of Chicago Press, 1989.

Lane, William L. *Hebrews.* 2 vol. Word Biblical Commentary 47A–B. Dallas : Word, 1991.

Lanser, Susan Sniader. *The Narrative Act: Point of View in Prose Fiction.* Princeton, New Jersey : Princeton University Press, 1981.

Larson, Mildred L. *Meaning-Based Translation: A Guide to Cross-Language Equivalence.* 2ᵉ éd. Lanham, Maryland : University Press of America, 1998.

Lawrence, Louise Joy. *An Ethnography of the Gospel of Matthew: A Critical Assessment of the Use of the Honour and Shame Model in New Testament Studies.* Wissenschaftliche Untersuchungen zum Neuen Testament, 2ᵉ sér., 165. Tübingen: Mohr Siebeck, 2003.

Lewis, C. S. et E. M. W. Tillyard. *The Personal Heresy: A Controversy.* Oxford : Oxford University Press, 1939.

Liddell, Henry George et Robert Scott. *A Greek-English Lexicon.* Révisé et augmenté par Henry Stuart Jones et Roderick McKenzie. Oxford : Clarendon, 1940.

Lipton, Peter. *Inference to Best Explanation.* 2ᵉ éd. Londres : Routledge, 2004.

Lonergan, Bernard. *Method in Theology.* New York : Herder & Herder, 1972.

Longacre, Robert E. *The Grammar of Discourse.* New York : Plenum, 1983.

Longenecker, Richard N. *Biblical Exegesis in the Apostolic Period.* 2ᵉ éd. Grand Rapids : Eerdmans, 1999.

Longman, Tremper, III. *Old Testament Commentary Survey.* 4ᵉ éd. Grand Rapids : Baker Academic, 2007.

Louth, Andrew. *Discerning the Mystery: An Essay on the Nature of Theology.* Oxford : Clarendon, 1983.

Louw, Johannes P. *Semantics of New Testament Greek.* Philadelphie : Fortress, 1982.

Louw, Johannes P. et Eugene A. Nida, éds. *Greek-English Lexicon of the New Testament Based on Semantic Domains.* 2ᵉ éd. 2 vol. New York : United Bible Societies, 1989.

Luc, Alex. *New International Dictionary of Old Testament Theology and Exegesis.* Édité par Willem A. VanGemeren. Grand Rapids : Zondervan, 1997.

Lund, Nils W. *Chiasmus in the New Testament: A Study in the Form and Function of Chiastic Structures.* 1942. Reprint, Peabody, Massachusetts : Hendrickson, 1992.

Luz, Ulrich. *Matthew: A Commentary.* Vol. 1, *Matthew 1–7.* Hermeneia : A Critical and Historical Commentary on the Bible. Philadelphie : Fortress, 1989.

———. *Matthew: A Commentary.* Vol. 2, *Matthew 8–20.* Hermeneia : A Critical and Historical Commentary on the Bible. Minneapolis : Fortress, 2005.

———. *Matthew: A Commentary.* Vol. 3, *Matthew 21–28.* Hermeneia : A Critical and Historical Commentary on the Bible. Minneapolis : Fortress, 2005.

Macintosh, A. A. *A Critical and Exegetical Commentary on Hosea.* International Critical Commentary. Édimbourg : T&T Clark, 1997.

Mack, Burton L. *The Myth of Innocence: Mark and Christian Origins.* Philadelphie : Fortress, 1988.

———. *Rhetoric and the New Testament.* Guides to Biblical Scholarship. Minneapolis : Fortress, 1990.

Malina, Bruce J. *Christian Origins and Cultural Anthropology: Practical Models for Biblical Interpretation.* Atlanta : John Knox, 1986.

———. *The New Testament World: Insights from Cultural Anthropology.* 3ᵉ éd. Louisville : Westminster John Knox, 2001.

Malina, Bruce J. et John J. Pilch. *Social-Science Commentary on the Letters of Paul.* Minneapolis : Fortress, 2006.

Malina, Bruce J. et Richard L. Rohrbaugh. *Social-Science Commentary on the Synoptic Gospels.* Minneapolis : Fortress, 2003.

Marshall, I. Howard. *Beyond the Bible: Moving from Scripture to Theology.* Grand Rapids : Baker Academic, 2004.

————. *Biblical Inspiration*. Grand Rapids : Eerdmans, 1983.

————. *A Critical and Exegetical Commentary on the Pastoral Epistles*. International Critical Commentary. Édimbourg : T&T Clark, 1999.

————, éd. *New Testament Interpretation: Essays on Principles and Methods*. Grand Rapids : Eerdmans, 1977.

Martin, Dale. « Heterosexism and the Interpretation of Romans 1.18–32 ». *Biblical Interpretation* 3 (1995) : 332-55.

Martin, Ralph P. *New Testament Foundations*. Éd. rév. 2 vol. Grand Rapids : Eerdmans, 1986.

Martyn, J. Louis. *Galatians*. Anchor Bible. New York : Doubleday, 1997.

Matthews, Victor H. et Don C. Benjamin. *Social World of Ancient Israel, 1250–587 B.C.E.* Peabody, Massachusetts : Hendrickson, 1993.

Mayes, A. D. H. *The Old Testament in Sociological Perspective*. Londres : Pickering, 1989.

Mays, James Luther. *The Lord Reigns: A Theological Handbook to the Psalms*. Louisville : Westminster John Knox, 1994.

————. « The Place of the Torah Psalms in the Psalter ». *Journal of Biblical Literature* 106 (1987) : 3–12.

————. *Psalms*. Interpretation: A Bible Commentary for Teaching and Preaching. Louisville : John Knox, 1994.

McCann, J. Clinton, Jr. *The Shape and Shaping of the Psalter*. Journal for the Study of the Old Testament : Supplement Series 159. Sheffield : JSOT Press, 1993.

————. *A Theological Introduction to the Book of Psalms*. Nashville : Abingdon, 1993.

McCarter, P. Kyle. *Textual Criticism: Recovering the Text of the Hebrew Bible*. Guides to Biblical Scholarship. Philadelphie : Fortress, 1986.

McConville, J. Gordon. *Grace in the End: A Study in Deuteronomic Theology*. Studies in Old Testament Biblical Theology. Grand Rapids : Zondervan, 1993.

McCown, Wayne et James Massey, eds. *Interpreting God's Word for Today: An Inquiry into Hermeneutics from a Biblical Theological Perspective*. Wesleyan Theological Perspectives 2. Anderson, Indiana : Warner, 1982.

McKenzie, Steven L. *The Chronicler's Use of the Deuteronomistic History*. Harvard Semitic Monographs 33. Atlanta : Scholars Press, 1985.

McKenzie, Steven L. et Stephen R. Haynes. *To Each Its Own Meaning: An Introduction to Biblical Criticisms and Their Application*. Louisville : Westminster John Knox, 1993.

McKnight, Edgar V. « Presuppositions in New Testament Study ». Dans *Hearing the New Testament: Strategies for Interpretation*, édité par Joel B. Green, 278–300. Grand Rapids : Eerdmans, 1995.

————. *What Is Form Criticism ?* Guides to Biblical Scholarship. Philadelphie : Fortress, 1969.

McLay, R. Timothy. *The Use of the Septuagint in New Testament Research*. Grand Rapids : Eerdmans, 2003.

McNeile, Alan Hugh. *The Gospel according to Matthew*. Londres : Macmillan, 1938.

Mead, James K. *Biblical Theology: Issues, Methods, and Themes*. Louisville : Westminster John Knox, 2007.

Meier, John P. *A Marginal Jew: Rethinking the Historical Jesus*. 3 vol. Anchor Bible Reference Library. New York : Doubleday, 1987–2001.

Mendenhall, George H. *Law and Covenant in Israel and in the Ancient Near East*. Pittsburgh : The Biblical Colloquium, 1955.

Merenlahti, Peter. *Poetics for the Gospels ? Rethinking Narrative Criticism*. Londres : T&T Clark International, 2002.

Metzger, Bruce M. *The Canon of the New Testament: Its Origin, Development, and Significance*. Oxford : Clarendon, 1987.

————, éd. *A Textual Commentary on the Greek New Testament*. 2° éd. Stuttgart : United Bible Societies, 1994.

Metzger, Bruce M. et Bart D. Ehrman. *The Text of the New Testament: Its Transmission, Corruption, and Restoration*. 4° éd. Oxford : Oxford University Press, 2005.

Meyer, Ben F. *Reality and Illusion in New Testament Scholarship: A Primer in Critical Realist Hermeneutics*. Collegeville, Minnesota : Michael Glazier, 1994.

Meyers, Carol L. et Eric M. Meyers. *Haggai, Zechariah 1–8*. Anchor Bible. New York : Doubleday, 1987.

————. *Zechariah 9–14*. Anchor Bible. New York : Doubleday, 1993.

Miller, Donald G. *The Way to Biblical Preaching: How to Communicate the Gospel in Depth*. Nashville : Abingdon, 1957.

Miller, J. Maxwell. *The Old Testament and the Historian*. Guides to Biblical Scholarship. Philadelphie : Fortress, 1976.

Mills, Watson E., ed. *Bibliographies for Biblical Research*. New Testament Series. 21 vol. Lewiston, New York : Mellen Biblical Press, 1993–2002.

Minear, Paul S. *New Testament Apocalyptic*. Interpreting Biblical Texts. Nashville : Abingdon, 1981.

Mittmann, Siegfried et Götz Schmitt, éd. *Tübinger Bibelatlas*. Stuttgart : Deutsche Bibelgesellschaft, 2001.

Moffatt, James, éd. *Letters of Principal James Denney to His Family and Friends*. Londres : Hodder & Stoughton, [1922 ?].

———. *Love in the New Testament*. Londres : Hodder & Stoughton, 1929.

Moltmann, Jürgen. *Theology of Hope*. San Francisco : HarperSanFrancisco, 1991.

Moo, Douglas J. « The Problem of *Sensus Plenior* ». Dans *Hermeneutics, Authority, and Canon*, édité par D. A. Carson et John D. Woodbridge, 179–211. Grand Rapids : Zondervan, 1986.

———. *Romans*. New International Commentary on the New Testament. Grand Rapids : Eerdmans, 1996.

Moore, Stephen D. *Literary Criticism and the Gospels: The Theoretical Challenge*. New Haven : Yale University Press, 1989.

Morgan, G. Campbell. *The Study and Teaching of the English Bible*. Révisé par E. D. De Rusett. Londres : Hodder & Stoughton ; New York : Fleming H. Revell, 1910. Disponible aussi en ligne : http://www.gcampbellmorgan. com/studyteach.html.

Morson, Gary Saul et Caryl Emerson. *Mikhail Bakhtin: Creation of a Prosaics*. Palo Alto, Californie : Stanford University Press, 1990.

Moulton, James Hope et George Milligan. *The Vocabulary of the Greek Testament Illustrated from the Papyri and Other Non-Literary Sources*. Grand Rapids : Eerdmans, 1930.

Moulton, W. F. et A. S. Geden. *A Concordance to the Greek Testament*. Édité par I. Howard Marshall. 6° éd. New York : Continuum, 2002.

Mounce, William D. *Pastoral Epistles*. Word Biblical Commentary 46. Nashville : Nelson, 2000.

Mowinckel, Sigmund. *The Psalms in Israel's Worship*. Traduit par D. R. Ap-Thomas. 2 vol. Nashville : Abingdon, 1963. Titre original : *Offersang og sangoffer* (1951).

Moyise, Steven. *Paul and Scripture: Studying the New Testament Use of the Old Testament*. Grand Rapids : Baker Academic, 2010.

Muilenburg, James. « Form Criticism and Beyond ». *Journal of Biblical Literature* 88 (1969) : 1–18.

Mulholland, M. Robert. « Sociological Criticism ». Dans *Interpreting the New Testament: Essays on Methods and Issues*, édité par David Alan Black et David S. Dockery, 170–86. Nashville : Broadman & Holman, 2001.

Murphy, Roland E. *Wisdom Literature: Job, Proverbs, Ruth, Canticles, Ecclesiastes, and Esther*. Forms of Old Testament Literature 13. Grand Rapids : Eerdmans, 1981.

Neill, Stephen et Tom Wright. *The Interpretation of the New Testament, 1861–1986*. 2° éd. New York : Oxford University Press, 1988.

Nelson, Richard D. « The Anatomy of the Book of Kings ». *Journal for the Study of the Old Testament* 40 (1988) : 39–48.

Newman, Barclay. *A Concise Greek-English Dictionary of the New Testament*. Stuttgart : United Bible Societies, 1993.

Neyrey, Jerome H. *2 Peter, Jude*. Anchor Bible. New York : Doubleday, 1993.

Nicholson, Ernest. *The Pentateuch in the Twentieth Century: The Legacy of Julius Wellhausen*. Oxford : Clarendon, 1998.

Nida, Eugene A. *Exploring Semantic Structures*. International Library of General Linguistics 11. Munich : Wilhelm Fink, 1975.

Niebuhr, Reinhold. *Interpretation of Christian Ethics*. 1935. Réimprimé avec une nouvelle préface, Cleveland : World, 1956.

———. *Moral Man and Immoral Society*. New York : Scribner's Sons, 1932.

———. *The Nature and Destiny of Man*. 2 vol. New York : Scribner's Sons, 1941–43.

Niebuhr, Richard R. *Resurrection and Historical Reason: A Study of Theological Method*. New York : Scribner, 1957.

Noth, Martin. *The Deuteronomistic History*. Journal for the Study of the Old Testament : Supplement Series 15. Sheffield : JSOT Press, 1981.

Nygren, Anders. *Agape and Eros*. Philadelphie : Westminster, 1953.

Oesterley, W. O. E. et Theodore H. Robinson. *An Introduction to the Books of the Old Testament*. New York : Meridian Books, 1958.

Ogletree, Thomas W. *The Use of the Bible in Christian Ethics*. Louisville : Westminster John Knox, 2003.

Osborne, Grant R. *The Hermeneutical Spiral: A Comprehensive Introduction to Biblical Interpretation*. 2° éd. Downers Grove, Illinois : InterVarsity, 2006.

Oswalt, John N. *The Bible among the Myths: Unique Revelation or Just Ancient Literature ?* Grand Rapids : Zondervan, 2009.

Overholt, Thomas W. *Cultural Anthropology and the Old Testament.* Guides to Biblical Scholarship. Minneapolis : Fortress, 1996.

Pannenberg, Wolfhart. *Basic Questions in Theology.* 2 vols. Philadelphie : Fortress, 1970–71.

———. *Systematic Theology.* 3 vols. Grand Rapids : Eerdmans, 1991–93.

Patte, Daniel. *The Challenge of Discipleship: A Critical Study of the Sermon on the Mount as Scripture.* Harrisburg, Pennsylvanie : Trinity Press International, 1999.

———. *Discipleship according to the Sermon on the Mount: Four Legitimate Readings, Four Plausible Views of Discipleship, and Their Relative Values.* Valley Forge, Pennsylvanie : Trinity Press International, 1996.

Peabody, David B., Lamar Cope, and Allan J. McNichol, eds. *One Gospel from Two: Mark's Use of Matthew and Luke.* Londres : SCM, 2001.

Perdue, Leo G., Robert Morgan et Benjamin D. Sommer, éd. *Biblical Theology: Introducing the Conversation.* Library of Biblical Theology. Nashville : Abingdon, 2009.

Perrin, Norman. *What Is Redaction Criticism ?* Guides to Biblical Scholarship. Philadelphie : Fortress, 1969.

Perschbacher, Wesley J., ed. *The New Analytical Greek Lexicon.* Peabody, Massachusetts : Hendrickson, 1990.

Petersen, David L. *Haggai and Zechariah 1-8.* Old Testament Library. Philadelphie : Westminster, 1984.

———. *Zechariah 9-14 and Malachi.* Old Testament Library. Louisville : Westminster John Knox, 1995.

Petersen, David L. et Kent Harold Richards. *Interpreting Biblical Poetry.* Guides to Biblical Scholarship. Minneapolis : Fortress, 1992.

Phillips, Gary A. et Nicole Wilkinson Duran, éd. *Reading Communities, Reading Scripture: Essays in Honor of Daniel Patte.* Harrisburg, Pennsylvanie : Trinity Press International, 2002.

Pierce, Claude Anthony. *Conscience in the New Testament: A Study of "Syneidēsis" in the New Testament.* Studies in Biblical Theology 15. Chicago : Allenson, 1955.

Pinnock, Clark. « Climbing out of the Swamp: The Evangelical Struggle to Understand the Creation Texts ». *Interpretation* 43 (avril 1989) : 143–55.

Piper, John et Wayne Grudem, éd. *Recovering Biblical Manhood and Womanhood: A Response to Evangelical Feminism.* Wheaton, Illinois : Crossway, 1991.

Polzin, Robert. *Moses and the Deuteronomist: A Literary Study of the Deuteronomic History.* New York : Seabury, 1980.

Porter, Stanley E. *Handbook of Classical Rhetoric in the Hellenistic Period (330 B.C.– A.D. 400).* Leiden : Brill, 1977.

Powell, Mark Allan. « Characterization on the Phraseological Plane in the Gospel of Matthew ». Dans *Treasures New and Old: Contributions to Matthean Studies,* édité par David R. Bauer et Mark Allan Powell, 161–77. Atlanta : Scholars Press, 1996.

———. *Chasing the Eastern Star: Adventures in Biblical Reader-Response Criticism.* Louisville : Westminster John Knox, 2001.

———. « Expected and Unexpected Readings in Matthew: What the Reader Knows ». *Asbury Theological Journal* 48, n°2 (1993) : 31–52.

———. *God with Us: A Pastoral Theology of Matthew's Gospel.* Minneapolis : Fortress, 1995.

———. *Jesus as a Figure in History: How Modern Historians View the Man from Galilee.* Louisville : Westminster John Knox, 1998.

———. *What Are They Saying about Acts ?* New York : Paulist Press, 1991.

———. « What Is Literary about Literary Aspects ? » Dans *Society of Biblical Literature 1992 Seminar Papers,* édité par Eugene H. Lovering Jr., 41–48. Atlanta : Scholars Press, 1992.

———. *What Is Narrative Criticism ?* Guides to Biblical Scholarship. Minneapolis : Fortress, 1990.

Priest, John F. « Sociology and Hebrew Bible Studies ». Dans *Dictionary of Biblical Interpretation,* édité par John H. Hayes, 2.483–87. Nashville : Abingdon, 1999.

Provan, Iain V., Philips Long et Tremper Longman III. *A Biblical History of Israel.* Louisville : Westminster John Knox, 2003.

Rad, Gerhard von. *Biblical Interpretations in Preaching.* Nashville : Abingdon, 1977.

———. *Old Testament Theology.* 2 vol. New York : Harper & Row, 1962–65.

Rainey, Anson F. et R. Steven Notley, éd. *The Sacred Bridge: Carta's Atlas of the Biblical World.* Jérusalem : Carta, 2006.

Räisänen, Heikki. *Beyond New Testament Theology: A Story and a Programme.* 2° éd. Londres : SCM, 2000.

Rast, Walter E. *Tradition History and the Old Testament.* Guides to Biblical Scholarship. Philadelphie : Fortress, 1972.

Ratzsch, Del. *Science and Its Limits: The Natural Sciences in Christian Perspective.* 2° éd. Downers Grove, Illinois : InterVarsity, 2000.

Rendtorff, Rolf. *The Old Testament: An Introduction.* Philadelphie : Fortress, 1986.

———. *Das überlieferungsgeschichtliche Problem des Pentateuch.* Beihefte zur Zeitschrift für die alttestamentliche Wissenschaft. Berlin : de Gruyter, 1992.

Resseguie, James L. *Narrative Criticism of the New Testament: An Introduction.* Grand Rapids : Baker Academic, 2005.

———. *The Strange Gospel: Narrative Design and Point of View in John.* Leiden : Brill, 2001.

Riches, John K. *A Century of New Testament Study.* Valley Forge, Pennsylvanie : Trinity Press International, 1993.

Richter, Sandra L. « Deuteronomic History ». Dans *Dictionary of the Old Testament Historical Books*, édité par Bill T. Arnold et H. G. M. Williamson, 219–30. Downers Grove, Illinois : InterVarsity, 2005.

Ricoeur, Paul. *Interpretation Theory: Discourse and the Surplus of Meaning.* Fort Worth : Texas Christian University Press, 1976.

Ridderbos, Herman. *The Coming of the Kingdom.* Philadelphie : P&R, 1962.

Robertson, A. T. *A Grammar of the Greek New Testament in Light of Historical Research.* Nashville : Broadman, 1934.

Rodd, Cyril S. « Sociology and Social Anthropology ». Dans Coggins et Houlden, *Dictionary of Biblical Interpretation*, 635–39.

Rohrbaugh, Richard L., éd. *The Social Sciences and New Testament Interpretation.* Peabody, Massachusetts : Hendrickson, 1996.

Romer, Thomas C. *The Deuteronomistic History: A Social-Science Commentary.* New York : Continuum, 2000.

Rorty, Richard. *Consequences of Pragmatism.* Minneapolis : University of Minnesota Press, 1982.

———. *Contingency, Irony, and Solidarity.* Cambridge : Cambridge University Press, 1989.

———. *The Linguistic Turn.* Chicago : University of Chicago Press, 1967.

———. *Philosophy and the Mirror of Nature.* Princeton, New Jersey : Princeton University Press, 1979.

Rudinow, Joel et Vincent E. Barry. *Invitation to Critical Thinking.* 5° éd. Belmont, Californie : Wadsworth/Thomson, 2004.

Russell, D. S. *The Method and Message of Jewish Apocalyptic, 200 BC–AD 100.* Old Testament Library. Philadelphie : Westminster, 1964.

Ryken, Leland. *The Literature of the Bible.* Grand Rapids : Zondervan, 1974.

———. *Words of Delight: A Literary Introduction to the Bible.* 2° éd. Grand Rapids : Baker Academic, 1992.

Sailhamer, John H. *The Pentateuch as Narrative: A Biblical-Theological Commentary.*
Grand Rapids : Zondervan, 1992.

Sakenfeld, Katharine Doob, « d. *The New Interpreter's Dictionary of the Bible.* 5 vol. Nashville : Abingdon, 2006–2009.

Sanders, James. *Canon and Community: A Guide to Canonical Criticism.* GBS. Philadelphie : Fortress, 1984.

———. *From Sacred Story to Sacred Text: Canon as Paradigm.* Philadelphie : Fortress, 1987.

———. *Torah and Canon.* Philadelphie : Fortress, 1972.

Sandmel, Samuel. « Parallelomania ». *Journal of Biblical Literature* 81 (janvier 1962) : 2–13.

Sandys-Wunsch, John et Laurence Eldridge. « J. P. Gabler and the Distinction between Biblical and Dogmatic Theology ». *Scottish Journal of Theology* 33 (1980) : 133–88.

Scanzoni, Letha D. et Virginia R. Mollenkott. *Is the Homosexual My Neighbor ? A Positive Christian Response.* 2° éd. San Francisco : HarperCollins, 1994.

Schlatter, Adolf. « Appendix D: Adolf Schlatter on Atheistic Methods in Theology ». Dans *Adolf Schlatter: A Biography of Germany's Premier Biblical Theologian*, par Werner Neuer, 211–25. Traduit par Robert W. Yarbrough. Grand Rapids : Baker Academic, 1995.

———. « Atheistic Methods in Theology ». Traduit par David R. Bauer. *Asbury Theological Journal* 51 (Fall 1996) : 45–57.

———. « Atheistische Methoden in der Theologie ». *Beiträge zur Förderung christlicher Theologie* 9, n°5 (1905) : 229–50.

Schmeller, Thomas. « Sociology and New Testament Studies ». Dans *Dictionary of Biblical Interpretation*, édité par John H. Hayes, 2.487–92. Nashville : Abingdon, 1999.

Schmidt, Werner H. *Old Testament Introduction*. 2° éd. Louisville : Westminster John Knox, 1995.

Schweitzer, Albert. *The Quest of the Historical Jesus: The First Complete Edition*. Édité par John Bowden. Minneapolis : Fortress, 2001.

Segundo, Luis. *The Liberation of Theology*. Maryknoll, New York : Orbis Books, 1976.

Seters, John van. *The Pentateuch: A Social-Science Commentary*. Londres : T&T Clark, 2004.

Shuler, Philip L. *A Genre for the Gospels: The Biographical Character of Matthew*. Philadelphie : Fortress, 1982.

Sider, John W. « Rediscovering the Parables of Jesus: The Logic of the Jeremias Tradition ». *Journal of Biblical Literature* 102 (1983) : 61–83.

Sider, Ronald L. « Toward a Biblical Perspective on Equality: Steps on the Way toward Christian Political Engagement ». *Interpretation* 43 (1989) : 156–69.

Silva, Moisés. *Biblical Words and Their Meaning: An Introduction to Lexical Semantics*. Grand Rapids : Zondervan, 1983.

Smith, W. Robertson. *Lectures on the Religion of the Semites*. Londres : Black, 1889.

Soards, Marion L. « The Christology of the Pauline Epistles ». Dans *Who Do You Say That I Am? Essays on Christology*, édité par Mark Allan Powell et David R. Bauer, 88–109. Louisville : Westminster John Knox, 1999.

Soggin, J. Alberto. *Joshua*. Old Testament Library. Philadelphie : Westminster, 1972.

Soskice, Janet Martin. *Metaphor and Religious Language*. Oxford : Clarendon, 1985.

Soulen, Richard N. et R. Kendall Soulen. *Handbook of Biblical Criticism*. 3° éd. Louisville : Westminster John Knox, 2001.

Spicq, Ceslaus. *Agape in the New Testament*. Traduit par Marie Aquinas McNamara et Mary Honoria Richter. 3 vol. St. Louis : Herder, 1963–66.

Spina, Frank. « Canonical Criticism: Childs versus Sanders ». Dans McCown et Massey, *Interpreting God's Word for Today*, 165–94.

Spong, John Shelby. *Living in Sin: A Bishop Rethinks Human Sexuality*. San Francisco : Harper & Row, 1988.

———. *Sins of Scripture: Exposing the Bible's Texts of Hate to Reveal the God of Love*. San Francisco : HarperSanFrancisco, 2005.

Spurgeon, Charles H. *The Treasury of David*. 3 vol. 1869. Réimpression, Grand Rapids : Zondervan, 1966.

Steen, Gerard. *Understanding Metaphor in Literature: An Empirical Approach*. Londres : Longman, 1994.

Stein, Robert H. *The Synoptic Problem: An Introduction*. Grand Rapids : Baker Academic, 1987.

Steinberg, Naomi. « Social-Scientific Criticism ». Dans *Dictionary of Biblical Interpretation*, édité par John H. Hayes, 2.478–81. Nashville : Abingdon, 1999.

Stendahl, Krister. « Biblical Theology, Contemporary ». Dans *The Interpreter's Dictionary of the Bible*, édité par George A. Buttrick, 1.418–32. Nashville : Abingdon, 1962.

Sternberg, Meir. *Expositional Modes and Temporal Ordering in Fiction*. Baltimore : Johns Hopkins University Press, 1978.

———. *The Poetics of Biblical Narrative: Ideological Literature and the Drama of Reading*. Bloomington : Indiana University Press, 1987.

Stott, John R. W. *Baptism and Fullness: The Work of the Holy Spirit Today*. 2° éd. Downers Grove, Illinois : InterVarsity, 1976.

Stowers, Stanley K. *Letter Writing in Greco-Roman Antiquity*. Library of Early Christianity. Philadelphie : Westminster, 1986.

Strauss, David Friedrich. *The Life of Jesus Critically Examined*. Traduit par Peter C. Hodgson à partir de l'édition allemande du 4° Siècle, 1840. Lives of Jesus Series. Philadelphie : Fortress, 1972.

Strecker, Georg. *Theology of the New Testament*. Édité par Friedrich Wilhelm Horn. Louisville : Westminster John Knox, 2000.

Streeter, B. H. *The Four Gospels: A Study in Origins*. Londres : Macmillan, 1924.

Stronstad, Roger. *The Charismatic Theology of St. Luke*. Peabody, Massachusetts : Hendrickson, 1984.

———. *The Prophethood of All Believers: A Study of Luke's Charismatic Theology*. Grand Rapids : Zondervan, 1993.

Stuhlmacher, Peter. *Biblische Theologie des Neuen Testaments*. 2 vol. Göttingen : Vandenhoeck & Ruprecht, 1992–99.

———. *Historical Criticism and Theological Interpretation of Scripture*. Philadelphie : Fortress, 1977.

———. *How to Do Biblical Theology*. Allison Park, Pennsylvanie : Pickwick Publications, 1995.

Swete, Henry Barclay. *An Introduction to the Old Testament in Greek*. Révisé par R. R. Ottley. Cambridge : Cambridge University Press, 1914.

Tate, W. Randolph. *Biblical Interpretation: An Integrated Approach*. Éd. rév. Peabody, Massachusetts : Hendrickson, 1996.

Taylor, Vincent. *The Formation of the Gospel Tradition*. Londres : Macmillan, 1960.

Terry, Milton S. *Biblical Hermeneutics*. Éd. rév. New York : Methodist Book Concern, 1911.

Thayer, Joseph Henry. *Greek-English Lexicon of the New Testament: Coded with the Numbering System from Strong's Exhaustive Concordance of the Bible*. Peabody, Massachusetts : Hendrickson, 1996.

Theissen, Gerd et Annette Merz. *The Historical Jesus: A Comprehensive Guide*. Londres : SCM, 1998.

Thiselton, Anthony C. « 'Behind' and 'In Front Of' the Text: Language, Reference, and Indeterminacy ». Dans *After Pentecost: Language and Biblical Interpretation*, édité par Craig Bartholomew, Colin Greene et Karl Möller, 97–120. Scripture and Hermeneutics Series 2. Grand Rapids : Zondervan, 2001.

———. *The First Epistle to the Corinthians*. New International Greek Testament Commentary. Grand Rapids : Eerdmans, 2000.

———. *New Horizons in Hermeneutics: The Theory and Practice of Transforming Biblical Reading*. Grand Rapids : Zondervan, 1992.

———. *The Two Horizons: New Testament Hermeneutics and Philosophical Description*. Grand Rapids : Eerdmans, 1980.

Thomas, John Christopher. *Footwashing in John 13 and the Johannine Community*. Sheffield : JSOT Press, 1991.

———. *The Spirit of the New Testament*. Leiden : Deo, 2005.

Thompson, David L. *Bible Study That Works*. Éd. rév. Nappanee, Indiana : Evangel Publishing House, 1994.

Thompson, James W. *Pastoral Ministry according to Paul: A Biblical Vision*. Grand Rapids : Baker Academic, 2006.

Thomson, Ian H. *Chiasmus in the Pauline Letters*. Sheffield : Sheffield Academic Press, 1995.

Throckmorton, Burton H. *Gospel Parallels: A Comparison of the Synoptic Gospels*. 5ᵉ éd. Nashville : Nelson, 1992.

Tov, Emanuel. *Textual Criticism of the Hebrew Bible*. 2ᵉ éd. Minneapolis: Fortress, 2001.

Towner, Philip H. *The Letters to Timothy and Titus*. New International Commentary on the New Testament. Grand Rapids : Eerdmans, 2006.

Traina, Robert A. « Inductive Bible Study Reexamined in Light of Contemporary Hermeneutics I: Interpreting the Text ». Dans McCown et Massey, *Interpreting God's Word for Today*, 53–84.

———. « Inductive Bible Study Reexamined in Light of Contemporary Hermeneutics II: Applying the Text ». Dans McCown et Massey, *Interpreting God's Word for Today*, 85–109.

———. « Love ». Dans *Baker's Dictionary of Christian Ethics*, éd. Carl F. H. Henry, 396–98. Grand Rapids : Baker Books, 1973.

———. *Methodical Bible Study: A New Approach to Hermeneutics*. New York : Ganis & Harris, 1952.

Trench, Richard C. *Synonyms of the New Testament: Studies in the Greek New Testament*. 1880. Réimpression, Grand Rapids : Eerdmans, 1953.

Trible, Phyllis. *Rhetorical Criticism: Context, Method, and the Book of Jonah*. Guides to Biblical Scholarship. Minneapolis : Fortress, 1994.

Tucker, Gene M. *Form Criticism of the Old Testament*. Guides to Biblical Scholarship. Philadelphie : Fortress, 1971.

———. « Prophetic Speech ». Dans *Interpreting the Prophets*, édité par James Luther Mays et Paul J. Achtemeier, 27–40. Philadelphie : Fortress, 1987.

Tuckett, Christopher, éd. *The Messianic Secret*. Issues in Religion and Theology 1. Philadelphie : Fortress, 1983.

Tuell, Steven S. *First and Second Chronicles*. Interpretation: A Bible Commentary for Teaching and Preaching. Louisville : John Knox, 2001.

Turner, Max. « Historical Criticism and Theological Hermeneutics of the New Testament ». Dans *Between Two Horizons: Spanning New Testament Studies and Systematic Theology*, édité par Joel B. Green et Max Turner, 44–70. Grand Rapids : Eerdmans, 2000.

Uspensky, Boris. *A Poetics of Composition: The Structure of the Artistic Text and Typology of a Compositional Form*. Berkeley : University of California Press, 1973.

VanGemeren, Willem A., éd. *New International Dictionary of Old Testament Theology and Exegesis*. 5 vol. Grand Rapids : Zondervan, 1997.

Vanhoozer, Kevin J. *Is There a Meaning in This Text ? The Bible, the Reader, and the Morality of Literary Knowledge*. Grand Rapids : Zondervan, 1998.

————. « The Reader in New Testament Interpretation ». Dans *Hearing the New Testament: Strategies for Reading*, édité par Joel B. Green, 301-28. Grand Rapids : Eerdmans, 1995.

Vannutelli, Primus. *Libri synoptici veteris testamenti seu librorum regum et chronicorum loci paralleli*. Rome : Pontifical Biblical Institute Press, 1931–34.

Vaux, Roland de. *Ancient Israel: Its Life and Institutions*. 2 vol. New York : McGrawHill, 1965.

Wagner, Günter, éd. *An Exegetical Bibliography of the New Testament*. Macon, Géorgie : Mercer University Press, 1983–.

Wald, Oletta. *The Joy of Discovery in Bible Study*. Éd. rév. Minneapolis : Augsburg, 1975.

Wall, Robert W. « Canonical Context and Canonical Conversations ». Dans *Between Two Horizons: Spanning New Testament Studies and Systematic Theology*, édité par Joel B. Green et Max Turner, 165-82. Grand Rapids : Eerdmans, 2000.

————. « 1 Timothy 2.9-15 Reconsidered (Again) ». *Bulletin for Biblical Research* 14, n°1 (2004) : 81-103.

————. « Reading the Bible from within Our Traditions ». Dans *Between Two Horizons: Spanning New Testament Studies and Systematic Theology*, édité par Joel B. Green et Max Turner, 88-107. Grand Rapids : Eerdmans, 2000.

Wallace, Daniel B. *Greek Grammar beyond the Basics: An Exegetical Syntax of the New Testament*. Grand Rapids : Zondervan, 1996.

Waltke, Bruce K. et M. O'Connor. *An Introduction to Biblical Hebrew Syntax*. Winona Lake, Indiana : Eisenbrauns, 1990.

Walton, John H., Victor H. Matthews et Mark Chavalas. *The IVP Bible Background Commentary: Old Testament*. Downers Grove, Illinois : InterVarsity, 2000.

Warfield, B. B. *The Inspiration and Authority of the Bible*. Philadelphie : P&R, 1948.

Watson, Duane Frederick. *The Rhetoric of the New Testament: A Bibliographic Survey*. Tools for Biblical Study 8. Blandford Forum, Royaume-Uni : Deo, 2006.

Watson, Francis. *Text, Church, and World: Biblical Interpretation in Theological Perspective*. Grand Rapids : Eerdmans, 1994.

Webb, Barry G. *The Book of Judges: An Integrated Reading*. Journal for the Study of the Old Testament : Supplement Series 46. Sheffield : JSOT Press, 1987.

Webb, William J. *Slaves, Women and Homosexuals: Exploring the Hermeneutics of Cultural Analysis*. Downers Grove, Illinois : InterVarsity, 2001.

Weber, Max. *Ancient Judaism*. Translated by Hans H. Gerth and Don Martindale. Glencoe, Illinois : Free Press, 1952. Titre original : *Antike Judentum* (1920).

Weeden, Thomas J., Sr. *Mark: Traditions in Conflict*. Philadelphie : Fortress, 1971.

Wegner, Paul D. *A Student's Guide to Textual Criticism of the Bible*. Downers Grove, Illinois : InterVarsity, 2006.

Weinland, James D. *How to Think Straight*. Totowa, New Jersey : Rowman & Allanheld, 1963.

Wellhausen, Julius. *Prolegomena to the History of Israel: With a Reprint of the Article "Israel" from the Encyclopaedia Britannica*. Édimbourg : A. & C. Black, 1885.

Westcott, Brooke Foss et Fenton John Anthony Hort. *The New Testament in the Original Greek*. Vol. 1, *The Text Revised*. . . . Vol. 2, *Introduction and Appendix*. New York : Harper & Brothers, 1881-82.

Westermann, Claus. *Basic Forms of Prophetic Speech*. Louisville : Westminster John Knox, 1991.

————. *Roots of Wisdom: The Oldest Proverbs of Israel and Other Peoples*. Louisville : Westminster John Knox, 1994.

Wigram, George V. *The Englishman's Hebrew Concordance of the Old Testament*. Peabody, Massachusetts : Hendrickson, 1996.

Wilkins, Michael J. *Discipleship in the Ancient World and Matthew's Gospel*. 2° éd. Grand Rapids : Baker Academic, 1995.

Wilson, Robert R. *Sociological Approaches to the Old Testament*. Guides to Biblical Scholarship. Philadelphie : Fortress, 1984.

Wimsatt, W. K. et Monroe Beardsley. « The Intentional Fallacy ». Dans *The Verbal Icon: Studies in the Meaning of Poetry*, édité par W. K. Wimsatt, 3-18. Lexington : University of Kentucky Press, 1954.

Winter, Bruce W. *After Paul Left Corinth: The Influence of Secular Ethics and Social Change*. Grand Rapids : Eerdmans, 2001.

Winter, Bruce W. et Andrew D. Clarke, éd. *The Book of Acts in Its First Century Setting*. Vol. 2., *The Book of Acts in Its Ancient Lieterary Setting*. Grand Rapids : Eerdmans, 1993.

Witherington, Ben, III. *The Jesus Quest: The Third Search for the Jew of Nazareth*. Downers Grove, Illinois : InterVarsity, 1995.

———. *New Testament History: A Narrative Account*. Grand Rapids : Baker Academic, 2001.

———. *New Testament Rhetoric: An Introductory Guide to the Art of Persuasion in and of the New Testament*. Eugene, Oregon : Cascade, 2009.

———. *Paul's Narrative Thought World: The Tapestry of Tragedy and Triumph*. Louisville : Westminster John Knox, 1994.

Wold, Donald J. *Out of Order: Homosexuality in the Bible and the Ancient Near East*. Grand Rapids : Baker Academic, 1998.

Wolff, Hans Walter. *Joel and Amos*. Hermeneia : A Critical and Historical Commentary on the Bible. Philadelphie : Fortress, 1977.

Wolters, Al. « The Text of the Old Testament ». Dans *The Face of Old Testament Studies: A Survey of Contemporary Approaches*, édité par David W. Baker et Bill T. Arnold, 19–37. Grand Rapids : Baker Academic, 1999.

Wolterstorff, Nicholas. *Divine Discourse: Philosophical Reflections on the Claim That God Speaks*. Cambridge : Cambridge University Press, 1995.

———. « The Promise of Speech-Act Theory for Biblical Interpretation ». Dans *After Pentecost: Language and Biblical Interpretation*, édité par Craig Bartholomew, Colin Greene et Karl Möller, 73–90. Scripture and Hermeneutics Series 2. Grand Rapids : Zondervan, 2001.

Wrede, William. *The Messianic Secret*. Traduit par J. C. G. Greig. Library of Theological Translations. Cambridge, Royaume-Uni : James Clarke, 1971. Titre original : *Das Messiasgeheimnis in den Evangelien* (1901).

Wright, Christopher J. H. *An Eye for an Eye: The Place of Old Testament Ethics Today*. Downers Grove, Illinois : InterVarsity, 1983.

———. *Old Testament Ethics for the People of God*. Downers Grove, Illinois : InterVarsity, 2004.

Wright, N. T. *Jesus and the Victory of God*. Minneapolis : Fortress, 1996.

———. *The New Testament and the People of God*. Minneapolis : Fortress, 1992.

———. *The Resurrection of the Son of God*. Minneapolis : Fortress, 2003.

Würthwein, Ernst. *The Text of the Old Testament: An Introduction to the Biblia Hebraica*. Traduit par Erroll F. Rhodes. Éd. rév. Grand Rapids : Eerdmans, 1995.

Yamasaki, Gary. *Watching a Biblical Narrative: Point of View in Biblical Exegesis*. New York : T&T Clark, 2007.

Yoder, John Howard. *The Politics of Jesus*. Grand Rapids : Eerdmans, 1972.

Liste des tableaux

Table des matières